沪深A股上市公司

市值分析

2022

黄运成　段世文　苏　梅
徐子庆　辛　强　　　　等著

研究单位

新华网股份有限公司

深圳价值在线信息科技股份有限公司

上海琢鼎投资管理有限公司

上海美丽境界股权投资管理有限公司

中国财经出版传媒集团
中国财政经济出版社

图书在版编目（CIP）数据

沪深A股上市公司市值分析．2022 ／黄运成等著．--北京：中国财政经济出版社，2022.5

ISBN 978-7-5223-1176-0

Ⅰ.①沪… Ⅱ.①黄… Ⅲ.①上市公司-市场价值研究-中国 Ⅳ.①F279.246

中国版本图书馆CIP数据核字（2022）第022366号

责任编辑：孙　琛　　责任校对：张　凡

封面设计：北京兰卡绘世　　责任印制：党　辉

中国财政经济出版社 出版

URL：http：//www.cfeph.cn

E-mail：cfeph@cfeph.cn

社址：北京市海淀区阜成路甲28号　邮政编码：100142

营销中心电话：010-88191522

天猫网店：中国财政经济出版社旗舰店

网址：https：//zgczjjcbs.tmall.com

北京时捷印刷有限公司印刷　各地新华书店经销

成品尺寸：185mm×260mm　16开　28.75印张　597 000字

2022年6月第1版　2022年6月北京第1次印刷

定价：98.00元

ISBN 978-7-5223-1176-0

（图书出现印装问题，本社负责调换，电话：010-88190548）

本社质量投诉电话：010-88190744

打击盗版举报热线：010-88191661　QQ：2242791300

本书撰写人员

作　　者： 黄运成　段世文　苏　梅　徐子庆　辛　强

研究单位： 新华网　价值在线　琢鼎资本　美丽资本

撰写人员： 宾　蓓　吕人宇　陈科宇　朱　凯　邹润淇

褚辉凡　帅宏毅　邢宇奇　程昱丁　樊煜坤

慕凌霞　蔡欣仪　陈俊森　余书颖　郑紫玲

宋文勇　刘语嫣　曾钰申　熊　武　吴家乐

张慧敏　于海霖　蔡曼莉　林晓绿　吴月明

林希蔓　张　颖　赵晚秋　王小蝶　詹婉霞

容恒燊　胡仲奇

特别顾问： 陆盛赟　段亚林　刘守卫　李柱文　蔡曼莉

数据复核人员： 孙家全　庄绪锐　卢华玺　吴　倩

产业链复核人员： 王童萱　窦中将　林杰坚　李美婷　黄荷颖

参与人员： 崔华宇　革　平　崔　巍　邵玥明　戚乾坤

陈芷萱　邓洋洋　冯　晨　高　宇　贺文朗

刘瑾熙　梁荣杰　梁欣力　罗紫琪　彭英俊

茹　璇　田嘉竹　王　琲　吴立明　王晓雪

徐浩倍　杨　芳　杨杰文　姚世杰　杨业成

张邯予　赵　婷

研究单位介绍

新华网股份有限公司

新华网是由国家通讯社新华社主办的中央重点新闻网站，作为网上新闻舆论主阵地，拥有中、英、法、西、俄、阿、日、韩、德、葡、藏等多种语言频道，覆盖人群超过3.9亿。作为在海内外具有广泛影响力的网络媒体，目前Alexa全球综合排名稳居前20位，在全球主要媒体所办网站中位列首位。作为具有传媒属性和科技属性的互联网上市公司，依托权威内容资源、广泛用户基础、优质客户群体和强大品牌影响力，积极开展网络广告、信息服务、移动互联网、网络技术服务和数字内容等主营业务，市场拓展能力和综合竞争力不断提高，连续8年进入“中国互联网企业100强”。

深圳价值在线信息科技股份有限公司

深圳价值在线信息科技股份有限公司（以下简称：价值在线）成立于2015年8月25日，主要利用人工智能、云计算、大数据、模式分析等技术，为上市公司、拟上市公司、金融机构、监管机构等主体提供AI+SaaS合规软件产品，填补了我国资本市场合规科技与监管科技双空白。目前是中国合规科技方向细分领域的龙头企业，专注于以科技化、数字化方式服务于国内上市公司、拟上市公司、相关中介机构等。目前价值在线正式签约合作客户2866家，其中，上市公司2674家，市场占有率53.28%，是资本市场服务上市公司最多的专业机构。

价值在线自主研发全球首创的“易董”系列产品，专注于资本市场“合规”和“投关”两大领域，“易董”主要为上市公司、拟上市公司、中介机构等提供合规诚信大数据、合规运作、合规控制、电子签名、资本运作规范等服务，促进资本市场中的参与各方达成监管合规要求。“易董?价值平台”是为上市公司提供一站式投资者关系管理服务，建立自动化投关网站、投关管理信息化工具、价值梳理、活动系统、高清云视频会议、ESG数字化管理、可视化财报等数智化工具，以及连接机构投资者、卖方分析师、个人投资者等资本市场各方，共建上市公司价值生态。

价值在线自主研发并维护的合规诚信大数据，包含法律法规、问询函件与回复、IPO 案例、并购重组案例、非公开发行案例、股权激励案例、回购案例、质押案例、投关活动数据、投资者问答数据、违规处罚案例等资本市场合规诚信大数据，是资本市场最全面、最准确的大数据。

价值在线同时也是市场专业的咨询服务机构，为上市公司、拟上市公司、创业公司提供信息披露合规、股权激励、股权架构设计、ESG、IPO 梳理及规划、资本运作、价值梳理、投资者关系管理等专业咨询服务，提升公司治理水平，助力公司行稳致远。

上海琢鼎投资管理公司

上海琢鼎投资管理公司是由国有控股上市公司航锦科技股份有限公司（股票代码：000818）和资深证券投行专家徐子庆共同持股的混合所有制私募基金，已获得中国证券投资基金业协会颁发的私募基金管理人资格（机构编码：P1068408）。

上海琢鼎投资管理公司拥有一支从业年限平均超过 15 年的专业队伍，公司员工来主要自于证券投资、投资银行、商业银行、会计师事务所和律师事务所等专业金融机构。近几年来，通过设立基金、自有资金出资等方式，先后投资了十多个项目，取得了较好的成绩。

上海美丽境界股权投资管理有限公司

上海美丽境界股权投资管理有限公司（以下简称“美丽境界资本”）是一家由上海电气集团、上海国际集团、雅本化学、彤程新材及管理团队设立的混合所有制公司，系一家专业化、国际化的私募基金管理机构，所管理的多支基金投资于先进制造业中的新材料、医疗健康、高端装备和精密制造等行业，并以上述行业关键原材料、核心零部件作为主要投资方向。

2018 年，美丽境界资本与产业龙头和知名投资机构发起设立了美丽境界欧洲并购基金（一期）。该基金规模为 11.6 亿元人民币，以并购的形式投资于西欧先进制造业中的新材料、高端装备和精密制造等行业。

美丽境界资本的二期和三期基金聚焦于高性能纤维及复合材料、新能源材料、生物基合成材料等新材料行业。美丽境界资本通过团队自身行业背景、被投企业长期赋能、新材料技术和行业伙伴等，形成了较为完善的研究框架和深入的行业洞见，并通过“新材料三十人沙龙”等活动融合科研、产业和投资三方力量，以期形成产、研、投结合的良好互动机制。

序 一

新中国资本市场已经发展了32年，沪深A股上市公司从1991年的13家增加到2021年年底的4603家，总市值由114.99亿元增至98.83万亿元，投资者开户数已经超过2亿户。科创板、创业板注册制推出以后，进一步凸显了市值指标对上市公司发展的空前重要性。上市公司是中国经济的微观主体，是推动中国经济发展的重要力量，是城市经济发展竞争的主战场。基于此，在新华网、价值在线、琢鼎资本和美丽境界资本四家单位的共同努力和组织下，我与段世文先生、苏梅女士、徐子庆博士、辛强博士五位作者牵头，与四家单位的研究团队一起，共同完成了《沪深A股上市公司市值分析（2022）》一书的撰写。

本书有以下三个主要特点：

一是独特性。本书是从上市公司市值这个主要指标来分析沪深上市公司的。市值这个指标具有三大特性，其一是动态性，在二级市场，市值每天都在变化，虽然它每天都在变化，但从长期看，市值变化是有规律的，它反映了上市公司成长的轨迹；其二是综合性，上市公司市值=股价×总股本=市盈率×净利润，从公式看，市值不仅包含了上市公司的财务指标，还包含了二级市场众多投资者对上市公司的评价；其三是资本市场属性，市盈率反映的是投资者对上市公司未来成长性的判断，具有杠杆属性。因此，用市值这个指标来分析上市公司是非常独特的。

二是全面性。在本书中，我们对沪深A股2021年全部4603家上市公司进行了全面分析（本书没有包括北京证券交易所的上市公司），将4603家上市公司分成了六大类型，第一类是市值万亿元以上的上市公司，第二类是市值1000亿—10000亿元的上市公司，第三类是市值500亿—1000亿元的上市公司，第四类市值100亿—500亿元的上市公司，第五类是市值50亿—100亿元的上市公司，第六类是市值在50亿元以下的上市公司。我们对这六类上市公司进行了全面深入的分析，刻画了每一类上市公司的独特的经济特征，这种刻画对投资者全面了解沪深A股上市公司的情况非常重要。

三是数量性。本书不是一本纯理论书籍，内容通俗易懂，普通投资者都能看懂这本书，我们没有讲太多的理论知识，我们的结论全部是从各类上市公司市值的实际数据分析中得到的。看完了这本书，相信您能对中国上市公司的基本情况、主要特征和未来发展趋势有一个比较全面而深刻的了解，如果您是一名投资者，相信会对您的投资判断具有很大的帮助。我们相信，你们不仅是本书的好读者，也会成为我们生活中的好朋友。

通过对上市公司市值的分析，结合其他财务指标的研究，本书得到了一些重要的结论：

1. 上市公司是推动中国经济增长的重要力量。截止到2021年年底，沪深A股上市公司4603家，数量不到全国4800多万家经济主体户数的万分之一。但是，上市公司总市值98.83万亿元，证券化率86.41%；上市公司净利润5.30万亿元，缴纳的税收总额4.04万亿元，占全国税收收入的23.39%，上市公司利税合计为9.34万亿元，占全国财政收入的46.11%。因此，推动城市经济高质量发展的最关键抓手是发展上市公司，推动上市公司高质量发展就是推动城市经济的高质量发展，未来，发展上市公司一定是城市经济竞争的主战场，而发展上市公司最关键的制度保障是不断完善城市的营商环境。在写本书之前，我们就已经为苏州、安徽、重庆三个地区写过全面、有针对性的城市经济发展研究报告，并将这个观点应用到对实际的研究当中。

2. 影响上市公司市值变化的主要因素是“8+E”，包括宏观环境、行业发展趋势、地区营商环境、公司治理和战略管理、盈利和成长性、科技创新、资本运作、投资者关系管理和ESG。注册制改革不断深化，市值对上市公司的重要性体现在方方面面，提升市值不仅是股东实现财富增值的重要方式，更是成为衡量IPO公司能否进入资本市场的重要标准之一；还有，公司市值3亿元以下将面临退市，小市值公司“无人问津”。因此，理清影响市值的逻辑，找到如何提升市值的途径应成为每家上市公司的必修课程。

3. 推动中小市值上市公司高质量发展应成为一项国家战略。2020年10月5日，国务院发布《国务院关于进一步提高上市公司质量的意见》，高度重视上市公司高质量发展。本书作者认为，市值100亿元是上市公司价值提升的一个关键门槛。目前有3000多家上市公司市值在100亿元以下，占比近70%，中小市值上市公司具有巨大的发展势能，挖掘其市值提升潜力，促进其转型升级，能为我国经济高质量发展带来巨大动能。因此，推动中小市值上市公司的高质量发展，应成为一项国家战略。同样在每一个地区，它也应成为推动各地区经济高质量发展的重要战略。

此外，书中还有其他重要的结论，可以供读者们参考和思考。

需要特别说明的是，我们书中制作了一张资本市场三十年变化趋势图（插页），图中使用了9位中国证监会主席的照片，我们没有一一征求9位证监会主席意见。在此，恳请获得您的理解和支持。中国资本市场的繁荣离不开9位主席的正确领导，没有他们的砥砺前行，就没有如今A股市场的发展壮大，更不会有我们对沪深A股上市公司市值的分析研究。在此，我代表本书作者、四家研究单位和全体研究人员向9位证监会主席致以衷心的感谢！

资本市场是复杂的，上市公司的情况也是千差万别的，虽然我们努力从市值分析的角度去探索上市公司增长变化的特点和规律性，但是由于认知的局限，本书还有很多不足之处，由于时间紧张，有些错误可能还没有及时修正过来，我们真诚地欢迎各位读者将你们的宝贵意见、批评和重要建议反馈给我们，这对我们未来的研究意义重大，谢谢大家！

是为序。

黄运成

2022年5月

序　二

2021 年年底，新华网与中国上市公司协会合作，开通了上市公司频道。

当其时，沪深 A 股上市公司共有 4603 家，总市值超 98 万亿元。只占全国企业的万分之一的上市公司，为稳经济、稳就业、保民生作出了重要贡献——2021 年，实体上市公司利润总额占规模以上工业企业利润总额的 57.8%，上市公司缴纳的各项税费总和相当于全国税收收入的 1/4，上市公司员工总数较上年增加 8.6%。

不知不觉间，伴随着中国经济冷热快慢的争论，中国上市公司的数量和质量，都已经到了一个新高度，并且成长为国家实体经济的“基本盘”。而中国资本市场也已经形成了以主板、创业板、科创板、北交所、新三板及区域性股权市场等为主的多层次资本市场体系。

这些年，关于中国经济的争论一直没有停歇过。但回头看，在党的坚强领导下，中国经济始终沐风栉雨傲然前行。韧性已超越言辞，内化在行动之中。

钱穆先生在《国史大纲》开篇就说：“所谓对其本国以往历史略有所知者，尤必附随一种对其本国已往历史之温情与敬意。”在我们的每一份从容、每一步进取背后，都有一种强大的自信在支撑——对这个走过百年而未改初心的政党，对这个生生不息的民族，对这片土地上勤劳与智慧并存的中国人民。

“志不求易者成，事不避难者进。”正是亿万人的坚持不懈奋斗塑造了中国经济遇挫愈坚，百折不挠的最大韧性，也正是“中国智慧”创造了我们超大市场规模、完整的工业体系、完备的供应链和产业配套能力。

中国上市公司是中国经济最重要的力量之一，是观察一个地区经济发展活力、速度和质量的窗口，更是值得深度挖掘的新闻“富矿”。只有读懂了上市公司，才能拨开迷雾，更好地洞察中国经济发展的未来。为此，我们专门设立了中国上市公司频道，希望通过加强对上市公司这个群体和龙头上市公司的报道，引导理性投资、价值投资理念，让资本市场成为推动中国经济发展的重要推动力这一作用发挥得更加淋漓尽致。

在中国上市公司协会学术顾问委员会黄运成主任的统筹与带领下，我们共同编著了《沪深A股上市公司市值分析（2022）》一书，对2021年沪深A股4603家上市公司进行了尽可能全面深入的分析。阅读本书，不仅会对国有控股上市公司管理者提供很大的帮助，对其他上市公司提升市值和加快高质量发展也有重要借鉴作用。书中提到的工业化程度、上市公司数量质量与经济发展水平的关系，相信能够为各地的决策者提供趋势判断、突围路径的依据，进而掌握产业发展风向，增强城市经济发展的活力和竞争力。

是为序。

新华网　段世文

2022年5月

序 三

自2020年疫情暴发以来，不知不觉已经过去两年余，然而疫情这只“黑天鹅”并未如期飞过我们的天空，俄乌冲突升级、中美贸易摩擦不断，全球政治、经济秩序经受着前所未有的冲击。在时代大变局的背景下，中国经济在2022年仍然充斥着不确定性的迷雾，如何在复杂的宏观经济形势下寻找投资机会是摆在所有投资人面前的问题。

与此同时，随着注册制的逐步推行，中国A股市场在快速发展，上市公司突破4600家，退市走向常态化。注册制重塑了优胜劣汰的资本市场生态，反映在个股上我们可以看到“新股不败”的神话逐渐被打破，个股的流动性也出现了明显的分化，资金端市场“抱团”效应愈发明显。

做企业没有奇迹而言，凡是创造奇迹一定会被超越。企业不能跳跃，一定要遵循一个规律，一步一个脚印往前走，投资也是一样，巴菲特曾经说过，能看懂的生意才是好生意，然而当下复杂的宏观经济形势以及注册制为资本市场带来的分化效应、不断转换题材的市场都加大了投资的难度。作为投资人，我们不断地试图找到“看懂”上市公司的工具，遵循可行的规律在不断扩大的范围中，助我们拨开重重迷雾选择具有高成长空间以及可持续股东回报的企业。

《沪深A股上市公司市值分析（2022）》这本书带给投资人的正是这样的工具。我本人很荣幸能够参与本书的编撰，站在市值的维度，从上市公司市值增长的特征出发，在分析了大量的案例之后，我们找到了影响上市公司市值的“8+E”因素。

对于上市公司而言，“8+E”模型的建立可以帮助上市公司对症下药，找到提升市值的角度和方法。同时，2022年5月，中国上市公司协会会长宋志平撰文指出，“对于上市公司来说，上市以后就有两种客户，一个是产品的客户，另一个是投资的客户。因此，公司不能只重视产品的客户，也要跟投资的客户进行交流，要提升回报能力，为投资者创造价值”。这里与投资的客户进行交流，在我们看来最直观的表达就是将公司的战略转化成蕴含“8 + E”模型的资本市场语言，精准地传递给投资者，并博得机构投资者的青睐。

对于投资机构而言，本书提供了传统财务分析之外的视角，从更全面的角度看待影响上市公司市值的因素。“8 + E”模型涵盖了上市公司的治理水平、经营业绩水平、公司的科技创新水平等多层信息，用组合视角形成了一套看待上市公司市值的方法论，帮助投资机构在风云变幻的市场中甄选出具有投资价值的企业。

就像上帝从来不掷骰子一样，在投资市场上，选择大于努力，正确的选择才能带来投资回报，衷心地希望《沪深A股上市公司市值分析（2022）》这本书能够给读者们提供一把打开财富之门的钥匙，在充满不确定性的市场环境中获得发现上市公司市值增长逻辑的慧眼！

上海琢鼎投资管理公司董事长　徐子庆

2022年5月

序　四

经历三十余年的探索和改革发展，资本市场基础制度和多层次市场体系建设取得积极成效，境内上市公司数量增长迅速，质量持续提升，在促进国民经济发展中发挥了巨大作用。作为资本市场各方参与主体的普遍关切对象，市值是评价上市公司发展质量的一项重要量化指标。我们谈到上市公司价值和市值关系时，大都认为企业有价值，市值才能有所表现。但是何谓价值？如何提升价值？影响市值的因素有哪些？市场上相关研究更多侧重于企业财务视角、产业视角或治理视角的分析。《沪深A股上市公司市值分析（2022）》从更加多元的角度分析了沪深A股的4603家上市公司市值特点，从不同维度剖析市值增长背后的原因和逻辑，创新性地从市值区间划分和相关特征着手，运用大量的数据和案例进行实证分析，提炼出影响市值的“8+E”主要因素，进而帮助企业找到提升价值的方式方法。本书也为机构投资者、个人投资者研究上市公司发展路径，寻找资本和实体经济的融合点提供了诸多建设性的思路和建议。

资本是产业发展重要的要素资源，私募股权基金通过“募投管退”的周期循环，将社会资金转化为产业资金，为实体企业提供资金支持，并帮助企业改善公司治理结构，推动生产要素向更具前景、更具活力的领域转移。随着注册制的推行，科技创新型企业正在加速上市，具备核心技术的上市公司也越来越受到投资者青睐。正如本书提及的宁德时代、迈瑞医疗、格力电器、中芯国际、韦尔股份、先导智能等企业均已成为相关行业的头部企业。究其原因，我们可以看到，这些企业不仅本身研发投入的能动性较强，也重视私募股权基金在支持研发创新、产品升级、产业并购重组等方面的作用。注册制的推行也畅通了私募股权基金的退出渠道，提升了退出效率，进一步增强了投资人的信心，从而吸引更多社会资金支持创新型企业的发展。

多年的实践经验表明，企业发展与其构筑的“护城河”深度和宽度密不可分。从投资视角看，投资人投资上市公司的过程是识别护城河、发现护城河以及帮助上市公司建设护城河的过程，也是一个基于对宏观政策经济和行业形势，以及公司基本面的深入分析和长期跟踪的过程，因而需要长期坚守、价值投资。我国私募股权基金经过多年的发展壮大，已成为直达实体经济的重要融资渠道。发挥好私募股权基金支持创新和产业转型升级的战略性作用，有助于推动科技、资本和产业高水平循环，帮助上市公司构筑更牢固的护城河，破茧成蝶。

当前，新一轮科技革命和产业变革不断演进，加上外部科技竞争趋于白热化，作为资本市场的中坚力量，私募基金在中国经济高质量发展当中将扮演更加重要的角色。相信通过对本书的阅读，能够为私募基金选择优秀的上市公司提供重要参考。

上海美丽境界股权投资管理有限公司总裁　辛强

2022年5月

序 五

我与黄运成教授认识很长时间了。2020 年，黄运成教授退休后来深圳调研，我们邀请他来价值在线公司参观指导，向他介绍了我们公司为上市公司服务的合规产品以及正在进行的大数据研究，也倾诉了我们在研究方向上一直摇摆的困惑。当时黄运成教授已经在新华财经和新华网都开了公众号，每日发表关于资本市场和上市公司的微短文，初写了几篇文章，非常受欢迎，每天都有近 30 万人次的阅读量。但如果要持续写，工作量是非常大的，需要助手的配合。黄运成教授问我们愿不愿意与他一起做这方面的研究工作？我们当然是非常高兴。就这样，我们开启了“全球资本市场研究报告”的合作旅程。

黄运成教授早年在国家体改委宏观调控体制司经济形势分析处工作，主要负责撰写《中国宏观经济形势分析报告》，包括周报、半月报、月报、季报、半年报和年报，分析报告报送国家体改委领导和国务院领导参阅。1991 年沪深证券交易所诞生，当时发行股票既是吸引投资者眼球和口袋钱包的一件事，也是一件非常有争议的事，出了一些影响很大的风险事件。那时，沪深证券交易所还是由沪深地方政府监管，国家还没有对证券交易所进行集中统一监管。正因为资本市场的敏感性，党中央、国务院非常关心中国资本市场未来发展的模式、路径、对国家经济发展和改革的作用以及如何监管问题。邓小平同志说，“证券、股市，这些东西究竟好不好，有没有危险，是不是资本主义独有的东西，社会主义能不能用？允许看，但要坚决地试”。因此，国务院委托国家体改委牵头研究中国资本市场的发展模式和监管体制。时任国家体改委分管金融工作的副主任刘鸿儒（原中国人民银行副行长，后来担任中国证监会首届主席）受国务院主要领导委托，组团到境外考察资本市场发展情况和监管方式，提出如何筹备中国资本市场监管机构的思路，黄运成教授是考察团最年轻的成员之一。后来，黄运成教授在中国证监会做研究和监管工作 20 多年，分别担任过国务院证券委员会办公室政策分析处处长、中国证监会政策研究室副主任、上海证监局的副局长、证监会期货监管部副主任、辽宁证监局局长和证监会研究中心研究员等职。退休后他仍然笔耕不止，坚持上市公司和资本市场的研究工作。2022 年 2 月，经中国证监会批准，中国上市公司协会成立了学术顾问委员会，聘任黄运成教授为学术顾问委员会主任委员。

我们与黄运成教授一起开展关于资本市场和上市公司市值分析的研究工作已经一年，发表了 176 篇微短文报告，在社会上引起广泛的影响和关注。研究工作很辛苦，我和我的同事经常在晚上十一点以后接到黄运成教授的微信，大部分同事都有在凌晨一、二点钟被黄运成教授问“你睡了吗?”的经历，然后与黄运成教授一起讨论第二天要发表的关于上市公司市值分析的文章。黄运成教授六十多岁的年纪，每天如此努力和辛苦，半夜还在修改稿件，我们这些年轻人，还有不努力的借口吗?

后来，黄运成教授在“全球资本市场研究报告”的基础上提出撰写《沪深 A 股上市公司市值分析》的构想，他说，我们可以每年写一本，不断修改完善。我们也特别兴奋。我在深圳证券交易所工作了二十几年，亲身经历了股权分置改革，审理了几百个股权分置改革方案并参与了每个方案的实施过程，亲身经历了从由于股权分置导致大股东对上市公司市值变化漠不关心，到完成股权分置改革、股权全流通以后，大股东对上市公司市值增长高度重视的心路过程。后来，我在深交所从事投资者教育工作，接待了很多前来拜访的投资者，也走访了很多证券公司营业部，与众多投资者交流，先后带领投资者走进了一百多家上市公司，帮助投资者养成了在深入调研上市公司后再作出投资决策的习惯。同时，对如何深入研究上市公司，如何规避投资损失，如何在市场中获得较高的投资收益，均有深入思考。在新的注册制时代，资本市场将发挥至关重要的作用，并赋予了市值更深刻的意义。

我们知道，市值 = 净利润 × 市盈率，很多时候，一些人讲的市值管理和市值挖掘，都是在市盈率方面做文章。价值在线已经走过了七年多的创业历程，尤其是在高瓴资本投资我们之后，投资人一直都在问：你们的商业模式是什么？你们如何构建第二、第三增长曲线？如何借鉴成功公司的经验？全球金融科技公司未来的发展方向是什么？等等。这些提问引发我们更深刻的思考。资本市场对上市公司的估值，最根本的还是来自其净利润的持续增长和未来价值的成长性。黄运成教授说：“‘二战’以后，美国靠美元、科技、资本和军事等硬实力垄断全球，但是他们还有一套战略、规则和研究等软实力来引领硬力量的投放。我们提升上市公司市值的思路也可以借鉴世界大势发展的规律，做我们这方面的小事情。我想，做好上市公司发展的小事就是做好发展中国经济大事。治大国如烹小鲜。烹小鲜亦可以学习治大国的方法。思维是一样的，只是场景不同而已。”正是在这些思想的引领下，我们决定要写一本从内生到外延，找到全方位提升上市公司市值方法的书。非常幸运，我们遇到了志同道合的段世文先生、徐子庆博士、辛强博士。我们一起，在黄运成教授的牵头下，组织了“沪深上市公司市值分析研究团队和撰写委员会”，并开始了本书的撰写工作。

本书的撰写历时一年，架构历经三次大的调整，在最后冲刺阶段，2022年3月深圳疫情，我们被隔离了5周，哪里也去不了，可以静心研究、安心改书。我们一直在线上讨论和修改，历经无数个不眠之夜，终于完成了本书。

我要特别感谢我的老朋友淳富资本董事长段亚林博士，他建议我们研究分析上市公司，要放在产业链背景下。还有在机缘巧合下遇到的陆盛赟先生。年前高成资本董事长洪婧女士来看我们，交流中她感觉到我们发展中遇到困境，产品太多，TOB还是TOC，SaaS还是定制开发，她说软件公司的发展营收过亿之后，都要迈坎，产品定位和定价都要有科学方法。她向我们推荐了陆盛赟老师，后者是前罗兰贝格管理咨询项目经理、前西蒙顾和全球合伙人。在与陆老师的交流中，了解到他是“隐形冠军之父”——德国著名管理学思想家赫尔曼·西蒙的弟子，他一直想写一本关于中国的“专精特新”企业的战略发展和增长研究，我讲到我们为工信部做的“专精特新”赋能平台，以及正在写的这本书，陆老师非常有兴趣，他正好参与了第九章的撰写。

注册制时代，上市只是公司踏入资本市场的起点，而不断增长的市值则是上市公司高质量发展的旗帜。从上市公司角度看，他们主要思考如何用好资本市场这个平台，不断创造价值和提升市值。而从投资者角度看，中国资本市场经历了消息时代、庄股时代，直到现在的价值投资时代，投资者更关注如何评估上市公司的现在价值和未来价值，挖掘未来具有较大升值空间的投资标的。我相信，阅读本书，每个人都能找到自己想要的答案，并为您带来一些思考和启发。

做企业与投资，涉及的知识犹如浩瀚的大海、深邃的星空，你的收益取决于你的知识体系和认知边界，希望本书能为您带来双向提升，成长为熠熠生辉的高价值企业，在资本市场获得更好的收益！

深圳价值在线信息科技股份有限公司董事长　苏梅

2022 年 5 月

目　　录

第一章
中国资本市场发展 30 年综述

第一节 沪深 A 股市值管理发展概述

中国资本市场已发展三十余年，沪深 A 股上市公司从 1991 年的 13 家增加到 2021 年 12 月 31 日的 4603 家，总市值由 114.99 亿元增至 2021 年 12 月 31 日的 98.83 万亿元；市场结构和多层次市场体系日趋完善，机构力量不断壮大，优质机构投资者不断涌现；三十年的资本市场见证了中国经济从计划分配走向市场选择的过程，资本市场在改革中前进，在开放中成长，从无到有、从小到大，实现了中国现代金融体系历史性突破和跨越式发展。

图 1-1　1991—2021 年中国上市公司市值及数量情况

市值是汇聚上市公司基本面与投资者认可度的最真实反映，中国资本市场对市值的认知，经历了以下三个重要的阶段。

一、沪深交易所成立，中国资本市场初步形成

证券市场的前十年，有关姓“资”还是姓“社”的问题争论不断，其核心在于担忧别有用心之人利用股份制大搞私有化。在此阶段，有人认为股票市场不能继续下去，要求取消深圳与上海的试点工作。1992年，邓小平在深圳视察时发表了对证券市场至关重要的谈话，明确提出“证券、股票市场这些东西究竟好不好，有没有危险，是不是资本主义的东西，社会主义能不能用，允许看，但要坚决地试”。谈话为改革开放的进一步深化统一了思想，为证券市场的发展创造了良好的舆论环境和政治气候。在此背景下，沪深交易所相继成立并开始运作，证券市场交易逐步制度化、规范化，标志着我国资本市场的初步形成，对社会融资结构的转变具有重要意义。这一阶段，证券市场扩容速度极快，沪深交易所从区域性完成了面向全国市场的建立，实现了跨越时间与空间的四化交易。随着互联网科技的进步，网上交易全面推开，分散在全国的投资者均可便捷地购买、出售股票。

1993年证券市场建立起全国统一股票发审制度，并以审批制下额度管理为起点，指标管理阶段上市企业主要为大型国有企业。1998年12月，全国人大常委会通过《中华人民共和国证券法》，并于1999年7月1日正式实施，从而奠定了我国证券市场基本的法律框架，以法律形式确认了证券市场的地位，标志着我国证券市场的发展进入了一个新的阶段。根据数据显示，截至2000年，总共1062家公司上市。

表1-1　1991—2000年中国上市公司市值、数量及市盈率情况

年份	上市公司数量（家）	总市值（万亿元）	上证A股市盈率（TTM）	深证A股市盈率（TTM）
1991	13	0.01	374.05	23.06
1992	53	0.12	117.75	51.86
1993	178	0.38	60.94	42.24
1994	290	0.40	27.16	12.57
1995	314	0.39	20.74	12.32
1996	517	1.08	38.67	46.78
1997	723	1.88	47.17	46.16
1998	829	2.08	38.76	41.19
1999	926	2.80	49.78	53.14
2000	1062	5.03	65.97	73.74

二、股权分置改革实施，大股东与小股东均开始关心市值

股权分置将A股市场的上市公司股票按照是否能在证券市场上交易分为流通股与非流通股。在股权分置的格局下，市场平均约有2/3的股份不能流通，客观上导致上市公司流通股本规模较小，交易投机性强。对于国有控股上市公司而言，以净资产值等静态指标对

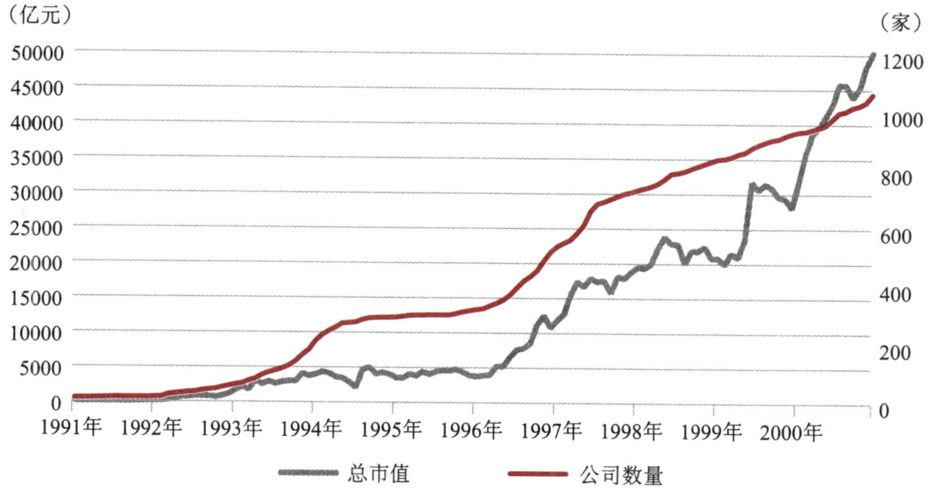

图1－2 1991—2000年中国上市公司市值及数量情况

国有资产保值增值的考核体系，缺乏对企业提升内部治理水平和增强资产增值能力的促进作用，制约了国有资产管理体制的改革进程。

由于上市公司的股份与非流通股的股权比例不同，股东的利润分配也有很大差别。比如，上市公司的融资方案中一般都是由流通股股东以更高的价格购买，非流通股一般以不动产或是无形资产入股，其持有成本低。在“同股同权”的分红模式下，由于原股东持有股权的成本为1元，IPO发行时引入的流通股股东按较高的发行价格认购股票，持股成本不同但拥有的分红权、表决权等相同。在我国资本市场成立初期，市场各方对于这一现象理解程度不同，认为部分公司上市是恶意圈钱。

一方面，由于中小投资者在市场上信息获取不充分，对市场动态缺乏了解，因此容易给投资者造成错觉，损害了投资者利益，同时扰乱了市场秩序。另一方面，由于控股股东等非流通股股份无法流通导致其不关心股价，因此出现控股股东占用上市公司资金、掏空上市公司公司资产、关联交易过高、分红比例偏低等问题。从2001年开始，沪深市值持续低迷；新股发行和上市公司再融资难度加大、周期变长；证券公司遇到了严重的经营困难。股权分置问题已经阻碍了市场发展，也严重影响到市场行情的复苏，犹如悬在中国股市头上的“达摩克利斯之剑”。为此，各方献计献策展开讨论，但市场行情谈股权分置色变，传言非流通股股份要上市流通股价便大跌，已经成为中国股市长远发展必须要迈过的一道门槛。

2004年1月31日，国务院发布《关于推进资本市场改革开放和稳定发展的若干意见》（“国九条”），充分肯定了我国资本市场取得的巨大成就，明确了资本市场发展的指导思想和任务，提出了支持资本市场发展的有关政策，将大力发展资本市场提升到前所未有的战略高度，是中国股市极具里程碑意义的文献之一。次年4月29日，中国证监会发布了《关于股权分置改革试点有关问题的通知》，启动了股权分置改革试点工作；通过两批试点方案的实施，取得了一定成效。2005 年 9 月 4 日，中国证监会发布《上市公司股权分置改革管理办法》，我国的股权分置改革进入全面铺开阶段。

随着股权分置改革的深入，资源配置效率和公司治理的外部环境得到了全面改善，中小股东的利益保护不断强化，市场对企业的定价逐步向价值回归。与此同时，大股东的股权可以上市流通，这一举措使大股东与中小股东以共同提升市值为目标达成了共同利益，均关心企业的利润增长和创新能力的提升，为上市公司的市值管理奠定了基础，有利于高成长性企业利用资本市场进行并购重组，有利于全面提高上市公司质量，增强社会公众的持股信心。根据数据显示，进入千禧年的头十年（2001—2010 年），与前十年基本持平，共有 981 家公司在沪深 A 股上市，平均每年为 98.1 家。2010 年沪深 A 股上市公司突破 2000 家。

表 1-2　2001—2010 年中国上市公司市值、数量及市盈率情况

年份	上市公司数量（家）	总市值（万亿元）	上证 A 股市盈率（TTM）	深证 A 股市盈率（TTM）
2001	1138	4.57	39.92	57.57
2002	1202	4.05	44.98	187.04
2003	1265	4.51	38.19	49.22
2004	1355	3.95	21.48	27.98
2005	1360	3.46	18.34	36.38
2006	1414	10.33	36.87	60.16
2007	1530	40.04	47.72	59.29
2008	1605	14.82	14	18.51
2009	1699	29.01	30.99	81.86
2010	2043	30.42	16.81	40.81

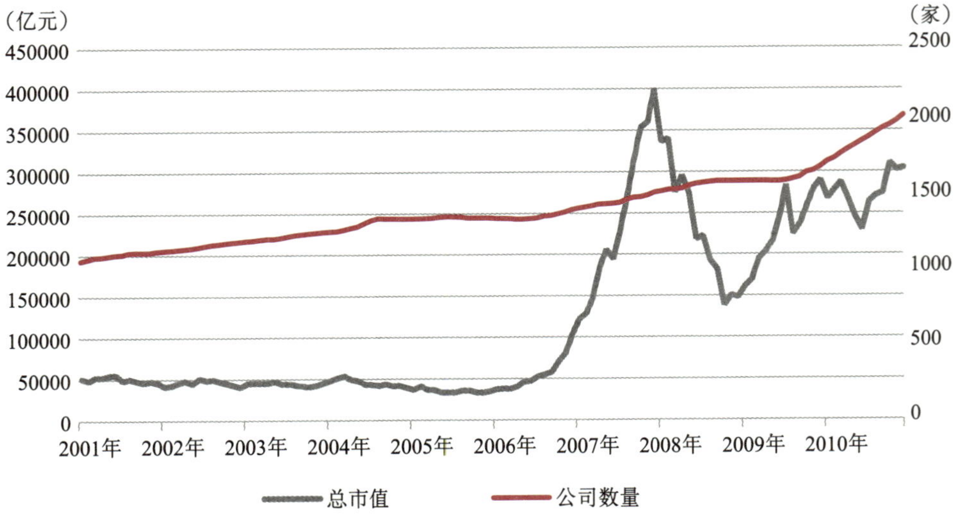

图 1-3　2001—2010 年中国上市公司市值及数量情况

股权分置改革之后，市值成为检验上市公司的重要指标。大批蓝筹股，如工商银行、中国银行、中国国航等大型国有企业陆续登陆证券市场，改善了证券市场的结构；2004 年深交所推出的中小企业板以及 2009 年推出的创业板，推动大量民营创新创业企业上市，为中国市场经济注入了新的活力；同时，各地方政府开始重视上市公司对地方经济的拉动作用，各地纷纷成立金融办等专业机构，负责地区上市相关事宜。

在市值效应的推动下，大股东有动力提升整体资产化率，有意愿将原在上市公司体外的优质资产并入上市公司。在此期间，涌现出大批的并购重组创新案例，例如，唐钢股份跨市场吸收合作邯郸钢铁、承德钒钛成立河北钢铁集团等。至此，我国证券市场已经涌现了一大批具有相当体量、业绩优良、治理规范，初具蓝筹股风采的优质上市公司，并且逐渐成为中国股票市场的“支柱”。

三、股票发行注册制改革，市值与国际接轨呈现两极分化趋势

进入千禧年的第二个十年，发行制度改革成为最重要的问题，我国 IPO 发行政策与股市波动密切相连，在 A 股历史上，IPO 共历经 9 次暂停，最长的有 14 个月，由于 IPO 公司供给有限、上市难、退市制度并没有真正落实，导致部分公司借壳上市引发壳资源炒作等，上市公司市盈率居高不下，市场炒作不断。这一阶段，发行与退市制度改革成为新时期需要重点解决的问题。

IPO 注册制改革是项巨大的系统工程，历经 7 年的探索：2013 年 11 月，党的十八届三中全会通过的《关于全面深化改革若干重大问题的决定》首次提出“推进股票发行注册制改革”；2018 年 11 月 5 日，习近平总书记在上海进博会上宣布推出科创板并试点注册制，旨在不断完善资本市场基础制度；2019 年 7 月，科创板正式开市。2019 年 12 月，新修订的《证券法》明确了全面推行证券发行注册制度，2020 年 8 月，创业板注册制首批企业在深交所上市；2021 年年底证监会易会满主席提出，“试点达到预期目标，全面实行注册制的条件已逐步具备”。未来，随着注册制配套制度规则不断完善，多层次资本市场建设将再上新台阶。

这十年中，我国上市公司数量稳步上升，2016 年突破 3000 家。2019 年 6 月 13 日，上海证券交易所科创板正式推出，2020 年 3 月 1 日起实施新《证券法》，为注册制改革落地奠定了法律基础。注册制下的创业板及科创板不再把企业资产规模大小、是否盈利作为首次发行上市的硬条件，而是综合考虑净利润、营业收入、预计市值等成长性指标作出判断，设立多项上市标准，针对未盈利、无营收的公司都有相对的上市标准，允许有特别表决权股份的公司首发上市，提高市场包容性，方便成长型创新创业企业上市，这标志着“市值指标”开始应用到 IPO 的发行标准中，具体情况如表 1－3 所示。

表 1－3　　　　　　　　　　注册制下创业板 IPO 上市条件

<table>
<tr><th colspan="6">创业板注册上市条件</th></tr>
<tr><th>企业类型</th><th>上市标准</th><th>预计市值（人民币）</th><th>净利润（人民币）</th><th>营业收入（人民币）</th><th>行业竞争</th></tr>
<tr><td rowspan="3">一般企业</td><td>标准一</td><td></td><td>最近 2 年均 >0，且累计≥5000 万元</td><td></td><td></td></tr>
<tr><td>标准二</td><td>≥10 亿元</td><td>最近 1 年 >0</td><td>最近 1 年≥1 亿元</td><td></td></tr>
<tr><td>标准三</td><td>≥50 亿元</td><td></td><td>最近 1 年≥3 亿元</td><td></td></tr>
<tr><td rowspan="3">红筹企业（境外未上市）</td><td>标准一</td><td>≥100 亿元</td><td>最近 1 年 >0</td><td>快速增长</td><td rowspan="2">拥有自主研发、国际领先技术，同行业竞争中处于相对优势地位的企业</td></tr>
<tr><td>标准二</td><td>≥50 亿元</td><td>最近 1 年 >0</td><td>快速增长，最近 1 年≥5 亿元</td></tr>
<tr><td>标准三</td><td>≥200 亿元</td><td>最近 1 年 >0</td><td>最近 1 年≥30 亿元</td><td></td></tr>
<tr><td rowspan="2">红筹企业（境外已上市）</td><td>标准一</td><td>≥2000 亿元</td><td>最近 1 年 >0</td><td></td><td></td></tr>
<tr><td>标准二</td><td>≥200 亿元</td><td>最近 1 年 >0</td><td></td><td>拥有自主研发、国际领先技术，科技创新能力强，同行业竞争中处于相对优势地位的企业</td></tr>
<tr><td rowspan="2">表决权差异</td><td>标准一</td><td>≥100 亿元</td><td>最近 1 年 >0</td><td></td><td></td></tr>
<tr><td>标准二</td><td>≥50 亿元</td><td>最近 1 年 >0</td><td>最近 1 年≥5 亿元</td><td></td></tr>
</table>

在此背景下，2020 年 12 月 31 日，沪深交易所向市场发布了退市新规，在保留“面值退市”等交易类退市标准的基础上，设置“3 亿元市值”退市指标，即对于上市公司，“连续 20 个交易日市值均低于 3 亿元”将面临退市。

随着注册制改革与退市制度改革的有序推进，我国资本市场形成了“有进有出，优胜劣汰”的基础制度。至此，与境外资本市场在基础制度方面全面拉平。在新的注册制时代，中国股市原有的问题均通过市场化方式得到了解决。注册制后 IPO 常态化发行、资产重组大幅减少、壳资源不再有炒作价值、退市常态化等，引导市场关注回归到上市公司本身的价值，这种“优胜劣汰”的市场化筛选机制将促进资本市场更好地发挥资源配置功能，促进实体经济发展和产业升级。

如今中国已成为仅次于美国的全球第二大市值市场、世界第二大强国，资本市场的繁荣优化了资源配置，为国家产业发展提供了多样的融资渠道。上市公司数量和总市值的增长直接反映了中国资本市场的日益繁荣。随着北交所的落地和配套制度的完善，预计未来还会有更多的企业获得资金活水的灌溉，畅通优质发展之路。

表 1－4　　注册制下科创板 IPO 上市条件

科创板注册制上市条件							
企业类型	上市标准	预计市值（人民币）	净利润（人民币）	营业收入（人民币）	研发投入（人民币）	经营性现金流（人民币）	行业竞争
一般企业	标准一	≥10 亿元	最近 2 年净利润均＞0 且累计净利润≥5000 万元，或者最近 1 年净利润＞0 且营业收入≥1 亿元				
	标准二	≥15 亿元		最近 1 年≥2 亿元	最近 3 年累计研发投入占累计营业收入≥15%		
	标准三	≥20 亿元		最近 1 年≥3 亿元		最近 3 年累计≥1 亿元	
	标准四	≥30 亿元		最近 1 年≥3 亿元			
	标准五	≥40 亿元	主要业务或产品需经国家有关部门批准，市场空间大，目前已取得阶段性成果。医药行业企业需至少有一项核心产品获准开展二期临床试验，其他符合科创板定位的企业需具备明显的技术优势并满足相应条件				
红筹企业（境外未上市）	标准一	≥100 亿元		快速增长			拥有自主研发、国际领先技术，同行业竞争中处于相对优势地位
	标准二	≥50 亿元		营业收入快速增长，最近 1 年≥5 亿元			
	标准三	≥200 亿元		最近 1 年≥30 亿元			
红筹企业（境外已上市）	标准一	≥2000 亿元					
	标准二	≥200 亿元					拥有自主研发、国际领先技术，科技创新能力较强，同行业竞争中处于相对优势地位
表决权差异	标准一	≥100 亿元					
	标准二	≥50 亿元		最近 1 年≥5 亿元			

表 1-5　2011—2021 年中国上市公司市值、数量及市盈率情况

年份	上市公司数量（家）	总市值（万亿元）	上证 A 股市盈率（TTM）	深证 A 股市盈率（TTM）
2011	2322	24. 94	11. 08	23. 59
2012	2475	26. 73	11. 76	27. 44
2013	2471	27. 20	9. 7	29. 62
2014	2595	42. 82	14. 23	36. 93
2015	2811	58. 41	16. 47	55. 86
2016	3037	55. 71	15. 77	45. 04
2017	3470	63. 15	15. 67	33. 23
2018	3568	48. 70	11. 01	21
2019	3760	65. 83	13. 4	38. 31
2020	4140	86. 93	17. 59	52. 07
2021	4603	98. 83	15. 13	38. 41

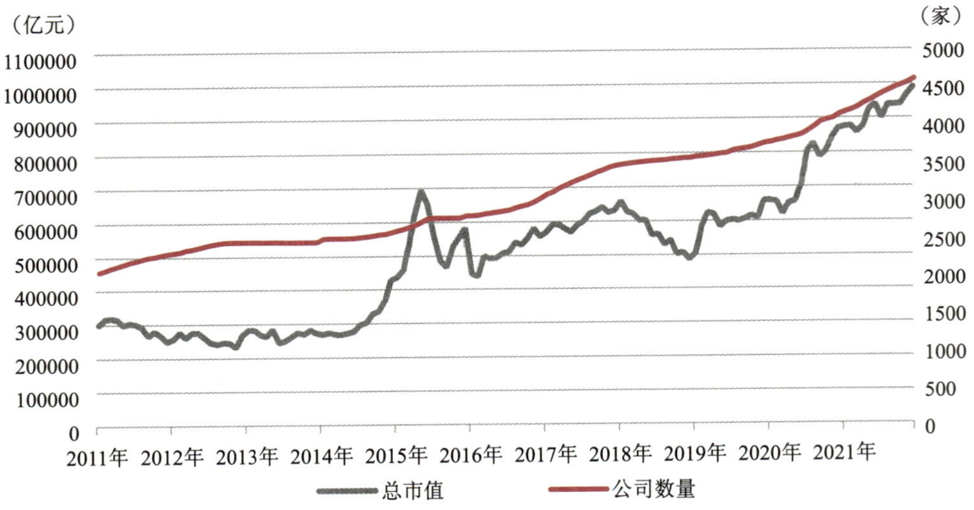

图 1-4　2011—2021 年中国上市公司市值及数量情况

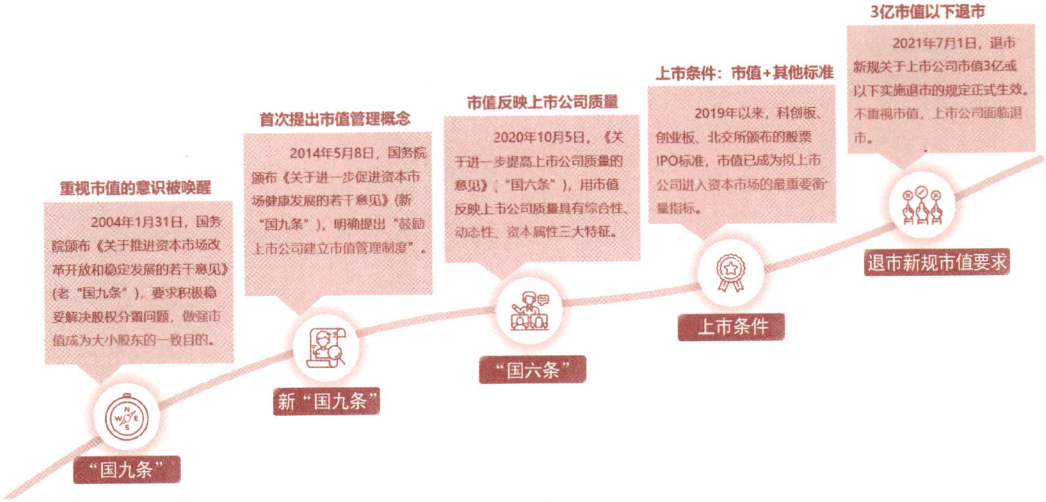

图 1-5　市值的重要性

第二节　中国投资者发展历程及投资理念的变革

一、初期散户为主的市场，炒作投机现象严重

1999年以前，中国资本市场基本上是以个人投资者为主的市场，散户间的博弈占据主导地位，而在这一大批投资者中，大部分都是缺乏专业知识、缺乏必要风控手段的个体投资者，一旦有什么风吹草动，就会“割肉逃命”，对投资者和市场的健康、稳定发展都是不利的。

这一时期，“庄股”盛行，庄家操纵股价屡禁不止。德隆系庄股事发后，仅新疆屯河、合金投资、湘火炬A、天山股份4家上市公司曝出的资金黑洞就超过35亿元之巨。德隆系上市公司将把盈余及公积金分光、“转”光，使得这些个股长期以来，每股净资产基本均是在面值1元之上徘徊。2000—2004年，由于很多“庄股”融资到期无法归还，导致资金链断裂，老“庄股”纷纷崩盘。庄股时代的终结是资本市场走向成熟规范的一大进步。后来，监管部门大力吸收养老金、社会保障资金等机构投资者进入市场，不断优化投资者结构有助于提升资本市场的韧性。

二、机构力量不断增强，促进资本市场高质量发展

为转变投资者结构，优化投资队伍，中国开始引入机构投资者制度，1998年3月，中国首家根据新基金方式建立的基金——基金金泰和基金开元成功募集，实质性地揭开了我国基金业大胆进取、稳妥有序发展的序幕。2001年9月，中国首家开放式基金“华安创新”正式上线，为我国开放式基金的发展打开了先河。中国证监会于2002年12月发布《合格境外机构投资者境内证券投资管理暂行办法》，正式启动了我国的QFII制度；2004年5月，深交所在主板市场设立了中小企业板块，上海交易所、深圳交易所推出了交易型指数基金、LOF、权证等创新品种，交易机制、交易技术也不断完善；2004年6月，酝酿已久的《中华人民共和国证券投资基金法》正式生效；2006年9月，经中国证监会批准，上海期货交易所、郑州商品交易所、大连商品交易所、上海交易所、深圳交易所联合发起成立中国金融期货交易所，对中国金融衍生品的发展起到重要的推动作用，对中国资本市场的现代金融体系建设起到重要的促进作用。

2010年4月，中国金融期货交易所推出了沪深300指数期货，是中国金融衍生品发展历史上里程碑式的大事；沪港通于2014年11月正式开通，为中国股票市场的跨界双向开放提供了一个典范；深港通于2016年12月开通。中国于2018年9月开放了“合格投资者”的A股账户，“洋散户”纷纷加入中国股票市场；沪伦通于2019年6月全面开通；

在 2021 年 8 月，MSCI 宣布与香港交易所签订了一项以 MSCI 中国 A50 指数为基础的股指期货合约，这标志着中国股票市场的互联互通程度进一步加深，并在此基础上建立了多层次的场内交易模式。

沪深 A 股经过多年的发展，已初步形成了多元化的格局。A 股投资者除个人投资者外，还包括证券投资基金（简称“基金”）、保险公司、社保基金、养老金、企业年金、证券公司、信托公司等，以及合格境外机构投资者（简称“QFII”）、人民币合格境外机构投资者（简称“RQFII”）、沪港通、深港通。

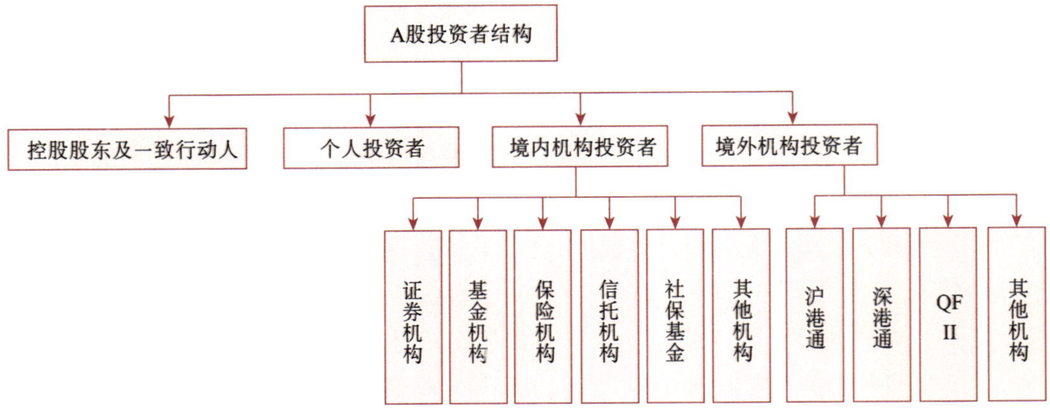

图 1－6　沪深 A 股投资者结构情况

1998 年以来，机构持股市值从不足 300 亿元增至 2021 年年底的 40 万亿元以上，在流通市值中所占比重保持在 56.58%，占沪深 A 股市值总额的 42.80%。机构持股比例的大幅上升反映了我国资本市场的迅速扩容，增强了股票市场的专业投研能力和财富管理能力。

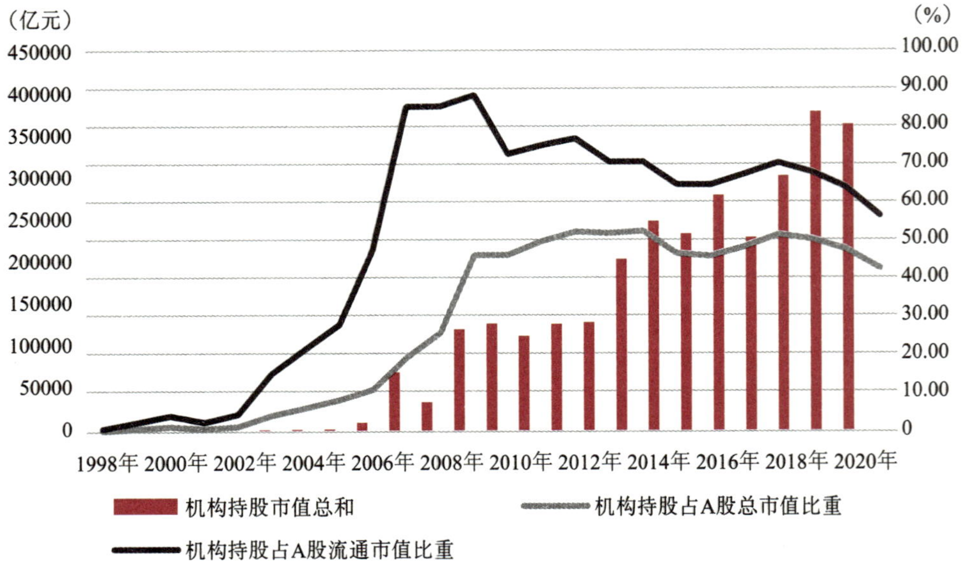

图 1－7　1998—2021 年沪深 A 股机构持股市值总和及占比情况

随着我国资本市场改革推进，宏观经济基本面的利好消息不断，沪深A股对资金和投资者的吸引力增强。除了北向资金之外，境外投资者、新发公募基金、私募基金等各类投资者纷至沓来，股市的财富效应吸引更多投资者持续入场，加速推动居民储蓄搬家和财富管理升级。根据数据显示，我国股票市场个人投资者数量远多于机构投资者，但个人投资者的持股总市值却与机构投资者相当。从增速来看，最近几年非自然人投资者（即机构投资者）增速加快；与之相对，自然人投资者（即个人投资者）增速放缓。截至2021年年底，已开立沪深A股账户的非自然人投资者数量为46.94万户，增速为12.51%。非自然人投资者数量的增速超过自然人投资者增速，从侧面印证了沪深A股市场机构化的趋势。从国际证券市场发展历程来看，未来沪深A股市场中专业机构比例上升将是趋势，沪深A股将进入机构投资者时代。

表1-6　2019—2021年沪深A股投资者数量情况

时间	自然人投资者数量（万人）	非自然人投资者数量（万户）	自然人增速	非自然人增速
2019	15937.22	38.02	9.05%	7.61%
2020	17735.77	41.72	11.29%	9.73%
2021	19693.91	46.94	11.04%	12.51%

作为资本市场的重要参与者，机构投资者具有较强的资金实力，在投资决策操作、信息收集分析、上市公司研究、投资理财等方面都具有专业水平和能力。在股票市场中，机构投资者逐渐成为股票市场的主导力量，对上市公司高质量的发展起到良好的推动作用，对市场形成长期价值投资的观念有重要的指导作用，有利于优化上市公司股权结构，稳定市值。

专业能力决定了机构投资者相对于个体投资者的高流动性，使机构投资者更加关注长期投资理念。较长时间的投资不易引起股价的剧烈波动，有利于促进上市公司长期高质量发展，稳定市场价值。与此同时，机构投资者也更加关注上市公司自身的质量。此外，机构投资者的行为和投资动向也是其他投资者在进行投资决策时的重要参考，对资本市场资金流动具有积极的导向作用。因此，提高机构投资者的比例，对稳定上市公司的市值和规模、资本市场的健康发展都具有积极作用，以市值作为其重要评价标准将进一步成为社会的共识。

三、政策法规进一步完善，资管行业得到快速发展

1995年，政府颁布《设立境外中国产业投资基金管理办法》，为中国资本市场开拓了新的发展之路，并对外资企业进行了积极的探索。随着我国《合伙企业法》的颁布，我国的创业资本开始出现，对我国的有限合伙制度进行了正式的立法，为我国创业资本的制度

创新打下了坚实的基础。2012 年，我国政府出台了一系列针对资本管理的政策，券商、基金、保险等金融机构纷纷介入，为资本运作开辟了新的渠道。此外，新三板市场的迅速扩张，使创业公司的退出通道得到了进一步的拓展，同时也带来了“中概股”的回流潮。根据科技部数据显示，全国创业投资管理资本总量由 1999 年的 306.2 亿元增长至 2019 年的 9989.1 亿元，CAGR 为 19.04%。2019 年，管理资本占 GDP 比重达到 1.01%。中国创业投资的构成中，政府引导基金出资占比为 8.7%，其他财政资金出资占比为 7.6%，国有独资投资机构出资占比 15.1%。

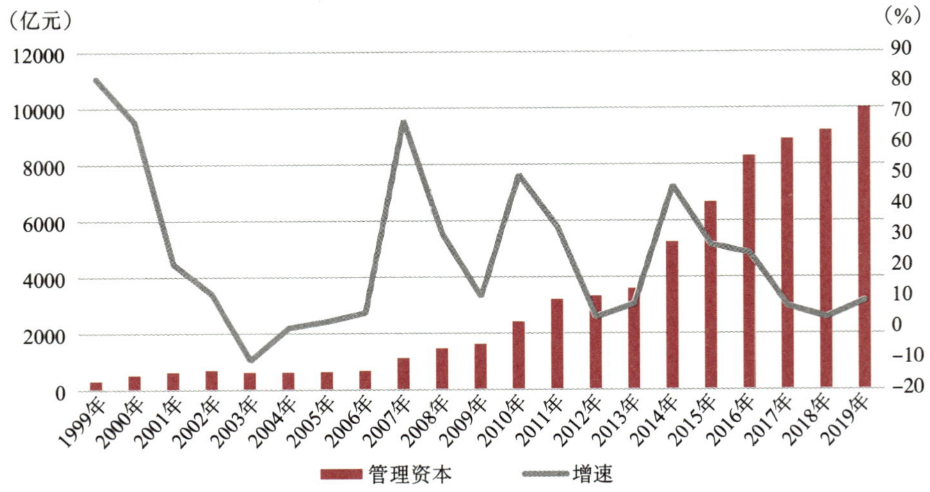

图 1-8　1999—2019 年中国创业风险管理资本规模及增速

四、境外投资者放开，中国股市纳入全球资产配置范围

（一）资本市场对外开放提速，投资者专业性增强

回望历史，外资流入 A 股共可以分为三个阶段：

一是 QFII 首次开放外资投资 A 股市场渠道。2002 年 11 月 5 日中国证监会和中国人民银行联合下发《合格境外机构投资者境内证券投资管理暂行办法》，标志着 QFII 制度在我国内地的确立和实施。2006 年 9 月 1 日《合格境外机构投资者境内证券投资管理办法》正式实施，中国证监会对有关问题进一步明确，每个合格投资者可分别在沪深证券交易所委托三家境内证券公司进行交易。2020 年 5 月 7 日，中国人民银行、国家外汇管理局正式发布了《境外机构投资者境内证券期货投资资金管理规定》，该规定除提出取消 QFII 和 RQFII 境内证券投资额度管理要求外，还提出对合格投资者跨境资金汇出入和兑换实行登记管理。这意味着，具备资格的境外机构投资者，只要登记就能自主汇入资金开展符合规定的证券期货投资。2020 年 9 月 25 日，经国务院批准，证监会、中国人民银行、国家外汇管理局发布《合格境外机构投资者和人民币合格境外机构投资者境内证券期货投资管理办法》，证监会同步发布配套规则《关于实施〈合格境外机构投资者和人民币合格境外机构投资者境内证券期货投资管理办法〉有关问题的规定》（办法及配套规则自 2020 年 11 月 1 日起施行）。这次 QFII 新规主要是降低准入和简化流程，一方面体现在降低合格投资者的准入门槛，包括合格投资者的报备材料方面，另一方面降低了托管银行的准入门槛，更有利于推广 QFII 业务。

二是互联互通机制加快市场双向开放。自 2014 年互联互通机制推出以来，沪深 A 股迎来更多海外长线资金。以互联互通机制为契机，不断深化和提升金融市场的开放度。沪港通、深港通作为全球首创的资本市场双向开放模式，为沪深 A 股市场制度带来了潜移默化且意义重大的改变。根据数据显示，2019 年至 2021 年 12 月 31 日互联互通交易额不断提升，其中沪港通由 2019 年的 4.99 万亿元增长至 2021 年的 12.05 万亿元。深港通由 2019 年的 4.77 万亿元增长至 2021 年的 14.94 万亿元。沪深港通成交持续活跃、屡创新高，已经成为中外投资者跨境资产配置的主要渠道。

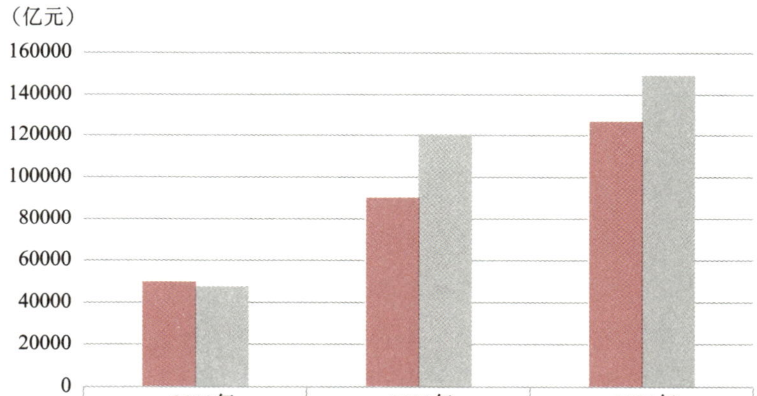

	2019年	2020年	2021年
沪港通交易额（亿元）	49913.66	90358.58	126860.36
深港通交易额（亿元）	47658.24	120527.37	149435.56

图 1－9　2019—2021 年年底沪港通、深港通交易额

三是逐步开放一般境外投资者的权限。互联互通机制是推动全球主要指数纳入 A 股的重要因素，推动了境外机构对中国金融资产的系统配置比重的提升。目前，除了被 MSCI、富时罗素等国际主要指数纳入或提高权重外，标普道琼斯指数、摩根大通和彭博巴克莱指数也都在考虑将 A 股纳入其中。我国股票的外资配置将继续扩大，进一步加强外资对国内资本的示范作用，推动市场确立价值投资理念，在一定程度上削弱投机属性和程度，降低市场换手率，促进小盘绩差股边缘化，实现股票估值国际化，提高机构投资者在市场中的比重。

（二）境外投资者投资风格突出，大盘蓝筹股受追捧

投资风格上，境外投资者持股集中，注重基本面，对大市值、低估值、高盈利、高股

息的优质龙头偏重，因此倾向于避开市值过小、流动性差的小盘股。从 2019 年年初开始，国内投资者对境外资金流入动态的关注明显增加，境外资金对市场预期的引导作用明显增强。从三个方面来看，海外资金对市场的预期具有较强的引导作用。首先，境内投资者认为境外资金掌握市场信息比较充分，投资能力较强。其次，海外资金是当前市场最重要和比较确定的增量资金，在市场依然比较脆弱、存量资金博弈特征明显的情况下，境外资金作为增量资金从边际上对市场价格产生较大的影响。三是境外资金持仓偏好稳定，筹码集中，对于其重仓的白马股、龙头股交易活跃，从而对这类核心资产的定价能力不断提升，进而影响整个市场。据资料显示，贵州茅台、恒瑞医药、海康威视三年来境外投资者的成交额占该股成交额的比例仍维持在 50% 左右。

第三节　注册制时代市值特征

一、沪深 A 股市场活跃度呈现阶段性

活跃的股票市场能够积极发挥促进实体经济发展的助推器作用，然而 21 世纪以来，作为描述市场活跃程度的重要指标，我国股票市场的换手率呈现阶段性变动。根据数据显示，自 2016 年起至 2021 年，沪深两市日均换手率一直保持较高水平，市场流动性整体上有所上升。体量庞大的证券市场、高频率的交易换手率，充分体现了在新形势下打造有韧性的中国资本市场已经初步形成，为开启全面建设社会主义现代化国家新征程奠定坚实的基础。

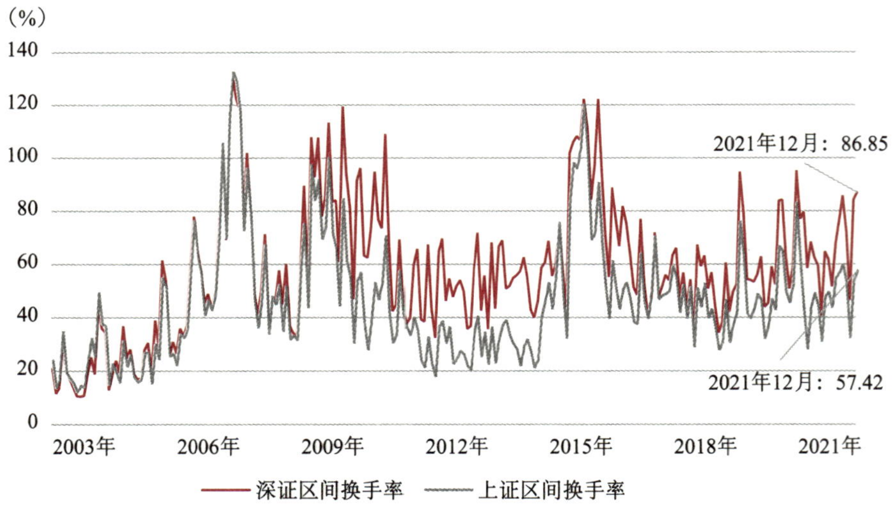

图 1－10　2003—2021 年年底沪深两市月均换手率情况

二、沪深A股市值呈现“马太效应”

伴随着资本市场注册制的逐步完善，供给端企业上市加速，引进了更高质量的高新产业公司。而供给的扩张又导致壳资源稀缺性的减少，使市场估值逐步回归理性，完善退市制度，促进市场出清。在需求方面则有越来越多的资金流入，投资基金规模不断扩大，品质好、流动性强的优质大公司显得尤为稀缺，由此造成资本市场的“马太效应”。在市场价值分布上，截至2021年年底我国沪深A股上市公司市值在100亿元以下的公司数量占比约为65%。

表1-7　　2019—2021年上市公司市值分级情况

市值	2021年		2020年		2019年	
	上市公司数量（家）	占比	上市公司数量（家）	占比	上市公司数量（家）	占比
大于1000亿元	170	3.69%	140	3.28%	97	2.51%
500亿至1000亿元	164	3.56%	138	3.23%	96	2.48%
100亿至500亿元	1283	27.87%	1034	24.24%	860	22.22%
50亿至100亿元	1176	25.55%	993	23.28%	890	23.00%
50亿元以下	1810	39.32%	1961	45.97%	1927	49.79%
总计	4603	100.00%	4266	100.00%	3870	100.00%

从上市公司成交额情况来看，截至2021年年底，沪深A股市场日均成交额排名前10%的公司（460家）总市值占市场的53.78%；此外，日均成交额排名前10%的公司累计日均成交额占沪深A股累计日均成交额的51.71%。沪深A股市场日均成交额排名后10%的公司（460家）总市值在市场的占比仅为1.47%左右，同时在营业收入、净利润等数据上存在巨大差异。预期未来的“马太效应”在价值投资导向下愈演愈烈。

表1-8　　2019—2021年上市公司成交额及市值情况

年份	排名	日均成交额（亿元）	日均成交额占比	总市值（亿元）	市值占比	平均营业收入（亿元）	平均净利润（亿元）
2021	排名前10%上市公司	5820.68	51.71%	531286.29	53.78%	1125.50	110.44
	排名后10%上市公司	82.92	0.74%	14472.63	1.47%	2.53	-13.85
2020	排名前10%上市公司	4269.06	46.17%	490708.17	56.45%	943.97	91.84
	排名后10%上市公司	87.18	0.93%	13024.18	1.50%	2.13	-12.85

续表

年份	排名	日均成交额（亿元）	日均成交额占比	总市值（亿元）	市值占比	平均营业收入（亿元）	平均净利润（亿元）
2019	排名前10%上市公司	2428.36	43.78%	369121.27	56.07%	911.13	89.38
	排名后10%上市公司	68.40	1.23%	11804.81	1.79%	2.05	-9.64

三、机构关注度与市值正相关，部分公司无人问津引发市值焦虑

据统计，2021年机构来访接待量为0次的上市公司数量为2630家，这类公司在各个板块的平均市值远低于接待机构多的上市公司。大市值公司受到更多机构投资者的关注和青睐，而低市值上市公司也变得越来越无人问津，两极分化的情况日益凸显。

表1-9　　2021年上市公司机构来访情况

机构来访接待量	深主板		创业板		沪主板		科创板	
	公司数量（家）	平均市值（亿元）	公司数量（家）	平均市值（亿元）	公司数量（家）	平均市值（亿元）	公司数量（家）	平均市值（亿元）
1000家以上	9	1266.76	5	1702.79	2	796.20	11	426.98
500—1000家	26	583.11	18	432.05	4	1823.29	27	259.13
300—500家	32	358.52	25	407.54	13	463.35	30	189.70
200—300家	33	405.90	29	200.67	5	377.62	22	149.57
100—200家	96	350.45	79	206.57	29	136.93	46	155.74
1—100家	617	202.88	454	142.16	204	221.88	157	155.18
0家	669	80.05	480	57.27	1398	326.03	83	122.27
总计	1482	177.77	1090	129.03	1655	315.30	376	166.01

四、ETF基金等被动型投资产品越来越受到欢迎

ETF是一种非常有效的投资方式，它具有高效率、低投资、高透明度、高选择等特性，既能让投资更轻松，又能让投资者分享到资本市场发展的红利。目前，我国股票ETF的总规模已经超过了10000亿元，但仅占到了A股市场的1%，与美国股票ETF 10%的比例相比，其发展潜力依然巨大。

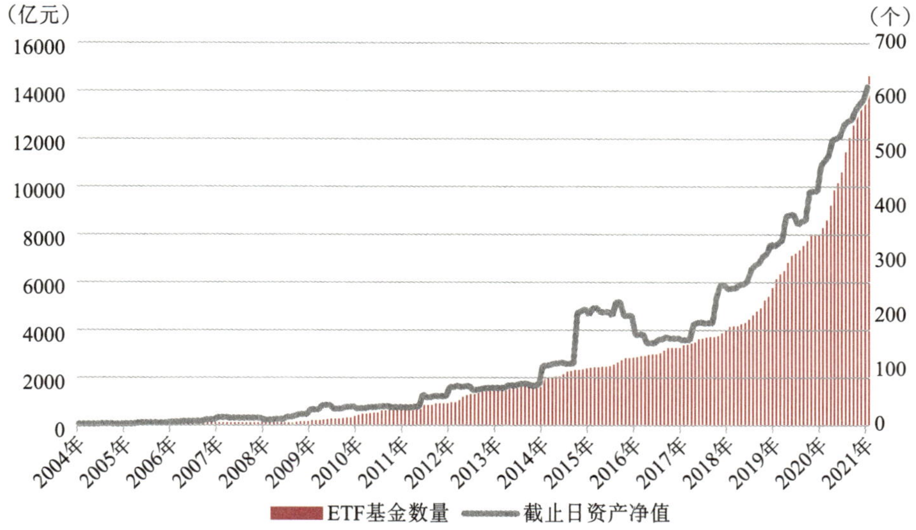

图1－11　2004—2021年ETF总规模及基金数量情况

五、融资融券规模不断扩大，成为企业外部治理的重要力量

融资融券交易制度，是指投资者向证券公司提供担保物，借入资金以买入证券（融资交易）或借入证券并卖出（融券交易）的交易方式。2010年3月，我国内地融资融券交易试点正式启动，它的出现将卖空机制引入市场，标志着单边市时代的结束，沪深A股融资融券余额规模自启动首日的0.07亿元增长至2021年年底的1.83万亿元。随着注册制改革的全面展开，融资融券标的不断扩容，未来融资融券规模将进一步扩大。

融资融券机制的不断优化，推动了上市公司的治理水平的提升。在管理者层面，融资融券将会给管理层施加卖空的压力，进而限制其行为；而在股东层面，由于融资融券可以有效地挖掘和回应消极信息，降低企业对消极信息的控制能力，提高管理层作出决策失误的代价，使公司在运营中更加审慎。一方面，成为融资融券标的的利好消息使股票价格的上涨更为充分，大股东提高公司治理水平所获得的利益也有所提高。另一方面，当公司经营状况不佳时，大股东就更难利用负面信息差获利。因此，大股东更有动力监管管理层，从而改善公司的治理结构。

第四节　市值管理的重要意义

一、市值管理的发展

国务院国资委于2005年9月9日在《关于上市公司股权分置改革中国有股股权管理

有关问题的通知》（国资发〔2005〕246号）中提出“对上市公司国有控股股东进行业绩考核时，要考虑设置其控股的市值指标”。2014年5月9日，国务院发布了《关于进一步促进资本市场健康发展的若干意见》，提出“鼓励上市公司建立市值管理制度。完善上市公司股权激励制度，允许上市公司按规定通过多种形式开展员工持股计划”。2018年10月26日，全国人大修订《中华人民共和国公司法》增加“上市公司为维护公司价值及股东权益所必需”为允许股份回购的情形，这意味着上市公司能够以价值最大化为目标，进行科学合理的市值管理，从而实现风险管控能力、经营价值和投资价值的提升。

但在市值管理实践中，部分上市公司把市值管理等同于“股价管理”，通过内幕交易、概念炒作、虚假包装等手段操纵二级市场的股票价格，以此来牟利，严重损害中小投资者的利益。此前，由于涉嫌举报多家上市公司操纵股价的叶飞被捕，处于灰色地带的“伪市值管理”又一次引起市场关注，同时也迎来更严格的监管。一方面，中国证监会建议市场各方参与者要对市值管理形成正确的认识，强调依法合规的市值管理与操纵市场等违法违规行为之间有明确的界限和本质的区别，同时要坚持“三条红线”（严禁操控上市公司信息、严禁进行内幕交易或操纵股价、严禁损害上市公司利益及中小投资者合法权益）和“三项原则”（主体适格、账户实名、披露充分），正确把握上市公司市值管理的合法性边界。另一方面，中国证券业协会、中国期货业协会、中国上市公司协会和中国证券投资基金业协会联合发布《远离伪市值管理的倡议书》，并向各上市公司及其控股股东、实际控制人、董监高、证券基金期货经营机构及其从业人员发出。随着中国资本市场新的生态体系的形成，上市公司正确认识到市值管理的边界，回归市值管理的轨道，才能真正为投资者创造价值。

二、市值管理的重要性

在股权分置改革政策和创新发展理念的深入影响下，中国资本市场环境孕育了上市公司的市值管理科学。随着金融供给侧结构性改革的深入，建立市值管理机制是资本市场基础制度完善的一项重要措施。建立市值管理机制，有利于提高上市公司质量，引导上市公司通过资本市场完善现代管理制度，建立健全市场化经营机制，规范经营决策；促进资本市场从上市公司数量增长向上市公司质量的转变；有助于发挥资本市场在企业并购过程中的主渠道作用，强化资本市场的产权定价和交易功能。

市值管理可以从稳定上市公司、提升市场价值的角度出发，通过战略规划、经营管理、投资者关系管理等手段，使股价能充分反映公司内在价值，提升公司的品牌形象，从而达到稳定股价的目的。市值管理是控股股东持有股票或资产保值增值的有效手段，是市场和股东评价高管管理能力和管理效率的重要指标，有助于提高股东对公司高管的支持度和对资本市场的认可。同时，市值也是财富的载体，上市公司通过股权激励等科学合理的市值管理方法也实现了公司员工与投资者的共同富裕。

第二章
影响上市公司市值的“8+E”因素

第一节 影响上市公司市值的逻辑

市值是量化评估上市公司质量最重要的指标，在有效资本市场中，上市公司内在价值与投资者给出的估值在“市值”这个点上实现了动态平衡，市值围绕着内在价值上下波动，是上市公司内在价值在投资者给予的估值上最准确的外在体现。通过市值来评价上市公司价值已成为资本市场各方的共识，是投资者判断上市公司的第一印象，影响市值的因素是多样的，如宏观环境、行业发展、营商环境、经营业绩、投资者关系、资本结构和资本运作、股票在二级市场交易的情况以及投资者认可度等。这些因素相互作用，影响着上市公司的股票市值。而从上市公司市值亦能映射出该公司的治理水平、业绩水平、科技创新水平等多层信息。因此，做好市值管理格外重要。

实现市值管理要先找到影响市值的因素，市值＝净利润×市盈率，影响市值主要是两方面的因素：一是内因，净利润代表公司的盈利水平，反映公司的经营情况，这个需要上市公司苦练内功，提升公司基本面；二是外因，市盈率受宏观、行业、投资者预期、投资者关系管理等多方面因素影响，是通过二级市场投资者交易形成的，反映了市场对上市公司的估值。

结合市值理论与资本市场实践，我们总结归纳出影响市值的“8+E”因素，即传统视角下影响市值的八大因素，以及新时代碳中和背景下ESG及可持续发展因素。影响上市公司市值的八大因素分为外部因素和内部因素两大类：其中外部因素包括宏观环境、行业发展和营商环境三大因素；内部因素包括公司治理、盈利与成长性、科技创新、资本运作和投资者关系管理五大因素。

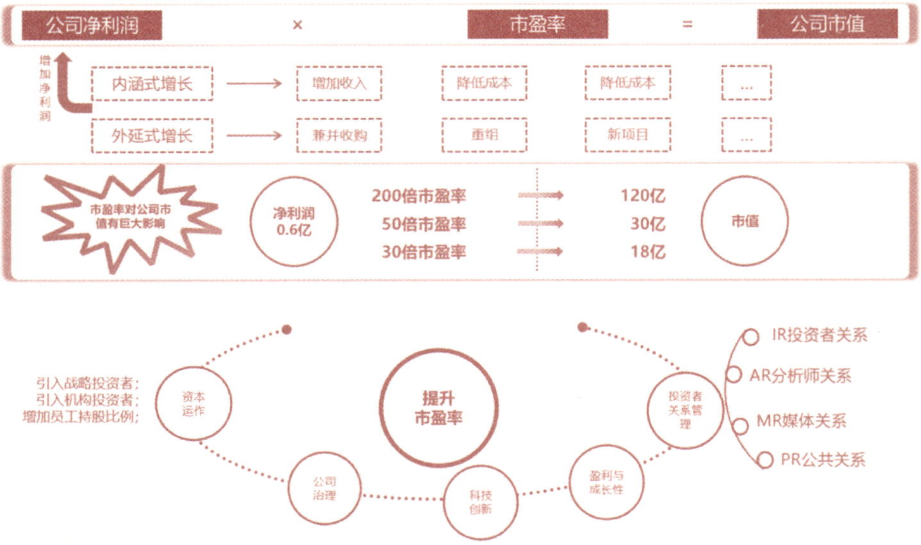

图 2-1　市值提升的核心：乘法原理

图 2-2　影响市值的“8+E”因素

外部因素是上市公司发展的客观条件，通常情况下外部因素是不以上市公司的意志为转移的。外部因素包括宏观环境、行业发展和营商环境：

1. 宏观环境是指社会发展的“大趋势”，正所谓“时势造英雄”，在经济的“康波”上行时，企业和资本市场都能得到蓬勃发展，资本市场容易获得更充足的流动性，上市公司更易获得更高的估值，但在周期下行时，许多企业会面临增速放缓、产能出清的转型阵痛。

2. 行业发展是指不同时代趋势下，不同行业的发展前景是不一样的，拥有高成长性的行业也随趋势变化在不断交替。上市公司的主营行业是它的“出身”，上市公司应顺应行业的生命周期，在成长期时抓住机遇扩张，在衰退期时收缩转型。

3. 营商环境是指企业在市场经济活动中所涉及的体制机制性的因素和条件。在一个公开透明、公平公正的营商环境下能更好地发挥市场的作用，挖掘企业家和上市公司的潜力与价值。而在无序的营商环境中，企业发展乱象丛生，市场传导机制扭曲，不利于企业发展。

影响上市公司市值的内部因素相对外部因素更加可控，上市公司可以通过提高公司治理水平、提高科技创新水平来进行内涵性发展，通过并购重组等资本运作方式来进行外延性发展，通过做好投资者关系管理来做好价值经营，向投资者准确地传递公司价值。此外，由于全球处于碳中和进程中，企业ESG的治理及披露要求也不断趋严，投资者对企业ESG治理的关注程度也在不断上升，ESG报告作为企业财务信息的重要补充，可以让投资者更好地了解上市公司可持续发展的理念、履行的社会责任和规划部署，是公司未来价值判断的重要参考。

第二节 影响上市公司市值的因素之一：宏观环境

自改革开放以来，中国宏观经济历经四十余年的发展，增长模式已经由出口、投资驱动转向创新驱动，而由创新驱动经济增长模式与前两个阶段有着本质的区别。在出口、投资驱动经济增长阶段，是向发达国家工业化看齐的追赶期，国家工业化、城镇化和制造业的发展大多是重复发达国家工业化经历的过程，在这两个阶段中，中国承接的是发达国家低端产业链的转移，发展中的技术大多科技含量较低，研发难度较低，或可以向国外进行技术购买。如今国家推进创新驱动的经济增长战略，是要在前两个增长阶段成果基础之上，以科技成果向现实生产力转化，提升产业链水平，来解决前两个阶段的发展逐渐暴露出的问题，如产能过剩严重、生态环境恶化等。

从2018年中美贸易战以来，国人逐渐意识到许多高科技领域仍是由欧美发达国家掌握，中国想要制造出高端产品则面临被技术专利国“卡脖子”的风险，我国急需内生科技创新动力来解决面临的技术难题。然而，目前市场机制不能及时出清从事低端制造的企业，市场倒逼企业转型的传导机制扭曲，导致大部分企业存在创新转型动力不足的现象。因此，要激发市场创新活力，需要纠正市场传导机制，进而潜移默化地影响企业的经营决策。

资本市场是国民经济的晴雨表，资本市场能够反映宏观经济。1990年沪深交易所创立，A股从“老八股”时期发展至2021年12月31日，共4603家上市公司，总市值从23亿元增长至98.83万亿元。资本市场创立三十年来，许多上市公司得益于资本市场成长为行为巨头，引领了一个行业的发展。从1996年起，每五年观察资本市场行业市值规模，可以看出早期的房地产、石油石化、银行、非银行金融等传统行业先后成为资本市场的龙头，近十年电力设备、医药生物、电子等高科技行业崛起引领资本市场发展。

表2-1　　每五年A股市值前五行业及市值规模

年份	行业	总市值（亿元）	占总市值比例	说明
1996	房地产	1525.08	14.13%	1978—1998年，中国城镇住房制度改革逐渐深化，房地产市场逐渐放开，到1998年福利化分房彻底结束
	化工	906.87	8.40%	1994年，国务院决定对化肥、农药等农业生产资料流通体制进行重大改革
	公用事业	859.81	7.97%	申能股份、粤电力市值较大
	商业贸易	516.59	4.79%	外商投资企业出口保持较快增长
	家用电器	478.71	4.43%	四川长虹成为家电行业龙头企业
2001	化工	5760.48	12.62%	中国石化上市
	公用事业	4029.15	8.82%	固定资产投资继续增长，国家重点建设得到加强。全社会固定资产投资完成23660亿元，比上年增长18.2%
	房地产	3743.06	8.20%	共64家房地产公司实现上市
	医药生物	2883.37	6.32%	2000年医药行业生产、销售、出口和效益均创近年来最高水平
	交通运输	2848.19	6.24%	宁沪高速、东方航空、上海机场等成为基建代表企业
2006	银行	39455.10	38.19%	国有银行完成股份制改造，工商银行、中国银行陆续上市
	化工	10885.29	10.54%	中国石化市值快速增长
	交通运输	7847.90	7.60%	京九铁路全线正式投入运营。南疆铁路西段正式开工建设。沪宁高速公路全线通车
	房地产	4727.64	4.58%	万科A市值快速增长
	公用事业	4721.14	4.57%	长江电力、大唐发电上市

续表

年份	行业	总市值（亿元）	占总市值比例	说明
2011	银行	58393.87	23.41%	工农中建交五大国有行已全部上市
	采掘	31903.69	12.79%	中国石油上市
	非银金融	16906.34	6.78%	证券公司逐步完成股份制改造，招商证券、华泰证券上市，中国平安、中国人寿、中国太保上市
	化工	15011.00	6.02%	盐湖股份上市
	医药生物	10294.50	4.13%	多家生物医药企业成功上市
2016	银行	82819.76	14.87%	2016年，多家商业银行集中上市
	非银金融	44659.23	8.02%	中国平安、中信证券市值快速增长
	医药生物	35574.59	6.39%	居民生活水平持续提高、医疗卫生体制改革不断深化，上海莱士、恒瑞医药市值快速增长
	化工	32098.89	5.76%	多家化工企业实现上市
	采掘	26764.23	4.80%	多家采掘行业企业出现市值下滑
2021	银行	99640.43	10.08%	6家国有银行、9家商业银行、16城商行、10家农商行已上市
	电子	83558.33	8.45%	中芯国际、华润微等一大批芯片企业上市科创板
	医药生物	82825.45	8.38%	迈瑞医疗上市
	食品饮料	72132.89	7.30%	中共中央、国务院发布《关于深化改革加强食品安全工作的意见》
	化工	69373.18	7.02%	万华化学、恩捷股份市值实现快速在增长

国家发展的宏观环境在长周期下是呈阶段性的变化的，与上市公司是互为影响的关系，良好的宏观环境有助于资本市场的发展，资本市场是上市公司发展的助推器，健全的资本市场能够发挥资源调配、融资重组等作用，帮助上市公司进行产业调整、业务发展；而上市公司是地区经济发展的主要力量，上市公司可以扩充地区的利税和就业，并且带动其产业周边的中小企业发展，上市公司强则经济强，宏观环境与上市公司是相辅相成的。因此，上市公司的壮大发展离不开宏观背景，宏观经济增长也离不开上市公司的创新进取。

案例2-1：恒大地产，房地产行业下行周期，融资政策收紧后陷入债务扩张危机

恒大是国内优秀的地产开发商，在行业内处于领跑地位，2009年恒大在香港主板上市，彼时正值国家"四万亿刺激"政策，房地产行业迎来黄金时期，上市后的恒大积极扩张，2013年许家印提出了"到2020年实现销售额5500亿元、土地储备超过3亿平方米、解决就业超过200万人"的宏大目标。在当时，千亿销售额对于大多数房产企业来说都难以跨越，5500 亿元更是遥不可及的天文数字。为实现这一目标，恒大采取的是“三高一低”战略，即“高负债、高杠杆、高周转与低成本”。正是依靠这一模式，2016 年，恒大集团实现年销售额 3733 亿元，第一次超越万科成为行业第一。

但是，高杠杆伴随着高风险。当行业相关政策缩紧时，企业现金流与负债的结构平衡可能会被打破，高杠杆高负债的经营手段难以为继。2017 年，国务院提出建立房地产长效机制，开始出台一系列政策对房地产行业进行调控，许多房地产公司在 2018 年开始进行转型收缩，但是，恒大 2017 年后仍通过其一贯的运营模式经营，并没有收缩其资产负债规模。进入 2020 年，央行、银保监会等机构针对房地产企业提出“三道红线”的指标，即剔除预收款项后资产负债率不超过 70%、净负债率不超过 100%、现金短债比大于 1，触及“三道红线”的房地产企业不得新增有息债务，该政策出台使恒大在金融政策宽松时期产生的负债结构逐渐打破，庞大的负债使恒大逐渐陷入债务危机。据统计，恒大的负债规模达 1.95 万亿元，有息负债 8000 亿元，随后恒大出现承兑汇票违约，其市值开始随着暴露的信用风险而急剧下跌。

2021 年 12 月 31 日，恒大的市值仅为 209.95 亿港币，较 2017 年 10 月 20 日的最高市值 4144.10 亿港币下跌近 20 倍。在面对行业政策调控、不确定性风险较大的市场环境时，恒大仍然采取高杠杆的模式扩张。当房地产融资政策变化后，恒大便深陷债务旋涡，企业发展应顺应行业发展的趋势，逆势而为会使企业更容易陷入危机。

第三节　影响上市公司市值的因素之二：行业发展

不同时代国家侧重发展不同的行业，行业本身的生命周期也与宏观环境有密切的关系。行业生命周期分为形成期、成长期、成熟期和衰退期四个阶段。一般来说，处于成长期的行业具备高景气度，其上市公司能获得更高的估值溢价。如上节所提到的三个宏观经济增长阶段，第一阶段出口贸易、交通运输、出口制造业是成长性高、盈利能力强的行业；第二阶段，房地产行业及其相关的建筑装饰、家用电器等行业是经济增长中最受益的行业；第三阶段，则以科技、新能源为代表的行业将作为未来几十年的资本市场引领者。

上市公司应关注自身行业所在的生命周期，行业处在不同阶段所承载的投资者预期不同，企业的经营战略也不一样，则该行业的市盈率也会存在变化。以房地产行业的龙头万科为例，万科的市盈率在不同发展阶段是不一样的，万科的市盈率在 2007 年前后达到最高，2021 年市盈率最低，正好符合房地产行业的发展周期。

因此，行业平均市盈率并不是不变的，行业平均市盈率会随着投资者的投资预期发生变化，而影响投资者预期的因素是多样的，随着市场环境的变化，投资者对行业的预期也将发生变化。如近年来国家政策向新能源、新能源汽车等产业的倾斜，使电气设备、汽车

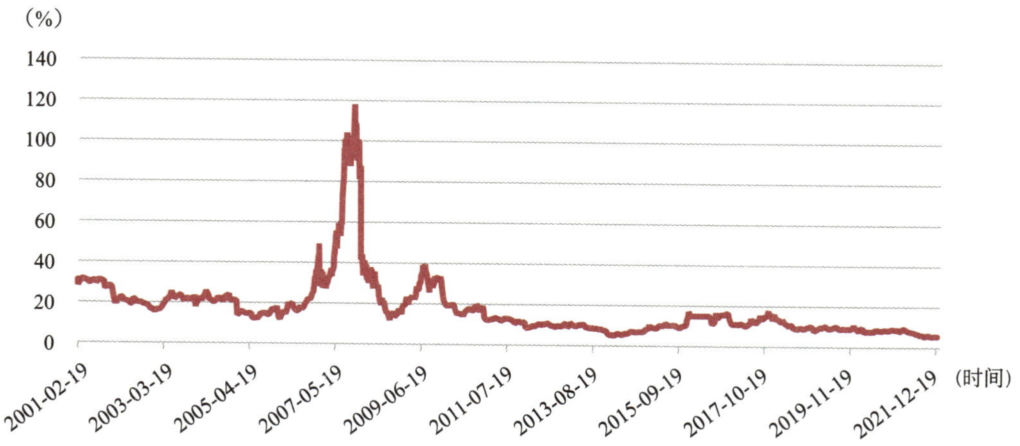

图 2-3 2001—2021 年万科市盈率（静态）

行业受到投资者热捧，市盈率也随之上涨，与之相关的锂电、化工等产业也随之利好。

表 2-2 各行业市盈率及增长率

行业	2018 年	2019 年		2020 年		2021 年	
	市盈率（%）	市盈率（%）	增长率（%）	市盈率（%）	增长率（%）	市盈率（%）	增长率（%）
基础化工	13.24	21.64	63.44	30.85	42.56	20.17	-34.62
钢铁	5.78	9.76	68.86	14.55	49.08	9.49	-34.78
有色金属	22.95	38.32	66.97	48.66	26.98	29.39	-39.60
建筑材料	10.24	13.04	27.34	14.51	11.27	14.75	1.65
建筑装饰	10.19	9.51	-6.67	8.98	-5.57	9.66	7.57
电力设备	22.65	32.25	42.38	47.74	48.03	55.35	15.94
机械设备	23.66	26.78	13.19	30.14	12.55	26.77	-11.18
国防军工	53.57	57.97	8.21	75.42	30.10	72.09	-4.42
汽车	13.49	19.51	44.63	31.70	62.48	31.47	-0.73
家用电器	10.66	17.12	60.60	28.27	65.13	17.97	-36.43
纺织服饰	18.84	25.30	34.29	36.80	45.45	20.24	-45.00
轻工制造	15.48	24.27	56.78	25.71	5.93	23.01	-10.50
商贸零售	14.97	14.79	-1.20	27.27	84.38	32.50	19.18
农林牧渔	26.01	31.98	22.95	16.01	-49.94	51.31	220.49
食品饮料	22.71	32.60	43.55	53.65	64.57	44.24	-17.54
社会服务	26.53	34.28	29.21	164.64	380.28	88.68	-46.14
医药生物	24.66	36.43	47.73	45.35	24.49	35.06	-22.69
公用事业	19.37	19.04	-1.70	18.57	-2.47	28.56	53.80
交通运输	16.22	17.57	8.32	24.83	41.32	14.92	-39.91
房地产	8.82	9.89	12.13	8.56	-13.45	8.33	-2.69
电子	23.17	42.87	85.02	49.95	16.52	36.14	-27.65
计算机	37.60	58.10	54.52	70.65	21.60	53.29	-24.57
传媒	21.21	41.66	96.42	36.18	-13.15	31.49	-12.96
通信	35.16	37.72	7.28	37.48	-0.64	38.33	2.27
银行	5.95	7.02	17.98	7.24	3.13	6.02	-16.85

续表

行业	2018 年	2019 年		2020 年		2021 年	
	市盈率（%）	市盈率（%）	增长率（%）	市盈率（%）	增长率（%）	市盈率（%）	增长率（%）
非银金融	15.00	15.92	6.13	18.73	17.65	14.46	-22.80
综合	25.10	32.51	29.52	36.39	11.93	61.12	67.96
煤炭	8.04	8.62	7.21	10.15	17.75	9.47	-6.70
石油石化	12.42	15.48	24.64	18.54	19.77	13.39	-27.78
环保	19.43	22.89	17.81	21.24	-7.21	22.36	5.27
美容护理	28.27	27.77	-1.77	45.19	62.73	55.22	22.20

在国家政策利好时，处于该产业的公司能够得到更好的发展，市值也能获得更高的回报率。2010 年国务院颁发《国务院关于加快培育和发展战略性新兴产业的决定》，作出加快培育和发展战略性新兴产业的决定；之后国务院接连颁发《关于印发“十二五”国家战略性新兴产业发展规划的通知》和《关于印发“十三五”国家战略性新兴产业发展规划的通知》，将国家战略性新兴产业发展列为“十二五”规划和“十三五”规划。2012 年 2 月 1 日，深交所宣布发布深证战略性新兴产业指数系列，包括深证战略性新兴产业指数、中小板战略性新兴产业指数、创业板战略性新兴产业指数。通过对比深证成指和深证战略性新兴产业指数系列的股价走势，可以看出战略性新兴产业走势要比深证成指更为强势。实际上近年来在国家对战略性新兴产业的扶持下，战略性新兴产业得到长足发展，投资者在资本市场也对战略性新兴产业的优质公司抱有长期看好的预期，国家产业政策对战略性新兴产业在产业发展和融资上都起到非常关键的作用。

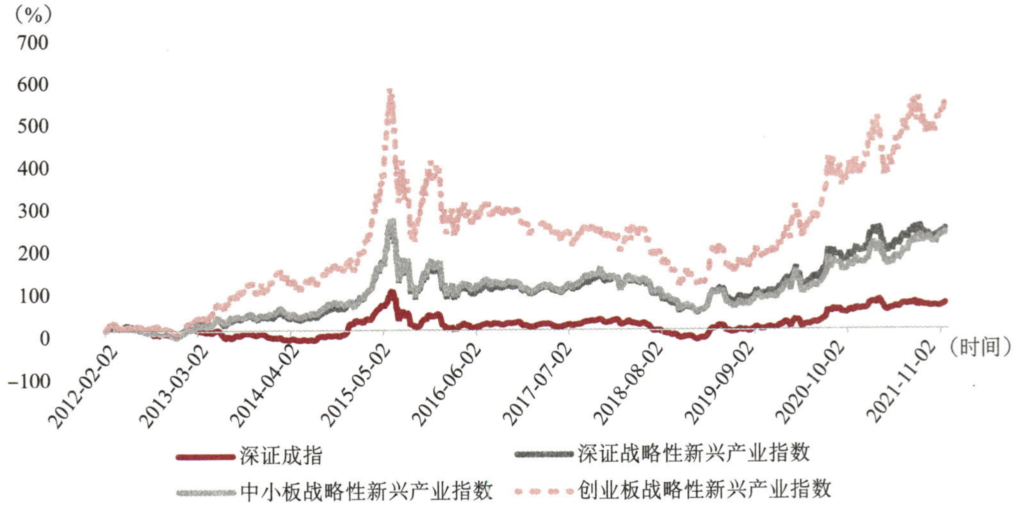

图 2-4　深证成指 VS 深证战略性新兴产业指数系列

2015 年 11 月，习近平总书记在中央财经领导小组第十一次会议上首次提出“供给侧结构性改革”，重点推进“三去一降一补”（去产能、去库存、去杠杆、降成本、补短板）。2016 年中国在联合国气候大会上签署《巴黎协定》，要求全国经济向可持续发展转型。此后房地产、钢铁、煤炭等行业持续受到调控，以固定资产投资拉动经济增长的模式逐渐趋缓。2018 年，中美贸易战爆发，美国对中国出口贸易施压，向中兴、华为等高技术企业实施技术禁售；2019 年，美国限制中国企业制造 7nm 以下的高端芯片，中国高端制造业发展被“卡脖子”。2020 年，新冠肺炎疫情暴发，出口需求受全球疫情影响存在诸多不确定因素。一系列的政策和事件表明，供给侧清洁能源替代化石能源将成未来主旋律，新能源产业将迎来爆发式增长；制造业将去除低效率、重污染的落后产能，重点发展半导体、新一代信息技术、高端装备、医药生物等战略性新兴产业；需求端则以内循环为主体，构建国内国际双循环新格局。

在这个背景下，消费、科技行业逐渐替代银行，成为 A 股投资的新风向标。2020 年茅台超越工商银行成为 A 股龙头不久，2021 年宁德时代仅上市 3 年跃升万亿市值俱乐部，以宁德时代为代表的“宁指数”收益率超过“茅组合”。以 2016 年行业市值规模为基数，可以看出截至 2021 年年末，银行市值增长率为 20.31%，食品饮料增长了 323.68%，电力设备、电子、医药生物增长幅度分别为 332.45%、290.39%、137.26%。

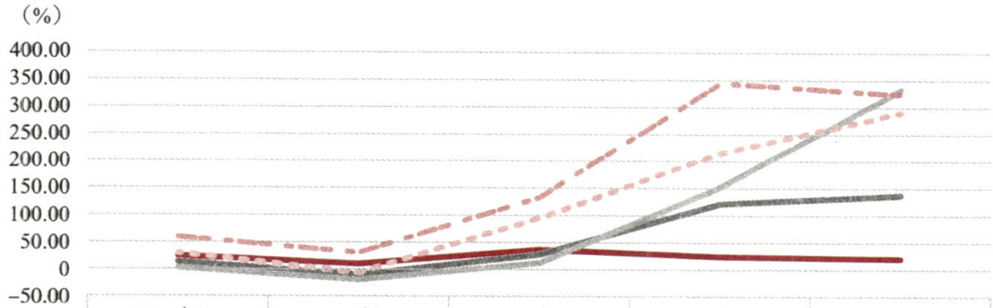

	2017年	2018年	2019年	2020年	2021年
银行	24.10%	9.67%	36.55%	24.17%	20.31%
医药生物	13.47%	-10.47%	27.93%	121.51%	137.26%
电力设备	2.65%	-19.58%	12.23%	151.73%	332.45%
电子	29.37%	-6.55%	94.55%	214.25%	290.39%
食品饮料	58.55%	30.54%	132.25%	344.19%	323.68%

图 2-5　五大行业市值增长率对比

因此，从上市公司层面，需要密切关注行业发展动态，敏锐洞察发展机会，了解自身所处行业的发展情况，及时做好战略布局。如果所处行业处于成长期，行业往往拥有较高的行业市盈率，上市公司可以降低盈利要求，扩大研发投入与再生产，通过提高市盈率的方式做大市值。并且，此时企业可以获得较高估值，应积极寻求上市、再融资来募集扩张资金，或通过并购重组来进行产业扩张。

如果宏观环境不利于行业发展，处于衰退期的行业，市盈率一般较低，企业应及时做好战略调整，收缩负债，稳定经营。虽然市盈率在下降，但企业可以凭借成长期和成熟期形成的规模优势，保持上市公司稳定的营收，维持公司的盈利指标，从而达到稳定市值的效果。

比如，我国银行、非银、石油石化等行业，公司规模与利润长期以来居于前列，虽然行业生命周期不处于扩张期，市盈率较低，但是在市值表现上，上述行业的上市公司平均市值也一直处于靠前的位置。

表 2-3　各行业利润及市值规模

行业	2021 年平均净利润（亿元）	平均净利润排名	2021 年平均市值（亿元）	平均市值排名
银行	473.60	1	2430.25	1
非银金融	56.64	3	757.64	2
食品饮料	14.16	8	626.31	3
石油石化	57.09	2	521.32	4
煤炭	55.62	4	345.06	5
电力设备	5.02	17	297.22	6
钢铁	30.51	5	270.32	7
公用事业	5.24	16	258.19	8
交通运输	17.06	6	250.82	9
家用电器	11.21	10	235.20	10
有色金属	9.71	11	234.55	11
国防军工	2.77	21	232.84	12
电子	5.51	14	219.44	13
医药生物	5.46	15	203.03	14
建筑材料	13.75	9	181.96	15
汽车	4.55	18	181.07	16
美容护理	3.01	20	178.97	17
农林牧渔	-3.41	31	175.40	18
房地产	6.01	13	147.40	19
通信	4.05	19	146.87	20
计算机	1.83	27	138.26	21
商贸零售	-0.83	28	127.21	22
基础化工	6.35	12	124.55	23
建筑装饰	14.45	7	124.16	24
传媒	2.64	22	108.90	25
机械设备	2.62	23	92.66	26
轻工制造	2.61	24	83.15	27
社会服务	-0.98	30	78.20	28
环保	2.37	25	72.68	29
纺织服饰	2.24	26	69.39	30
综合	-0.90	29	50.72	31

案例 2-2：抓住办公软件自主可控和国产替代趋势，金山办公乘风而起

金山办公创立于 1988 年，主要产品是办公软件 WPS，诞生之初，WPS 在中国办公软件的占有率达到垄断性的 90%。然而接下来金山遭受了美国计算机行业霸主微软的猛烈进攻，受益于 windows 系统的成功，微软的 office 办公软件抢走了 WPS 几乎所

有市场。之后金山选择了避开与微软的正面交锋，潜心研究重写 WPS 代码。历时 3 年的努力后，一款与 office 深度兼容的产品——WPS 2005 问世，由此，WPS 走上了与微软 office 深度兼容的发展之路。

2001 年，中国加入 WTO，政府首次大规模采购正版软件，金山获得北京市政府软件采购最大的订单，自此打下了牢固的党政客户基础。到 2012 年，WPS 在所有省级政府中均有采购和应用，市场份额占总采购量超过 2/3，采购套数近 50 万，为国内外办公软件厂商中最高。此外，在 C 端，WPS2005 以“微软兼容＋免费”的策略逐渐重获市场。

早在十几年前，中国就已经出现“去 ioe 化”（企业 IT 架构中，去掉 IBM 的小型机、Oracle 数据库、EMC 存储设备，代之以自己在开源软件基础上开发的系统）的趋势，随着中国对国家信息安全的逐渐重视，应用软件市场国有化是必然趋势。自 2018 年中美贸易战开始之后，美国在亚太施加压力，对中国更是有诸多经济与行业限制，其中就包括了软件方面。国家因此对于信息安全管控越来越严格，办公软件的自主可控此时就显得尤为重要。

作为国内办公软件的龙头行业，金山办公的业绩在国产替代的背景下提升迅速。在世界 500 强企业中的中国企业里面，超过一半都在使用金山办公。同时金山办公已经为党政机构、教育、能源等多个领域服务，覆盖中国数百个城市。甚至在央企中，金山的占有率高达 90%。2016—2021 年，公司营业收入从 5.43 亿元增长至 32.80 亿元，年复合增长率达 43.29%；同期归母净利润由 1.30 亿元增长至 10.69 亿元，年复合增长率达 52.41%。

2019 年 11 月 18 日，金山办公在科创板上市，市值 582.47 亿元，之后一路攀升。在我国加大对各大国产软件的大力扶持背景下，又叠加疫情期间各大公司倡导居家云办公使金山办公的云办公系列大受喜爱，金山办公市值在 2021 年一度突破 2400 亿元。

从金山办公案例可以看出，企业应学会把握行业大势，市场环境不利时进行收缩，研发创新转型，在政策利好时抓住机遇及时扩张，做好战略布局。

第四节 影响上市公司市值的因素之三：营商环境

经济社会发展的动力源于创新，而市场主体的活力和社会创造力很大程度上取决于营商环境。因此，优化营商环境是创新发展战略的关键抓手。营商环境是指企业等市场主体在市场经济活动中所涉及的体制机制性因素和条件。2016 年 3 月“十三五”规划纲要明确提出，“营造公平竞争的市场环境、高效廉洁的政务环境、公正透明的法律政策环境和开放包容的人文环境”。2019 年 10 月，国务院公布了中国优化营商环境领域的第一部综合性行政法规——《优化营商环境条例》，为各地区优化营商环境实践提供指导方向与制度保障。俗话说“栽好梧桐树，自有凤凰来”，在好的营商环境中，更易于诞生和吸引具备创造力的优质企业，形成区域产业创新集群，有利于抬升地方产业链“微笑曲线”，提升产业附加值。优化营商环境能够催化企业创新的动能，上市公司在好的营商环境下也能创造出更多的价值和财富，营商环境能够助力企业发展的主要原因有以下五个方面。

一、公平公正的竞争环境，市场主体的平等参与

我国是以公有制为主体的社会主义经济体制，国有控股公司在市场上占据重要地位，特别是在金融、能源、国防、公共事业等领域占据垄断地位，截至2021年12月31日，国有控股上市公司1274家，总市值43.96万亿元，总市值占A股44.48%。我国民营公司大多规模小，但在数量上占多数，民营控股上市公司2863个，总市值41.61万亿元，民营控股上市公司平均市值为国有控股上市公司的42.12%。在市场竞争时，中小企业面对巨头公司通常处于弱势地位，在要素使用、享受支持政策、政府招投标采购等方面可能存在不公平待遇，这样容易压制中小企业发展活力。此外，以前社会对企业专利、知识产权保护不够，市场侵犯知识产权违规成本低，也会导致企业创新很受打击。

因此，良好的营商环境能够落实主体平等对待、公平竞争的市场环境。对市场主体财产权、知识产权的加强保护，提供市场主体被侵犯的维权服务；降低市场准入门槛，拓宽市场准入范围，有各方主体参与市场竞争，提升企业效率；平等对待市场各类主体，维护中小企业利益不被大企业侵犯，如加大反垄断和反不正当竞争执法力度，预防和制止市场经济活动中的垄断行为，扶持中小企业的发展。

二、高效的政务效率，创新要素流动提速

政府提高办事效率核心是简政放权，使市场在资源配置中起决定性作用。党的十八大以来，国务院部门行政审批事项削减44%，非行政许可审批彻底终结，中央政府层面核准的企业投资项目减少90%，中央政府定价项目缩减80%，商事制度发生根本性变革。各省份也下大力气削减行政审批事项，多数省份行政审批事项减少50%左右，有的省份达到70%，有的地方开展“极简审批”，减少各类“循环证明”“奇葩证明”800余项。

各地政府将数字化运用在政府审批中，提高政府审批效率，建设全国一体化在线政务服务平台，推动政务服务事项在全国范围内实现“一网通办”。依托一体化在线平台，实现数据共享，建立电子证照共享服务系统，实现电子证照跨地区、跨部门共享和全国范围内互信互认。

通过简政放权，大幅度降低制度性交易成本，破除制约企业和群众办事创业的体制机制障碍，释放创新创业活力。另外，提高政府审批效率，可以促进创新要素在市场的自由流动和聚集，有利于创新资源的聚集，促进产业创新集群。

三、降低经营成本，企业减负前行

企业在低成本的环境下经营，更容易产生比较优势、竞争优势，降低企业经营成本包括降低税费成本、融资成本、物流成本、要素成本和劳动力成本。降低税费成本方面，通过对高技术、新兴产业出台税收优惠的鼓励政策，有助于为创新企业减负，将更多精力放在创新创造上；融资成本方面，大力发展资本市场是降低融资成本的主要途径，通过资本市场拓宽企业融资途径，使企业对间接融资的依赖性下降，此外，通过发展产业链金融能对核心企业上下游的中小企业提供融资服务；物流成本方面，通过加大对交通运输的投入，拓宽运输渠道降低运输成本。另外，发展产业集群、将各个生产环节聚集也能降低物流成本；要素成本包括土地成本、能源成本、房地产成本等，企业会因为要素成本太高而影响其经营，例如，华为部分产业由深圳搬往东莞与深圳高昂的地价、房价有很大关系，而政府可以通过协调使要素成本下降；劳动力成本方面主要是要用好人才红利，我国劳动力红利从“人口红利”转向“人才红利”，创新产业发展需要更多比例的大学生和更高学历的人才，通过优质的大学生落户和人才引进政策有利于企业招聘高质量的人才，对企业的产出起着事半功倍的效用。

四、高质量创新服务，孵化创新企业

在出口、投资驱动的经济增长年代，政府“招商引资”政策是通过对需要引入的企业实施优惠补贴政策，如早年经济特区吸引外资，通常是给予外商特别优惠的“超国民待遇”；或是通过区域性优惠政策，比如税收返还等方式，这种方式行政干预成分较大，优惠政策制定不够科学，容易造成市场主体的不公平对待。在创新驱动增长的时代，政府引导基金在“引资政策”发挥重要作用，相比通过优惠政策，政府引导基金是财政引导资本的方式，扶持当地产业发展，过程更具市场性和科学性，并且引导基金投资并不是一味地补贴，投资成功在日后能够为政府带来投资收益，企业也能在政府帮助下融资发展，是政府与企业双赢的创新型服务。

五、法治为基础保障，助力企业行稳致远

好的营商环境是以法治为基础，法规政策制定具有公开透明度高、科学民主性强，有利于市场主体对法规政策变化的反应和调整能力。法治保障可以推动构建信用政府、信用政务和社会信用保障体系，对企业的经营和地方经济发展具有固根本、稳预期、利长远的作用。

优良的营商环境的建设应具备四个特征，一是公平竞争的市场环境：包括市场准入标准、融资、创新、竞争公平性、资源获取、税费等方面；二是高效廉洁的政务环境：包括政务效率、政务水平、政务办理成本、政企沟通机制、政府廉洁度等方面；三是公正透明

的法律政策环境：包括政策透明度、司法质量等方面；四是开放包容的人文环境：包括对外开放程度、社会信用体系等方面。

优良的营商环境能够吸引优质的上市公司聚集，企业能够更好地体现自己的商业价值和社会价值。营商环境质量是一个国家和地区经济软实力的重要体现，营商环境的治理是提高城市综合竞争力的重要方面。好的营商环境能够培育出更多更好的上市公司，当地的经济也会更强。从数据可以看出，GDP 排名靠前的城市其上市公司总市值和数量也会相对更高。

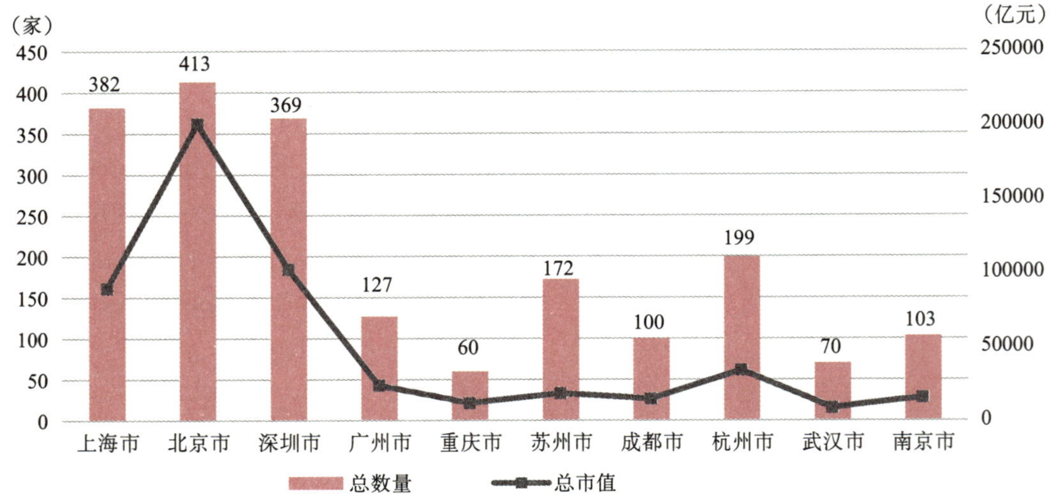

图 2-6　2021 年 GDP 前十城市上市公司数量及市值

第五节　影响上市公司市值的因素之四：公司治理与战略管理

一、公司治理

公司治理是通过一套包括正式或非正式的、内部或外部的制度或机制来协调公司与所有利益相关者之间的利益关系，以保证公司决策的科学性与公正性，从而最终维护各方面的利益。越来越多的投资者不仅仅看财务数据来筛选股票，还会关注公司治理水平，避免公司运作的道德风险和其他潜在风险，以确保上市公司经营的独立性。

公司治理制度主要是解决公司制所有权与经营权分离所产生的代理问题，公司治理的动因在于保护外部投资者利益不受掌握控制权的内部人员侵害，使外部投资者的投资得到公平的回报。由于公司的所有权与经营权分离，因此上市公司是通过“三会一层”的组织结构，即股东大会、董事会、监事会、管理层，形成相互协调、制衡且规范的法人治理结构，来保证上市公司的决策的独立性。

在“三会一层”的治理结构中，股东通过选举产生公司董事，再由董事组成的董事会聘用管理层（代理人），管理者代表股东行使公司经营权，董事会受托监督管理者并保护股东利益。尽管股东、董事会可以对管理者进行监督，但是管理者与股东之间还是容易出现“代理问题”。很多时候股东是处于弱势地位，公司管理者拥有公司决策权，可以根据自己的判断分配和处置股东资本，在处置股东资本的过程中，不排除管理者会作出有利于自身私利的决策，而非以股东财富或公司价值最大化为目的。

公司治理水平高，股东的投资利益能够得到保障，可以说公司治理是获得投资者投资的基础条件。公司治理水平可以从以下几个维度来分析：

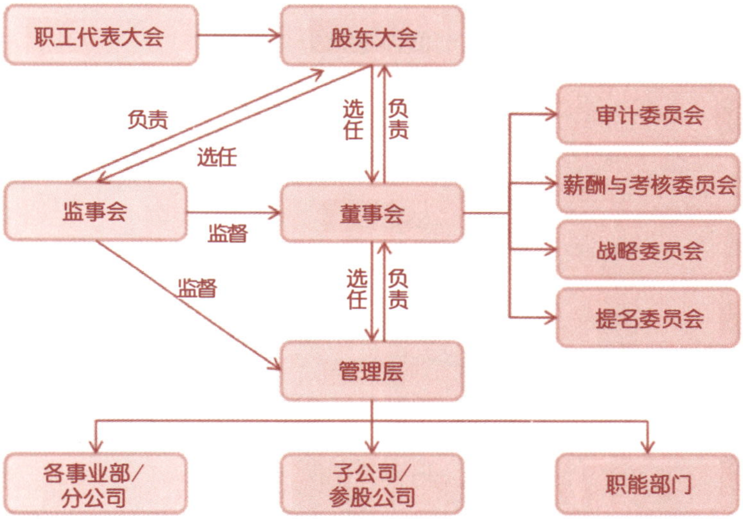

图2-7 “三会一层”结构

（一）公司管理者

公司和管理者对公司发展极为重要，最高管的格局、专业能力、管理能力等从多方面影响公司经营。优秀的管理者能够作出公司发展中关键的决定，竞争性非垄断行业的上市公司对企业管理人的要求更高。从经验来看，大市值公司都有一个灵魂人物，如宁德时代（市值13705.41亿元）的曾毓群、美的集团（市值5155.82亿元）的方洪波、格力电器（市值2190.12亿元）的董明珠等，其中既有公司的创始人，也有职业经理人。而职业经理人能够出色地带领公司实现价值提升，肯定离不开优质的治理水平。

（二）大股东持股比例

股东的股权结构是公司治理核心问题，上市公司第一大股东持股比例越高，上市公司控制权越集中，上市公司越稳定，出现被恶性收购、上市公司内部控制权斗争的概率越小。股权越分散，分散的股东没有足够的动机和力量来独立监督管理者行为，监督所带来的收益全体股东分享，但监督成本是由单一股东承担，因此“搭便车”现象会打消股东监督的积极性。但是，第一大股东持股比例并不是越低就越不好，上市公司股权分散在一定程度上更能发挥权力制衡的作用，更有利于作出民主、理性的决策。

目前我国上市公司大股东持股比例主要集中在 10%—50%，股权分布特征较为集中。股权分布较为分散、大股东持股小于 10% 的上市公司仅有 130 家，持股比例高于 50% 的上市公司共有 620 家。各个区间的平均市值呈现递增趋势，持股比例小于 10% 的上市公司平均市值为 147.04 亿元，持股比例在 30%—50% 的上市公司，平均市值在 200 亿元，持股比例高于 50% 上市公司平均市值超过 400 亿元。根据上市公司持股比例的散点图分布趋势线可以看出（见图 2－9），上市公司平均市值随持股比例升高而上升（由于上市公司市值区间较大，图中只截取了 1000 亿元市值以下部分便于观察）。

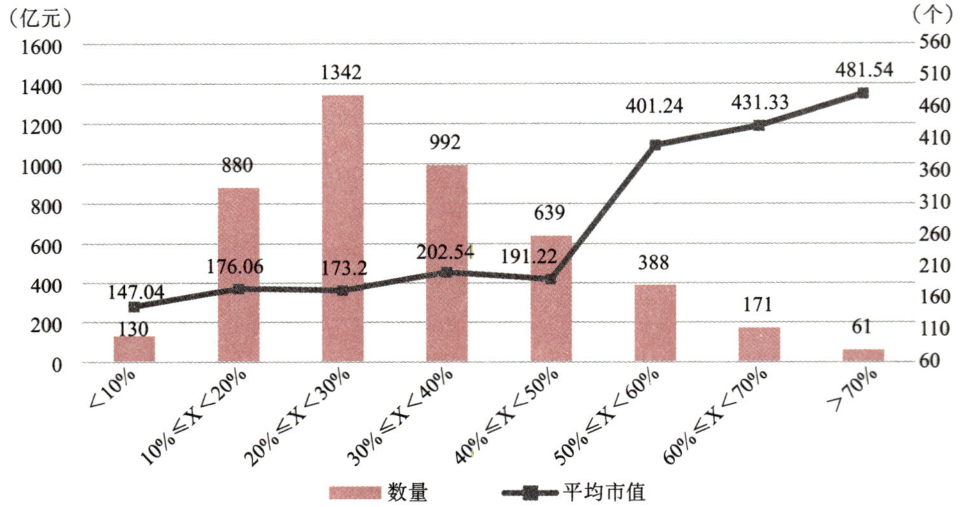

图 2－8 不同大股东持股比例区间平均市值

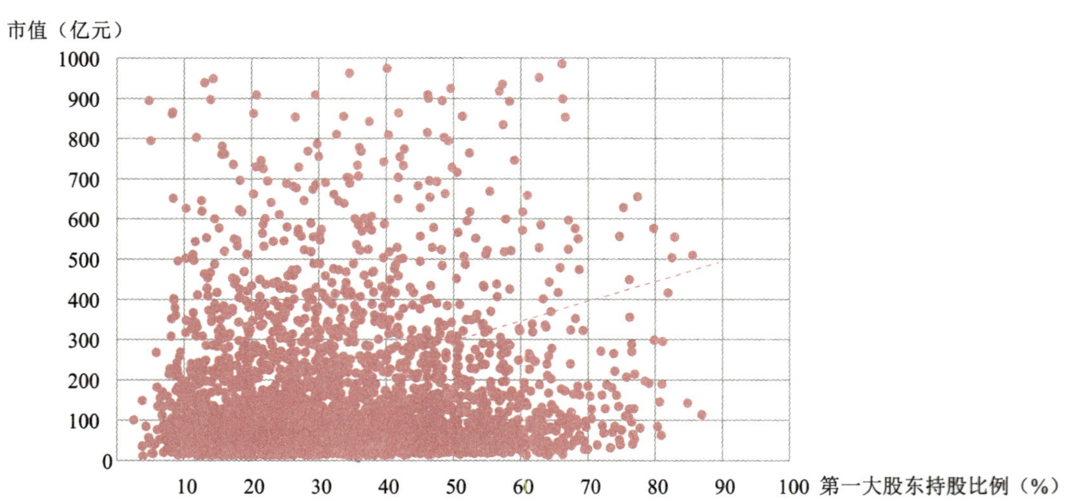

图 2－9 上市公司第一大股东持股比例散点图分布

可以看出，第一大股东持股比例越高，平均市值越高，第一大股东持股比例越低的上市公司，尤其是持股比例在10%以下的，平均市值越低。在中国A股上市公司中，大股东持有股权相对集中的情况是较为普遍的现象，但是一股独大对于公司治理也常有争议，需要辩证看待。一方面，受益于一股独大，使上市公司内部存在绝对权威，因而股东之间以及股东与管理层之间难起纷争，保证了公司的经营稳定。同时，在大股东紧抓经营权的情况下，直接委任总经理或由个人大股东亲自担任总经理，股东利益与经营者利益高度一致，在利益驱动和经营压力驱使下，充分发挥了一股独大带来的战略统一、全盘考虑、快速决策等优越性；另一方面，受制于一股独大，企业治理的规范程度较大程度取决于大股东，对大股东的监管力度也有限，容易损害中小股东利益。一股独大在经营上也存在个人非理性决策的风险，导致公司经营受损，也可能受到大股东自身视野限制，制约企业未来向更高层面的发展。

其实每个企业有自身特殊的经营情况，公司应找到符合自己特性的公司治理结构，最好的股权结构也应是根据公司治理状况内生，管理者能以最大化股东财富和公司价值行事便是最适合公司的股权结构。

（三）机构股东持股比例

机构投资者参与公司治理可以提高公司的运营效率，加强公司的合规。机构投资者相对个人投资者，其持股较多，对于监督约束上市公司合规经营和促进公司价值提升更有动力。基于机构投资者的专业优势，机构投资者可通过参与股东大会、递交股东提案、征集代理投票权、与管理层私下协商，甚至持有股权到一定比例时，争取董事席位等方式，参与上市公司治理，从多个方面帮助上市公司治理：一是机构投资者积极介入与监督会促使上市公司进行更多信息的披露，有效降低管理层和外部投资者的信息不对称；二是机构投资者能更好地约束上市公司管理层或实际控制人的隧道行为，有效缓解委托代理问题；三是机构投资者依据对宏观经济和行业趋势的研判，为企业发展建言献策，促进企业发展和价值增长。通过机构投资者参与上市公司治理，对于中国资本市场的“一股独大”股权结构、“一言堂”的家长式治理、“主观式”经营决策而言，具有重要的改进作用。

此外，若有境外机构投资者持股参与治理，其风控要求可能更加严格，更关注公司对外形象和公司价值的传播，更愿意帮助公司参与到国际组织提倡的公司治理理念中去，通过境外机构投资者与上市公司的合作推动联合国所倡导的把环境、社会和治理纳入公司的长期发展规划，有助于促进社会经济繁荣和可持续增长。

机构投资者参与公司治理可以提高公司的运营效率，加强公司的合规。机构投资者相对个人投资者，其持股较多，对于监督约束上市公司合规经营和促进公司价值提升更有动力。根据choice数据显示，市值区间越高的上市公司，其平均机构持股家数越高，千亿元以上的上市公司平均机构持股家数为636家，市值区间越小平均机构持股家数递减，而50

亿元市值以下的公司平均机构持股家数仅为54家。

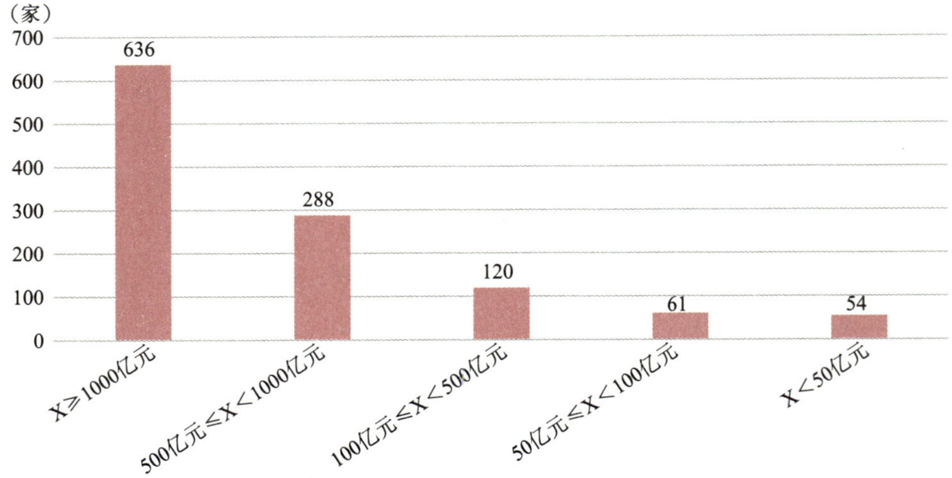

图2-10 机构持股家数（平均数）

（四）薪酬体系

高管和员工的薪酬体系是团队稳定性的重要影响因素，一般情况来讲，上市公司高管薪酬高于行业内平均水平的，高管团队会更稳定，从支付给高管的薪酬也能侧面反映出上市公司的经济实力，一般是账面金额比较充裕（自身盈利水平较高或融资能力较强）的上市公司才会更有实力给高管支付更高的薪酬。根据choice数据显示，除银行业外，其他所有行业“高于行业平均薪酬水平公司”的平均市值皆大于“低于行业平均薪酬水平公司”的平均市值。

表2-4 行业平均高管年薪

行业	平均高管年薪（百万元）	高于行业平均薪酬公司平均市值（亿元）	低于行业平均薪酬公司平均市值（亿元）
非银金融	23.89	1471.56	418.83
银行	19.71	1828.49	2815.38
房地产	14.30	303.76	84.86
医药生物	11.50	354.65	124.44
钢铁	10.86	280.53	267.31
美容护理	10.35	392.90	82.71
家用电器	10.09	608.72	61.78
食品饮料	9.87	1123.56	417.58
电子	9.78	449.76	95.20
建筑材料	9.69	416.19	80.31
商贸零售	9.48	297.03	56.45

续表

行业	平均高管年薪（百万元）	高于行业平均薪酬公司平均市值（亿元）	低于行业平均薪酬公司平均市值（亿元）
交通运输	9.13	375.98	182.14
建筑装饰	9.05	229.48	49.96
有色金属	8.69	396.11	171.33
石油石化	8.68	947.63	130.53
计算机	8.64	257.18	73.69
电力设备	8.59	670.28	140.04
传媒	8.54	178.99	77.98
通信	8.44	289.96	74.32
公用事业	8.18	510.65	117.20
基础化工	7.97	217.82	76.48
汽车	7.83	462.64	67.43
农林牧渔	7.63	362.66	66.67
机械设备	7.56	167.00	59.43
轻工制造	7.50	148.46	47.12
纺织服饰	7.44	119.69	40.75
环保	6.94	91.91	61.57
煤炭	6.87	572.49	171.77
国防军工	6.76	345.40	156.70
社会服务	6.37	94.62	67.38
综合	6.32	65.93	41.91

（五）股权激励

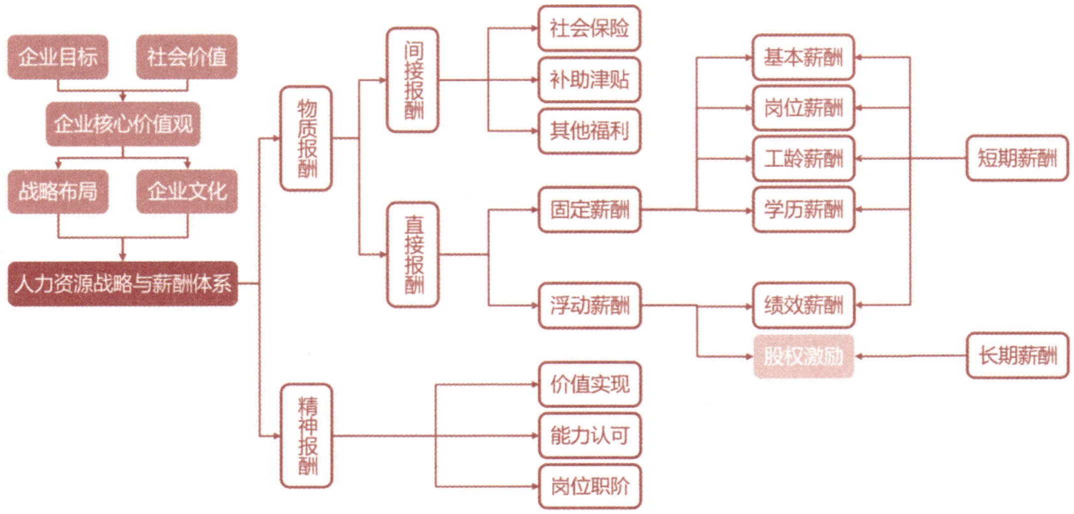

图2-11　股权激励是长期激励机制

薪酬体系中，支付给高管和员工的基本薪酬、岗位薪酬、绩效薪酬等皆为短期薪酬或中期薪酬，而股权激励是支付给高管和员工的长期薪酬，在实施股权激励后，上市公司与员工实现利益捆绑，从而达到留住人才的作用。而实施股权激励不仅能留住人才，对上市公司还有三大好处：

1. 股权激励锁定未来高增速

股权激励的实施往往会设立公司未来三年的经营目标，一般用净利润作为考核指标，未来三年上市公司达到净利润的标准后，员工将能获得股权，实现超额收益。如此便能锁定公司未来高增速，在股权激励作用下，公司在未来激励期内业绩有较大保证。

2. 股权激励具备逆周期性

在业绩和股价双低时点推出股权激励，及时绑定员工，与公司形成利益共同体，助力公司更好地达成目标。股权激励在信用收缩期具备逆周期性，通过股权激励实现营收盈利增长的公司基本面更好，抗跌能力更强。

3. 股权激励降低公司代理成本

通过股权激励，可以降低公司代理成本，较大程度地解决公司经营权和所有权分立后，股东和经理层会产生信息不对称的问题。股权激励通过给予企业经营者股权的形式，使他们能够以股东身份参与企业决策、分享利润、承担风险，从而勤勉尽责为公司的长期发展服务。

股权激励是利好上市公司市值的举措之一，对比上证 A 股指数、深证 A 股指数和股权激励指数（选取 2018 年期间发布股权激励公告的上市公司作为样本）的回报率，股权激励指数回报率明显高于上证 A 股指数和深证 A 股指数。

图 2－12　股权激励指数 VS 深证 A 股指数 VS 上证 A 股指数

（六）利润分配

连续稳定的现金分红是上市公司财务和经营状况健康稳定的表现，持续稳定的分红也能给予投资者信心，是向资本市场传递正向信息的表现。

上市公司持续稳定的利润分配，能向投资者表达以下几点信息：

1. 公司业绩稳定且现金流充裕，拥有较好的经营状况；

2. 公司拥有良好的内控制度，制定了利润分配制度，并且严格执行，公司的治理水平较高；

3. 能够连续向股东进行利润分配的上市公司，证明其董监高具备责任感，重视投资者的利益。

分红除了传递良好公司治理的信号外，也是降低公司代理成本的一种手段。根据约瑟夫的股利政策理论，高分红可以使公司管理者侵占自由现金流的空间减少，分红可以减少浪费，降低代理成本，进而提升股价。

选取沪深A股连续5年分红的上市公司，其市值增长、平均机构持股家数、平均机构来访接待量三个方面都高于市场平均水平。资本市场，特别是机构投资者的资金更倾向于流向能够持续、稳定分红的上市公司。

图2-13 连续5年分红指数VS深证A股指数VS上证A股指数

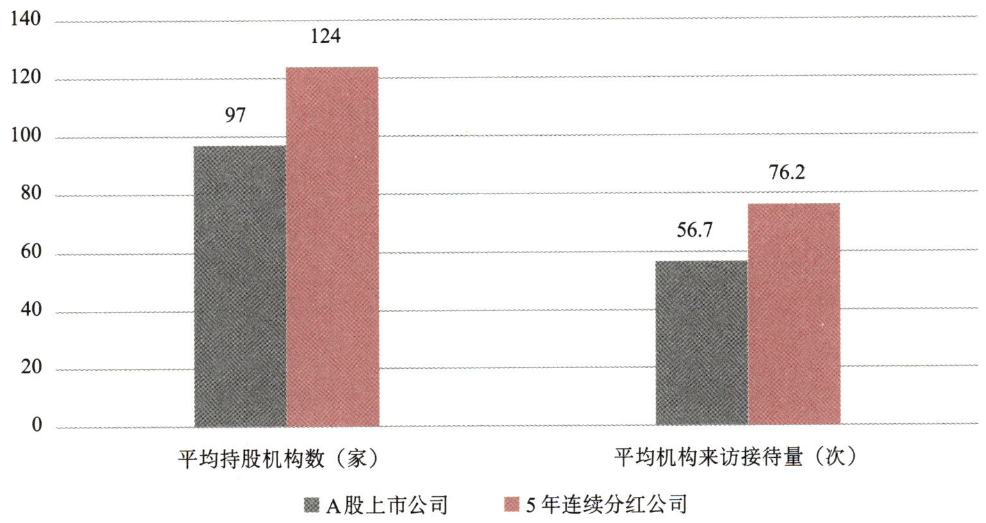

图2－14　连续5年分红上市公司2021年平均持股机构家数及平均来访接待量

（七）独董监督机制

在我国上市公司中，除了监事会对决策机构进行监督外，董事会中还会设独立董事职位，部分议案需要首先获得独立董事的事前认可才能提交董事会审议，独立董事有权对上市公司的某些事项发表独立意见，来维护中小股东权益。在上市公司治理水平较高的发达国家中，独立董事占董事会比例较高。

《公司法》规定，董事会成员应为5—19人。董事会成员构成可以有公司职工代表、高管、独立董事。我国上市公司董事会平均人数为8.3人，独立董事平均人数为3.1人，据《财富》杂志调查，美国公司1000强中，董事会平均规模为11人，其中独立董事9人。不同市值区间上市公司董事、独立董事平均人数不一样，根据数据显示，我国市值越高区间上市公司董事平均人数越多，独立董事平均人数越多，董事会人数也越多，但六大市值区间的独立董事占比皆低于40%。

表2－5　不同市值区间独立董事平均人数及董事会平均人数

市值区间	公司家数（家）	董事会平均人数（人）	独立董事平均人数（人）	独立董事占比（%）
10000亿元及以上	6	12.5	4.7	37.33
1000亿—10000亿元（含1000亿元）	164	9.8	3.9	39.53
500亿—1000亿元（含500亿元）	164	9.0	3.4	38.22
100亿—500亿元（含100亿元）	1283	8.6	3.2	37.50
50亿—100亿元（含50亿元）	1176	8.2	3.1	37.37
50亿元以下	1810	7.9	3.0	37.66

公司治理对投资者的意义主要在于：健全的公司治理结构可以提高上市公司经营的独立性，减少公司虚假信息披露的主观可能性，降低信息泄露的概率，提高公司信息披露的质量，提高上市公司的透明度，帮助投资者分辨上市公司风险和价值。在上市公司价值管理中，健全的公司治理结构是基础，是公司合规发展的制度基石，而上市公司合规发展是市值提升的底线，没有合规，谈何价值。

二、战略管理

上市公司董事会及管理层，除了做好公司治理外，更要做好战略管理。战略管理是根据企业外部环境和内部条件确定企业目标，保证目标的正确落实并使企业使命最终得以实现的一个动态过程。俗话说，“三年发展靠机遇，十年发展靠战略”，战略管理是公司持续性发展的命脉，做好战略管理对公司发展意义重大。

在战略管理这个动态过程中，内外部环境的不断变化是实施战略管理的核心驱动力，促使企业内外部环境发生变化的原因有很多，如政治因素、法律因素、经济因素等，其中最关键的因素是科技的变革。

从科技革命的历史来看，科学技术的不断进步经常引起企业经营环境发生革命性的变化。人类共经历过四次科技革命，每一次科技革命都会带来新兴产业的出现和产业结构的重大调整，而紧跟科技变革而转型升级的企业能够获得更好的发展，否则便有可能为科技革命所颠覆。

目前，我们处于第四次科技革命——互联网产业化，工业智能化的浪潮中，借鉴以往三次科技革命的经验，企业应顺应科技潮流制定未来发展战略，拥抱数字化、智能化转型，大胆颠覆传统的经营方式和产品，以技术为核心竞争力，提前做好战略布局才是科技浪潮中最适合企业发展的道路。

案例2-3：提前布局新能源汽车，比亚迪成国内新能源乘用车行业第一名

比亚迪股份有限公司创立于1995年，早期主要从事手机电池生产组装业务，2003年，比亚迪收购秦川汽车，组建比亚迪汽车，进入汽车制造与销售领域，开始了民族自主品牌汽车的发展征程。于2009年成为了电动车领域销量第一的自主品牌，但2010年爆出经销商退网事件，销量出现下滑。比亚迪在痛定思痛下，加快研发进程，并开发出了属于自己的涡轮增压发动机+双离合变速箱技术、第二代DM混合动力技术和比亚迪e6的纯电动技术等，并且在汽车生产上已经形成了一条完整的产业链。2021年，比亚迪新能源汽车市场占有率为17.1%，销量稳居全球前列。

回顾比亚迪发展过程，早在2002年，比亚迪就成立了比亚迪微电子有限公司，专门从事集成电路设计，并且2005年便已经对车用IGBT芯片投入研究，2006年，比亚迪的首款搭载磷酸铁电池的F3e电动车研发成功，尽管未能上市，但是为日后生产新能源汽车奠定技术基础。在2008年10月6日，比亚迪收购了宁波中纬积体电路有限公司，将生产资源整合到电动车产业，主攻车载IGBT领域研发制造，从而实现了产业链垂直整合。2020年比亚迪发布了自主研发的刀片电池，而刀片电池的问世对我国本土新能源汽车续航能力的发展有着至关重要的作用。未来新能源市场将会持续火爆，并且结合国家“双碳”政策大背景下，比亚迪的发展仍有增长空间。

比亚迪发展的成功也与公司高层的高瞻远瞩息息相关，早在收购秦川汽车时，比亚迪董事长王传福就认为，由于混合动力汽车长远的发展和石油的紧缺，汽车的动力变革将是势在必行的。而今，比亚迪已经做到了在新能源汽车产业上中下游的高度垂直整合，形成了产业闭环，并且比亚迪的市值也从上市首日的599.12亿元飙升到2021年12月31日的7805.36亿元，十年内市值增长超过12倍，作为最早布局新能源市场的企业之一，比亚迪优秀的战略规划和产品布局为其市值的高速增长奠定了坚实的基础。

案例2－4：拒绝推广创新业务，百年胶卷巨人柯达最终败落

2012年1月19日对于世界来说是平凡的一天，但是对于伊士曼柯达公司（以下简称柯达）却不是，当天上午，柯达在纽约向法院提出申请破产保护，柯达股价大幅跳水。至此，这家创立于1880年、拥有上百年的历史、员工最多时超过10万人、公司业务遍布全球150多个国家与地区的影像产品及相关服务的生产和供应商，从此退出感光界舞台。

1966年，胶卷巨人柯达海外销售额达21.5亿美元，当时位于感光界第二的爱克发销量仅及它的1/6。1975年，柯达研发出了世界上第一台数码相机，且1991年柯达就有了130万像素的数字相机，在市场有可能被数码相机取代之前，柯达依旧是掌握核心技术的公司，但由于担心胶卷销量受到影响，柯达一直未敢大力发展数码业务。

柯达由于满足于传统胶片产品的市场份额和垄断地位，缺乏对于市场的前瞻性分析，没有及时调整公司经营战略中心。面对源源不断而来的传统市场部分的利润，公司高层并没有看到公司的长远利益，这样急功近利的心态和销售近视让柯达的转型之路异常艰难。进入21世纪以来，全球数码市场连续高速增长，翻了差不多两倍，而全球彩色胶卷的需求开始以每年10%的速度开始急速下滑。在2004年和2005年，柯达曾蝉联美国数码销量冠军，但是随着新锐的日本数码企业逐渐崛起，柯达的市场话语权不断下降，2006年便跌落冠军宝座，此后更是江河日下。

2002年柯达的产品数字化率也只有25%左右，而竞争对手富士已达到60%。由于传统市场胶卷存在激烈的价格竞争，特别是在东欧和一些发展中国家，价格更便宜的胶卷对柯达产生了极大的影响。价格战对柯达产生的恶劣影响再加上数字成像技术对传统成像技术的冲击，让柯达的市场占有率进一步下降。

回顾公司发展历史，在巅峰时期，柯达公司市场价值曾一度达到310亿美元，是全球感光界的巨头。但是随着数码相机的普及，柯达战略管理停滞不前，并未提前做好布局，错失了抢占数码影像新兴市场的良机，导致自身转型之路犹豫踟蹰、步履蹒跚，再加上公司急功近利的战略策略和激烈的市场价格竞争，最终导致了百年老店的败落。

案例2-5：长安汽车勇于打破安逸，历经三次创业造就千亿市值

以中国著名自主品牌——长安汽车为例。长安汽车的前身是1862年由李鸿章创办的上海洋炮局，在后来的半个世纪中，在战火中几经搬迁，最后扎根在重庆，并成为了当时国内最大的兵工企业。在新中国成立后，长安汽车于1958年第一次与汽车结缘，生产了中国第一辆吉普车。自此，长安汽车开始了在汽车领域的征程。

20世纪80年代初，在中国改革开放的契机下，长安汽车抓住历史机遇，开启第一次创业：由军工企业向民用企业的领域拓展。1984年11月，长安汽车生产出中国第一批小型汽车——长安牌SC112微型厢式货车和SC110微型，自90年代开始，长安汽车占据了中国微型车市场近1/3的份额，并成功于1996年10月31日在深交所上市。长安汽车的第一次创业打开了中国汽车行业的新篇章，也打响了长安汽车进军民用汽车品牌的第一枪。

2006年，第一款自主品牌轿车“奔奔”出世，宣告着长安汽车开启自力更生的第二次创业：致力于打造自主品牌脉络，进军乘用车市场。长安汽车不仅在全国范围内实现产业布局的铺设，更与意大利、日本、英国、美国等国家建立起全球协同研发格局。除此之外，还积极寻求车企合资合作的全新模式，成立了长安铃木、长安福特、长安马自达、江铃控股等合资企业。这一次创业，使长安汽车的市值在此后一年里持续增长，并第一次突破了400亿元的大关，最高达到459.61亿元。

2014年长安系中国品牌汽车产销累计突破1000万辆，长安汽车借此成为第一家跨入“千万俱乐部”的中国品牌。但长安汽车并不止步于此，面对消费群体的转变、市场需求的变迁、科技的迅猛发展，2018年4月，长安汽车举行“创新 创业 创未来”的战略发布会，公布第三次创业的战略计划：以创新为驱动，着力推动“从服务客户向经营客户，从经营产品向经营品牌，从传统产品向智能化+新能源产品，从提供产品的传统企业向提供产品+服务+出行解决方案”的四大转型。第三次创业计划，不仅为长安汽车描绘了未来发展的崭新蓝图，而且掀起了市值增长的又一浪潮，长安汽车市值一路高歌，甚至在2015年年初首次突破千亿元。

长安汽车的三次创业，每一次都是对现有安逸的勇敢打破，也造就了现有市值的突破。连续三次战略转型成功实属不易，不仅需要破而后立的勇气，还需要管理层的远见卓识。

第六节　影响上市公司市值的因素之五：盈利与成长性

盈利与成长性是反映上市公司的基本面指标，上市公司能够盈利或在未来能够盈利，企业才能为股东创造价值。盈利指标代表上市公司现在的盈利能力，成长指标代表对上市公司未来预期的盈利能力，提升盈利能力和成长性便成为上市公司提升市值的重要途径，目前二级市场投资者，主要通过营收、净利润等指标了解公司目前的财务情况，通过增长率等指标可以了解公司未来的成长性，投资者通过公司目前的情况和未来的预判作出投资决策，买入或卖出上市公司股票，对上市公司的市值具有很大影响。

上市公司提升盈利水平可以通过两种增长方式，第一种是内涵性增长，上市公司通过降低成本、增加收入等方式实现净利润的上涨，一般通过公司盈余再投资或募集项目资金来扩大再生产；第二种是外延性增长，上市公司通过并购财务状况较好、利润高的子公司，将子公司报表合并报表实现利润外延扩张。而提升未来的盈利，即考虑公司的未来发展，一般通过业务转型、创新、增加研发投入等方式来实现。

以下是上市公司常见的六个盈利与成长性的指标。

一、净利润

根据市值的乘法原理：上市公司市值 = 净利润 × 市盈率，净利润指标对市值有直接的影响，这也是当上市公司发布业绩预告后，预计利润为增的上市公司往往在业绩预告之后市值能够获得一波增长的原因。

表 2 - 6　　利润预计增加的上市公司总市值预告前后市值对比

业绩预告中对盈利情况的预计	总市值（亿元）2020 - 10 - 31	总市值（亿元）2020 - 07 - 01	业绩预告前后市值变化
预增	55215.48	49664.16	5551.32
略增	38590.62	33332.77	5257.85
扭亏	7803.45	6897.25	906.20
续盈	3165.37	2656.56	508.82
续亏	1309.48	1350.30	-40.82
减亏	1940.76	2021.53	-80.77
增亏	1360.19	1635.36	-275.17
略减	13519.77	14279.89	-760.13
首亏	7166.77	8312.89	-1146.12
预减	15682.64	17140.98	-1458.34

如果上市公司拥有高成长的价值表现，如净利润逐年攀升，营业收入逐年扩大等，资本市场投资者也会更关注这类公司，这类公司的走势通常也会强于大盘走势。2018—2020年连续三年净利润增加的上市公司的指数走势强于上证A股指数和深证A股指数。

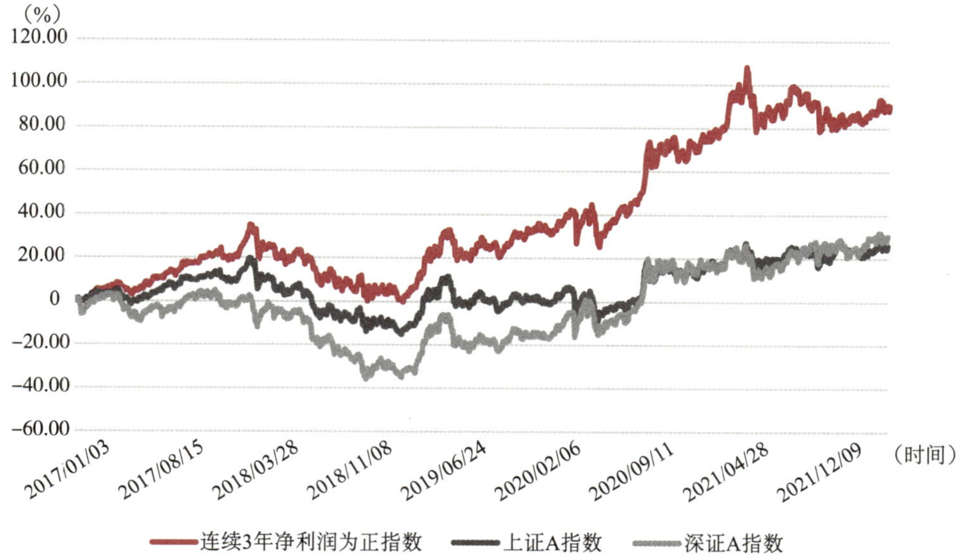

图2-15 连续三年净利润为正指数VS深证A股指数VS上证A股指数

二、营业收入

营业收入是一家公司在某一时段内通过生产、销售或提供服务等方式所取得的总收入。营业收入代表公司的规模，以连续三年营业收入增长20%以上作为营业收入持续高增长的标准，与连续三年营业收入增长为负的公司对比，可以发现高增长公司市值增长趋势显著高于负增长公司。

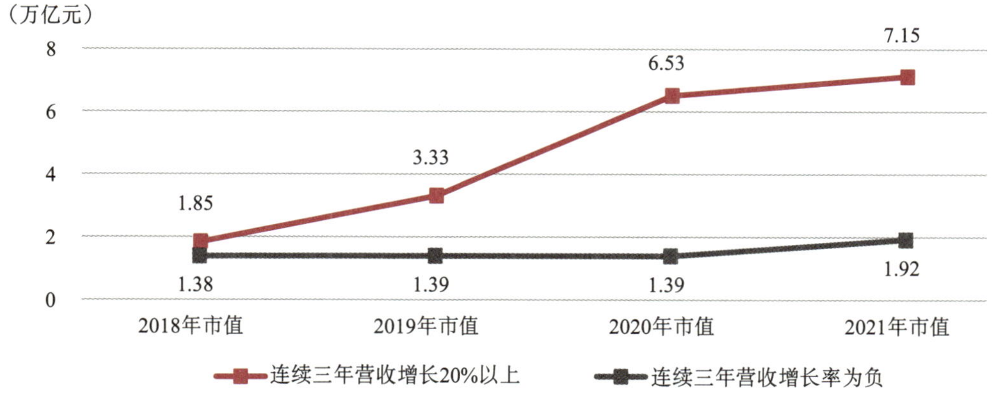

图2-16 连续三年营收增长20%以上VS连续三年营收增长率为负

上市公司的成长性和市值表现还可以从以下两个角度分析。

（一）营业收入增长率与盈利增长率比较，可以分析企业增长的含金量

营业收入增长率与净利润增长率比较，如果利润增长率快于营业收入增长率，则企业的增长含金量较高。以A股上市公司为例，对比A股上市公司2010—2020年的营业收入增长率和净利率增长率，对比净利润增长率与营业收入增长率差额，差额为正的上市公司2010—2021年总市值增长率为226.16%，差额为负的上市公司2010—2021年总市值增长率为53.25%，可见增长含金量较高的公司市值提升也会更快。

（二）营业收入增长率与市场占有率增长比较，分析竞争优势的变化

衡量营业收入增长时，分析市场占用率有没有同步提高，来判断竞争优势的变化。衡量市场占有率，一是营业收入，二是销量。如果公司营业收入增幅相当大，但市场占有率下降，反而说明公司营业收入增长率低于行业增长水平。相反如果行业销售大幅下滑，公司销售照样大幅增长，市场占有率肯定会大幅提升。

1976年巴菲特在GEICO保险公司濒临破产之际大举投资，一个重要原因是从1936年到1975年这40年间，GEICO市场占有率从0增长到4%，成为全美第四大汽车保险公司，这表明公司利用电话直销不用保险代理人的独特经营模式有着巨大的竞争优势，才会在竞争非常激烈的汽车保险行业市场取得如此快速的增长。

三、销售毛利率

毛利率是指毛利与销售收入的百分比，其中毛利是收入和与收入相对应的营业成本之间的差额，毛利率反映企业的核心竞争能力和核心盈利能力。

一般毛利率高于行业平均水平的公司，其盈利能力较强，以食品饮料行业为例，食品饮料行业的龙头是贵州茅台，其毛利率为91.54%，也是行业中最高的。根据2021年第三季度的财报，食品饮料行业平均毛利率为37.27%，高于行业平均毛利率的食品饮料公司平均市值为1252.47亿元，低于行业平均毛利率的食品饮料公司平均市值为177.72亿元。

若将A股上市公司按市值区间划分为10000亿元以上、1000亿—10000亿元、500亿—1000亿元、100亿—500亿元、50亿—100亿元和50亿元以下六大市值区间。六大区间市值区间从高至低的平均销售毛利率分别为58.91%、33.22%、33.13%、32.49%、29.92%和25.11%，可以看出高市值的上市公司毛利率会更高。

表 2-7　　各市值区间平均销售毛利率

市值区间	2021 年前三季度平均销售毛利率（%）
10000 亿元以上	58.91
1000 亿—10000 亿元	33.22
500 亿—1000 亿元	33.13
100 亿—500 亿元	32.49
50 亿—100 亿元	29.92
50 亿元以下	25.11

四、现金收入比

现金收入比是指收入现金比率是指企业销售商品、提供劳务收到的现金与主营业务收入之间的比率。公司的现金收入比可以反映公司在上下游中的话语权。一般来说，话语权强的公司在会计上确认的销售收入，应该能够与其从客户那里收到的现金相匹配，甚至会有客户会提前预付款。也就是说，好的公司现金收入比等于甚至大于 100%。

对比贵州茅台与乐视网的现金收入比，在乐视网爆雷之前，2012—2016 年，乐视网的现金收入比一直低于 100%，而贵州茅台的现金收入比连续五年都超过 100%，相比之下，贵州茅台的投资风险明显是小于乐视网的。

表 2-8　　乐视网 VS 贵州茅台现金收入比

	年份	2012 年	2013 年	2014 年	2015 年	2016 年
贵州茅台	销售收入	265	311	322	334	402
	销售商品、提供劳务收到的现金	289	332	334	371	610
	现金收入比	109%	107%	104%	111%	152%
乐视网	销售收入	12	24	68	130	220
	销售商品、提供劳务收到的现金	5	15	58	100	146
	现金收入比	42%	63%	85%	77%	66%

五、净资产收益率

净资产收益率反映了一家公司的盈利能力。净资产收益率越高，公司的盈利能力越强。如果选取公司长期的净资产收益率来看，例如连续五年的净资产收益率，则可以反映上市公司的可持续盈利能力，而上市公司的可持续盈利能力是投资者更为关注的指标。

以创业板第一家退市的公司欣泰电气与美的集团做对比，欣泰电气连续 5 年的净资产收益率逐年降低，2016 年其净资产收益率达 -18.6%，相比美的集团的净资产收益率，连续 5 年稳定在 20% 以上，长时间保持高净资产收益率的公司大多都是好公司。

表2-9　　欣泰电气VS美的集团净资产收益率

	2012年	2013年	2014年	2015年	2016年
欣泰电气	18.40%	14.70%	8.10%	0.90%	-18.60%
美的集团	24.30%	22.60%	29%	28.70%	26.60%

六、总资产周转率

总资产周转率是指一定时期内营业收入同资产总额的比值，企业发展过程当中的总资产周转率其实能够非常准确地反映出公司的运营效率。反映公司通过各项资产形成营业收入的效率，是综合评价企业资产的经营质量和运营效率的重要指标，该指标越大，说明资产周转速度越快，营运能力越强。

以计算机行业总资产周转率均值与安防设备领军企业大华股份做对比，2017—2021年大华股份的总资产周转率在0.80次以上，皆高于行业均值，截至2021年12月31日，大华股份总市值为703.36亿元。

表2-10　　大华股份总资产收益率

	2017年	2018年	2019年	2020年	2021年
大华股份	1.03	0.99	0.94	0.80	0.81
行业均值	0.68	0.67	0.66	0.56	0.54

案例2-6：贵州茅台盈利与成长性兼具，坐稳A股市值龙头

“贵州茅台酒”在国内外拥有较强的品牌影响力，是世界三大蒸馏名酒之一，2021年12月31日总市值达2.56万亿元，十年间茅台市值增长了10倍以上，长期稳居A股公司龙头地位。

茅台连续十年保持20%以上的盈利成长。2010年茅台营收为116.33亿元，2021年营业收入增至1061.90亿元，年复合增长率为22.27%；2010年净利润为53.40亿元，2021年净利润为557.21亿元，年复合增长率为23.76%。

贵州茅台的毛利率为91.54%，是行业中最高的，2021年贵州茅台现金收入比为109.01%，现金收入比大于100%，说明贵州茅台在上下游中的话语权非常强。从净资产收益率来看，贵州茅台2018—2021年净资产收益率分别为34.46%、33.12%、31.41%和29.90%，净资产收益率基本在30%以上，高于白酒行业2021年平均净资产收益率19.01%。

其实，投资者热衷于购买茅台的背后原因离不开茅台优质的财务数据，用基金经理张坤的话来说，“在食品饮料这个行业，茅台就是全球最好的公司，没有之一”。贵州茅台优质的财务报表，也撑起了其十年市值高增长和2万亿的市值。

第七节　影响上市公司市值的因素之六：科技创新

传统的商业竞争环境长期保持稳定、简单，企业注重效率而不是创新。进入科技革命后，商业竞争环境越加呈现 VUCA 的特征，即 Volatility（易变性）、Uncertainty（不确定性）、Complexity（复杂性）、Ambiguity（模糊性），而在这样的商业竞争环境下，企业更应注重创新来获得可持续竞争优势。

科技创新是第一生产力，当今时代社会在发生着日新月异的变化，社会的科技水平在发生翻天覆地的变化，千禧年以来，我们经历了从 PC 端到移动端的变革，经历了互联网浪潮，我们的生活方式与每隔几年就会变得截然不同，我们的生活习惯、消费习惯不断在变化，企业为了不断满足消费者的需求，必须与时俱进，其科技创新是使其不断发展中必不可少的关键能力。

企业的科技创新分为连续性创新和颠覆式创新两种，通常来讲，连续性创新是在延续公司的第一增长曲线，在现有的科技、模式下进行优化；颠覆式创新是在创造公司的第二增长曲线，是探索和验证新科技和新模式。两种创新方式都非常重要，由于连续性创新是在原有业务的基础上进行，连续性创新的可得性一般会比颠覆式创新更高，而颠覆式创新的风险会更高，同样的研发投入，用在连续性创新上回报可能会比用在颠覆式创新上更快，因此，公司的科技创新大多是属于连续性创新。但是，公司的第一增长曲线发展到一定规模之后，第一增长曲线的增长边际在下降，这时探索第二增长曲线便显得更为重要，一旦颠覆式创新成功，能为公司带来第二增长曲线，公司的业绩和市值都能得到显著的增长。

科技创新比较难以量化，不过可以从上市公司的研发支出和研发人员人数来对比分析。对比沪深 A 股不同市值区间的上市公司研发支出和研发人员，可以发现万亿元、千亿元市值区间的上市公司，平均研发支出和平均研发人员都远高于其他市值区间。

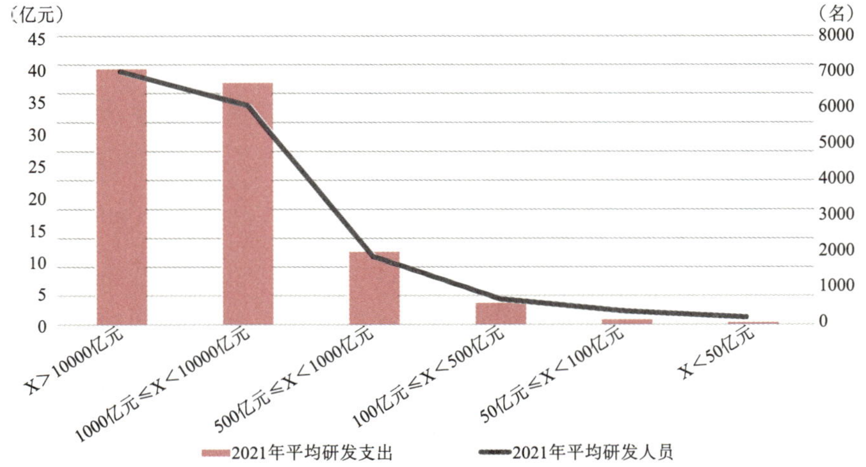

图 2－17　沪深 A 股不同市值区间的上市公司研发支出和研发人员数量

其实，除了数据支撑以外，社会不乏借助科技创新完成市值飞跃的例子。特别在科技含量高的半导体、生物医疗等行业，可以说是靠科技来建造企业护城河，没有科学技术，企业难以在行业中生存。

案例 2 - 7：苹果通过颠覆式创新和连续性创新，将苹果的市值推向全球第一的宝座

以巨头公司苹果为例，从 iPhone4 开始，苹果就开启了 10 年以上的超速增长模式。苹果推出 iPhone4 结合了 Safari、iPod、iPhone 三大创新产品的功能，是一款手机行业中颠覆式产品的存在，它的出现直接导致前手机霸主诺基亚的衰败。此后，iPhone 将全人类由 PC 时代推向移动时代，人类的生活方式也由此改变，进而影响到整个社会的商业模式发生巨大变化，十年间阿里巴巴、腾讯等互联网公司的崛起，很大程度是建立在苹果创立的移动时代之上的。

乔布斯时代之后，苹果迎来了库克时代。如果说乔布斯给苹果带来了颠覆式创新，那么库克则是带领苹果连续式创新。随着手机市场竞争对手越来越多，市场逐渐饱和瓜分，支撑苹果营收的三大硬件支柱（智能手机、个人电脑、平板电脑）已难以承担苹果发展增长点的角色，其中个人电脑和平板电脑市场已趋于饱和，智能手机作为苹果最重要的硬件产品，在 2015 年销量达到巅峰后，销量连续两年萎缩。于是，苹果开始加大对新硬件领域的创新，在可穿戴设备进行研发，开发出 Applewatch、AirPods 等设备，为苹果提供了新的增长空间。两大产品皆获得了巨大成功，Applewatch 几乎成为智能手表的代名词，而 AirPods 掀起了全球蓝牙耳机的潮流，2020 年 AirPods 出货量约在 8000 万至 1 亿副之间，可穿戴设备营收超过 300 亿美元，营收占比提至 11.15%。

此外，除了传统的硬件售后服务、技术授权等业务之外，苹果还从电子硬件公司向硬件与服务供应商并举转型。苹果陆续推出了诸多互联网服务，如 Apple Pay、Apple News +、Apple Music，其中 Apple Music 已获得超 4000 万付费用户，成为全球订阅量第二的付费音乐平台。服务业务占苹果营收比重逐年上升，2020 年服务营收占比已达到 19.59%，而服务业务整体的毛利率为 66%，显著高于硬件业务的 31.4%。

自苹果发布 iPhone4 至乔布斯离世，苹果的市值由 2268.75 亿美元升至 3515 亿美元。在乔布斯离世后，库克掌管苹果的十年间，苹果的市值由 3515 亿美元上升至 29016.45 亿美元，苹果完美地演绎了由 0 到 1、再由 1 到 N 的创新模式，创造了市值奇迹，也让企业看到创新巨大的生产力。创新可以帮助企业涅槃重生，创新也是企业可持续发展的最重要途径。

案例 2 - 8：海康威视——连续式创新与颠覆式创新的行业典范

安防巨头海康威视成立于 2001 年，从事板卡、DVR 产品起家，并先从视频监控系统支持，到 2007 年自己生产研发摄像机产品，并于 2010 年 5 月在深圳证券交易所上市，2011 年跃居全球视频监控占有率（HIS 排名）第一名，并在 2013 年首度突破千亿市值。随后精准把握数字时代风口，加大研发力度，在2015发布深度智能产品，并且随后几年中着力打造智能与数字平台，经过几年的积累，2019年将AI、云计算及物联网等相关技术一并融合，发布物信融合大数据平台。业务的精进与市场占有率的提高一举推动市值在2021年达到6454.43亿元的顶峰。

其所处的计算机行业注定了科技创新的优势对公司成长的巨大推动力。特别是2017年之后，安防业务需要迎合更精细的业务市场以及更复杂的数字化市场，从“传统安防”走向社区安防、城市安防、交通安防等多种需求集合而成的“泛安防”，必须要进行连续式创新以延续“第一增长曲线”。因此海康威视连年加大研发力度，2017—2021年研发费用分别为44.83亿元、54.84亿元、63.79亿元和82.52亿元，占同期总营收的8.99%、9.51%、10.04%和10.13%。

同时海康威视加紧创新力度探索“第二增长曲线”，即颠覆式创新，并以此来拓宽市场，增强可持续竞争优势。目前其已有的创新业务包括萤石网络、海康机器人、海康汽车技术、海康微影、海康存储、海康慧影、海康消防及海康安检等业务，以及相应业务等众多产品。但颠覆式创新同时具有投资周期长、回款期限不明确等诸多不确定性，对于公司发展来说具有较高风险。因此公司也在2020年修订了《核心员工跟投创新业务管理办法》，来明确何为“创新业务”以及探索对员工创新激励机制来让公司更好地发展和成长。

目前，海康威视早已将目光投向更长远的技术创新方向，包括多维感知技术和探测技术的发展、人工智能技术的广泛应用以及加快数字化转型建设，并以此推动计算机行业向新时期继续进发。

第八节　影响上市公司市值的因素之七：资本运作

资本运作是指以资本最大限度增值为目的，对资本及其运动所进行的运筹和经营活动。通过资本层次以上的资源流动来优化社会的资源配置结构，利用市场法规，通过资本本身的技巧性运作，实现资本增值、效益增长的一种运营方式。一般可以把企业的资本运作分为资本扩张与资本收缩两种运作模式。

企业上市之后，利用资本市场平台获得高速扩张，资本运作是最重要的手段。企业扩张，一方面是内生式增长，即通过内部积累或再融资进行项目扩大和战略规划；另一方面是外延式并购，即通过兼并和收购等方式吸纳外部资源，使企业实现资本规模的扩大。此外，除了通过兼并收购的手段进行资本扩张，资本收缩也是常见的一种资本运作手段，企业的产业转型升级中，部分经营不良或需要转型升级的资产需要剥离，可以起到优化财务报表、产业结构的作用。无论是扩张还是收缩，其根本目的都是追求企业价值最大以及提高企业的运行效率。

一、再融资

上市公司在经营过程中需要大量的资金进入新领域或扩大生产，上市公司的可以不用通过公司的利润来完成这笔资金的积累，而是可以通过向资本市场再融资的方式来募集企业发展所需要的资金，通过以利息或股权的回报方式向投资者换取资金，进行项目投资。常见的再融资方式有非公开发行、配股、可转债、公司债等，以下是沪深A股资本市场2013—2021年不同方式再融资发行次数及金额的统计。

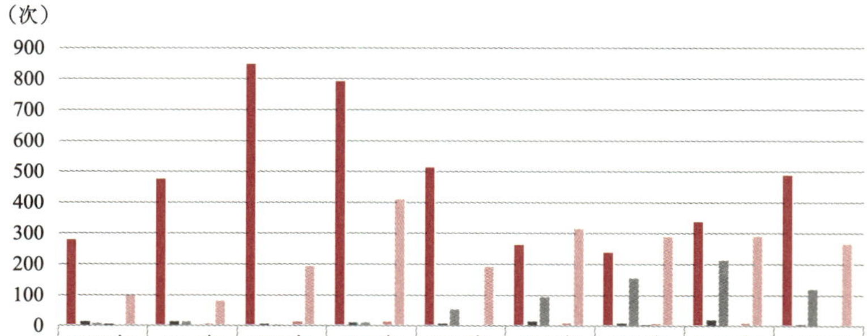

	2013年	2014年	2015年	2016年	2017年	2018年	2019年	2020年	2021年
非公开发行	277	475	846	790	511	262	238	337	487
配股	13	13	6	11	7	15	9	19	5
可转债	8	13	3	11	53	93	156	213	120
公开增发	5	1	0	0	0	0	3	2	0
优先股	0	5	12	12	1	7	6	8	0
公司债	98	80	191	408	190	313	288	289	265

图2－18　不同再融资方式发行次数数量统计

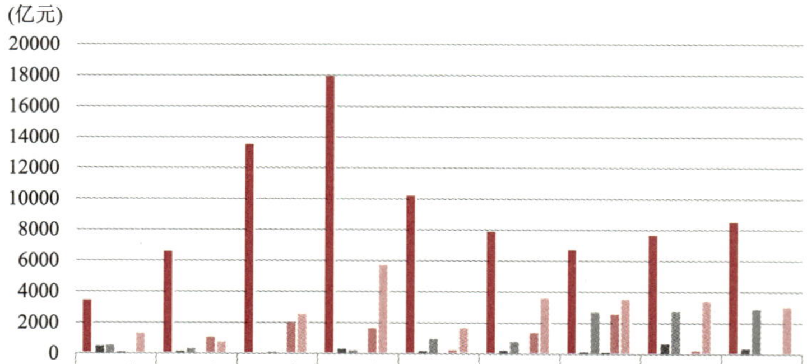

	2013年	2014年	2015年	2016年	2017年	2018年	2019年	2020年	2021年
非公开发行	3395.34	6564.31	13503.5	17906.5	10196.7	7854.83	6676.83	7636.65	8494.82
配股	475.73	137.97	42.34	298.51	162.96	228.32	133.88	661.00	345.32
可转债	544.81	320.99	98.00	212.52	949.39	795.17	2696.04	2754.11	2897.12
公开增发	70.16	3.65					89.50	25.71	0.00
优先股		1030.00	2007.50	1623.00	200.00	1349.76	2550.00	187.35	0.00
公司债	1273.15	725.30	2516.21	5683.91	1646.04	3556.67	3504.25	3364.01	3011.41

图2－19　不同再融资方式募资统计

从再融资方式的统计可以看出，我国沪深A股再融资的方式是以非公开发行为主，非公开发行是指向不超过35名的特定投资者发行股权募集资金，上市公司向特定投资者募集资金，一般是引入对公司发展有帮助的战略投资者，战略投资者是指同行业或相关行业较强的重要战略性资源，与上市公司谋求双方协调互补的长期共同战略利益，愿意长期持有上市公司较大比例股份，愿意并且有能力认真履行相应职责，委派董事实际参与公司治理，提升上市公司治理水平，帮助上市公司显著提高公司质量和内在价值，具有良好诚信记录，最近三年未受到中国证监会行政处罚或被追究刑事责任的投资者。

战略投资者的加入，能够给上市公司带来国际国内领先的核心技术资源，显著增强上市公司的核心竞争力和创新能力，带动上市公司的产业技术升级，提升上市公司的盈利能力。或是给上市公司带来国际国内领先的市场、渠道、品牌等战略性资源，大幅促进上市公司市场拓展，推动实现上市公司销售业绩大幅提升。因此，当上市公司引入战略投资者，从中长期看，对上市公司的价值有提升作用。选取2021年进行非公开发行用于项目投资用途的上市公司制成指数，2021年以来再融资指数的走势强于深证A股指数和上证A股指数。

图2-20 再融资指数VS深证A股指数VS上证A股指数

二、并购重组

上市公司可以通过兼并收购的方式进行上下游产业链延伸，从而实现公司规模、市场或者产品的扩张，以及竞争力的提高。并购重组对企业的价值包括规模经济效应、市场主导效应、资源优化配置、企业多元发展、降低经营风险、加强内部管理等。2013年至今并购重组的统计数据如图2-21所示。

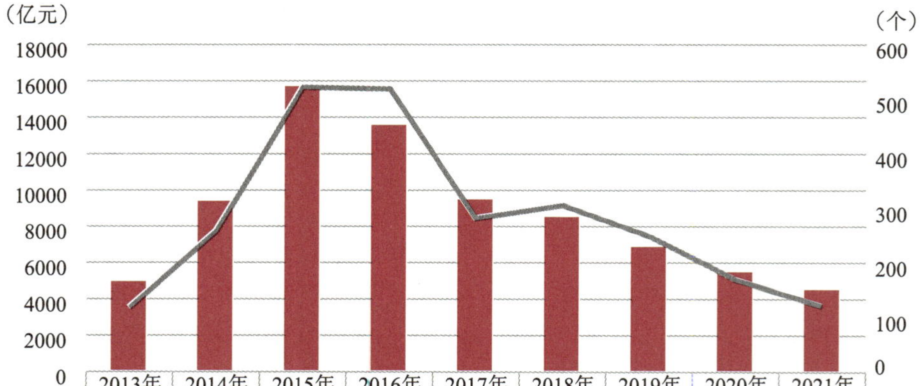

	2013年	2014年	2015年	2016年	2017年	2018年	2019年	2020年	2021年
案例数（个）	164	312	522	451	315	283	228	182	150
交易金额（亿元）	3508.90	7711.66	15641.01	15552.39	8438.43	9159.77	7453.75	5066.58	3612.85

图 2-21　2013—2021 年并购重组情况

自 2013 年以来至 2015 年并购重组数量和规模皆呈上涨趋势，2015 年之后，并购重组数量和规模开始逐步下降。2019 年 IPO 逐步实施注册制，企业上市途经顺畅之后，受到 IPO 火热的“此消彼长”效应，2019—2020 年 A 股上市公司并购重组热度同呈大幅下降趋势，到 2021 年并购重组案例只有 150 个，总规模 3612.85 亿元，重组数量和规模回到 2013 年水平。

企业并购重组根据其并购目的可以分为业务转型、多元化战略、横向并购、借壳上市、行业整合五大类，从 2014 年至 2021 年的并购重组统计数据来看，并购重组类型以横向整合为主，多元化战略和行业整合次之。

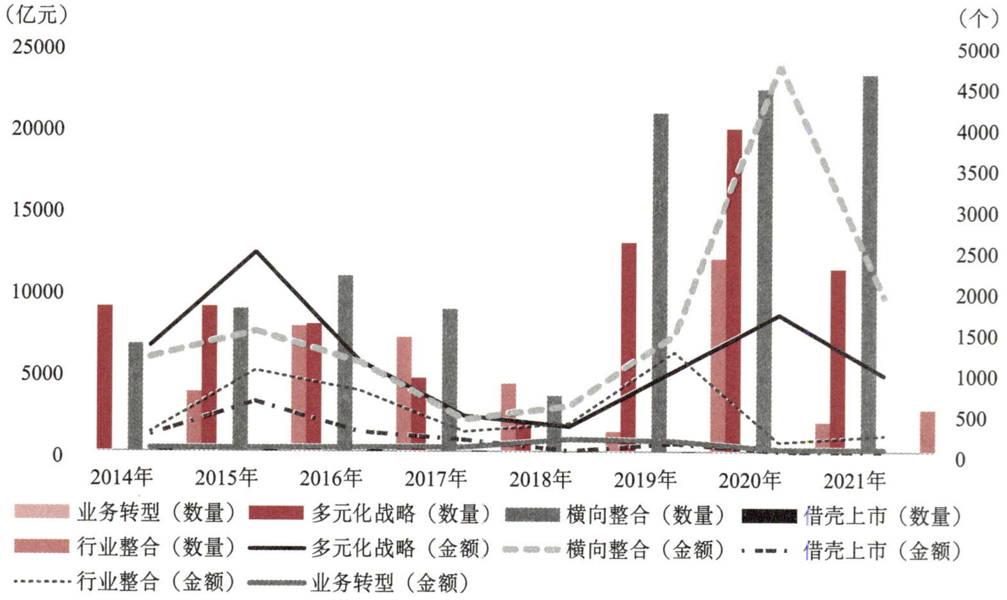

图 2-22　2014—2021 年并购重组趋势

从经验判断，以垂直整合，产业整合为目的的并购重组，往往对上市公司的市值具有帮助作用，但是，许多上市公司的并购并不是以产业投资为目的，很多并购是为了追逐资本市场的热点，通过“蹭热点”的方式来追求短期的股价攀升，再利用减持套现、内幕交易、股权质押的动作来达到自身利益的实现，这与市值管理的本质是相违背的，而事实也证明，盲目追求热点来实施并购，只会让企业更容易陷入困境。

2015 年，资本市场曾有过一股“并购热”，许多上市公司假借产业整合或多元化经营之名，盲目追求资本市场热点，扩大自身规模，出现许多天价商誉的情况。经过三年的业绩对赌期后，大量并购子公司不能完成业绩承诺，而导致该批上市公司在 2018 年业绩承诺期到期时计提了大量的商誉，对上市公司市值造成了极大的影响。按已实施完成资产重组统计，2015 年全年，共有 287 家上市公司实施完成重大资产重组 303 单，其中，横向整合 134 单，占比 44.22%；上市公司行业为制造业的 156 家，占比过半。在 2015 年实施完成重大资产重组的 287 家上市公司当中，共 227 家的 2015 年合并报表上有商誉，合计金额 2030 亿元。到 2020 年年报，共 137 家商誉账面价值减少，减少金额为 885 亿元；12 家未曾计提过商誉减值。商誉减少额在 0—5 亿元区间的公司数量最多，为 72 家；商誉减少额在 20 亿元以上的有 8 家。其余公司商誉账面价值相比 2020 年年报未减少反而增加，可能是因为后续并购了其他标的形成了新的商誉。

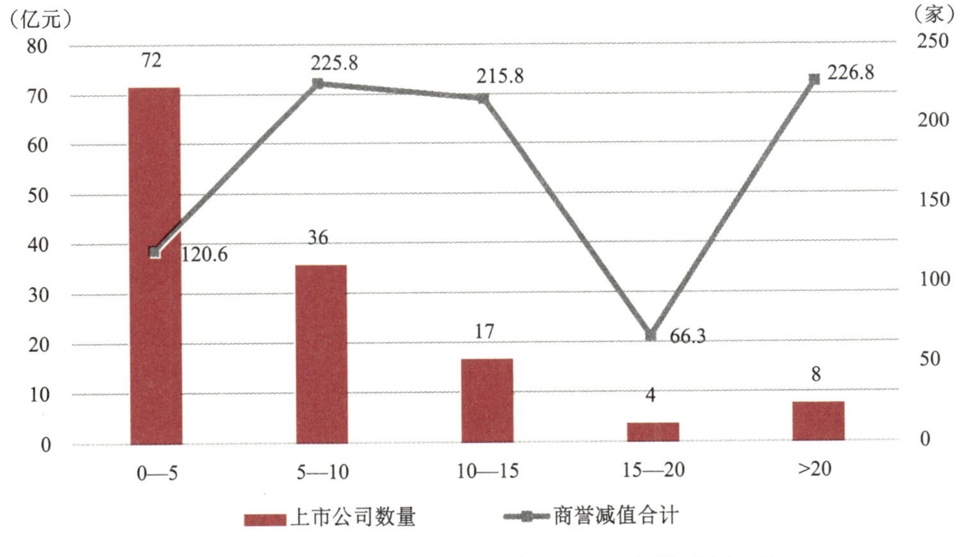

图 2-23 2015 年完成重大资产重组公司商誉减值情况

可以看出，2015 年实施过并购重组的走势低于深证 A 股指数和上证 A 股指数。

因此，上市公司并购重组应规避唯股价论的市值管理陷阱，应明晰公司本身的战略规划，运用资本工具服务好上市公司发展，而不应该为并购而并购，为股价而并购，回归价值本身，助力公司提升价值，才是并购重组的真正用途。

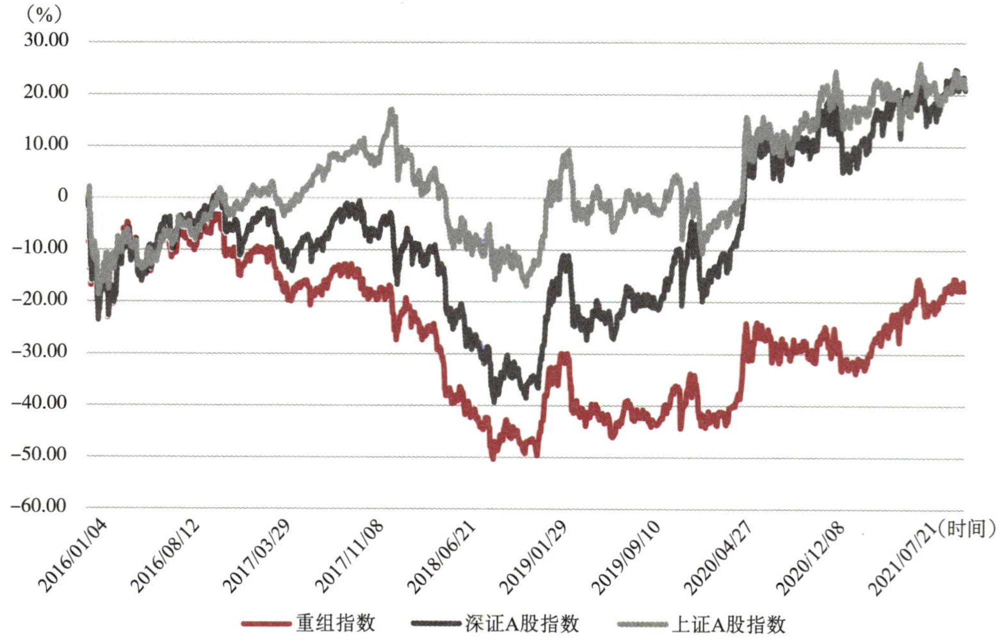

图 2－24　2015 年重大资产重组指数 VS 深证 A 股指数 VS 上证 A 股指数

案例 2－9：暴风集团盲目并购，商誉爆雷导致退市

暴风集团的前身是暴风科技，成立于 2007 年 1 月，其成立之初旗下的主要产品就是曾经 PC 时代视频播放器的霸主——暴风影音。据统计，2009 年暴风影音的用户达 2.8 亿人，占当时全国网民人数的 70% 以上。

2015 年 3 月，暴风集团登陆深交所创业板，其上市后股票连续涨停，市值一度达到近 400 亿元，成为股市神话。但上市不到一年，暴风集团便开始了激进的扩张，2016 年，暴风集团决定进军体育业，第一步便是收购全球体育版权巨头 MPS。MPS 是一家拥有意甲、FIFA 世界杯、法网等全球顶级赛事资源的体育传媒公司，业务覆盖全球 200 多个国家和地区，国内一致认为 MPS 是当时全球体育版权市场的霸主之一。为了收购 MPS 股权，暴风集团联合光大证券，出资 2.6 亿元，以此为杠杆募集了 52 亿元，收购 MPS 近 65% 的股权。

然而，交易完成后，MPS 创始人却相继套现出走，甚至另起炉灶，凭借积累的资源拿走大量体育赛事版权，与 MPS 竞争。2017 年，MPS 失去意甲版权，随后相继失去了在南美洲等地的系列版权。次年，英超俱乐部阿森纳也终止了与 MPS 的合作。

随着 2018 年 10 月 17 日 MPS 破产清算，也意味着暴风集团此次并购重组彻底爆雷。同年暴风集团归母利润出现巨额损失，亏损高达 10.9 亿元。2020 年，暴风集团由于尚未聘请到首席财务官和审计机构，无法在 2020 年 6 月 30 日前披露 2019 年年度报告。根据深交所的规定，其股票于 2020 年 7 月 1 日起停牌。2020 年 8 月 28 日，暴风集团在停牌后一个月内仍未能披露 2019 年年度报告，黯然退市。

其实这一结局早有暗示，在暴风集团多次收购企业，扩张商业版图之后，其公司市值自2016年3月起已经开始走下坡路。截至2020年7月1日停牌之前，市值已经跌到了4.88亿元。收购兼并可以扩张产业链，但是频繁的收购，可能会让投资者对公司决策和经营产生怀疑；而盲目追逐热点概念进行跨界收购，可能会导致企业陷入并购陷阱，发生商誉爆雷等问题。企业进行并购重组，应当步步走稳，三思而后行。

但是，合理运用并购重组工具，有助于公司整合资源，并购重组不仅是参与并购的企业转变经营局势、力争做大做强的一条有力捷径，同时也是企业进行战略调整、革新内部结构制度的重要手段。做好并购重组对企业有以下五点好处：

1. 通过并购扩大企业规模来实现规模经济。
2. 整合各类资金、技术实现资源共享，提高自身产品在市场的占有率。
3. 实施品牌经营战略，提高企业的知名度，以获取超额利润。
4. 通过并购改善企业的经营效率，降低交易成本，增加融资能力，引进人才。
5. 通过收购跨入新的行业，实施多元化战略，分散投资风险。

案例2－10：合理运用并购重组，美的打通产业链上下游

1968年成立于佛山顺德的美的集团，原本只是一家籍籍无名的乡镇企业，但长期以来通过合乎战略布局的频繁并购、积极开拓市场，一跃成为了如今闻名遐迩的家电巨头，现已是一家集消费电器、暖通空调、机器人与自动化系统、智能供应链等的科技集团。

回顾美的集团的发展历程，实质上也是一部恢弘的并购史。1980年初入家电行业的美的集团，在通过股份制改造和事业部改造完善公司制度后，便开始走上了以并购实现开疆拓土的道路。1998年，美的收购东芝万家乐40%股权，迈入空调压缩机领域；2004年，美的先后收购华凌、重庆通用、荣事达，迈入冰箱和洗衣机行业，进一步拓宽白电领域的布局；2005年，美的收购江苏春花，这也是美的清洁电器的前身；2007年起，美的开始收购小天鹅，并在后期不断提高持股比例，2014年实现对其的绝对控股，进一步整合了洗衣机业务。

截至2010年，美的在国内的多次并购，使其业务范围覆盖了家电的诸多产品，满足了市场的大部分需求，并助力其创下了超千亿的总营收，实现了10年增长10倍的巨大突破！但美的集团的野心并不止于此，2010年和2011年，美的还先后收购埃及和拉美的空调公司，将空调业务延伸至国外市场。

吸收合并了广东美的电器股份有限公司后，美的集团于2013年在A股深主板实现整体上市。如果在此之前的并购只是“小打小闹”，那么在获得足额融资后的美的则是大刀阔斧地进行“全球购”。2016年，美的完成了对德国的机器人公司库卡集团、日本的东芝家电和意大利中央空调企业 Clivet 的收购，成功开拓并深入欧洲和东盟市场的同时，美的也开始推进智慧家居、智能制造协同发展的“双智”战略，全球化经营和智能化转型同步实施，进一步巩固公司的行业地位和核心竞争力。

并购的合理运用，使美的集团成功打通了产业链的上下游，并在产业规模的不断扩大中成为了业务范围遍布国内外的世界级企业，其产品及服务如今惠及了全球 200 多个国家和地区约 4 亿用户。截至 2021 年年底，美的集团已成为了市值突破 5000 亿的行业巨头，并连续六年跻身《财富》的世界 500 强企业榜单，成就了家电行业的一段传奇故事。

三、回购及增持

股份回购是指上市公司通过一定途径回购本公司发行在外的股份，适时、合理地进行股本收缩的内部资产重组行为。通过股份回购，股份有限公司达到缩小股本规模或改变资本结构的目的。股份增持则指上市公司大股东、管理层等增加对上市公司股票的持有，上市公司的股东、高管是最熟悉上市公司经营情况的人，他们在二级市场上增持自家上市公司的股票，是向外界释放上市公司股价被低估、持续看好上市公司发展的信号。上市公司、上市公司关键主体进行回购和增持，一般可以达到以下效果：一是保持公司的控制权；二是提高股票市价，改善公司形象；三是提高股票内在价值；四是保证公司高级管理人员认股制度的实施；五是改善公司资本结构。

因此，回购与增持常常作为提升股价为目的出现，以回购为例，通常回购后，能够对上市公司的股价产生提振作用，表 2－11 为国内 A 股市场截至 2021 年 12 月 31 日实施回购案例涨跌幅统计，实施回购后，股价上涨的回购案例占比会比实施回购前的占比更多，而股价下降的占比会减少，可以看出实施回购能对股价产生一定的支撑作用。

表 2－11　回购案例涨跌幅统计

	期间涨跌幅（首次公告前 6 个月－首次公告日）		期间涨跌幅（首次公告日－首次实施回购）		期间涨跌幅（首次实施回购－回购实施完成/届满）	
	案例个数（个）	占比（%）	案例个数（个）	占比（%）	案例个数（个）	占比（%）
上涨 50% 以上	25	1.99	8	0.64	102	8.11↑
上涨 30%—50%	43	3.42	27	2.15	80	6.36↑
上涨 10%—30%	114	9.07	191	15.19	218	17.34↑
上涨 0—10%	106	8.43	453	36.04	290	23.07↑
下跌 0—30%	630	50.12	561	44.63	500	39.78↓
下跌 30%—50%	258	20.53	14	1.11	56	4.46↓
下跌 50% 以上	81	6.44	3	0.24	11	0.88↓
合计样本数	1257	100.00	1257	100.00	1257	100.00

四、分拆上市

分拆上市是指已上市公司将其部分业务或者某个子公司独立出来，另行公开招股上市。将旗下高增长业务的子公司分拆再上市，有利于子公司的发展，是对上市公司资产进行重组的一种手段，分拆上市带来的经济效应有以下五点：

1. 有利于子公司融资；子公司分拆上市，可以提升子公司资本市场的关注度，吸引更多的投资者。上市后子公司还能引入战略投资者、打通后续再融资通道，相比于委身于母公司下，大大降低了融资的难度；

2. 有利于公司治理；业务的分拆有助于帮助母公司聚焦主业，同时子公司经营的独立性增强，对双方的公司治理都有很强的改善；

3. 有助于激励管理层；分拆子公司上市，公司的管理层将获得比以往更大的激励，公司上市管理人员的股权价值就会大大提升，能够促进管理层的积极性；

4. 改善财务情况，提升子公司和母公司价值；对于多元化经营的公司来说，分拆后子公司能够得到独立估值，母公司往往能够收获市场效应，推动母公司的股价上涨，母公司通过所持股份或收取高额的红利，能够改善业绩。

第九节　影响上市公司市值的因素之八：投资者关系管理

一、投资者关系管理是上市公司对外传递价值的重要手段

对于资本市场来说，投资价值的核心是上市公司的盈利与成长性；而对于上市公司来说，战略规划是创造价值的载体，行业发展及商业模式是公司成长的源泉，科技创新是公司成长的驱动力，资本运作是快速扩张的手段，公司管理理念和企业文化是公司发展的灵魂，投资者关系管理则是向外界传递价值的桥梁。

根据《上市公司投资者关系管理工作指引》的定义，投资者关系管理是指上市公司通过便利股东权利行使、信息披露、互动交流和诉求处理等工作，加强与投资者及潜在投资者之间的沟通，增进投资者对上市公司的了解和认同，以提升上市公司治理水平和企业整体价值，实现尊重投资者、回报投资者、保护投资者目的的相关活动。

（一）投资者关系管理对象

投资者关系管理的对象主要包括：机构投资者、证券分析师、个人投资者、战略投资者、潜在投资者、监管层及媒体。在与投资者交流的过程中，公司通常会根据投资者的不同性质，有所侧重地与之交流。

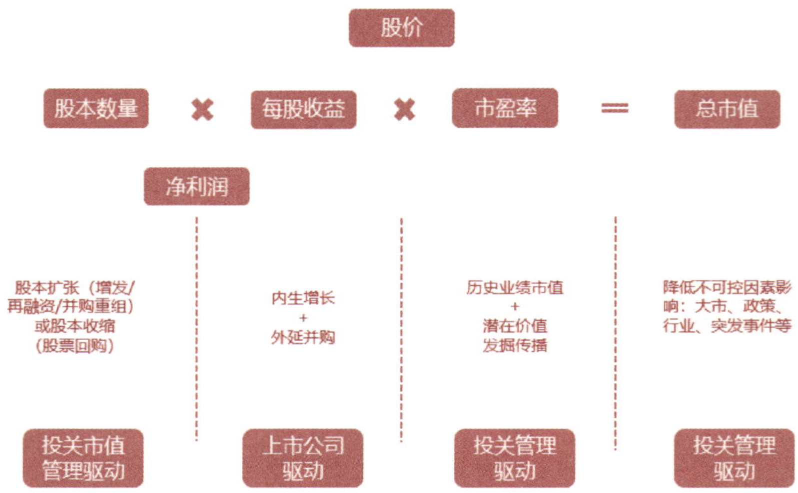

图2-25 投资者关系管理核心

潜在投资者可能对公司及公司所在的行业缺乏系统的了解，投关人员一般会对公司及其行业、行业上下游产业链等情况做全面的介绍，并重点突出公司特点和价值所在；

机构投资者及战略投资者通常谙熟公司的背景和特点，投资者关系则会侧重使其对公司的发展规划和战略部署建立长期信任；

个人投资者有的善于短线操作，有的看好企业未来愿意长期持有，公司会根据其不同的需求分别提供所关注的信息，从而实现高效沟通。

因此在投资者关系管理中，股东分析也是非常重要的一环，例如：

现有股东定期分析：上市公司可根据中国证券登记结算有限责任公司定期下发的股东名册从持股变动、持股性质（机构/个人）变化、增减持股东情况、新进入/清仓退出股东情况等维度进行分析，研究特定时间段的调研活动是否与股东增/减持行为有匹配关系，从而及时调整投关工作策略，达到市值稳定并获得投资者长期支持的目标。

潜在投资者挖掘：上市公司可通过日常调研活动的记录和跟踪深度挖掘潜在投资者，做好个性化服务。

引进长期战略股东：对于上市公司来说，引进长期战略投资者有利于优化公司治理结构、稳定公司市值，有机会为公司发展带来产业或金融资源，从而利好长期发展布局。

（二）投资者关系管理主要内容

从工作性质的角度来说，投资者关系管理可以分为事务性投关和价值性投关。

事务性投关主要工作是维护上市公司的资本市场形象，除了上述所提到的股东分析外，还包括通过各种方式对信息披露进行解读（如股东大会、业绩说明会、一对一调研、维护官网投关信息更新等）、日常沟通（包括实地调研、电话沟通、线上沟通等）以及舆情监管（如股吧、新闻以及各种投关平台、搜索引擎等对外展示的讨论上市公司的信息），等等。

而价值性投关则是从财务、估值、同行业 PE 对比等方面发掘公司亮点，并传递给资本市场，从而赢得投资者的信任和认可。需要特别注意的是，无法兑现的业绩承诺是违法的，也会降低资本市场的信任。

在实际操作中，很多“佛系”的上市公司往往选择坐等卖方分析师的主动调研、覆盖、出具研究报告；其实，上市公司的 IR 自己也可以根据其业务特点搭建财务模型、估值模型，分析行业上下游产业链、竞争格局，以提取投资亮点，主动引导卖方分析师，进而影响买方投资者。投关的意义就在于将公司的投资价值发掘、传播，使资本市场明白并逐步认可公司的投资价值，最后反映在公司的股价和市值中。

除了与外部投资者或相关利益方保持沟通外，上市公司的 IR 还应将资本市场的合理诉求传达给公司管理层，帮助管理层在决策时建立客观认知。

二、上市公司投资者关系管理现状

（一）投资者关系基础设施建设程度不足

我们对市值为 50 亿—100 亿元的 1035 家上市公司的官网进行统计，发现无投资者关系专栏的公司数量为 235 家，占比 23%；有投资者关系专栏的公司为 800 家，占比 77%（其中有 436 家直接跳转至全景网、交易所、巨潮网等外网，其占比为 53.63%）。

（二）投资者关系专职工作人员不足

根据资本市场学院和全景网联合发布的《上市公司投资者关系工作年度报告(2020)》的调研结果来看，上市公司投关工作开展中的突出困难其中之一是人员编制不足；而在《上市公司投资者关系工作年度报告（2019）》的调研结果也显示超七成 A 股公司未设置独立的投关工作专职部门，且近半数投关团队人员不足 3 人。

由于投资者关系管理的工作相对复杂，面临着差异化的沟通对象和信息诉求，要求时效性高、覆盖面广、精准度佳，且除了对本公司情况熟悉外，还需对行业、公司上下游甚至竞争对手的情况都有一定程度的认知，因此上市公司在投关方面投入专门部门的设置和人员仍是有必要的。

（三）投资者关系管理面临的难点

证券分析师无法覆盖行业内所有上市公司，整体向头部企业集中而导致中小上市公司无人问津，例如国内 A 股有近 500 家机械类上市公司，而机械行业分析师预计不超过 40 人。

（四）做好投资者关系管理有助于公司价值传播

信息披露是投资者关系管理的重要一环，对于上市公司来说，及时且透明的信息披露，不仅能够减少上市公司与投资者之间的信息不对称，也能让更多的潜在投资者深入地了解公司，精确地传递公司实际价值。否则，即使其拥有优秀的盈利状况和广阔的发展前景，在不受分析师关注和不被投资者了解的情况下，资本市场对公司市值的认知也会产生偏颇，导致市值被低估或大幅波动的窘境出现。

因综合考量了上市公司的信息披露、规范运作、监管措施和违规处罚等各个维度，信息披露考核指标更具科学、全面和客观性，也更能反映其对公司市值的影响。

从图2－26可见，随着信披考核等级的提升，总市值和平均市值均呈现明显的递增趋势，其中考核等级为优秀的公司总市值高达482740.98亿元，平均市值达到了667.69亿元，而反观考核等级为不合格的公司，其总市值仅达到10132.77亿元，平均市值则为69.88亿元，分别相差了近47倍和9倍之多。信披考核等级与公司市值表现的正相关性，也进一步说明了投资者关系管理对公司市值的提升作用。

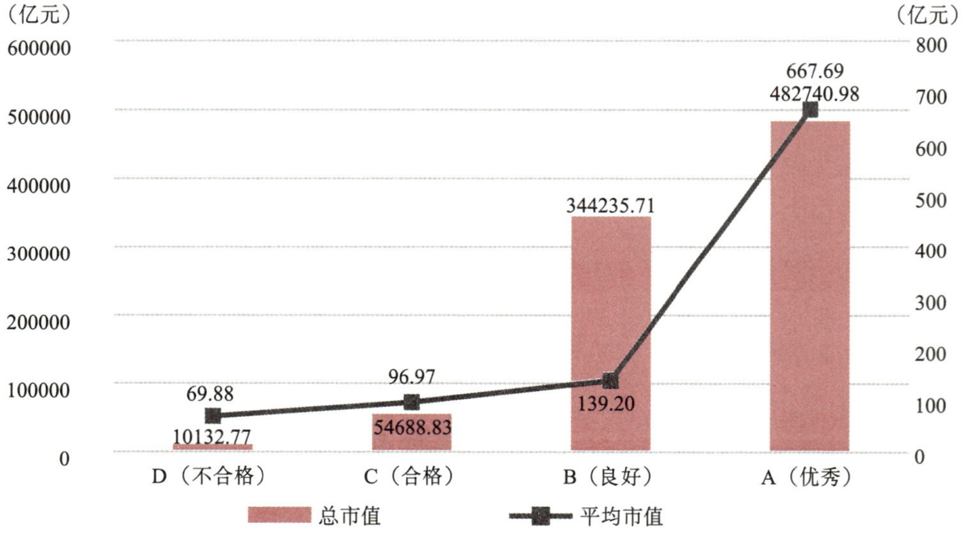

图2－26　各信息披露考核等级的市值表现

案例2－11：重视投资者关系管理，万科成A股常青树

万科成立于1984年，并于1988年进入房地产行业，在经过三十余年的发展后，现已实现资本市场的“A＋B＋H”模式，成为国内领先的房地产公司，且多次跻身《财富》“世界500强”榜单。万科的迅猛发展自然离不开其业务布局、行业助力等因素，但其优秀的投资者关系管理也令人称道。

信息披露方面，万科长期及时披露年度报告等证监会要求的定期报告，在背景信息、管理层讨论与分析等自愿性信息披露内容中也均有披露，使投资者能够更加及时、准确地了解公司经营情况，作出有效的客观分析与投资决策。不仅如此，万科自2007年以来已连续发布14份企业社会责任报告，客观、规范、透明地披露了其在社会环境等责任领域的实践和绩效，此类非财务信息让投资者们获得了更全面的分析和决策角度。

投资者关系沟通方面，万科形成了线上和线下相结合的多渠道方式与投资者们进行沟通。线上不仅通过微信群、公众号、电子邮件和电话等形式，保证广大投资者在各渠道都能够公平接收到最新的公司信息、尽量消除不对称性，并且在公司官网上建立了投资者关系管理的主页，其中包含了各项公告信息以及投资者来访预约平台，方便投资者们收集信息和来访；线下则每年会在不同城市举办多场专项推介会，向投资者介绍万科业绩和规划，与投资者深入交流，充分听取有关建议并作出相应改善，并多次参与深交所定期组织的“公司开放日”等各种上市公司组织宣传活动。除此之外，万科还于2015年设立了投资者教育基地，目前接待各种参观来访的公众每年超过1万人次，接待投资者调研活动600多次，通过与多媒体结合的展现和形式丰富有趣的互动，使公司可以运用更现代的方式服务投资者，在开展投资者教育活动的同时也能实现有效的沟通，2016年万科的投资者教育基地也被授予国家级证券期货投资者教育基地。

万科对投资者关系的重视，自然也获得了广大机构和投资者的认可。上市以来，万科已在深交所的信披考评中多次获得A级（优秀），并多次获得境内、外权威机构如新财富、《投资者关系（IR）》等评选的最佳投资者关系和最佳公司治理奖项，而这也提高了万科的影响力和投资者们的价值预期，助力万科攀升成为如今超两千亿市值的房地产头部公司。

第十节　影响上市公司市值的因素之E：ESG

一、ESG是上市公司提高融资能力的重要工具

随着全球化进程以及“一带一路”的深入推进，国际上的资管机构正把越来越多的中国优质企业视作潜在的投资标的，在行为上也在逐步扩大对中国企业的投资。以QFII持A股流通市值的情况为例，根据数据显示，截至2021年年度报告期末该数值已达到人民币2429亿元，是2007年年末QFII持A股流通市值的9.17倍。

与此同时，ESG投资正成为国际投资的主流趋势。由联合国前秘书长科菲·安南于2006年发起成立的联合国责任投资原则组织（简称UN PRI）是全球最具影响力的ESG投资倡议者。UN PRI主张企业、资管机构等主体可以与其签订协议，确立合作伙伴关系，将ESG因素纳入公司经营管理与投资实践中，以降低风险、提高投资价值并创造长期收

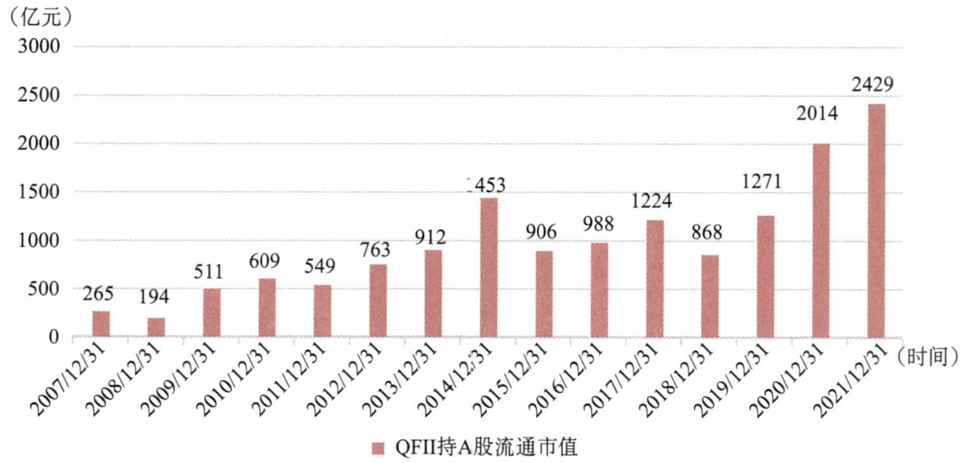

图 2－27　QFII 持 A 股流通市值情况

益，最终实现全社会的可持续性发展。根据 UN PRI 官网的公开数据显示，截至 2021 年 12 月 31 日，其签约者已达 4683 家，其中投资管理机构 3519 家，资产所有者 668 家，服务提供商 496 家。此外，近年来 UN PRI 的签署方还呈现出较强的增长势头。

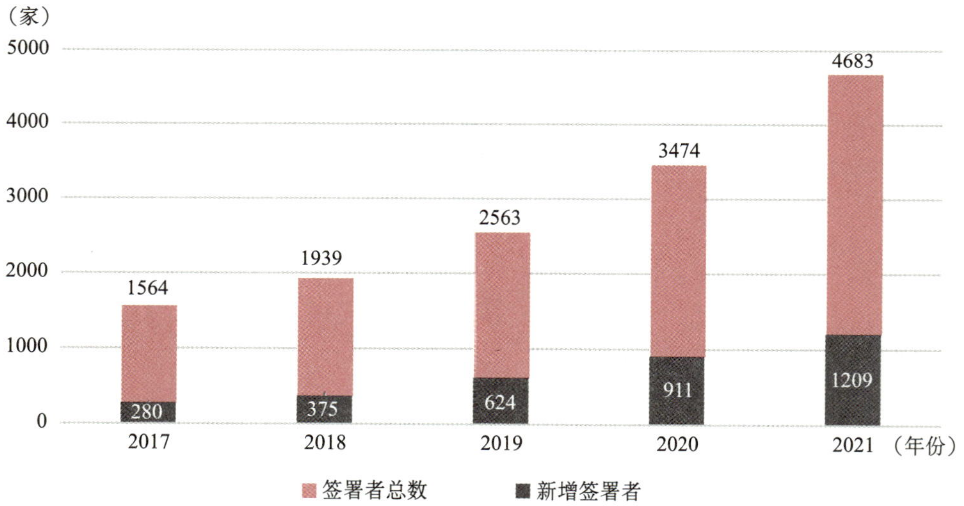

图 2－28　联合国责任投资原则组织合作伙伴签署情况

ESG 投资队伍的壮大带来全球可持续投资的增长，根据全球可持续投资联盟（GSIA）《2020 年全球可持续投资评论》的数据显示，以欧洲、美国、加拿大、澳大拉西亚（指澳大利亚、新西兰）和日本为代表的五大市场，其 2020 年可持续投资总额已达 35.30 万亿美元，较 2016 年上涨了 54.35%。随着绝对量的增长，五大市场的可持续投资规模到 2018 年就已超过总资产管理规模的比重的 1/3，此数据同样是 ESG 投资正成为国际投资的主流趋势的力证。

表 2-12　2016—2018—2020 年五大市场管理资产概况　单位：十亿美元

区域	2016 年	2018 年	2020 年
五大市场总资产管理规模	81948	91828	98416
五大市场可持续投资总额	22872	30683	35301
可持续投资占比	27.91%	33.41%	35.87%

机遇常常伴随着挑战，ESG 理念的渗透以及相关政策的修订正深刻影响着全球范围内资本市场参与者的投资行为。以欧盟于 2019 年发布的《可持续金融披露规定》为例，该规定要求欧盟所有金融市场参与者披露 ESG 相关信息，并对具有可持续投资特征的金融产品提出了额外的信息披露要求。与此类似的规定在全球市场上并不罕见，而对投资方在 ESG 信息披露方面要求的提高必将传导至投资标的，其中就包括一家家有着融资需求的上市公司。一家公司即使有着卓越财务表现，但若在 ESG 方面的表现上达不到国际投资者设置的门槛，则可能无法获得国际资本市场的入场券。资本市场的双向开放要求以上市公司为首的各经济主体做到从 ESG 披露到管理的全面提升，只有做到可持续发展与业务发展的真正融合，方可吸引国际资本，实现市值的进一步攀升。

二、践行 ESG 是获得国内资本青睐的新方式

近年来，个人投资者直接持有的 A 股流通市值占比呈波动下降趋势。根据数据显示，截至 2021 年年度报告期末中国 A 股市场个人投资者持流通股市值占 A 股总流通市值的 40.81%，较 2007 年年末已下降 17.87%。与该现象相对应的便是更关注投资标的长期价值的机构投资者持有流通市值比重的上升。

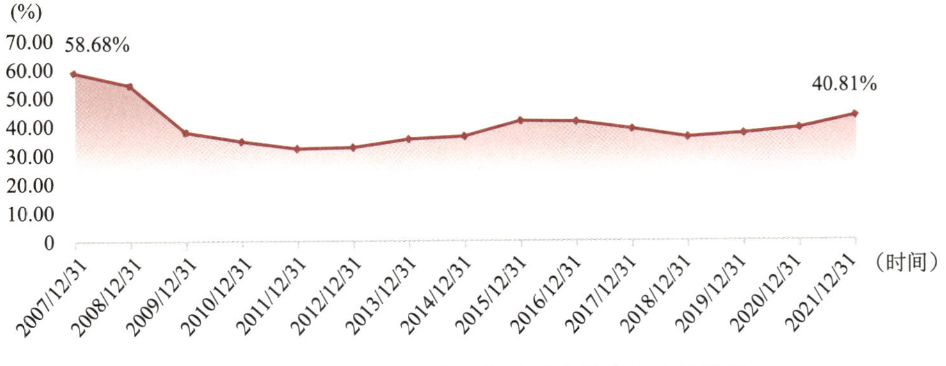

图 2-29　个人投资者持 A 股流通市值占比变化情况

在一级市场，各类创投机构也正把企业的综合价值而非单一财务表现作为投资决策的衡量因素之一。以高瓴资本为例，其通过以投资促发展的方式，从投前综合考量目标企业的各类潜力与风险，在投后为其可持续发展赋能，在退出阶段亦关注其投资企业独立开展 ESG 相关议题的能力。

在二级市场，国内资管机构的 ESG 投资也进入了跨越式发展阶段。根据不完全数据统

计显示，2021 年内，中国新成立的 ESG 主题基金数为 65 个，超过前 4 年 ESG 主题基金成立数量的总和。国内 ESG 主题基金的资产净值在近几年内保持着持续增长势头，并在 2021 年度达到了 3726.37 亿元人民币。践行 ESG，提高企业综合管理水平，正成为上市公司获得机构投资者青睐的新方式。

三、ESG 促使上市公司与利益相关方形成良性互动，优化公司治理水平

企业是经济社会的基本单元，企业的整体行为模式最终都会在社会经济的发展结果中有所呈现。各个企业特别是上市公司在发展过程中为了经受住投资者的周期性检验而在有限的时间内追求利润最大化的行为使其极易陷入短视的状态中。而短视的结果在长期来看不仅加大了其他经济主体的运行成本，更有可能在企业未来的发展之路上筑起高墙。ESG 将企业的个体活动映射到相互影响、相互依赖的社会网络之中，其背后蕴含的是联系的、发展的价值观，帮助企业树立起协调、共享的理念。

上市公司践行 ESG 的过程也是与利益相关方明晰权责边界、强化联结的过程：首先，公司从日常运营和管理、议题范畴、影响程度等因素出发，识别与遴选利益相关方，界定要参与公司 ESG 管理的群体；其次，公司通过确定利益相关方参与的方针，划分各个利益相关方的所属类型，并确定不同群体的参与频率与方法；再次，公司通过调查问卷、集体谈判协议或其他机制收集利益相关方的关切问题，更清楚地知道各个群体对公司的整个组织、主要产品或服务类别、重要业务运营位置的认识程度与满意程度；最后，上市公司通过借助“ESG 议题重要性矩阵”等方式，综合考量不同议题对上市公司以及各个利益相关方的重要性，并将议题实质性评估结果作为下一阶段 ESG 工作优先次序选择的参考，在回应利益相关方诉求与推动公司发展方面做到切中肯綮。

根据《A 股公司 ESG 问卷调查报告（2021）》的相关调查结果显示：超六成受访者认为实施 ESG 战略有利于公司多层面提升发展质量。在已实施 ESG 战略的上市公司中，63.18% 的受访者认为公司“有明显变化”，表明较多企业通过实施 ESG 战略提升了公司的发展质量；其中，约五成受访者表示任职上市公司的合规、风控等治理能力得到提升。

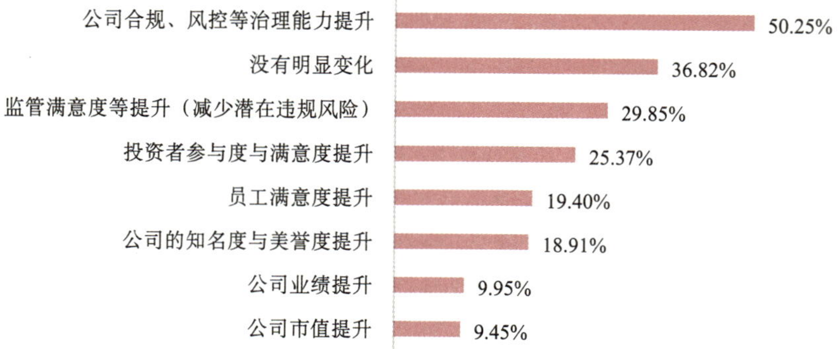

图 2－30　实施 ESG 战略后，上市公司变化情况（多选）

四、ESG有助力企业市值提升

上市公司的社会责任报告披露比例与它们的市值区间密切相关。2021年披露社会责任报告的上市公司数量占所处市值区间上市公司总数的比重随市值区间的下降呈明显的递减趋势：特大型公司（市值1000亿元以上）中有94.71%的公司披露了社会责任报告，而小型公司（市值50亿元以下）的披露比例仅为12.46%。

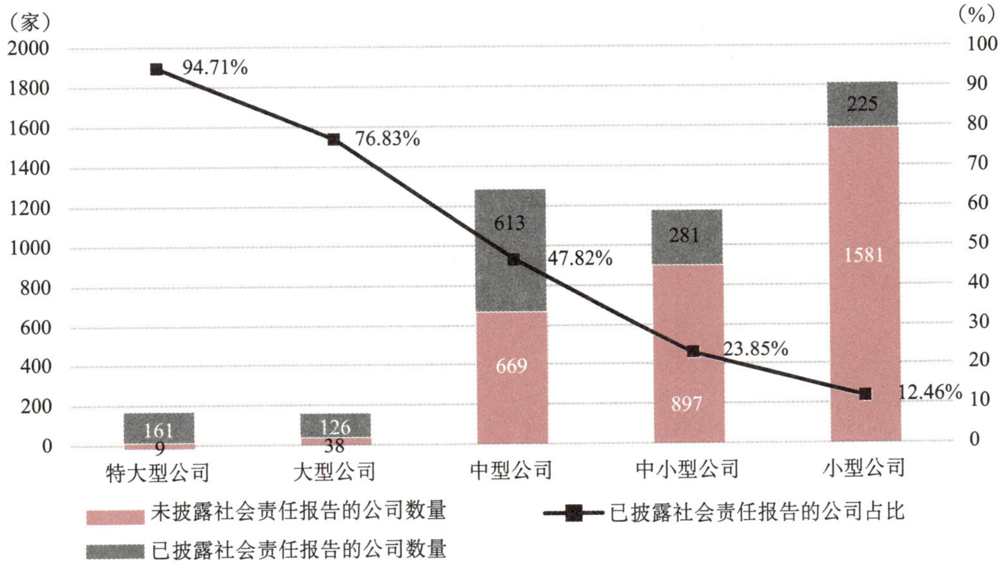

图2－31　不同市值区间上市公司的社会责任报告披露情况

各行业里营业收入、公司规模领先的上市公司更倾向于披露社会责任报告。根据申万三级行业分类，以2021年上市公司年报披露的各个三级行业营业收入前10%的上市公司为行业领先者，共有478家上市公司被定义为行业领先者。在这478家行业领先的上市公司中，65.69%（314家）的行业领先者已经在2021年披露社会责任报告。根据2021年上市公司年报披露的营业收入，各申万三级行业营业收入排名第一的上市公司共有335家，这一类上市公司中，66.27%（222家）已经在2021年披露社会责任报告。无论是行业营业收入第一的上市公司或是行业领先者的上市公司，它们的社会责任报告发布率均高于60%，远超2021年A股上市公司30.55%的社会责任报告披露率。

ESG并非纯粹的公益性产物，相反，它从诞生之日起就融入了商业基因。环境、社会与治理三大价值要素的引入打破了资本市场把财务指标作为唯一标准的一元评价模式，拓宽了投资者评估企业可持续发展潜力的维度，亦使企业能够在更多元的体系中向市场描绘自身的轮廓与发展足迹。

2018年6月，沪深A股市场有226支成分股被纳入MSCI新型市场与全球市场指数，这类上市公司均需进行ESG披露，并需在更具挑战性的ESG评估要求中发展。若将该类公司中于2016年前上市的公司作为样本，观察其自2020年以来的发展情况，不难发现该类公司的总体发展在统计期间内（2016年1月4日至2021年12月31日）都要优于沪深300成分股的整体发展水平。

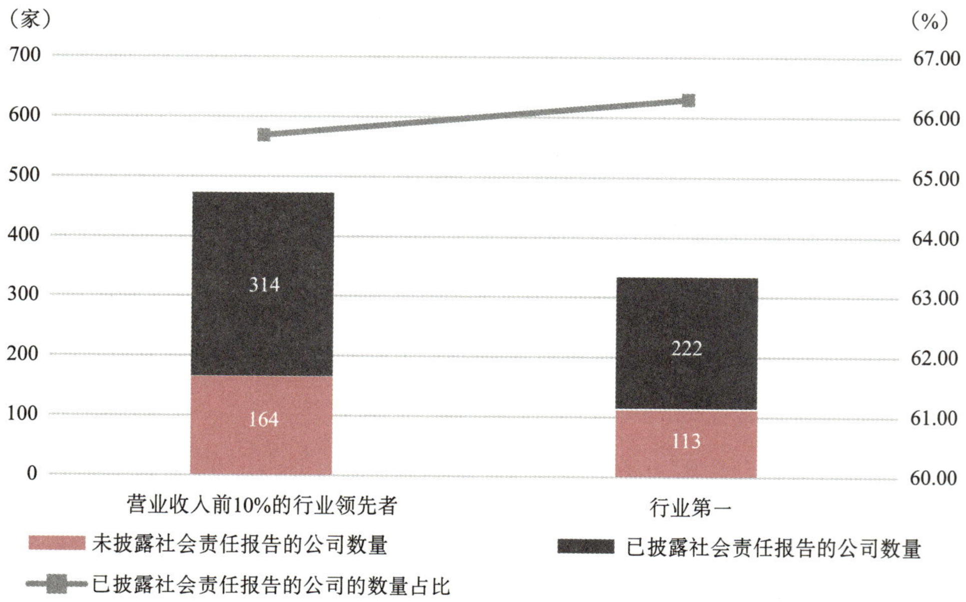

图2－32　行业领先者和行业第一的社会责任报告披露情况

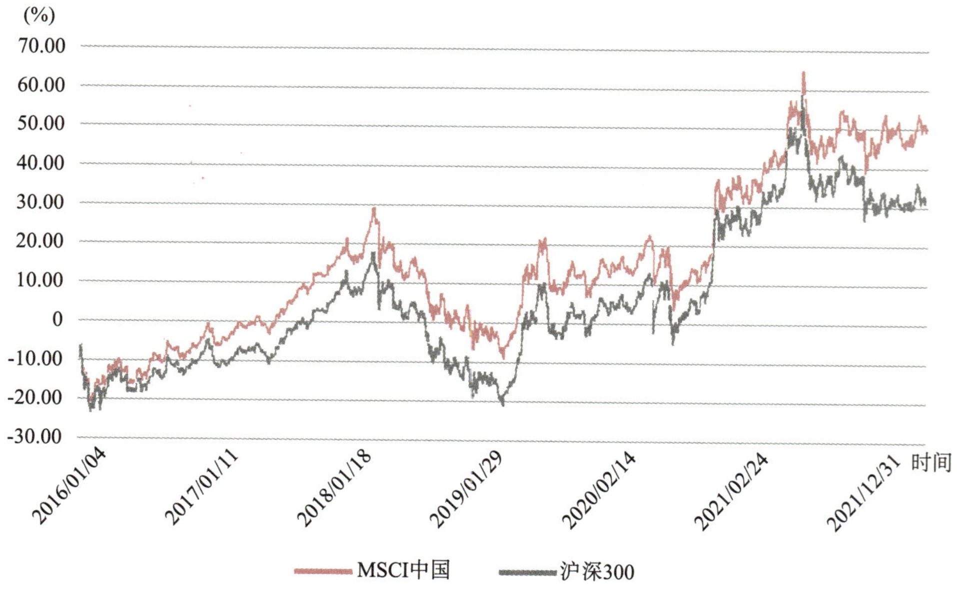

图2－33　沪深300指数与MSCI中国成分股发展对比

注：该指数编制以2016年的第一个交易日（1月4日）为基期。

美国20世纪的质量管理大师菲利普·克劳士比曾说："质量是免费的。"其背后的含义是，质量控制虽然在短期内会增加公司的运营成本，但在长期内能通过减少风险事件发生以及提高客户评价等方式为公司持续创造价值。这一观点不仅适用于产品质量这一方面，对于上市公司整体质量的提升亦有着参考意义。在我国的ESG发展大潮中，上市公司必将面临转型的阵痛，但只有当其瞻望到可持续发展的价值，并从了解迈向披露，从披露迈向管理，坚定不移地参与到ESG实践中，方能实现蜕变，并在全方位价值提升的道路上蓬勃发展。

五、中国上市公司实施ESG管治的现状

据公开数据统计，2018年至今我国设有ESG专项管理组织的公司数量持续上升。2021年有244家A股公司通过设立董事会ESG委员会、经营层ESG工作委员会等对ESG事项进行统一管理，其中191家公司明确了专项组织的具体管理职责。同时，分组分析结果显示，设有ESG专项管理组织的A股公司ESG评级的评级优于其他组别，其中有超过20%的公司获得AA级及以上的评级，约50%的公司评级集中于A级。

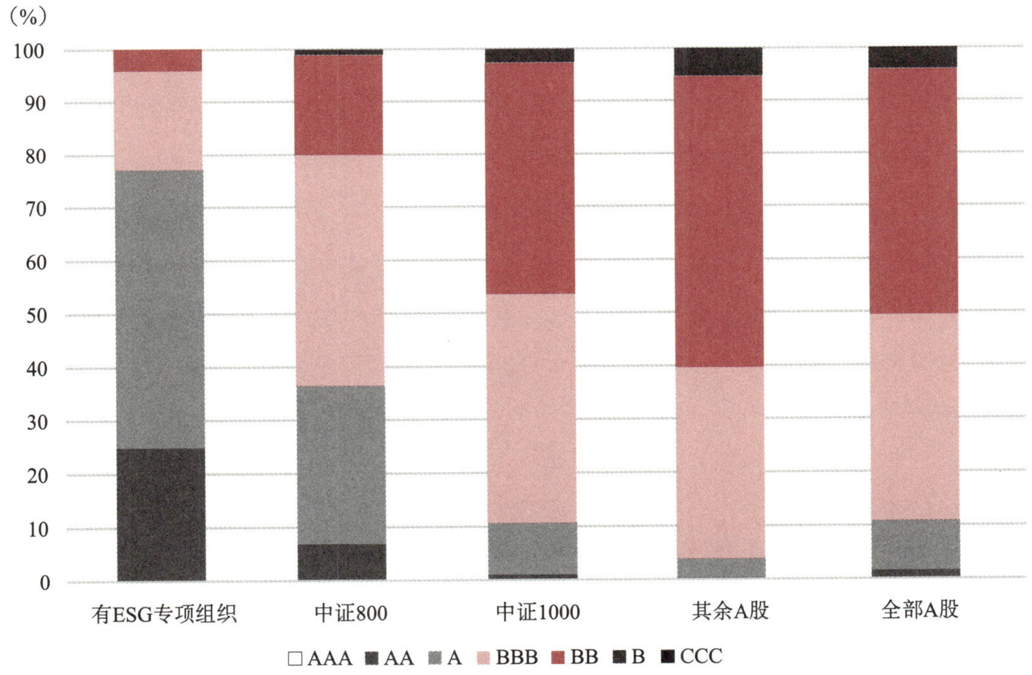

图2-34　ESG评级分布

虽然设立ESG专项管理组织并不代表一定能够获得较高评级，但由上述分析结果可以看出，上市公司设立ESG治理架构和ESG专项管理组织，将会有助于ESG评级机构对上市公司ESG治理的认同，以及对上市公司ESG表现及内在价值的评价。

近年来我国的ESG实践正在逐步推进，但从ESG披露迈向ESG管治仍有较大的进步与深入的空间。《A股公司ESG问卷调查报告（2021）》调查结果显示，对于“上市公司ESG制定ESG相关规划情况”这一问题，目前约一半的受访上市公司仍未制定与ESG相关规划，而选择“已搭建ESG工作机制”“已搭建ESG管治架构”两项的比例仅在两成左右，分别为23.38%和18.91%，A股上市公司的ESG实践之路仍任重而道远。

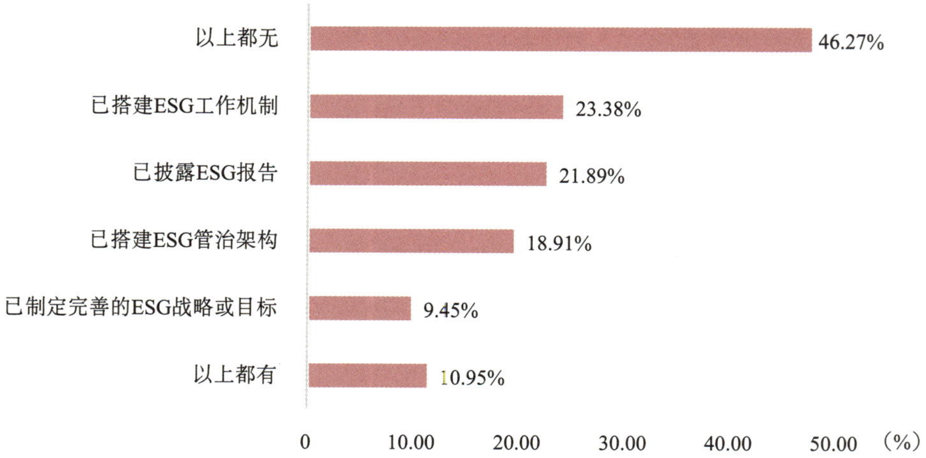

图2－35　受访者任职上市公司制定ESG相关规划的情况（多选）

相信随着ESG实践和ESG治理相关工作的不断深入，我国上市公司的ESG表现将会得到全方位的提升，并推动和促进上市公司的价值成长和可持续发展。

案例2－12：中集集团以ESG促管理转型升级，助力公司高质量发展

身处物流和能源装备领域的中集集团，作为中国改革开放的先行者及所进入行业的领军企业，作为两地整体上市公司，始终将“为社会创造价值”作为中集人铭记的初心，努力向“受人尊敬的、高质量的世界级企业”目标迈进。中集集团的社会责任观聚焦企业核心功能与使命，恪守经济、社会与环境三重底线，致力于通过科学、透明、道德、合规的方式运营，坚定不移推进可持续发展战略，高度重视公司的社会责任建设，以务实高效的ESG（环境、社会和公司治理）责任体系构建企业可持续发展目标。中集集团逐步实现了ESG与公司经营管理的融合，持续提升了可持续发展能力，同时更好地把握可持续发展机遇。

从2008年至今，中集集团已连续13年发布了可持续发展报告，报告质量得到内外部高度认可。中集通过多年的实践已构建了一套成熟完善的ESG报告体系。中集以强有力的由董事会领导的ESG分层治理架构为基石，以务实规范的ESG工作运行机制为支撑，以全面系统的ESG指标体系为主线，搭配数据信息化系统，覆盖国内所有制造企业、10亿元营收非制造型企业和部分海外企业。公司严格贯彻“重要、量化、平和、一致性”的四大原则，使用合规、合适的报告标准，并每年开展“信批差距对标与改善”专项工作，追求卓越、精益求精，持续提高报告质量。

以ESG报告体系为抓手，公司将其纳入集团5S管理体系，内部通过完善管治架构、风控管理等各个方面加强公司治理，外部则深入开展利益相关方调研（例如，2021年调研有19385人次参与），科学辨识重要性议题，纳入集团策略主题，并重视ESG传播，建立与外部的良好沟通和交流。中集集团在2020年度深圳交易所信息披露考核工作获得A级（优秀）考评结果。中集在2020年、2021年分别获得外部10个、13个ESG奖项，并保持外部ESG评级处于行业领先，也受邀在多个可持续发展高端论坛作专题分享，中集ESG建立了一定的影响力。

随着ESG向公司经营管理的渗透，中集集团也逐步实现了可持续发展与业务的有机融合。应对全球气候方面，公司2021年比2020年碳排放强度下降26%，目前也已建成13家国家和省级绿色工厂、3家国家和省级绿色供应链，并大力研发制造绿色产品，助力全球和社会减排，如开发生产多款可减少资源消耗和能耗的轻量化产品，仅2020年销售超2万台；企业关怀方面，发挥专业优势积极参与抗疫行动，如中集冷云的“疫苗三栖储运方舱”为新冠疫苗全球转运提供了有效方案，全程护航100万剂中国新冠疫苗运抵乌兹别克斯坦，如中集模块化紧急承建香港竹篙湾3A隔离检疫中心、八乡少讯中心隔离检疫中心、深圳市第三人民医院二期工程应急院区医护人员公寓、江门市应急集中隔离观察点等多家防疫医疗设施，有力支援粤港澳大湾区疫情防控。

通过公司行之有效的经营治理，再结合科学的战略管理，中集集团实现了有质增长，从11.57亿元市值的集装箱工厂攀升成为如今近500亿元市值的多元化跨国产业集团，并在上市28年间连续盈利。中集集团2021年全年营收约1637亿元，首次突破千亿元，同比增长74%；营业利润达134.7亿元，同比增长81%，大幅度刷新历史最佳业绩纪录。

市值是上市公司价值最重要的评价标准已然成为资本市场各方的共识，用市值是衡量企业价值也最为准确。市值衡量企业价值具有三大优越性。

一是综合性：市值不是只片面地反映企业某一方面的情况，而是公司治理水平、盈利能力、成长潜力、投关管理等多方因素的综合体现；

二是动态性：市值是一个动态指标，能够实时地反映企业的基本情况；

三是资本属性：市值不仅能够反映企业现在的价值，还包含了公司未来发展的潜力；不仅包括公司内在价值，也代表外界对公司的客观判断。

从市值的三大特性也可以看出，市值受到诸多因素影响。分析市值的影响因素可以归类为短期市值影响因素和长期市值影响因素。短期市值影响因素包含蹭热点、内幕信息泄露、投资者情绪等，而长期市值影响因素是上市公司市值变化的根本逻辑，市值容易受到短期市值影响因素而波动，但拉长时间来看，市值长期来看是围绕上市公司基本面价值上下波动。“8 + E”的市值影响因素是解释上市公司长期市值的变化原因，上市公司可以通过了解“8 + E”的市值影响因素框架，改变上市公司基本面来影响市值的变化。

影响市值的“8 + E”因素分为外部因素（宏观环境、行业发展、营商环境）、内部因素（公司治理与战略管理、盈利与成长性、科技创新、资本运作、投资者关系管理）和ESG。外部因素是客观存在的，上市公司很难改变外部因素，但是上市公司可以了解和认识所处的外部条件，去作出选择，如根据宏观大势改变经营战略、迁移公司总部改变营商环境等。内部因素是上市公司能够把控的，要做好公司业务、提高公司业绩、实现股东财富最大化，做好公司治理、战略管理、业绩提升、科技创新、资本运作、投资者关系管理是必经之路，如同建盖房屋的材料一样，缺少任何一样，地基都会不牢固。ESG 是影响上市公司可持续发展的重要因素，上市公司通过经营可以强于一时，但想要成为百年企业，常青不倒，必须要有可持续发展的理念，践行可持续发展的道路。

第三章
沪深 A 股上市公司市值分布及六大特征

第一节　沪深 A 股市值总体概况

截至 2021 年 12 月 31 日，沪深 A 股一共有 4603 家上市公司，总市值达 98. 83 万亿元，A 股市值规模逐渐扩大，将逾 100 万亿元。（注：本章所涉及上市公司 2021 年度财务数据，不含 3 家退市公司，另有 11 家公司未披露年报）

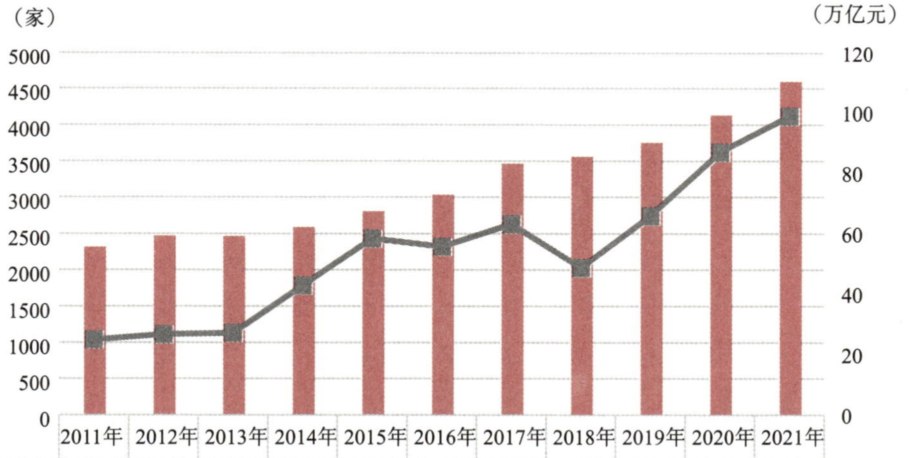

	2011年	2012年	2013年	2014年	2015年	2016年	2017年	2018年	2019年	2020年	2021年
总数量（家）	2322	2475	2471	2595	2811	3037	3470	3568	3760	4140	4603
总市值（万亿元）	24.94	26.73	27.20	42.82	58.41	55.71	63.15	48.70	65.83	86.93	98.83

图 3－1　沪深 A 股历年上市公司数量和市值

本章根据上市公司市值的大小将其分为五类市值区间：（1）特大型公司：市值在 1000 亿元及以上共 170 家（由于市值超过 10000 亿元仅有 6 家上市公司，图表分类将其与千亿级公司共同归纳为特大型公司）；（2）大型公司：市值在 500 亿—1000 亿元（含 500 亿元）共 164 家；（3）中型公司：市值在 100 亿—500 亿元（含 100 亿元）共 1283 家；

（4）中小型公司：市值在 50 亿—100 亿元（含 50 亿元）共 1176 家；（5）小型公司：市值在 50 亿元以下共 1810 家。

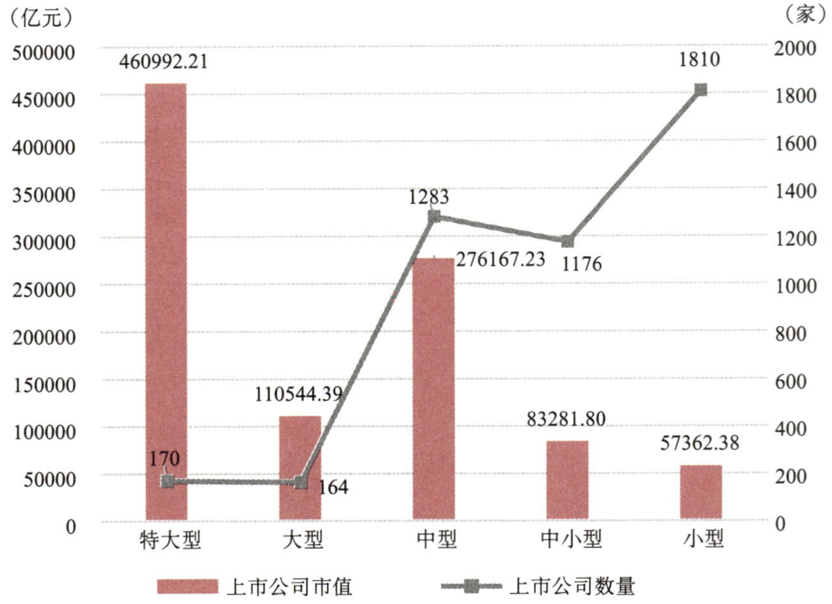

图 3-2　各类型上市公司市值和数量分布情况

一、地区分布情况

（一）按照地区板块划分

上市公司是优质企业的代表，培育和推进企业上市对增强地方经济活力、促进转型升级具有重要作用。企业上市不仅能提高当地就业率以及税收收入，促进当地 GDP 的增长，并且公司上市后可以根据发展需要，通过增发、配股和发行可转债等途径实现再融资，确保企业发展的需求。因此，推动企业上市一直是许多地方政府和公司的重点工作。

从公司数量来看，1810 家小型上市公司占据了沪深 A 股公司数量的 39.32%，我国小体量公司数量众多。而根据地区分布特点，除了特大型城市中，华北地区上市公司数量超过华东地区 6 家上市公司外，其余市值区间中华东地区上市公司数量都遥遥领先。

从市值规模来看，特大型城市 170 家上市公司共计市值达 46.10 万亿元，市值占整个沪深 A 股的 46.65%，而特大型城市中，华北地区独占鳌头。其中市值达 10000 亿元及以上的公司有 3 家在北京。北京作为中国的政治文化中心，是互联网公司总部最多的城市之一，也是银行、石油等行业大型央企的总部基地，因此有大量高市值公司扎根于此。

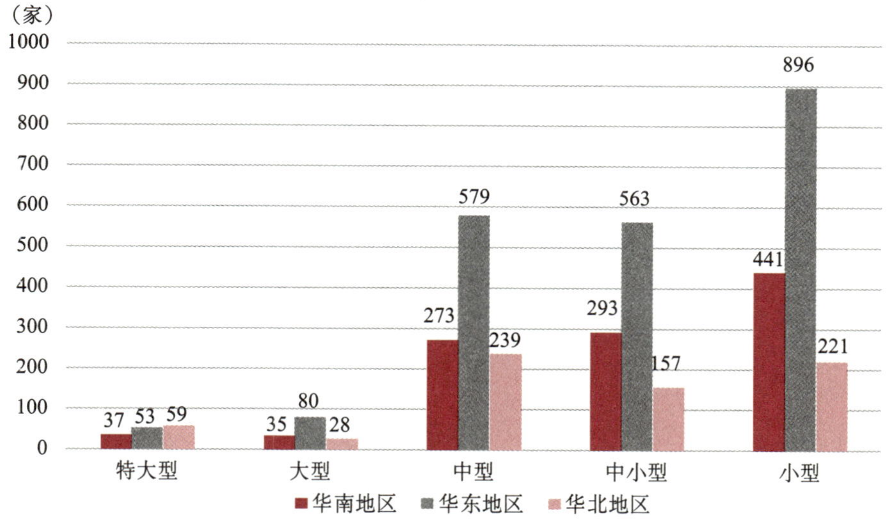

图3-3　华东、华北、华南地区上市公司数量分布情况

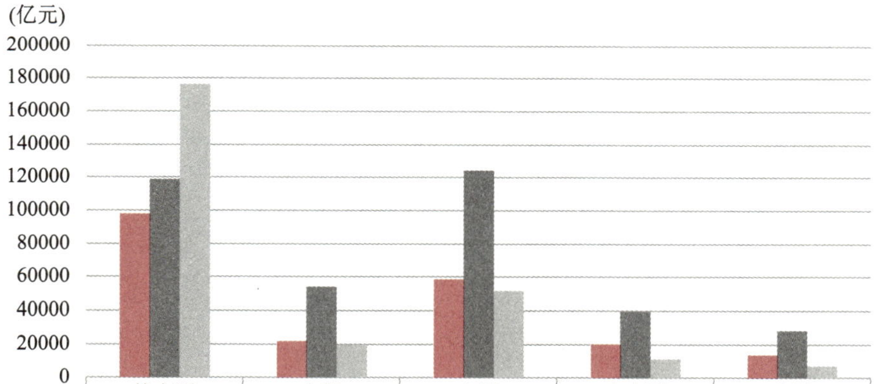

	特大型	大型	中型	中小型	小型
华南地区	98241.07	22220.33	58783.12	20592.55	14121.32
华东地区	118667.57	54166.68	124237.72	39601.12	28341.18
华北地区	176234.85	19831.10	51617.94	11362.60	7131.90

图3-4　华东、华北、华南地区上市公司市值分布情况

（二）按照经济区域划分

根据经济圈来看，长三角经济圈一共有1686家上市公司，市值共计27.41万亿元；珠三角经济圈一共有752家上市公司，市值共计16.80万亿元；京津冀经济圈一共541家上市公司，市值共计22.86万亿元。

特大型公司中，京津冀经济圈市值占据主导地位，在上市公司数量和上市公司质量都优于其余经济圈，长三角地区尽管公司数量较多，但是没有市值达10000亿元以上的上市公司存在。长三角地区在上市公司数量和上市公司总市值方面都占据主导位置，该地区在我国经济中举足轻重，也是我国经济创新驱动能力最强的区域之一，雄厚的经济实力和良好的地理位置吸引大量上市公司。

我国上市公司的地区分布特征，基本上与多年来我国三大经济带的经济发展状况相符。东部地区上市公司数量多，上市公司平均市值大，上市公司的融资能力强。究其原因，与国家改革开放政策是分不开的，对外开放的 14 个沿海港口城市都在东部地区，并且东部地区经济总量大，上市公司数量较多。

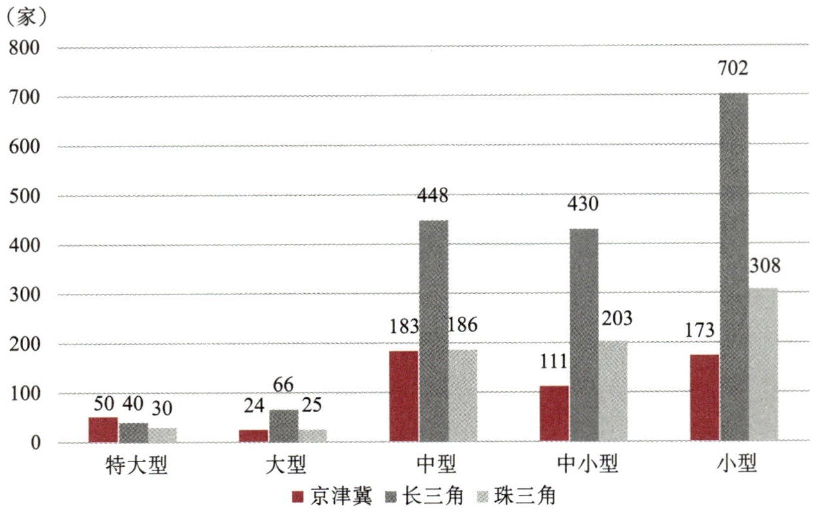

图 3－5　三大经济圈上市公司数量分布情况

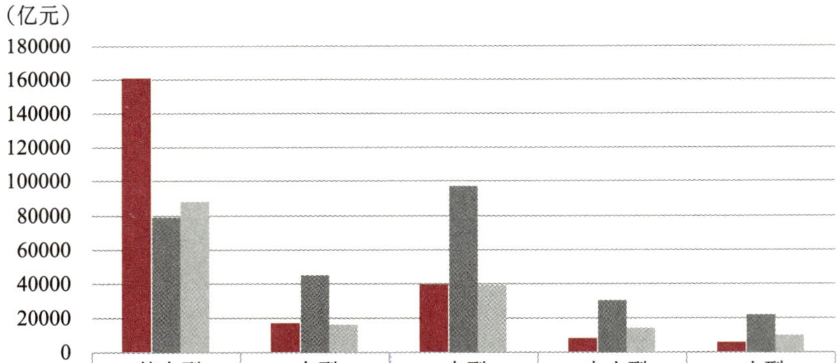

	特大型	大型	中型	中小型	小型
京津冀	158646.17	16974.07	39392.66	7981.42	5644.81
长三角	79310.28	45322.53	97019.15	30340.10	22081.59
珠三角	88253.28	16287.36	39220.41	14293.71	9972.10

图 3－6　三大经济圈上市公司市值分布情况

二、上市板块分布情况

特大型公司中，沪主板占据优势地位，有 99 家上市公司，并且总市值达 30.25 万亿元，其中市值破万亿元的上市公司有 5 家来自于沪主板市场。

其余类型公司中，深主板上市公司数量和市值与沪主板差距逐渐缩小。体量较小的上市公司更加倾向于在创业板和科创板进行上市。在注册制的实行下，科创板和创业板将会吸引更多公司进行上市，为中国经济提供源源不断的活力。

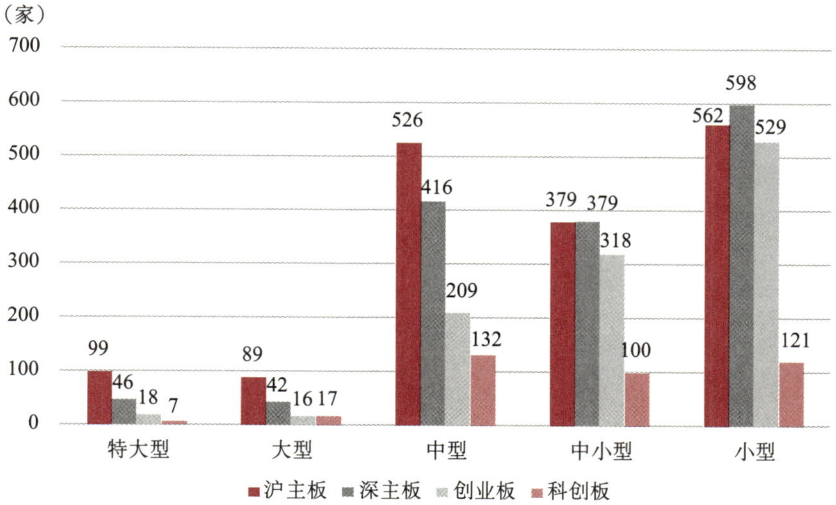

图 3－7　沪主板、深主板、创业板、科创板上市公司数量分布情况

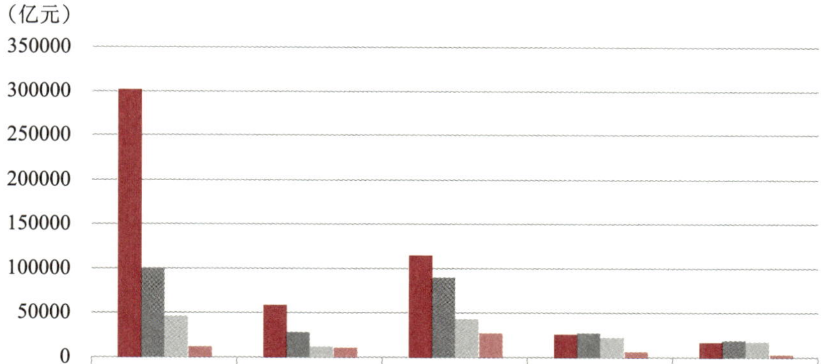

	特大型	大型	中型	中小型	小型
沪主板	302538.96	59490.270	115598.53	26656.82	17546.73
深主板	99660.66	27951.41	89870.32	27102.15	18703.48
创业板	46215.02	11822.66	43027.30	22410.78	17172.12
科创板	12577.58	11280.05	27671.08	7112.05	3940.05

图 3－8　沪主板、深主板、创业板、科创板上市公司市值分布情况

三、行业分布情况

市值较高的上市公司中，以金融行业为主，金融业数量占整个沪深 A 股不足 1%，但其市值占整个沪深 A 股超过 15%，由此可见，金融行业在整个市场中具有重要的地位；

在大、中型公司中，以电力设备、医药生物、电子等行业为主导，此类行业具有一定的科技含量；在中小型和小型公司中，机械设备、基础化工、计算机等行业占据优势地位，金融行业稀少，此类市值区间以为制造业为主，位于供应链的某一环，产品附加值较低，因此此区间上市公司体量较小。

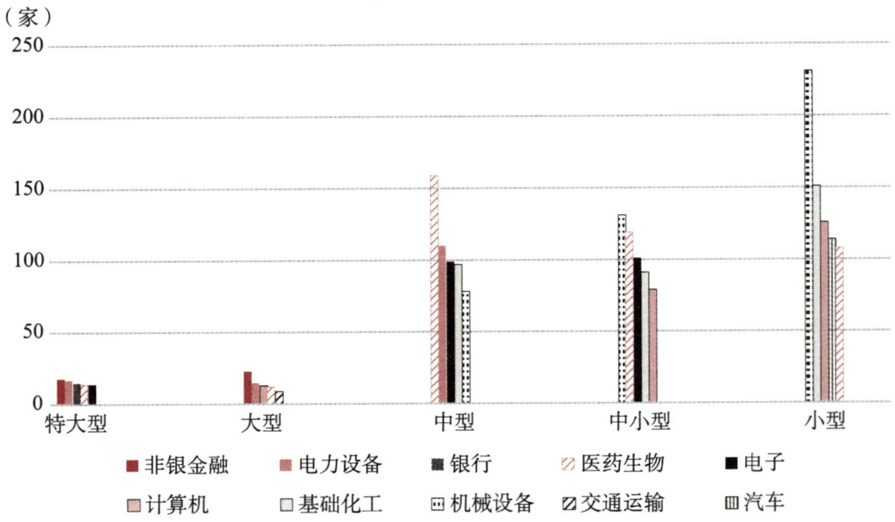

图3-9　各类型公司数量分布前五大行业

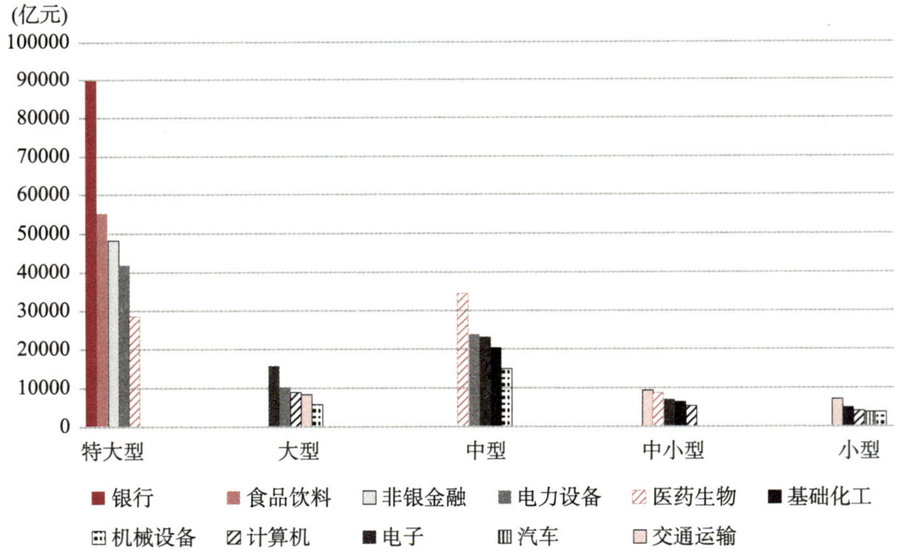

图3-10　各类型公司市值分布前五大行业

四、公司属性分布情况

经过改革开放40多年来的实践，市场早已证明了公有制经济和非公有制经济都对中国生产力的发展起着重要作用。公有制经济和非公有制经济是有机统一的整体，相辅相成、相得益彰。而国有控股上市公司和民营控股上市公司是公有制经济和非公有制经济的代表，探究两者在上市公司的分布情况也是一个重要话题。

在特大型公司之中，国有控股上市公司数量为89家，总市值达26.35万亿元，上市公司数量和上市公司市值都超过了民营控股上市公司。

大型、中型、中小型和小型上市公司都以民营控股上市公司为主，这一特点在小型公司中表现得尤为明显，小型公司共有1294家民营控股上市公司，总市值达4.06万亿元。

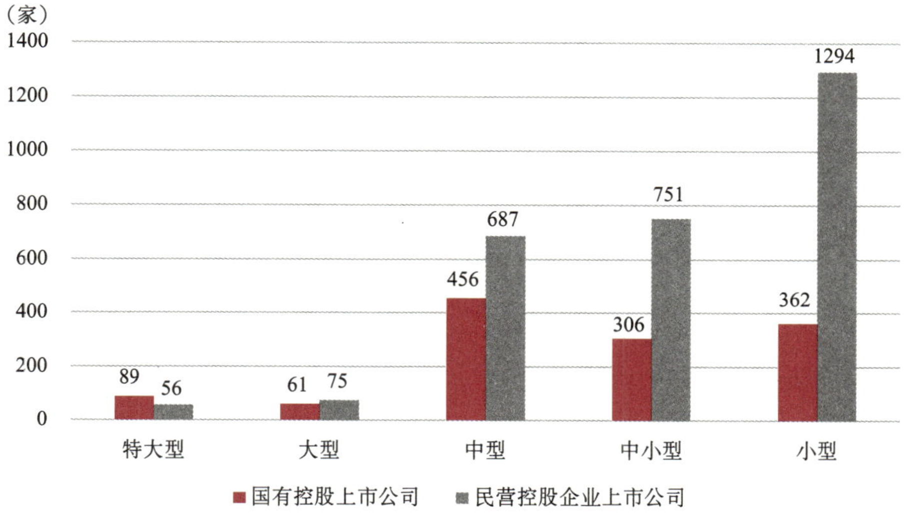

图3－11　国有控股、民营控股上市公司数量分布情况

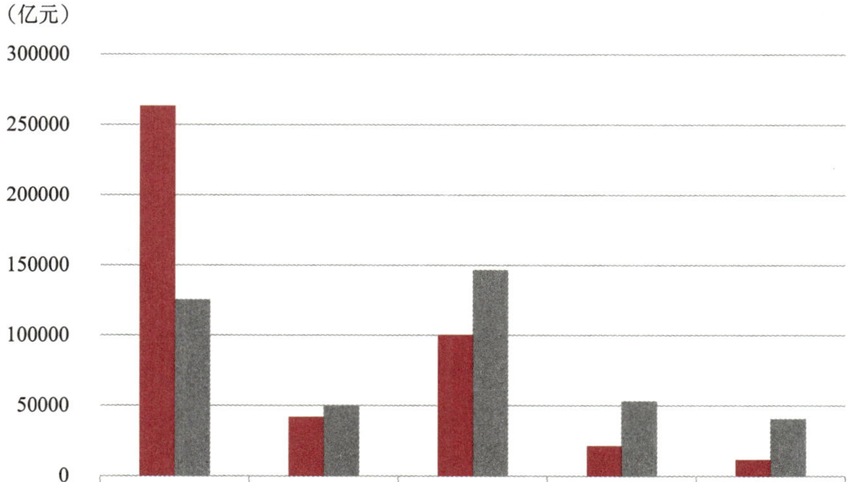

	特大型	大型	中型	中小型	小型
国有控股上市公司	263516.73	41985.52	100604.98	21602.45	11889.24
民营控股上市公司	125387.13	49943.63	1466700.37	53421.21	40612.44

图3－12　国有控股、民营控股上市公司市值分布情况

第二节　10000亿元市值以上上市公司

特征一：宁德时代突破万亿市值，新能源替代白酒、银行成为A股投资新风向标。

截至2021年12月31日，沪深A股市值达10000亿及以上的上市公司总共有6家，分别为贵州茅台（25752.05亿元）、工商银行（16501.61亿元）、建设银行（14650.64亿元）、宁德时代（13705.41亿元）、招商银行（12284.59亿元）、农业银行（10289.50亿元），六家上市公司总市值达9.32万亿元，占沪深A股总市值的9.43%，平均市值为15530.63亿元。

从板块分布来看，沪主板上市公司共5家，创业板上市公司1家，深主板和科创板尚无万亿级上市公司；从公司属性来看，一共4家国有控股上市公司，1家公众上市公司和1家民营控股上市公司；从地域分布来看，北京市3家，贵州省1家，福建省1家，广东省1家；从所属行业来看，银行业4家，白酒业1家，电池业1家。

表3-1　　10000亿元以上上市公司分布情况

证券名称	总市值（亿元）	公司属性	证券板块	所属省份	所属行业
贵州茅台	25752.05	国有控股上市公司	沪主板	贵州省	白酒
工商银行	16501.61	国有控股上市公司	沪主板	北京市	银行
建设银行	14650.64	国有控股上市公司	沪主板	北京市	银行
宁德时代	13705.41	民营控股上市公司	创业板	福建省	电池
招商银行	12284.59	公众上市公司	沪主板	广东省	银行
农业银行	10289.50	国有控股上市公司	沪主板	北京市	银行

案例3-1： 作为动力电池的龙头公司，宁德时代于2018年6月11日在创业板上市，上市首日市值达786亿元，2020年市值突破5000亿元。且2021年5月31日，宁德时代大涨6%，收盘市值达到1.01万亿元，成为创业板首家市值破万亿的公司。

宁德时代凭借自身技术优势、高额市场占有率、业绩的高速增长等因素促进了市值腾飞。截至2021年12月31日，宁德时代市值达1.37万亿元，宁德时代自上市日起，短短三年内市值增长了16倍左右。并且结合国家“双碳”政策的大背景下和未来全球新能源市场的巨大需求，宁德时代打造了一条涉及上中下游的产业链，分布在动力电池、储能、锂电池材料、锂电池智能装备制造、充换电、自动驾驶、出行、新能源汽车、芯片、半导体等多个领域。宁德时代未来仍有较大的发展空间。

市值在10000亿元及以上的上市公司是我国资本市场的领头羊，从以上数据中可以看出我国资本市场的显著特征：以金融、白酒这两个行业利润极高的行业为主，但宁德时代是2021年新晋万亿巨头，代表战略性新兴产业的逐渐崛起；此类上市公司以国有控

图 3－13　宁德时代 2018 年 6 月 11 日至 2021 年 12 月 31 日市值变动情况

股上市公司为主，国有资本仍然占据中国市场的经济命脉，但宁德时代的崛起，表明通过创业创新，技术达到全球领先的水平，中国资本市场也能培育出超高市值的民营高科技企业。

第三节　1000 亿—10000 亿元市值上市公司

特征二：千亿市值上市公司利润总额占沪深 A 股上市公司总利润超 50%。

截至 2021 年 12 月 31 日，沪深 A 股市值达 1000 亿—10000 亿元（含 1000 亿元）的上市公司总共有 164 家，数量占沪深 A 股 3. 56%，总市值达 36. 78 万亿元，市值占沪深 A 股 37. 21%，平均市值为 2242. 73 亿元。且此区间上市公司 2021 年利润总额达 2. 15 万亿元，占沪深 A 股上市公司总利润的 50. 66%。

一、高市值上市公司以大型国企为主，华北地区市值最高

从地区分布情况来看，1000 亿—10000 亿元（含 1000 亿元）市值区间中华北地区总市值最高，高达 13. 48 万亿元，市值占此类型公司的 36. 65%，华东、华南地区紧随其后，市值占比分别为 28. 54% 和 23. 37%。而东北、西南、西北地区相对来说情况较差，其中东北地区仅有 2 家市值破千亿的上市公司，高市值上市公司的分布折射出地区之间经济水平的差异。探究这一差异的成因，一方面是由企业自身经营情况影响，另一方面与营商环境有紧密关系。一个地区是否有一家市值过千亿的上市公司，不仅对地方经济有极大的带动作用，还反映出这一地区政府对高市值企业的培育能力。

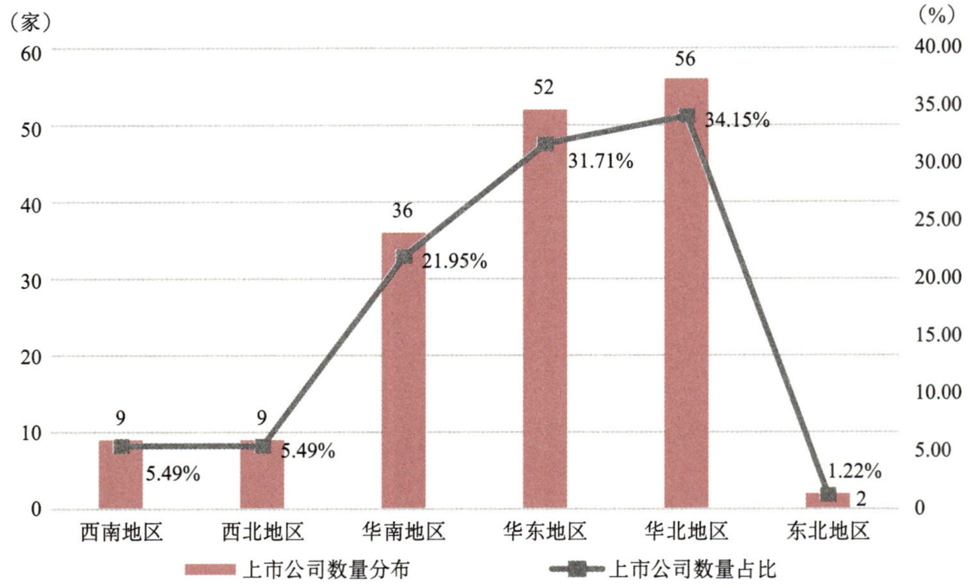

图 3-14　1000 亿—10000 亿元（含 1000 亿元）上市公司数量的地区分布

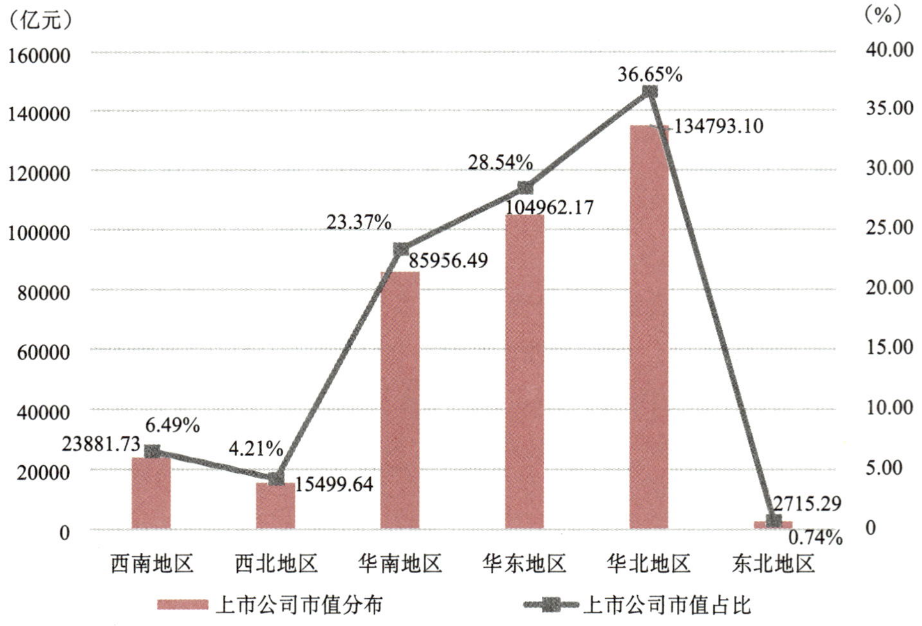

图 3-15　1000 亿—10000 亿元（含 1000 亿元）上市公司市值的地区分布

将此市值区间上市公司按公司属性划分。其中，国有控股上市公司数量为 85 家，数量占此市值区间的上市公司总数的 51.83%，市值为 19.63 万亿元，占此市值区间的上市公司总市值的 53.38%。如今国有企业通过良好的企业治理，正在焕发出新的活力。此外，民营控股上市公司数量为 55 家，数量占比为 33.54%，市值为 11.17 万亿元，市值占比为 30.36%。在经济转型背景下，民营控股上市公司有较强的发展活力，伴随我国的 GDP 增长、人口红利、中国科技力量的逐渐增强及制造业的崛起，民营上市公司表现出极强的创新能力，为中国经济发展作出重要贡献。

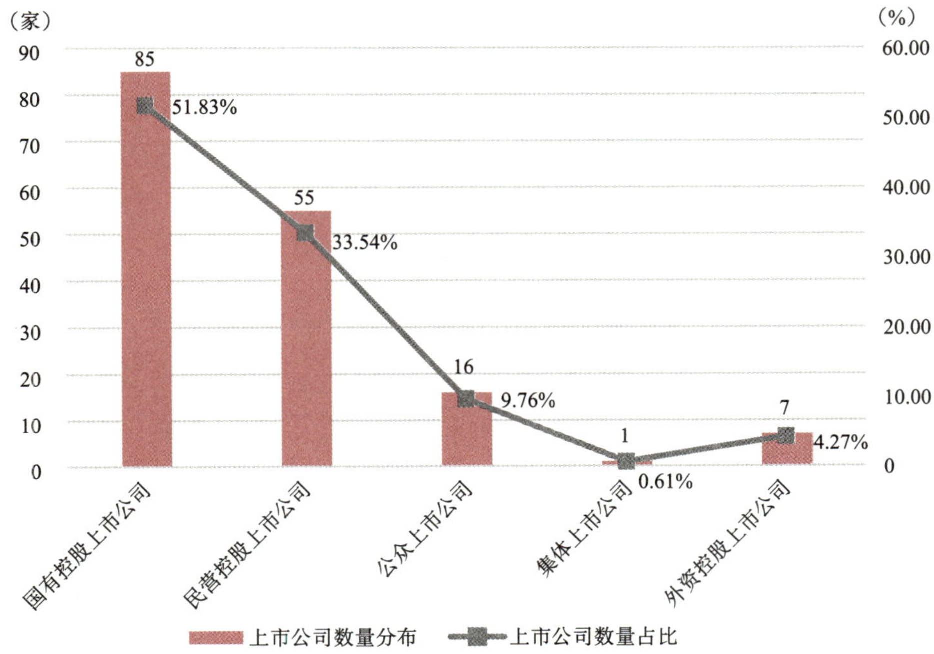

图 3－16　1000 亿—10000 亿元（含 1000 亿元）上市公司数量的公司属性分布情况

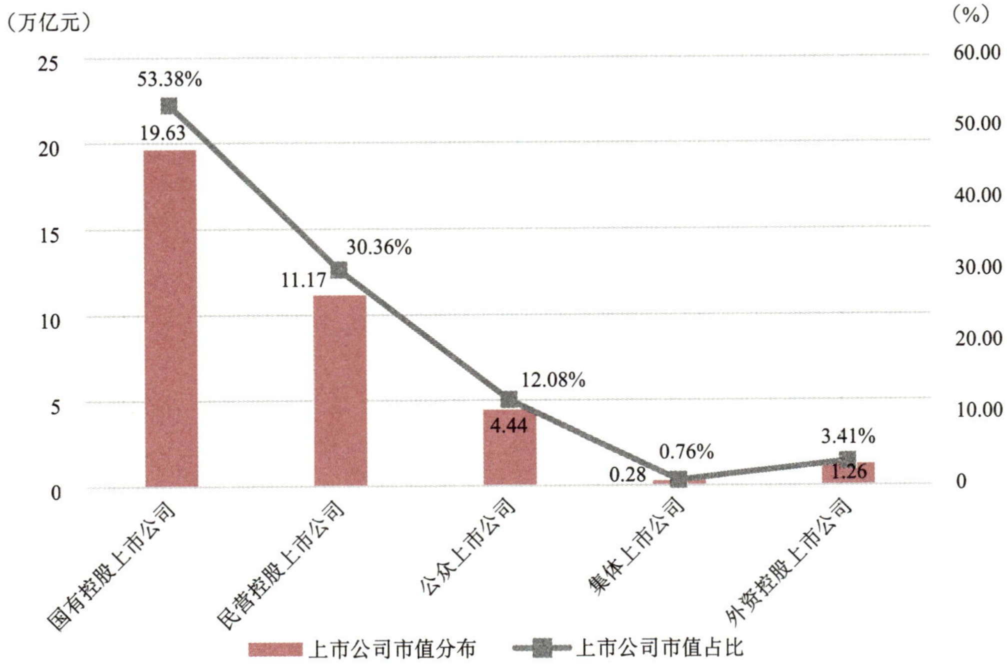

图 3－17　1000 亿—10000 亿元（含 1000 亿元）上市公司市值的公司属性分布情况

二、沪主板上市公司市值占比和数量占比都过半，且平均市值最高

从板块分布情况来看，市值在1000亿—10000亿元（含1000亿元）区间的上市公司中，主板占据了主导地位，主板市场千亿级上市公司数量为140家，数量占比达85.37%，市值为32.27万亿元，市值占比达87.74%。

主板市场中沪主板聚集了最多的千亿级公司，共计拥有94家千亿级上市公司，平均市值也是达到了2372.98亿元。科创板开板不到三年，拥有7家千亿级上市公司，平均市值为1796.80亿元，表现出极强的活力。

表3-2　　1000亿—10000亿元（含1000亿元）上市公司的板块分布情况

板块名称	上市公司总市值（亿元）	上市公司数量（家）	上市公司市值占比	上市公司数量占比	平均市值（亿元）
沪主板	223060.56	94	60.65%	57.32%	2372.98
深主板	99660.66	46	27.10%	28.05%	2166.54
创业板	32509.62	17	8.84%	10.37%	1912.33
科创板	12577.58	7	3.42%	4.27%	1796.80

三、金融业为中流砥柱，具有高利润和高营业收入的特点

市值在1000亿—10000亿元（含1000亿元）区间的上市公司涉及28个一级行业，主要分布的行业是非银金融（18家）、电力设备（16家）、电子（14家）、医药生物（14家）、银行（11家），此类上市公司中市值规模排名前五的行业有：非银金融（4.82万亿元）、银行（3.61万亿元）、食品饮料（2.95万亿元）、医药生物（2.86万亿元）、电力设备（2.82万亿元）。

金融业是此类上市公司的中坚力量，无论是上市公司数量占比（17.68%），还是市值占比（22.93%），抑或是净利润总额排行方面（银行业排名第1，非银金融业排名第2）都有着难以撼动的地位。

表3-3　　1000亿—10000亿元公司市值和数量分布情况

行业名称	公司数量（家）	行业总市值（亿元）	上市公司数量占比	上市公司市值占比
非银金融	18	48272.71	10.98%	13.13%
银行	11	36074.11	6.71%	9.81%
食品饮料	9	29511.62	5.49%	8.02%
医药生物	14	28644.10	8.54%	7.79%
电力设备	16	28232.01	9.76%	7.68%

续表

行业名称	公司数量（家）	行业总市值（亿元）	上市公司数量占比	上市公司市值占比
电子	14	27680. 67	8. 54%	7. 53%
汽车	7	20222. 70	4. 27%	5. 50%
石油石化	4	17563. 32	2. 44%	4. 78%
公用事业	6	13049. 93	3. 66%	3. 55%
交通运输	6	12502. 22	3. 66%	3. 40%
有色金属	7	11440. 96	4. 27%	3. 11%
家用电器	3	10155. 22	1. 83%	2. 76%
农林牧渔	4	8660. 79	2. 44%	2. 35%
计算机	4	8500. 45	2. 44%	2. 31%
建筑装饰	6	8340. 62	3. 66%	2. 27%
基础化工	4	7784. 49	2. 44%	2. 12%
机械设备	5	7720. 69	3. 05%	2. 10%
煤炭	3	6804. 08	1. 83%	1. 85%
通信	3	6764. 61	1. 83%	1. 84%
国防军工	5	6250. 92	3. 05%	1. 70%
房地产	3	5225. 06	1. 83%	1. 42%
建筑材料	3	4741. 99	1. 83%	1. 29%
商贸零售	1	4283. 93	0. 61%	1. 16%
钢铁	3	3899. 90	1. 83%	1. 06%
传媒	2	2253. 24	1. 22%	0. 61%
美容护理	1	1159. 93	0. 61%	0. 32%
纺织服饰	1	1039. 21	0. 61%	0. 28%
轻工制造	1	1005. 78	0. 61%	0. 27%

1000 亿—10000 亿元（含 1000 亿元）市值区间中，根据 2021 年年报，净利润排名前五位的行业分别为银行（7432. 86 亿元），非银金融（4028. 94 亿元），石油石化（2389. 04 亿元），建筑装饰（含建筑工程、装饰装修、工程咨询等，1840. 69 亿元）和煤炭（1116. 69 亿元）。其中，银行业以 7432. 86 亿元的净利润成为此市值区间净利润最高的行业，占此市值区间净利润的 28. 03%，净利润排名前五行业的总净利润占此市值区间总净利润的 63. 39%。轻工制造、纺织服饰、农林牧渔、美容护理是净利润表现较差的行业，四个行业净利润都未超过 50 亿元。

在此市值区间的非银金融行业中，净利润最高是保险行业，5 家保险公司实现净利润合计 2473. 85 亿元，13 家证券公司实现净利润合计 1555. 09 亿元。

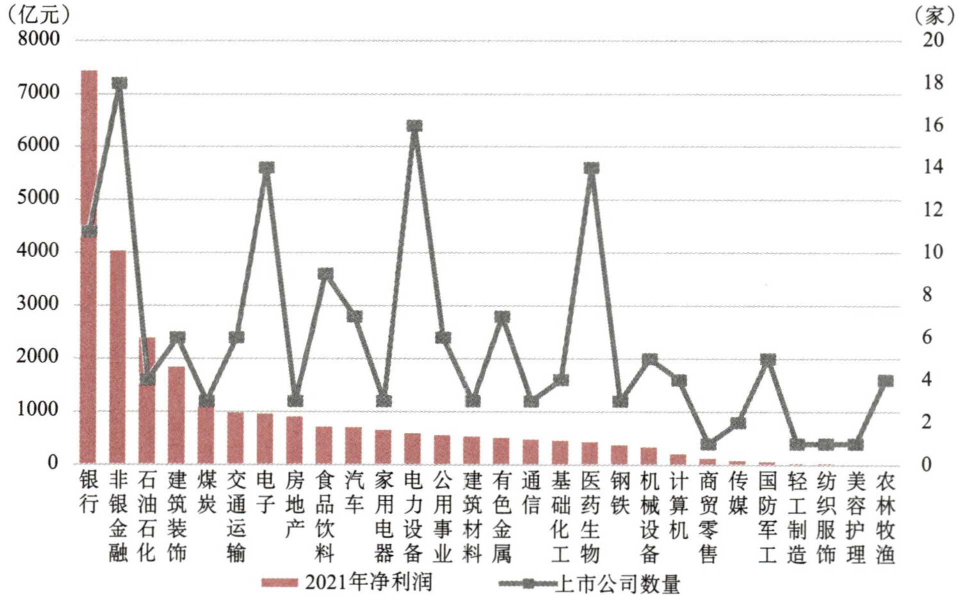

图 3-18　1000 亿—10000 亿元上市公司行业净利润分布情况

1000 亿—10000 亿元（含 1000 亿元）市值区间中，2021 年年报中营业收入排名前五位的行业分别为石油石化（5.73 万亿元），建筑装饰（5.44 万亿元），非银金融（3.75 万亿元），银行（2.41 万亿元）和汽车（1.52 万亿元）。其中，石油石化行业以 5.73 万亿元的营业收入成为此市值区间营业收入最高的行业，占此市值区间营业收入的 20.05%，营业收入排名前五行业的总营业收入占此市值区间总营业收入的 65.94%。

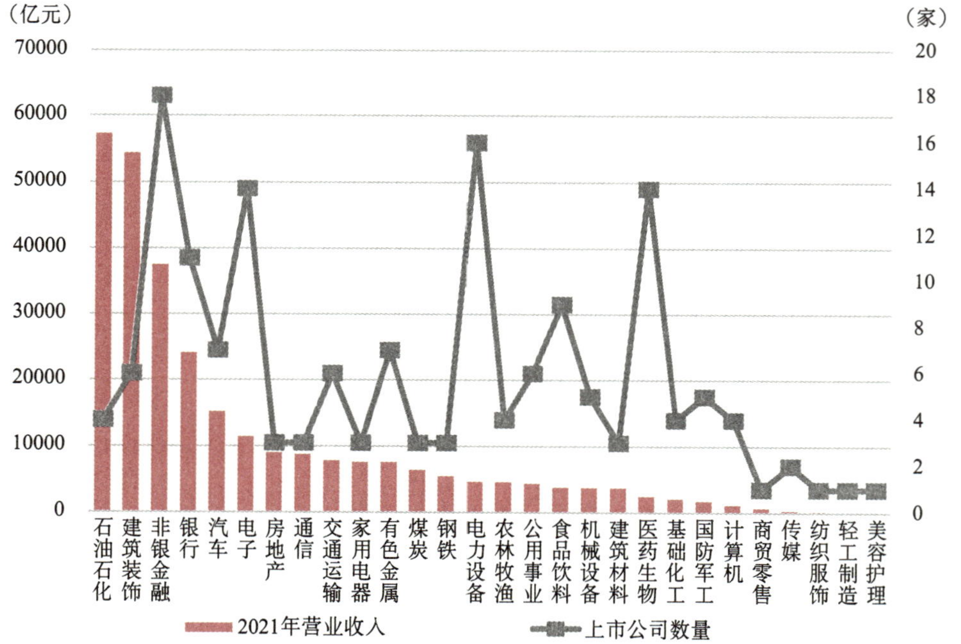

图 3-19　1000 亿—10000 亿元上市公司行业营业收入分布情况

第四节 500亿—1000亿元市值上市公司

特征三：500亿—1000亿元这类上市公司是优质民营控股上市公司的集中代表，其公司数量和市值规模皆超过国有控股上市公司。

截至2021年12月31日，沪深A股市值在500亿—1000亿元（含500亿元）区间的上市公司共有164家，占沪深A股上市公司数量的3.56%。此市值区间上市公司的总市值达11.05万亿元，占沪深A股总市值的11.18%，上市公司平均市值为674.05亿元。

在此市值区间的公司里，民营控股公司75家，总市值4.99万亿元；国有控股公司61家，总市值4.20万亿元，民营企业数量和市值皆超过国有控股公司。

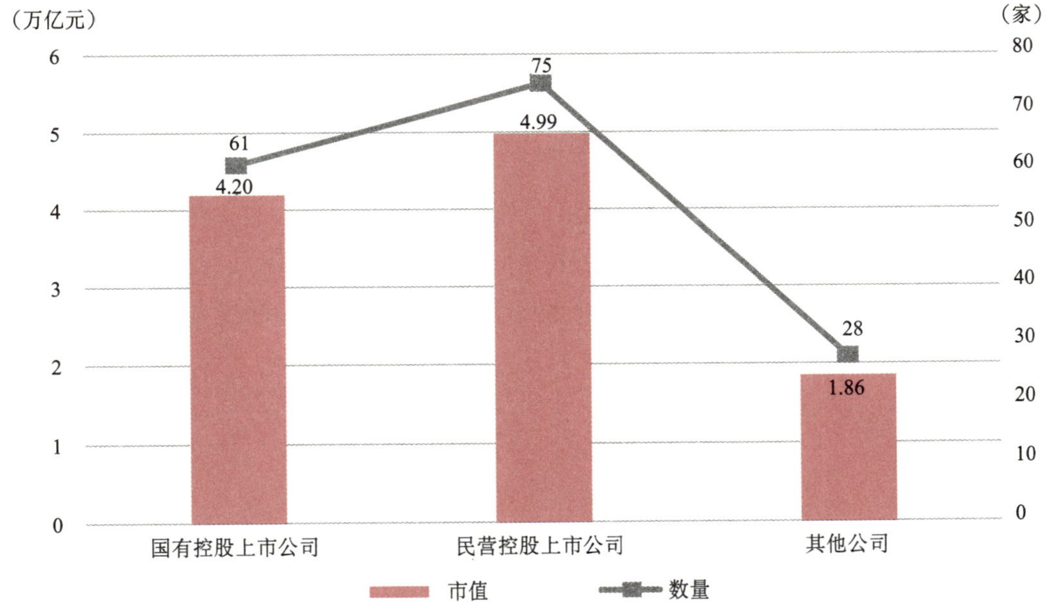

图3-20 500亿—1000亿元（含500亿元）上市公司公司属性分布情况

一、华东地区占近半市值份额，且数量优势明显

将此市值区间上市公司按所属地区板块划分。其中，华北地区上市公司数量为28家，数量占此市值区间的上市公司总数的17.07%，市值为1.98万亿元，市值占此市值区间的上市公司总市值的17.94%；华东地区上市公司数量为80家，数量占比为48.78%，市值为5.42万亿元，市值占比为49%；华南地区上市公司数量为35家，数量占比为21.34%，市值为2.22万亿元，市值占比为20.10%；西北地区上市公司数量为4家，数量占比为2.44%，市值为2960.85亿元，市值占比为2.68%；西南地区上市公司数量为15家，数量占比为9.15%，市值为1.02万亿元，市值占比为9.25%；东北地区上市公司数量为2

家，数量占比为1.22%，市值为1138.35亿元，市值占比为1.03%。

由上述数据可以得出，在500亿—1000亿元（含500亿元）的市值区间里，华东地区的上市公司数量和市值都几乎占了整个A股市场的“半壁江山”。华北地区以及华南地区则分别以17.07%和21.34%的上市公司数量占比，17.94%和20.10%市值占比，紧随其后。东北地区、西南地区以及西北地区的上市公司数量和市值，则相对其他三个地区占比较小。

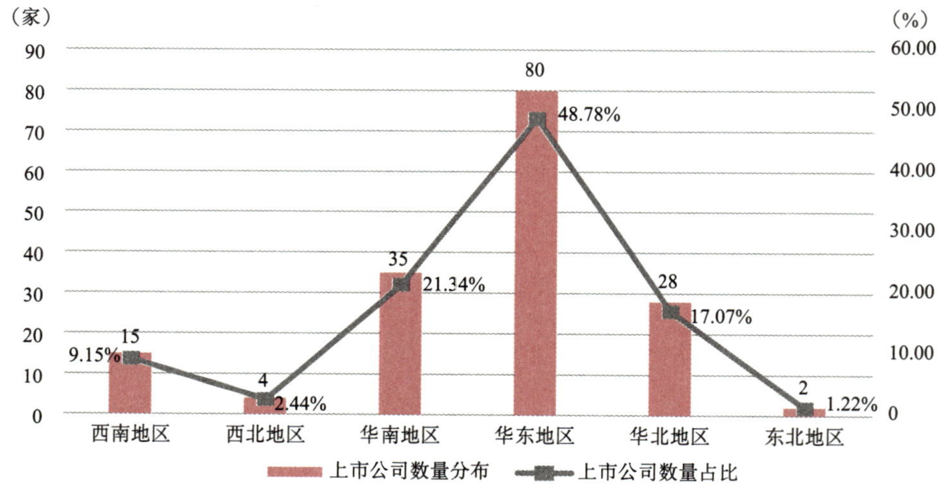

图3-21　500亿—1000亿元（含500亿元）上市公司数量的地区分布情况

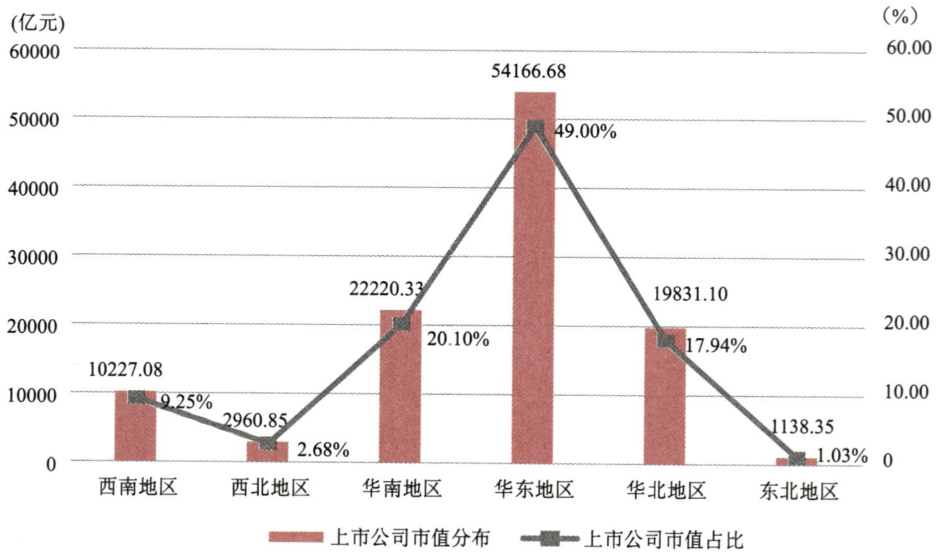

图3-22　500亿—1000亿元（含500亿元）上市公司市值的地区分布情况

将此市值区间上市公司按经济区域划分，在500亿—1000亿元（含500亿元）区间的上市公司在长三角、珠三角、京津冀地区三个主要经济区域数量为115家，占此区间全部上市公司数量的70.12%，市值为7.86万亿元，占此区间全部上市公司市值的71.09%。

其中，长三角地区上市公司数量为66家，数量占此市值区间的上市公司总数的40.24%，市值为4.52万亿元，市值占此市值区间的上市公司总市值的41.00%；珠三角地区上市公司数量为25家，数量占比为15.24%，市值为1.63万亿元，市值占比为14.73%；京津冀地区上市公司数量为24家，数量占比为14.63%，市值为1.70万亿元，市值占比为15.35%。

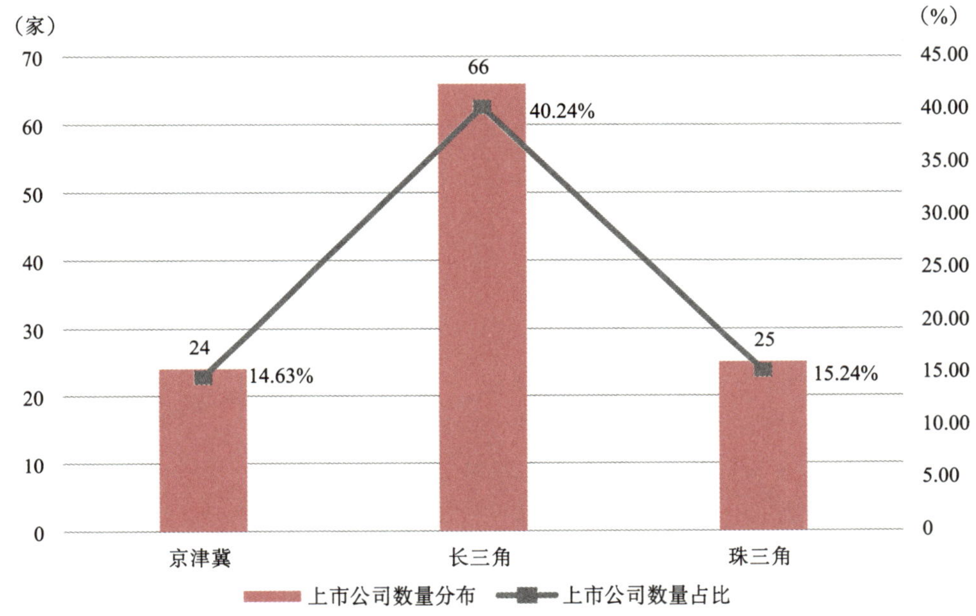

图3-23　500亿—1000亿元（含500亿元）上市公司数量的经济区域分布情况

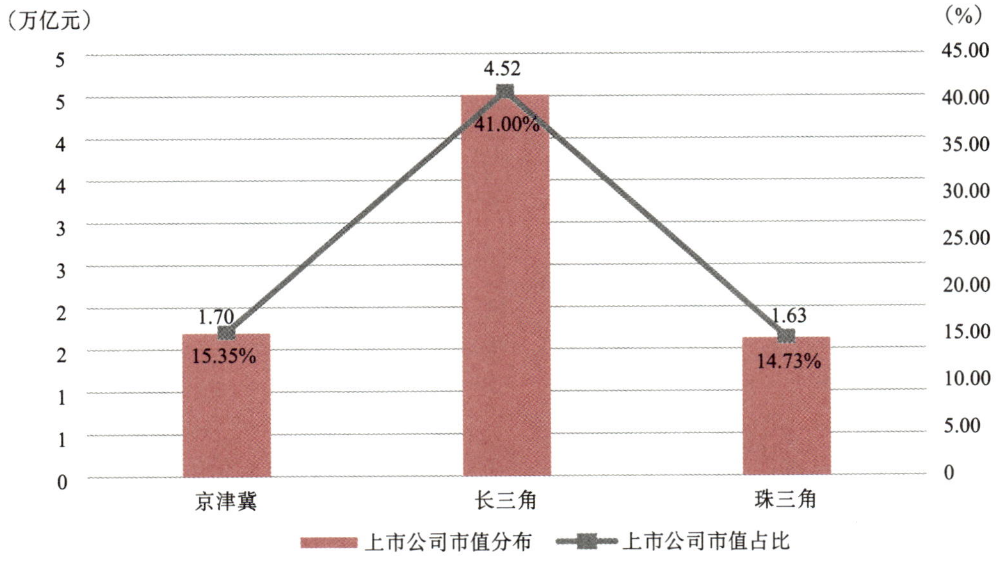

图3-24　500亿—1000亿元（含500亿元）上市公司市值的经济区域分布情况

二、民营控股上市公司数量占比和市值占比都超过 40%

将此市值区间上市公司按公司属性划分。其中，国有控股上市公司数量为 61 家，数量占此市值区间上市公司总数的 37.20%，市值为 4.20 万亿元，市值占此市值区间上市公司总市值的 37.98%；民营控股上市公司数量为 75 家，数量占比为 45.73%，市值为 4.99 万亿元，市值占比为 45.18%。在此区间，民营控股上市公司不论是市值还是数量都占据主导地位。并且从此市值区间开始，其余市值低于 500 亿元的市值区间中都以民营控股上市公司为主。

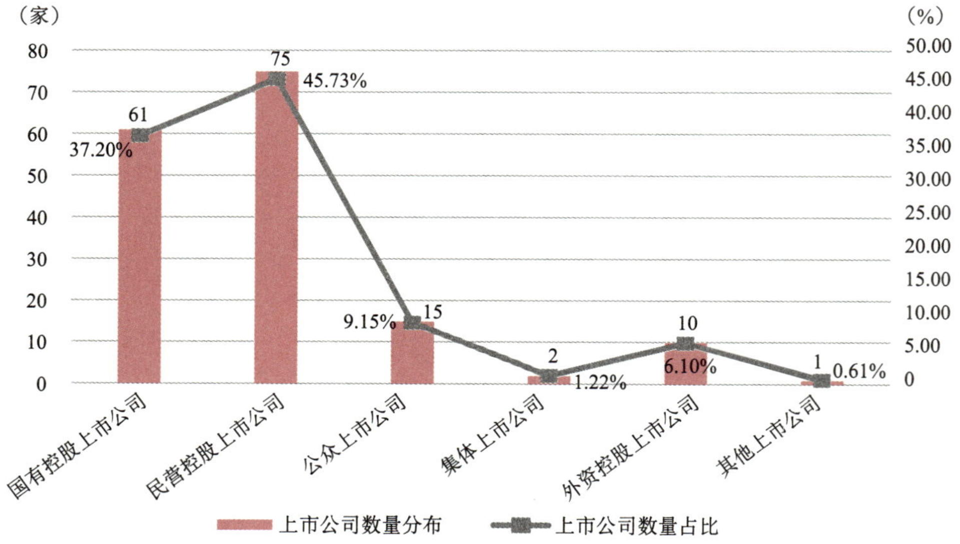

图 3-25　500 亿—1000 亿元（含 500 亿元）上市公司数量的公司属性分布情况

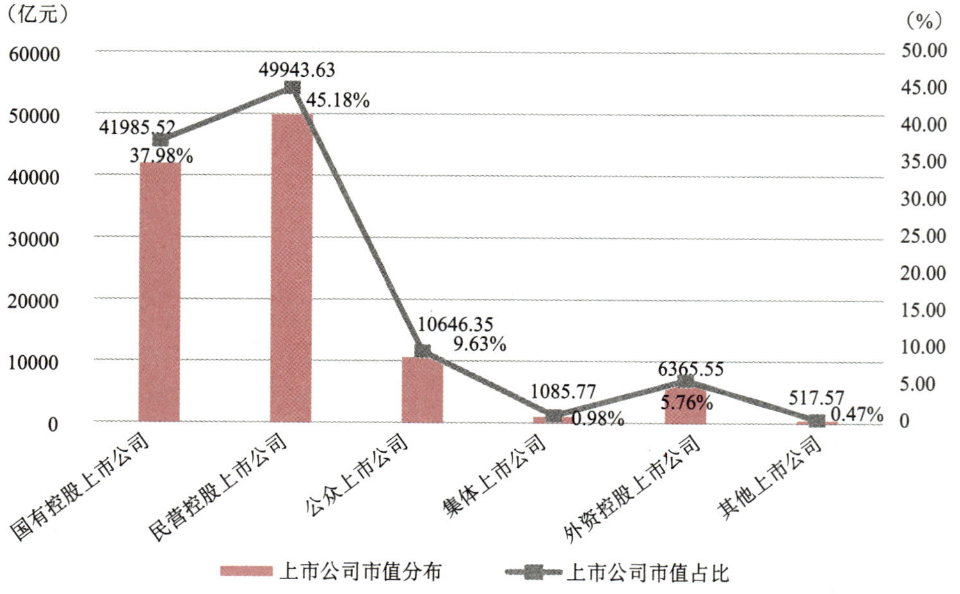

图 3-26　500 亿—1000 亿元（含 500 亿元）上市公司市值的公司属性分布情况

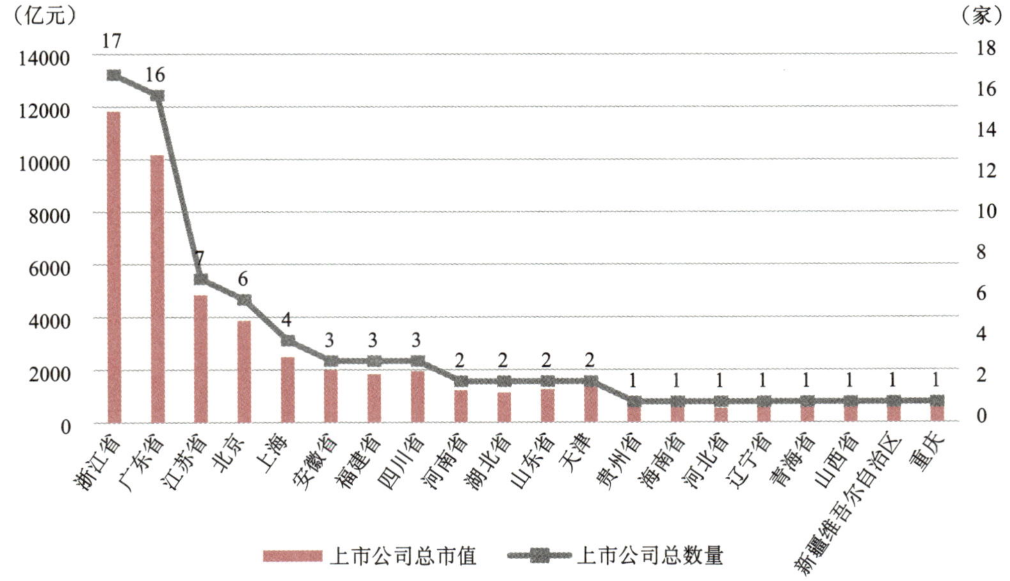

图 3-27　500 亿—1000 亿元（含 500 亿元）民营控股上市公司地区分布情况

从民营控股公司地区分布情况来看，南方地区分布数量较多，其中民营控股上市公司数量排名前五的省市是浙江、广东、江苏、北京和上海，分别为 17 家、16 家、7 家、6 家和 4 家，总市值分别为 1.18 万亿元、1.02 万亿元、4835.68 亿元、3866.29 亿元和 2482.98 亿元。

三、电子行业市值占比最大，银行业净利润最高

市值在 500 亿—1000 亿元（含 500 亿元）区间的上市公司涉及 28 个一级行业，主要分布的行业是电子（23 家）、电力设备（15 家）、医药生物（13 家）、计算机（12 家）、非银金融（9 家）。此市值区间上市公司中市值规模排名前五的行业有：电子（1.57 万亿元）、电力设备（1.04 万亿元）、计算机（0.89 万亿元）、医药生物（0.84 万亿元）和交通运输（0.58 万亿元）。不管是从公司数量还是行业市值考量，电子行业都是该市值区间的行业龙头。电力设备行业紧跟其后，位居第二，计算机、医药生物表现也较为突出。

市值在 500 亿—1000 亿元（含 500 亿元）市值区间中，根据细分行业来看，电子行业中数字芯片设计行业占据主导地位，一共有 6 家上市公司，总市值达到 4128.40 亿元。

500 亿—1000 亿元（含 500 亿元）市值区间中，2021 年年报中净利润排名前五位的行业分别为银行（999.16 亿元）、房地产（626.02 亿元）、交通运输（346.12 亿元）、公用事业（343.71 亿元）和非银金融（274.24 亿元）。其中，银行业以总计 999.16 亿元的净利润成为此市值区间净利润最高的行业，占此市值区间总净利润的 23.13%，净利润排名前五行业的总净利润占此市值区间总净利润的 59.93%。

表3-4　500亿—1000亿元（含500亿元）上市公司行业市值以及数量分布情况

行业名称	公司数量（家）	行业总市值（亿元）	上市公司数量占比	上市公司市值占比
电子	23	15708.85	14.02%	14.21%
电力设备	15	10418.72	9.15%	9.42%
计算机	12	8925.30	7.32%	8.07%
医药生物	13	8376.47	7.93%	7.58%
交通运输	8	5758.39	4.88%	5.21%
银行	7	5713.80	4.27%	5.17%
非银金融	9	5492.72	5.49%	4.97%
公用事业	9	5339.39	5.49%	4.83%
食品饮料	8	5231.75	4.88%	4.73%
国防军工	7	4504.43	4.27%	4.07%
基础化工	5	3606.38	3.05%	3.26%
汽车	5	3371.16	3.05%	3.05%
建筑材料	5	3012.52	3.05%	2.73%
房地产	5	2893.37	3.05%	2.62%
家用电器	4	2818.51	2.44%	2.55%
有色金属	4	2679.46	2.44%	2.42%
机械设备	4	2342.70	2.44%	2.12%
石油石化	3	2161.50	1.83%	1.96%
建筑装饰	3	2101.81	1.83%	1.90%
美容护理	2	1559.94	1.22%	1.41%
煤炭	2	1527.03	1.22%	1.38%
轻工制造	2	1496.99	1.22%	1.35%
通信	2	1313.77	1.22%	1.19%
传媒	2	1224.54	1.22%	1.11%
社会服务	2	1169.62	1.22%	1.06%
农林牧渔	1	685.24	0.61%	0.62%
钢铁	1	600.89	0.61%	0.54%
纺织服饰	1	509.13	0.61%	0.46%

500亿—1000亿元市值区间中，2021年年报营业收入排名前五位的行业分别为房地产（6483.05亿元），建筑装饰（4949.85亿元），公用事业（4379.06亿元），交通运输（3887.92亿元）和电力设备（3267.79亿元）。其中，房地产行业以6483.05亿元的营业收入成为此市值区间营收最高的行业，占此市值区间营业收入的13.54%，营业收入排名前五行业的总营收占此市值区间总营收的47.98%。

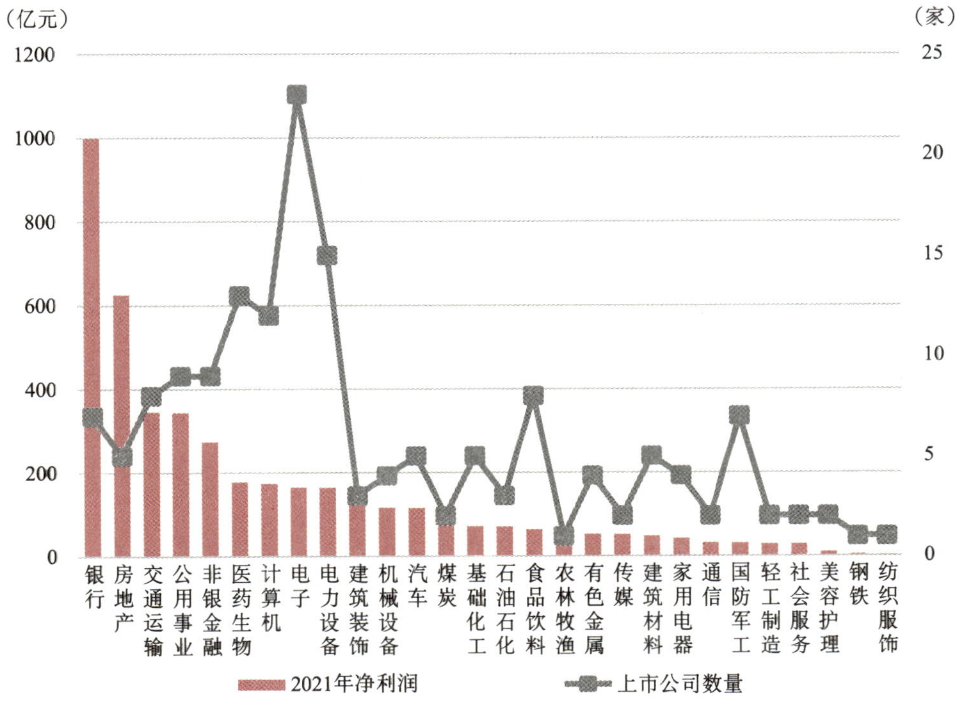

图3－28　500亿—1000亿元（含500亿元）上市公司行业净利润分布情况

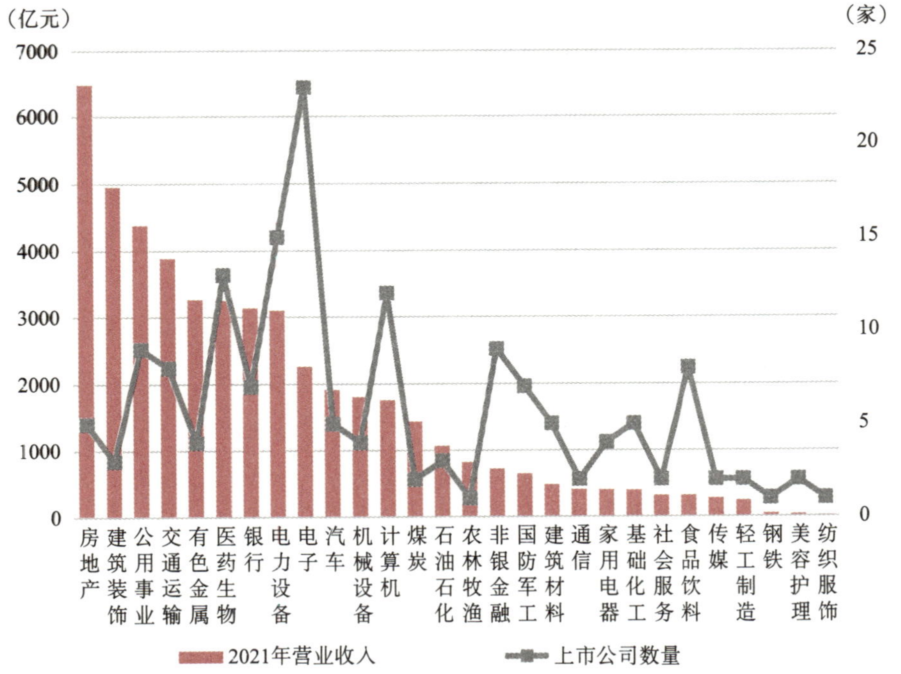

图3－29　500亿—1000亿元（含500亿元）上市公司行业营业收入分布情况

第五节　100亿—500亿元市值上市公司

特征四：100亿—500亿元上市公司的中流砥柱是民营控股公司。

截至2021年12月31日，沪深A股市值在100亿—500亿元（含100亿元）区间的公司共有1283家，占沪深A股上市公司数量的27.87%。此市值区间公司的总市值达27.62万亿元，占沪深A股总市值的27.94%，上市公司平均市值为215.25亿元。并且此市值区间内民营控股上市公司689家，占所有民营控股上市公司数量的24.23%，此区间民营控股公司2021年净利润总额为4122.23亿元，占所有民营控股上市公司净利润的44.78%，营业收入总额为7.94万亿元，占所有民营上市公司营业收入的44.04%。此市值区间上市公司的中流砥柱是民营控股上市公司。

一、华东地区仍是中型公司聚集地

将此市值区间上市公司按所属地区板块划分。其中，华北地区上市公司数量为239家，数量占此市值区间的上市公司总数的18.63%，市值为5.16万亿元，市值占此市值区间的上市公司总市值的18.69%；华东地区上市公司数量为579家，数量占比为45.13%，市值为12.42万亿元，市值占比为44.99%；华南地区上市公司数量为273家，数量占比为21.28%，市值为5.88万亿元，市值占比为21.29%；西北地区上市公司数量为53家，数量占比为4.13%，市值为1.07万亿元，市值占比为3.88%；西南地区上市公司数量为95家，数量占比为7.40%，市值为2.14万亿元，市值占比为7.73%；东北地区上市公司数量为44家，数量占比为3.43%，市值为0.95万亿元，市值占比为3.42%。

根据数据显示，在100亿—500亿元（含100亿元）的市值区间里，华东地区的上市公司数量占比和市值占比分别为45.13%和44.99%，是所有地区里占份额最大的地区，华南、华北地区紧随其后。在100亿—500亿元的市值区间的所有上市公司里，华东，华南，华北三个地区的上市公司数量占比高达85.04%，市值占比高达84.96%，聚集程度较为集中。

将此市值区间上市公司按经济区域划分，本节主要探讨我国的长三角，珠三角和京津冀这三个重要经济区域。这三个主要经济区域在此100亿—500亿元区间的上市公司数量为817家，占此区间全部上市公司数量的63.68%，市值为17.56万亿元，占此区间全部上市公司市值的63.60%。

其中，长三角地区上市公司数量为448家，数量占此市值区间的上市公司总数的34.92%，市值为9.70万亿元，市值占此市值区间的上市公司总市值的35.13%；珠三角地区上市公司数量为186家，数量占比为14.50%，市值为3.92万亿元，市值占比为14.20%；京津冀地区上市公司数量为183家，数量占比为14.26%，市值为3.94万亿元，市值占比为14.26%。

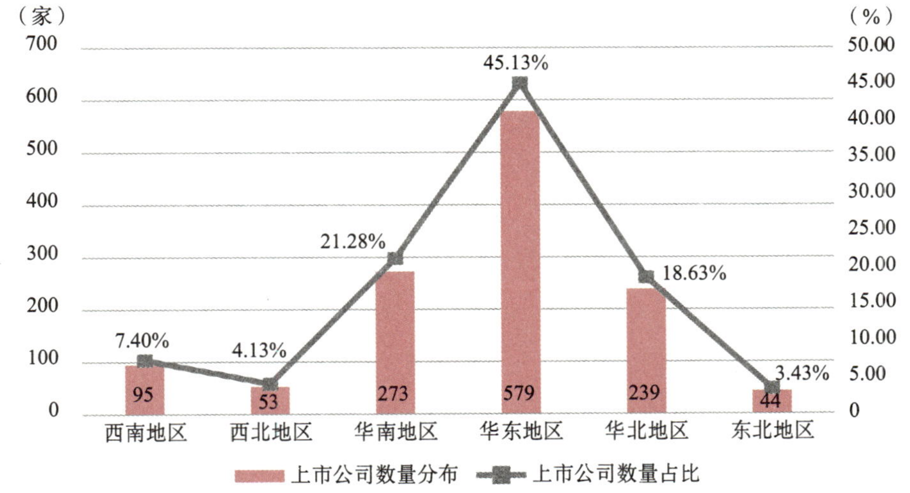

图3－30　100亿—500亿元（含100亿元）上市公司数量的地区分布情况

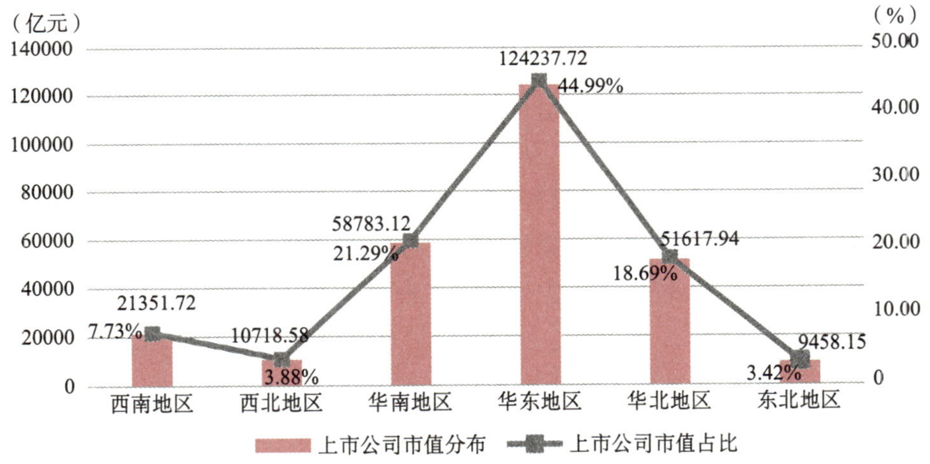

图3－31　100亿—500亿元（含100亿元）上市公司市值的地区分布情况

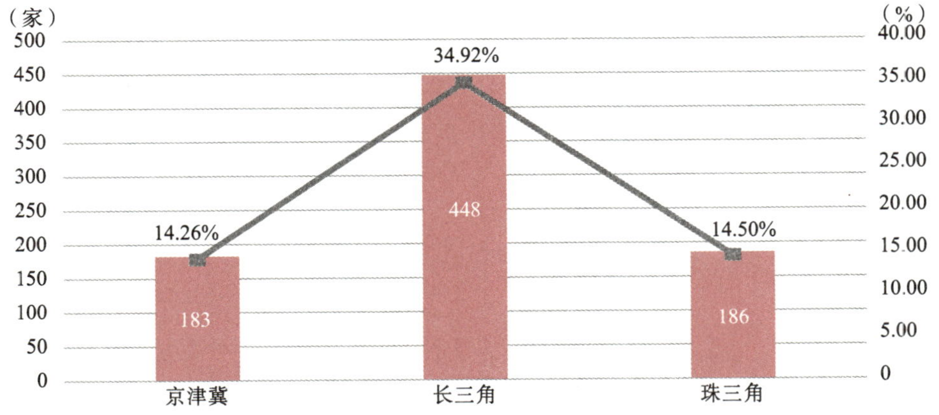

图3－32　100亿—500亿元（含100亿元）上市公司数量的经济区域分布情况

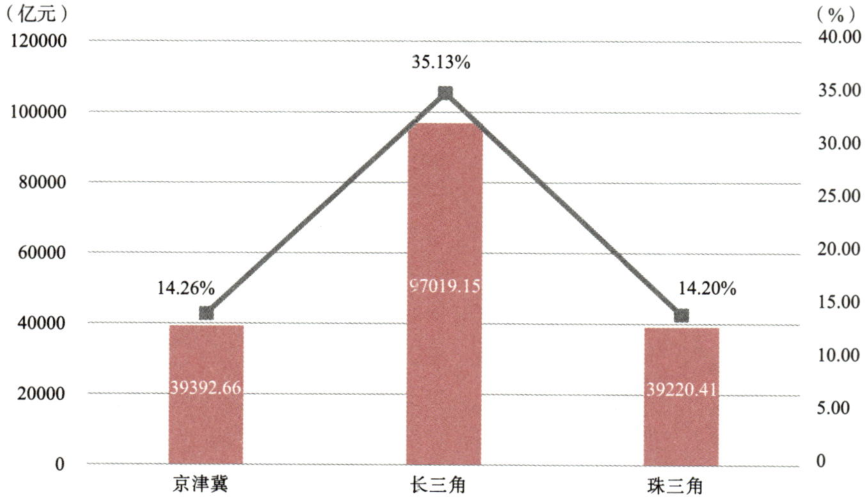

图3-33　100亿—500亿元（含100亿元）上市公司市值的经济区域分布情况

二、电力设备行业平均市值增长最快，房地产行业平均市值增长缓慢

2018—2021年，本区间各行业平均市值提升最大的行业分别是电力设备（254.14%）、基础化工（168.45%）、国防军工（151.00%）、电子（148.15%）和社会服务（146.82%）。随着基础设施建设和电力能源投入，我国对电力设备的需求增加。电力设备行业的快速发展，符合国家形势发展的大趋势。

而平均市值增长率表现较差的行业为商贸零售（16.89%）、银行（12.32%）和房地产（3.46%），都低于20%。

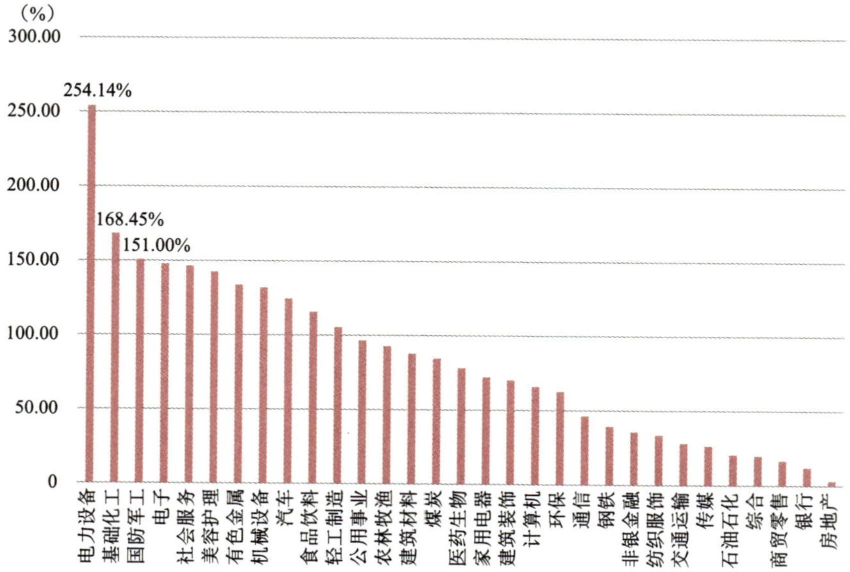

图3-34　100亿—500亿元（含100亿元）各行业平均市值增长率

三、医药生物行业在此市值区间占据主导地位

市值在100亿—500亿元（含100亿元）区间的上市公司中上市公司数量排名前五的行业是医药生物（159家）、电子（110家）、电力设备（99家）、基础化工（97家）、机械设备（78家）。此市值区间的上市公司中市值规模排名前五的行业是医药生物（3.44万亿元）、电力设备（2.39万亿元）、电子（2.32万亿元）、基础化工（2.05万亿元）和机械设备（1.49万亿元）。不管是从公司数量还是行业市值考量，医药生物行业都是该市值区间的行业龙头，电力设备、电子等行业紧跟其后。

从细分行业来看，医药生物行业中则是以化学制剂（35家）、中药（21家）、医疗耗材（19家）、体外诊断（16家）这几个细分行业为主。

表3-5　100亿—500亿元（含100亿元）上市公司行业市值以及数量分布情况

行业名称	公司数量（家）	行业总市值（亿元）	上市公司数量占比	上市公司市值占比
医药生物	159	34382.55	12.39%	12.45%
电力设备	99	23876.45	7.72%	8.65%
电子	110	23189.89	8.57%	8.40%
基础化工	97	20453.27	7.56%	7.41%
机械设备	78	14915.74	6.08%	5.40%
计算机	65	12760.38	5.07%	4.62%
有色金属	56	12368.66	4.36%	4.48%
国防军工	46	12307.04	3.59%	4.46%
非银金融	44	11492.30	3.43%	4.16%
汽车	50	10844.46	3.90%	3.93%
交通运输	47	10341.50	3.66%	3.74%
公用事业	41	9340.07	3.20%	3.38%
食品饮料	37	8554.81	2.88%	3.10%
传媒	44	7802.94	3.43%	2.83%
房地产	37	6693.04	2.88%	2.42%
钢铁	28	6678.24	2.18%	2.42%
商贸零售	23	5313.85	1.79%	1.92%
农林牧渔	23	4482.97	1.79%	1.62%
环保	23	4436.00	1.79%	1.61%
通信	22	4053.40	1.71%	1.47%
银行	17	3954.74	1.33%	1.43%
煤炭	19	3745.39	1.48%	1.36%
轻工制造	19	3719.19	1.48%	1.35%
家用电器	18	3552.61	1.40%	1.29%
建筑材料	15	3526.31	1.17%	1.28%

续表

行业名称	公司数量（家）	行业总市值（亿元）	上市公司数量占比	上市公司市值占比
石油石化	11	3127.58	0.86%	1.13%
建筑装饰	18	3068.51	1.40%	1.11%
纺织服饰	16	2751.12	1.25%	1.00%
社会服务	10	2360.80	0.78%	0.85%
美容护理	6	1529.05	0.47%	0.55%
综合	5	544.35	0.39%	0.20%

100亿—500亿元（含100亿元）市值区间中，2021年年报中净利润排名前五位的行业分别为基础化工（1252.25亿元）、医药生物（1199.81亿元）、钢铁（919.70亿元）、交通运输（899.65亿元）和银行（642.03亿元）。其中，基础化工行业以1252.25亿元的净利润成为此市值区间净利润最高的行业，而社会服务、综合、农林牧渔、房地产、商贸零售行业表现较差，在2021年度净利润为负。

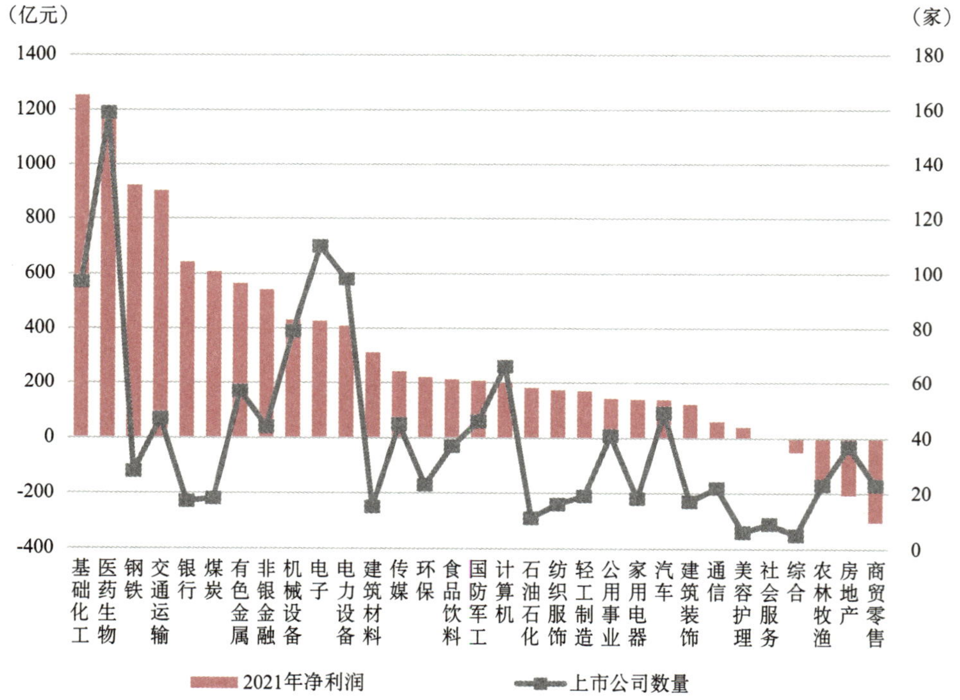

图3-35 100亿—500亿元（含100亿元）上市公司行业净利润分布情况

100亿—500亿元（含100亿元）市值区间中，2021年年报中营业收入排名前五位的行业分别为交通运输（3.03万亿元）、钢铁（1.78万亿元）、有色金属（1.25万亿元）、基础化工（1.04万亿元）和医药生物（0.99万亿元）。其中，交通运输行业以3.03万亿元的营业收入成为此市值区间营业收入最高的行业，占此市值区间营业收入的16.52%，营业收入排名前五行业的总营收占此市值区间总营收的44.09%。

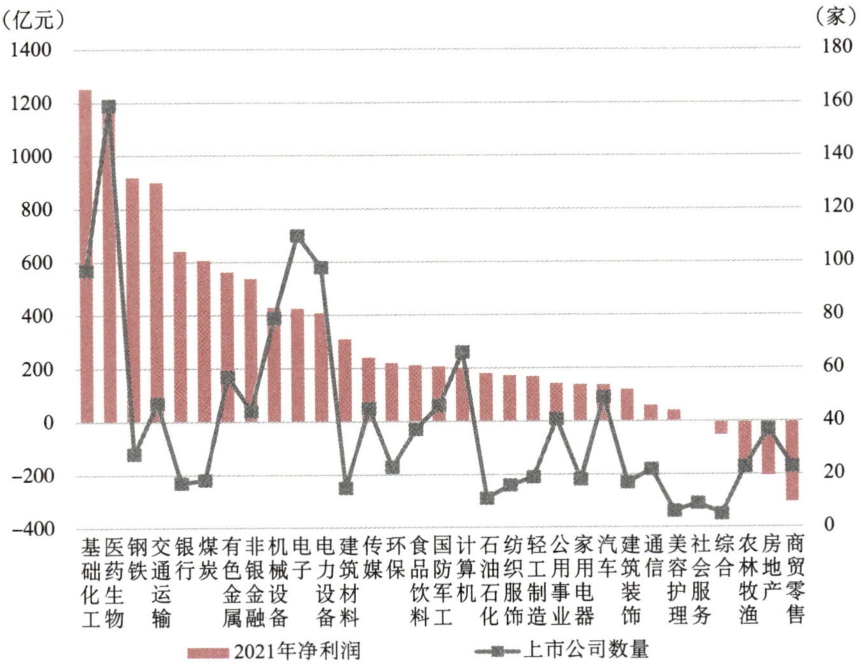

图3-36　100亿—500亿元（含100亿元）上市公司行业营业收入分布情况

第六节　50亿—100亿元市值上市公司

特征五：50亿—100亿元这类上市公司平均净利润增长率近四年来首次转正。

截至2021年12月31日，我国市值50亿—100亿元（含50亿元）上市公司总共有1176家，数量占沪深A股市场25.55%，总市值达8.33万亿元，市值占沪深A股市场8.43%，平均市值为70.82亿元。

一、50亿—100亿元上市公司经营情况发生扭转

根据连续三年平均净利润增长率来看，市值50亿—100亿元（含50亿元）上市公司2021年度净利润总额为1493.91亿元，平均净利润为1.27亿元，2021年开始此市值区间净利润开始由负增长转向正增长，2018年、2019年和2020年平均净利润增长率分别为-30.90%、-15.94%和-17.93%，2021年平均净利润增长率达43.72%，平均净利润近四年来首次转正，象征着这部分公司的经营情况正在发生扭转。

表 3－6　各市值区间上市公司近四年平均净利润增长率情况

	2018 年平均净利润增长率（%）	2019 年平均净利润增长率（%）	2020 年平均净利润增长率（%）	2021 年平均净利润增长率（%）
10000 亿元以上	6.19	6.66	2.49	13.45
1000 亿—10000 亿元	7.91	11.88	3.61	23.19
500 亿—1000 亿元	9.81	15.64	－11.20	24.13
100 亿—500 亿元	4.85	2.03	8.94	14.85
50 亿—100 亿元	－30.90	－15.94	－17.93	43.72
50 亿元以下	－85.15	－87.43	－1054.73	67.19

二、100 亿元以下上市公司信息披露考核等级整体较差

根据 2020 年信息披露等级考核数据，沪深 A 股市场中被评为优秀等级的上市公司共 723 家上市公司，优秀率为 15.71%；被评为良好的上市公司共 2473 家；被评为合格的上市公司共 564 家，合格率为 81.69%。并且从各个区间来看信息披露情况，可以看出优秀率和合格率的高低都与市值区间的大小呈现明显的正相关关系。

从优秀率指标来看，市值在 1000 亿元以上的公司表现良好，优秀率达到 70% 以上，市值在其余类型公司优秀率表现较差，尤其在市值 100 亿元以下的两个区间，它们的优秀率都不及沪深 A 股市场的平均水平，100 亿元是区分上市公司质量的分水岭。

从合格率指标来看，50 亿元以下上市公司合格率低于沪深 A 股平均水平，市值在 1000 亿元以上的上市公司合格率达到了 90% 以上，其余类型公司合格率相差不大。

信披考核等级是衡量公司治理能力的重要指标，而小市值公司内部治理体系仍有极大的完善空间，因此改善小市值公司质量是提升 A 股上市公司整体质量的重要内容。

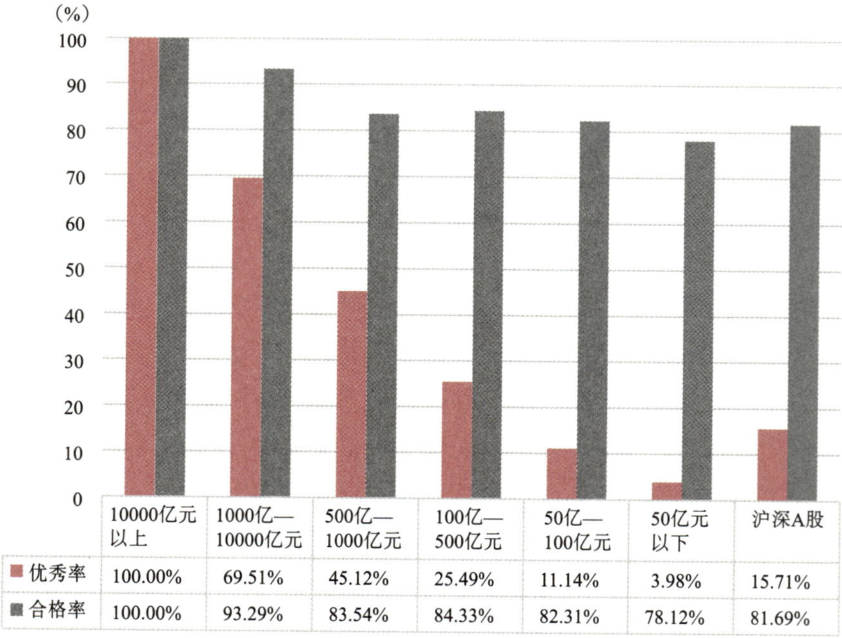

图 3－37　各类型公司信息披露考核情况

三、制造业为主，金融行业稀少

市值在50亿—100亿元（含50亿元）区间的上市公司涉及31个一级行业，上市公司数量排名前五的行业是机械设备（131家）、医药生物（119家）、电子（101家）、基础化工（91家）、计算机（79家）。市值在50亿—100亿元区间的上市公司中市值规模排名前五的行业是机械设备（9332.22亿元）、医药生物（8740.36亿元）、电子（7046.31亿元）、基础化工（6416.13亿元）和电力设备（5318.79亿元）。

从行业类型来看，以制造行业为主，从细分行业来看，机械设备行业也大多以金属制品和其他专用设备为主。

表3-7　50亿—100亿元（含50亿元）上市公司行业市值以及数量分布情况

行业名称	公司数量（家）	行业总市值（亿元）	上市公司数量占比	上市公司市值占比
机械设备	131	9332.22	11.14%	11.21%
医药生物	119	8740.36	10.12%	10.49%
电子	101	7046.31	8.59%	8.46%
基础化工	91	6416.13	7.74%	7.70%
计算机	79	5318.79	6.72%	6.39%
电力设备	62	4365.57	5.27%	5.24%
汽车	57	4169.78	4.85%	5.01%
国防军工	40	2947.21	3.40%	3.54%
传媒	40	2821.46	3.40%	3.39%
轻工制造	40	2777.14	3.40%	3.33%
建筑装饰	39	2757.72	3.32%	3.31%
有色金属	32	2346.65	2.72%	2.82%
公用事业	31	2204.58	2.64%	2.65%
房地产	30	2089.96	2.55%	2.51%
通信	30	2087.71	2.55%	2.51%
食品饮料	29	2004.85	2.47%	2.41%
交通运输	28	1966.58	2.38%	2.36%
农林牧渔	27	1880.12	2.30%	2.26%
商贸零售	26	1810.01	2.21%	2.17%
环保	26	1764.28	2.21%	2.12%
建筑材料	23	1613.48	1.96%	1.94%

续表

行业名称	公司数量（家）	行业总市值（亿元）	上市公司数量占比	上市公司市值占比
家用电器	21	1548.58	1.79%	1.86%
纺织服饰	19	1326.73	1.62%	1.59%
社会服务	12	823.36	1.02%	0.99%
煤炭	8	617.66	0.68%	0.74%
石油石化	9	575.71	0.77%	0.69%
美容护理	8	547.77	0.68%	0.66%
钢铁	5	445.86	0.43%	0.54%
非银金融	6	396.60	0.51%	0.48%
综合	5	367.22	0.43%	0.44%
银行	2	171.43	0.17%	0.21%

50亿—100亿元（含50亿元）市值区间中，2021年年报中净利润排名前五位的行业分别为医药生物（265.04亿元）、基础化工（197.56亿元）、机械设备（183.28亿元）、交通运输（136.20亿元）和电子（119.92亿元）。其中，医药生物行业以265.04亿元的净利润成为此市值区间净利润最高的行业，国防军工、社会服务、农林牧渔、公用事业、房地产等行业在2021年净利润为负，其中非银金融净利润达到－286.33亿元。

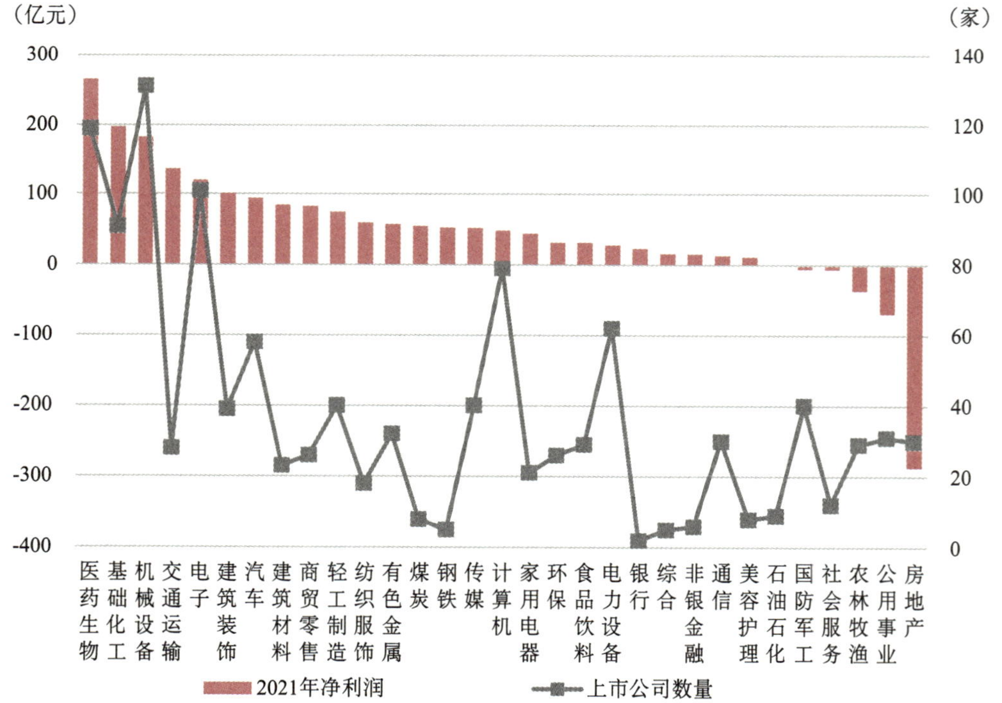

图3－38　50亿—100亿元（含50亿元）上市公司行业净利润分布情况

50 亿—100 亿元（含 50 亿元）市值区间中，2021 年年报中营业收入排名前五位的行业分别为建筑装饰（5728.88 亿元）、医药生物（4485.60 亿元）、商贸零售（4448.05 亿元）、电子（4234.94 亿元）和交通运输（3733.93 亿元）。其中，建筑装饰行业以 5728.88 亿元的营业收入成为此市值区间营收最高的行业，占此市值区间营收的 10.04%，营业收入排名前五行业的总营收占此市值区间总营收的 42.21%。

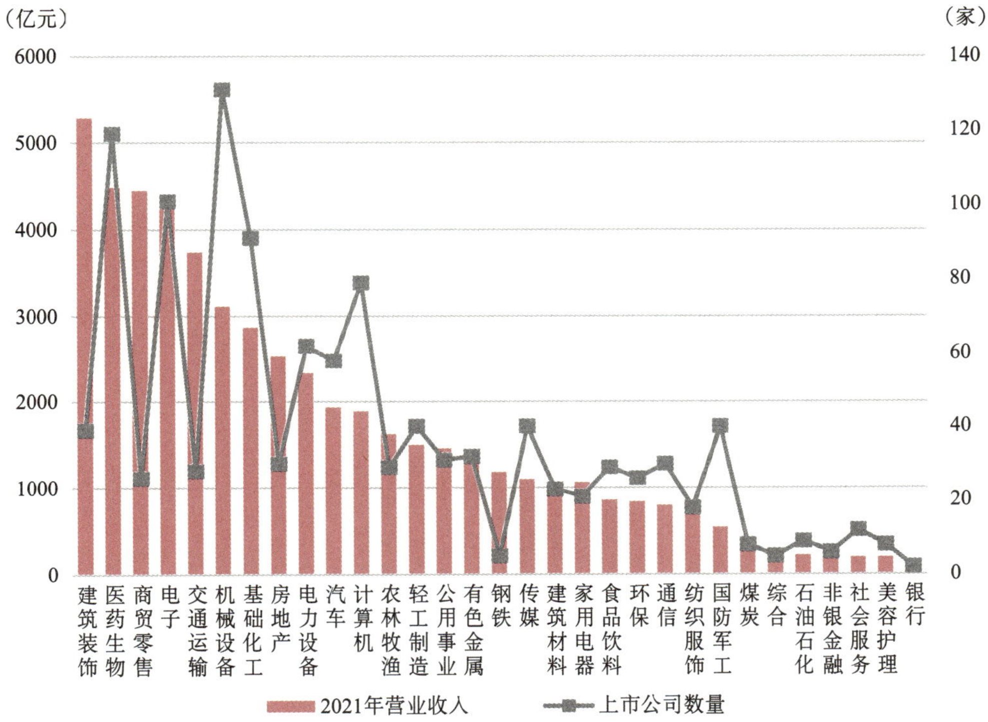

图 3－39　50 亿—100 亿元（含 50 亿元）上市公司行业营业收入分布情况

第七节　50 亿元市值以下上市公司

特征六：50 亿元以下市值公司总利润为负，是需要转型升级的主要群体。

截至 2021 年 12 月 31 日，我国市值 50 亿元以下上市公司总共有 1810 家，数量占沪深 A 股市场 39.32%，总市值达 5.74 万亿元，市值占沪深 A 股市场 5.80%，平均市值为 31.69 亿元。

一、六大市值区间中，仅有此区间总利润为负数，违规次数最多

根据 2021 年年报数据，六大市值区间中，仅有 50 亿元市值以下上市公司净利润总和为负数。50 亿元以下区间上市公司数量众多，数量占沪深 A 股市场接近 40%，但是其市值却占比很低，50 亿元以下市值的上市公司已亟待转型升级。

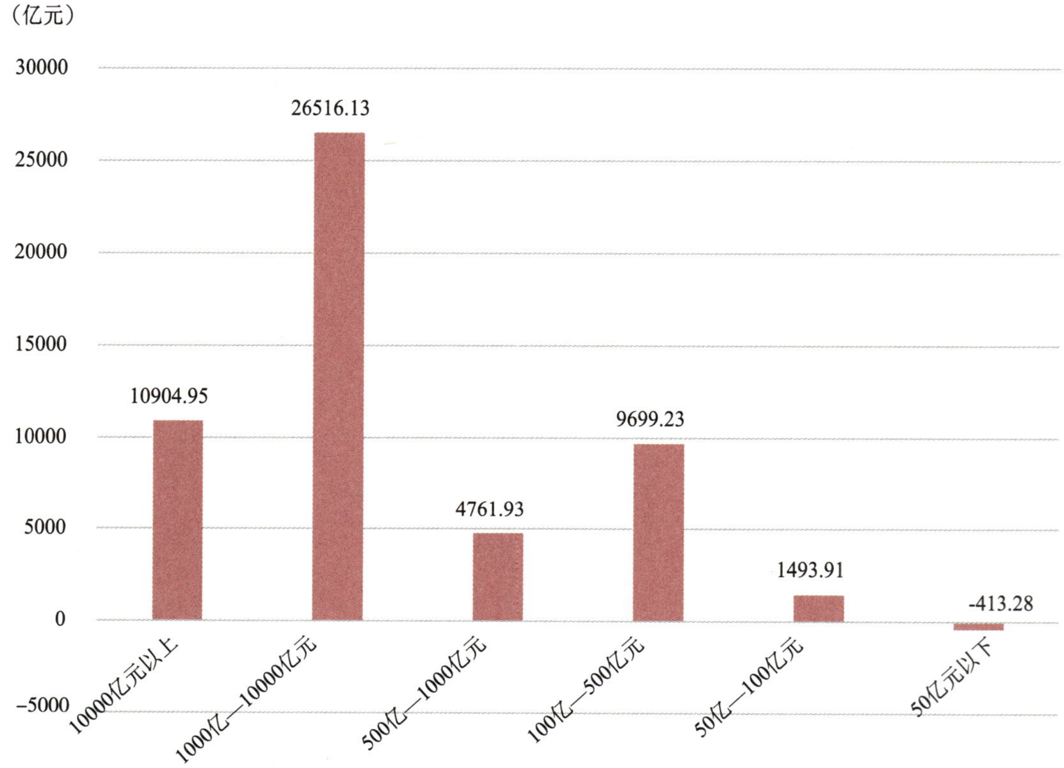

图 3－40　不同市值区间 2021 年上市公司总利润

2021 年，有 599 家上市公司存在 938 次违规情况，有 622 家上市公司的董监高、实控人及控股股东存在合计 3068 次的违规情况。从上述数据中可以得出，违规次数的多少与上市公司市值的高低存在明显的负相关关系。

市值在 10000 亿元及以上的公司 2021 年只存在过一次违规情况，表现良好。而市值在 1000 亿—10000 亿元（包含 10000 亿元）的公司存在 33 次违规情况，违规比例都较低，这反映了高市值公司的管理层治理能力较好，行为更为规范。

市值较小的上市公司违规情况比较严重，其中 50 亿元以下市值区间的上市公司存在 535 次公司本身违规情况和 1884 次董监高、实际控制人及控股股东违规情况，违规数量远超过其他市值区间上市公司。

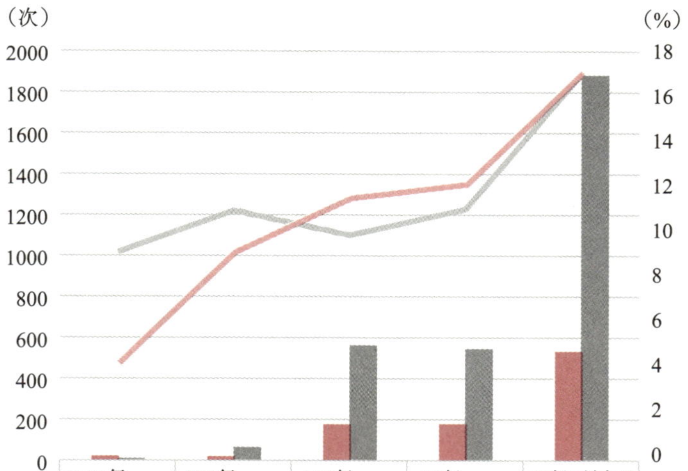

	1000亿—10000亿元	500亿—1000亿元	100亿—500亿元	50亿—100亿元	50亿元以下
公司本身违规次数	23	21	178	180	535
董监高、公司控制人及控股股东违规次数	10	65	563	546	1884
公司本身违规比例	9.15%	10.98%	9.90%	11.05%	17.02%
董监高、实际控制人及控股股东违规比例	4.27%	9.15%	11.54%	12.16%	17.07%

图 3 – 41　各类型公司违规次数情况及比例

二、超过 70%属于民营控股公司

将此市值区间上市公司按公司属性划分。在 50 亿元以下级市场中，国有控股上市公司有 362 家上市公司，数量占比为 20.00%，总市值为 1.19 万亿，市值占比为 20.73%。民营控股上市公司有 1294 家，数量占比为 71.49%，总市值为 4.06 万亿元，市值占比为 70.80%。小体量的上市公司大多数为民营控股上市公司，但市值较低。

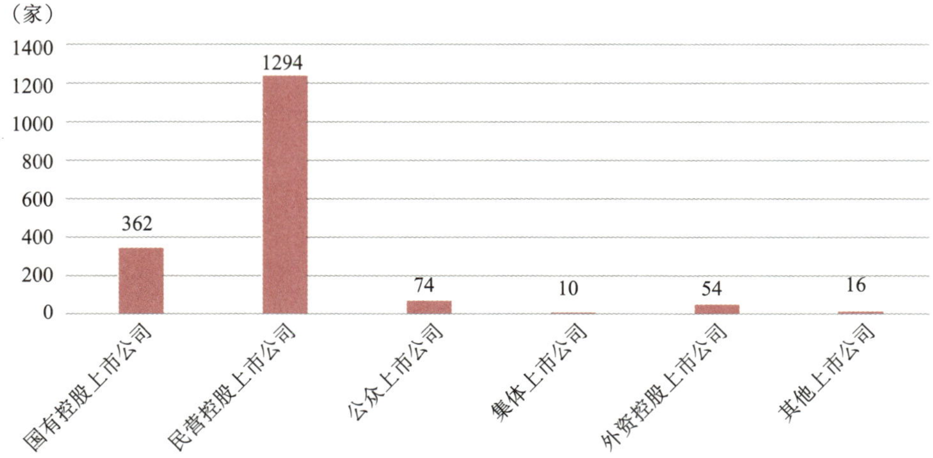

图 3 – 42　50 亿元以下上市公司数量的公司属性分布情况

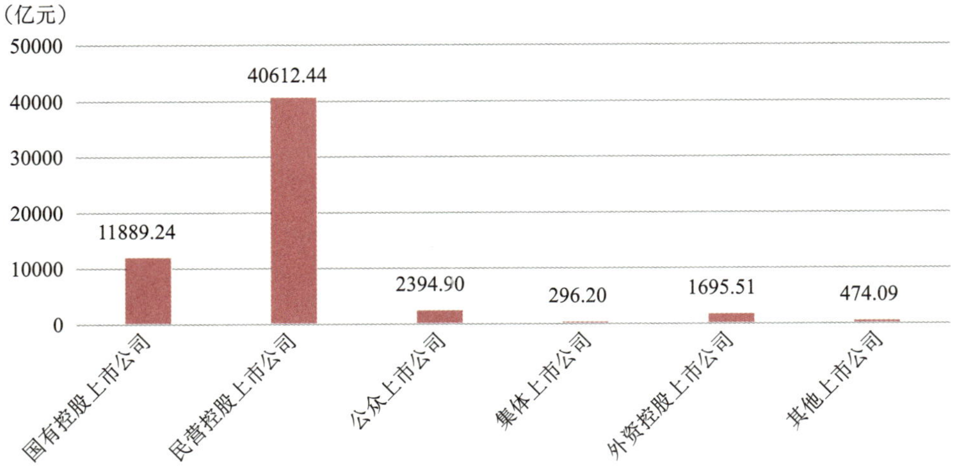

图 3-43　50 亿元以下上市公司市值的公司属性分布情况

而从板块分布情况来看，市值在 50 亿元以下市值区间的上市公司中，创业板上市公司数量占比和市值占比分别为 29.23% 和 29.94%。从平均市值来看，创业板平均市值以及科创板平均市值分别为 32.46 亿元、32.56 亿元，均超过主板平均市值。随着注册制的实行，对于体量较小的上市公司和新兴公司来说，创业板和科创板是提供融资途径和成长空间的最佳场所之一，是对主板市场的有效补给，在资本市场中占据着重要的位置。

表 3-8　50 亿元以下上市公司的板块分布情况

板块名称	上市公司总市值（亿元）	上市公司数量（家）	上市公司市值占比	上市公司数量占比	平均市值（亿元）
沪主板	17546.73248	562	30.59%	31.05%	31.22
深主板	18703.47662	598	32.61%	33.04%	31.28
创业板	17172.12211	529	29.94%	29.23%	32.46
科创板	3940.046148	121	6.87%	6.69%	32.56

三、该区间周期性行业上市公司较多

市值在 50 亿元以下区间的上市公司数量排名前五的行业为机械设备（231 家）、基础化工（151 家）、计算机（126 家）、汽车（114 家）、医药生物（108 家）。市值在 50 亿元以下区间的上市公司中市值规模排名前五的行业是机械设备（7168.29 亿元）、基础化工（4984.43 亿元）、计算机（4070.88 亿元）、汽车（3739.68 亿元）和医药生物（3707.20 亿元）。

该区间上市公司大多属于周期性行业，产品附加值相对较低，盈利情况一般，市值也处于一个较低的水准。

表3-9　　50亿元以下上市公司行业市值以及数量分布情况

行业名称	公司数量（家）	行业总市值（亿元）	上市公司数量占比	上市公司市值占比
机械设备	231	7168.29	12.76%	12.50%
基础化工	151	4984.43	8.34%	8.69%
计算机	126	4070.88	6.96%	7.10%
汽车	114	3739.68	6.30%	6.52%
医药生物	108	3707.20	5.97%	6.46%
电子	103	3362.88	5.69%	5.86%
电力设备	88	2953.28	4.86%	5.15%
建筑装饰	85	2467.46	4.70%	4.30%
纺织服饰	77	2293.49	4.25%	4.00%
轻工制造	73	2226.04	4.03%	3.88%
环保	63	1939.70	3.48%	3.38%
传媒	59	1818.64	3.26%	3.17%
房地产	51	1671.53	2.82%	2.91%
商贸零售	53	1585.54	2.93%	2.76%
通信	50	1494.85	2.76%	2.61%
社会服务	50	1457.64	2.76%	2.54%
农林牧渔	42	1352.67	2.32%	2.36%
交通运输	38	1285.92	2.10%	2.24%
家用电器	36	1210.28	1.99%	2.11%
公用事业	33	1047.63	1.82%	1.83%
食品饮料	31	970.50	1.71%	1.69%
建筑材料	30	912.96	1.66%	1.59%
有色金属	28	848.62	1.55%	1.48%
综合	20	610.00	1.10%	1.06%
石油石化	19	552.41	1.05%	0.96%
国防军工	16	534.13	0.88%	0.93%
美容护理	12	393.45	0.66%	0.69%
钢铁	7	269.14	0.39%	0.47%

续表

行业名称	公司数量（家）	行业总市值（亿元）	上市公司数量占比	上市公司市值占比
非银金融	10	249.12	0.55%	0.43%
煤炭	6	184.01	0.33%	0.32%

50 亿元以下市值区间中，2021 年年报中净利润排名前五位的行业分别为基础化工（89.19 亿元）、医药生物（52.78 亿元）、汽车（43.96 亿元）、交通运输（39.82 亿元）和轻工制造（37.36 亿元）。有 15 个行业上市公司总净利润为负，其中，通信行业 2021 年净利润总额为 -140.18 亿元。

50 亿元以下市值区间中，2021 年年报中营业收入排名前五位的行业分别为机械设备（2439.04 亿元）、基础化工（2318.83 亿元）、建筑装饰（2283.79 亿元）、电子（2268.81 亿元）和汽车（2124.51 亿元）。其中，机械设备行业以 2439.04 亿元的营业收入成为此市值区间营业收入最高的行业，占此市值区间总营业收入的 8.25%，营业收入排名前五行业的总营收占此市值区间总营收的 38.67%。

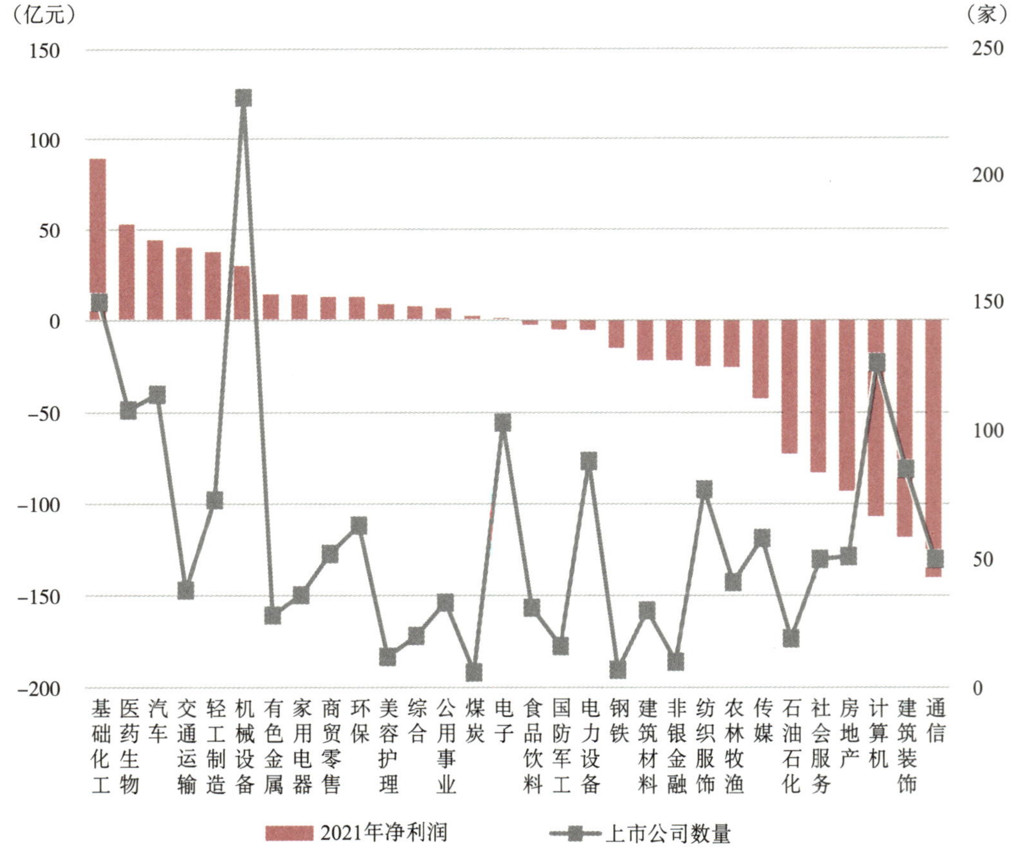

图 3-44　50 亿元以下上市公司行业净利润分布情况

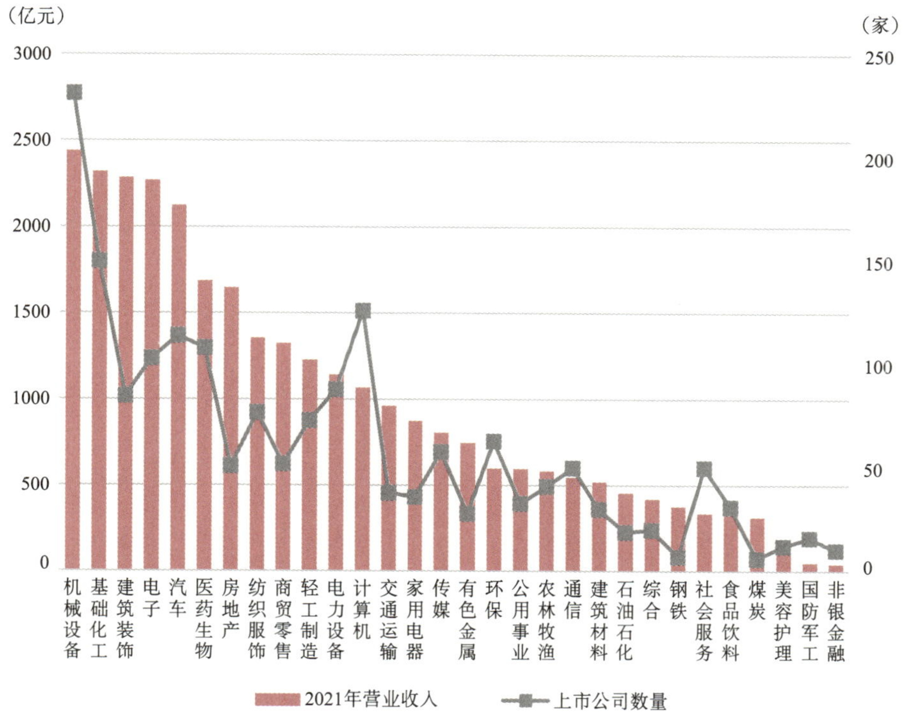

图 3-45 50 亿元以下上市公司行业营业收入分布情况

第八节 A 股上市公司发展迅速，规模逐渐增大

一、沪深资本市场孕育高市值上市公司

2011 年 12 月 31 日，沪深 A 股市场仅有三家市值突破万亿元的上市公司，分别是中国石油（1.78 万亿元）、工商银行（1.48 万亿元）、建设银行（1.14 万亿元），市值突破千亿元的上市公司有 27 家，其上市公司数量和市值表现都不如中国香港、美国、日本等市场。但是 2011 年之后的十年，中央出台了一系列关于中国资本市场的改革政策和举措，中国资本市场发展较快，上市公司的市值也得到充分发展。

从 2011 年至 2021 年，沪深 A 股市值达 500 亿元以上的上市公司从 60 家增长到 334 家，市值达 1000 亿元以上的上市公司从 27 家增长到 170 家，增长速度十分突出，并且大市值上市公司数量等指标反超中国香港、日本等市场。虽然较美国市场有一定的差距，但仍可以看出沪深资本市场培育上市公司的能力较为突出。

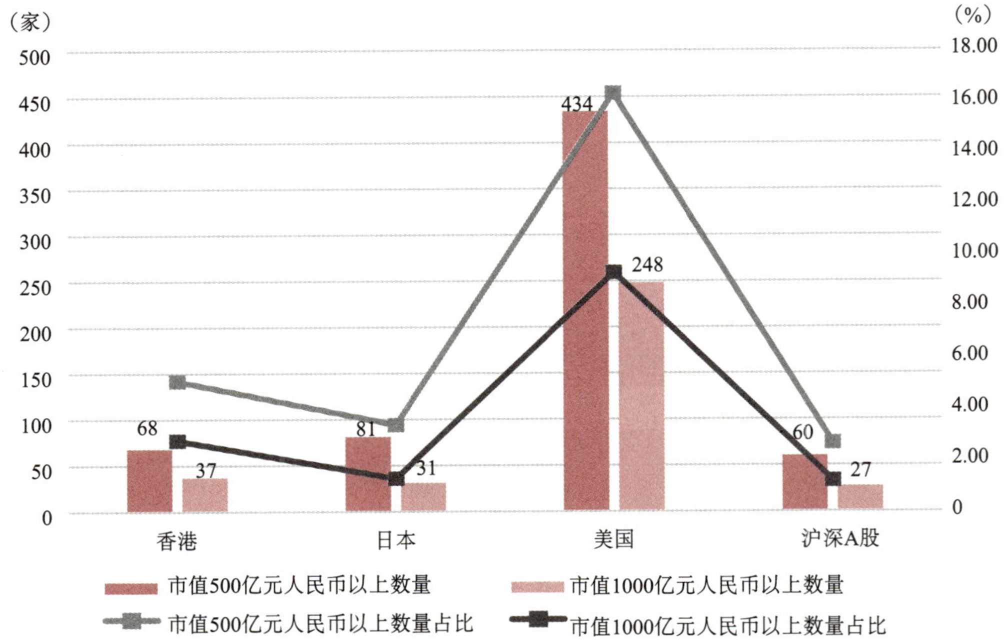

图 3－46　2011 年四个市场高市值上市公司分布情况

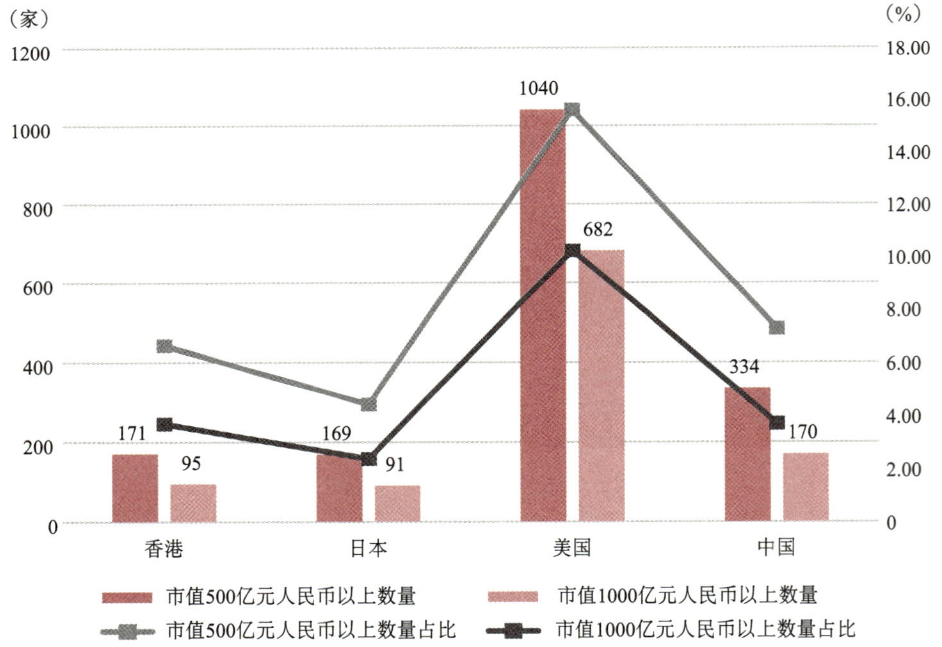

图 3－47　2021 年四个市场高市值上市公司分布情况

二、A 股上市公司市值分化愈发明显

从 2015 年至 2021 年，沪深 A 股上市公司数量呈现逐步增长的趋势，从 2015 年的 2811 家上市公司增长到 2021 年的 4603 家上市公司；市值从 2015 年的 58.41 万亿元增长

到2021年的98.83万亿元，直逼百万亿大关。尽管沪深A股上市公司市值增长迅速，但是市值规模发展并不均衡。

从上市公司分布情况来看，2015年，上市公司市值规模主要分布在50亿元至500亿元之间（含50亿元），数量占比达80.93%，其次50亿元以下上市公司数量占比达13.59%，市值在500亿元以上（含500亿元）的上市公司共计5.48%。2016年至2018年，市值在50亿元以下上市公司数量比例开始逐渐呈现上升趋势，并且在2018年达到顶峰，数量占比达到59.28%，占据沪深A股“半壁江山”。2021年，上市公司市值规模主要分布在50亿元至500亿元（含50亿元）之间，数量占比为53.42%，其次市值在50亿元以下上市公司数量达39.32%，市值在500亿元以上（含500亿元）上市公司数量达7.36%。从以下数据可以得出，2015年上市公司以中型、中小型为主，2021年上市公司则是以中型、中小型和小型公司为主。

从上市公司市值分布情况来看，2015年市值占比最大的主要是100亿—500亿元（含100亿元）的上市公司，市值占比达到39.04%，其次是市值在1000亿元以上（含1000亿元）的上市公司市值占比为34.72%，其余市值区间占比26.24%。2021年市值占比最大是1000亿元以上（含1000亿元）的上市公司，市值占比达46.65%，其次是市值在100亿—500亿元（含100亿元）的上市公司，市值占比达27.94%。从中可以发现资本市场“马太效应”进一步明显，中型上市公司市值占比进一步下降。

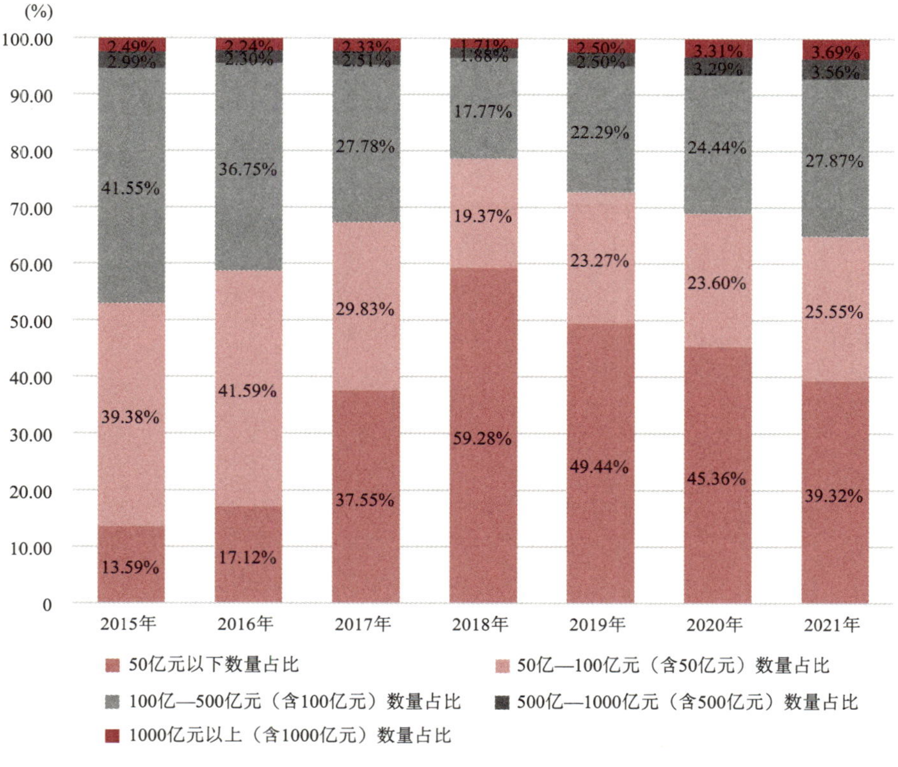

图3-48 2015—2021年沪深A股上市公司数量分布情况

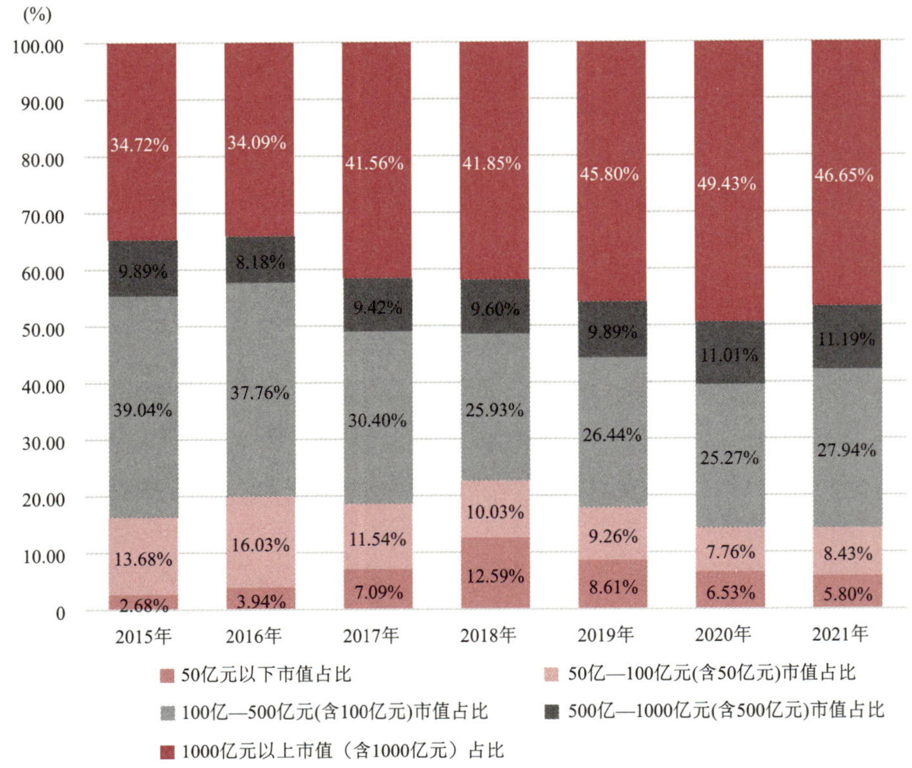

图 3 - 49　2015—2021 年沪深 A 股上市公司市值分布情况

随着中国经济的发展和注册制的推行，我国上市公司分布的格局也正在改变。2015 年，我国共有 5 家市值突破万亿元的上市公司，分别是工商银行、中国石油、中国银行、建设银行、农业银行，而后几年，尽管五粮液、贵州茅台等随后冲入万亿市值俱乐部，但仍以传统产业为主导。

近几年来，沪深 A 股涌现了一大批优质的高科技上市公司，2021 年宁德时代市值突破万亿元，标志我国资本市场进入一个新的时代。随着战略性新兴产业的发展，未来一定会有更多优质上市公司出现。

第四章
沪深A股上市公司控股股东分析

第一节　沪深A股各类型控股股东上市公司的分布和变化

一、沪深A股各类型控股股东上市公司分布情况

截至2021年12月31日，我国沪深A股上市公司总计4603家，总市值达到98.83万亿元人民币，国有控股上市公司和民营控股上市公司不仅在数量上占据绝对优势，市值占比也非常大。沪深A股各类型上市公司分布情况如下：

- 中央国有上市公司共计421家，总市值高达23.98万亿元，占沪深A股所有公司市值总额的24.26%。其代表企业有：工商银行（601398.SH）、中国石油（601857.SH）、长江电力（600900.SH）等。

- 地方国有上市公司共计853家，总市值高达19.97万亿元，占沪深A股所有公司市值总额的20.21%。其代表企业有：贵州茅台（600519.SH）、中信证券（600030.SH）、兴业银行（601166.SH）等。

- 民营企业上市公司共计2863家，总市值高达41.61万亿元，占沪深A股所有公司市值总额的42.61%。其代表企业有：宁德时代（300750.SZ）、比亚迪（002594.SZ）、美的集团（000333.SZ）等。

- 公众企业共计245家，总市值9.19万亿元，占沪深A股所有公司市值总额的9.39%。其代表企业有：招商银行（600036.SH）、中芯国际（688981.SH）、金龙鱼（300999.SZ）等。

- 外资企业共计159家，总市值高达3.15万亿元，占沪深A股所有公司市值总额的3.19%。其代表企业有：迈瑞医疗（300760.SZ）、恩捷股份（002812.SZ）、福耀玻璃（600660.SH）等。

• 集体企业共计 24 家，总市值 0.54 万亿元，占沪深 A 股所有公司市值总额的 0.55%。其代表企业有：海尔智家（600690.SH）、南山铝业（600219.SH）、法拉电子（600563.SH）等。

• 其他类型企业共计 38 家，其代表企业有：渤海租赁（000415.SZ）、普洛药业（000739.SZ）、横店东磁（002056.SZ）等。

沪深 A 股市场各类型公司的具体数量和市值占比如图 4－1 和图 4－2 所示。

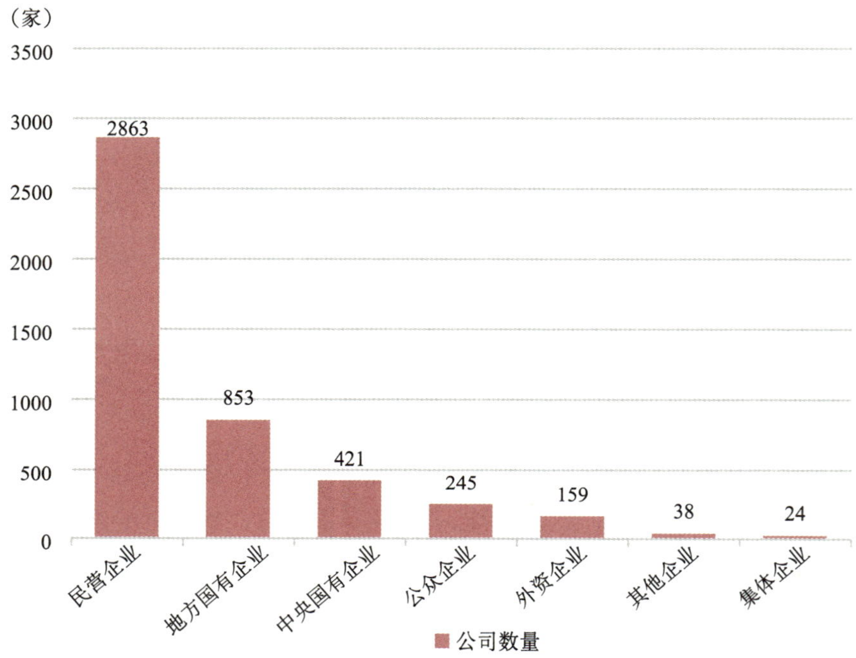

图 4－1　沪深 A 股各类型上市公司数量情况

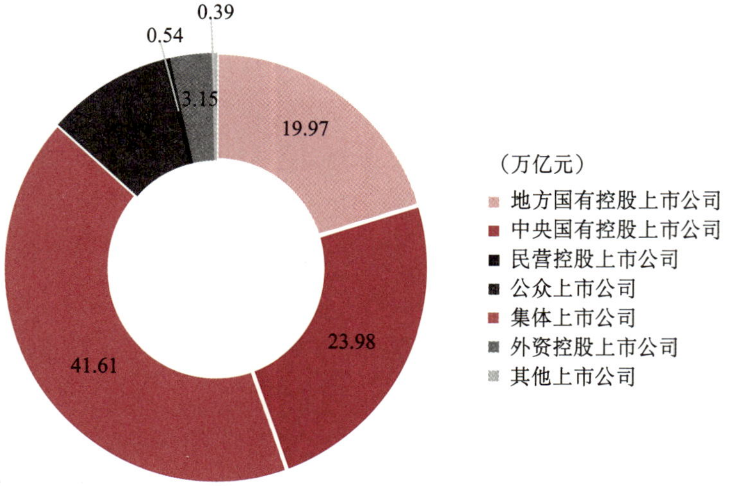

图 4－2　沪深 A 股各类型上市公司总市值情况

二、我国资本市场建立初期，以国有上市公司为主

20 世纪 80 年代初期，一些小型国有和集体企业开始进行多种多样的股份制尝试，并逐渐出现股票。1983 年 7 月，深圳市宝安县联合投资公司向社会公开发行了新中国第一只股票，这只股票不仅催生了第一家股份制企业——深宝安，更催生了国有企业股份制改革。随后，国家提出要进一步放开搞活城市集体企业和国营小企业，在北京、广州、上海等城市选择了少数企业进行股份制试点。1986 年上海市体改办召开了《股份制试点方案论证会》，并于 1986 年年底选定批准了上海电真空公司实行股份制改革试点，成立了上海电真空股份有限公司，成为全国第一家国营企业改制的股份公司。同年深圳颁布《深圳经济特区国营企业股份化试点暂行规定》，选择少数企业进行股份制试点。1986 年后，随着国家政策的进一步放开，越来越多的企业，包括一些大型国营企业纷纷进行股份制试点，我国股票市场也初具雏形。此外，资本市场建立时，为了股份制改革能在国企当中顺利推进，设置了一种特殊的制度安排，所有公开发行的股票可以上市流通，而企业的存量股票，也就是国有股和法人股不能上市流通，从此形成了上市公司股票分为流通股和非流通股的格局，也就是股权分置。因此，最初我国资本市场的上市公司主要以改制后的国企为主。1991—2000 年，A 股上市公司新增近千家，其中国有上市公司占比近七成。

三、随着我国市场经济的发展和资本市场深化改革，民营上市公司数量快速增长

进入 21 世纪后，中国经济步入一个快速增长的时代。2000 年，中国三大门户网站搜狐、新浪、网易在美国纳斯达克挂牌上市，标志了中国互联网时代的开启，互联网经济开始发展。2001 年，中国加入 WTO，开始投入全球化的浪潮之中，并进入开放性经济发展阶段。同时，随着中国平均关税的降低，大批跨国企业开始进军中国市场。这个阶段中国市场百花齐放，国有企业、集体企业、民营企业、外资企业等开始从各个领域崭露头角，企业间的竞争变得更加激烈。这个阶段，我国开始更加注重技术发展和研发投入，给中小民营企业提供了一个良好的发展环境。

2004 年 2 月，中国开始推行核准制。发行制度从“定量择优发行”变成了“符合标准就可以发行”。同年深交所推出中小板，为主业突出、具有成长性的中小企业提供融资渠道和发展平台，促进中小企业快速成长。2009 年 10 月，深交所推出创业板，为中国有潜力的创新性中小企业提供更多的融资和发展机会。在政策支持下，我国民营企业得以快速发展，许多民营控股上市公司也开始登陆资本市场，民营上市公司占比越来越高。2019 年 3 月，科创板的正式推出为国内具有科技创新能力和核心技术的企业提供了直接融资的渠道，也放宽了上市条件。因此，随着中国经济的发展和资本市场改革的深入推进，民营控股上市公司数量也越来越多。

四、近期控制权变更，民营企业转让给国有企业是新趋势

（一）控制权变更的主要形式

企业控制权变更，意味着上市公司的实际控制人发生了变化，一般通过原大股东股权转让或者企业通过并购重组实现“借壳上市”的形式，也可以通过二级市场买入、要约收购、吸收合并、破产重整、债务重组等方式实现。

（二）近四年来，控制权变更形式以大股东股权转让为主

2018—2021年，从我国沪深A股市场中民营变更为国有和国有变更为民营的上市公司中发生的控制权变更类型上看，以大股东股权转让为主，一共发生127例，占比84.67%。

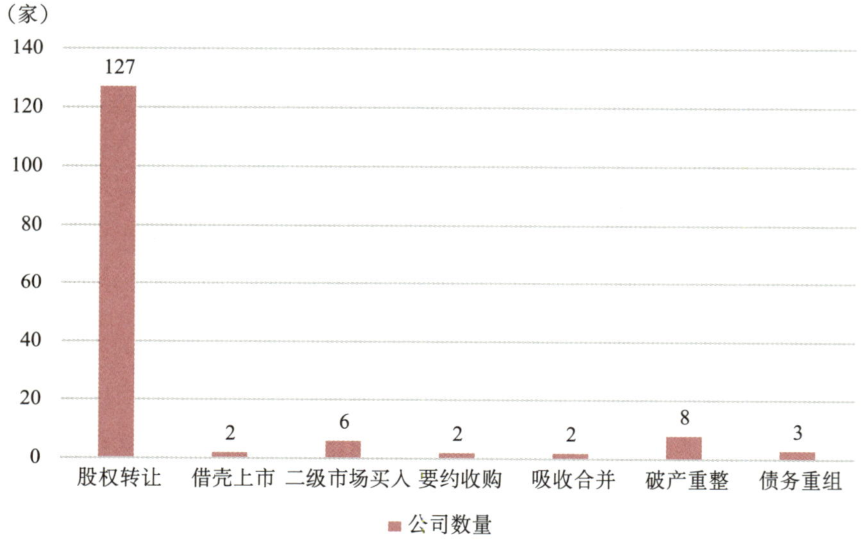

图4-3　2018—2021年国有转民营和民营转国有上市公司控制权变更方式

（三）从企业性质变更来看，近四年来，实控人由民营变更为国资较为明显

从2018年到2021年，总计有403家企业发生了控制权变更，其中涉及企业性质变化的企业有149家，占比36.97%。从统计数据看，我国控制权变更导致的企业性质发生变化以民营转国有为主，国有转民营主要发生在因经营不善面临破产清算的少量国有企业中。

（四）控制权变更，或给企业发展和市值增长带来新的机会

控制权变更，或会给上市公司注入新的优质资产，给公司创造更高的营收和利润，进而促进公司市值增长；或会给上市公司带来信誉和其他资源，帮助上市公司走出困境、业务重组和转型升级，改善公司基本面，进而提升公司核心竞争力和业绩。

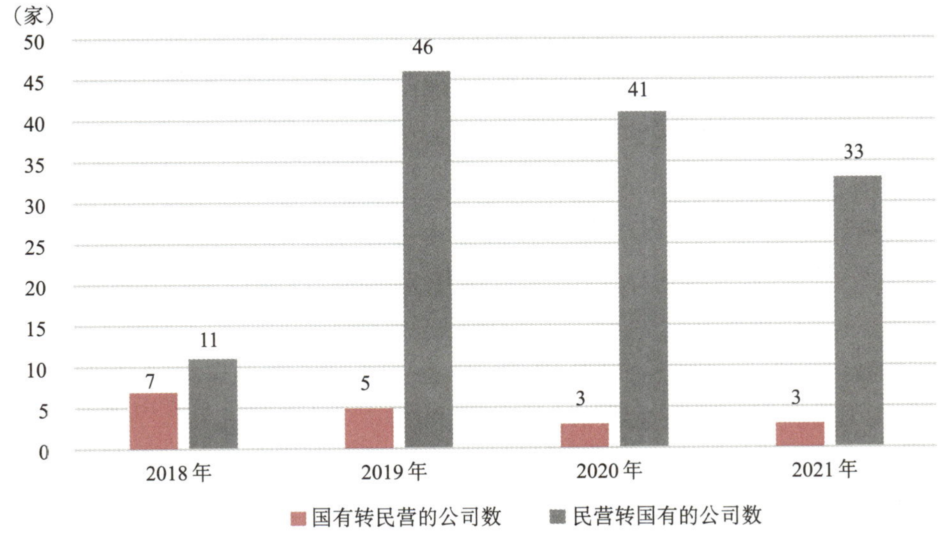

图 4-4 2018—2021 年控股权变更企业性质发生变化的公司情况

国有入股，不仅为民营控股上市公司发展背书，同时也注入了新的活力。民营控股上市公司通过股权转让，变更为国有控股上市公司。国有入股给民企赋能，一方面国资在市场上更受青睐，以至于民企性质发生转变后融资能力加强，有国有资金支持和银行贷款支持，帮助上市公司走出困境或扩大生产。另一方面，国资体系具有丰厚的行业上下游资源和优质资产，为公司业务发展和转型升级拓宽了道路。2021 年从民营变更为国有的上市公司市值均有不同幅度的增长，其中涨幅最高的广誉远跟 2020 年同期相比市值增长更是达到了 188.40%。表 4-1 为 2021 年变更为国有的民营控股上市公司中市值涨幅最高的四家公司的情况。

表 4-1 2021 年由民营变更为国有的四家市值涨幅最高的上市公司市值及行业情况

公司名称	所属申万行业（一级）	截至 2020 年 12 月 31 日公司市值（亿元）	截至 2021 年 12 月 31 日公司市值（亿元）	原实际控制人	现实际控制人
广誉远	医药生物	73.46	211.86	郭家学	山西省国有资产监督管理委员会
恒润股份	机械设备	67.29	181.16	承立新	济宁市国有资产监督管理委员会
航锦科技	基础化工	144.81	252.03	卫洪江	武汉市国有资产监督管理委员会
科陆电子	电力设备	48.45	82.39	饶陆华	深圳市资本运营集团有限公司

案例4-1：科陆电子（002121.SZ）于2007年3月6日在深圳证券交易成功所挂牌上市，最早属于民营控股上市公司。主要从事智能电网、新能源及综合能源服务。2018年外部融资环境偏紧、金融市场资金成本大幅上升，加之受行业环境及产品结构调整和流动性影响，公司供应链整体受到一定限制。部分产品交付延缓，业务拓展受阻，资金周转困难，公司首次出现亏损。为走出困境，2018年8月，公司通过股权转让引入深圳市资本运营集团有限公司（简称资本集团），资本集团通过远致投资持有公司1.52亿股股份，约占公司总股本的10.78%。2019年完成第二次股权转让，远致投资持有公司3.41亿股股份，约占公司总股本的24.19%，成为公司的第二大股东，与第一大股东饶陆华持股差距仅0.07%。2021年6月4日，饶陆华先生在综合考虑其本人实际情况、公司经营情况及未来发展后，决定放弃行使其所持有的公司股份对应的表决权，至此科陆电子正式变更为国有控股上市公司。资本集团入主科陆电子，也是基于科陆电子拥有的核心技术及完整的产业链布局，看好其在新能源业务领域的发展前景，认可科陆电子发展战略，希望借助自身的资源优势，帮助公司做大做强，进一步提升公司的盈利能力和竞争力，促进国有资产的保值增值。科陆电子在引入国资后，其资金压力得到极大缓解，信誉和融资能力加强，公司经营逐步恢复正常，业绩也开始扭亏为盈。公司2019年营业收入和归属上市公司股东的净利润分别为31.95亿元和-23.75亿元，2020年科陆电子营业收入33.37亿元，同比上年增长4.44%；归属上市公司股东的净利润1.85亿元。市值表现也开始稳定并逐渐抬升，由国资正式控股后的68.58亿元，增长至2021年年底的82.39亿元，增长20.13%。

优秀民资控股，或能带来基本面改善和市值提升的双赢局面。2021年，沪深A股市场共发生三例国企变更为民营企业的案例，均是由股权转让行为直接导致。这些民营资本，均为各行业的佼佼者，在入主上市公司后可以给公司带来灵活的市场化机制和优质资源。这三家公司从国有转变为民营之后，市值也都有不同幅度的提升，其中幅度最大的舍得酒业市值增长高达162.79%。不可否认的是，在某些行业中民营企业会有更大的优势，民营企业不仅对市场有更高的敏锐度，经营效率也更高。

表4-2　2021年由国有变更为民营的三家上市公司市值及行业情况

公司名称	所属申万行业（一级）	截至2020年12月31日公司市值（亿元）	截至2021年12月31日公司市值（亿元）	原实际控制人	现实际控制人
浩物股份	汽车	29.78	30.78	天津市国有资产监督管理委员会	张荣华
返利科技	传媒	26.62	56.97	北京市国有文化资产管理中心	葛永昌
舍得酒业	食品饮料	287.23	754.80	射洪市人民政府	郭广昌

（五）国资入主民营上市公司或将延续较大规模

高比例股权质押和流动性危机引发大股东爆仓风险，国资紧急纾困。自改革开放以来，民营经济一直快速发展，作为大众创业、万众创新的重要载体，中小微企业在民营经济中占据绝对数量优势。但随着近年来经济下行压力加大，加之民营企业风险控制能力薄弱、融资困难、生命周期较短的特点，2012 年前后，民营企业很多大股东开始做股权质押，部分上市公司大股东甚至高比例质押融资来帮助自身或者企业度过危机。2018 年在去杠杆、严监管宏观背景下，民营上市公司流动性危机进一步加剧，加之资本市场持续低迷，上市公司大股东股权质押风险进一步增加。针对该情况，2018 年，政府召开多次会议，研究解决民营企业、中小企业发展中遇到的困难。为应对民营控股上市公司融资困境和股票质押平仓风险，各地国资国企在全国范围内掀起了一场“国资纾困”行动。2018 年至今，国资参与纾困上市公司已经接近百家。常见的纾困方式包括认购上市公司非公开发行股份、协议受让上市公司股份、为上市公司控股股东提供股票质押融资支持等。从分析 2018 年企业性质由民营变更为国企的这些公司来看，其 2012—2017 年股权质押总额是逐年攀升的。截至 2017 年 12 月 31 日，这些公司大股东股份质押率绝大部分超过了 50%，有 7 家企业大股东股份质押率超过 80%，股份质押率最高达到了 99.97%。

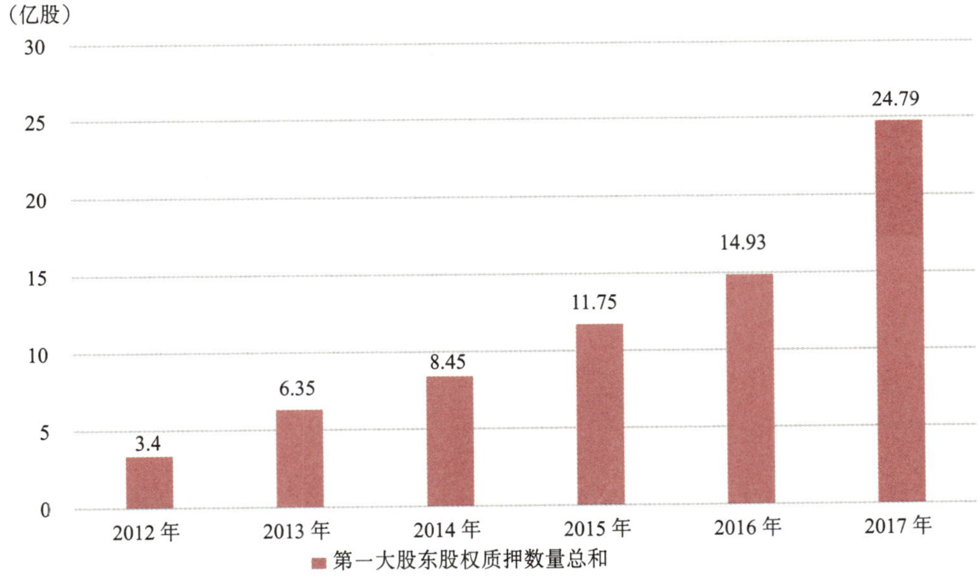

图 4－5　2018 年变更为国有的民营控股上市公司 2012—2017 年股份质押情况

表4－3　　2018年变更为国有的民营控股上市公司大股东股权质押情况

公司名称	公司总股本（万股，截至2017年12月31日）	大股东持有股份（万股，截至2017年12月31日）	质押股份数量（万股，截至2017年12月31日）	大股东股份质押率
怡亚通	212269.78	76743.35	47075.01	61.34%
合力泰	312831.07	61675.94	36454.02	59.11%
新筑股份	65357.62	15017.07	13359.00	88.96%
天沃科技	73576.20	17505.33	17500.00	99.97%
亿利达	44308.20	6300.00	2200.00	34.92%
金一文化	83471.82	15370.51	14580.00	94.86%
长信科技	229887.98	43602.00	36975.00	84.80%
中金环境	120214.88	32035.07	19140.00	59.75%
利德曼	32128.62	13262.00	11941.99	90.05%
*ST易见	112236.38	42459.00	42133.02	99.23%
江泉实业	51169.72	6840.32	6656.71	97.32%

案例4－2： 国资纾困宝塔实业（000595.SZ），帮助企业走出困境。宝塔实业最初属于民营控股上市公司，由于2018年、2019年连续两个会计年度经审计的净利润为负值，2020年4月29日被实施退市风险警示，更名为*ST宝实。无力偿还债务向法院申请破产重整，并将以竞价的方式处置的部分资本公积转增所得的3.34亿股股份划转宁国运证券账户，宝塔实业的实际控制人变更成宁夏回族自治区人民政府。宝塔实业也成功从民营控股上市公司转变成了地方国有控股上市公司。有了国家的帮扶，宝塔实业开始扭亏为盈，2020年年底实现营业收入2.05亿元，净利润0.13亿元。截至2021年12月31日，宝塔实业市值达到了36.32亿元，跟上年同期的22.74亿元相比，市值同比增长57.72%。引入国资后，由于国资信誉，企业的融资渠道也会变得更加多元，同时国资还拥有许多优质的资产和业务资源，从资金信贷、业务支持、资源对接等方面给上市公司进行多方位赋能，帮助企业快速走出困境并进行业务重组优化，企业也就有了更大的发展空间。

国资收购民企控制权正呈现出新的特点。一是从被收购公司所处板块来看，近三年从民营变更为国有的上市公司当中，创业板公司较多。2019—2021年的120家变更为国企的民营控股上市公司当中，创业板公司52家，占比43.33%，收购方式主要是股权直接转让；深主板公司48家，占比40%。

二是从行业来看，近三年国资入股的民营上市公司案例中，多发生在竞争性新兴行业。如机械设备、电力设备、计算机等高新技术产业。表4－4为近三年国资入股民营上市公司案例的行业分布情况。

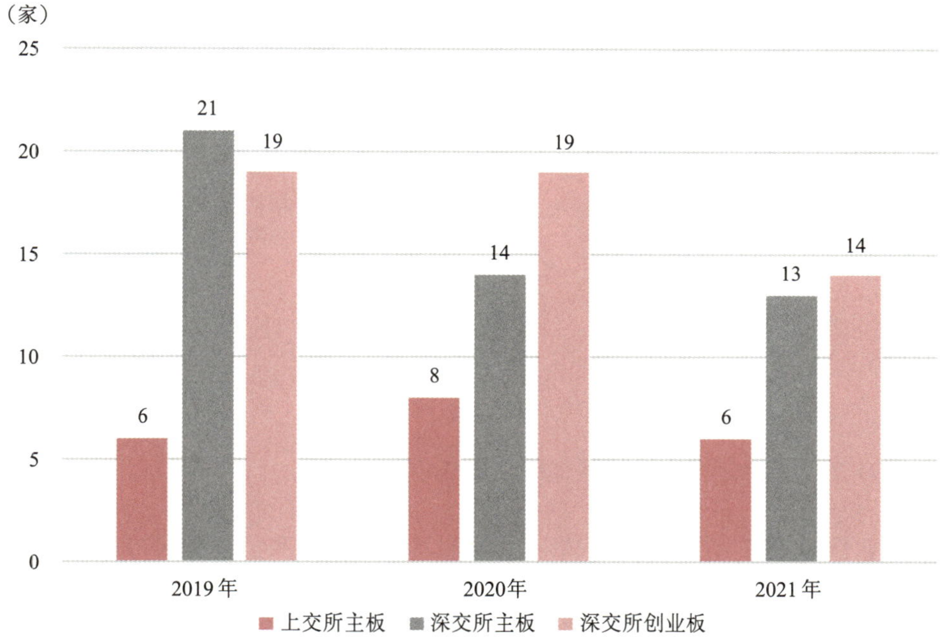

图4-6 2019—2021年民营变更为国有的上市公司板块分布情况

表4-4 2019—2021年由民营变更为国有的上市公司中行业分布情况

所属申万行业（一级）	公司数量	所属申万行业（一级）	公司数量
机械设备	12	公共事业	3
建筑装饰	12	房地产	2
医药生物	11	国防军工	2
电力设备	10	石油石化	2
计算机	9	交通运输	2
基础化工	8	社会服务	2
传媒	7	轻工制造	2
环保	7	通信	2
电子	7	食品饮料	2
有色金属	4	汽车	2
商贸零售	3	非银金融	1
家用电器	3	农林牧渔	1
服装纺织	3	建筑材料	1

在中央推动国企深化改革，要求各地国资委提高资产证券化率、大力推动混合所有制改革的大背景下，部分原来没有上市公司的地区，在本地国有资产中又难以找到可以通过IPO培育成上市公司的企业。因此，大量之前没有上市公司地区的国资购买上市公司控制权，作为将优质资产注入上市公司以提高资产证券化率的重要平台。

随着中央货币政策的调整放松，以及支持民营企业的财政税收政策进一步加大推进，国资对民营企业的财务纾困任务已经基本完成，民营上市公司大股东股权质押爆仓风险已有较大幅度的下降，国资购买上市公司控制权的驱动因素已有新的变化，国资入主上市公司正朝着产业化、市场化的方向靠近，主要收购或战略入股产业协同更契合的上市公司。可以预见的是，未来几年，国资战略入股或收购民营企业控制权仍将频繁发生。

第二节　国有控股上市公司

一、国有企业上市是国有资产保值增值的核心抓手

国有企业作为一种生产经营组织形式，同时具有商业类和公益类的特点，其商业性体现为追求国有资产的保值和增值，其公益性体现为国有企业的设立通常是为了实现国家调节经济的目标，起着调和国民经济各个方面发展的作用。按照国有资产管理权限划分，国有企业分为中央国有企业（由中央政府监督管理的国有企业）和地方国有企业（由地方政府监督管理的国有企业）。

国有控股上市公司，是指政府或国有企业（单位）拥有实际控制权或以其持有的股份已经足以对股东大会的决议产生重大影响的上市公司。截至 2021 年 12 月 31 日，我国 4603 家沪深 A 股上市公司中国有控股上市公司共有 1274 家，其中地方国有企业 853 家，占所有国有控股上市公司的 66.95%，中央国有企业 421 家，占所有国有控股上市公司的 33.05%。

我国国有企业因其全民所有的性质，追求利润最大化并不是国有企业最大或者唯一的目标。一些处于关键领域和重点行业的大型国企，不仅为企业本身发展考虑，更要从国家、社会利益出发，承担更大的社会责任。

经过 30 多年资本市场的发展，国有企业通过上市完成了现代化企业改革，焕发出新的活力。首先，上市后，融资渠道就不再局限于银行等金融机构，国有企业能够从市场募集到更多的资金用于公司发展和运营。其次，通过资产注入、换股收购、要约收购、定向增发等资本运作，为企业做大做强提供了更多机会。目前中国有很多优秀的国有企业，通过上市都实现了公司价值的飞跃式增长。以贵州茅台为例，2001 年上市之初市值仅 88.88 亿元，经过 20 年的发展，现在市值稳居沪深 A 股市场总市值榜首。截至 2021 年 12 月 31 日，贵州茅台总市值高达 2.58 万亿元，市值已经实现了近 300 倍的增长，顶峰时期更是高达 3.27 万亿元，是贵州省 2021 年 GPD 总量的 1.67 倍。

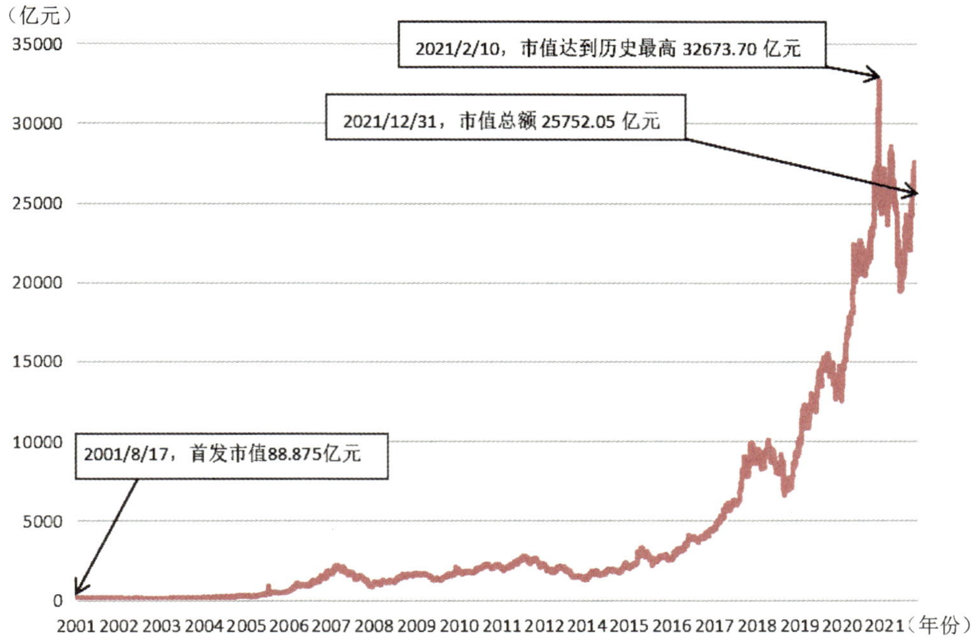

图 4－7　茅台市场趋势

二、国有控股上市公司的市值分布情况

截至 2021 年 12 月 31 日，沪深 A 股上市公司中市值超过万亿元的公司共有 6 家，其中有 4 家国有控股上市公司，分别是贵州茅台、工商银行、建设银行、农业银行，其中贵州茅台以 2.58 万亿元市值的绝对优势占据第一，工商银行、建设银行和农业银行分别为 1.65 万亿元、1.47 万亿元、1.03 万亿元。

沪深 A 股上市公司市值区间在 1000 亿—10000 亿元（含 1000 亿元）的公司共计 164 家，其中国有控股上市公司 85 家。截至 2021 年 12 月 31 日，中国石油（601857.SH）以 8986.33 亿元在国有控股上市公司中市值排第 5 名（对应沪深 A 股上市公司总市值排行的第 8 名），中国银行（601988.SH）8978.83 亿元在国有控股上市公司中市值排第 6 名（对应沪深 A 股上市公司总市值排行的第 9 名），五粮液（000858.SZ）以 8642.79 亿元在国有控股上市公司中市值排第 7 名（对应沪深 A 股上市公司总市值排行的第 10 名），中国人寿（601628.SH）以 8504.85 亿元国有控股上市公司中市值排第 8 名（对应沪深 A 股上市公司总市值排行的第 11 名）。这四家国有控股上市公司除五粮液是 2021 年 11 月 5 日首次突破万亿市值大关外，其他 3 家公司都多次在不同的时间点突破万亿市值。

沪深 A 股上市公司市值区间在 500 亿—1000 亿元（含 500 亿元）公司共 164 家，其中国有控股上市公司 61 家。该市值区间公司分布较为均匀，没有出现明显的断层现象。市值接千亿元的公司有 5 家，分别是中国东航（600115.SH，总市值 973.92 亿元）、中国重工（601989.SH，总市值 962.25 亿元）、大秦铁路（601006.SH，总市值 951.48 亿元）、北京银行（601169. SH，总市值 938. 75 亿元）和宝信软件（600845. SH，总市值 924. 70 亿元）。

沪深 A 股上市公司市值区间在 100 亿—500 亿元（含 100 亿元）的公司共 1283 家，其中国有控股上市公司 456 家。该市值区间的代表企业有中航高科（600862. SH，总市值 498. 15 亿元）、一汽解放（000800. SZ，总市值 478. 55 亿元）。

沪深 A 股上市公司市值区间在 50 亿—100 亿元（含 50 亿元）的公司共计 1176 家，其中国有控股上市公司共 306 家，该市值区间的代表企业有中船应急（300527. SZ，总市值 99. 60 亿元）、天原股份（002386. SZ，总市值 99. 40 亿元）等。

沪深 A 股上市公司市值在 50 亿元以下的公司共有 1810 家，其中国有控股上市公司共 362 家，该市值区间的代表企业有岭南控股（000524. SZ，总市值 49. 93 亿元）、佛塑科技（000973. SZ，总市值 49. 82 亿元）等。

1000 亿元市值以上的上市公司以国有控股上市公司为主，这些国有控股上市公司市值总额和数量总额占比均超过 50%。截至 2021 年 12 月 31 日，沪深 A 股全部国有控股上市公司市值分布情况如表 4 – 5 所示。

表 4 – 5　　国有控股上市公司各市值区间公司数量及公司总市值情况

市值区间	沪深 A 股上市公司总数（家）	国有控股上市公司总数（家）	占比	沪深 A 股上市公司市值总额（万亿）	国有控股上市公司市值总额（万亿）	占比
≥10000 亿元	6	4	66. 67%	9. 32	6. 72	72. 11%
<10000 亿元，≥1000 亿元	164	85	51. 83%	36. 78	19. 63	53. 38%
<1000 亿元，≥500 亿元	164	61	37. 20%	11. 05	4. 20	37. 98%
<500 亿元，≥100 亿元	1283	456	35. 54%	27. 62	10. 06	36. 43%
<100 亿元，≥50 亿元	1176	306	26. 02%	8. 33	2. 16	25. 94%
<50 亿元	1810	362	20. 00%	5. 74	1. 19	20. 73%

第三节　民营控股上市公司

一、民营控股上市公司概述

经过 20 多年的改革和发展，民营企业已经成为国民经济的重要组成部分。截至 2021 年 12 月 31 日，我国沪深 A 股上市公司中有 2863 家民营控股上市公司，占 A 股市场全部上市公司的 62. 20%。

二、民营控股上市公司市值分布情况

截至 2021 年 12 月 31 日，沪深 A 股上市公司市值超过 10000 亿元的 6 家公司中民营控股上市公司仅有宁德时代 1 家，以 13705. 41 亿元占据民营控股上市公司市值榜首的位置（对应沪深 A 股上市公司总排行第 4）。

市值区间在 1000 亿—10000 亿元（含 1000 亿元）的 164 家公司当中，共计有 55 家民营控股上市公司。其中市值大于 5000 亿元的公司仅有比亚迪和美的集团，分别以 7805. 37 亿元和 5155. 82 亿元占据民营控股上市公司市值排行的第 2 和第 3（对应沪深 A 股上市公司总市值排行的第 12 和第 14）。有 15 家市值在 2000 亿—5000 亿元，38 家市值在 1000 亿—2000 亿元。

市值区间在 500 亿—1000 亿元（含 500 亿元）的 164 家公司当中，民营控股上市公司共有 75 家。该市值区间代表企业东方盛虹（000301. SZ）和中伟股份（300919. SZ），市值分别达到了 935. 07 亿元和 917. 66 亿元，相比去年同期的 458. 36 亿元和 465. 52 亿元，市值增长超过了 1 倍。

市值区间在 100 亿—500 亿元（含 100 亿元）的 1283 家公司当中，民营控股上市公司共有 687 家，该市值区间的代表企业有格林美（002340. SZ，总市值 495. 09 亿元）、抚顺特钢（600399. SH，总市值 488. 49 亿元）等。

市值区间在 50 亿—100 亿元（含 50 亿元）的 1176 家公司当中，民营控股上市公司共有 751 家，该市值区间的代表企业有桂林三金（002275. SZ，总市值 99. 80 亿元）、永福股份（300712. SZ，总市值 99. 87 亿元）。

市值低于 50 亿元的 1810 家公司当中，民营控股上市公司共有 1294 家，该市值区间的代表企业有晓鸣股份（002282. SZ，总市值 49. 99 亿元）、博深股份（300967. SZ，总市值 49. 99 亿元）。

民营控股上市公司主要分布在中低市值区间。目前我国沪深 A 股全部民营控股上市公司市值分布情况如表 4 – 6 所示。

表 4 – 6　　民营控股上市公司各市值区间公司数量及公司总市值情况　　单位：家

市值区间	沪深 A 股上市公司总数（家）	民营控股上市公司总数（家）	占比	沪深 A 股上市公司市值总量（万亿）	民营控股上市公司市值总量（万亿）	占比
≥10000 亿元	6	1	16. 67%	9. 32	1. 37	14. 71%
<10000 亿元，≥1000 亿元	164	55	33. 54%	36. 78	11. 17	30. 36%
<1000 亿元，≥500 亿元	164	75	45. 73%	11. 05	4. 99	45. 18%
<500 亿元，≥100 亿元	1283	687	53. 55%	27. 62	14. 67	53. 12%
<100 亿元，≥50 亿元	1176	751	63. 86%	8. 33	5. 34	64. 15%
<50 亿元	1810	1294	71. 49%	5. 74	4. 06	9. 76%

第四节 沪深A股其他类型上市公司

一、公众上市公司

公众上市公司，是指股权比较分散、没有实际控制人的公司。目前我国沪深A股上市公司当中的公众企业共有245家。表4－7为公众上市公司在各市值区间的分布情况。

表4－7 公众上市公司各市值区间公司数量及公司总市值情况

市值区间	沪深A股上市公司总数（家）	公众上市公司总数（家）	占比	沪深A股上市公司市值总量（万亿元）	公众上市公司市值总量（万亿元）	占比
≥10000亿元	6	1	16.67%	9.32	1.23	13.20%
<10000亿元，≥1000亿元	164	16	9.74%	36.78	4.44	12.07%
<1000亿元，≥500亿元	164	15	9.15%	11.05	1.06	9.59%
<500亿元，≥100亿元	1283	85	6.63%	27.62	1.84	6.66%
<100亿元，≥50亿元	1176	54	4.59%	8.33	0.37	4.44%
<50亿元	1810	74	4.09%	5.74	0.24	4.18%

公众公司是资本市场发展的产物，也印证了我国资本市场发展的成果，大量公众公司在上市之初，控股股东股权比例较高，随着不断的再融资稀释股权、股权转让、减持等行为，原控股股东持股比例不断下降，最终成为一家公众公司。

案例4－3： 招商银行1987年成立于深圳蛇口，注册资本为1亿元人民币，出资方是招商局轮船有限公司（为招商局集团有限公司全资子公司）。经过历次增资扩股后，截至2001年年底招商银行总股本增加至42.07亿股，招商局轮船有限公司持股比例变为24.36%，仍为公司第一大股东。2002年4月9日，招商银行在上海证券交易所挂牌上市，公开发行15亿股，发行后招商局轮船有限公司持股比例变为17.95%，为招商银行的第一大股东，无实际控制人。经过2004年和2005年两次资本公积转增股本以及2006年在港交所发股融资后，招商局集团有限公司实际控制公司17.63%的股份。此后，招商局集团有限公司通过附属公司大幅增持招商银行股份，截至2015年年底，招商局集团有限公司通过下属子公司及其一致行动人间接持有招商银行股份比例合计29.97%，其中持有A股26.77%，持有H股3.20%。目前，招商局集团有限公司间接持有招商银行的比例稳定在29.97%，第一大控股股东仍为招商局，无实际控制人。招商银行2021年第一大股东及其控股股东的股权结构如图4－8所示。

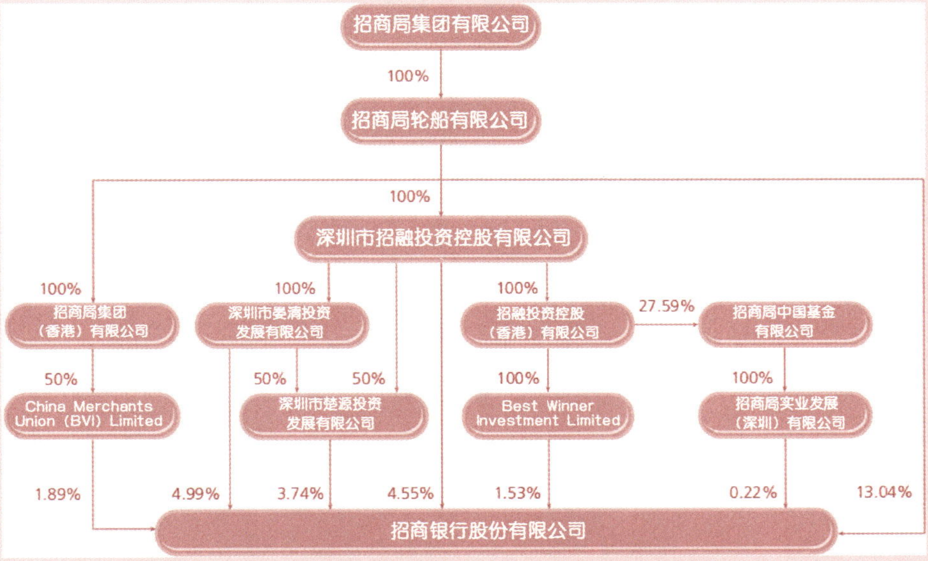

图4－8 截至2021年12月31日招商银行股权结构

二、外资上市公司

外资上市公司，即由外资控股的上市公司。目前沪深A股共159家外资控股的上市公司，其中迈瑞医疗以4629.35亿元占据外资上市公司的榜首，恩捷股份和福耀玻璃分别以2234.59亿元、1230.23亿元位列第2和第3。从整体来看外资控股上市公司主要分布在中小型企业当中，市值超千亿的公司仅7家。

表4－8　外资上市公司各市值区间公司数量及公司总市值情况

市值区间	沪深A股上市公司总数（家）	外资上市公司总数（家）	占比	沪深A股上市公司市值总量（万亿元）	外资上市公司市值总量（万亿元）	占比
≥10000亿元	6	0	0%	9.32	0	0%
<10000亿元，≥1000亿元	164	7	4.27%	36.78	1.26	3.43%
<1000亿元，≥500亿元	164	10	6.10%	11.05	0.64	5.79%
<500亿元，≥100亿元	1283	42	3.27%	27.62	0.78	2.82%
<100亿元，≥50亿元	1176	46	3.91%	8.33	0.32	3.84%
<50亿元	1810	54	2.98%	5.74	0.17	2.96%

三、集体上市公司

集体上市公司是指实际控制人为集体企业的上市公司，而集体企业是指部分劳动群众集体拥有生产资料的所有权，共同劳动并实行按劳分配的经济组织。以海尔智家为例，海尔智家的实际控制人海尔集团公司就是一家集体企业。

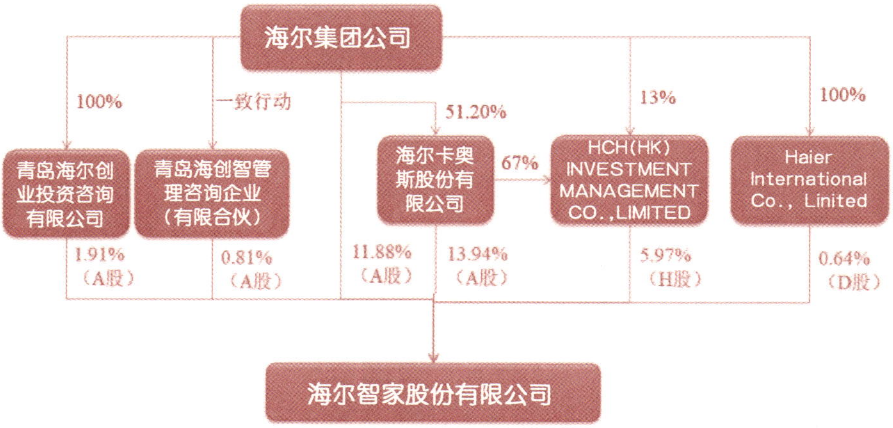

图 4－9　截至 2021 年 12 月 31 日海尔智家股权结构

目前沪深 A 股上市公司中，集体上市公司共 24 家。其中市值在千亿元以上的仅海尔智家一家，以 2809.27 亿元占据该类型上市公司市值总额的 52.01%。市值区间在 500 亿—1000 亿元（含 500 亿元）的公司仅 2 家，100 亿—500 亿元（含 500 亿元）的 4 家，50 亿—100 亿元（含 50 亿元）的 7 家，市值低于 50 亿的 10 家，整体以小企业为主。

四、其他上市公司

其他上市公司是指沪深 A 股上市公司中不属于国有、民营等其他五种类型的上市公司。该类上市公司最主要的特点是其实际控制人属于社会团体，以普洛药业为例，该上市公司的实际控制人为东阳市横店社团经济企业联合会。

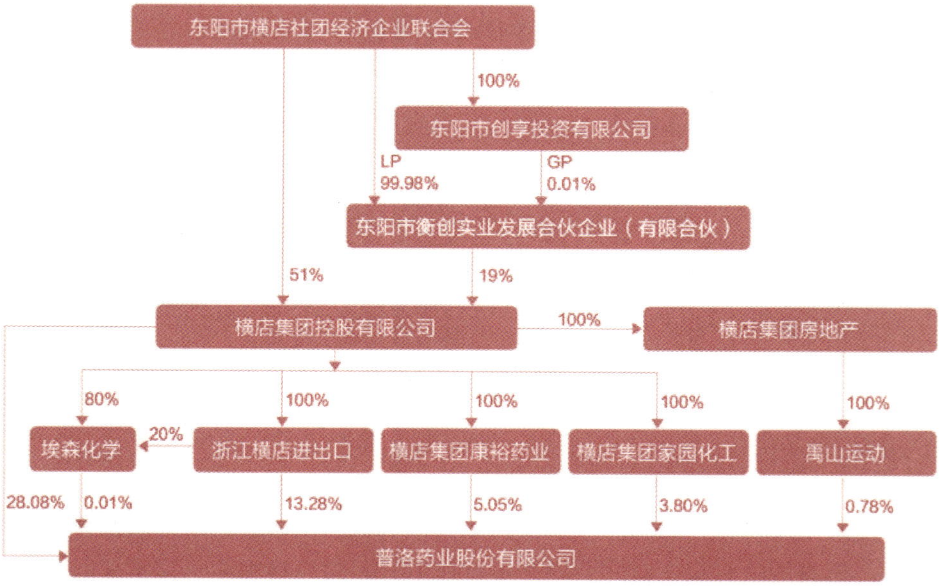

图 4－10　截至 2021 年 12 月 31 日普洛药业股权结构

其他上市公司共计38家，市值大于500亿元的公司仅*ST基础一家，市值区间在100亿—500亿元（含500亿元）的公司9家，市值区间在50亿—100亿元（含50亿元）的公司12家，市值低于50亿元的公司16家。其他类型的上市公司以中小企业为主。

第五节 国有控股上市公司和民营控股上市公司的对比分析

一、从行业分析

国有控股公司分布在国家重点领域，民营企业分布在充分竞争领域。

从行业来分析，大型国有控股上市公司主要分布在关系国家安全和国民经济命脉的重要基础产业和关键领域，如金融、军工、能源、通信、铁路等。例如，银行类上市企业共有41家，其中26家是国有控股上市公司，15家是公众企业。国有控股上市公司在重要领域的主导地位主要是维护正常市场秩序、保障国民经济正常运行、落实国家宏观调控政策的必要手段，同时也是优化要素配置，增强国家产业竞争力的必要手段。从数量上看，国有控股上市公司数量占比超过50%（含50%）的行业有8个，分别是非银金融、房地产、钢铁、公用事业、交通运输、煤炭、综合和银行。从市值来看，国有控股上市公司总市值占对应行业总市值超过50%（含50%）的有13个，分别体现在非银金融、钢铁、公用事业、国防军工、建筑材料、建筑装饰、交通运输、煤炭、商贸零售、食品饮料、石油石化、银行、房地产等行业。

表4-9 各行业中国有控股上市公司数量和市值情况

申万一级行业	行业上市公司总数（家）	国有控股上市公司数量（家）	国有控股上市公司数量占比	行业上市公司总市值（亿元）	国有控股上市公司总市值（亿元）	国有控股上市公司总市值占比
传媒	147	55	37.41%	15918.78	5840.14	36.69%
电力设备	281	47	16.73%	83551.43	9325.41	11.16%
电子	351	47	13.39%	77002.08	11603.57	15.07%
房地产	126	66	52.38%	18572.97	9476.59	51.02%
服装纺织	114	15	13.16%	7919.68	1036.48	13.09%
非银金融	87	52	59.77%	65914.79	43568.95	66.10%
钢铁	44	26	59.10%	11894.03	8338.78	70.11%
公用事业	120	76	63.33%	30981.60	26921.81	86.90%
国防军工	114	51	44.74%	26543.73	18237.10	68.71%
环保	112	36	32.14%	8139.98	3331.22	40.92%
机械设备	449	80	17.82%	41479.72	11059.10	26.66%

续表

申万一级行业	行业上市公司总数（家）	国有控股上市公司数量（家）	国有控股上市公司数量占比	行业上市公司总市值（亿元）	国有控股上市公司总市值（亿元）	国有控股上市公司总市值占比
基础化工	348	81	23.28%	43244.65	15114.78	34.95%
计算机	286	48	16.78%	39575.80	13453.08	33.99%
家用电器	82	11	13.41%	19285.21	882.65	4.58%
建筑材料	76	22	28.95%	13807.26	6985.95	50.60%
建筑装饰	151	57	37.75%	18736.11	14081.66	75.16%
交通运输	127	83	65.35%	31854.61	22861.56	71.77%
煤炭	38	29	76.32%	12878.17	11259.98	87.43%
美容护理	29	3	10.34%	5190.13	220.51	4.24%
农渔牧业	97	31	31.96%	17061.79	2719.19	15.94%
汽车	233	51	21.89%	42347.78	12300.88	29.05%
轻工制造	135	15	11.11%	11225.13	998.46	8.89%
商贸零售	103	41	39.81%	12993.32	7262.60	55.89%
社会服务	74	30	40.54%	5811.41	2273.66	39.12%
石油石化	46	19	41.30%	23980.51	16918.92	70.55%
食品饮料	115	34	29.57%	72024.06	51690.85	71.77%
通信	107	20	18.69%	15714.34	7074.99	45.02%
医药生物	413	63	15.25%	83850.79	12409.25	14.80%
银行	41	26	63.41%	99640.43	77539.96	77.82%
有色金属	127	44	34.64%	29684.35	13528.89	45.58%
综合	30	15	50.00%	1521.58	731.88	48.10%
行业公司总数	4603	1274	27.68%	988346.23	439598.92	44.48%

民营控股上市公司相比于国有控股上市公司，行业覆盖范围更广，31 个申万一级行业中，民营控股上市公司数量占比超过 50%（含 50%）的行业有 22 个。民营控股上市公司总市值占对应行业总市值超过 50%（含 50%）的行业有 14 个，分别是电力设备、电子、服装纺织、环保、机械设备、基础化工、计算机、家用电器、美容护理、农渔牧业、汽车、轻工制造、社会服务、医药生物。

表 4－10　各行业中民营控股上市公司数量和市值情况

申万一级行业	行业上市公司总数（家）	民营控股上市公司数量（家）	民营控股上市公司数量占比	行业上市公司总市值（亿元）	民营控股上市公司总市值（亿元）	民营控股上市公司总市值占比
传媒	147	79	53.74%	15918.78	7916.41	49.73%
电力设备	281	211	75.10%	83551.43	67108.83	80.32%

续表

申万一级行业	行业上市公司总数（家）	民营控股上市公司数量（家）	民营控股上市公司数量占比	行业上市公司总市值（亿元）	民营控股上市公司总市值（亿元）	民营控股上市公司总市值占比
电子	351	237	67. 52%	77002. 08	43891. 59	57. 00%
房地产	126	44	34. 92%	18572. 97	4270. 45	22. 99%
服装纺织	114	88	77. 19%	7919. 68	5256. 42	66. 37%
非银金融	87	21	24. 14%	65914. 79	6352. 34	9. 64%
钢铁	44	18	40. 91%	11894. 03	3555. 24	29. 89%
公用事业	120	37	30. 83%	30982. 10	3680. 37	11. 88%
国防军工	114	59	51. 75%	26543. 73	7783. 68	29. 32%
环保	112	70	62. 50%	8139. 98	4481. 47	55. 10%
机械设备	449	333	74. 16%	41479. 72	26652. 44	64. 25%
基础化工	348	235	67. 53%	43244. 65	24718. 72	57. 16%
计算机	286	203	70. 98%	39575. 80	22267. 83	56. 27%
家用电器	82	56	68. 29%	19285. 21	12059. 89	62. 53%
建筑材料	76	45	59. 21%	13807. 26	5742. 13	41. 59%
建筑装饰	151	85	56. 29%	18736. 11	4362. 04	23. 28%
交通运输	127	38	29. 92%	31854. 61	8510. 27	26. 72%
煤炭	38	9	23. 68%	12878. 17	1618. 19	12. 57%
美容护理	29	21	72. 41%	5190. 13	3704. 82	71. 38%
农渔牧业	97	59	60. 82%	17061. 79	10514. 11	61. 62%
汽车	233	166	71. 24%	42347. 78	27036. 13	63. 84%
轻工制造	135	104	77. 04%	11225. 13	9301. 63	82. 86%
商贸零售	103	49	47. 57%	12993. 32	4060. 71	31. 25%
社会服务	74	40	54. 05%	5811. 41	3418. 00	58. 82%
石油石化	46	25	54. 35%	23980. 51	6842. 48	28. 53%
食品饮料	115	67	58. 26%	72024. 06	14404. 36	20. 00%
通信	107	76	71. 03%	15714. 34	6271. 51	39. 91%
医药生物	413	300	72. 64%	83850. 79	54986. 79	65. 58%
银行	41	0	0%	99640. 43	0	0%
有色金属	127	76	59. 84%	29684. 35	14691. 38	49. 49%
综合	30	12	40. 00%	1521. 58	604. 53	39. 73%
行业公司总数	4603	2863	62. 20%	988346. 23	416064. 77	42. 10%

二、从募资情况分析

（一）IPO 募资方面，平均募资金额国企优势明显

企业 IPO 方面，国有控股上市公司比民营控股上市公司能募集到更多资金，目前我国沪深 A 股上市公司 2019—2021 年 IPO 实募资金合计 12259.29 亿元，期间新股发行的公司总计 1079 家。2019—2021 年 IPO 募资总额排前十的公司当中，国有控股上市公司 6 家。民营控股上市公司中募资最高的是宝丰能源（600989.SH），募资总额 81.55 亿元。表 4－11为沪深 A 股上市公司 2019—2021 年 IPO 实募资总金额前十的公司情况。

表 4－11　2019—2021 年 IPO 实募资总金额前十的公司情况

公司名称	公司市值（亿元）	募资总额（亿元）	公司性质
中芯国际	4188.25	532.30	公众上市公司
中国电信	3962.26	470.94	国有控股上市公司
邮储银行	4711.58	327.14	国有控股上市公司
京沪高铁	2371.84	306.74	国有控股上市公司
三峡能源	2145.68	227.13	国有控股上市公司
百济神州－U	1928.90	221.60	公众上市公司
金龙鱼	3411.81	139.33	公众上市公司
中金公司	2366.80	131.98	国有控股上市公司
浙商银行	744.40	125.97	公众上市公司
中国广核	1580.61	125.74	国有控股上市公司

在数量上，民营控股上市公司占比较大，近三年占比都超过了 70%。在募集资金方面，国企平均募资金额较多。沪深 A 股上市公司 2019 年募资总额 2532.48 亿元，新增上市公司 202 家，平均募集资金 12.60 亿元。2020 年募资总额 4699.63 亿元，新增上市公司 395 家，平均募集资金 11.93 亿元。2021 年募资总额 5327.18 亿元，新增上市公司 482 家，平均募资 11.08 亿元。

表 4－12　2019—2021 年国有控股上市公司和民营控股上市公司 IPO 募资情况

年份	上市公司数量（家）	国有控股上市公司		民营控股上市公司		募集资金总额（亿元）	国有控股上市公司		民营控股上市公司	
		家数	占比	家数	占比		金额	占比	金额	占比
2019	202	21	10.40%	150	74.26%	2532.48	849.33	33.54%	1234.88	48.76%
2020	395	25	6.33%	335	84.81%	4699.63	704.14	14.83%	2992.91	63.68%
2021	482	55	11.41%	396	82.16%	5327.18	1534.47	28.80%	3190.02	59.88%

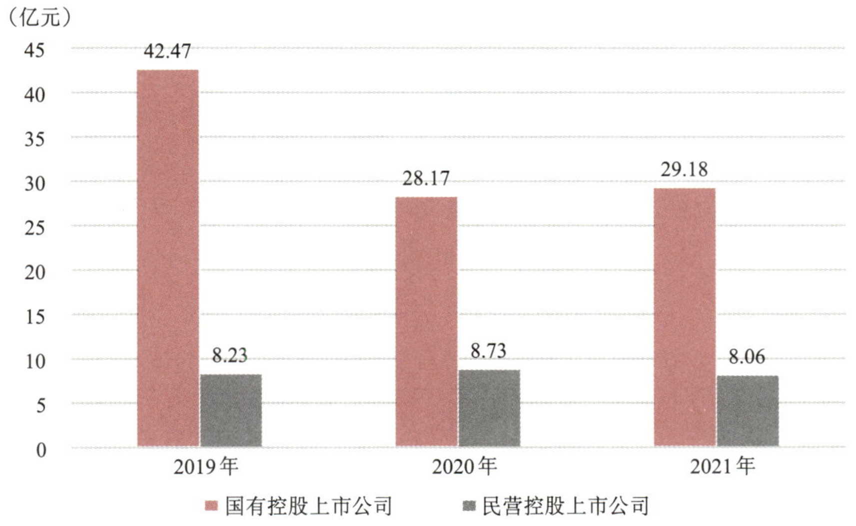

图 4－11　2019—2021 年国有控股上市公司和民营控股上市公司 IPO 平均募资金额

（二）IPO 申报方面，民营企业数量较多，但国企成功上市比例较高

2019—2021 年，IPO 报审的公司共计 2280 家，民营企业 1832 家，国有企业 190 家。

- 国有企业已经成功上市的公司 83 家，占比 43.68%；在审的公司 103 家，占比 54.21%；未通过的 3 家，占比 1.58%。
- 民营企业已经成功上市的公司 711 家，占比 38.81%；在审的公司 1083 家，占比 59.11%；未获通过的 38 家，占比 2.07%。

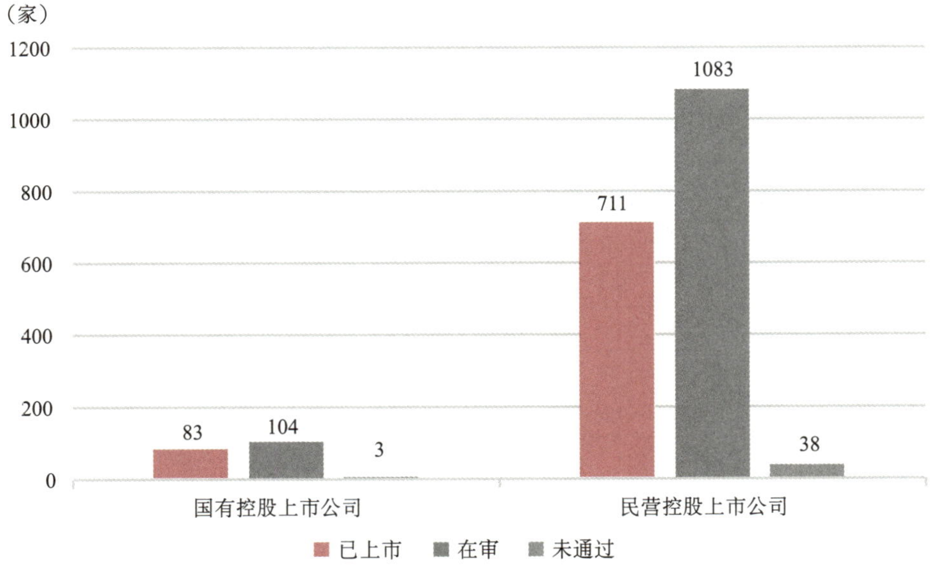

图 4－12　2019—2021 年沪深 A 股上市公司 IPO 报审情况

（三）非公开发行方面，国企募集金额相对较高

非公开发行股票方面，近三年共有1127家公司非公开发行股票，合计募集资金24163.13亿元。期间募集资金总额最高的前10个公司当中仅有1家民营控股上市公司，以国有控股上市公司为主。其中发行总额最高的是天山股份（000877.SZ），发行总金额达到941.71亿元。表4－13为沪深A股上市公司2019—2021年非公开发行金额前十的上市公司情况。

表4－13　　2019—2021年非公开发行总金额前十的公司情况

公司名称	公司市值（亿元）	募资总额（亿元）	公司性质
天山股份	1278.20	941.71	国有控股上市公司
万华化学	3171.14	522.18	国有控股上市公司
云南白药	1342.27	510.28	公众上市公司
邮储银行	4711.58	299.86	国有控股上市公司
华夏银行	861.68	292.32	国有控股上市公司
中信特钢	1033.65	231.79	国有控股上市公司
一汽解放	478.55	199.21	国有控股上市公司
顺丰控股	3381.36	199.07	民营控股上市公司
京东方A	1941.51	198.70	国有控股上市公司
海通证券	1601.67	198.49	国有控股上市公司

其中2019年非公开发行的上市公司总计244家，该年实募资金6875.22亿元，平均每家公司募集资金28.17亿元。2020年非公开发行的上市公司总计362家，该年实募资金8277.62亿元，平均每家公司募集资金22.87亿元。2021年非公开发行的上市公司总计521家，期间实募资金9010.28亿元，平均每家公司募集资金17.39亿元。

表4－14　　2019—2021年国有控股上市公司和民营控股上市公司非公开发行情况

年份	发行数量（家）	国有控股上市公司		民营控股上市公司		发行金额（亿元）	国有控股上市公司		民营控股上市公司	
		家数	占比	家数	占比		金额	占比	金额	占比
2019	244	88	36.07%	141	57.79%	6875.22	2969.08	43.19%	2914.05	42.38%
2020	362	121	33.43%	207	57.18%	8277.62	4166.11	50.33%	3423.02	41.35%
2021	521	159	30.52%	326	62.57%	9010.28	4736.77	52.57%	3517.67	39.04%

非公开发行国有控股上市公司依旧占据优势，从数量和募集资金的总量来看都逐年上升，平均每家公司募集资金额保持稳定，高于总体平均水平。而民营控股上市公司平均募资情况低于总体平均水平。

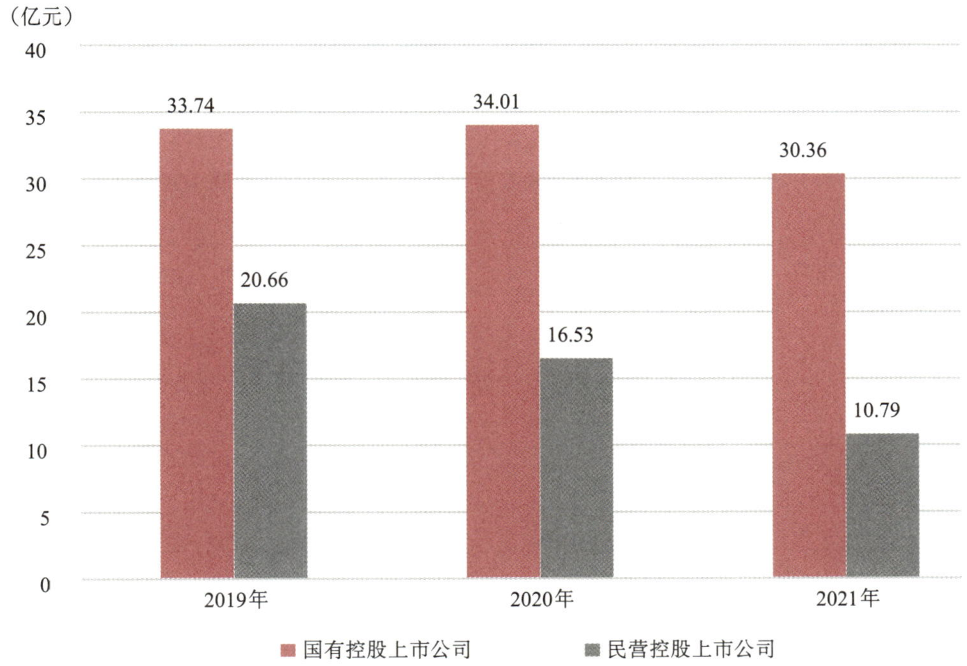

图 4-13　2019—2021 年国有控股上市公司和民营控股上市公司非公开发行平均募资情况

三、从股权激励方面分析

（一）股权激励是上市公司价值提升的有效方式

股权激励是一种对企业高级管理人员和优秀员工的长期激励机制。企业拿出部分股权激励公司的管理层和优秀员工，让他们以股东的身份参与企业决策、分享利润、承担风险，从而勤勉尽责地为公司发展服务。当然，股权激励实施的效果还需要制定合适的业绩指标和建立完善的考核体系，从激励目标来倒逼公司经理层关注公司未来发展。另外，上市公司实施股权激励也为资本市场带来积极的信号，有助于稳固投资者长期持有的信心。上市公司推行股权激励使管理层稳定、业绩增长、市值表现以及股东回报增加呈正向循环。

（二）股权激励在上市公司中逐渐释放活力

2006 年 1 月 4 日证监会发布了《上市公司股权激励管理办法》，同年 9 月 30 日，国资委、财政部联合下发《国有控股上市公司（境内）股权激励试行办法》，这两个文件的下发对我国股权激励的发展起到了非常大的推动作用。2006—2010 年实施的股权激励案例共 207 例，其中国有控股上市公司 49 例，民营控股上市公司 144 例。2011 年后，随着股权激励规范和配套政策不断完善细化，有越来越多的公司实施股权激励，数量已经呈现了井喷式增长。2011—2020 年，上市公司实施股权激励高达 2679 例，其中国控股上市公司

314 例，民营控股上市公司 2151 例。2021 年，股权激励实施数量就已经达到了 826 例，其中国有控股上市公司 93 例，民营控股上市公司 656 例。民营控股上市公司无论在实施数量以及实施频次上都高于国有企业。

表 4－15　2006—2021 年国有控股上市公司和民营控股上市公司股权激励实施情况

年份	股权激励案例总数（个）	国有控股上市公司实施案例数（个）	民营控股上市公司实施案例数（个）	其他上市公司实施案例数量（个）
2006	40	12	25	3
2007	10	4	6	0
2008	59	20	36	3
2009	25	3	20	2
2010	73	10	57	6
2011	126	12	107	7
2012	127	13	111	3
2013	169	16	147	6
2014	169	28	133	8
2015	214	19	175	20
2016	247	23	204	20
2017	409	31	352	26
2018	418	43	335	40
2019	348	62	245	41
2020	452	67	342	43
2021	826	93	656	77

股权激励对于改善管理层经营有很好的效果，但由于我国国有控股上市公司产权、审批监管等方面存在一定的要求，推出的股权激励相对较少。但近几年随着国企混合所有制改革推进，以及 2019 年 10 月国务院发布《关于进一步做好中央企业控股上市公司股权激励工作有关事项的通知》，积极支持中央企业控股上市公司建立长效激励约束机制；2020 年 4 月，国资委制定了《中央企业控股上市公司实施股权激励工作指引》，新一步细化明确了国有企业实施股权激励的制度规则。近三年来，实施股权激励的国有控股上市公司数量逐年增加。

股权激励作为上市公司长效治理机制，绑定股东、经理层和员工之间的利益关系，有效地将考核体系与公司价值创造相结合，有助于公司长远平稳发展。通过股权激励对企业价值进行管理已经成为一种新的趋势。

第五章
中国六大地区沪深A股上市公司市值分析

第一节　总体情况

一、各地区上市公司数量及市值分布情况

（一）上市公司数量分布呈“东多西少、南多北少”的态势

截至2021年12月31日，沪深A股共有上市公司4603家。

从数量层面来看，华东地区共有2171家上市公司，以占比47.16%的绝对优势居于首位；其次是华南地区，有上市公司1079家（占比23.44%），接近华东地区的一半；随后是华北地区，有上市公司704家（占比15.29%）；最后依次是西南、西北、东北地区，各地区上市公司数量分别为306家（6.65%）、181家（3.93%）、162家（3.52%）。

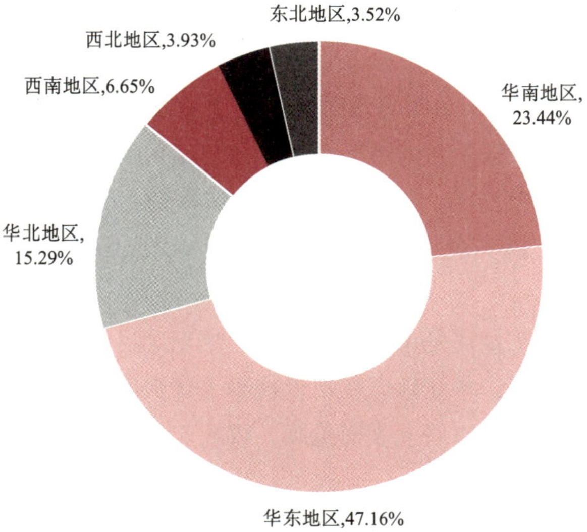

图5-1　沪深A股上市公司数量分布情况

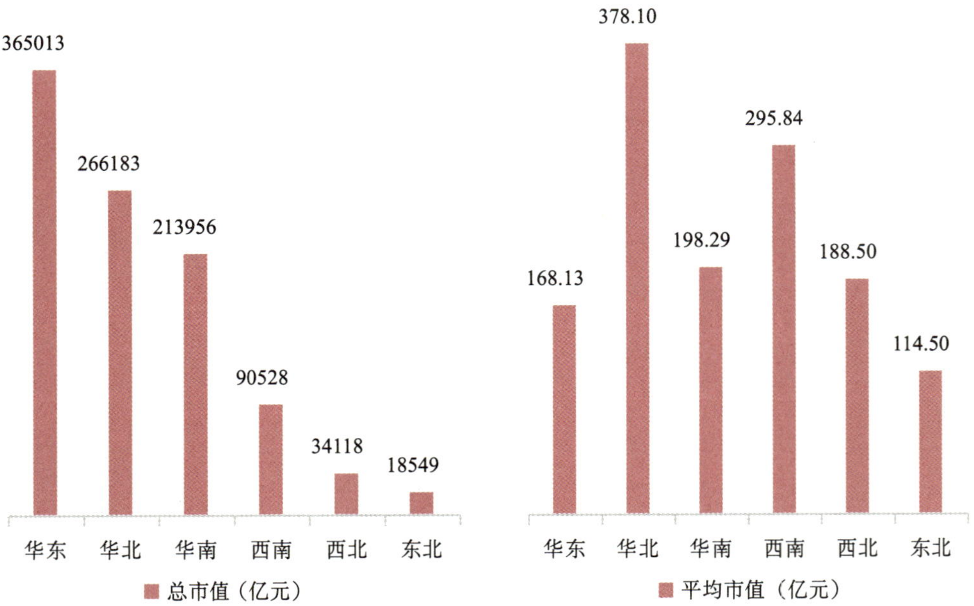

图 5－2　沪深 A 股上市公司各地区总市值与平均市值

在规模层面：（1）从总市值来看，华东地区由于上市公司数量上的优势，以 36. 48 万亿元的总市值一枝独秀，其次是华北地区和华南地区，上市公司总市值突破 20 万亿元；从平均市值来看，华北地区以 378. 09 亿元位居榜首，其次是西南地区，平均市值 295. 84 亿元，其余四个地区均突破 100 亿元，但不及全国平均水平 223. 86 亿元。（2）从分布情况来看，1000 亿元以上高市值公司多集中于华北和华东地区，全国占比均超 30%，且华北地区的集中度更高；100 亿元市值以下上市公司多集中于华东和华南地区，两区合计占比超过 70%；各地区 100 亿元市值以下上市公司占比较高，除华北地区（53. 92%）外，其余五大区占比均达六成以上。

（二）近一年西北地区上市公司总市值增长幅度最大

取近两年 12 月 31 日数据，六大地区上市公司总市值都呈现正增长趋势。其中，西北地区上市公司总市值同比增长 42. 02%，远超其他地区的上市公司总市值增长率；华东地区在基数最大的基础上，仍实现 19. 95% 的同比增长；相较而言，华南地区增长率偏低，仅有 5. 19%。

无论是从上市公司的数量还是市值规模角度，华东地区都是我国证券化程度最高的地区；其次是华北和华南地区，华北地区在市值规模上优势明显，华南地区在数量上略胜一筹；西南地区在上市公司平均市值上表面抢眼，仅次于华北地区；西北和东北两区在上市公司数量上相差不大。

究其原因则是华东地区聚集了大量的电子、通信行业上市公司，如中芯国际、韦尔股份、中微公司、格科微等。2018 年 4 月 2 日，工业和信息化部办公厅关于印发《2018 年

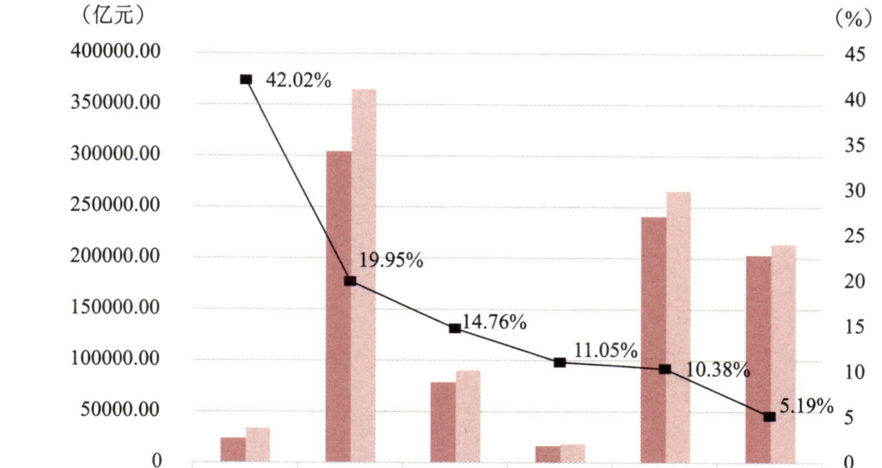

	西北	华东	西南	东北	华北	华南
2020/12/31	24022.43	304312.66	78883.42	16703.42	241151.71	203391.97
2021/12/31	34117.63	365012.68	90528.29	18549.03	266182.59	213956.01
市值同比增长	42.02%	19.95%	14.76%	11.05%	10.38%	5.19%

图 5－3　各地区上市公司总市值同比变化情况

工业通信业标准化工作要点》的通知，提出大力推进重点领域标准体系建设。聚焦两化融合、智能制造、绿色制造、人工智能、工业互联网、车联网、大数据、云计算、信息技术服务等重点领域。进一步提升标准体系对产业生态系统的整体支撑和引领作用。深入推进军民通用标准试点工作，加强集成电路军民通用标准的推广应用，开展军民通用标准研制模式和工作机制总结。这无疑提高了市场资金对电子、通信行业的青睐程度。

数据显示，2018 年 12 月 31 日以来，华东地区电子、通信行业上市公司市值呈现高速增长态势，三年累计增长达到了 453.37%。

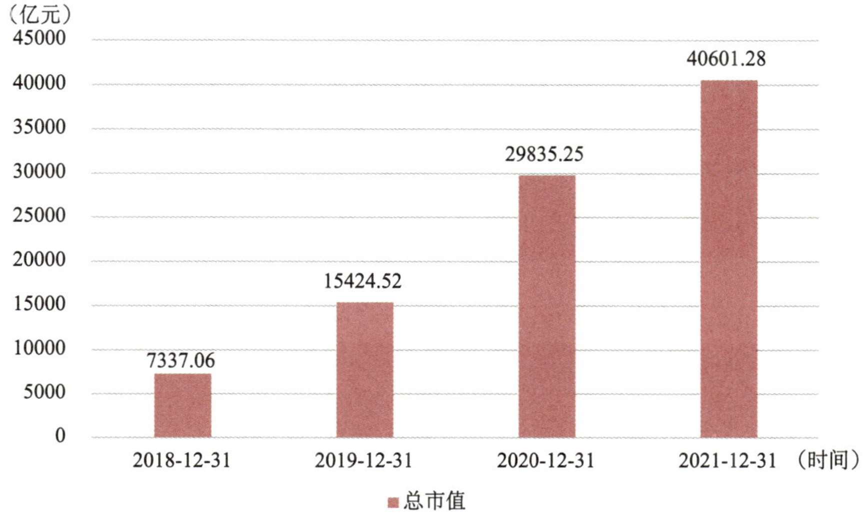

图 5－4　华东地区电子、通信行业上市公司总市值变化

西北地区的上市公司则是主要分布于电力设备、基础化工、煤炭、有色金属等能源产业。新冠肺炎疫情暴发以来，受到国际宽松货币政策和能源紧缺因素的影响，能源价格随之水涨船高，同时也影响了西北地区上市公司的营业收入和市值。2021 年 12 月 31 日，西北地区电力设备、基础化工、有色金属、煤炭行业的上市公司总市值为 16578.97 亿元，比 2020 年同期增长了 71.24%。

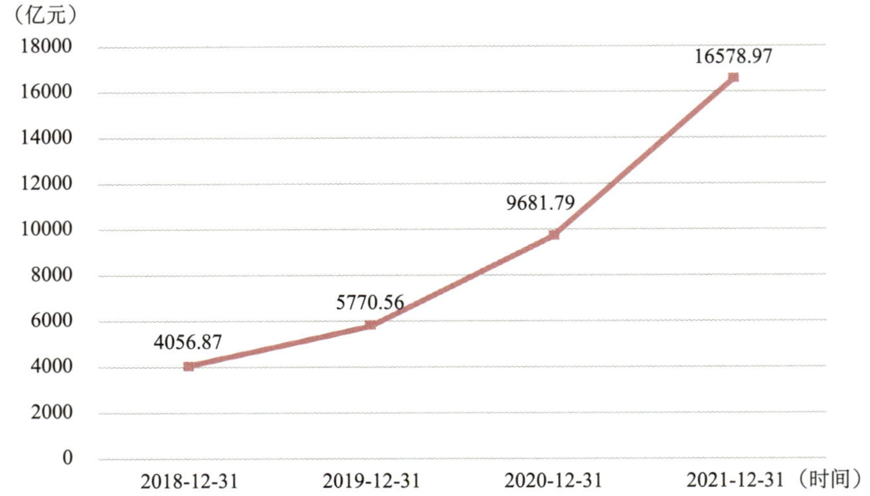

图 5－5　西北地区电力设备、基础化工、有色金属和煤炭行业总市值变化

华北地区上市公司总市值较多是由于其集中了大量的国有控股企业，如中国工商银行、中国银行、中国农业银行、中国建设银行及中国石油、中国石化等。这些上市公司庞大的体量大大增加了华北地区上市公司总体的市值规模。

二、各地区和相关城市群上市公司总市值及数量对比

（一）城市群上市公司市值占据地区上市公司总市值比重较大

长三角地区以 274072.12 亿元位居榜首，京津冀地区以 230577.42 亿元紧随其后，其次为珠三角地区 168024.52 亿元、成渝地区 46168.57 亿元。

（二）长三角城市群上市公司家数最多

长三角地区以 1686 家遥遥领先，其次为珠三角地区 752 家、京津冀地区 542 家、成渝地区 212 家。

（三）京津冀城市群上市公司平均市值最高

珠三角、长三角、京津冀地区作为我国沿海的三大城市群，是当前我国城市化发展的主导力量，特别是京津冀城市群和珠三角城市群，上市公司平均市值高于地区平均水平，

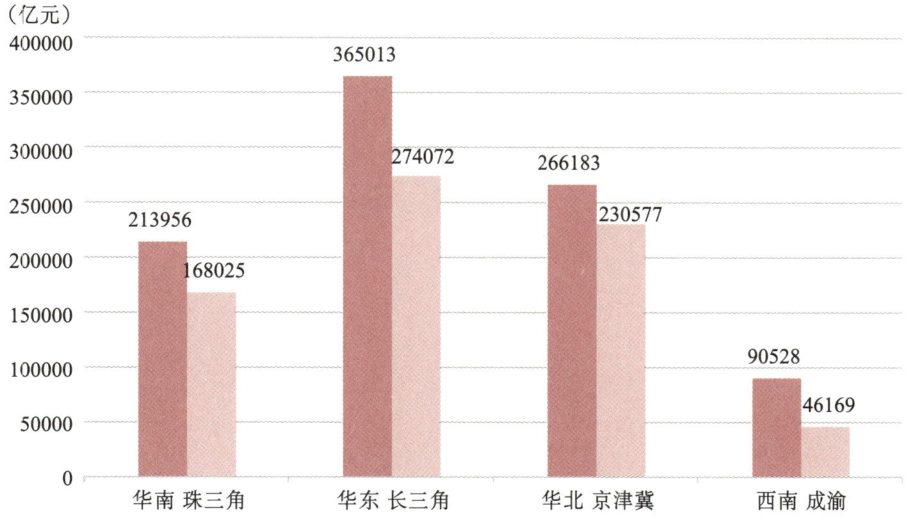

图 5－6　各地区城市群上市公司市值分布情况

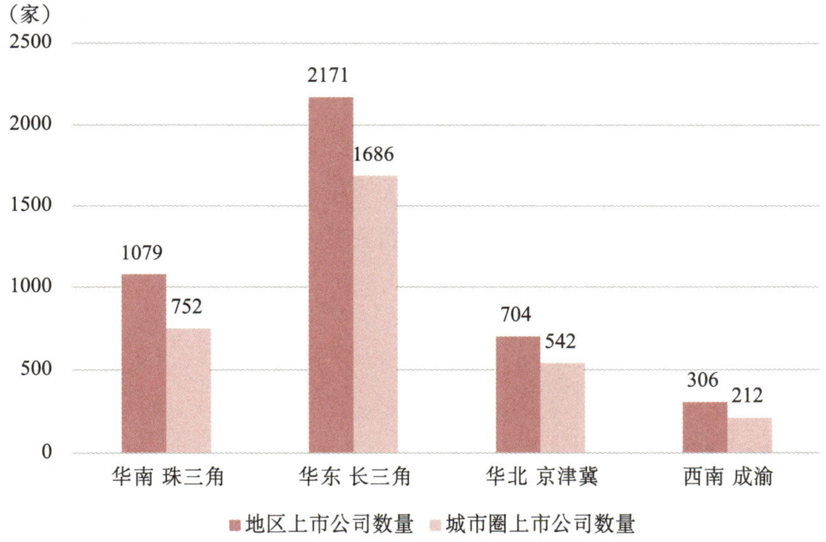

图 5－7　各地区城市群上市公司家数分布情况

珠三角城市群上市公司平均市值比华南地区高 12.68%，京津冀城市群上市公司平均市值比华北地区高 12.52%，这凸显了高市值公司在两地的集中度。而成渝城市群作为后起之秀，是带动中国发展的新的增长极，与三大湾区相比虽然仍有差距，但其上市公司数量与总市值在地区占比均过半，平均市值也仅次于京津冀地区，具有巨大的发展潜力。

（四）各地区代表城市上市公司市值分布情况

选取各地区 2021 年 GDP 排名首位的城市为地区主要城市。

北京作为我国的首都，是我国科技中心并拥有众多大型央企和国企的总部，上市公司

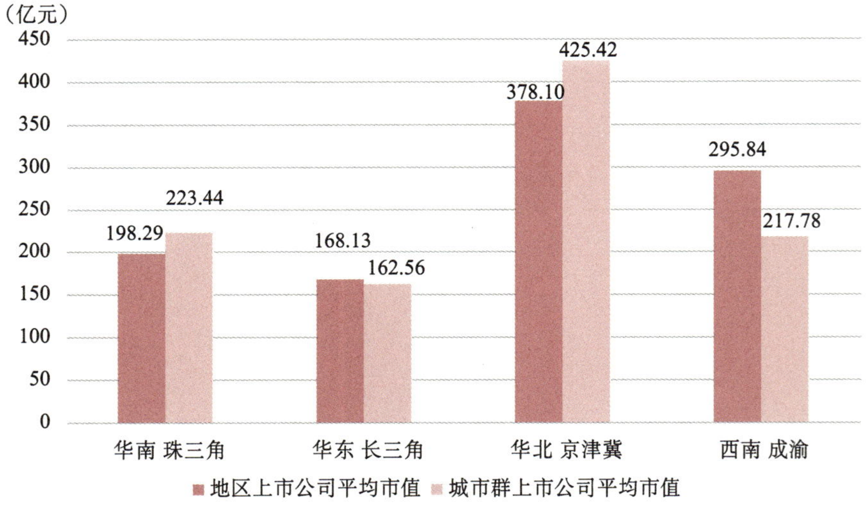

图5-8　各地区城市群上市公司平均市值分布情况

总市值超过上海和深圳，上市公司数量（413家）和总市值（201139.94亿元）均位居六个城市之首。从数量上来看，北上深三个城市在上市公司数量上大致持平，但北京在地区占比最高，达58.66%；从市值规模来看，北京、深圳、西安三个城市在各区占比较为突出，上海虽然市值基数大但在华东地区占比不足1/4。

这与高市值上市公司地区分布有关，比如北京市汇集了工商银行等四大行，深圳有招商银行、迈瑞医疗、比亚迪这些高市值公司，西安的隆基绿能占据了西北地区电力行业大部分的市值。

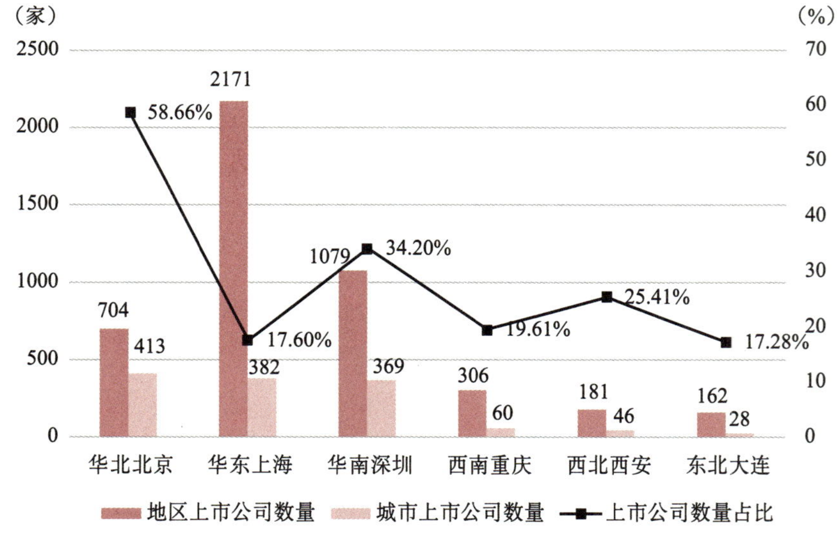

图5-9　各地区主要城市上市公司数量占比

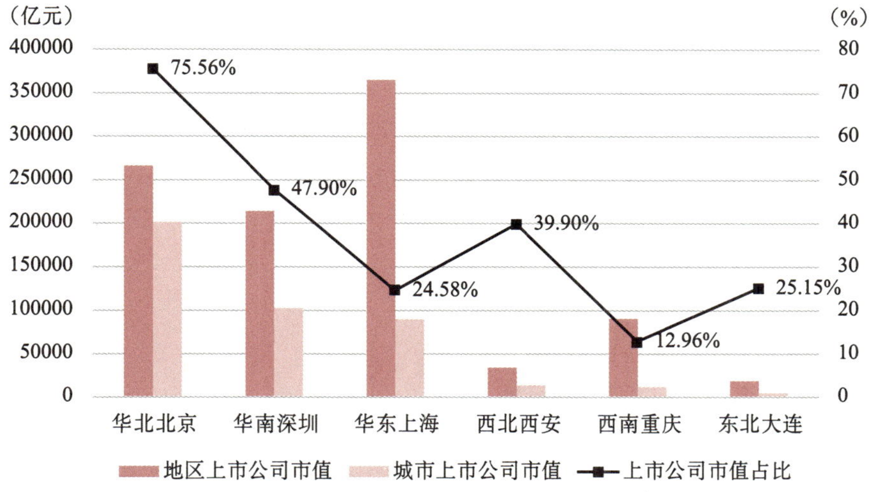

图5－10　各地区主要城市上市公司总市值占比

三、各地区上市板块分布情况

各板块上市公司集中分布于华东、华南、华北地区，且华东地区集中度更高。

具体来看，六大地区均以主板上市公司为主，尤其是西北和东北地区，沪深主板上市公司合计占比超80%；华南、华北和华东地区创业板及科创板上市公司占比均突破30%，其中华南地区以36.89%的比例拔得头筹。

1. 一方面，华南地区的公司更加偏好选择在深圳证券交易所上市。华南地区1079家上市公司中，在深交所上市的公司有811家，占比高达75.16%。

另一方面，华南地区创新型企业活跃度较高。华南地区创业板和科创板上市公司家数总和为398家，占比36.89%，在六大地区中居于首位。

2. 虽然上海证券交易所位于华东地区，但华东地区公司在上市时对于证券交易所的选择偏好并不明显。华东地区在上交所、深交所上市的公司分别有1121家、1050家，两者比例相差不大。另外，华东地区创新创业型上市公司活跃度更高。华东地区创业板和科创板上市公司合计702家，数量远高于其他地区，这凸显出长三角地区创新创业型公司更加活跃。

3. 华北地区科创板和创业板上市公司合计235家，占比33.38%。

4. 西南地区以主板上市公司为主，创业板和科创板上市公司合计31家，占比22.55%。

5. 西北地区以主板上市公司为主，创业板和科创板上市公司合计32家，占比17.68%。

6. 东北地区以主板上市公司为主，创业板和科创板上市公司合计31家，占比19.14%。

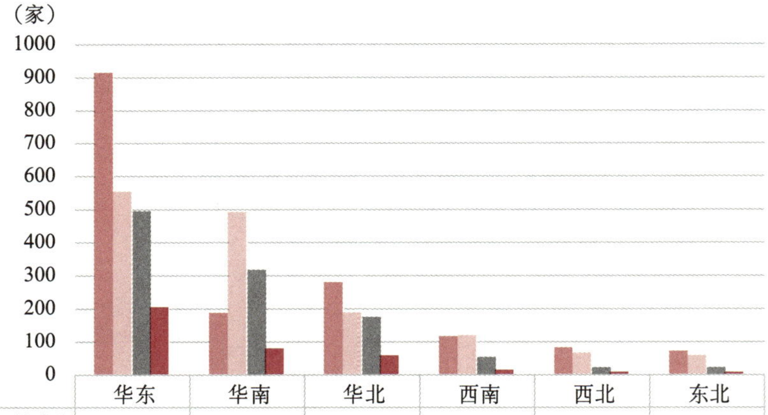

	华东	华南	华北	西南	西北	东北
沪主板	915	188	280	117	83	72
深主板	554	493	189	120	66	59
创业板	496	318	176	54	23	23
科创板	206	80	59	15	9	8

图 5－11　各地区上市公司证券板块分布情况

四、各地区公司属性分布情况

各地区上市公司类型分布情况具有以下特点：（1）民营控股上市公司在各地区经济上占比均为最高；（2）从公司属性来看，国有控股上市公司在华北地区的集中度较高，其他属性公司尤其是集体企业、外资控股企业都高度集中于华东地区；（3）从地区差异来看，西北地区国有控股上市公司占比最高，接近 50%，国有控股上市公司占比超过民营控股上市公司占比，华北和东北地区国有控股上市公司占比 40% 左右。

表 5－1　各属性上市公司数量及占比情况　单位：家

序号	地区	民营控股企业	国有控股企业	公众企业	外资控股企业	集体企业	其他企业
1	华东	1467	464	112	92	17	19
	占比	67.57%	21.37%	5.16%	4.24%	0.78%	0.88%
2	华南	697	259	71	43	3	6
	占比	64.60%	24.00%	6.58%	3.99%	0.28%	0.56%
3	华北	376	287	30	5	2	4
	占比	53.41%	40.77%	4.26%	0.71%	0.28%	0.57%
4	西南	166	110	15	11	0	4
	占比	54.25%	35.95%	4.90%	3.59%	0%	1.31%
5	西北	79	90	6	3	1	2
	占比	43.65%	49.72%	3.31%	1.66%	0.55%	1.10%
6	东北	78	64	11	5	1	3
	占比	48.15%	39.51%	6.79%	3.09%	0.62%	1.85%

五、各地区行业市值分布差异较大

各地区的行业市值分布具有以下突出特点：

（1）华南地区的优势产业为电子、非银金融、医药生物等；（2）华东地区的优势产业为电力设备、医药生物、电子等；（3）华北地区的优势产业为银行、非银金融、石油石化等；（4）西南地区的优势产业为食品饮料、医药生物、电力设备等；（5）西北地区的优势产业为电力设备、基础化工、国防军工等；（6）东北地区的优势产业为医药生物、石油石化、汽车等。

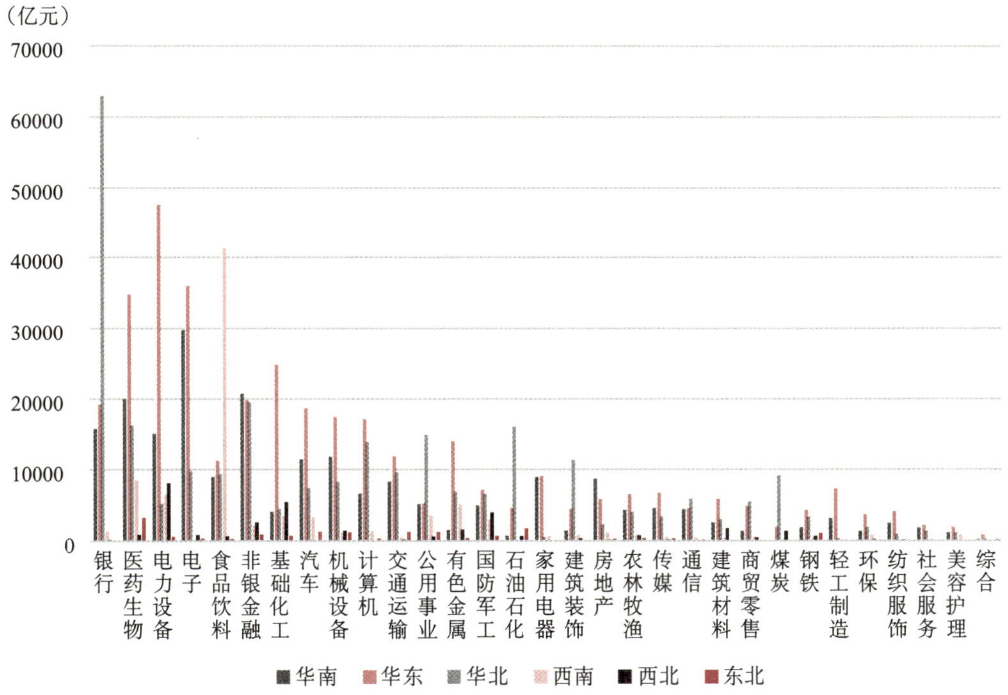

图 5－12　各地区行业市值分布情况

六、各地区上市公司 ESG 信息披露、违规、考核评级情况

（一）华北地区上市公司 ESG 披露数量占比较多

目前，ESG 体系包含信息披露、评估评级、投融资三大内容。其中，ESG 信息披露作为基础和前提，是展示和判断上市公司 ESG 风险水平和潜在机遇的最重要依据。

2021 年沪深 A 股上市公司中，发布 ESG 相关报告的公司数量为 1147 家，占上市公司总数的 24.92%，其中华北地区 236 家、西北地区 51 家，在地区上市公司总数中分别占比 33.52%、28.18%，其他四大区披露比例都高于 20%。整体来看，我国上市公司 ESG 披露数量略显不足，还有 3000 余家上市公司尚未披露，ESG 信披有待提升的空间巨大。

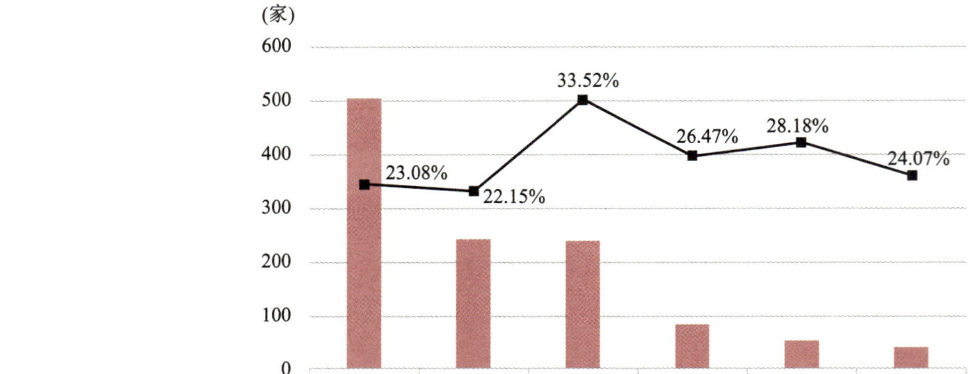

	华东	华南	华北	西南	西北	东北
披露ESG上市公司数量（家）	501	239	236	81	51	39
上市公司数量占比	23.08%	22.15%	33.52%	26.47%	28.18%	24.07%

图 5－13　各地区披露 ESG 上市公司数量及占比情况

（二）西北地区上市公司内部治理有待提升

合规经营是一个公司稳健运营的内在保证，企业由于合规管理存在缺陷被罚的案例也屡见不鲜。以违规次数这一指标为切入点，从数量上来看，华东地区由于上市公司数量基数较大，违规次数也比较多，全国占比超出其他地区。从地区差异来看，市场平均水平为 13.01%。其中，西北地区和东北地区上市公司合规经营形势严峻，分别比整体均值高出 3.01% 和 5.51%，华东地区低于均值 0.9%。

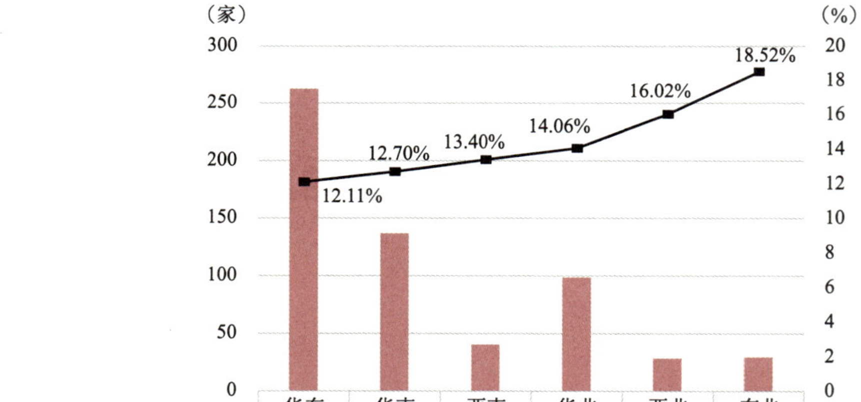

	华东	华南	西南	华北	西北	东北
违规上市公司数量	263	137	41	99	29	30
违规上市公司数量占比	12.11%	12.70%	13.40%	14.06%	16.02%	18.52%

图 5－14　各地区违规上市公司数量及占比情况

（三）华北地区上市公司信披考核等级情况较好

截至 2021 年 12 月 31 日，共有 3905 家上市公司披露了信披考核等级情况，其中获得考核评级为优秀的上市公司有 723 家（占比 18.51%）、考核评级为良好的上市公司有 2473 家（占比 63.33%）、考核评级为合格的上市公司有 564 家（占比 14.44%）、考核评级为不合格的上市公司有 145 家（占比 3.71%）。

综上，信披考核等级为良好及以上的上市公司合计占比超过 80%，这体现出了我国上市公司信披考核情况整体较好；但仍有 145 家上市公司的信披考核等级为不合格，这些上市公司信披情况有待完善。

在优秀等级层面，华北和华南地区表现突出，分别占比 22.61% 和 20.52%，其次是华东地区（17.55%），西南、西北和东北地区均介于 10% 至 15% 之间；在不合格等级层面，西北和东北地区占比较高，依次为 7.69% 和 6.85%，其余地区均低于 5%，西南地区占比 1.48%，为各地区最低。针对上市公司信披考核区域划分可以看出，西北和东北地区上市公司的信披情况仍需进一步完善。

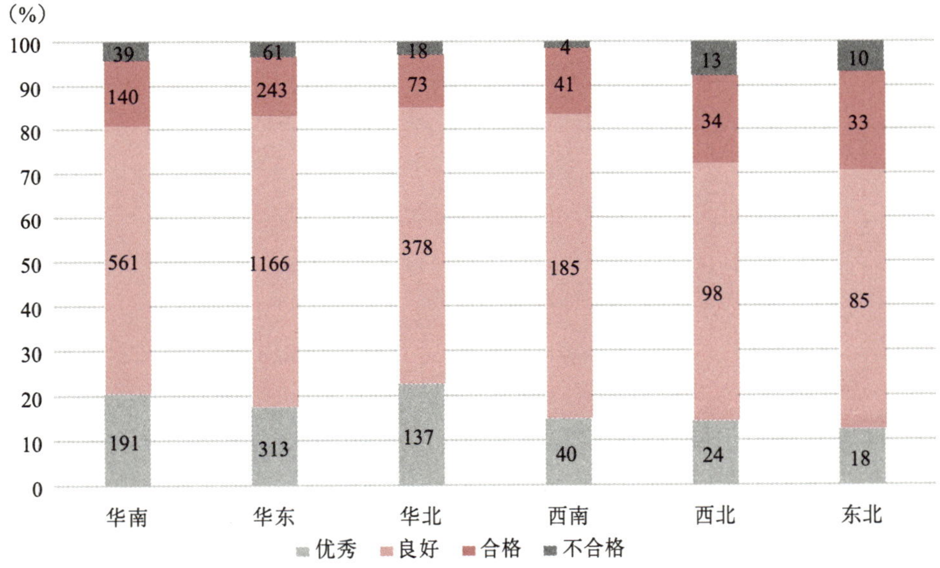

图 5－15　各地区上市公司信披考核等级百分比堆积

第二节　华南地区

一、华南地区上市公司市值分布情况

截至 2021 年 12 月 31 日，华南地区上市公司共计 1079 家，平均市值 198.29 亿元。其中，1000 亿元市值以上 37 家（占比 3.43%），100 亿元市值以上 345 家（占比 31.97%），50 亿元市值以下 441 家（占比 40.87%）。

整体来看，华南地区高市值上市公司较华东和华北地区更少，而低市值公司占比偏高，拉低了地区上市公司平均市值，与沪深A股上市公司均值214.72亿元还有一定差距。

表5－2　　华南地区上市公司市值分布情况

序号	市值规模	数量（家）
1	50亿元及以下	441
2	50亿元至100亿元（含100亿元）	293
3	100至200亿元（含200亿元）	142
4	200至500亿元（含500亿元）	131
5	500至1000亿元（含1000亿元）	35
6	1000亿元及以上	37

二、华南地区主要城市群及代表城市上市公司概况

（一）珠三角城市群上市公司市值占地区比例较大

珠三角城市群上市公司共计752家，总市值为168024.52亿元，在华南地区占比分别为69.69%、78.53%，且其平均市值超出华南地区均值25.15亿元。珠三角城市群在先进产业的密集度以及市值方面都显示出了较强的实力，引领着华南地区的经济发展。

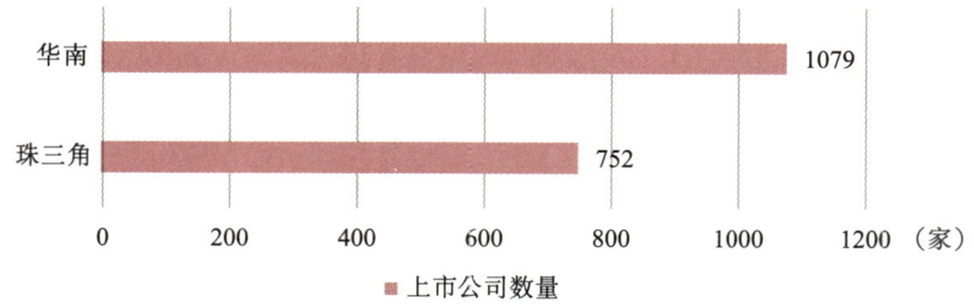

图5－16　珠三角城市群上市公司数量情况

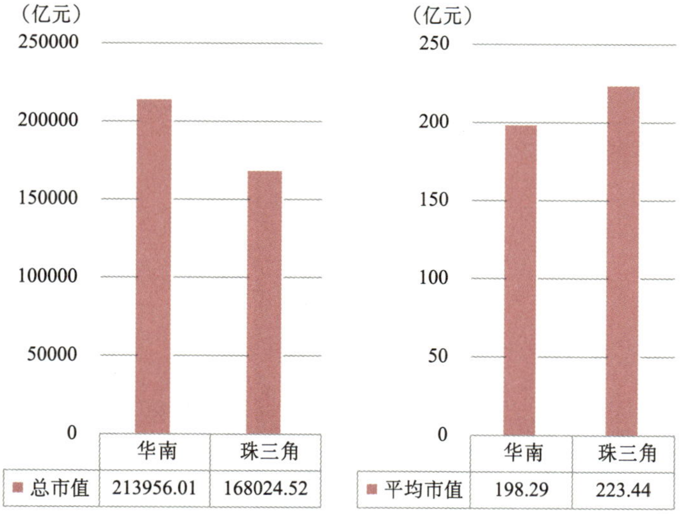

图5－17　珠三角城市群上市公司市值情况

（二）深圳市

华南地区上市公司行业市值排名前五的分别为电子、非银金融、医药生物、银行、电力设备。其中，深圳市上市公司总市值占华南地区前五大行业的比例分别为 55.56%、77.17%、42.65%、98.01%、35.57%。可以看出，作为创新之城与开放之都的深圳，在金融行业与电子产业中的竞争力都不容小觑。

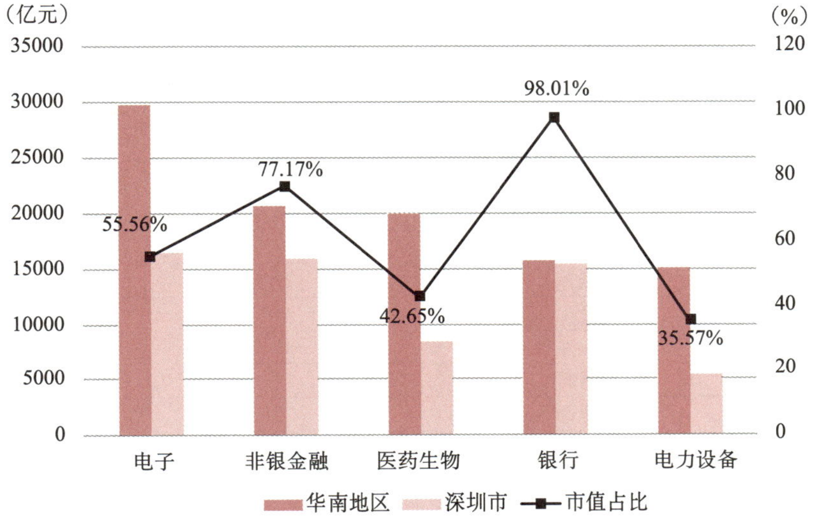

图 5－18　华南地区五大优势行业中深圳市上市公司市值占比情况

三、华南地区行业分布情况

从分布数量上来看，华南地区排名前三的行业为电子、医药生物、机械设备。

从市值规模上来看，华南地区排名前三的为电子、非银金融、医药生物。

一方面，电子行业已然成为了华南地区的一大招牌。华南地区作为我国的科技创新高地，其手机、汽车等行业都需要完备的电子产业链支持，这些行业的发展是带动华南地区电子产业发展的主要原因。

另一方面，华南地区市场经济体系成熟，医药流通体系发达，毗邻港澳，对外辐射能力强，围绕珠三角城市群形成了商业网络发达的生物医疗产业集群，生物医疗设备、生物制药企业规模全国领先，以创新药物研发和产业化、药品制剂出口和生物医药研发外包为核心的产业体系发展较快，形成了从生物技术研究到产业化的完整产业链条。

表 5－3　　华南地区各行业上市公司家数及市值分布情况

序号	行业名称	上市公司数量（家）	总市值（亿元）
1	电子	150	29804.05
2	非银金融	20	20728.90

续表

序号	行业名称	上市公司数量（家）	总市值（亿元）
3	医药生物	98	20018.57
4	银行	3	15796.77
5	电力设备	69	15127.49
6	机械设备	96	11812.10
7	汽车	31	11447.51
8	食品饮料	23	8977.71
9	家用电器	24	8944.50
10	房地产	32	8703.52
11	交通运输	35	8310.89
12	计算机	67	6651.86
13	公用事业	25	5233.07
14	国防军工	24	4974.36
15	传媒	38	4596.67
16	通信	40	4469.12
17	农林牧渔	27	4348.18
18	基础化工	57	4114.71
19	轻工制造	33	3187.49
20	建筑材料	17	2579.70
21	纺织服饰	22	2515.47
22	钢铁	5	1878.20
23	社会服务	22	1825.11
24	有色金属	17	1570.05
25	建筑装饰	38	1459.69
26	商贸零售	21	1385.87
27	环保	20	1377.19
28	美容护理	10	1162.83
29	石油石化	8	728.97
30	综合	6	204.22
31	煤炭	1	21.25

第三节　华东地区

一、华东地区上市公司市值分布情况

截至2021年12月31日，华东地区上市公司共计2171家，平均市值168.04亿元。其中，1000亿元市值以上53家（占比2.54%），100亿元市值以上712家（占比30.22%），50亿元市值以下896家（占比48.96%）。

华东地区由于上市公司基数大，总市值最高，但100亿元市值以上上市公司占比偏低，华东地区平均市值仅高于东北地区，低于沪深A股平均市值214.72亿元。

表 5 - 4 华东地区上市公司市值分布情况

序号	市值规模	数量（家）
1	50 亿元及以下	896
2	50 亿元至 100 亿元（含 100 亿元）	563
3	100 亿元至 200 亿元（含 200 亿元）	335
4	200 亿元至 500 亿元（含 500 亿元）	244
5	500 亿元至 1000 亿元（含 1000 亿元）	80
6	1000 亿元及以上	53

二、华东地区主要城市群及代表城市上市公司概况

（一）长三角城市群上市公司数量占地区比例较大

长三角城市群上市公司共计 1686 家，总市值为 274072.12 亿元，在华东地区占比分别为 77.66%、75.09%，但其平均市值低于华东地区均值 5.57 亿元。

值得一提的是，长三角城市群在发展现状与潜力上优势明显。仅长三角城市群的上市公司数量就已经远超其他五个地区，其在总市值上的优势自然不言而喻。但由于上市公司基数大，低市值公司占比较大，长三角城市群上市公司的平均市值被拉低。

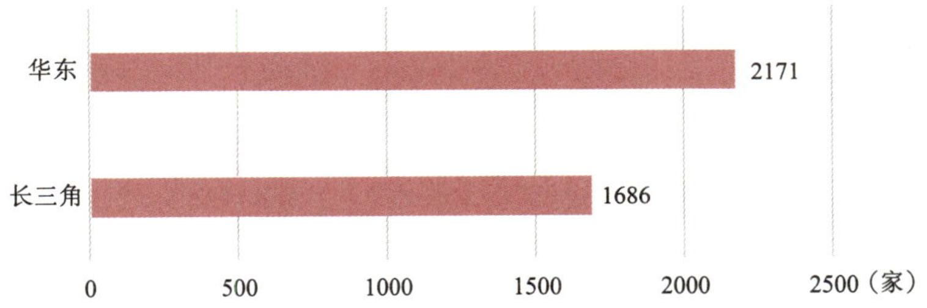

图 5 - 19 长三角地区城市群上市公司数量情况

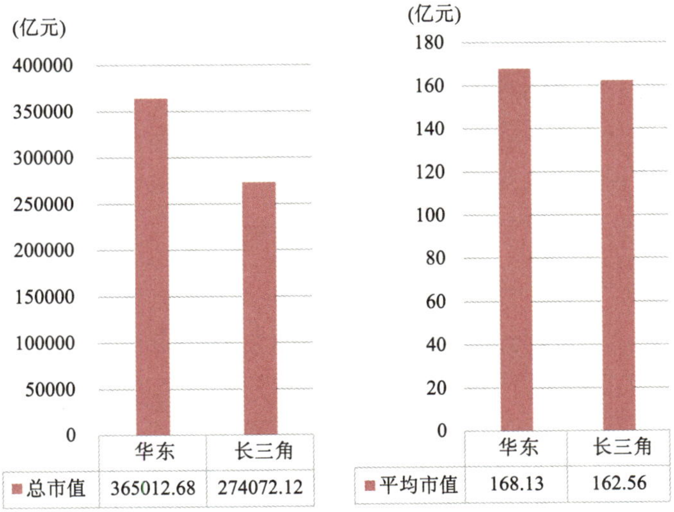

图 5 - 20 长三角地区城市群上市公司市值情况

（二）上海市

华东地区上市公司行业市值排名前五的分别是电力设备、电子、医药生物、基础化工、非银金融，其中，上海市上市公司总市值占华东地区前五大行业的比例分别为11.10%、45.72%、17.87%、11.91%、64.53%。上海市上市公司电子、非银金融行业市值的占比在这些行业中最大，这与华东地区所具有的优势行业基本相同。

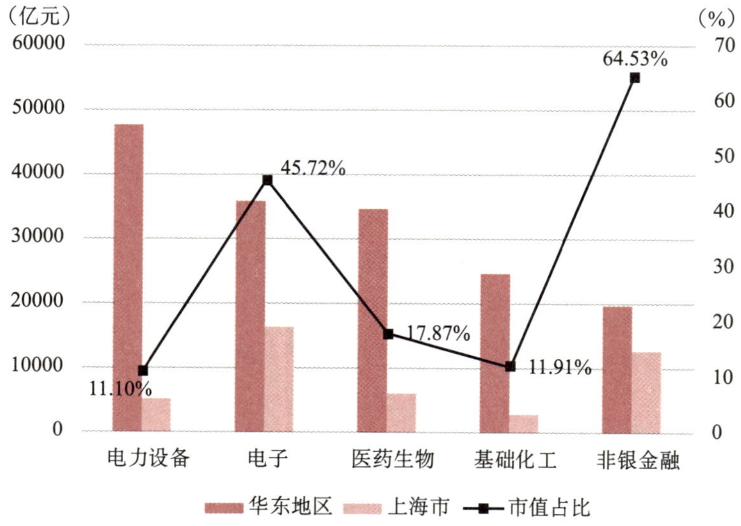

图5－21　华东地区五大优势行业中上海市上市公司市值占比情况

三、华东地区行业分布情况

华东地区上市公司数量排名前三的行业为机械设备、基础化工、医药生物。

华东地区上市公司市值排名前三的行业为电力设备、电子、医药生物行业。

一方面，由于自然条件优越且地上地下资源丰富，华东地区是我国现代工业和农业最发达的地区，尤其是工业，引领着地区经济的发展。作为我国近代工业兴起最早的地区之一，华东地区工业体系完整，其机械、电子等行业在全国都处于领先地位。

另一方面，华东地区医药创新能力强，跨国生物医药企业研发中心密集，融资环境良好，已成为我国生物医药制造业领域的领军者。

表5－5　华东地区各行业上市公司家数及市值分布情况

序号	行业名称	上市公司数量（家）	总市值（亿元）
1	电力设备	154	47829.47
2	电子	162	35981.99
3	医药生物	168	34773.87
4	基础化工	207	24816.83

续表

序号	行业名称	上市公司数量（家）	总市值（亿元）
5	非银金融	33	19862.35
6	银行	22	19278.63
7	汽车	147	18742.03
8	机械设备	248	17500.27
9	计算机	102	17168.85
10	有色金属	55	14044.49
11	交通运输	60	11872.00
12	食品饮料	48	11269.51
13	家用电器	51	9086.57
14	轻工制造	89	7333.01
15	国防军工	28	7187.17
16	传媒	63	6782.89
17	农林牧渔	36	6570.48
18	建筑材料	32	5890.95
19	房地产	49	5874.03
20	公用事业	32	5298.40
21	商贸零售	53	4900.02
22	石油石化	16	4665.15
23	通信	40	4619.29
24	建筑装饰	67	4530.25
25	钢铁	19	4339.06
26	纺织服饰	74	4147.68
27	环保	55	3706.69
28	社会服务	21	2201.94
29	煤炭	8	1964.15
30	美容护理	15	1932.40
31	综合	17	842.27

第四节　华北地区

一、华北地区上市公司市值分布情况

截至2021年12月31日，华北地区上市公司共704家，平均市值378.10亿元。其中，1000亿元市值以上59家（占比8.38%），100亿元市值以上326家（占比46.31%），50亿元市值以下221家（占比31.39%）。

华北地区上市公司总市值虽然次于华东地区，但其平均市值远高于其他地区，原因在于：(1) 上市公司数量不多，占沪深A股比例为15.29%；(2) 高市值上市公司较多，华北地区市值1000亿元以上的上市公司在沪深A股占比分别高达34.71%；（3）较其他地区而言，不同市值的公司分布较为均匀。

表5－6　华北地区上市公司市值分布情况

序号	市值规模	数量（家）
1	50亿元及以下	221
2	50亿元至100亿元（含100亿元）	157
3	100亿元至200亿元（含200亿元）	126
4	200亿元至500亿元（含500亿元）	113
5	500亿元至1000亿元（含1000亿元）	28
6	1000亿元及以上	59

二、华北地区主要城市群及代表城市上市公司概况

（一）京津冀城市群高市值上市公司更加集中

京津冀城市群上市公司共计542家，总市值为230577.42亿元，在华北地区占比分别为76.99%、86.62%，且其平均市值超出华北地区47.32亿元。

京津冀城市群上市公司最大的一个特点就是市值高，而在京津冀内部，北京占明显优势，其中一个重要原因是央企国企多集中于此，此外金融业上市公司的聚集也是关键因素。

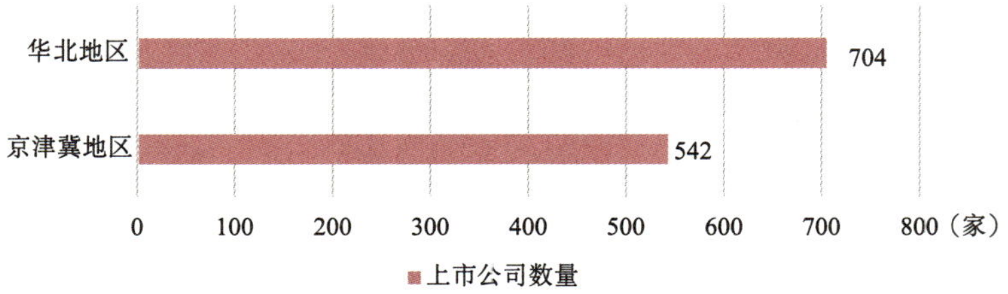

图5－22　京津冀城市群上市公司数量情况

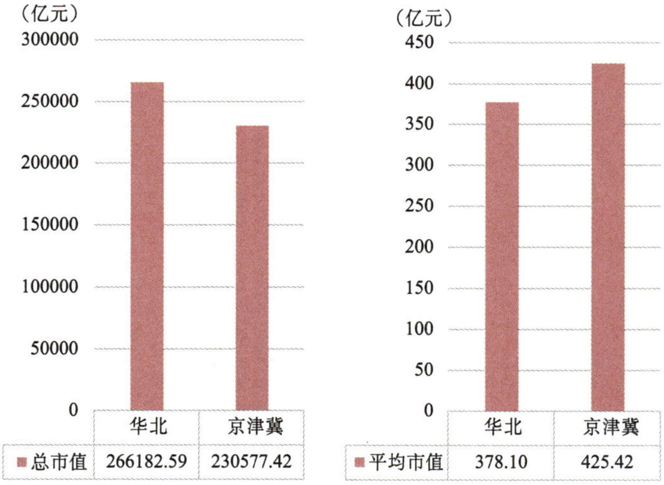

图5－23　京津冀城市群上市公司市值情况

（二）北京市

华北地区上市公司行业市值排名前五的分别为：银行、非银金融、医药生物、石油石化、公用事业。其中，北京市上市公司总市值占华北地区前五大行业的比例分别为99.59%、94.21%、63.46%、93.01%、85.16%，这反映出在京津冀城市群当中北京市的产业竞争力居于核心地位。

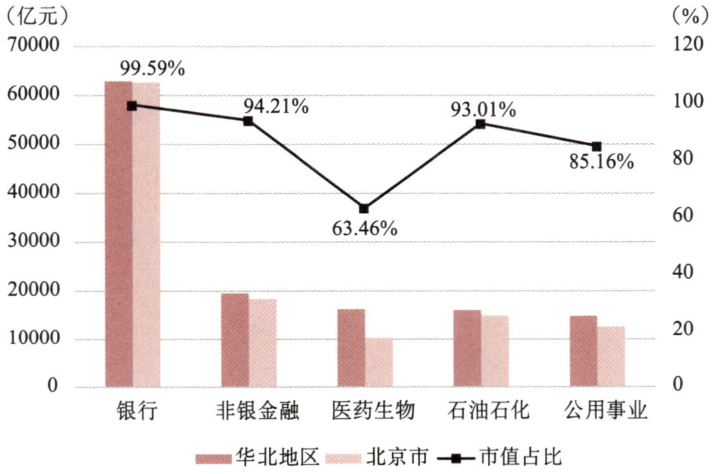

图5-24　华北地区五大优势行业中北京市上市公司市值占比情况

三、华北地区行业分布情况

从行业分布数量上来看，华北地区计算机、医药生物以及机械设备三大行业优势明显，传统行业（机械设备）与新兴行业（计算机、医药生物）协同发展。

从市值规模上来看，华北地区银行业一骑绝尘，其次分别是非银金融、石油石化。整体来看，华北地区金融行业市值占据绝对的比重，原因在于我国各大银行的属性主要为国有性质，且其总部多位于北京，如工商银行、农业银行、建设银行、中国银行等。

表5-7　华北地区各行业上市公司家数及市值分布情况

序号	行业名称	上市公司数量（家）	总市值（亿元）
1	银行	11	62955.95
2	非银金融	16	19571.03
3	医药生物	69	16291.38
4	石油石化	12	16091.32
5	公用事业	24	14904.84
6	计算机	93	13916.49

续表

序号	行业名称	上市公司数量（家）	总市值（亿元）
7	建筑装饰	30	11330.37
8	电子	25	9739.45
9	交通运输	16	9609.84
10	食品饮料	16	9360.57
11	煤炭	21	9154.44
12	机械设备	56	8288.63
13	汽车	24	7420.96
14	有色金属	21	6943.26
15	国防军工	26	6627.81
16	通信	16	5903.41
17	商贸零售	11	5510.69
18	电力设备	26	5273.59
19	基础化工	35	4480.69
20	农林牧渔	14	4076.74
21	传媒	30	3433.12
22	钢铁	10	3378.16
23	建筑材料	11	2992.84
24	房地产	24	2295.77
25	环保	23	1896.07
26	社会服务	19	1378.86
27	美容护理	2	1203.70
28	纺织服饰	11	932.05
29	家用电器	2	600.70
30	轻工制造	5	362.16
31	综合	5	257.69

第五节　西南地区

一、西南地区上市公司市值分布情况

截至2021年12月31日，西南地区上市公司共306家，平均市值295.84亿元。其中，1000亿元市值以上10家（占比3.27%），100亿元市值以上120家（占比39.22%），50亿元市值以下102家（占比33.33%）。

表 5－8　　西南地区上市公司市值分布情况

序号	市值规模	数量（家）
1	50 亿元及以下	102
2	50 亿元至 100 亿元（含 100 亿元）	84
3	100 亿元至 200 亿元（含 200 亿元）	47
4	200 亿元至 500 亿元（含 500 亿元）	48
5	500 亿元至 1000 亿元（含 1000 亿元）	15
6	1000 亿元及以上	10

二、主要城市群及代表城市上市公司总概况

（一）成渝城市群上市公司市值占地区比例较低

成渝城市群上市公司共计 212 家，总市值为 46168.57 亿元，在西南地区占比分别为 69.28%、51.00%，其平均市值相较于西南地区均值低 78.06 亿元。

成渝城市群与京津冀、长三角、珠三角城市群相比，还有不小的差距，但其地处内陆，与其他经济圈相比，发展空间更大。

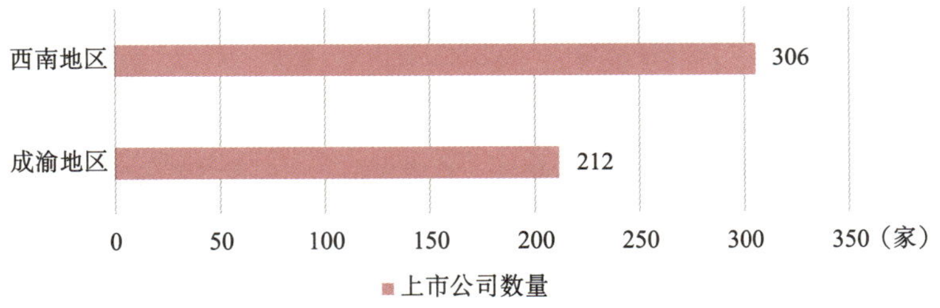

图 5－25　成渝城市群上市公司数量情况

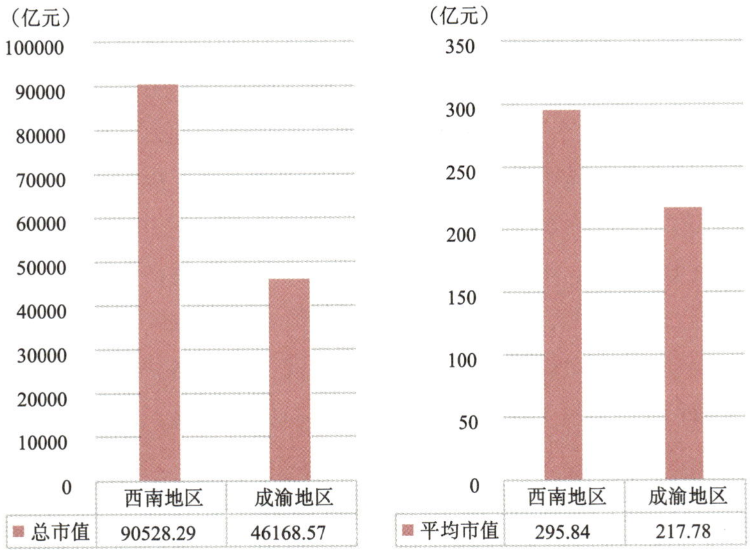

图 5－26　成渝城市群上市公司市值情况

（二）重庆市

西南地区上市公司行业市值排名前五的分别为食品饮料、医药生物、电力设备、有色金属、公用事业。其中，重庆市上市公司总市值占西南地区前五大行业的比例分别为2.71%、36.96%、3.23%、4.37%、23.52%。

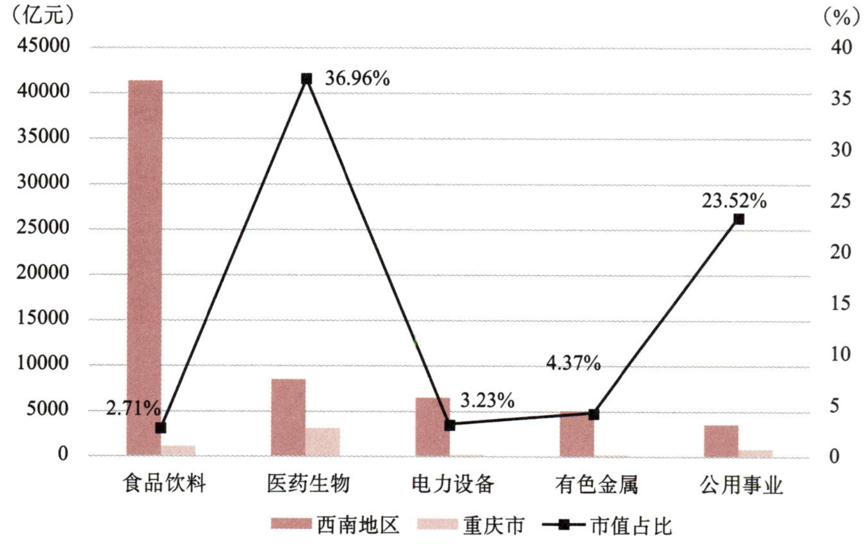

图 5-27　西南地区五大优势行业中重庆市上市公司市值占比情况

三、西南地区行业分布情况

西南地区上市公司数量排名前三的行业为医药生物、基础化工、机械设备/有色金属/国防军工/公用事业。

西南地区上市公司市值排名前三的行业为食品饮料、医药生物、电力设备。

一方面，生物医药行业上市公司数量在西南地区优势明显，这得益于其独特的中药资源。西南地区根据其中药资源的分布培育了一批以特色生物资源为主题的新兴企业，相关上市公司有云南白药、贵州百灵、益佰制药、太极集团等。通过有意识地培育中药产业，西南地区已经在中药材种植、中成药生产加工和产品研发方面在全国占有了重要的地位。

另一方面，在行业市值上，食品饮料行业的市值在西南地区呈现一枝独秀的局面。主要原因在于西南地区独特的地理优势和气候优势造就了如贵州茅台、五粮液、泸州老窖等高端白酒企业，从而抬升了西南地区食品饮料行业的总体市值。

表5－9 西南地区各行业上市公司家数及市值分布情况

序号	行业名称	上市公司数量（家）	总市值（亿元）
1	食品饮料	13	41360.56
2	医药生物	46	8530.10
3	电力设备	13	6544.47
4	有色金属	18	5111.68
5	公用事业	18	3592.72
6	基础化工	26	3566.70
7	汽车	17	3374.30
8	国防军工	18	3022.15
9	非银金融	8	2151.71
10	银行	4	1417.96
11	计算机	15	1397.64
12	房地产	13	1198.04
13	机械设备	18	1131.14
14	建筑装饰	9	895.37
15	美容护理	2	891.20
16	农林牧渔	3	874.31
17	环保	7	851.97
18	家用电器	5	653.44
19	商贸零售	6	562.45
20	传媒	7	552.12
21	钢铁	2	520.54
22	交通运输	6	488.81
23	通信	6	478.92
24	建筑材料	8	477.48
25	社会服务	5	234.78
26	煤炭	3	206.96
27	电子	4	178.28
28	轻工制造	4	169.80
29	纺织服饰	2	92.69

第六节 西北地区

一、西北地区上市公司市值分布情况

截至2021年12月31日，西北地区上市公司共181家，平均市值188.50亿元。其中，

1000亿元市值以上9家（占比4.97%），100亿元市值以上57家（占比31.49%），50亿元市值以下77家（占比42.54%）。

相较于东北地区而言，西北地区高市值公司比例优势明显，而其他市值层面的上市公司数量两地基本持平。另外，由于上市公司基数小，西北地区上市公司平均市值还高于华东地区，与华南地区也相差不大。

表5－10　西北地区上市公司市值分布情况

序号	市值规模	数量（家）
1	50亿元及以下	77
2	50亿元至100亿元（含100亿元）	38
3	100亿元至200亿元（含200亿元）	23
4	200亿元至500亿元（含500亿元）	21
5	500亿元至1000亿元（含1000亿元）	4
6	1000亿元及以上	9

二、西北地区代表城市上市公司概况

西安市

西北地区上市公司行业市值排名前五的分别为电力设备、基础化工、国防军工、非银金融、建筑材料。其中，西安市上市公司总市值占西北地区前五大行业的比例分别为62.34%、3.95%、92.97%、19.36%、0。

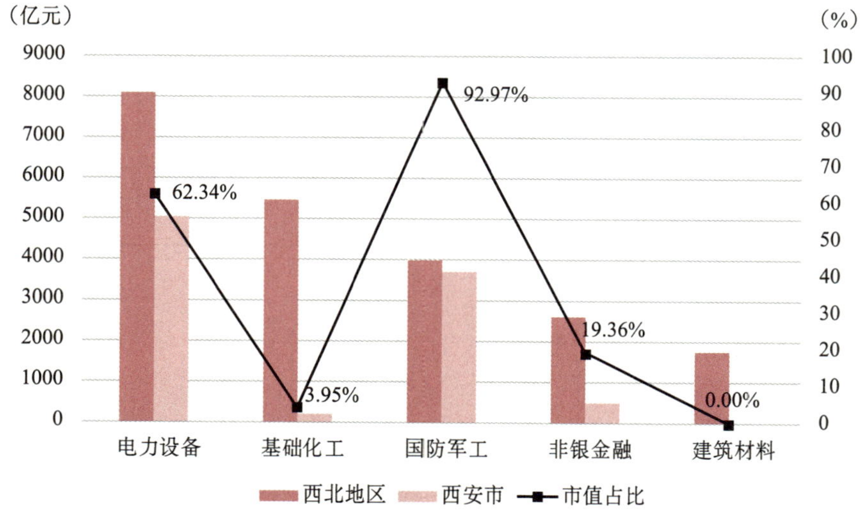

图5－28　西北地区五大优势行业中西安市上市公司市值占比情况

三、西北地区行业分布情况

西北地区上市公司行业数量排名前三的为机械设备、基础化工、农林牧渔。

西北地区上市公司行业市值排名前三的为电力设备、基础化工、国防军工。

从行业分布数量上来看，西北地区上市公司以传统行业为主，包括基础化工、机械设备、农林牧渔、有色金属等。但从市值规模来看，西北地区电力设备行业市值远超其他行业，其主要原因在于西北地区光伏和风力资源丰富，光伏龙头企业隆基绿能带动了西北地区电力设备产业链的发展；同时，西北地区拥有大全能源、特变电工、金风科技等高市值电力设备公司，推动了西北地区电力设备行业市值的提升。电子设备产业的快速发展也是西北地区经济转型的重要体现。

表 5－11　　　西北地区各行业上市公司家数及市值分布情况

序号	行业名称	上市公司数量（家）	总市值（亿元）
1	电力设备	10	8108.73
2	基础化工	14	5474.97
3	国防军工	12	3993.80
4	非银金融	6	2625.14
5	建筑材料	7	1761.42
6	有色金属	11	1599.03
7	机械设备	15	1476.19
8	煤炭	3	1396.25
9	医药生物	13	908.83
10	电子	5	885.64
11	农林牧渔	13	776.19
12	食品饮料	12	713.79
13	石油石化	6	695.63
14	钢铁	4	688.48
15	公用事业	10	647.15
16	商贸零售	7	490.44
17	建筑装饰	5	373.19
18	环保	4	218.87
19	交通运输	3	211.90
20	传媒	3	193.29
21	银行	1	191.11
22	房地产	3	177.45
23	纺织服饰	3	172.21

续表

序号	行业名称	上市公司数量（家）	总市值（亿元）
24	轻工制造	3	149.37
25	社会服务	4	93.16
26	计算机	3	56.08
27	通信	1	39.34

第七节　东北地区

一、东北地区上市公司市值分布情况

截至 2021 年 12 月 31 日，东北地区上市公司共 162 家，平均市值 114.50 亿元。其中，1000 亿元市值以上 2 家（占比 1.23%），100 亿元市值以上 48 家（占比 29.63%），50 亿元市值以下 73 家（占比 45.06%）。

无论是在数量上还是从市值上，东北地区都落后于其他地区，与西北地区的差距主要体现在市值 500 亿元以上的上市公司数量，导致其总市值与平均市值与西北地区都存在一定差距，有待进一步发展。

表 5－12　　东北地区上市公司市值分布情况

序号	市值规模	数量（家）
1	50 亿元及以下	73
2	50 亿元至 100 亿元（含 100 亿元）	41
3	100 亿元至 200 亿元（含 200 亿元）	22
4	200 亿元至 500 亿元（含 500 亿元）	22
5	500 亿元至 1000 亿元（含 1000 亿元）	2
6	1000 亿元及以上	2

二、东北地区代表城市上市公司概况

大连市

东北地区上市公司行业市值排名前五的分别为医药生物、石油石化、汽车、交通运输、公用事业。其中，大连市上市公司总市值占东北地区前五大行业的比例分别为 9.59%、90.91%、18.98%、75.40%、50.73%。

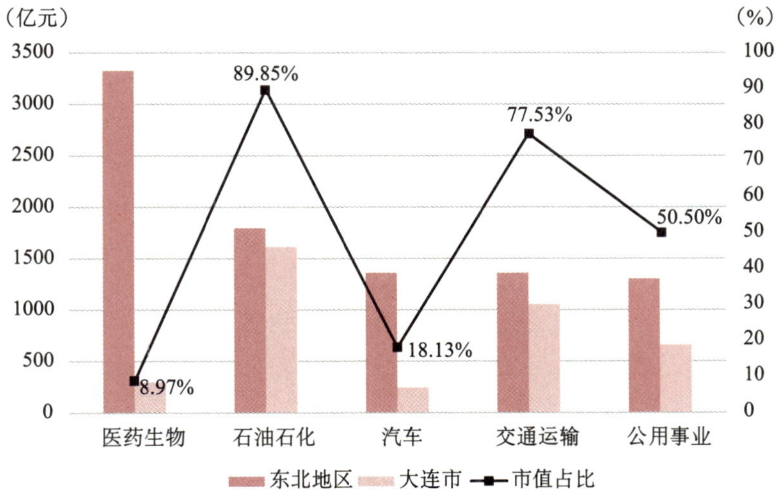

图5-29　东北地区五大优势行业中大连市上市公司市值占比情况

三、东北地区行业分布情况

东北地区上市公司行业数量排名前三的为医药生物、机械设备、汽车。

东北地区上市公司行业市值排名前三的为医药生物、石油石化、汽车。

一方面，作为我国的老工业基地，东北地区上市公司现阶段仍以工业制造为主，主要为机械设备、汽车、石油石化等；另一方面，借助于医药资源优势，东北地区加大了医药生物产业发展，以寻求新的经济增长点。

表5-13　东北地区各行业上市公司家数及市值分布情况

序号	行业名称	上市公司数量（家）	总市值（亿元）
1	医药生物	19	3328.04
2	石油石化	4	1799.45
3	汽车	14	1362.99
4	交通运输	7	1361.16
5	公用事业	11	1305.44
6	机械设备	16	1271.39
7	钢铁	4	1089.60
8	非银金融	4	975.66
9	基础化工	9	790.76
10	国防军工	6	738.43
11	电力设备	9	667.68
12	农林牧渔	4	415.90
13	有色金属	5	415.85

续表

序号	行业名称	上市公司数量（家）	总市值（亿元）
14	电子	5	412. 67
15	计算机	6	384. 89
16	传媒	6	360. 70
17	食品饮料	3	341. 92
18	房地产	5	324. 16
19	综合	2	217. 40
20	通信	4	204. 25
21	建筑装饰	2	147. 24
22	商贸零售	5	143. 85
23	煤炭	2	135. 13
24	建筑材料	1	104. 86
25	环保	3	89. 18
26	社会服务	3	77. 55
27	纺织服饰	2	59. 58
28	轻工制造	1	23. 30

第六章
上市公司是推动中国城市经济发展的重要力量

第一节　中国城市经济总览

一、2021 年各区间城市总体情况

截至 2022 年 4 月 30 日，披露 2021 年 GDP 总量的城市已有 340 个，GDP 总量涵盖了 100 亿元至 40000 亿元不等的区间，这些城市包括沪深 A 股所有的上市公司。以 GDP 总量为指标将这些城市划分为四大区间：（1）城市 GDP 总量 30000 亿元及以上；（2）城市 GDP 总量为 10000 亿元至 30000 亿元（含 10000 亿元）；（3）城市 GDP 总量为 3083 亿元至 10000 亿元（含 3083 亿元）；（4）城市 GDP 总量 3083 亿元以下。本篇样本城市中 2021 年 GDP 总量排名前一百名的城市均在 3083 亿元及以上，因此，本书将 GDP 总量在 3083 亿元及以上的城市称为百强城市（注：本章所涉及上市公司 2021 年度财务数据，不含 3 家退市公司，另有 11 家公司未披露年报；城市 GDP 数据有 2 座城市未披露 2021 年数据，此 2 座城市本书沿用 2020 年年度 GDP 数据）。

表 6－1　城市 GDP 总量分布情况

序号	区间城市 GDP 总量	城市数量（个）	GDP 总量（亿元）	平均 GDP 总量（亿元）
1	GDP≥30000 亿元	3	114147	38049
2	10000 亿元≤GDP＜30000 亿元	21	325525	15501. 19
3	3083 亿元≤GDP＜10000 亿元	76	364790	4799. 87
4	GDP＜3083 亿元	240	330036	1375. 15

从总量来看，2021 年 GDP 总量 10000 亿元及以上的城市共有 24 个，依次是上海市、北京市、深圳市、广州市、重庆市、苏州市、成都市、杭州市、武汉市、南京市、天津

市、宁波市、青岛市、无锡市、长沙市、郑州市、佛山市、济南市、合肥市、福州市、泉州市、南通市、东莞市、西安市。这些城市是我国经济持续快速发展的无可替代的动力；GDP 总量 3083 亿元至 10000 亿元（含 3083 亿元）的城市共有 76 个，在基础行业领域这些城市是我国经济发展的中坚力量；GDP 总量 3083 亿元以下的城市数量占比超过 2/3，是我国经济发展不可或缺的部分，培育发展这些城市的特色产业是实现城市产业转型升级的关键，也是实现我国区域经济平衡发展的突破口。

从各区间城市 2021 年的平均 GDP 总量来看，我国城市间发展差距较大。北上深三城的平均 GDP 总量为 38049 亿元，是第二区间 21 个城市平均 GDP 总量的 2. 45 倍。GDP 总量 10000 亿元至 30000 亿元（含 10000 亿元）的城市平均 GDP 总量为 13024. 99 亿元；GDP 总量 3083 亿元至 10000 亿元（含 3083 亿元）的城市平均 GDP 总量为 4835. 39 亿元；GDP 总量 3083 亿元以下的城市平均 GDP 总量为 1375. 15 亿元。因此，实现我国城市间的联动，建设城市圈、城市群，以大城市带小城市的方式培育发展小城市的基础产业链，是接下来我国实现共同富裕的关键一步。

二、各区间城市上市公司分布情况

从总市值上来看，GDP 总量 30000 亿元及以上、GDP 总量 10000 亿元至 30000 亿元（含 10000 亿元）、GDP 总量 3083 亿元至 10000 亿元（含 3083 亿元）、GDP 总量 3083 亿元以下的城市上市公司总市值分别占据了沪深 A 股市场总市值的 39. 80%、26. 41%、24. 37%、9. 43%。

从平均市值上来看，GDP 总量 30000 亿元及以上、GDP 总量 10000 亿元至 30000 亿元（含 10000 亿元）、GDP 总量 3083 亿元至 10000 亿元（含 3083 亿元）、GDP 总量 3083 亿元以下的城市依次为 337. 91 亿元、161. 23 亿元、197. 23 亿元、155. 54 亿元。

GDP 总量 30000 亿元及以上的城市在总市值和平均市值上都远超其他城市，原因在于上市公司特别是高市值上市公司多集中于此。GDP 总量 10000 亿元至 30000 亿元（含 10000 亿元）的城市由于上市公司密集度较高，且中小型公司占比大，其平均市值较低；相反，GDP 总量 3083 亿元至 10000 亿元（含 3083 亿元）由于上市公司数量较少，平均市值反而较高。

表 6-2　城市上市公司市值分布情况

序号	区间城市 GDP 总量	上市公司总市值（亿元）	平均市值（亿元）	上市公司数量占比	总市值占比
1	GDP≥30000 亿元	393327. 51	337. 91	25. 29%	39. 80%
2	10000 亿元≤GDP<30000 亿元	261030. 97	161. 23	35. 17%	26. 41%
3	3083 亿元≤GDP<10000 亿元	240820. 32	197. 23	26. 53%	24. 37%
4	GDP<3083 亿元	93167. 43	155. 54	13. 01%	9. 43%

第二节　城市经济强则国家经济强

一、城市经济发展带动国家经济增长

根据国家统计局数据显示，340 个城市 2021 年的 GDP 总量占全国 GDP 总量的 99. 72%，其中，百强城市 GDP 总量占全国 GDP 总量的 70. 58%。

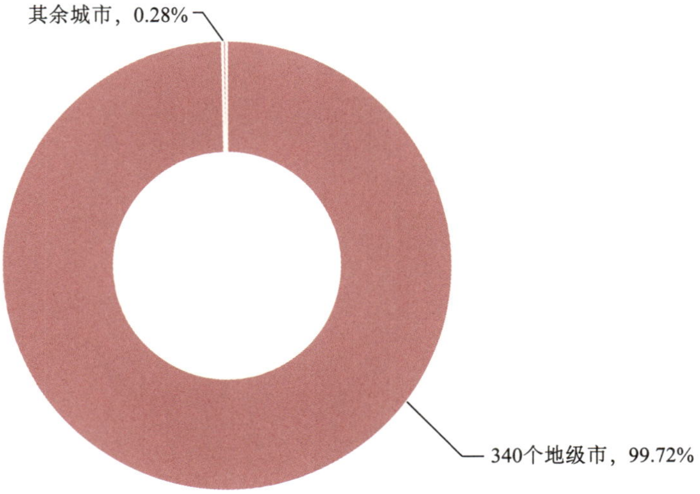

图 6-1　2021 年 340 个城市年度 GDP 总量占比

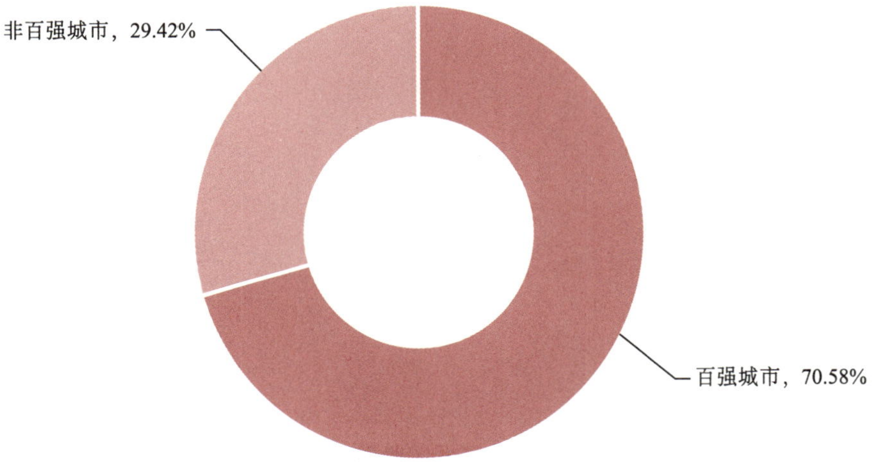

图 6-2　2021 年百强城市 GDP 总量占比

二、上市公司强则城市经济强

截至 2021 年 12 月 31 日，340 个地级市自治区及地区共拥有上市公司数量 4603 家，百强城市中上市公司数量为 4004 家，占沪深 A 股上市公司数量的 86.99%；市值为 89.52 万亿元，占沪深 A 股上市公司市值的 90.57%。非百强城市中上市公司数量为 599 家，占 13.01%；市值为 9.32 万亿，占 9.43%。上市公司是一个城市核心的资产，因为上市公司的数量和质量，决定着一个城市经济的规模和高度，同时也代表了一个城市由内而外的品牌形象。百强城市占据了我国绝大部分上市公司的数量，是我国城市经济发展的典范。

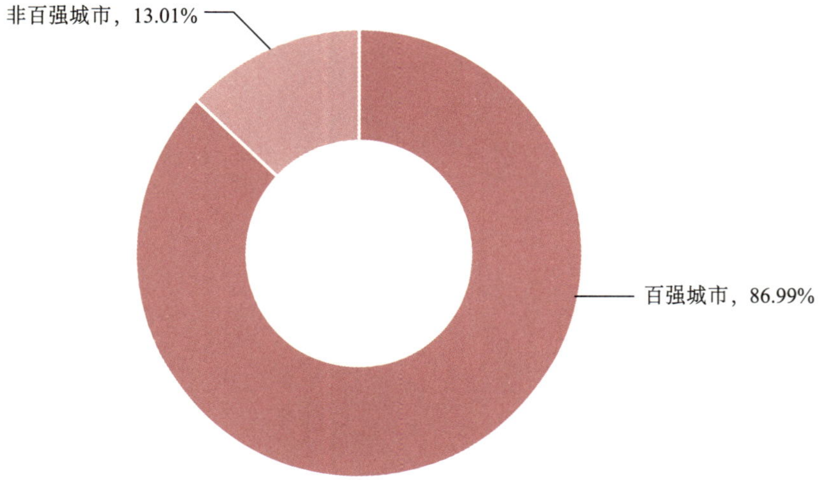

图 6-3　百强城市上市公司数量占比

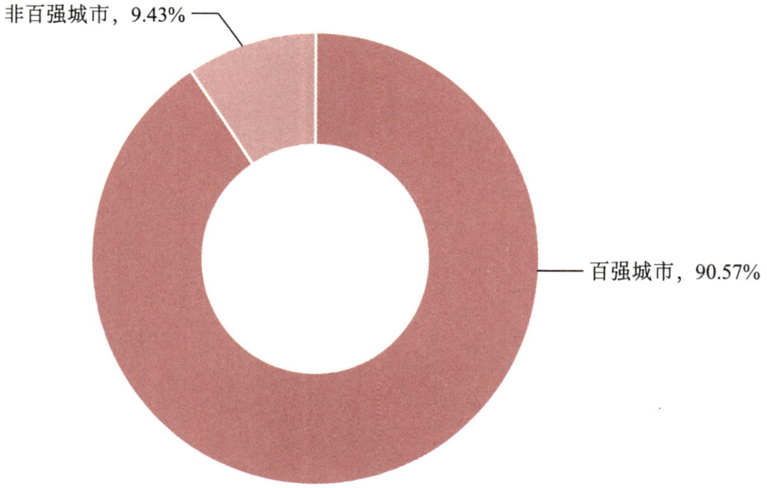

图 6-4　百强城市上市公司市值占比

第三节　沪深 A 股上市公司与城市的关系

一、城市拥有上市公司数量与城市 GDP 总量呈正相关

（1）GDP 总量 30000 亿元及以上的三个城市拥有 1164 家上市公司，占沪深 A 股的比例为 25.29%，平均每个城市拥有上市公司 388 家，数量优势明显；（2）GDP 总量为 10000 亿元至 30000 亿元（含 10000 亿元）的城市共计有 1619 家上市公司（占比 35.17%），平均每个城市拥有上市公司 77 家；（3）GDP 总量为 3083 亿元至 10000 亿元（含 3083 亿元）的城市拥有沪深 A 股上市公司 1221 家（占比 26.53%），平均每个城市拥有上市公司 16 家；（4）GDP 总量 3083 亿元以下的城市拥有沪深 A 股上市公司 599 家（占比 13.01%），平均每个城市拥有上市公司 2 家。可以发现，城市 GDP 总量与其拥有的上市公司数量紧密正相关，随着城市拥有上市公司数量的大幅降低，城市 GDP 总量也呈现出断层式下降。

表 6－3　城市上市公司数量分布情况

序号	区间城市 GDP 总量	城市数量（个）	上市公司数量（家）	平均拥有上市公司数量（家）
1	GDP≥30000 亿元	3	1164	388
2	10000 亿元≤GDP＜30000 亿元	21	1619	77
3	3083 亿元≤GDP＜10000 亿元	76	1221	16
4	GDP＜3083 亿元	240	599	2

表 6－4　2021 年 GDP 总量前十大城市上市公司情况

城市	2021 年 GDP 总量	上市公司数量	上市公司总市值（亿元）	市值占比
上海市	43214.85	382	89701.88	9.08%
北京市	40269.6	413	201139.94	20.35%
深圳市	30664.85	369	102485.7	10.37%
广州市	28231.97	127	23867.18	2.41%
重庆市	27894.02	60	11736.01	1.19%
苏州市	22718.3	172	18393.16	1.86%
成都市	19916.98	100	14579.28	1.48%
杭州市	18109.41	199	34226.98	3.46%
武汉市	17716.76	70	8556.46	0.87%
南京市	16355.32	103	15571.92	1.58%

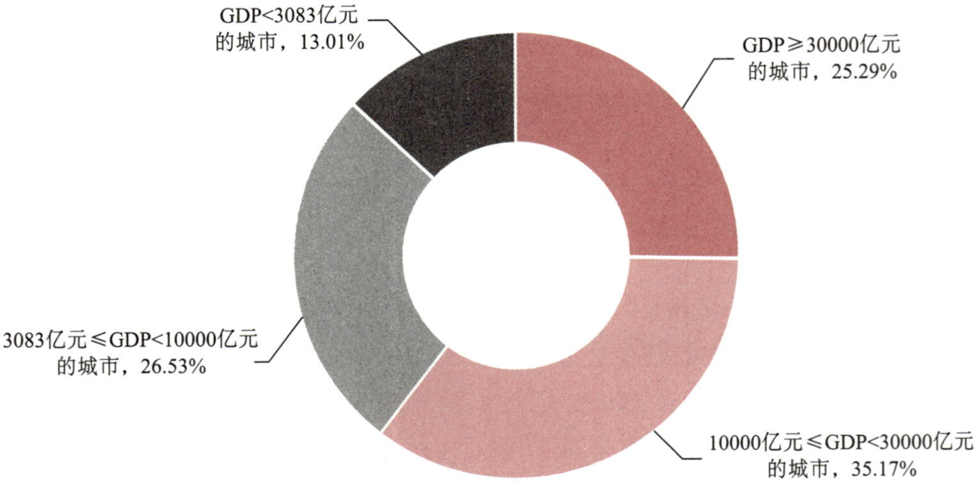

图6-5　城市上市公司数量占比情况

二、上市公司利税是城市利税的主要来源

根据国家统计局官网数据，2021年沪深A股上市公司利税总额为9.34万亿元，占2021年全国一般公共预算收入的46.11%，且近十年间，这一比例呈现出震荡上升的趋势；其中，百强城市的沪深A股上市公司共缴利税8.74万亿元，占沪深A股上市公司利税总额的93.58%。

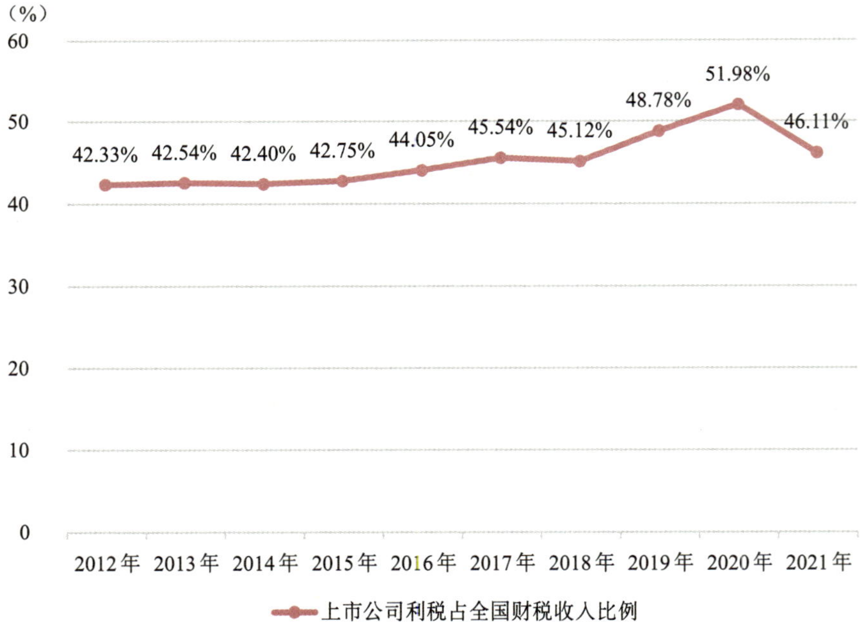

图6-6　上市公司利税占全国财税收入比例

表 6－5　各区间城市上市公司利税

GDP 区间	上市公司利税（亿元）	上市公司利税占全国财政收入
GDP≥30000 亿元	56996. 05	28. 14%
10000 亿元≤GDP＜30000 亿元	16762. 89	8. 28%
3083 亿元≤GDP＜10000 亿元	13617. 34	6. 72%
GDP＜3083 亿元	5992. 69	2. 96%
合计	93368. 97	46. 11%

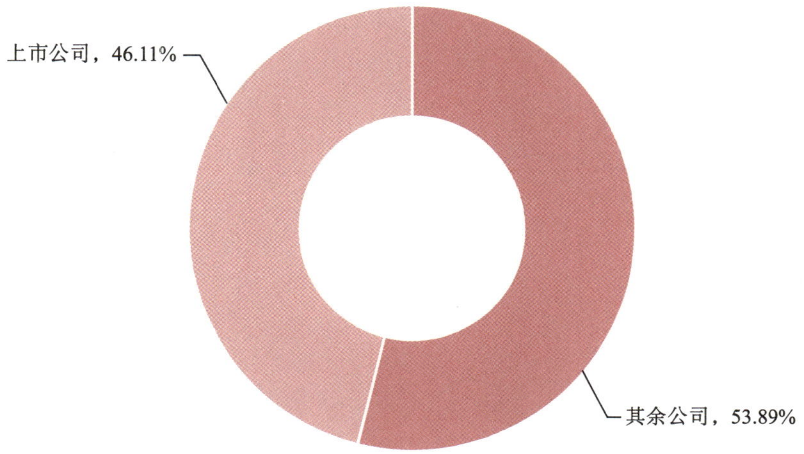

图 6－7　2021 年 A 股上市公司利税总额占比

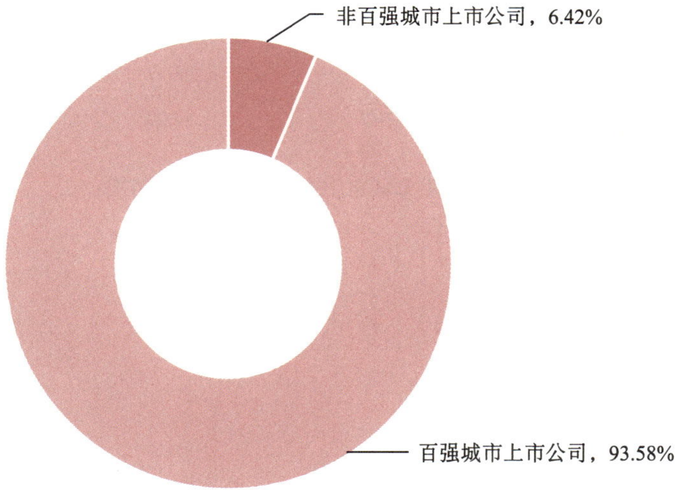

图 6－8　百强城市上市公司 2021 年利税总额占上市公司利税总额比例

三、上市公司为城市创造出更多就业岗位

2021 年 340 个城市中沪深 A 股上市公司员工总人数达到 2786.56 万人，对拉动就业效果日益显著。就业人数是反映国民经济的一项重要指标，对把握经济形势变化有不可或缺的作用。同时，上市公司吸纳更多的就业人口，对城市生产、消费、等各种经济活动也有着极其重大的影响。

GDP 总量 30000 亿元及以上的城市上市公司员工总人数占据了 4603 家上市公司员工总数的 44.96%，达到了 1252.97 万人，高于其上市公司数量占比和市值占比，成为了吸纳就业的重要力量。

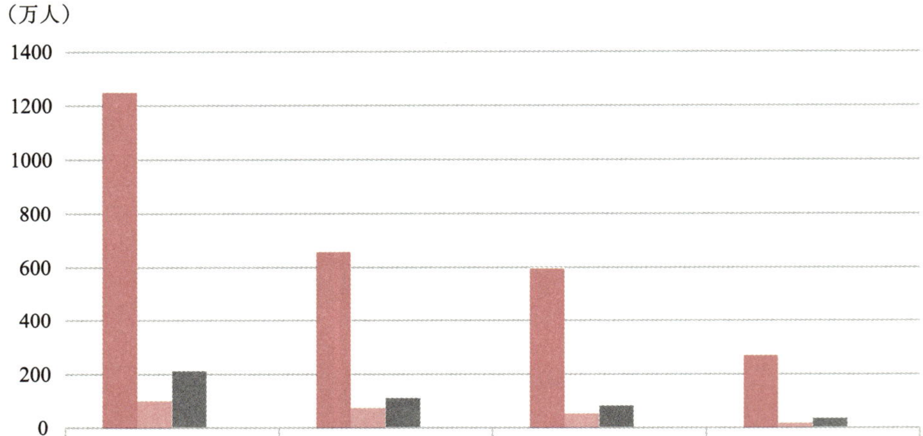

	GDP≥30000亿元	10000亿元≤GDP<30000亿元	3083亿元≤GDP<10000亿元	GDP<3083亿元
员工总数	1252.97	660.94	599.96	272.69
研发人员	106.09	79.36	58.27	21.79
技术人员	212.26	112.47	84.09	35.36

图 6－9　2021 年城市上市公司员工数量情况

第四节　工业是立市根本

一、工业是夯实城市经济腾飞的基础

工业是城市经济发展的基础和支撑，更是城市先进制造业的主阵地和主战场，产业的高度决定城市高度，产业竞争力决定城市吸引力。在 4603 家上市公司中，工业门类上市公司数量为 3193 家，占比 69.37%，市值占比为 64.60%。

百强城市中工业门类的上市公司有 2715 家，占沪深 A 股所有工业门类上市公司数量的 85.03%，市值为 557757.42 亿元，占比为 87.35%。工业的快速发展，是推动这些城市 2021 年 GDP 总量跻身中国百强城市的关键要素。

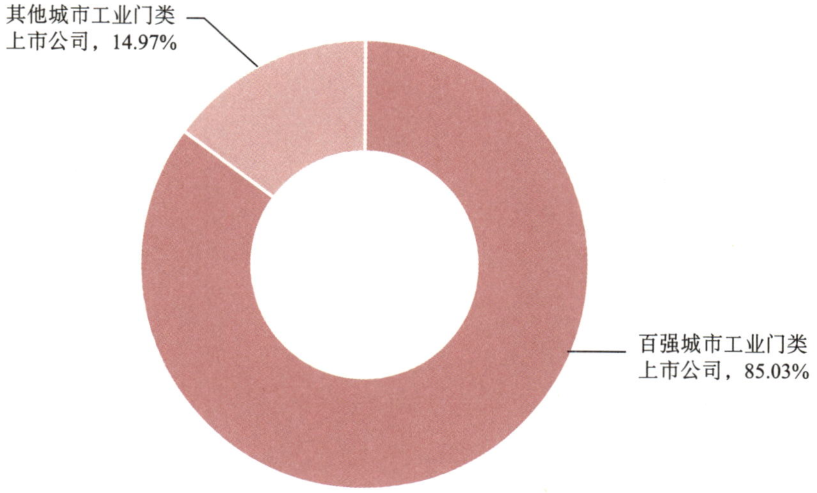

图 6－10　百强城市工业门类上市公司数量占比

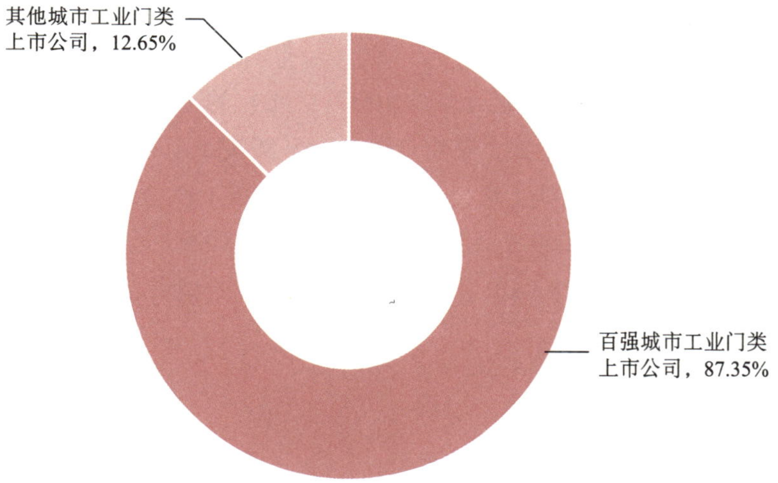

图 6－11　百强城市工业门类上市公司市值占比

二、GDP 总量 30000 亿元及以上的城市

在 GDP 总量 30000 亿元及以上的城市中工业门类上市公司数量为 618 家，总市值 170912.56 亿元，平均市值为 276.56 亿元。城市平均拥有工业门类上市公司数量为 206 家。其工业门类上市公司数量占区间城市上市公司数量的 53.09%，市值占比为 43.45%。GDP 总量 30000 亿元及以上城市的工业门类上市公司在平均市值和上市公司拥有量方面相

比于其他区间的城市拥有绝对的优势。

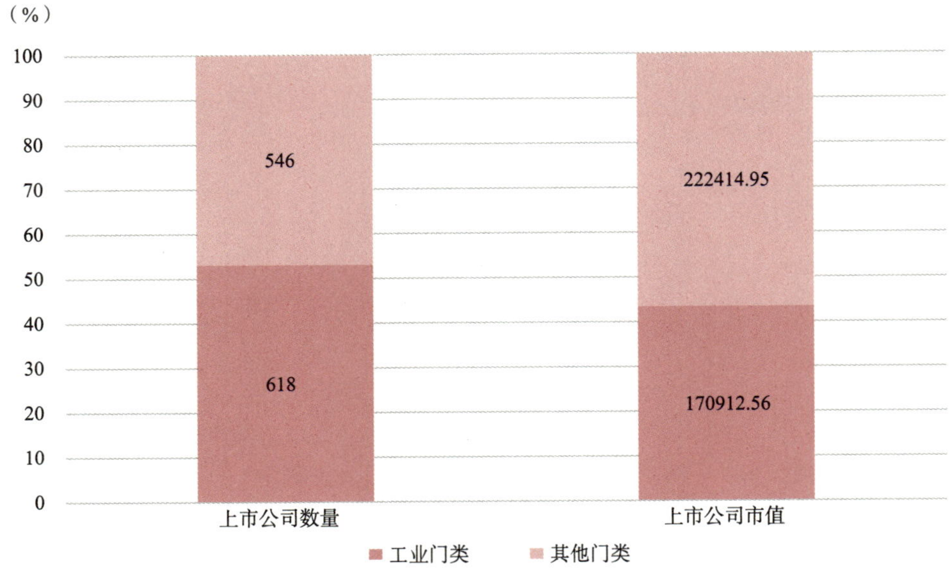

图6－12　工业门类与其他门类上市公司对比

三、GDP总量10000亿元至30000亿元（含10000亿元）的城市

GDP总量10000亿元至30000亿元（含10000亿元）的城市中工业门类上市公司数量为1112家，总市值173345.02亿元，平均市值为155.89亿元。城市平均拥有工业门类上市公司数量为52家。其工业门类上市公司数量占区间城市上市公司数量的68.68%，市值占比为66.41%。GDP总量10000亿元至30000亿元（含10000亿元）城市中，平均拥有工业门类上市公司的数量仅次于GDP总量30000亿元及以上城市，但两者的上市公司数量及市值均有较大差距。

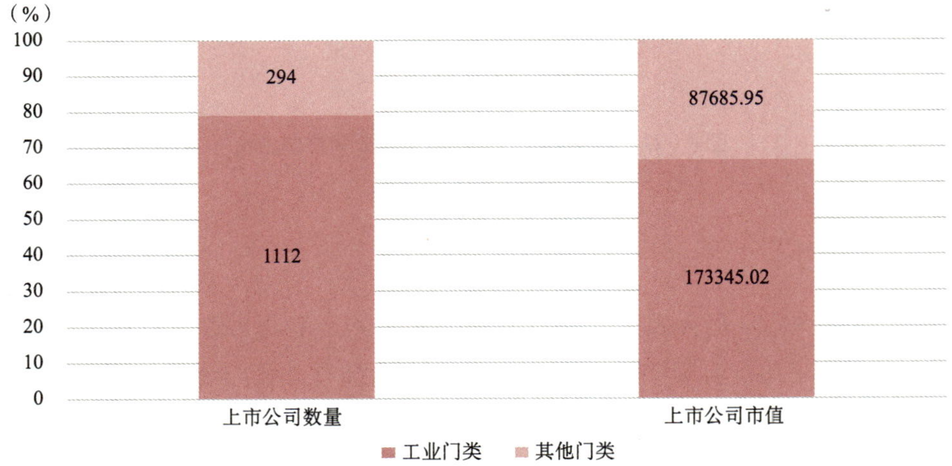

图6－13　工业门类与其他门类上市公司对比

四、GDP 总量 3083 亿元至 10000 亿元（含 3083 亿元）的城市

GDP 总量 3083 亿元至 10000 亿元（含 3083 亿元）的城市中工业门类上市公司数量为 982 家，总市值 213499.84 亿元，平均市值为 217.41 亿元。城市平均拥有工业门类上市公司数量为 12 家。其工业门类上市公司数量占区间城市上市公司数量的 80.43%，市值占比为 88.66%。工业门类上市公司在该区间城市中市值占比超过数量占比。

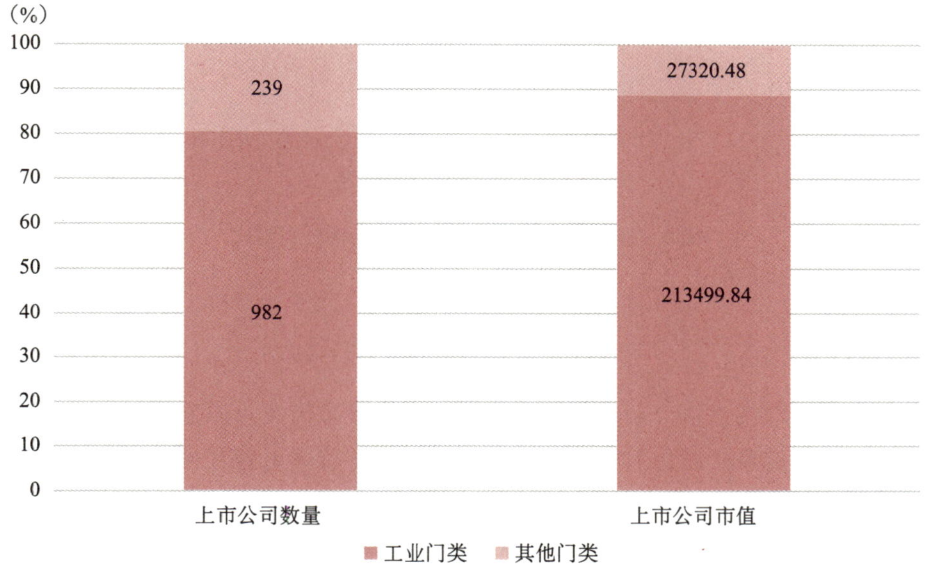

图 6－14　工业门类与其他门类上市公司对比

五、GDP 总量 3083 亿元以下的城市

GDP 总量 3083 亿元以下的城市中工业门类上市公司数量为 481 家，总市值 80738.99 亿元，平均市值为 167.86 亿元。城市平均拥有工业门类上市公司数量为 2 家。其工业门类上市公司数量占区间城市上市公司数量的 80.30%，市值占比为 86.66%。工业门类上市公司在 GDP 总量 3083 亿元以下的城市中占据了绝大部分的比重，工业对于该区间城市的重要性远超其他区间的城市。

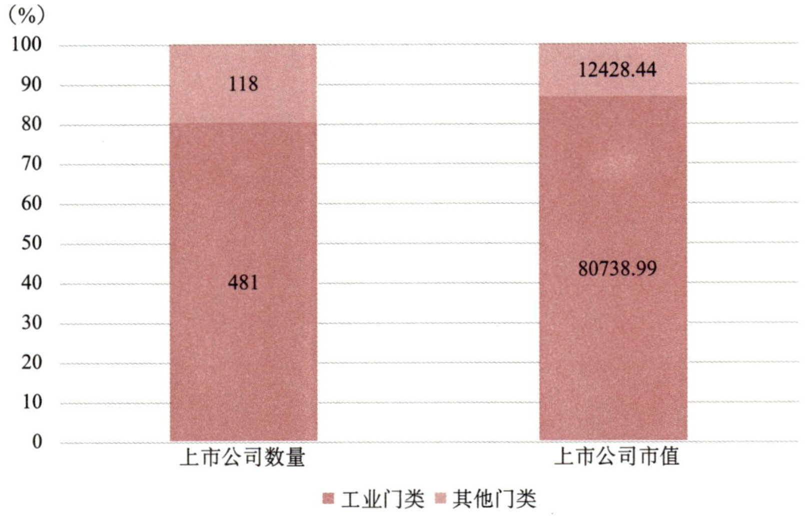

图6－15　工业门类与其他门类上市公司对比

六、各区间城市工业门类上市公司分析

通过分析工业门类上市公司市值在340个城市的分布情况可以发现，工业作为一个国家经济发展当中的重要产业，对于加速推进经济进程有着不可替代的作用，当今世界发达国家无一不是通过工业化革命来实现本国经济的快速发展。同时，工业对于城市经济发展有着突出作用。

对各区间城市工业门类上市公司市值进行分析概括之后，可以清晰地发现各区间城市的工业门类上市公司的数量和市值在区间城市上市公司的占比方面有着明显的规律，在GDP总量30000亿元及以上的城市、GDP总量10000亿元至30000亿元（含10000亿元）的城市、GDP总量3083亿元至10000亿元（含3083亿元）的城市、GDP总量3083亿元以下的城市这四个城市区间中，工业门类上市公司的数量占比及市值占比随城市GDP的下降而上升。GDP总量30000亿元及以上的城市工业门类上市公司数量占比及市值占比最低，分别为53.09%和43.45%。GDP总量3083亿元至10000亿元（含3083亿元）的城市工业门类上市公司数量占比及市值占比最高，分别为80.43%和88.66%。

同时，各区间城市工业门类上市公司数量占比和市值占比在GDP总量10000亿元至30000亿元（含10000亿元）的城市和GDP总量3083亿元至10000亿元（含3083亿元）的城市发生反转。GDP总量30000亿元及以上的城市和GDP总量10000亿元至30000亿元（含10000亿元）的城市工业门类上市公司的数量占比高于市值占比，GDP总量3083亿元至10000亿元（含3083亿元）的城市和GDP总量3083亿元以下的城市工业门类上市公司的数量占比低于市值占比。

显然，前两类区间城市在城市工业化发展成熟之后转向了产业多元化发展道路，虽然其工业门类上市公司数量仍占据城市中各行业门类的主要地位，但城市多元化的发展思路使工业门类的上市公司市值占比不断降低。而后两类区间城市在当前阶段仍处于城市工业化高速发展阶段，其工业门类上市公司的数量和市值占据了区间城市上市公司总体的绝大部分，并且其工业门类上市公司市值的占比整体高于数量占比。这也证明了城市工业化的发展并不是一蹴而就的，而是循序渐进的。

表 6 – 6　　各区间工业门类上市公司数量及市值

序号	区间城市 GDP 总量	工业门类上市公司数量（家）	工业门类上市公司市值（亿元）	城市平均工业门类上市公司数量（家）
1	GDP≥30000 亿元	618	170912. 56	206
2	10000 亿元≤GDP < 30000 亿元	1112	173345. 02	52
3	3083 亿元≤GDP < 10000 亿元	982	213499. 84	12
4	GDP < 3083 亿元	481	80738. 99	2

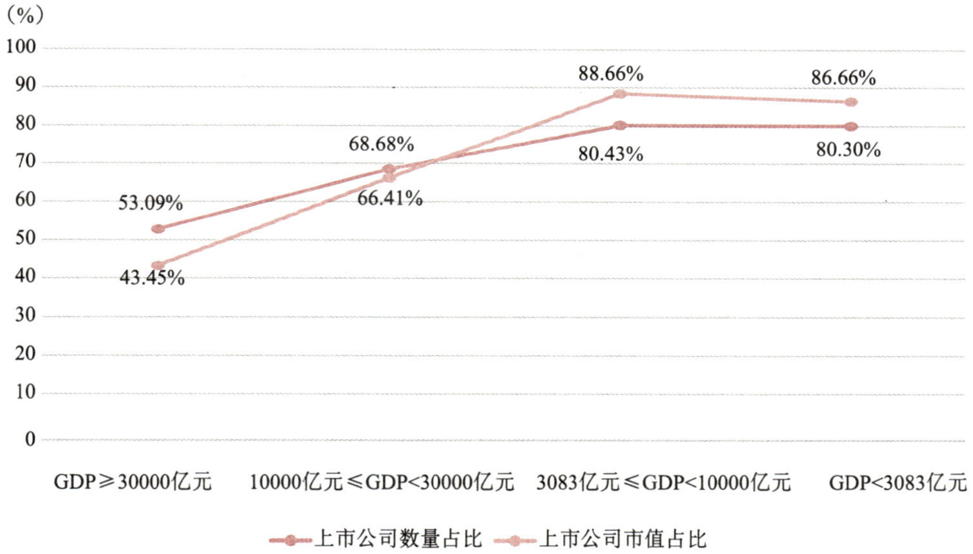

图 6 – 16　各区间工业门类上市公司数量占比及市值占比

第五节　发挥第三产业对城市实体经济发展的推动作用

一、第三产业是基于城市工业基础之上的上层建筑

当前，随着城市经济的快速发展和国民经济结构不断优化升级，第三产业不仅仅包含餐饮、零售行业，还囊括了金融、教育、旅游、商务服务、文化娱乐等行业。可以说，第

三产业的创新与拓展日益成为国家新的经济增长点，正成为国民经济可持续发展的中流砥柱。

在4603家上市公司当中，共有1255家上市公司隶属于第三产业，总市值为324613.80亿元。其中GDP总量30000亿元及以上的城市中，第三产业的上市公司数量为490家，总市值为208735.51亿元；GDP总量10000亿元至30000亿元（含10000亿元）城市的第三产业上市公司数量为466家，总市值为84187.60亿元；GDP总量3083亿元至10000亿元（含3083亿元）城市的第三产业上市公司数量为210家，总市值22277.30亿元；GDP总量3083亿元以下城市的第三产业上市公司数量为93家，总市值为9413.38亿元。各区间城市第三产业的上市公司市值随GDP总量的降低而降低。

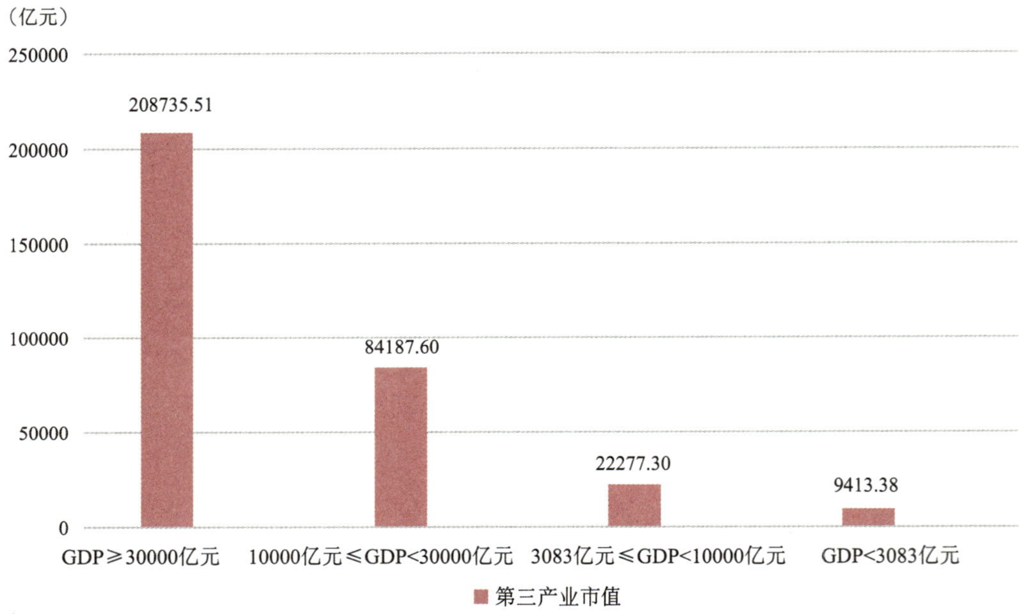

图6－17　各区间城市第三产业上市公司市值

二、GDP总量30000亿元及以上城市第三产业市值独占鳌头

GDP总量30000亿元及以上的城市中，第三产业的上市公司数量为490家，占340个城市第三产业上市公司数量的38.92%，总市值为208735.51亿元，占比为64.30%。虽然GDP总量30000亿元及以上的城市第三产业上市公司数量占比未过半，但其市值占比远超过数量占比。由此也可以看出高市值第三产业上市公司集中聚集在GDP总量30000亿元及以上的城市中。第三产业是国民经济的重要组成部分，同时，第三产业占比如何是衡量一个国家发展水平和发达程度的重要标志。充分发挥第三产业的有效作用既是实现经济平稳较快发展的需要，也是转变经济发展方式的必然。

在GDP总量30000亿元及以上的城市中金融业的市值为133593.26亿元，是该区间城市第三产业的核心部分，占比为64%，并占据了各城市区间上市公司金融业市值的80.06%。

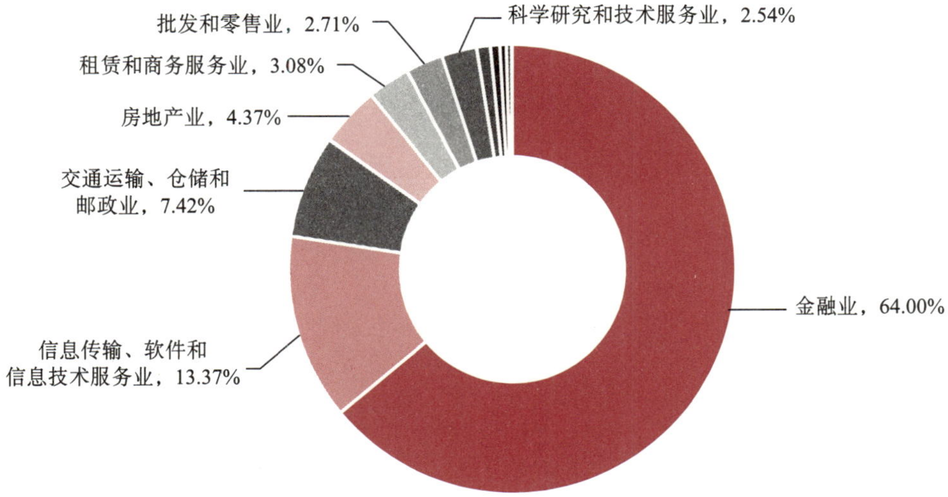

图6－18 区间城市第三产业中各行业上市公司市值占比

金融是现代经济的核心，金融业是联系储蓄与投资的纽带，可以将资金的供给与需求联系起来，能够充分发挥资源配置作用，使资金流向利用效率高的实体经济，对实体经济的增长具有巨大的促进作用。

具体而言，金融业对实体经济的促进作用，一方面表现在解决融资难的问题，特别是对国家政策支持的行业、发展前景较好的中小企业，金融业可以通过加大信贷资金支持，降低中小企业的融资成本，从而推动中小企业繁荣发展。另一方面金融业的作用还表现在可以提高实体经济结构占比，推动资金脱虚入实，实现维护经济稳定的目的。GDP总量30000亿元及以上的城市在第三产业发展方面起到了很好的示范性作用。

三、GDP总量10000亿元至30000亿元（含10000亿元）的城市第三产业结构有待完善

GDP总量10000亿元至30000亿元（含10000亿元）城市的第三产业上市公司数量为466家，占区间城市上市公司数量的28.78%，第三产业上市公司市值为84187.60亿元，占比为32.25%。GDP总量10000亿元至30000亿元（含10000亿元）城市的第三产业上市公司无论是数量还是市值规模都与GDP总量30000亿元及以上的城市相差甚远。因此，扩大第三产业规模、提升第三产业服务于实体经济的能力是GDP总量10000亿元至30000亿元（含10000亿元）城市现阶段需要迫切解决的难题。

GDP总量10000亿元至30000亿元（含10000亿元）城市须在完备的工业基础之上充分补齐在金融业、住宿和餐饮业、教育等涉及城市多元化发展和持续发展的短板。充分发挥出第三产业对第一、二产业的带动作用。同时优化其外在的营商服务环境，从而实现城

市产业经济的转型升级。

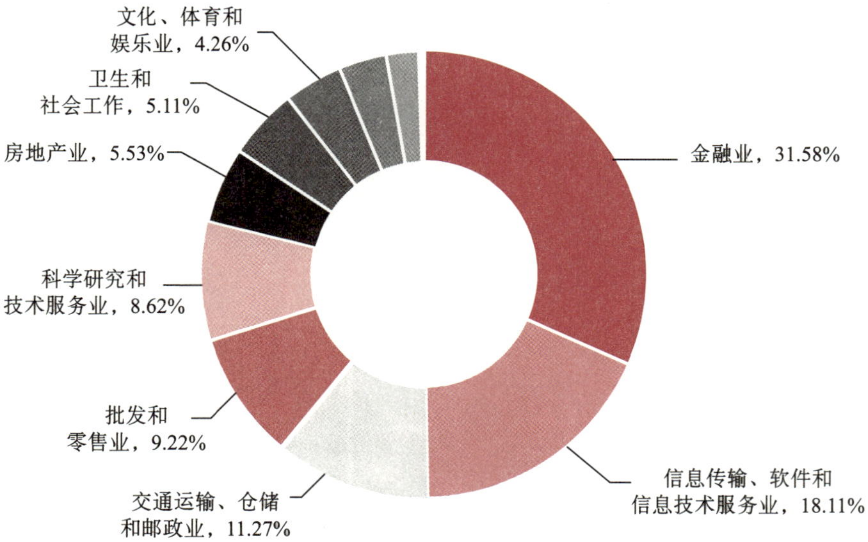

图6－19　区间城市第三产业中各行业上市公司市值占比

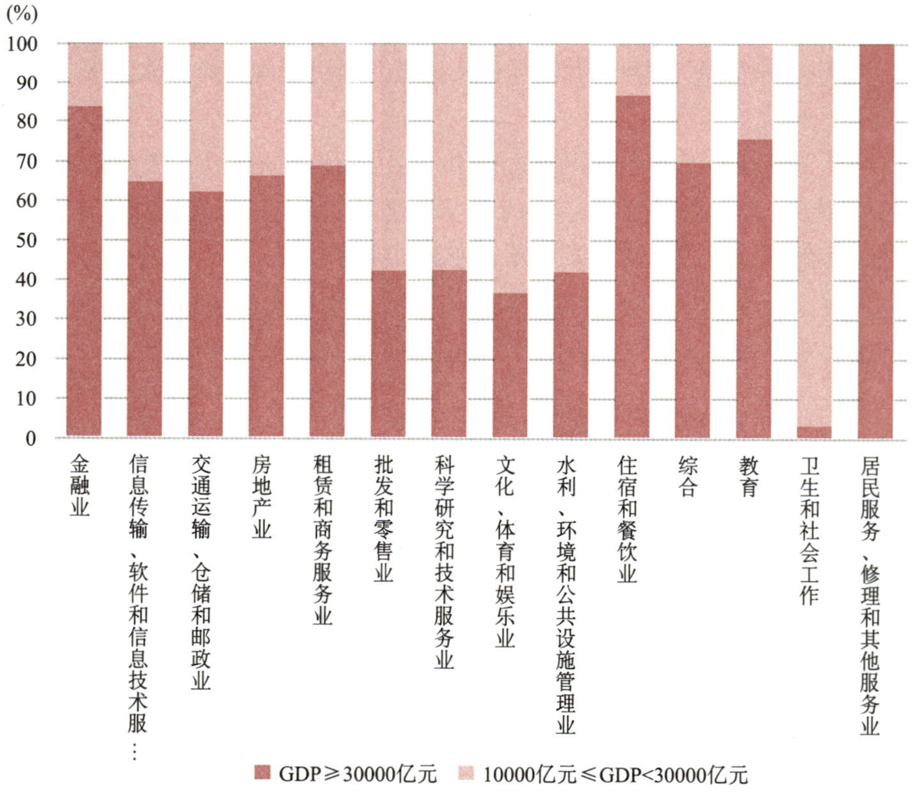

图6－20　区间城市第三产业中各行业上市公司市值对比

四、完善第三产业发展格局是 GDP 总量 10000 亿元以下城市提升影响力的关键

GDP 总量 3083 亿元至 10000 亿元（含 3083 亿元）城市的第三产业上市公司数量为 210 家，占区间城市上市公司数量的 17.20%，第三产业上市公司市值为 22277.30 亿元，占比为 9.25%。

GDP 总量 3083 亿元以下城市的第三产业上市公司数量为 93 家，占区间城市上市公司数量的 15.53%，第三产业上市公司市值为 7727.88 亿元，占比为 10.10%。

相较于 GDP 总量 30000 亿元及以上的城市和 GDP 总量 10000 亿元至 30000 亿元（含 10000 亿元）的城市，GDP 总量 3083 亿元至 10000 亿元（含 3083 亿元）的城市缺少居民服务、修理和其他服务业，住宿和餐饮业上市公司，GDP 总量 3083 亿元以下的城市上市公司缺少居民服务、修理和其他服务业、教育业。行业门类的不完善极大地影响着城市经济的全面发展，尤其是 GDP 总量 3083 亿元以下的城市缺少教育行业的上市公司，科学研究和技术服务同样比较匮乏。这对这些城市未来产业转型升级是极大的限制。

表 6-7　区间城市第三产业中各行业上市公司市值对比　单位：亿元

证监会行业	3083 亿元≤GDP＜10000 亿元	GDP＜3083 亿元
金融业	4903.18	1779.28
信息传输、软件和信息技术服务业	4607.33	1584.04
批发和零售业	3606.64	709.87
房地产业	2409.28	1195.15
交通运输、仓储和邮政业	2238.97	2507.66
水利、环境和公共设施管理业	1704.13	570.08
租赁和商务服务业	851.57	98.31
文化、体育和娱乐业	832.46	361.73
教育	624.20	0.00
科学研究和技术服务业	304.26	69.68
综合	110.07	333.40
卫生和社会工作	85.23	189.33
住宿和餐饮业	0.00	14.86

五、各区间城市第三产业上市公司分析

GDP 总量 30000 亿元及以上城市的第三产业相比于其他区间城市具有较大的优势，其金融业所具有的规模也是其他区间城市所望尘莫及的。如何更好地发挥金融业服务于实体经济的能力是 GDP 总量 30000 亿元及以上城市需要持续探究的问题。

在当前形势下，做到切实改变金融业创新方向，把满足实体经济发展需要当作检验金

融创新是否符合时代要求的标准，是发挥金融业作用的首要突破点。一方面要在金融产品创新上放弃将自身效益放在首位的做法，抓住实体经济需求特点及其存在的问题或困难，做到创新围绕需求转，创新围绕破解融资瓶颈转，使金融产品创新始终保持鲜活生命力，切实改变实体经济融资难、融资贵困局，推动金融创新社会效益最大化。

另一方面则是金融业要改变因循守旧金融服务方式，通过围绕国家重大产业布局和产业政策做文章，提高金融服务的灵活性。即围绕国家战略规划，积极配合产业政策，对社会经济重点领域如“战略新兴产业”“一带一路”等产业项目给予重点支持。

GDP总量10000亿元至30000亿元（含10000亿元）城市的第三产业仍有较大的向上发展空间，其应当在较为完备的工业基础上，充分发展信息传输、软件和信息技术服务业等高新技术产业，并在实践中做到将城市各产业相结合。高新技术的作用在于能够直接将科研成果转化为生产力，能够快速实现我国在工业制造领域整体水平的提升，真正做到第三产业既源于实体经济，又服务于实体经济。

GDP总量10000亿元以下的城市第三产业发展较为薄弱，第三产业上市公司总市值占区间城市上市公司总市值的比例较低。可以通过补齐在第三产业的短板，从而为城市工业化发展提供更好的外部环境。第三产业是国民经济的重要组成部分，具有投入低、吸纳就业容量大、对地方税收贡献大等特点，是催化城市经济快速发展的优先选择，是促进经济跨越式发展的活力源泉。GDP总量10000亿元以下的城市可以通过发展与其城市工业水平相适应的第三产业类型，为产业发展注入更多的动力，从而达到更好地发展城市经济的目的。

第六节　各区间城市行业分布的差异

一、上市公司行业数量分布

GDP总量30000亿元及以上的城市上市公司数量排名前五大行业依次是计算机、电子、医药生物、机械设备、建筑装饰；

GDP总量10000亿元至30000亿元（含10000亿元）的城市上市公司数量排名前五大行业依次是机械设备、医药生物、电子、电力设备、基础化工；

GDP总量3083亿元至10000亿元（含3083亿元）的城市上市公司数量排名前五大行业依次是基础化工、医药生物、机械设备、汽车、电力设备；

GDP总量3083亿元以下的城市上市公司数量排名前五大行业依次是基础化工、医药生物、机械设备、有色金属、电力设备。

表 6－8 上市公司行业数量分布情况 单位：家

序号	行业	GDP≥30000 亿元	10000 亿元≤GDP＜30000 亿元	3083 亿元≤GDP＜10000 亿元	GDP＜3083 亿元
1	计算机	157	91	25	13
2	电子	139	117	65	30
3	医药生物	92	130	128	63
4	机械设备	76	209	123	41
5	建筑装饰	64	61	18	8
6	电力设备	60	110	79	32
7	房地产	55	44	20	7
8	传媒	45	58	32	12
9	基础化工	41	98	129	80
10	交通运输	39	46	29	13
11	汽车	39	86	89	19
12	商贸零售	33	42	23	5
13	通信	31	53	16	7
14	非银金融	30	34	16	7
15	社会服务	29	23	10	12
16	国防军工	28	49	29	8
17	环保	27	50	24	11
18	公用事业	24	40	32	24
19	纺织服饰	23	38	37	16
20	轻工制造	19	42	54	20
21	有色金属	17	31	41	38
22	银行	16	22	3	0
23	食品饮料	15	29	42	29
24	建筑材料	14	17	29	16
25	农林牧渔	12	16	42	27
26	家用电器	11	36	28	7
27	石油石化	10	15	13	8
28	综合	7	8	11	4
29	煤炭	5	2	10	21
30	美容护理	4	13	7	5
31	钢铁	2	9	17	16
32	合计	1164	1619	1221	599

二、上市公司行业总市值分布

GDP 总量 30000 亿元及以上的城市上市公司市值排名前五大行业依次是银行、非银金融、电子、医药生物、计算机；

GDP 总量 10000 亿元至 30000 亿元（含 10000 亿元）的城市上市公司市值排名前五大行业依次是电力设备、医药生物、电子、计算机、机械设备；

GDP 总量 3083 亿元至 10000 亿元（含 3083 亿元）的城市上市公司市值排名前五大行业依次是食品饮料、电力设备、医药生物、基础化工、汽车；

GDP 总量 3083 亿元以下的城市上市公司在行业市值分布方面更多的为食品饮料、基础化工、有色金属、电力设备、电子。

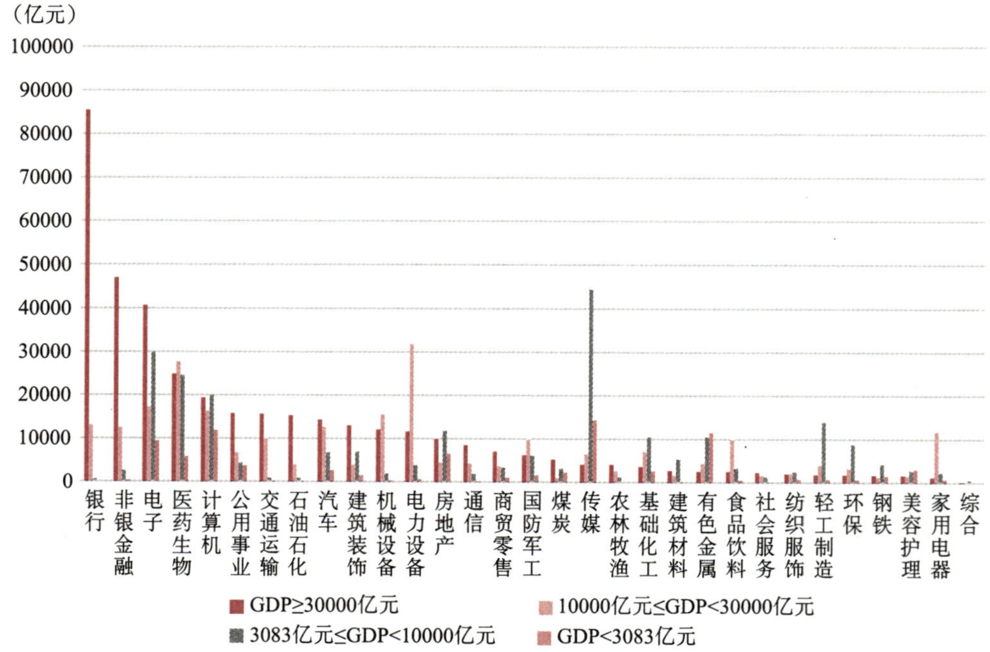

图 6－21　城市上市公司行业市值分布情况

三、各区间城市上市公司前五大行业市值对比

各区间城市上市公司前五大行业分布梯次明显，其中，GDP 总量 30000 亿元及以上的城市金融行业上市公司市值占据多数，其电子、医药生物、计算机等战略新兴行业上市公司市值同样名列前茅。在 GDP 总量 10000 亿元至 30000 亿元（含 10000 亿元）的城市中，行业市值最高的为电力设备行业，其次才是医药生物、计算机、电子等行业，这体现出了 GDP 总量 10000 亿元至 30000 亿元（含 10000 亿元）的城市仍处于产业转型升级期，城市中战略新兴行业的比重仍待增加。GDP 总量 3083 亿元至 10000 亿元（含 3083 亿元）的城市在现阶段更多以工业发展为主，电力设备、基础化工、汽车等工业类上市公司市值在这些城市中占据较大比重，将相关产业链进行整合及发展是 GDP 总量 3083 亿元至 10000 亿元（含 3083 亿元）的城市需要做到的必要措施。GDP 总量 3083 亿元以下的城市中，基础性原材料行业上市公司更加集中，同时其工业产业链缺失较多，加大先进技术引入，扩宽产业发展道路是此类城市发展的必由之路。

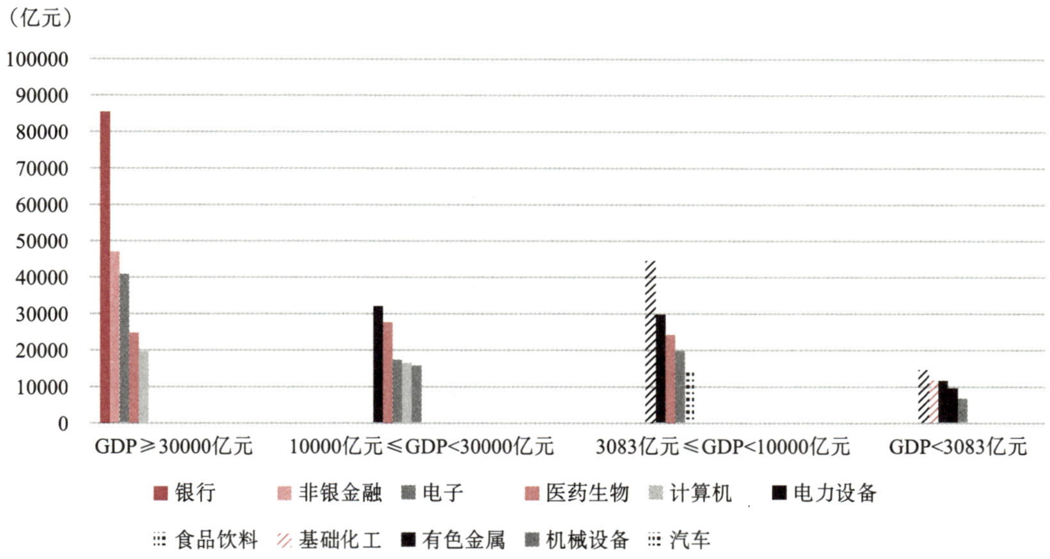

图 6-22 城市主要行业分布情况

四、研发人员、技术人员占比

GDP 总量 10000 亿元至 30000 亿元（含 10000 亿元）的城市上市公司研发人员和技术人员占比均为最高，其一在于该区间的城市技术密集型产业偏多，其二该区间的城市员工总数偏少，也使研发人员与技术人员的占比更高。

表 6-9 区间城市上市公司研发人员、技术人员占比情况

序号	区间城市 GDP 总量	2021 年研发人员占比	2021 年技术人员占比
1	GDP≥30000 亿元	8.47%	16.94%
2	10000 亿元≤GDP<30000 亿元	12.01%	17.02%
3	3083 亿元≤GDP<10000 亿元	9.71%	14.02%
4	GDP<3083 亿元	7.99%	12.97%

五、各行业员工人数分布

上市公司员工人数的行业分布与城市产业结构关系紧密。

GDP 总量 30000 亿元及以上城市的上市公司员工人数前五大行业依次是银行、建筑装饰、电子、非银金融、石油石化；

GDP 总量 10000 亿元至 30000 亿元（含 10000 亿元）城市上市公司员工人数前五大行业依次是医药生物、汽车、家用电器、电子、机械设备；

GDP 总量 3083 亿元至 10000 亿元（含 3083 亿元）城市的上市公司员工人数前五大行业依次是医药生物、汽车、电子、农林牧渔、电力设备；

GDP 总量 3083 亿元以下城市的上市公司员工人数前五大行业依次是煤炭、基础化工、电子、钢铁、有色金属。

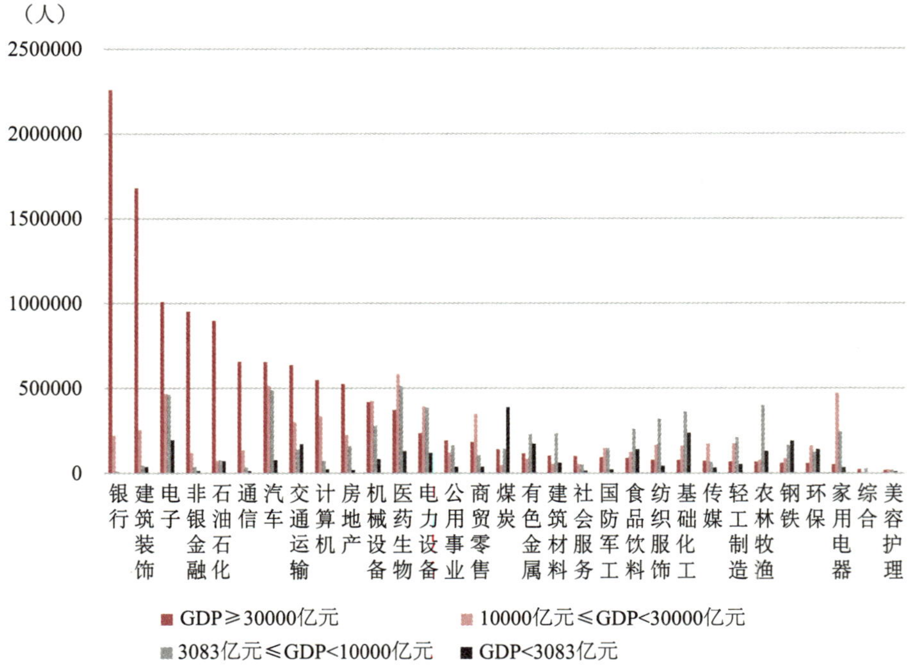

图 6－23　上市公司各行业人数

第七节　各行业营业收入、净利润的差异与市场整体的对比

一、营业收入、净利润

表 6－10　城市上市公司营业收入、净利润情况

序号	区间城市 GDP 总量	营业收入（亿元）	净利润（亿元）	营业收入净利率
1	GDP≥30000 亿元	346082.33	31997.84	9.25%
2	10000 亿元≤GDP＜30000 亿元	128417.39	9934.95	7.74%
3	3083 亿元≤GDP＜10000 亿元	123206.95	7633.03	6.20%
4	GDP＜3083 亿元	49621.96	3397.04	6.85%
5	合计	647328.6333	52962.8665	8.18%

二、平均营业收入、净利润

GDP 总量为 10000 亿元至 30000 亿元（含 10000 亿元）的城市上市公司平均营业收入为各区间城市上市公司最低，原因在于该区间的城市上市公司中小企业密集度高，因此，

培育上市公司品牌知名度，提高其行业影响力从而做大做强上市公司是 GDP 总量为 10000 亿元至 30000 亿元（含 10000 亿元）的城市上市公司进一步发展的关键要素。GDP 总量 3083 亿元以下的城市上市公司平均净利润为各区间城市上市公司最低。GDP 总量 3083 亿元以下的城市上市公司需通过加大研发投入，深化产业链从而提升产品附加值增加公司利润收入。

表 6－11　城市上市公司平均营业收入、净利润情况　单位：亿元

序号	区间城市 GDP 总量	上市公司平均营业收入	上市公司平均净利润
1	GDP≥30000 亿元	297. 32	27. 49
2	10000 亿元≤GDP＜30000 亿元	79. 32	6. 14
3	3083 亿元≤GDP＜10000 亿元	100. 91	6. 25
4	GDP＜3083 亿元	82. 84	5. 67
5	合计	140. 63	11. 51

三、行业营业收入、净利润

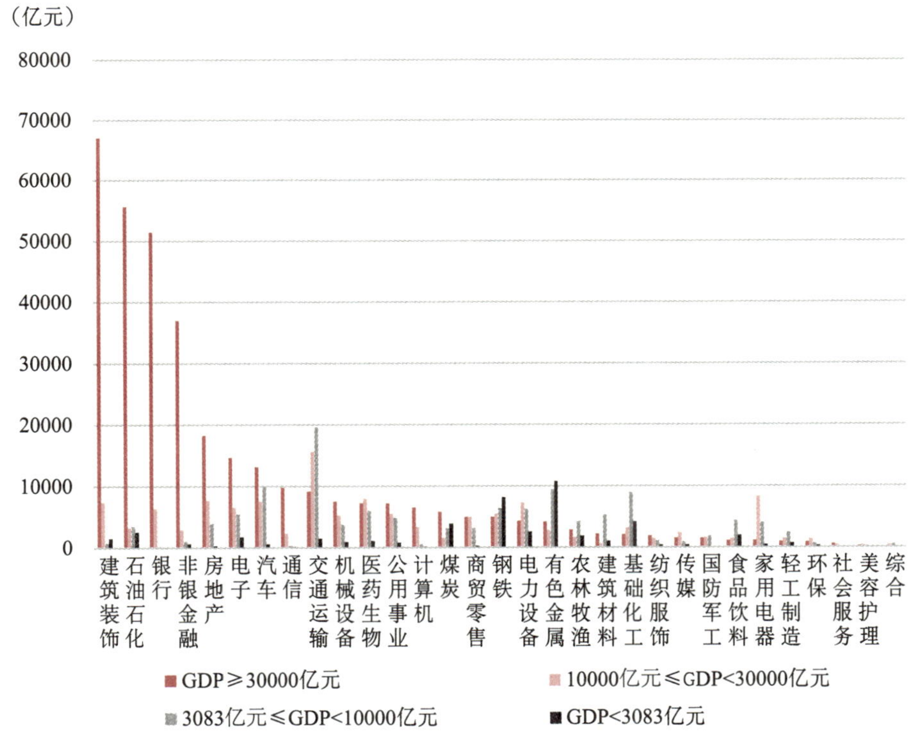

图 6－24　上市公司行业营业收入情况

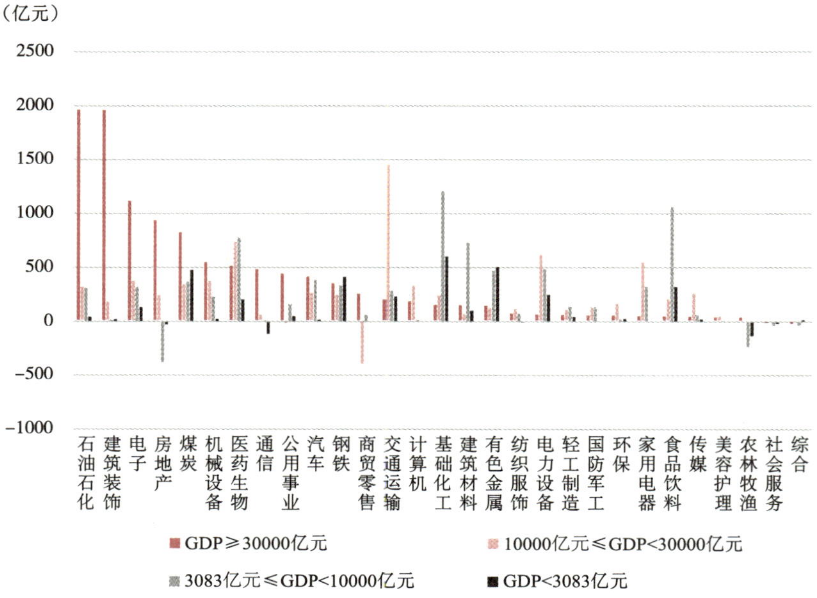

图6－25　上市公司行业净利润情况（剔除金融业）

四、行业营业收入净利率

各区间城市上市公司营收净利率与城市GDP总量呈正相关。GDP总量30000亿元及以上的城市上市公司净利润占营业收入比例最高为9.25%，GDP总量3083亿元至10000亿元（含3083亿元）的城市上市公司净利润占营业收入比例最低为6.20%。GDP总量3083亿元以下的城市上市公司行业亏损数量最多。

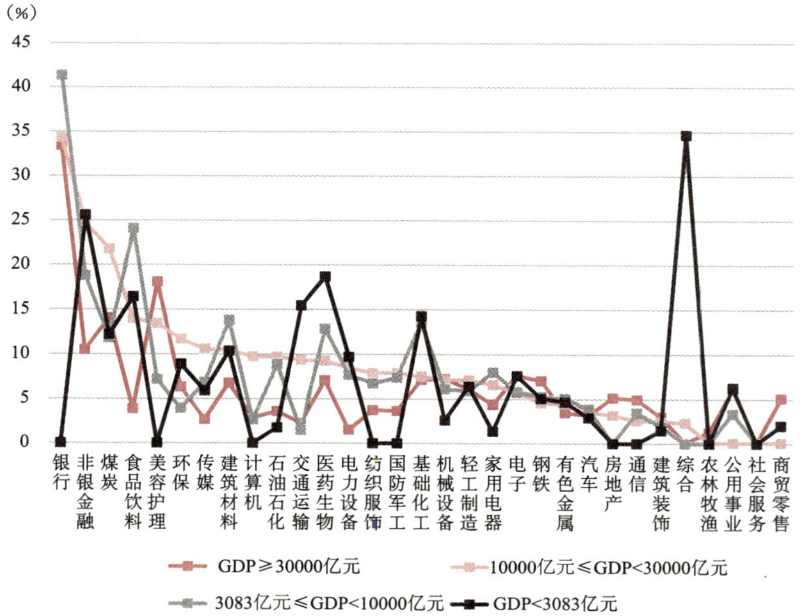

图6－26　行业营业收入净利率（行业缺失或净利润为负均用0表示）

五、各区间城市的发展探究

GDP 总量 30000 亿元及以上的城市上市公司员工主要分布在第三产业，依托城市完善的工业基础，作为上层建筑服务于社会其他行业，形成了一个良好的循环体系。上市公司依托有利的资源获取更多的营业收入和净利润，并以此来雇佣更多的员工并拓展相关的业务，从而提升居民的可支配收入，促进了社会整体消费水平的提升，这为城市经济的发展带来了巨大的推动力，也为上市公司业务收入的增加带来更多的可能性。

同时，GDP 总量 30000 亿元及以上的城市作为我国城市发展的领头羊应当发挥辐射全国的作用，通过第三产业所具备的优势地位服务于区域经济，带动其他城市的经济发展。

GDP 总量 10000 亿元至 30000 亿元（含 10000 亿元）的城市具备良好的制造业产业链和相关高端技术，完整的制造业产业链是城市经济腾飞的基石，使城市具有更大的发展潜力与空间。

但市值 1000 亿元以上的优质上市公司少及研发支出低是该区间城市经济发展的痛点。一方面，GDP 总量 10000 亿元至 30000 亿元（含 10000 亿元）的城市中市值 1000 亿元以上的上市公司数量占比仅为 2.41%；另一方面，剔除未披露研发支出的上市公司后，GDP 总量 10000 亿元至 30000 亿元（含 10000 亿元）的城市上市公司平均研发支出为 2.19 亿元，低于 GDP 总量 3083 亿元至 10000 亿元（含 3083 亿元）的城市上市公司平均研发支出 2.47 亿元，不及 GDP 总量 30000 亿元及以上城市中上市公司平均研发支出的一半。优质的上市公司由于具有科技、资本等多种优势，对城市经济的带动作用非常明显，同时，在联动效应下，优质上市公司也会带动相关产业链其他企业的发展。因此，加大公司研发投入力度，培育和发展更多优质的上市公司是该区间城市经济发展中的关键一步。

从 GDP 总量 3083 亿元至 10000 亿元（含 3083 亿元）城市上市公司的行业市值来看，城市中高端产业的发展并不具有突出优势。因此，GDP 总量 3083 亿元至 10000 亿元（含 3083 亿元）的城市快速推进产业结构的转型升级是城市经济发展的转折点。

GDP 总量 3083 亿元至 10000 亿元（含 3083 亿元）城市中市值 1000 亿元以上上市公司数量较多，一方面，以这些高市值公司吸纳更多的资源、先进技术和优秀人才，另一方面，积极发挥优质上市公司的带动作用，优化城市资源配置，从而加速城市的产业结构调整，深化产业链的发展，力求经济增长的新突破点。

GDP 总量 3083 亿元以下的城市仅有 599 家上市公司，上市公司的缺乏是城市经济发展的难题。上市公司是衡量一个城市或地区发展水平和竞争力的关键指标，企业上市后获得更大的发展平台，有利于吸引相关产业高端技术、优秀人才，从而引领和带动整个城市创新能力、发展水平不断提高。因此，培育出更多优质的上市公司是 GDP 总量 3083 亿元以下的城市所需要努力的方向。

从产业结构来看，GDP 总量 3083 亿元以下的城市上市公司主要分布在煤炭、基础化工、交通运输、钢铁、有色金属等基础性行业，产业结构较为单一，城市经济增长点动力不足。但资源类行业作为我国工业发展的基础性行业，对我国工业发展有着重要的作用，在短时间内不可替代。因此，加大研发投入延伸资源类行业产业链是提升其上市公司产品附加值的突破口，也是 GDP 总量 3083 亿元以下的城市经济的新增长极。

第八节　中国城市经济发展六大示范模式

一、深圳模式——培育战略新兴产业，抢占新经济发展制高点

战略性新兴产业代表新一轮科技革命和产业变革的方向，是培育发展新动能、获取未来竞争新优势的关键领域，引领未来经济社会发展的重要力量。当前我国正处在转变发展方式、优化经济结构、转换增长动力的攻坚期，迫切需要利用各类资源大力发展战略性新兴产业，培育发展壮大新动能。

截至 2021 年 12 月 31 日，沪深 A 股符合战略新兴产业的上市公司有 1356 家，总市值 342694.43 亿元。其中，深圳市符合战略新兴产业的上市公司有 150 家，占比 11.06%，总市值 40819.32 亿元，占比 11.91%。其上市公司数量及市值仅次于北京市，在 340 个城市中排名第二。

深圳市战略新兴产业的快速发展与深圳市政府 2018 年 11 月 2 日出台的《深圳市人民政府印发关于进一步加快发展战略性新兴产业实施方案的通知》紧密相关。通知中提出，深圳市通过三步走策略，形成重点突出、布局合理、质量效益显著的战略性新兴产业发展格局，成为全球重要的新经济发展策源地。到 2025 年，战略性新兴产业科技创新水平国际知名，掌握一批前沿引领技术和现代工程技术，力争培育更多世界五百强企业和一大批

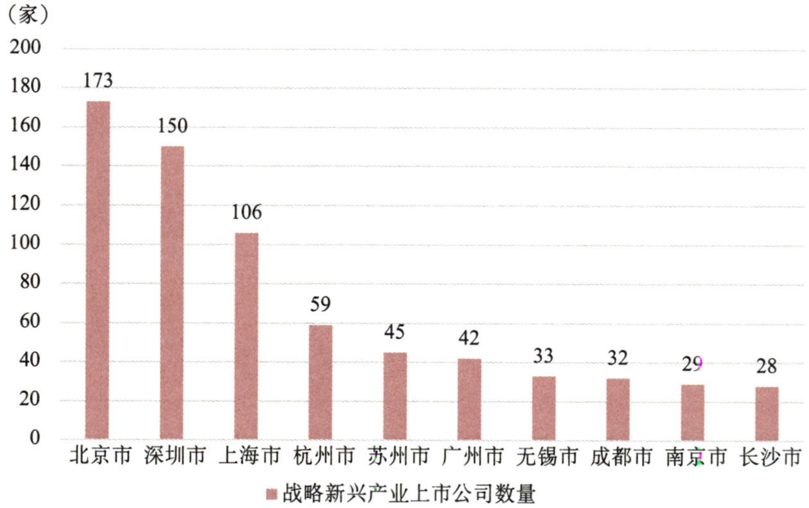

图 6－27　战略新兴行业上市公司数量排名前十位城市

创新型企业，建成10个以上产业规模超百亿、产业链条完备、产业配套完善的新兴产业集聚区，打造更多千亿级和万亿级优势产业集群。在政府引导和“产业链+创新链”融合发展的基础上，深圳市七大战略新兴产业表现出了强劲的增长势头。2015—2019年，七大战略新兴产业增加值占深圳市生产总值比重达40%左右，远高于全国平均水平，成为深圳经济发展和产业转型升级的主要动力。

二、广州模式——背靠出口工业加工区，加速打造全球产业链

制造业是推动经济社会高效、高质发展的重要引擎。目前，广州已成为华南地区工业门类最齐全的城市，拥有全国41个工业大类的35个，工业综合实力位居全国前列，在一线城市中率先获批“中国制造2025”试点示范城市，成为了我国制造业标杆城市。

广州出口加工区是2000年4月经国家批准成立的首批15个出口加工区之一，是经国务院批准设立的首批国家级经济功能区，位于广州经济技术开发区东区内。出口加工区定位为海关对进出口加工区的货物及区内相关场所进行24小时监管的特殊封闭区域，在出口加工区内可设立：出口加工企业；专为出口加工企业生产提供服务的仓储企业；经海关核准专门从事加工区内货物进出的运输业。截至2021年12月31日，广州市127家上市公司2020营业收入共计10081.87亿元，其中境外营业收入649.00亿元。

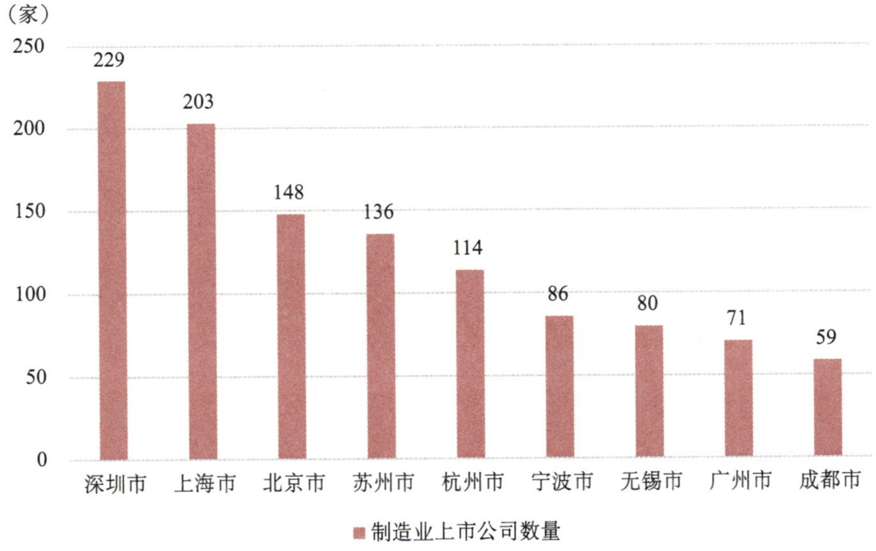

图6-28 制造业上市公司数量排名前十位城市

三、苏州模式——打造完整工业体系，引领世界工业发展

2021年5月赛迪顾问发布的“2021中国先进制造业百强园区榜单”中苏州市以8个先进制造业园区位列各城市之首。一个国家崛起靠工业，而苏州则是我国最强三大工业城市之一。

目前，苏州已成为工业大市，拥有 35 个工业大类、167 个工业中类、491 个工业小类，电子信息、装备制造两大产业产值均突破万亿元，是中国制造业体系最完备的城市之一。苏州市拥有超过 16 万家工业企业，工业总产值逾 3.3 万亿元。制造业基础雄厚、产业配套能力强，是苏州工业发展的综合体现。

同时，苏州市也在不断通过资本市场来促进城市制造业企业的发展。2019 年苏州市企业 IPO 数量 14 家，制造业占比 78.57%，2020 年 IPO 数量 25 家，制造业占比 88%。到了 2021 年 1 月 1 日至 12 月 31 日期间，苏州市企业 IPO 数量为 31 家，其中制造业 IPO 数量为 28 家，排名全国各城市第一位，占苏州市 2021 年以来 IPO 数量的 90.32%。先进制造业是科技创新的主要阵地，是未来世界经济发展的引领力量。苏州市通过培育优质制造业上市公司，实现了工业立市，这是疫情影响之下苏州市经济发展仍能阔步向前的根基。

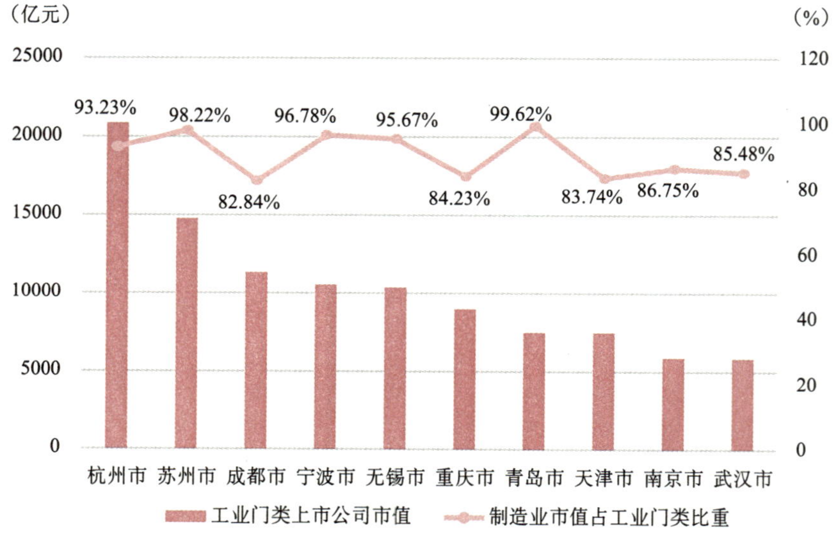

图 6－29　工业门类上市公司市值及制造业市值占比

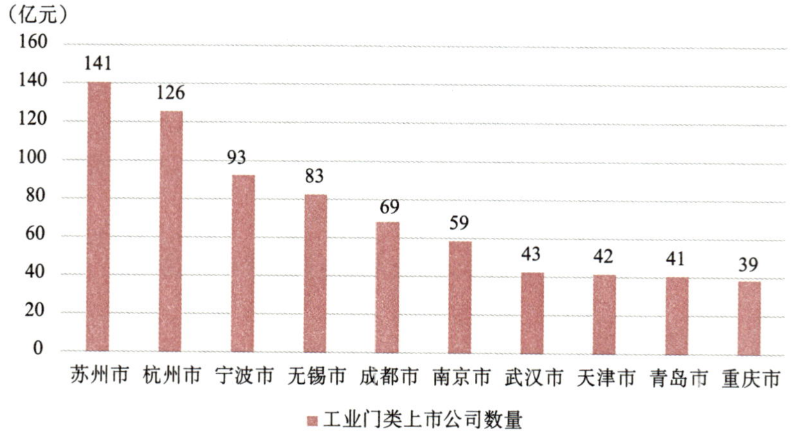

图 6－30　工业门类上市公司数量

四、成都模式——将医药生物产业与各行业相融合，成就经济发展先导部门

2021 年 10 月 20 日，中国生物技术发展中心正式发布了《2021 中国生物医药产业园区竞争力评价及分析报告》，“2020 中国生物医药园区竞争力排行榜”也同步揭晓。其中，成都高新区在全国生物医药产业园区综合排名中位居第 4，仅次于苏州工业园区、中关村国家自主创新示范区、上海张江高新技术产业开发区，稳居中国生物医药园区竞争力排行榜第一梯队。

同时，成都市医药生物上市公司数量位居 GDP 总量 10000 亿元至 30000 亿元（含 10000 亿元）城市的第 1 位。近年来，成都市医药生物产业发展迅速，聚集了科伦药业、康弘药业、迈克生物、康华生物等众多医药生物行业上市公司。成都市高新区通过构建医药生物创新成果转化能力，为区域中的医药生物行业提供了全产业链条的服务体系，大大提高了企业的创新活力。

当前，成都高新区正全面增强医药生物产业创新能力，通过打造全国重要的产业创新应用场地，推动成都市生物医药产业蓬勃发展。

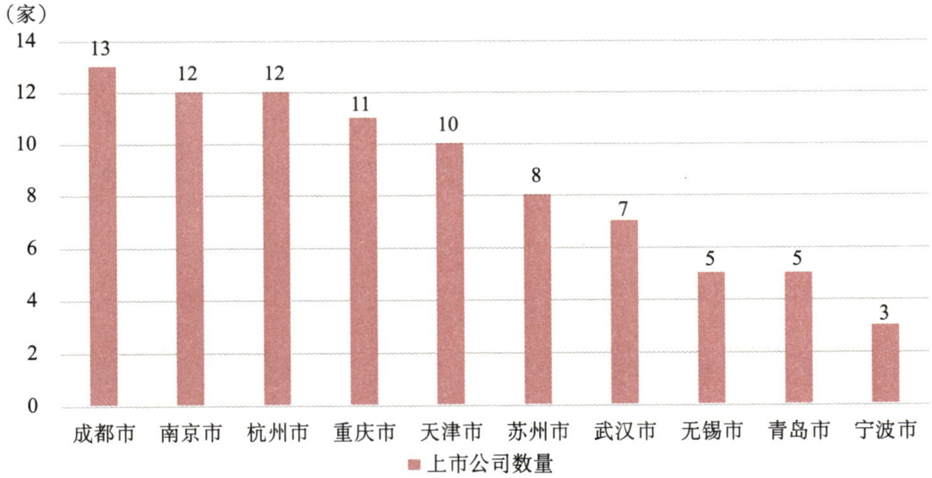

图 6－31　医药生物行业上市公司数量

五、合肥模式——依托城投集团，实现产融互动，带动城市发展

近年来，合肥市经济快速发展，强势入围新一线城市序列。其中，为了推动合肥市“产业兴城”战略，合肥市政府的重要抓手——合肥市国有资产控股有限公司，在这当中也发挥了举足轻重的作用，无论是京东方科技集团股份有限公司的引入、几个千亿级产业链的打造，还是蔚来汽车的重磅引入，都离不开合肥市国有资产控股有限公司的身影。

2008 年，在青岛、合肥、武汉等城市家电产业快速发展之时，均面临一个困难的局

面，当时我国的家电行业中重要的液晶显示器大部分只能依赖进口，导致多数厂商产能受限。在这种局面下，为推动合肥家电产业的发展，合肥向京东方抛出“橄榄枝”，并给予了京东方一系列的支持。最终，在合肥市建设投资控股（集团）有限公司的努力下，成功实现以小博大，发挥了政府引导基金的杠杆作用，最终敲定了国内首条液晶面板 6 代线项目。

当合肥市工业产业链“缺芯”后，2016 年，合肥市产业投资控股（集团）有限公司与兆易创新公司联手启动安徽单体投资最大的产业项目——总投资 1500 亿元的长鑫集成电路有限公司动态存储芯片基地。2019 年，第一个 DRAM 存储芯片实现量产，填补了国内相关领域空白。

2020 年，合肥市国有资产控股有限公司从年初受邀考察蔚来汽车项目，到 4 月底，合肥市建设投资控股（集团）有限公司等便与蔚来签署投资协议，总用时不到百天，注资 70 亿元人民币。其魄力令人惊叹。

值得注意的是，在 2015 年，合肥搭建以合肥市建设投资控股（集团）为核心的基础设施建设运营平台，重点投向新能源汽车、现代旅游、交通等；整合合肥国控和合肥工业投资控股有限公司组建成为合肥产业投资控股（集团），专注引导产业投资；同时打造以兴泰控股为主的地方金融控股平台。即通过业务分类的形式，将合肥市国有资产控股有限公司所属上市公司分别划分至合肥建投集团、合肥产投集团和兴泰控股，从而使各项业务朝纵深、精细化发展。

总体来讲，合肥市依托合肥市国有资产控股有限公司及其旗下三大平台，为合肥市产业发展转型提供了强大的动力支持，通过打造完整的液晶显示屏、半导体及新能源产业链，使合肥市经济发展迈上了新台阶！

六、襄阳模式——量化测评与现场调查相结合，上市后备资源精准梯度划分

上市公司对产业生态的构建有着重要意义，但目前许多城市在进行上市后备资源培育梯度划分方面存在着以内部研讨为主，缺乏量化数据支撑的问题，而襄阳借助金融科技手段进行的拟上市梯队摸底服务，在培育企业上市方面进行量化分析衡量、阶段式培育激励、全流程服务。

襄阳通过为上市后备企业提供智能化产品进行模拟测评的方式，精准筛选后备资源库中已符合上市标准的企业，识别未达标准企业需提升的痛点，并结合城市产业发展规范形成企业上市培育的精准梯度划分；

对于启动上市的企业，襄阳采取“辅导备案、受理上市材料、完成发行”分阶段奖励政策，针对成功上市企业推行“无申请即兑现”改革，通过拆解上市目标、上市过程持续激励、压缩奖励兑现时限的方式，客观上为企业发展提供实质性的资金支持，主观上提高后备企业的上市积极性；

襄阳市政府与省地方金融监管局、深交所三方共建以资本市场业务培训、投融资综合

服务、资本市场数据调研、投资者宣教一体化的培育中心，形成上市前培育，上市后服务助力的闭环。

襄阳的企业培育模式在取得了显著性成果，2021 年襄阳市新增上市公司数突破历年新高，跃居湖北省新增上市公司数第 2 的位置，且新增上市公司是以生物医药、机械设备为主的科技创新型企业，实现了助推企业上市与城市产业优化升级的有机结合。

七、城市发展共性

（一）工业立市，夯实腾飞基础

工业是国民经济的主导产业，是国民经济各部门进行技术改造的物质基础，决定着国家的技术水平和经济发展水平。城市的发展必定要经历工业化的进程，而城市中工业门类上市公司的数量和市值是城市工业进程的重要体现。在深圳、广州、苏州、成都、合肥这几个城市当中，工业门类上市公司的市值均占据着城市上市公司大部分的比重。

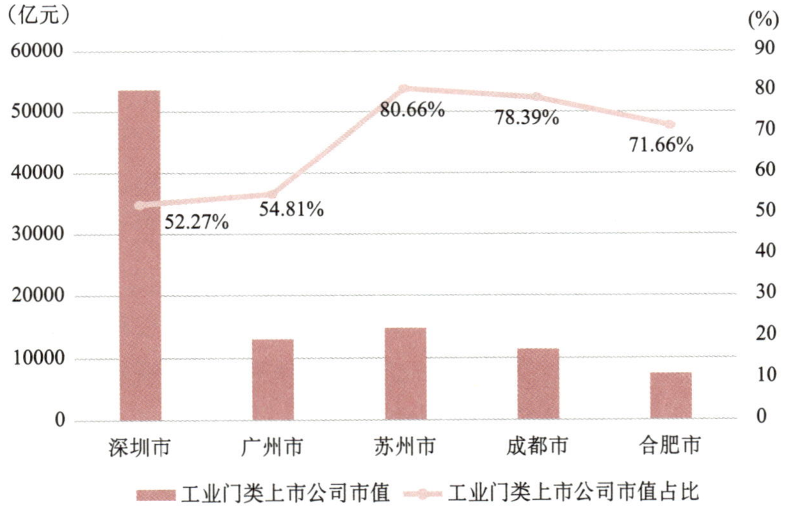

图 6－32　城市工业门类上市公司市值及占比

（二）大力培育上市企业，提升城市 A 股证券化率

后备力量决定了未来城市上市公司的数量与质量，截至 2021 年 12 月 31 日，深圳、广州、苏州、成都、合肥这几个城市的新三板挂牌公司数量均居我国各城市前列。新三板作为中国未来新经济增长点和有价值投资企业的发现的重要投资场所，其价值对一个城市的发展的重要性不言而喻。一个城市新三板企业挂牌数量的多少，也反映了当地企业发展的活力和城市创新能力。

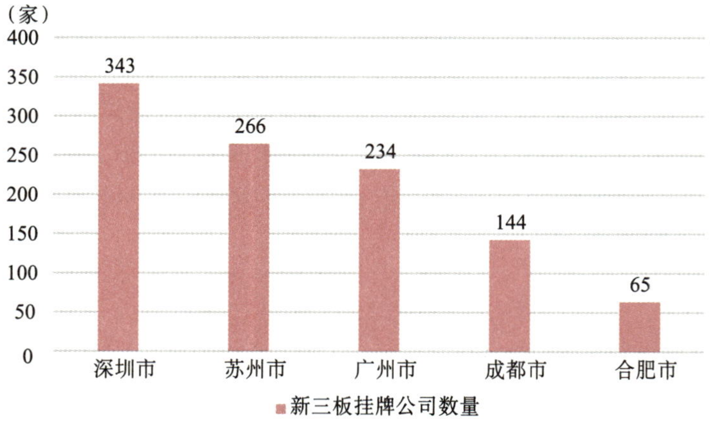

图 6－33　各城市新三板挂牌公司数量

（三）财政引导资本，撬动城市发展

截至 2022 年 5 月 7 日，各地方设立政府引导基金共计 1900 个，苏州市、成都市、广州市、深圳市政府引导基金数量均名列前茅。

政府引导基金是通过引导创业投资行为，支持初创期科技型中小企业的创业和技术创新。政府引导基金的宗旨是，发挥财政资金杠杆放大效应，增加创业投资资本供给，克服单纯通过市场配置创业投资资本的市场失灵问题。特别是通过鼓励创业投资企业投资于种子期、起步期等创业早期的企业，弥补一般创业投资企业主要投资于成长期、成熟期和重建企业的不足。其特点是不以营利为目的。

这些城市通过设立多个政府引导基金，有效地帮扶了初创型中小企业，为城市的发展增添了更多的创新活力和竞争力。同时，通过政府引导基金可以有效引导资本市场资金到科技创新型行业中来，促进城市经济持续健康发展。

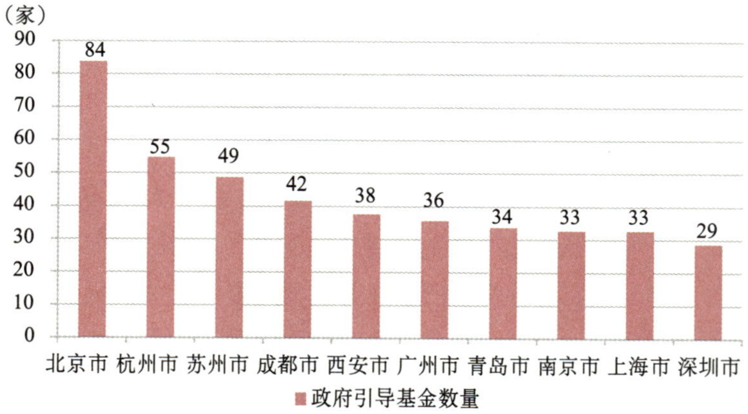

数据来源：私募通。

图 6－34　各城市政府引导基金数量

第七章
科技创新对上市公司市值提升的影响力

第一节　沪深A股上市公司市值行业分布正向高科技行业推进

截至2021年12月31日，沪深A股共有4603家上市公司，分布于31个申万一级行业。上市公司数量排名前10的行业依次为：机械设备、医药生物、电子、基础化工、计算机、电力设备、汽车、建筑装饰、传媒和轻工制造。上述10大行业中，除基础化工、建筑装饰和轻工制造以外，有7个行业是以科技创新类上市公司为主体的行业，该7个行业的上市公司数量占据了沪深A股上市公司总数的46.93%。同时，前十大行业中的基础化工作为国民经济发展的基础性行业之一，其科技属性也愈发浓厚。一方面，随着市场的发展壮大，规模化生产对化工企业的成本控制提出了更高的要求，而提升成本控制能力的动力源归根结底是生产技术的精进；另一方面，在我国整体产业结构升级以及绿色发展的大背景下，与高新技术产业相关的新材料企业也在实现蓬勃发展，若再加上这基础化工这个行业，则占据了沪深A股上市公司数量的近54.49%。新兴行业上市公司在沪深A股不断涌现，传统行业上市公司科技含量在转型升级中逐步提高已是大势所趋。

自沪深交易所成立以来，我国资本市场便随着国家产业发展的脉搏跌宕起伏。从房地产业集聚大量资本充当国民经济支柱，到金融、能源业席卷市场盘踞市值榜首，再到消费、科技类上市公司跻身市值龙头……沪深A股始终如同我国经济发展的缩影，而其中各行业市值分布的变化也在以最客观的姿态对我国产业结构的转型升级脉络作出最真实的反映。

下面我们将从横跨30年的视角出发，追随沪深A股行业市值动态发展的足迹，探寻沪深A股未来发展方向。以下，我们选择每相隔5年，根据申万一级行业分类，计算各行业上市公司的总市值占全市场总市值的百分比，得出在每个不同的年代，各行业市值所占的百分比。从图7-1可以看出国家经济发展过程中，沪深A股支柱性行业从房地产行业

（1991 年市值占比 40. 25%→1995 年市值占比 18. 14%→2000 年市值占比 10. 36%），到能源（2005 年石油石化市值占比 13. 79%）、金融（2010 年银行市值占比 19. 90%→2015 年银行市值占比 14. 29%→2021 年银行市值占比 10. 08%），最终到科技行业引领的变迁史。

1991—2021 年各行业市值占比的分布情况如图 7－1 所示：

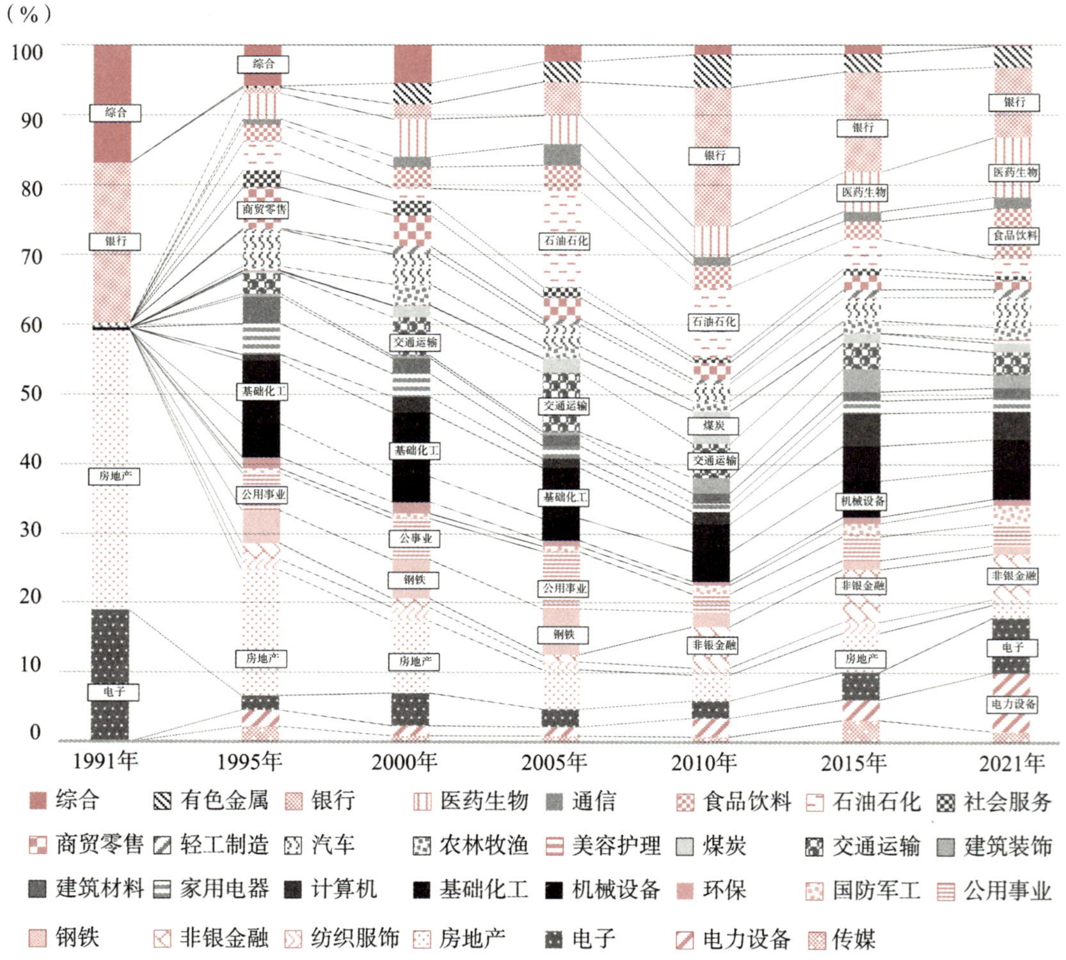

图 7－1　1991—2021 年沪深 A 股行业市值占比变迁

一、1991 年，资本市场初创，洞悉政策的公司抓住先机实现上市

1991 年年底，刚刚成立的沪深 A 股市场仅有沪市老八股、深市老五股等十余家上市公司，涉及的 6 个行业中有一半行业的总市值仅代表了单只股票的市值。在早期稀缺的上市公司席位中，房地产上市公司便已有 4 家，行业总市值占沪深 A 股市值的比重高达四成，平均市值更是超过 10 亿元。房地产业在早期便已取得沪深 A 股总市值第一的桂冠，并在此后的十余年内一直稳居榜首未曾动摇。

表 7-1　　1991 年沪深 A 股行业市值情况

申万行业（一级）	公司数量（家）	家数占比	总市值（亿元）	市值占比	代表公司
房地产	4	30.77%	46.28	40.25%	深宝安 A、深万科 A
银行	1	7.69%	26.36	22.92%	深发展 A
电子	4	30.77%	21.76	18.93%	真空电子、飞乐股份
综合	2	15.38%	19.37	16.84%	深金田 A、爱使股份
汽车	1	7.69%	0.75	0.65%	申华实业
基础化工	1	7.69%	0.48	0.42%	浙江凤凰

注：统计时点为 1991 年 12 月 31 日。

二、1995 年，资本市场建立初期，房地产业在市场经济的蓬勃发展中节节攀升

1992 年邓小平南方谈话后，房地产业进入了高速扩张期，大批房地产公司如雨后春笋般出现，即使是在 1993 年后国家为防止房地产业发展过热而采取宏观调控措施，亦未阻止优质房地产公司向前迈进的步伐。到了 1995 年，沪深 A 股房地产上市公司就已增长到 53 家，是当时上市公司数量最多，也是总市值最高的行业。

同时，为矫正计划经济时代优先发展重工业所形成的产业结构失衡问题，与人民群众生活息息相关的轻工业迅速发展。在这一时期，涤纶生产企业与农药企业都纷纷崭露头角，其中脱颖而出的公司实现上市，基础化工行业攀升至沪深 A 股行业总市值第二的位置。此外，党的十四大提出建立社会主义市场经济体制的目标，随着人民生活水平的提高，大众消费能力得到初步释放，伫立于各大城市的百货公司成为当年的一道靓丽风景线，商贸零售行业上市公司实现快速发展，并在沪深 A 股各行业中位居总市值第三。

表 7-2　　1995 年沪深 A 股总市值前 10 行业情况

申万行业（一级）	公司数量（家）	数量占比	总市值（亿元）	市值占比	代表公司
房地产	53	16.88%	702.75	18.14%	陆家嘴、外高桥、浦东金桥、原水股份、深深房 A
基础化工	22	7.01%	349.85	9.03%	仪征化纤、氯碱化工、轮胎橡胶、神马实业、联华合纤
商贸零售	29	9.24%	228.58	5.90%	豫园商城、中百一店、物贸中心、华联商厦、兰生股份
综合	34	10.83%	226.76	5.85%	海欣股份、上海永久、嘉宝实业、悦达股份、粤美雅 A
公用事业	10	3.18%	208.37	5.38%	申能股份、粤电力 A、皖能电力、内蒙华电、深能源 A

续表

申万行业（一级）	公司数量（家）	数量占比	总市值（亿元）	市值占比	代表公司
汽车	14	4.46%	204.24	5.27%	一汽金杯、上柴股份、中国嘉陵、凤凰股份、江铃汽车
机械设备	15	4.78%	186.08	4.80%	上菱电器、工缝股份、电器股份、自仪股份、北人股份
钢铁	6	1.91%	181.97	4.70%	安徽马钢、钢管股份、长城特钢、北满特钢、四川峨铁
家用电器	11	3.50%	171.03	4.42%	四川长虹、广电股份、冰箱压缩、春兰股份、水仙电器
石油石化	2	0.64%	157.64	4.07%	上海石化、鲁石化A

注：统计时点为1995年12月31日。

三、2000年，世纪之交，房地产与钢铁行业在大基建与城市化进程中奔涌向前

到了世纪之交，生产低附加值的产品已不符合我国向制造业大国迈进的目标，大众消费结构的重心也逐渐从日用消费品向耐用品转移，在产业结构的升级中重工业重新占据主导地位。重工业作为能源资源的重要消费主体带动了相关产业的蓬勃发展：我国钢铁产能飞速提升并成为全球钢铁生产与消费第一大国，在此背景下宝钢股份在2000年年末于沪主板上市并跃居市值第一股；以火力发电为代表的大批公用事业公司纷纷上市；长安汽车、一汽轿车等汽车企业也进入资本市场群雄逐鹿。

在现代化建设和城市化进程的深入推进下，我国的传统基建也在轰鸣声中迅速铺开，铁路、公路、住房不断出现，成为了支撑城市发展的骨架。其中，交通运输进入沪深A股市值前十行列。房地产业市值飙升至超过5000亿元，市值虽然仍居沪深A股首位，但该行业的领先地位已不再明显。由于大量资本集聚于该产业中，房地产业仍然在资本市场乃至国民经济中有着举足轻重的地位。

表7-3　2000年沪深A股总市值前10行业情况

申万行业（一级）	公司数量（家）	数量占比	总市值（亿元）	市值占比	代表公司
房地产	118	11.11%	5209.86	10.36%	陆家嘴、中关村、外高桥、原水股份、深深房A
基础化工	108	10.17%	4626.57	9.20%	仪征化纤、吉林化工、氯碱化工、中信国安、轮胎橡胶
公用事业	45	4.24%	2968.42	5.90%	粤电力A、申能股份、广州控股、国电电力、桂冠电力

续表

申万行业（一级）	公司数量（家）	数量占比	总市值（亿元）	市值占比	代表公司
钢铁	32	3.01%	2891.77	5.75%	宝钢股份、首钢股份、马钢股份、武钢股份、莱钢股份
交通运输	41	3.86%	2766.32	5.50%	东方航空、上海机场、福地科技、上海机场、粤高速 A
综合	84	7.91%	2743.51	5.46%	航天机电、三爱海陵、综艺股份、深圳方大、浙江中汇
医药生物	70	6.59%	2693.51	5.36%	三九医药、华北制药、金陵药业、太极集团、复星实业
电子	37	3.48%	2342.57	4.66%	深科技 A、风华高科、大唐电信、生益科技、安彩高科
商贸零售	68	6.40%	2242.80	4.46%	五矿发展、中化国际、东方创业、辽宁成大、厦门建发
汽车	48	4.52%	2174.39	4.32%	上海汽车、天津汽车、一汽轿车、凤凰股份、长安汽车

注：统计时点为 2000 年 12 月 31 日。

案例 7-1：宝钢股份首次将权证引入股权分置改革

宝钢股份于 2000 年 12 月 12 日在上海证券交易所上市。公司以生产高技术含量、高附加值的碳钢薄板、厚板与钢管等钢铁精品为主，产品主要被应用于汽车、家电、石油化工、机械制造、能源交通等行业。

宝钢股份是国内首家引入权证作为对价方式进行股权分置改革的企业。在股权分置改革之前，证券市场上市公司的股份分为流通股和非流通股，只有社会公众股可以流通，而国有股、法人股等不能流通，这种股权互相割据使得社会公众股东与原始股东利益不一致，严重影响上市公司的良性发展，宝钢股份也不例外。在实施改革之前，宝钢股份总股本是 175.12 亿，国有股东持股量为 77.86%，持股 136.35 亿，流通股是 38.77 亿。实施改革则需要非流通股股东向流通股股东实施对价补偿，由于持股成本不同，流通股股东之间的补偿要求存在巨大差异，偿付对价方案的股票价格难以具备市场化特征和公允性。

宝钢股份通过引入权证，按照 10 股获得 2.2 股及 1 份权证的方案，宝钢集团共需补偿流通股股东 8.5294 亿股股票和 3.877 亿份权证。引入权证有三点优势，一是权证具有价格发现功能，权证与标的证券间出现价格偏离时投资者可进行套利交易，这有助于标的资产价格回归至合理价位；二是权证本身具有价格，可以作为对价的支付手段；三是权证具备融资功能，发行认股权证可以实现“渐进融资”。因此，引入权证作为对价方式，对二级市场冲击较小，上市公司能实现“渐进融资”，配合公司管理层长期激励计划，实现管理层和公司利益相一致，有利于实现非流通股股东与流通股股东“双赢”。

宝钢股份引入权证实施股权分置改革，具有开创性的意义。股权分置改革对宝钢股份益处良多，在成功实施股权分置改革后，股权结构得到大大改善，机构投资者更有利于参与公司治理，上市公司并购重组也更为便利，大大促进了宝钢股份利用并购重组的手段，整合钢铁行业资源，为宝钢股份的经营打下了坚实基础。

四、2005年，能源行业在一体化中打响经济增长引擎

能源产业是经济发展的引擎，21世纪初我国GDP每年以约10%的速度高速增长，无论是内外贸易的商品运载还是民用汽车的交通需求都对能源产业的发展提出了更高的要求。起初的石油石化产业链上下游分化，市场内部存在竞争，容易形成管道重复建设、运转效率不高的问题，难以为经济的高速发展提供足够的动能。20世纪90年代末，中国石油天然气总公司和石油化工总公司重组，并成立了上下游一体化的两大石油石化集团，石油石化行业运转效率明显提升。2001年中国石化于沪主板上市，其总市值在2005年已超过4000亿元，单单一家公司的市值便足以与其他行业的总体市值相匹敌。中国石油在2007年上市首日更是创造了市值超80000亿元的奇迹，虽然该股在后来的持续下跌中已再难看见上市首日33.58元的最高价格，远超公司盈利能力的首日市值泡沫也在未来数年内破碎，但仍然奠定了石油石化行业在沪深A股中的市值龙头地位。

表7-4　2005年沪深A股总市值前10行业情况

申万行业（一级）	公司数量（家）	数量占比	总市值（亿元）	市值占比	代表公司
石油石化	13	0.96%	4775.73	13.79%	中国石化、上海石化、海油工程、辽河油田、中原油气
交通运输	60	4.41%	2927.78	8.45%	宁沪高速、上海机场、G中海、山东基建、盐田港A
公用事业	61	4.49%	2896.30	8.36%	华能国际、G长电、华电国际、G申能、国电电力
基础化工	131	9.63%	2507.33	7.24%	扬子石化、吉林化工、齐鲁石化、烟台万华、仪征化纤
钢铁	38	2.79%	2270.93	6.56%	G宝钢、G武钢、马钢股份、G鞍钢、华菱管线
房地产	134	9.85%	1998.18	5.77%	G万科A、陆家嘴、原水股份、招商地产、金融街
银行	5	0.37%	1677.60	4.84%	招商银行、浦发银行、G民生、华夏银行、深发展A

续表

申万行业（一级）	公司数量（家）	数量占比	总市值（亿元）	市值占比	代表公司
医药生物	103	7.57%	1404.48	4.05%	G同仁堂、云南白药、哈药集团、广州药业、复星医药
食品饮料	39	2.87%	1276.98	3.69%	贵州茅台、五粮液、青岛啤酒、张裕A、燕京啤酒
机械设备	64	4.71%	1096.14	3.16%	中集集团、振华港机、东方锅炉、上电股份、中联重科

注：1. 统计时点为2005年12月31日。

2. 证券简称含字母G代表该公司已经进行了股权分置改革。

五、2010年，股权分置改革解决了中国股市发展的基本问题，国有银行逐步完成改制上市

早期的国内资本市场存在着股权分置的特殊现象，流通股和非流通股之间的制度差异，导致了市场中出现了非流通股股东不关心公司市值发展，甚至占用上市公司资金、肆意侵占中小股东权益等问题，证券市场价值发现功能一度丧失。在这一背景下，投资者几乎难以通过长期投资的方式实现资本增值，依靠股票短期波动的价差获利成为投资者的主要策略。投资者几乎不关注上市公司的分红政策，也不在意其长期发展前景与实际内在价值，政策风向、市场热度主导的投机行为大行其道。基本面扎实的股票无人问津，而热衷于炒概念炒热度的公司因受投资者追捧其股票价格突飞猛进，此后又在投资者一哄而散后出现断崖式下跌的现象并不罕见，市场风险不断累积。为解决因股权分置引发的一系列问题，2004年起一系列针对股权分置改革的配套政策相继出台，并在2005年后深沪两市迎来了股权分置改革的全面铺开阶段。股权分置改革的实施强化了市场化的约束与激励机制，非流通股股东与中小投资者逐渐形成利益共同体。而随着上市公司价值与股票价格紧密性得到强化，以关注企业内在价值为导向的价值投资理念也逐渐被越来越多的投资者接受，提高上市公司内在价值、完善公司治理架构与利润分配机制成为上市公司获取投资者青睐的重要手段以及上市公司市值提升的根本动力。

"经济是肌体，金融是血液。"金融业的发展对加速资本集聚以及优化资源配置有着不可替代的作用，而国家经济繁荣的背后也必须要有健全的金融体系作为支撑。2001年中国正式加入WTO，全球化的深入推进对中国金融体制机制提出了更高的要求。我国的国有银行虽然在20世纪90年代已完成从专业性银行向商业银行的转型，但仍然存在自有资本金不足、不良资产率过高的问题。为了使我国金融业发展达到国际标准，也为了防范金融系统风险，2003年党的十六届三中全会明确提出要对国有银行"实施股份制改造，加快处置不良资产，充实资本金，创造条件上市"。2004年起，包括国有商业银行在内的各大

金融机构紧锣密鼓地展开了股份制改造，再加上通过中央汇金注入资本以及借助信达公司吸纳不良资产等一系列举措，国有商业银行上市之路上的障碍被逐渐扫清。在股权分置改革期间，自2005年5月25日至2006年6月2日，暂停新股发行达一年之久。恢复新股发行之后，2006—2010年，中工交建农五大国有商业银行先后于沪主板上市，从此银行业便一直盘踞在沪深A股的行业市值榜首之位。与此同时，中国人寿、中国平安、中国太保等保险业巨头也陆续上市，再加上各大证券公司的上市及后续的市值扩张，非银金融行业也同步登上了沪深A股市值前列。此后，金融行业便以其庞大的体量一直充当着沪深A股市值的定海神针。

表7-5　2010年沪深A股总市值前10行业情况

申万行业（一级）	公司数量（家）	数量占比	总市值（亿元）	市值占比	代表公司
银行	16	0.78%	60511.76	19.90%	工商银行、建设银行、中国银行、农业银行、交通银行
石油石化	15	0.73%	30535.00	10.04%	中国石油、中国石化、中海油服、S上石化、广汇股份
非银金融	29	1.42%	17784.45	5.85%	中国人寿、中国平安、中国太保、中信证券、华泰证券
交通运输	80	3.92%	14891.26	4.90%	中国国航、广发证券、大秦铁路、中国远洋、南方航空
煤炭	28	1.37%	14140.72	4.65%	中国神华、中煤能源、兖州煤业、西山煤电、国阳新能
有色金属	76	3.72%	14077.75	4.63%	江西铜业、中国铝业、紫金矿业、金钼股份、山东黄金
医药生物	143	7.00%	13146.97	4.32%	海普瑞、恒瑞医药、上海医药、云南白药、科伦药业
机械设备	146	7.15%	13143.78	4.32%	三一重工、中国南车、中联重科、中集集团、徐工机械
基础化工	198	9.69%	12199.84	4.01%	盐湖集团、S仪化、盐湖钾肥、荣盛石化、烟台万华
房地产	164	8.03%	11651.56	3.83%	万科A、保利地产、华侨城A、陆家嘴、新湖中宝

注：1. 统计时点为2010年12月31日。
2. 证券简称含字母S代表该公司尚未实施股权分置改革方案。

案例7-2：中国石化上市并完成股权分置改革

中国石化——国家在2000年2月独资设立的中国石油化工集团的下属公司，于同年10月份先后在香港、纽约和伦敦上市，并于2001年8月成功登陆上交所主板，如今已是一家上中下游一体化、石油石化主业突出的企业。作为国家能源安全的有力捍卫者、A股最高市值公司之一的中国石化，其股权分置改革受到了政府、股东和广大投资者们的瞩目。

自上市以来，本着整合现有资源、做大做强主业和简化公司结构等目的，中国石化一直致力于下属公司的改制与重组。随着股权分置改革的大潮涌来，同时也为了贯彻落实公司扩大资源、拓展市场、降本增效、严谨投资的发展战略，中国石化开始加速实施内部整合。2006年4月，中国石化以现金要约的方式收购了石油大明、扬子石化、齐鲁石化和中原油气四家子公司，不仅补充了资本市场的资金供给，还解决了部分关联交易问题，降低了未来股权分置改革的成本。紧接着，中国石化与国家开发银行、中国东方资产管理公司、中国信达资产管理有限公司三家大股东达成股份转让协议，以调整和优化公司股权结构。

在扫除了众多障碍后，中国石化加入了第46批股权分置改革公司的行列，并于2006年8月发布了实施改革的具体方案，而是否切实保护投资者们的利益，是决定方案能否一次性通过的关键因素。深知这一点的中国石化，同时参考了A股市场总体和大盘蓝筹股的股改对价水平，并综合考虑了自身基本面和发展前景，给出了十分合理的对价方案，保护了全体股东的利益。抱着积极主动的态度，中国石化在股改说明会中开诚布公，并与机构投资者深入沟通，赢得了投资方的广泛认可，在同年9月的网络投票和股东大会中，股改方案以高额票数通过。随后，中国石化以每股5.36元的收盘价于2006年10月10日复盘，并在短短20天后股份达到6.55元，已然恢复至其停牌前的水平。

完备的股改筹划和合理的实施方案，令中国石化成功完成了股权分置改革，实现了股份的全流通，更多的战略性融资机会也随之而来，并在未来的可持续发展中助力其扬帆远航。

在股权分置改革实施的2006年，中国石化的营业收入为1.06万亿元。经过十几年的努力，其2021年营业收入已经达到了2.74万亿元。

六、2015年，科技创新类产业正在聚集势能

2010年以后，我国经济发展从高速增长阶段向高质量发展阶段转变，优化经济结构、转换增长动力成为经济发展新常态下的关键。该阶段的重要特点之一便是居民收入的大幅提升、中等收入群体的扩大以及随之到来的消费升级。在全球贸易摩擦升级的大背景下，消费作为拉动经济增长的“三驾马车”之一，其重要性日趋凸显。高质量发展阶段的另一特点是，科技创新成为我国现代化建设的核心。“十四五”规划中，坚持创新驱动发展已被置于各项任务的首位。我国要从“制造大国”转变为“制造强国”，科技创新必须提升至战略层面。

日趋完善的金融体制机制以及逐渐搭建齐全的各门类工业体系对我国科技创新起到了蓄能作用，投融资的发展促进某一领域的科技创新从“可能”转变为“现实”，而新产品、新技术又能迅速地产业化，我国在诸多领域的科技水平已实现从模仿者到竞争者再到全球领先者的角色转变。华为在 5G 领域的技术领先全球、京东方领衔中国显示技术实现跨越式发展、大疆的无人机性能已是世界第一，“中国智造”正在一次又一次地惊艳全球。

表 7－6　　2015 年沪深 A 股总市值前 10 行业情况

申万行业（一级）	公司数量（家）	数量占比	总市值（亿元）	市值占比	代表公司
银行	16	0.57%	83471.92	14.29%	工商银行、建设银行、中国银行、农业银行、交通银行
非银金融	44	1.57%	44888.63	7.68%	中国人寿、中国平安、中国太保、中信证券、国泰君安
医药生物	203	7.22%	33014.52	5.65%	上海莱士、恒瑞医药、云南白药、康美药业、广汇汽车
房地产	161	5.73%	32407.42	5.55%	万科 A、绿地控股、招商蛇口、保利地产、陆家嘴
机械设备	260	9.25%	30116.93	5.16%	中国中车、中集集团、中国一重、三一重工、机器人
基础化工	262	9.32%	29345.66	5.02%	石化油服、国投安信、传化股份、康得新、华信国际
计算机	153	5.44%	27240.39	4.66%	海康威视、石基信息、同方股份、航天信息、科大讯飞
石油石化	20	0.71%	24546.49	4.20%	中国石油、中国石化、中海油服、上海石化、海油工程
电子	170	6.05%	23689.93	4.06%	京东方 A、三安光电、蓝思科技、歌尔声学、协鑫集成
交通运输	90	3.20%	21743.79	3.72%	上港集团、大秦铁路、中国国航、宁波港、东方航空

注：统计时点为 2015 年 12 月 31 日。

在该阶段，虽然各行业市值占比未发生本质性的变化，但在各行业数量占比却在悄然演变，2011—2015 年沪深 A 股新增上市公司的所属行业主要以科技属性更强的行业为主，机械设备、计算机、医药生物、电子、电力设备等行业的新增上市公司皆在 50 家以上，而 2013 年国家发布政策停止房地产企业的 IPO 及再融资，导致能源、金融、房地产等企业难见踪影。这一阶段科技创新型上市公司的大量上市，为下一阶段科技创新类产业领跑沪深 A 股发展奠定了基础。

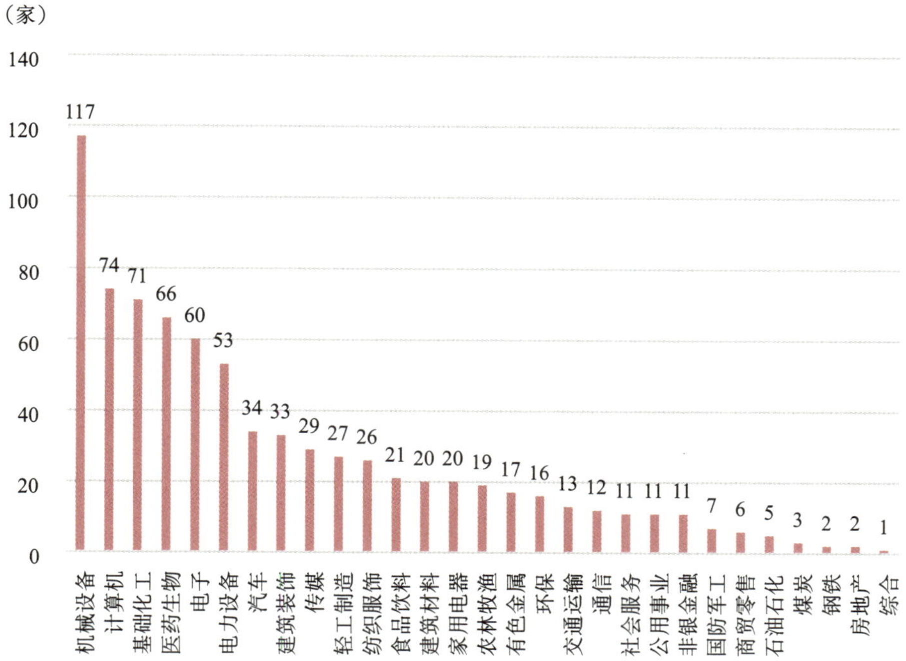

图 7－2 2011—2015 年沪深 A 股新增上市公司行业分布

七、2021 年，随着注册制改革的全面推进，科技创新类产业领跑时代

随着科创板与创业板注册制的推行，科技创新型上市公司正在沪深 A 股加速上市，具备核心技术的企业也越发受到投资者青睐：全球最大的锂电池供应商宁德时代用了不到 4 年的时间突破万亿市值，有着全球领先的监护仪技术以及健全医疗设备产业链的迈瑞医疗已然成为创业板市值第一股，中芯国际、韦尔股份等企业也正在勇攀芯片高峰。截至 2021 年 12 月 31 日，电力设备、计算机等具备更高科技含量的行业已跻身沪深 A 股总市值前 10 的行列。银行业虽仍是沪深 A 股各行业的市值榜首，但其所占的市值比重正在持续下降，如今已从 2010 年近 20% 的比重下降到 10.08%。我们越发清晰地感知到，与科技创新类相关产业领跑的时代已经到来。

表 7－7　　　　2021 年沪深 A 股总市值前 10 行业情况

申万行业（一级）	公司数量（家）	数量占比	总市值（亿元）	市值占比	代表公司
银行	41	0.89%	99640.43	10.08%	工商银行、建设银行、招商银行、农业银行、中国银行
医药生物	413	8.97%	83850.79	8.48%	迈瑞医疗、药明康德、恒瑞医药、片仔癀、爱尔眼科

续表

申万行业（一级）	公司数量（家）	数量占比	总市值（亿元）	市值占比	代表公司
电力设备	281	6.10%	83551.43	8.45%	宁德时代、隆基绿能、亿纬锂能、恩捷股份、国电南瑞
电子	351	7.63%	77002.08	7.79%	中芯国际、立讯精密、韦尔股份、工业富联、京东方A
食品饮料	115	2.50%	72024.06	7.29%	贵州茅台、五粮液、海天味业、山西汾酒、泸州老窖
非银金融	87	1.89%	65914.79	6.67%	中国平安、中国人寿、东方财富、中信证券、中国太保
基础化工	348	7.56%	43244.65	4.38%	万华化学、盐湖股份、合盛硅业、宝丰能源、藏格矿业
汽车	233	5.06%	42347.78	4.28%	比亚迪、长城汽车、上汽集团、广汽集团、潍柴动力
机械设备	449	9.75%	41479.72	4.20%	三一重工、汇川技术、中国中车、时代电气、恒立液压
计算机	286	6.21%	39575.80	4.00%	海康威视、金山办公、科大讯飞、用友网络、宝信软件

注：1. 统计时点为2021年12月31日。

在2021年沪深A股总市值排名前20的细分行业中，数字芯片设计、航空装备Ⅲ、IT服务Ⅲ、垂直应用软件等细分行业都已榜上有名，且每一个细分行业的市值规模都已接近或超过10000亿元。

表7-8　　2021年沪深A股总市值前20细分行业情况

申万行业（一级）	申万行业（三级）	公司数量（家）	数量占比	总市值（亿元）	市值占比	代表公司
银行	国有大型银行Ⅲ	6	0.13%	58555.68	5.92%	工商银行、建设银行、农业银行、中国银行、邮储银行
食品饮料	白酒Ⅲ	19	0.41%	50545.79	5.11%	贵州茅台、五粮液、山西汾酒、泸州老窖、洋河股份
非银金融	证券Ⅲ	48	1.04%	37125.17	3.76%	东方财富、中信证券、中金公司、中信建投、广发证券
银行	股份制银行Ⅲ	9	0.20%	29310.08	2.97%	招商银行、兴业银行、平安银行、浦发银行、中信银行
非银金融	保险Ⅲ	7	0.15%	23851.12	2.41%	中国平安、中国人寿、中国太保、中国人保、新华保险

续表

申万行业（一级）	申万行业（三级）	公司数量（家）	数量占比	总市值（亿元）	市值占比	代表公司
电力设备	锂电池	16	0.35%	20287.08	2.05%	宁德时代、亿纬锂能、国轩高科、欣旺达、珠海冠宇
石油石化	炼油化工	9	0.20%	19503.66	1.97%	中国石油、中国石化、荣盛石化、恒力石化、东方盛虹
电子	消费电子零部件及组装	77	1.67%	16500.58	1.67%	立讯精密、工业富联、歌尔股份、闻泰科技、蓝思科技
医药生物	化学制剂	96	2.09%	15200.52	1.54%	恒瑞医药、复星医药、华东医药、健友股份、丽珠集团
房地产	住宅开发	96	2.09%	13254.66	1.34%	万科A、保利发展、金地集团、绿地控股、*ST基础
电子	数字芯片设计	28	0.61%	13233.48	1.34%	韦尔股份、紫光国微、兆易创新、澜起科技、格科微
国防军工	航空装备Ⅲ	41	0.89%	11903.58	1.20%	航发动力、中航沈飞、中航西飞、中航机电、中航重机
医药生物	中药Ⅲ	69	1.50%	11892.47	1.20%	片仔癀、云南白药、同仁堂、白云山、*ST康美
电力设备	电池化学品	24	0.52%	11645.04	1.18%	恩捷股份、璞泰来、天赐材料、中伟股份、杉杉股份
汽车	综合乘用车	8	0.17%	11175.75	1.13%	长城汽车、上汽集团、广汽集团、长安汽车、小康股份
计算机	IT服务Ⅲ	109	2.37%	10760.66	1.09%	宝信软件、紫光股份、中科创达、朗新科技、光环新网
医药生物	医疗研发外包	19	0.41%	9831.44	0.99%	药明康德、凯莱英、康龙化成、泰格医药、博腾股份
银行	城商行Ⅲ	16	0.35%	9616.78	0.97%	宁波银行、上海银行、北京银行、南京银行、江苏银行
计算机	垂直应用软件	80	1.74%	9288.56	0.94%	恒生电子、德赛西威、同花顺、广联达、石基信息
电力设备	硅料硅片	4	0.09%	9231.84	0.93%	隆基绿能、通威股份、中环股份、大全能源

注：1. 统计时点为2021年12月31日。

现如今，全球科技正以几何倍的速度更新与发展，而科技进步之路永无止境。一次次的技术革新将会重塑全球经济结构的版图，大国竞争的重点也将聚焦于科技。我国在科技创新领域正在不懈奋进，也正在不遗余力地培养与支持深耕科技领域、能够持续创新的优质公司。上市公司作为中国企业的领先代表，是我国在各大关键领域实现技术突破的主要力量，相信未来必将有越来越多的国之重器在沪深 A 股这一厚实土壤的滋养下诞生！

第二节　科技属性逐渐成为上市公司竞争的关键着力点

一、科技创新类产业已成为沪深 A 股市值的一大支柱

科技创新类产业已与金融业、食品饮料业（以白酒业为代表）共同成为当前沪深 A 股市值的 3 大支柱。截至 2021 年 12 月 31 日，沪深 A 股上市公司总市值共 98. 83 万亿元。市值排名前 5 的行业依次为银行、医药生物、电力设备、电子和食品饮料。其中，电力设备、医药生物和电子 3 个行业的上市公司总市值便有 24. 44 万亿元，约占沪深 A 股上市公司总市值的 1/4。

科技创新类产业上市公司平均体量处于中等水平，聚集了大量极具潜力的中小型科技企业。在平均市值排名上，科技创新类产业上市公司平均市值要高于轻工业与服务业，但与金融类行业、能源类行业与食品饮料业相比仍有较大差距，平均市值最高行业为电力设备业（297. 34 亿元）。但科技创新类产业中的各个行业都有千亿级甚至是万亿级的上市公司脱颖而出，其中行业龙头市值最高的仍是电力设备业，其市值排名第一的上市公司为宁德时代，该公司在 2021 年 12 月 31 日的市值已高达 1. 37 万亿元，在沪深 A 股所有上市公司中位列第 4。

表 7 –9　　2021 年沪深 A 股各行业上市公司市值分布

申万行业（一级）	总市值（亿元）	市值占比	平均市值（亿元）	最高值	最低值
银行	99640. 43	10. 08%	2430. 25	16501. 61	83. 62
医药生物	83850. 79	8. 48%	203. 03	4629. 35	10. 17
电力设备	83551. 43	8. 45%	297. 34	13705. 41	13. 64
电子	77002. 08	7. 79%	219. 38	4188. 25	6. 18
食品饮料	72024. 06	7. 29%	626. 30	25752. 05	13. 74
非银金融	65914. 79	6. 67%	757. 64	9215. 07	13. 66
基础化工	43244. 65	4. 38%	124. 27	3171. 14	11. 50
汽车	42347. 78	4. 28%	181. 75	7805. 36	17. 08
机械设备	41479. 72	4. 20%	92. 38	1936. 31	12. 71
计算机	39575. 80	4. 00%	138. 38	4884. 49	13. 74
交通运输	31854. 61	3. 22%	250. 82	3381. 36	14. 31
公用事业	30981. 60	3. 13%	258. 18	5162. 40	9. 58
有色金属	29684. 35	3. 00%	233. 74	2554. 02	10. 56
国防军工	26543. 73	2. 69%	232. 84	1691. 59	13. 71
石油石化	23980. 51	2. 43%	521. 32	8986. 33	14. 91

续表

申万行业（一级）	总市值（亿元）	市值占比	平均市值（亿元）	最高值	最低值
家用电器	19285.21	1.95%	235.19	5155.82	14.31
建筑装饰	18736.11	1.90%	124.08	2097.41	11.43
房地产	18572.97	1.88%	147.40	2297.18	11.05
农林牧渔	17061.79	1.73%	175.89	3411.81	13.33
传媒	15918.78	1.61%	108.29	1182.82	9.51
通信	15714.34	1.59%	146.86	3962.26	8.96
建筑材料	13807.26	1.40%	181.67	2135.62	16.64
商贸零售	12993.32	1.31%	126.15	4283.93	13.89
煤炭	12878.17	1.30%	338.90	4474.39	10.47
钢铁	11894.03	1.20%	270.32	1594.42	27.77
轻工制造	11225.13	1.14%	83.15	1005.78	13.49
环保	8139.98	0.82%	72.68	476.07	15.11
纺织服饰	7919.68	0.80%	69.47	1039.21	11.49
社会服务	5811.41	0.59%	78.53	627.05	11.28
美容护理	5190.13	0.53%	178.97	1159.93	18.39
综合	1521.58	0.15%	50.72	118.03	13.16
沪深A股	988346.23	100.00%	214.72	25752.05	6.18

注：统计时点为2021年12月31日。

概念热潮与两板注册制推动各类产业百花齐放。相较2018年同期，沪深A股上市公司中市值涨幅最高前5大行业依次为美容护理（849.16%）、电力设备（568.47%）、电子（268.93%）、国防军工（253.76%）和食品饮料（226.11%）。科创板的出现为盈利能力暂有欠缺但具备核心技术与良好发展前景的高新技术产业与战略性新兴产业公司打开了聚集社会资本的大门，电力设备、电子与国防军工产业市值的大幅上涨的原因之一便是该类行业公司的大量上市。此外，2020年以来的新能源、半导体热潮亦助推了电力设备与电子行业上市公司市值的飙升。

表7-10　　沪深A股各行业上市公司近3年市值涨跌幅

申万行业（一级）	近3年市值涨跌幅	申万行业（一级）	近3年市值涨跌幅
美容护理	849.16%	家用电器	97.73%
电力设备	568.47%	公用事业	95.79%
电子	268.93%	交通运输	89.87%
国防军工	253.76%	传媒	86.99%
食品饮料	226.11%	钢铁	75.18%
医药生物	180.51%	煤炭	68.61%
汽车	176.08%	纺织服饰	63.25%
环保	146.10%	商贸零售	62.23%
有色金属	143.00%	非银金融	52.68%

续表

申万行业（一级）	近 3 年市值涨跌幅	申万行业（一级）	近 3 年市值涨跌幅
农林牧渔	134.37%	社会服务	44.49%
轻工制造	132.46%	建筑装饰	23.04%
计算机	112.10%	石油石化	11.78%
机械设备	109.14%	银行	9.71%
建筑材料	107.45%	房地产	-8.40%
基础化工	107.23%	综合	-60.04%
通信	104.88%	沪深 A 股	102.95%

注：统计时点为对应年份的 12 月 31 日。

案例 7-3：先导智能注重科技创新投入市值持续增长

2020 年电力设备行业营业收入大于 50 亿元的沪深 A 股上市公司中，研发支出占营业收入比重最高的公司为先导智能，研发支出 6.89 亿元，占比 11.77%，而在 2021 年其研发支出更是攀升至 10.70 亿元，研发支出占比保持在 10.66% 的水平。无锡先导智能装备股份有限公司主要从事高端非标智能装备的研发设计、生产和销售。主要产品包括全自动卷绕机、隔膜分切机、极片分切机、激光摸切机、锂电池设备整线解决方案、自动化制绒/刻蚀清洗上/下料机、电池片自动串焊机、组件自动流水线、光伏电池整线解决方案等。该公司近年来的研发支出占比与研发人员数量占比整体上都呈现出明显的增长趋势。

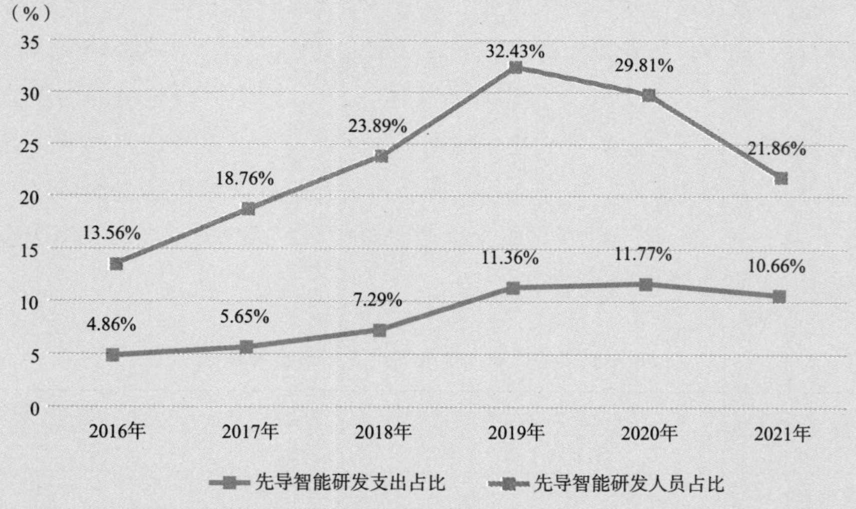

图 7-3 先导智能研发人员数量及研发支出变化情况

专业自动化设备制造行业具有产业关联程度高、与下游行业发展联系紧密的特点。先导智能开展研发工作主要按照以下流程进行：第一，与下游客户构成紧密的合作关系，深入考察客户的生产环境，充分了解客户的生产工艺和相关生产设备的技术参数及自动化要求。第二，在确定客户需求之后，先导智能成立专门项目小组，开展包括从立项、项目管理、研发、设计、试验在内的多项工作，落实小组各组员责任，明确各阶段的要求和要点，逐步展开研发工作。第三，项目组定期集中讨论研发过程中的遇到的问题，提出改进措施和建议。第四，在最终的样机试制过程中，小组各成员按要求重点检查各阶段实施情况。在样机各项指标均达到用户要求后，项目组将汇总研发过程中出现的各种问题及相应的改进措施，为之后的项目开发积累经验。

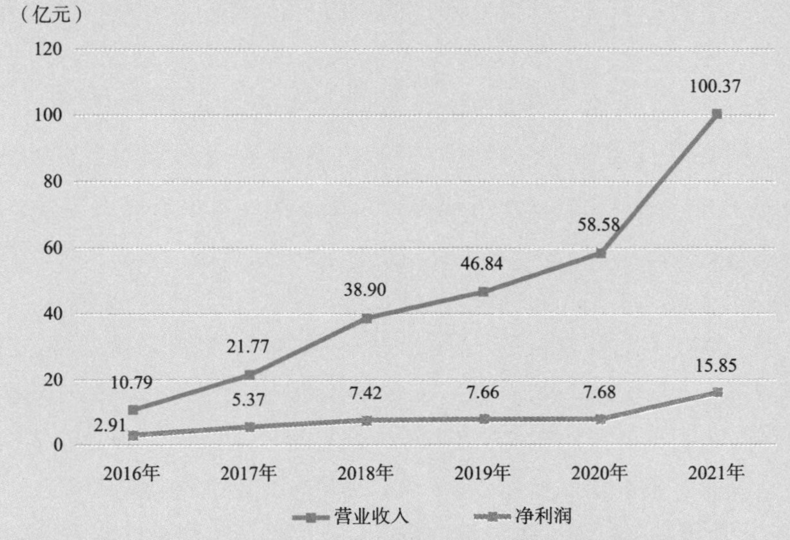

图 7－4　2016—2021 年先导智能营业收入与净利润情况

先导智能总市值在 2016 年为 111.18 亿元，在 5 年时间内突破了千亿大关，市值增长率已高达 946.04%，且近两年的市值涨幅尤为明显，科技属性凸显公司在近年来表现出极强的市值增长势头。

图 7－5　2016—2021 年先导智能市值变化情况

二、科技创新型上市公司成长性凸显

在科技创新类产业已领跑资本市场行业市值结构的同时，沪深A股上市公司的竞争正在掀起一股“科技浪潮”。从宏观层面看，信息时代背景下，每一次的技术革新都在一定程度上打破与重塑原有的产业结构，并最终传导到资本市场的市值变化上；从微观层面看，与科技创新的资源投入与分配相关的决策正与上市公司的生存与可持续发展形成深度联结。

下面不妨将研发支出占比（研发支出占营业收入的比重）作为衡量指标，来考察在科技创新方面的持续性投入对上市公司的影响。为方便对照，下文将对截至2021年12月31日已在沪深A股上市3年以上的公司分作以下三组：研发支出占比连续3年在5%以上；研发支出占比连续3年处于1%至5%之间（不含5%）；研发支出占比连续3年处于0至1%之间（不含1%）。

我们会发现，在技术创新方面更为活跃且能形成持续稳定资源投入的上市公司，正表现出优异的成长性：相较2018年同期，于沪深A股上市3年以上的公司市值增幅为102.59%。其中，研发支出占比连续3年在5%以上的公司以140.49%的市值增幅遥遥领先于其他公司，并超过市场整体增幅37.90%；而研发支出占比连续3年在0—1%的公司近三年86.03%市值增幅不仅在三类分组中最低，且远低于市场整体市值增幅水平。

上市公司的科技属性已从内部驱动力，逐渐外化在上市公司的市值得以反映，保持旺盛的技术创新活力已成为上市公司实现市值增长的积极途径。

表7-11　2018—2021年沪深A股不同研发支出占比上市公司市值情况

研发支出占比	公司数量（家）	2018年总市值（万亿元）	2019年总市值（万亿元）	2020年总市值（万亿元）	2021年总市值（万亿元）	2018—2021年市值增幅
研发支出占比连续3年5%以上	775	6.87	10.15	14.38	16.52	140.49%
研发支出占比连续3年1%—5%	1193	10.82	13.63	18.48	21.17	95.59%
研发支出占比连续3年0—1%	363	7.25	9.77	12.50	13.48	86.03%
上市3年以上公司	3018	32.08	42.17	56.87	64.99	102.59%

注：1. 统计时点为每一年度的12月31日。

2. 市值增幅=（2021年总市值-2018年总市值）/2018年总市值。

3. 研发支出占比=（研发支出合计/营业收入）×100%。

4. 剔除了研发支出披露数据不完整的公司。

三、科技创新创造，为护城河的逐步构筑与盈利能力的持续提升奠定基础

科技创新对上市公司市值的影响，从内部驱动的视角来看是源于盈利能力的持续提升与护城河的逐步构筑。

（一）科技创新与产业集聚，构建更强的护城河壁垒

科技创新带来了议价能力的上升，为企业构筑了更高的护城河。如果上市公司在某一技术领域实现突破，其他公司没有这一技术或无法生产出同类产品，如京东方在 QLED 显示领域取得技术突破实现全球领先，又或者是在未被竞争对手注意的领域填补行业空白抢占细分市场，都能对上市公司形成竞争优势以及提升行业地位起到积极作用。另外，上市公司还可以通过持续创新投入，实现基于原有产品或服务技术的改良，在一定程度上提升自身品牌的差异性；上市公司还可以通过申请专利授权的方式，形成上市公司在细分市场的门槛，在一定时期内防止竞争对手与市场潜在竞争者的模仿，形成独特的竞争优势。

差异性对议价能力的提升是双向的，随着上市公司在产业链中定位的提升或在某一细分市场形成垄断地位，上市公司在供应商客户群中的重要性也在提升，供应商对上市公司还款能力的评估也随之提升。随着采购数量的上升，上市公司能够与供应商进一步商议采购价格或获取赊销服务，使生产成本的下降成为可能；对于消费者而言，基于产品在性能上的优越性或在功能上的独特性，上市公司能进一步降低其在市场上的可替代性并提升在消费者心目中的地位，为提供给消费者的产品或服务创造更大的议价空间。

我们可用毛利率这一指标衡量上市公司的议价能力：研发支出占比连续 3 年在 5% 以上的上市公司近 3 年的平均毛利率约为 40%，远高于市场整体约 30% 的平均毛利率。研发支出占比连续 3 年在 0—1% 的上市公司其平均毛利率则低于整体水平，意味着该类公司由于在议价能力方面不再具备优势，销售产品的价格大致相当于市场上普遍接受的公允价格。

表 7－12　　2019—2021 年沪深 A 股不同研发支出占比上市公司平均毛利率

研发支出占比	公司数量（家）	2019 年平均毛利率	2020 年平均毛利率	2021 年平均毛利率
研发支出占比连续 3 年 5% 以上	775	41.01%	39.50%	38.60%
研发支出占比连续 3 年 1%—5%	1189	26.14%	24.81%	23.59%
研发支出占比连续 3 年 0—1%	359	23.33%	21.05%	20.24%
上市 3 年以上公司	3010	29.94%	28.47%	27.39%

注：1. 剔除了无销售毛利率的银行业上市公司以及部分毛利率数据存在缺失的上市公司。

2. 研发支出占比 =（研发支出合计/营业收入）×100%。

3. 剔除了研发支出披露数据不完整的公司。

案例7-4：格力电器深耕科技构筑护城河巩固龙头地位

格力电器在1996年上市，历经近30载，如今已然是全球家电企业龙头。作为一家多元化、科技型的全球工业制造集团，格力的核心产品是空调。“格力掌握核心科技”这句曾经的广告词至今都让人耳熟能详，也正是这短短的一句话便清晰地彰显了格力的核心定位与发展动力。这不仅仅是停留在电视广播里的一句话，也实打实地烙印在格力电器近年来的成长轨迹中。

据格力电器年报显示，2017—2021年每年研发支出金额都在50亿元以上，2017年更是高达72亿元，研发支出占比也一直保持在3%以上。2017—2021年研发人员数量持续增长，研发人员数量占比也从10.74%增长至17.38%，坐拥近1.5万人的研发团队，其中更有国家万人计划科技创新领军人才、广东省特支计划杰出人才等顶尖人才力量，同时拥有4个国家级研发中心，并建立了“电机与控制”院士工作站以及博士后、博士科研工作站，具有全球最大的空调研发中心。格力电器在科技创新中的资金与人力资源投入为其发展提供持续动能。

只有当研发投入转化为实际的成果方可为企业发展带来实际价值，而格力电器在这一方面可谓硕果累累：据2021年年报披露，格力已累计拥有“流量自适应调节”“复杂交变载荷作用下抗震结构”等35项国际领先技术。不仅如此，截至2021年年底，格力累计申请专利96626项，其中发明专利49549项，是唯一一家连续六年进入中国发明专利授权量前10的家电企业。

科技成果形成的技术壁垒带来品牌竞争力的提升：格力电器2017—2021年毛利率始终保持在25%左右，2021年毛利率为24.28%，2017—2018年更是超过了30%。据《暖通空调资讯》发布的数据显示，2021年上半年，格力空调凭借16.2%的市场份额排名第一，继续领跑行业。

面对近年来错综复杂的市场环境，在大部分企业选择缩减成本来保护利润率的情况下，依然坚持投资研发并将资源再生和企业社会责任结合起来，其再生资源已成为家电行业领先行业。如今格力的广告语已变为“让世界爱上中国造”，格力电器的战略视野已然拓展至全球范围，而要与国际电器巨头同台竞技，依托科技形成的核心竞争力必然是它的关键武器。

经过多年耕耘，格力电器一步步构筑出自己坚实的护城河。它经久不衰的发展轨迹正是科技推动企业实现可持续发展的鲜活例证。

（二）在科技创新中实现盈利能力稳步提升

科技创新对上市公司盈利能力的提升作用，还体现在生产效率的提高上。上市公司的创新不仅仅局限于产成品这一方面，针对生产设备、生产方式甚至是管理模式的创新也同样重要。当上市公司对现有的生产要素进行评估，并进行持续的优化与改良，那么生产效率提升的积极作用将最终传导到盈利能力的提升上。上市公司盈利能力的考量指标之一为人均创利。2020 年由于新冠肺炎疫情在全球范围内的蔓延，上市公司的盈利能力在整体上受到一定冲击。截至 2021 年 12 月 31 日，已在沪深 A 股上市 3 年以上的公司在 2021 年的人均创利为 9. 38 万元，其盈利能力相较 2019 年上升了 33. 42%，研发支出占比连续 3 年在 0—1% 的上市公司人均创利相较 2019 年则下跌了 4. 64%。2020 年由于新冠肺炎疫情在全球范围内蔓延，上市公司的盈利能力在整体上受到一定冲击，而这一问题在研发支出占比较低的公司中尤为明显，如研发支出占比连续 3 年在 0—1% 的上市公司 2020 年人均创利仅有 4. 35 万元，较 2019 年下降了 55. 45% 之多。而研发支出占比连续 3 年在 5% 以上的上市公司不仅人均创利逐年提升，2021 年人均创利较 2019 年更是有着 49. 05% 的增幅，其盈利能力的韧性与成长性可见一斑。

表 7－13　　2019—2021 年沪深 A 股不同研发支出占比上市公司人均创利

研发支出占比	公司数量（家）	2019 年人均创利（万元）	2020 年人均创利（万元）	2021 年人均创利（万元）	2019—2021 年变化幅度
研发支出占比连续 3 年 5% 以上	771	6. 44	7. 85	9. 59	49. 05%
研发支出占比连续 3 年 1%—5%	1061	8. 91	9. 63	10. 94	22. 85%
研发支出占比连续 3 年 0—1%	268	9. 76	4. 35	9. 30	－4. 64%
上市 3 年以上公司	2716	7. 03	7. 72	9. 38	33. 42%

注：1. 剔除了金融类、房地产类、能源资源类、食品饮料、公用事业以及员工总数数据存在缺失的上市公司。
2. 研发支出占比 =（研发支出合计/营业收入）×100%。
3. 剔除了研发支出披露数据不完整的公司。

上市公司的净资产收益率（ROE）亦对此有所印证。ROE 表现的是上市公司基于股东投资形成的利润回报，是衡量股东资金使用效率的重要指标。研发支出占比连续 3 年在 0—1% 的上市公司其 ROE 近年来呈现出明显的下降趋势，而研发支出占比连续 3 年在 5% 以上的上市公司其 ROE 却在持续攀升。

我们会发现，技术创新对上市公司盈利能力的影响虽存在一定的滞后性，但在持续培育与积累中形成的核心竞争力，以及在此基础之上构筑的科技护城河，正在实打实地提高上市公司抵御风险的能力，帮助其在瞬息万变的市场环境中能泰然处之，并在市值发展之路上行稳致远。

表7－14　2019—2021年沪深A股不同研发支出占比上市公司净资产收益率

研发支出占比	公司数量（家）	2019年净资产收益率	2020年净资产收益率	2021年净资产收益率	2019—2021年变化幅度
研发支出占比连续3年5%以上	771	6.54%	7.90%	9.14%	2.60%
研发支出占比连续3年1%—5%	1061	9.17%	9.45%	9.97%	0.80%
研发支出占比连续3年0—1%	268	8.05%	2.76%	6.64%	－1.41%
上市3年以上公司	2716	6.84%	7.25%	8.45%	1.62%

注：1. 剔除了金融类、房地产类、能源资源类、食品饮料、公用事业以及员工总数数据存在缺失的上市公司。
2. 研发支出占比＝（研发支出合计/营业收入）×100%。
3. 剔除了研发支出披露数据不完整的公司。

四、投资者端，科技创新型上市公司正成为资本青睐的焦点

上市公司科技属性对市值的影响是诸多因素综合作用的结果，若从外部因素看，我们会发现投资者的注意力正加速聚焦于具备科技属性的上市公司。究其原因，一方面，随着科技创新上升到国家发展的战略层面，培育具备核心技术全球领先的科技公司已成为推动经济发展的主线任务之一，处于产业结构转型升级浪尖的科技创新型上市公司正踏在花团锦簇的行业发展之路上；另一方面，成功实现创新与商业化的结合，并在激烈的市场角逐中脱颖而出的科技型上市公司正被市场赋予更高的期待。

先以机构投资者的视角切入，具备雄厚的资金基础以及更专业的信息分析能力的机构投资者在投资模式上更倾向于规避风险较大的短期投机，而选择长期投资，因此对投资标的安全性与成长性有着更高的要求。科技创新型上市公司通过长期培育、积累形成的核心技术，有着短期难以复制的特点，能够为上市公司带来更为长久的竞争优势。这一特点与机构投资者的投资模式天然形成了较高的契合度，在科技创新方面能够提供持续、稳定资源投入的上市公司正逐渐获取机构投资者的关注。

同样以研发支出占比为例，截至2021年12月31日已在沪深A股上市3年以上的公司，其机构来访接待量在近年来呈现整体上升趋势，其中研发支出占比连续3年在5%以上的上市公司其平均机构来访接待量从2019年的平均41.24次攀升至2021年的平均120.00次，无论是绝对量还是增量都远高于整体水平。而研发支出占比连续3年在0—1%的上市公司，其近年来的平均机构来访接待量均甚至最高都未达40次。在机构投资者关注度的高速分化中，一种难以避免的情境正在形成：注重科技创新的上市公司正变得门庭若市，而枕在过去的功劳簿上不做创新的上市公司逐渐门可罗雀。

即使跳脱出机构投资者的视角，从市场总体角度来看，我们也会发现投资者更愿意为

表 7-15 2019—2021 年沪深 A 股不同研发支出占比上市公司平均机构来访接待量

研发支出占比	公司数量（家）	2019 年平均机构来访接待量（次）	2020 年平均机构来访接待量（次）	2021 年平均机构来访接待量（次）
研发支出占比连续 3 年 5% 以上	775	41.24	90.81	120.00
研发支出占比连续 3 年 1%—5%	1193	17.56	34.10	59.68
研发支出占比连续 3 年 0—1%	363	12.53	27.81	33.85
上市 3 年以上公司	3018	23.42	47.04	68.86

注：1. 研发支出占比 =（研发支出合计/营业收入）×100%。

2. 剔除了研发支出披露数据不完整的公司。

具备科技属性的上市公司支付更高的溢价。通过市盈率这一指标，我们能对此有更直观的体会。截至 2021 年 12 月 31 日已在沪深 A 股上市 3 年以上的公司中，研发支出占比连续 3 年在 5% 以上的公司，其平均市盈率不仅远高于整体水平，且在近年来有着较高的增长势头。反观研发支出占比连续 3 年在 0—1% 的上市公司，其平均市盈率在 2021 年仍未达到整体水平，近年来更是不及前述公司平均市盈率的 1/2。

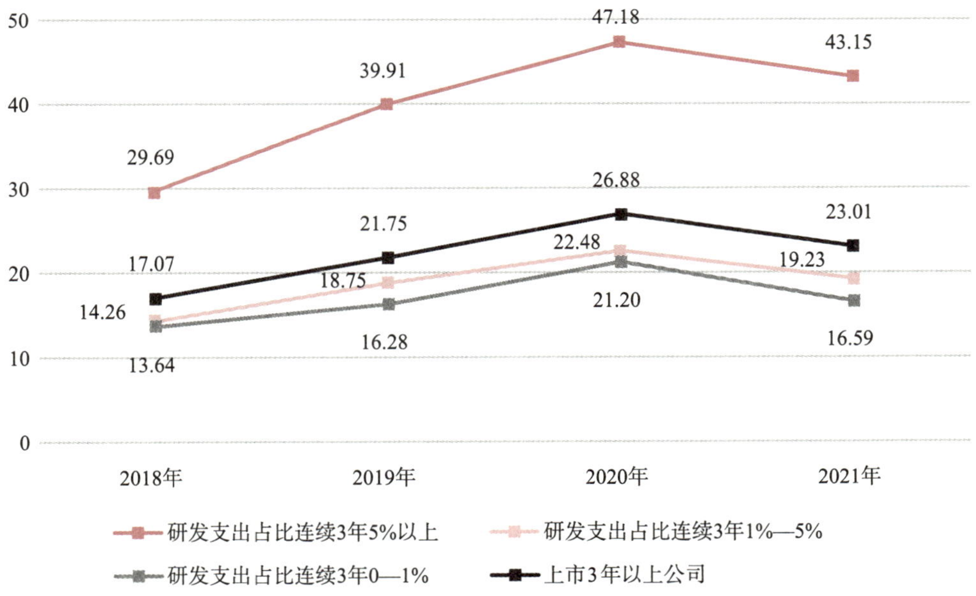

注：1. 市值统计时点为每一年度的 12 月 31 日，剔除了对应年份归母净利润为负值的公司。

2. 研发支出占比 =（研发支出合计/营业收入）×100%。

3. 剔除了研发支出披露数据不完整的公司。

图 7-6 2018—2021 年沪深 A 股不同研发支出占比上市公司市盈率情况

具备科技属性的上市公司在当下盈利水平并非即刻显现在盈利水平中，但其市值仍然在投资者的助推中节节攀升。换而言之，这类公司的股价虽然相较当下的公司规模与盈利能力显得有些“高”，但在投资者的心中却不显得“贵”。反之，部分上市公司虽然当下仍占据较高的市场份额，表现出更强的盈利水平，但却因长期没有创新投入和创新成果而丧失了吸引投资者的能力。这一现象归根结底是当下的投资者对具备创新能力的上市公司抱有较高的发展预期，越来越多的投资者认识到在产业科技飞速发展的今天，上市公司只有构筑自身的技术壁垒，并始终具备创新思维并付诸实践才不会被奔腾中的产业升级大潮淹没。

五、科技创新类产业上市公司赢得投资者关注，股票交易流动性强

2021 年 1 月 1 日至 12 月 31 日，与新材料、新能源等高新技术产业和战略性高新产业相关的上市公司更受投资者追捧。在该期间内日均成交量排行前 5 的行业分别为电力设备、基础化工、电子、有色金属与公用事业，此类行业的高额成交量主要与 2021 年以来新能源、半导体与光伏产业的热潮有着密切关系。

表 7－16　　2021 年沪深 A 股各行业二级市场日均成交量

所属申万行业	期间日均成交量（亿股）	所属申万行业	期间日均成交量（亿股）
电力设备	60.37	煤炭	19.89
基础化工	56.82	国防军工	17.37
电子	55.29	农林牧渔	17.14
有色金属	50.95	石油石化	16.50
公用事业	48.27	通信	14.64
机械设备	44.83	轻工制造	14.06
医药生物	37.04	食品饮料	13.19
钢铁	36.70	纺织服饰	12.54
非银金融	33.90	环保	12.12
计算机	33.59	商贸零售	11.18
建筑装饰	33.37	建筑材料	10.26
汽车	31.68	家用电器	9.38
传媒	28.36	社会服务	6.63
银行	23.10	综合	3.17
交通运输	22.69	美容护理	1.85
房地产	22.62	合计	799.50

相同期间内，沪深 A 股融资融券市场中有 25 个行业期间净买入额为正值，其中最高的前 5 大行业分别为电力设备、有色金属、基础化工、医药生物与公用事业。上述 5 个行

业中，有4个行业同时在该期间内日均成交量排行前5，医药生物于二级市场的日均成交量同样名列前茅。

对我国创新驱动发展战略具有重要意义的产业正成为越来越多投资者的关注对象，原先聚集于房地产、食品饮料产业（以白酒业为代表）的大批资本逐渐分流至科技属性更强的上市公司中。

表7-17　2021年沪深A股各行业融资市场情况

申万行业（一级）	融资余额（亿元）	期间买入额（亿元）	期间偿还额（亿元）	期间净买入额（亿元）
电力设备	1302.68	24134.12	23591.34	542.78
有色金属	939.23	18955.82	18587.07	368.75
基础化工	746.07	11342.58	11010.94	331.64
医药生物	1465.45	17554.94	17359.26	195.68
公用事业	417.82	6136.93	5945.05	191.88
机械设备	555.41	7555.92	7377.60	178.32
汽车	545.88	8654.91	8500.85	154.06
食品饮料	686.55	9632.88	9491.32	141.55
电子	1346.46	21591.72	21462.00	129.72
石油石化	284.66	2777.28	2672.30	104.98
煤炭	234.08	3715.13	3615.05	100.08
钢铁	257.43	4413.91	4314.99	98.93
交通运输	373.78	4448.05	4363.37	84.68
国防军工	554.69	7825.49	7775.87	49.62
家用电器	217.31	2076.88	2044.22	32.66
建筑装饰	275.62	3045.44	3013.53	31.91
传媒	355.59	3857.37	3832.16	25.20
商贸零售	237.65	2383.84	2359.40	24.44
环保	131.91	1219.62	1197.61	22.02
美容护理	44.91	888.68	873.08	15.60
轻工制造	132.17	1615.35	1601.90	13.45
计算机	960.74	10682.69	10669.92	12.77
社会服务	73.91	868.70	857.32	11.37
建筑材料	181.81	2276.84	2271.58	5.26
银行	648.15	4347.07	4345.96	1.11
纺织服饰	51.97	499.89	503.46	-3.57
综合	46.55	235.68	242.15	-6.47
通信	291.14	2909.09	2917.91	-8.82
房地产	447.74	3883.27	3964.79	-81.52
农林牧渔	377.17	4249.21	4359.45	-110.24
非银金融	1361.74	14468.81	14629.06	-160.25

第三节　科技新兴行业将取代房地产、金融等行业，成为沪深 A 股发展的新动力

一、制造业是沪深 A 股发展的重要支柱

据国家统计局官方公布数据，2021 年我国国内生产总值 1143670 亿元，同比增长 8.1%。其中，第一产业增加值 83086 亿元，同比增长 7.1%；第二产业增加值 450904 亿元，同比增长 8.2%；第三产业增加值 609680 亿元，同比增长 8.2%。目前，我国拥有联合国产业分类中所列全部工业门类，这是我国在新冠肺炎疫情影响下实现社会经济稳步增长的关键因素。

近年来，沪深 A 股上市公司中，制造业上市公司数量呈持续增长趋势。截至 2021 年 12 月 31 日，制造业上市公司数量达 2988 家，占比 64.91%，较 2017 年同期增长 35.76%。其中，制造业上市公司占沪深 A 股上市公司数量比重最高的年份为 2021 年（64.91%），最低的年份为 2019 年（62.82%），二者仅相差 2.09%，数量占比总体保持接近 2/3 的水平。

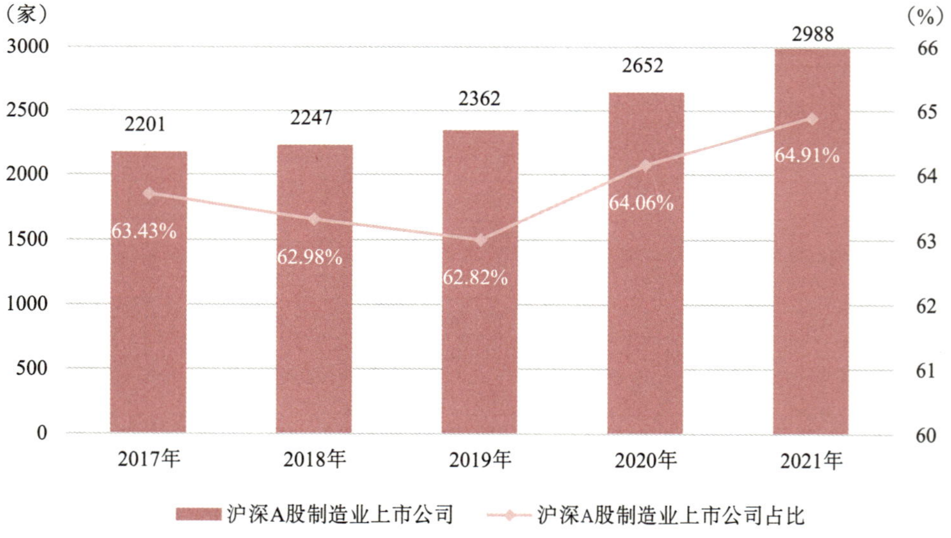

注：统计时点为每一年度的 12 月 31 日。

图 7－7　2017—2021 年沪深 A 股制造业上市公司数量及占比变化情况

制造业上市公司市值及占比都呈现出波动上升趋势，部分年份市值虽受二级市场整体行情的影响有所波动，但却未改变其增长势头。截至 2021 年 12 月 31 日，制造业上市公司市值已达 56.95 万亿元，占沪深 A 股总市值的 57.62%，制造业上市公司始终充当着沪

深 A 股市值的重要支柱。

注：统计时点为每一年度的 12 月 31 日。

图 7－8　2017—2021 年沪深 A 股制造业上市公司市值及占比变化情况

除绝对量外，统计期内新 IPO 公司同样以制造业公司为主。2021 年于沪深交易所 IPO 上市的公司中，有 72.67% 的公司属于制造业。近 5 年来于沪深交易所 IPO 上市的制造业上市公司，其数量虽有所波动，但占比却一直保持在 2/3 以上。

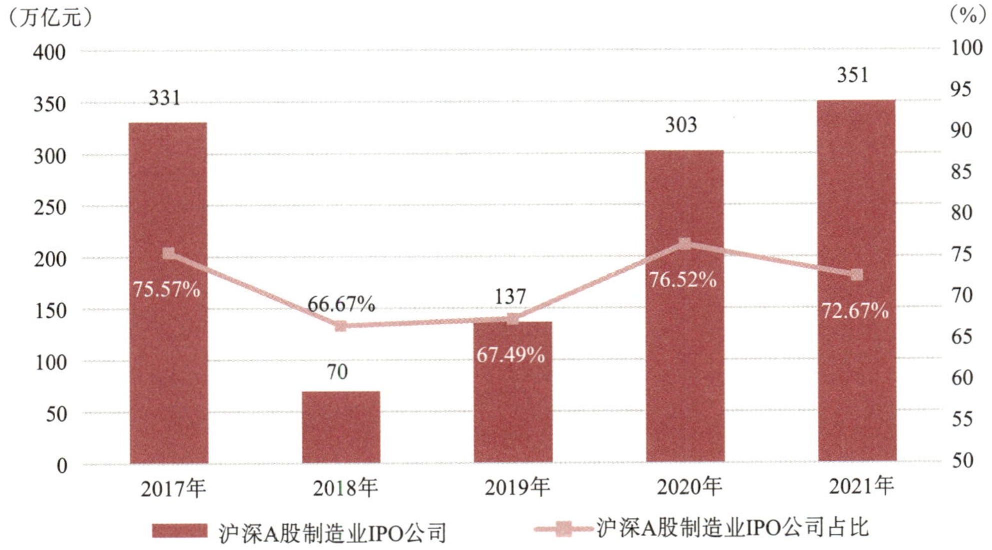

图 7－9　2017—2021 年沪深 A 股制造业 IPO 公司数量及占比变化情况

二、制造业科技属性持续提升，为公司未来发展蓄能

近年来，沪深A股制造业上市公司的科技属性越发凸显。其表现之一是选择在科创板上市的制造业公司的比重逐年递增。2021年沪深A股制造业IPO公司中，有接近8成的公司选择在科创板、创业板上市，说明新上市的制造业公司科技属性明显。

表7－18　2017—2021年沪深A股制造业IPO公司板块分布情况

板块	2017年	2018年	2019年	2020年	2021年
沪主板	47.13%	52.86%	27.01%	22.44%	13.96%
深主板	20.24%	17.14%	11.68%	11.88%	6.55%
创业板	32.63%	30.00%	22.63%	27.72%	39.60%
科创板	—	—	38.69%	37.95%	39.89%
合计	100%	100%	100%	100%	100%

2016—2021年，沪深A股制造业上市公司研发人员总数从65.21万人增长至175.41万人，涨幅高达169.03%。在沪深A股制造业上市公司研发人员总数增长的同时，研发人员占比也呈现出逐年递增的趋势，2021年研发人员占比已达到13.00%，相较2016年增长了5.82%。

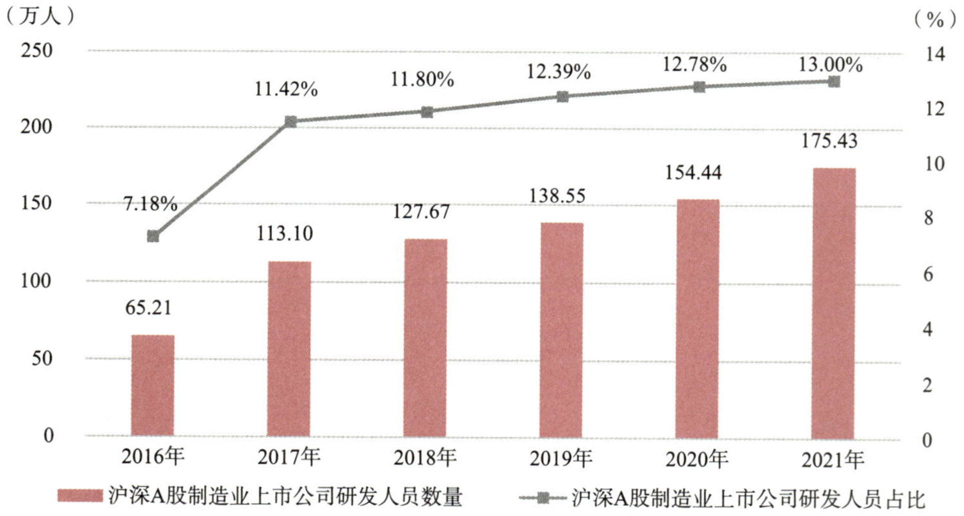

注：部分上市公司存在未披露研发支出的情况。

图7－10　沪深A股制造业上市公司研发人员数量变化情况

除研发人员占比的增长外，沪深A股制造业上市公司的研发支出也有显著的提高。据年报统计，2021年沪深A股制造业上市公司研发支出总和已达8841.38亿元，较2016年增长188.94%。研发支出与营业收入的比值也呈递增趋势，上市公司正越来越倾向于将更多的经营所得投入研发之中，为公司未来发展蓄能。

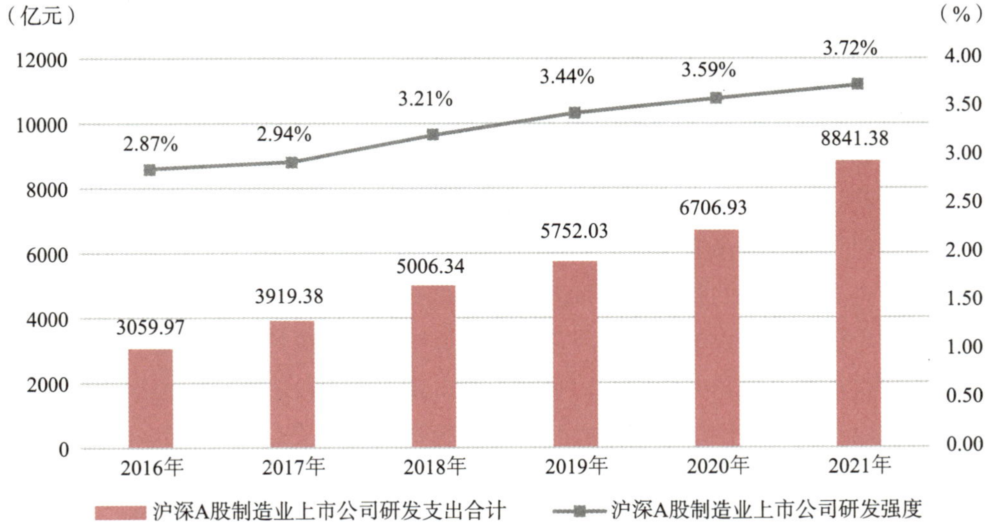

注：部分上市公司存在未披露研发支出的情况。

图7－11 沪深A股制造业上市公司研发支出变化情况

第四节 持续创新与资本市场，孕育出中国领先全球的技术

一、风险投资、资本运作，对科技创新企业的推动作用

在我国向“智造强国”迈进的过程中，科技创新型企业越发成为促进产业结构转型升级的主体以及推动经济发展的增长极。可深度挖掘的创新能力是该类企业的核心竞争力之一，而对于其中的中小型企业特别是初创企业而言，仅凭它们的自有资金往往难以覆盖其在科技研发阶段以及产业化阶段的庞大资金需求。为了避免资金成为制约企业发展的瓶颈，寻求外部资源支持是科技创新型企业常常需要考虑的问题，可当它们把目光投向传统融资市场，却又面临着这样的困境：以银行信贷体系为代表的传统债权融资市场主要服务于发展稳定性高、有较强信用背书的经济主体，而规模普遍较小、资产难以估量、存活风险较大的科技创新型企业使用这一融资工具常常只能碰壁；传统股权融资市场风险容忍度虽然相对更高，但由于科技研发项目存在投入大、风险高、周期长的特点，科技创新型企业能从中获得的资金支持也只是杯水车薪。

在这一背景下，风险投资成为了支持企业科技创新的关键融资形式。一方面，追求超额回报的风险投资相较于发展稳定的成熟企业更倾向于选择种子型、成长型企业作为其投资标的。科技创新型企业正在研发或将面临产业化的技术是“可能性”的代名词，该类技术一旦获得市场认可，则风险投资最初的资金投入相对于被投企业增值所带来的投资回报

很可能仅仅是九牛一毛。另一方面，风险投资机构在实践中所练就的信息甄别能力能够帮助其针对目标企业的创始团队资质、技术应用前景以及商业模式等因素综合考量目标企业的成长性并作出决策，在大量科技创新型企业中筛选出相对优质的投资标的，这在客观上能起到风险缓释的效果。

当然，风险投资对科技创新型企业发展的作用不仅仅局限在资金支持上，其所提供的增值服务对被投资企业未来成长的影响也是多方位且深刻的。第一是管理支持。由于风险资本与被投资企业间形成的投融资关系，双方在某种程度上形成了利益共同体。为扶持被投资企业实现增值，同时也为了防止因信息不对称所造成的委托代理问题，风险投资机构会更有动力通过派驻董事等方式进行监督并提供支持。风险投资机构不仅可以利用其对特定行业的研究以及以往提供增值服务的经验为被投资企业在战略分析、商业计划、营销规划等方面提供建设性意见，还能参与到被投资企业的公司治理改善、激励机制设计中，帮助其在早期便能逐步形成能够实现持续发展的经营模式，以及搭建起更符合资本市场需求的公司治理架构，为将来企业上市打下坚实基础。第二是企业增信。当有一定知名度的风险投资机构投资于中小型科技创新型企业，在某种程度上也在向外界传递该企业具备发展潜力的信号，能够帮助被投资企业树立起良好形象并提升知名度，这对于企业后续融资以及吸引科技创新型人才等方面都有着积极作用。第三是信息资源网络。风险投资机构相对于初创企业往往在信息资源以及对政商关系方面的理解更具优势。科技创新型企业在与风险投资机构建立信任关系并展开良性合作的同时，也在接触与之一同到来的信息资源网络，这对企业在后续发展过程中及时了解行业政策导向、探寻融资渠道、获取人力资源以及与其他创新主体构建业务联系等各方各面都能起到节省资源成本、提高效率的作用。科技创新的增值潜力与风险资本的高度契合使风险投资逐步成为科技与金融联结的纽带，帮助科技创新型企业摆脱资源匮乏的制约，为其进一步发展注入动能。

近年来，我国股权投资市场规模逐步增长。据清科研究中心数据统计显示，2021 年中国股权投资市场投资金额达 1.42 万亿元，投资案例数达 12327 起，二者均达到历史高点。同时，科技创新导向也在深刻影响着股权投资市场的发展，IT、生物技术、半导体、互联网等领域吸纳了大量资本，股权投资市场中的各大机构从中甄别出最具发展潜力的优质企业，并通过多样化的融资方式为其提供支持，深度挖掘能为经济发展提供新动能的科技创新型企业。

随着股权投资市场扶持的科技创新型企业逐渐发展成熟，筹备上市成为该类企业扩大影响力、实现跨越式发展的关键手段。而以风险投资机构、私募股权投资机构为代表各大股权投资机构正充当科技创新型企业进入资本市场的引路人，发挥着难以替代的作用。据清科研究中心数据统计显示，风险投资、私募股权投资机构扶持的中国企业上市数量从 2015 年的 172 家上升到 2021 年的 432 家，IPO 渗透率更是高达 66.98%。这意味着于境内外上市的中国企业中，有至少 2/3 的公司背后有着股权投资机构的支持。

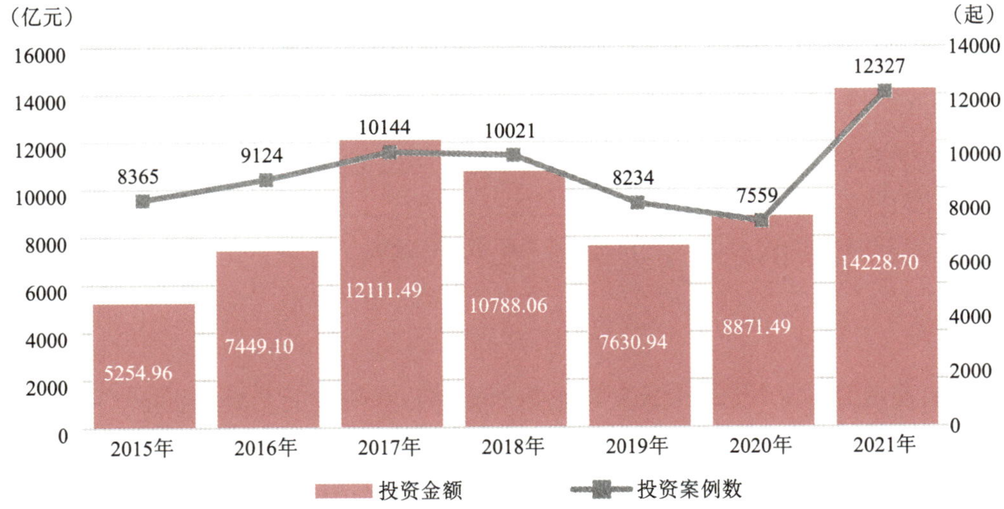

注：数据来源于清科研究中心《2021 年中国股权投资市场回顾与展望》。

图 7－12　2015—2021 年中国股权投资市场投资情况（包括早期投资机构、VC、PE）

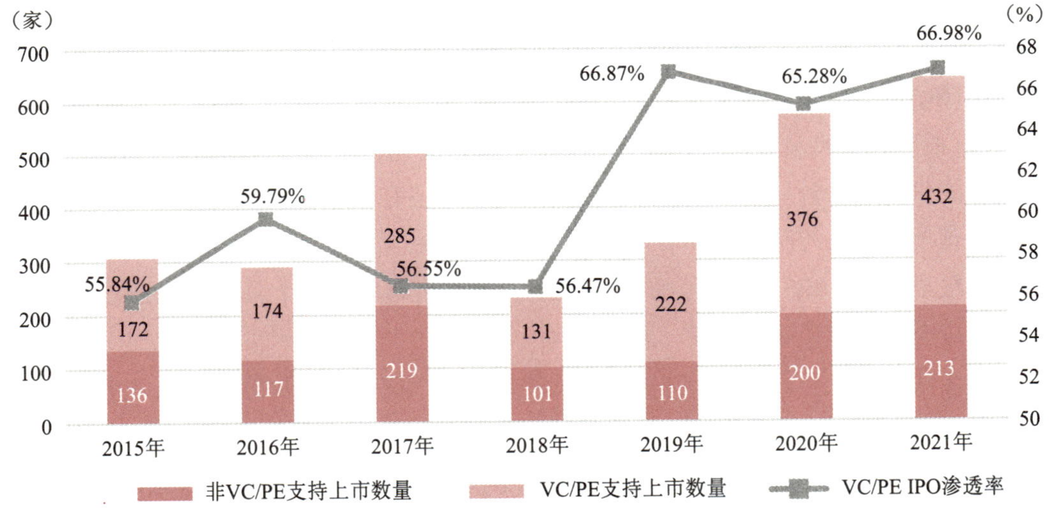

注：数据来源于清科研究中心《2021 年中国股权投资市场回顾与展望》。

图 7－13　VC/PE 支持的中国企业境内外上市数量及渗透率

与风险投资、私募股权投资机构扶持的中国企业上市数量上升相对应，该类企业的IPO 融资额也呈增长趋势。特别是在推行科创板注册制后，股权投资机构的退出渠道得以拓宽，资本市场促进科技创新型企业扩大研发支出、激励自主创新、提升研发效率等方面的作用越发显现。资本市场正以其独有的运行机制与我国创新驱动发展战略相适应，在推动科技创新中切实服务实体经济增长。

表7-19　2015—2021年VC/PE支持的中国企业IPO融资额分布

IPO融资额	2015年	2016年	2017年	2018年	2019年	2020年	2021年
总融资额（亿元）	1431.57	2307.00	1782.77	3232.91	3598.40	4937.08	5435.15
科创板融资额（亿元）	—	—	—	—	756.21	1343.65	1361.92
科创板融资额占比	—	—	—	—	21.02%	27.22%	25.06%

注：数据来源于清科研究中心《2021年中国股权投资市场回顾与展望》。

二、资本市场，孕育出中国领先全球的技术

在漫长的历时长河中，每一次的技术革新都深刻影响着全人类的社会结构与生活方式。现如今，在全球化深入推进的背景下，科学技术作为生产力中最活跃最积极的因素，不仅深刻影响着一个国家全体人民的生活水平，还对其在全球市场赢得竞争优势有着重要作用。从新基建到5G到新能源，我国一个又一个领先全球的先进技术正在资本市场与科技的深入交融中孕育而生，我们正越发清晰地感知到每一次科技革新背后资本市场鼎力支持的身影。2020年新冠肺炎疫情在全球范围内爆发，牵动着数十亿人的命运，而资本市场对中国新冠疫苗研发的推动作用，是资本与科技相辅相生的又一例证。

在生物医药领域，药物研发绝非易事，动辄十余年的研发周期、数十亿的研发投入使“高技术、高投入、高风险、长周期”成为了它的代名词，而疫苗研发更是其中的硬骨头。疫苗产品的研发不仅对技术和资金有着极高的要求，还有着与时间赛跑的特性，一旦研发进展不及预期，此前的巨额投入很有可能竹篮打水一场空。科兴生物就曾面临过这样的窘境：作为最早参与SARS疫苗研发的企业之一，科兴生物用了8个月的时间独立将疫苗研发工作推进至一期临床试验阶段，然而非典疫情的戛然而止使科兴生物此前的工作颗粒无收；后来全球流感大暴发，已经将疫苗研发的推进至三期临床试验阶段的科兴生物又因同样的问题无功而返。疫苗研发不仅难度大、审核严格，在产业化阶段也有着极高的风险。而在新冠肺炎疫情暴发以来，我国的疫苗研发却展现了让世界惊叹的“中国速度”：收取病例标本到分离毒株确定病原体仅用了几天时间；2020年8月世卫组织宣布的全球6款进入三期临床试验的疫苗中，有3款疫苗来自中国；从疫苗研发项目启动，到第一款疫苗成功附条件上市也仅用了不到一年的时间。而在这傲人成绩的背后，资本市场的助推力量不容忽视。据企查查数据研究院发布的《中国企业发展全年报（2021）》统计数据显示，中国疫苗赛道融资金额近年来出现爆发式增长，融资金额在2020年达到110.56亿元，在2021年更是高达276.44亿元，是2015年融资规模的近50倍。

2020—2021年，共有6家疫苗企业于科创板或创业板上市，超过了沪深A股疫苗上市公司总数的一半，首发募资总额高达139.53亿元。以首发募资总额为52.01亿元的康希诺为例，2020年8月康诺希的单针免疫新冠疫苗即将进入三期临床试验阶段，这是疫苗研发的关键阶段，资金的消耗速度也将提高一个量级，一旦资金储备无法覆盖研究与测试

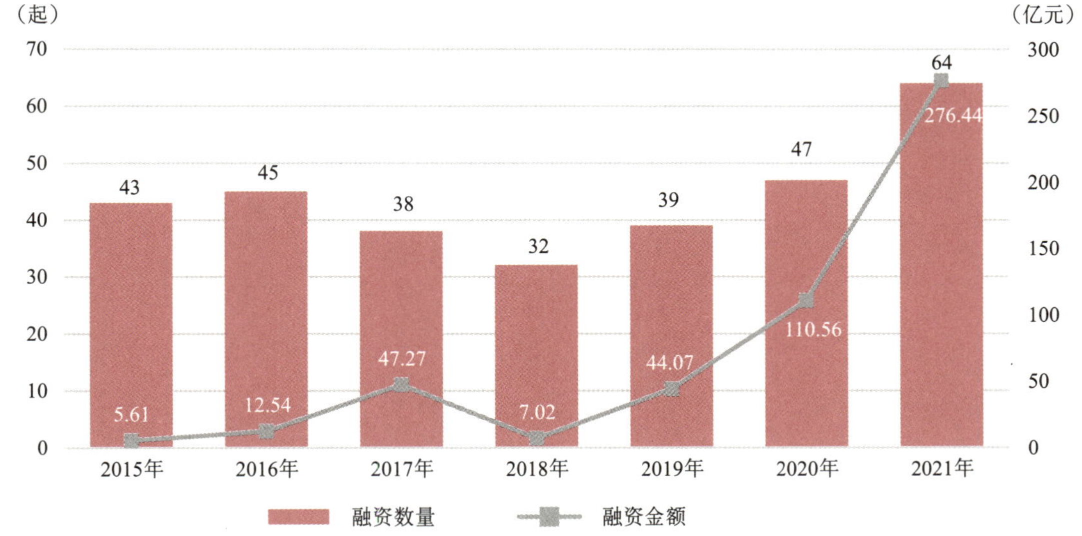

注：数据来源于企查查数据研究院《中国企业发展全年报（2021）》。

图 7－14　2015—2021 年中国疫苗赛道投融资情况

费用，此前的努力便可能功亏一篑。也正是这个时候，康诺希成功登陆科创板实现在沪深 A 股上市，募集资金的到账解了燃眉之急，资本市场的募资对其后续在临床试验、产能建设、产业化建设等阶段都起到了至关重要的作用，并促使康诺希成为当时国内唯一附条件上市批准的单针免疫新冠疫苗。除了康诺希外，最近名声大噪的疫苗明星企业科兴中维，其新冠灭活疫苗的研发生产也离不开资本市场的支持。2020 年 5 月，尚城资本和维梧资本以可转债的形式向科兴中维投资了 1500 万美元为其新冠灭活疫苗临床试验提供资金支持。2020 年 12 月，科兴中维又以 15.03% 的股份获得了中国生物及其全资子公司 5.15 亿美元的投资，其疫苗研发及后续规模化生产得以加速推进。2021 年 2 月科兴中维新冠灭活疫苗获批附条件上市，到如今其日产量已达上千万剂，并已获批于全球数十个国家或地区紧急使用。在政府统筹规划中，在十余家疫苗研发企业马不停蹄的研究试验中，同时也在资本市场注入活水的提效增速中，在新冠肺炎疫苗研发的各个阶段我国始终处于全球第一梯队，不仅在撑起全球抗疫的生命线中展示了大国担当，更向世界各方展示了中国崛起的科技力量。

风投、创投等一系列主体构成的投融资体系正在拓宽中小科技型企业的融资渠道，随着科创板、创业板注册制的推行以及北交所的成立，我国逐渐完善的多层次资本市场也给予了处于不同发展阶段，有着不同特性的科技公司更适配的上升通道。资本市场对新科技、新产业的发展正表现出极强的包容性，也正以其独有的机制在鼓舞与激励企业家的创新精神。资本市场这一大江大河正划分出无数支流，涌向新产业、新科技中的一颗颗萌芽，并浇灌其土地，滋养其根脉，实现企业培育、产业整合、科技引领。也正是在每一个新产业从无到有、新科技从空白到成熟的过程中，我国在各个关键领域的技术实现从跟随到竞争再到引领的跨越式发展，技术与资本市场的发展也正在大国崛起之路上迈向繁荣。

第八章
合规是上市公司市值增长的底线

第一节　证券市场监管力度趋严

监管法规与时俱进引领监管新常态。党的十八大以来，政府对资本市场改革发展高度重视，习近平总书记在中央全面深化改革委员会第十三次会议发表重要讲话指出：推进创业板改革并试点注册制，是深化资本市场改革、完善资本市场基础制度、提升资本市场功能的重要安排。要着眼于打造一个规范、透明、开放、有活力、有韧性的资本市场。这意味着我国资本市场正处在迎来全面注册制，打开新格局的时代背景中。

而打击证券违法活动、促进上市公司合规治理是维护资本市场秩序、推动资本市场可持续发展的基石。在经济金融环境深刻变化、资本市场改革开放不断深化的背景下，更要抓紧完善相关资本市场法律体系，加大证券违法活动的打击力度，为资本市场的高质量发展营造健康良好的环境。

2020 年 3 月 1 日，新《证券法》正式生效，对资本市场合规提出了更严格的要求，进一步为打击资本市场违法违规行为提供了法律支撑。

表 8－1　　新《证券法》出台后违规类型与变动分析

	违规类型	变动分析
1	擅自公开发行、变相公开发行	公司最高罚款上升至募集资金金额的 50%，个人最高罚款升至 500 万元
2	欺诈发行	罚款数额大幅增长，呈现零容忍态度
3	擅自改变募集资金的用途	对发行人主体也新增处罚
4	违规减持	新增没收违法所得
5	短线交易	罚款力度加大
6	内幕交易	由“处以违法所得 1—5 倍的罚款”改为“处以违法所得 1—10 倍的罚款”

续表

	违规类型	变动分析
7	操纵证券市场	由“处以违法所得1—5倍的罚款”改为“处以违法所得1—10倍的罚款”
8	违规收购	罚款力度加大
9	未按规定履行信息披露义务	信息披露处罚突破“60万元”瓶颈，最高可处罚1000万元
10	信息披露存在虚假记载	

2021年7月6日，中共中央办公厅、国务院办公厅公布《关于依法从严打击证券违法活动的意见》（以下简称《意见》），《意见》针对打击证券违法活动提出四项工作原则：坚持零容忍要求、坚持法治原则、坚持统筹协调、坚持底线思维。除此之外，《意见》针对以下几点内容进行明确：抓紧证券纠纷代表人诉讼制度实施；修改因虚假陈述引发民事赔偿有关司法解释，取消民事赔偿诉讼前置程序；开展证券行业仲裁制度试点；加强跨境监管执法司法协作；有效运用大数据、人工智能、区块链等技术提升证券执法司法能力和专业化水平。

新《证券法》和《意见》的相继出台，象征着中国资本市场监管进入一个不断强化的周期，证券违法犯罪成本显著提高，体现了监管机构严厉打击证券违法活动的决心。

第二节　证券市场各方主体违规成本明显提高

一、刑事罚款和行政罚金数额被大幅提升

根据数据显示，2021年处罚金额与平均处罚金额较前两年有明显提高，新证券法对处罚力度的增强效果正逐渐显现。

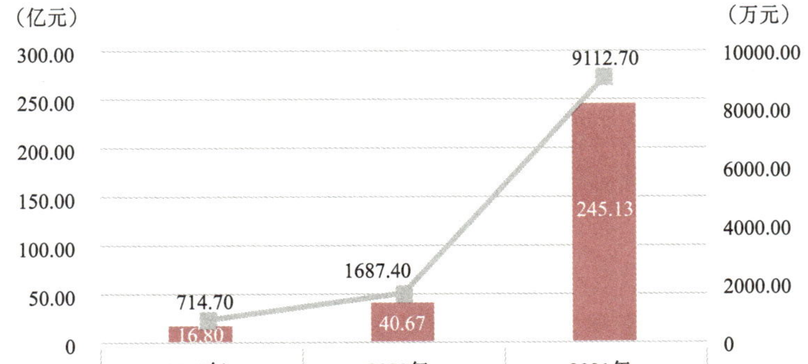

	2019年	2020年	2021年
处罚金额（亿元）	16.80	40.67	245.13
平均处罚金额（万元）	714.70	1687.40	9112.70

图8－1　新《证券法》修订前后违规金额统计

对于欺诈发行行为，从原来最高可处60万元（未发行证券情况下）或募集资金百分之五（已发行证券情况下）的罚款，提高至最高可处2000万元或募集资金的一倍罚款；对内幕交易违法行为，从原来最高可处违法所得5倍的罚款，提高至最高可处违法所得10倍的罚款；存在擅自公开或变相公开发行证券情形的公司最高罚款上升至募集资金金额的50%，个人最高罚款增值500万元，而对未按规定履行信息披露义务和信披不准确、存在虚假记载情形的处罚，处罚上限提升至1000万元，突破60万元门槛。

案例8－1：宜华生活（600978）——适用新《证券法》处罚规定，合计罚款3980万元！

2021年7月23日，证监会通报首批适用新《证券法》财务造假案的处罚情况，据通报，宜华生活2016年至2019年4年间虚增净利润分别占当期披露利润总额的88.24%、98.67%、192.78%和99.37%，2016年至2018年年度报告以及2019年半年度报告虚增货币资金分别占当期披露货币资金总额的68.69%、37.79%、76.93%和72.80%。该情形属于重大财务造假事件，证监会拟对该案违法主体合计罚款3980万元，其中对宜华生活处以600万元罚款，对实际控制人兼董事长罚款930万元并采取终身市场禁入，对时任总经理处以罚款300万元并采取10年市场禁入，对时任财务总监、时任董秘分别处以罚款250万元并采取5年市场禁入，对主要责任人员处以15万至150万元不等的罚款，为当前拟对上市公司信披违法罚款额最高的案件。

二、多项投资者保护机制守护中小投资者利益

（一）信息披露虚假陈述会引发投资者补偿

本次证券法的修订大幅提升违法违规成本，降低投资者维权的成本。对上市公司信息披露违法行为，从原来最高可处60万元罚款，提高至1000万元；个人罚款从3万至30万元，修改为50万至500万元。并且明确了发行人的控股股东、实际控制人在欺诈发行、信息披露违法中的过错推定及连带赔偿责任，完善了民事赔偿责任的界定范围。为维护金融市场健康发展、打击上市公司各类信息披露造假和欺诈等行为提供有效的法律手段。

因此近年证券虚假陈述引发的投资者补偿案例数量情况值得关注。以上市公司公告的行政处罚决定书为准，在2020年后，上市公司涉及投资者补偿的证券虚假陈述案例数量明显呈现上升趋势。根据涉及虚假陈述的上市公司发布的现有公告，2016—2020年，因证券虚假陈述导致的投资者补偿户数共有23517户，补偿金额总共248004.56万元，并且在2020年，每户投资者平均补偿金额大幅提高，上市公司因虚假披露而需要承担的成本越来越高。

如何减少违规成本，做好信息披露要求，高市值的上市公司在2020年的表现起到了很好的典范作用。根据2020年年度信息披露考核数据分布情况，市值越高的公司，信息披露质量越好。信披评级为“优秀”的情况中，市值1000亿元以上的公司中有119家，

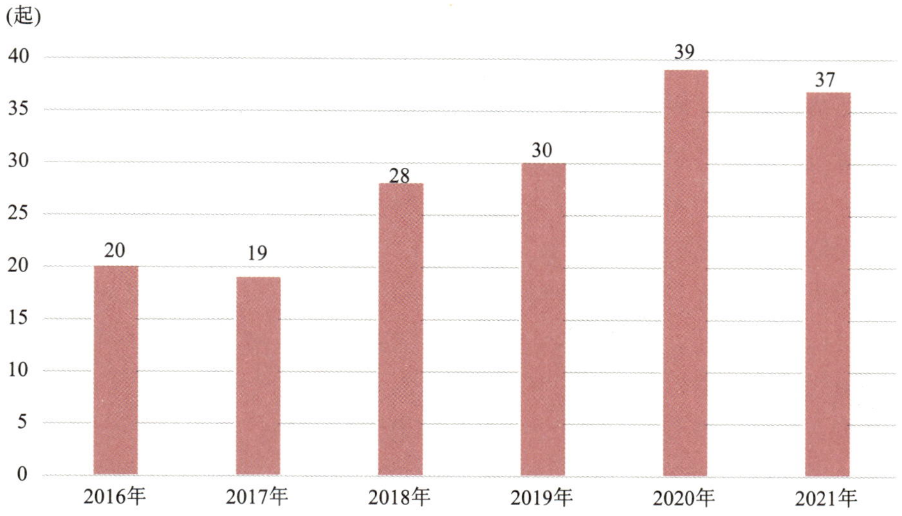

图 8－2　近年证券虚假陈述引发的投资者补偿案例数量情况

占市值 1000 亿元以上公司的 74. 84%；市值 50 亿元以下仅有 72 家，占市值 50 亿元以下公司的 4. 73%。同时在信披评级“不合格”情况中，市值 50 亿元以下的公司有 107 家，占整体的 73. 79%。

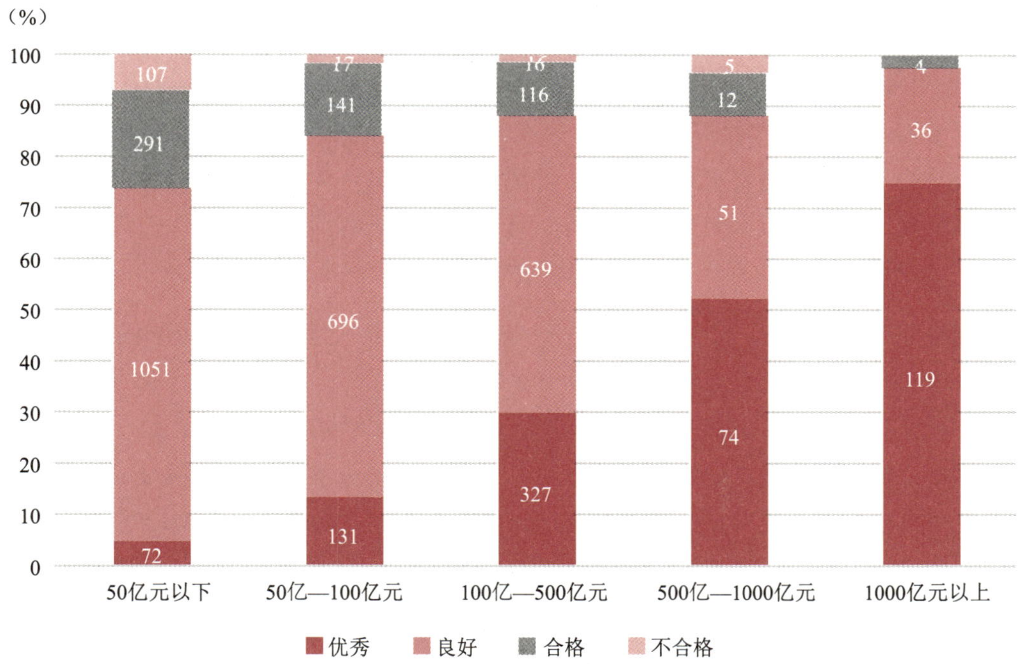

图 8－3　2020 年不同市值上市公司信息披露考核情况

从监管推着走，到上市公司主动建立合规意识，是上市公司不断提升市值的要求，也是资本市场不断成熟的体现。提高信息披露质量，能降低市场中的金融风险，为资本市场的市场化进程打牢基础。只有在上市公司准确、及时地披露信息的前提下，资本市场才能通过市场评价及其他监督机制有效的对资源进行合理地配置，使企业市场价值能够合理地围绕其真实价值波动。才能降低信息不对称给中小投资者带来的影响，更好地保护中小投资者的应有权益，充分发挥市场化的优势。

（二）引入特别代表人诉讼制度

特别代表人诉讼制度，又称为集体诉讼。法规明确了投资者保护机构受 50 名以上投资者委托，可以作为特别诉讼代表人，依法为受害投资者提起民事损害赔偿诉讼。

其与普通代表人诉讼的主要区别有三点：一是诉讼代表人不同。普通代表人诉讼的代表人是投资者，特别代表人诉讼的代表人是投资者保护机构。二是诉讼加入原则不同。相较普通代表人诉讼的“明示加入”，特别代表人诉讼是“默示加入”，能够扩大投资者保护的范围，更好地发挥对违法行为的震慑作用。三是诉讼效果不同。相较普通代表人诉讼，特别代表人诉讼能够一次性解决纠纷，但也意味着相关责任人短期内面临巨额赔偿，增大了破产风险，增加获得赔偿的不确定性。

特别代表人诉讼是适应中国当前环境下的集体诉讼，只要特别代表人胜诉，则一众符合条件的投资者都能够获得赔偿。利用规模优势，让原先对于单个投资者来说高昂的诉讼成本大幅降低，并且集合零散的投资者一并上诉，还能减轻监管机构的运作压力，大幅提高监管体制运行效率，更高效地保护中小投资者的权益，是市场化新时期下有重大意义的创新之举。

新《证券法》新设“投资者保护”专章无疑在市场上产生强大的震慑作用，也对上市公司合法合规性提出更高要求，有利于维护资本市场的正常秩序。为提高投资者保护水平、完善投资者保护制度及打造一个规范、透明、开放、有活力、有韧性的资本市场，提供了坚实的制度保障，具有非常重要而深远的意义。

案例 8－2：康美药业（600518）——首例特别代表人诉讼引发市场高度关注

长期以来，中小投资者在诉讼案件中都处于弱势地位，2020 年新《证券法》引入创新式的特别代表人诉讼制度，将中小投资者的利益保护摆在了重要位置。

与此同时，康美药业虚假披露的事实证据确凿，对众多投资者利益造成损害，投资者维权的呼声越来越高，也让本案成为特别代表人诉讼制度的“首例示范点”。

2021 年 4 月 8 日，投服中心接受了黄梅香等 56 名权利人的特别授权，向广东省广州市中级人民法院（简称广州中院）申请作为代表人参加诉讼，并且申请转换为特别代表人诉讼。

2021 年 11 月 12 日，广州中院作出康美药业特别代表人诉讼一审判决，责令赔偿证券投资者损失 24.59 亿元，合计 52037 名投资者，每名投资者平均获赔 4.73 万元。也成为证券市场有史以来判决赔付金额最高，赔付人数最多的案例。该案将代表人诉讼制度推向了资本市场打击证券违法活动的焦点，对充分发挥投资者保护机构的作用，更大程度上维护投资者的合法权益起到了非常关键的推动作用，也为投资者保护领域带来了重大突破，特别代表人诉讼制度常态化必将成为未来资本市场监管的趋势。

因此，投服中心代表原告方的胜诉，不仅开启了特别代表人诉讼制度新篇章，还迈出了资本市场法治建设的重大一步。

第三节 监管处罚对公司市值有重大影响

2020年3月1日新《证券法》正式施行，其后一年里，沪深A股有不少公司被处罚，其中：有92家上市公司被交易所公开谴责，148家上市公司被中国证监会行政处罚。通过对比这些公司处罚公告当天市值与处罚前后一个月的市值发现，受到公开谴责的公司里面有49家市值下跌，62家公司的市值在受罚后一个月仍然负增长；而受到行政处罚的公司里面有69家市值下跌，70家公司在受罚后一个月市值仍然下跌。针对92家被公开谴责和148家被行政处罚的上市公司计算其对应的指数，与上证A股、深证A股指数相比，被处罚的公司走势均低于大盘走势。

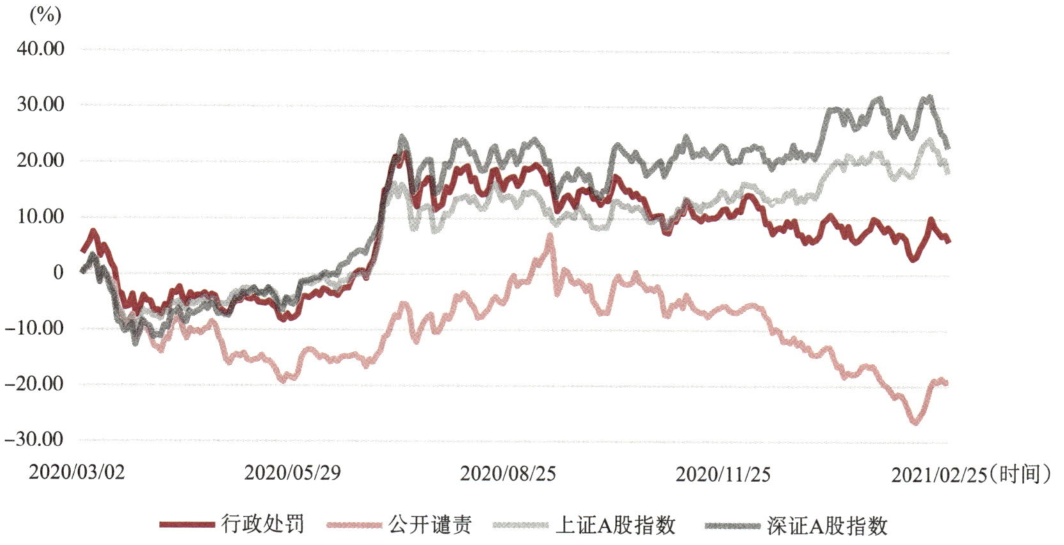

图8-4 行政处罚VS公开谴责VS深证A股指数VS上证A股指数回报率对比

伴随资本市场改革发展，强力监管措施、不断提高的违规成本，外部和内部叠加的合规要求和成本，使上市公司的市值增长性与合规性产生了密不可分的联系。无论从短期还是长期的发展中来看，监管处罚对公司的市值会产生不可忽视的影响，同时随着市值的下降，上市公司将要面对更多接踵而至的严峻“生存”问题，因为在退市制度的不断发展下，低市值已经成为退市的前奏，并且会越来越难以改变现状走出泥潭，形成恶性循环，最终市值不但没法增长，还会使上市公司走向一无所有的退市末路。可以说，盖房需先打好地基，市值增长需先做好合规要求。

第四节　退市将使市值付诸东流

一、风险警示与退市制度

资本市场的准入与退出制度，是资本市场最核心的基础性制度。我国的退市制度也已经历了20多年的发展历程，在注册制改革的背景下，风险警示与退市制度正处于不断完善的新时期，退市流程、退市指标、风险警示情形及退市相关交易安排得到进一步优化，与注册制相匹配的常态化退市机制正在积极构建中。基础制度的改善也使市值与退市制度的关系愈发密切。

（一）风险警示与退市流程

当前我国上市公司若要被强制退市处理，会经历“风险警示→交易所决定强制退市→进入退市整理期→终止上市”几个环节。在2020年《股票上市规则》被修订后，原有的“暂停上市→恢复上市”的环节被取消，退市流程被大幅缩短。

风险警示环节将会对存在被强制终止上市风险的上市公司进行风险警示，包括财务状况异常情况或者其他异常情况，或者投资者难以判断公司前景，投资者权益可能受到损害情况等。其中，风险警示分为警示存在强制终止上市风险的风险警示（*ST退市风险警示）和警示存在其他重大风险（ST其他风险警示）。在交易制度上，风险警示股票进入风险警示板交易。

在被风险警示后，退市流程会包括主动终止上市（简称“主动退市”）和强制终止上市（简称“强制退市”）。主动退市流程为，上市公司认为已不需要维持上市公司身份，主动向交易所申请退市，交易所作出同意退市决定后其股票将被摘牌。强制退市流程为，上市公司在规定的整改期限内仍然无法撤销风险警示，交易所对其处以强制退市的决定，此时将会进入退市整理期。在新版退市规则中，退市整理期的时间由原先“30日”变更为“15日”。退市整理期满后，上市公司股票将被摘牌。风险警示情形与退市流程如图8-5所示：

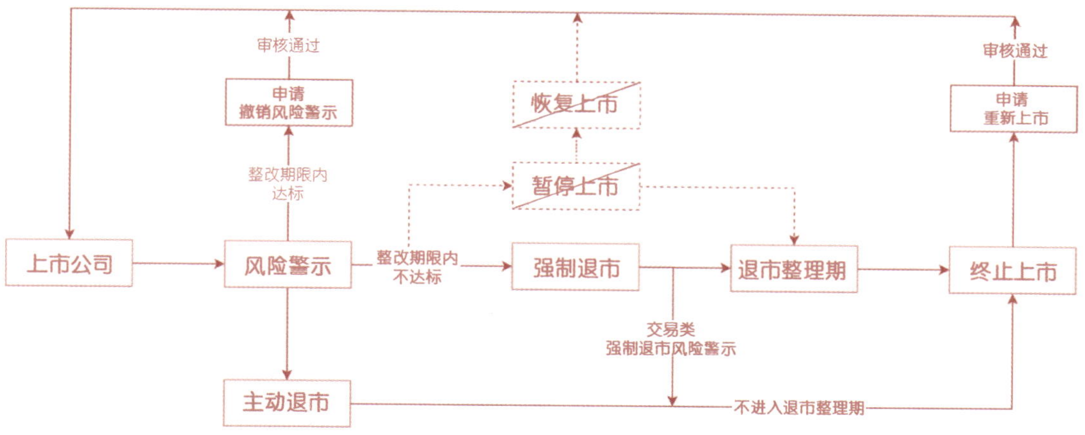

图 8－5　风险警示与退市流程

（二）风险警示与退市规则 4 大新特点

1. 新规则契合注册制改革理念，积极改善“出”的问题

自 2013 年 11 月党的十八届三中全会提出“推进股票发行注册制改革”开始，我国的资本市场就逐步走向新的市场化方向。纵观我国股票发行的制度，由审批制到核准制再到注册制的逐步转变，能够让更多公司跨过上市门槛，解决了资本市场“进”的问题。

“进”的解决表现在科创板 IPO 公司数量与首发募集资金金额的贡献。自 2019 年 7 月 22 日注册制在科创板正式实施开始，至 2021 年 12 月 31 日，沪深 A 股共有 IPO 公司 983 家，首发募集资金总额 1.21 万亿元，其中科创板 356 家（占比 36.22%），首发募集资金总额 0.48 万亿元（占比 39.58%）。注册制得到很好的回应，市场活力得到激发。

同样地，“有进”就要“有出”，过去的退市制度已不能很好地适应新时期的发展需要，如果不解决“出”的问题，大量劣质公司对市场资源的占用依然会阻碍市场化的进程。退出机制需要保持畅通，让不符合规范的公司“应退尽退”才能真正激发市场活力，向市场化的目标进发。

2. 财务类强制退市标准得到完善，壳公司将被及时出清

退市制度一直存在定量指标覆盖不全，定性指标较为模糊的问题，也使许多劣质公司能够通过各种方法规避监管，长期占用市场资源。加之存在的“上市难”问题，使它们甚至还能借助“上市公司”的金字招牌摇身一变，成为“优质”的壳资源。

因此，新版制度中对原有定量指标作出了调整，如财务类强制退市风险警示中，取消原有的财务单一指标，新增“净利润＋营业收入”的组合指标用以精准刻画劣质壳公司，违规情况的划分更加明晰，壳公司“占而不退”的情形将大幅减少。

3. 退市流程大幅简化，退市程序将高效实施

一直以来，我国资本市场中退市上市公司数量占上市公司总数的比例非常低，退市率不到 1%，相比于欧美成熟资本市场 5%—6% 的退市率是非常低的，这很大程度上源于不

健全且冗杂的退市机制，在复杂的链条中有多种方式能规避退市，让退市一直处于“不容易”的状态。

为了改善当前资本环境，退市新规直接取消了暂停上市、恢复上市的环节，退市整理期也从原先30日缩短为15日，并且主动退市和交易类强制退市两种情形下，上市公司将不会有退市整理期，直接退市。退市环节的减少和各流程时间的缩短，使退市效率大幅提高，退市上市公司数量大幅增加。

4. 严格划分4类强制退市情形，压缩规避空间

2020年修订的退市新规将上市公司触及规定的退市情形分为4类强制退市类型以及主动退市情形，并按每一类退市情形分节规定相应的退市情形和完整的退市实施程序。其中4类强制退市类型分别是财务类强制退市、规范类强制退市、交易类强制退市及重大违法类强制退市。同时通过财务类指标和审计意见类型指标的交叉适用，压缩规避空间，打击规避退市。

表8-2　触及强制退市的相关规定

强制退市类别	处罚情况及触及条件
财务类强制退市	实施退市风险警示：上市公司最近一个会计年度经审计的财务会计报告相关财务指标触及规定的财务类强制退市情形。 终止股票上市：上市公司最近连续两个会计年度经审计的财务会计报告相关财务指标触及规定的财务类强制退市情形。 （一）最近一个会计年度经审计的净利润为负值且营业收入低于人民币1亿元，或追溯重述后最近一个会计年度净利润为负值且营业收入低于人民币1亿元； （二）最近一个会计年度经审计的期末净资产为负值，或追溯重述后最近一个会计年度期末净资产为负值； （三）最近一个会计年度的财务会计报告被出具无法表示意见或否定意见的审计报告； （四）中国证监会行政处罚决定书表明公司已披露的最近一个会计年度经审计的年度报告存在虚假记载、误导性陈述或者重大遗漏，导致该年度相关财务指标实际已触及第（一）项、第（二）项情形的； （五）交易所认定的其他情形。 注：上述“净利润”以扣除非经常性损益前后孰低为准，所述“营业收入”应当扣除与主营业务无关的业务收入和不具备商业实质的收入。
规范类强制退市	实施退市风险警示：上市公司触及下列情形之一。 终止股票上市：自实施退市风险警示起，下列1.（一）（二）（三）（四）情况在2个月内仍未解决；2.（五）情况在6个月内仍未解决；3.（六）（七）情形其股票交易被实施退市风险警示，公司依法被吊销营业执照、被责令关闭或者被撤销等强制解散条件成就，或者法院裁定公司破产的；4. 未在规定期限内申请撤销退市风险警示或撤销退市风险警示未被审核同意；5. 其他情形。 （一）因财务会计报告存在重大会计差错或者虚假记载，被中国证监会责令改正但公司未在规定期限内改正，公司股票及其衍生品种自前述期限届满的下一交易日起停牌，此后公司在股票及其

续表

强制退市类别	处罚情况及触及条件
规范类强制退市	衍生品种停牌2个月内仍未改正； （二）未在法定期限内披露半年度报告或者经审计的年度报告，公司股票及其衍生品种自前述期限届满的下一交易日起停牌，此后公司在股票及其衍生品种停牌2个月内仍未披露； （三）因半数以上董事无法保证公司所披露半年度报告或年度报告的真实性、准确性和完整性，且未在法定期限内改正，公司股票及其衍生品种自前述期限届满的下一交易日起停牌，此后公司在股票及其衍生品种停牌2个月内仍未改正； （四）因信息披露或者规范运作等方面存在重大缺陷，被交易所要求限期改正但公司未在规定期限内改正，公司股票及其衍生品种自前述期限届满的下一交易日起停牌，此后公司在股票及其衍生品种停牌2个月内仍未改正； （五）因公司股本总额或股权分布发生变化，导致连续20个交易日不再具备上市条件，公司股票及其衍生品种自前述期限届满的下一交易日起停牌，此后公司在股票及其衍生品种停牌1个月内仍未解决； （六）公司可能被依法强制解散； （七）法院依法受理公司重整、和解和破产清算申请； （八）交易所认定的其他情形。
交易类强制退市	终止股票上市：上市公司触及下列情形之一。 （一）在交易所仅发行A股股票的上市公司，连续120个交易日通过交易所交易系统实现的累计股票成交量低于500万股，或者连续20个交易日的每日股票收盘价均低于人民币1元； （二）在交易所仅发行B股股票的上市公司，连续120个交易日通过交易所交易系统实现的累计股票成交量低于100万股，或者连续20个交易日的每日股票收盘价均低于人民币1元； （三）在交易所既发行A股股票又发行B股股票的上市公司，其A、B股股票的成交量或者收盘价同时触及本条第（一）项和第（二）项规定的标准； （四）上市公司股东数量连续20个交易日（不含公司首次公开发行股票上市之日起20个交易日）每日均低于2000人； （五）上市公司连续20个交易日在交易所的每日股票收盘总市值均低于人民币3亿元； （六）交易所认定的其他情形。
重大违法类强制退市	终止股票上市：1. 上市公司存在涉及国家安全、公共安全、生态安全、生产安全和公众健康安全等领域的违法行为，情节恶劣，严重损害国家利益、社会公共利益，或者严重影响上市地位；2. 上市公司存在欺诈发行、重大信息披露违法或者其他严重损害证券市场秩序的重大违法行为，且严重影响上市地位。其中重大违法行为包括下列情形。 （一）公司首次公开发行股票申请或者披露文件存在虚假记载、误导性陈述或重大遗漏，被中国证监会依据《证券法》第一百八十一条作出行政处罚决定，或者被人民法院依据《刑法》第一百六十条作出有罪生效判决； （二）公司发行股份购买资产并构成重组上市，申请或者披露文件存在虚假记载、误导性陈述或者重大遗漏，被中国证监会依据《证券法》第一百八十一条作出行政处罚决定，或者被人民法院依据《刑法》第一百六十条作出有罪生效判决； （三）公司披露的年度报告存在虚假记载、误导性陈述或者重大遗漏，根据中国证监会行政处罚

续表

强制退市类别	处罚情况及触及条件
重大违法类强制退市	决定认定的事实，导致连续会计年度财务类指标已实际触及本章第三节规定的终止上市情形； （四）根据中国证监会行政处罚决定认定的事实，公司披露的营业收入连续两年均存在虚假记载，虚假记载的营业收入金额合计达到 5 亿元以上，且超过该两年披露的年度营业收入合计金额的 50%；或者公司披露的净利润连续两年均存在虚假记载，虚假记载的净利润金额合计达到 5 亿元以上，且超过该两年披露的年度净利润合计金额的 50%；或者公司披露的利润总额连续两年均存在虚假记载，虚假记载的利润总额金额合计达到 5 亿元以上，且超过该两年披露的年度利润总额合计金额的 50%；或者公司披露的资产负债表连续两年均存在虚假记载，资产负债表虚假记载金额合计达到 5 亿元以上，且超过该两年披露的年度期末净资产合计金额的 50%（计算前述合计数时，相关财务数据为负值的，则先取其绝对值再合计计算）； （五）交易所根据上市公司违法行为的事实、性质、情节及社会影响等因素认定的其他严重损害证券市场秩序的情形。 前款第（一）项、第（二）项统称欺诈发行强制退市情形，第（三）项至第（五）项统称重大信息披露违法强制退市情形。

二、市值等相关交易指标纳入退市指标

（一）新增“市值低于 3 亿元”纳入交易类强制退市指标

退市新规新增“连续 20 个交易日每日收盘总市值均低于人民币 3 亿元”的市值指标。截至 2021 年 12 月 31 日，沪深 A 股上市公司市值均与“3 亿红线”有一定距离，市值最低的 5 家上市公司分别为*ST 中新（6.18 亿元）、*ST 邦讯（8.96 亿元）、*ST 长动（9.51 亿元）、*ST 科林（9.58 亿元）、*ST 金泰（10.18 亿元）。

“市值低于 3 亿元”更多的是面向今后资本市场长期发展需要而设立的，在注册制引领的新时期下，上市公司数量会越来越多，逐步市场化的过程也会流入大量参差不齐的公司，此时“3 亿市值”将会成为淘汰劣质公司的重要准绳。

（二）“面值退市”明确为“1 元退市”，同样纳入交易类强制退市指标

退市新规明确了“连续 20 个交易日的每日股票收盘价均低于人民币 1 元”的退市指标，严格定量毫不含糊，以避免原“股票面值”可能存在的理解歧义，也是监管部门再次重整市场投机氛围的强烈信号。一是向投资者强调低价股、概念股不再是低风险高回报的选择，关注上市公司的内在价值才是理智的投资决策；二是对于上市公司来说，更将精力集中在提高公司盈利能力的方向上，而用“低股价”吸引投资者，“薄利多销”的方式来增长市值的风险将会空前之大，也传达了监管层面坚决反对的此类行为的态度。其中以中弘股份被退市开始，标志着面值退市指标在资本市场上真正得到运用。

案例 8-3：中弘股份（000979）——沪深 A 股面值退市第一股

2018 年年底，深交所终止上市决定落下，中弘股份因股票已连续 20 个交易日收盘价格均低于股票面值（即 1 元），成为沪深 A 股因面值低于 1 元而退市的第一股。

其股价在 2011 年时达到五六年内的新高 19.89 元，而谁也想不到在 2018 年年底，竟会因为股价低于 1 元而被退市。"高转高送"是其股票面值迅速低于 1 元的主要原因之一，如果在公司盈利能力良好、成长性强的前提下，公司给予市场较好的红利对投资者会有很强的吸引力。但其实 2010 年后，公司的盈利情况已经初显疲软之势，中弘股份却依然大肆进行高送转，同时还进行了 3 次增发，其每股价格大幅度稀释，加上盈利能力不足，各种因素相互叠加，其股价在 2018 年因连续 20 个交易日低于 1 元而被退市。

实施公告日	分红方案说明	总股本（亿股）	当期净利润（亿元）	实施后每股收益（元）
2000/6/16	深交所上市	0.94	0.12	0.13
2011/2/18	10 转 8 股	10.12	1.21	0.12
2012/3/15	10 派 1 元（含税）	10.12	4.21	0.42
2013/6/6	10 派 3 元（含税）	10.12	2.43	0.24
2013/8/21	10 送 9 股派 2.25 元（含税）	19.23	2.79	0.15
2015/5/22	10 转 6 股派 0.11 元（含税）	46.10	7.33	0.16
2016/7/4	10 派 0.1 元（含税）	59.93	1.61	0.03
2017/7/10	10 转 4 股派 0.10 元（含税）	83.91	0.83	0.01

（三）财务类退市标准新增组合指标，驱动市值的盈利能力成为判断关键

除了交易类退市指标对市值作出明确的定量要求，财务类强制退市指标从驱动市值增长的盈利能力着手判断。退市新规中对其最重要的修订，是新增了"净利扣非前后为负且营业收入低于 1 亿元"的组合指标，替代以往的"净利为负"与"营业收入低于 1000 万"分开判断的独立指标，更准确地把缺乏成长性和盈利性的劣质公司剔除出来。并且在退市流程被大幅缩短的情形下，连续触及财务类指标被退市的时间从原来 3 年缩短至 2 年，清退力度大幅提升。

因此，已经挂上退市风险警示的上市公司，应当及时改善驱动市值长期发展的盈利能力。根据数据显示，在 2020 年，共有 40 家*ST 上市公司触及财务类强制退市指标，而在 2021 年三季报的披露情况中，34 家（85%）依然触及此指标，自身的盈利能力并没有得到改善，并且意味着在剩余的一个季度中，如果无法扭转局面，则面临终止上市的命运。其中 31 家公司的总市值在 2021 年年底不超过 40 亿元，平均市值仅有 19.53 亿元，组合指标已成为精准研判优劣公司的关键标准。

三、踏入悬崖最后一步，“低市值”将是退市前奏

30亿市值以下上市公司逐渐成为风险警示重灾区，与退市仅一线之隔，“低市值”成为退市前奏。2016年风险警示公司中仅有31.67%市值低于30亿元，随后占比大幅上升，2018年突破80%并且随后几年该比例维持在这一水平。可以说自2018年证监会加强清退力度以来，低市值公司逐渐成为风险警示公司中的“主力军”。

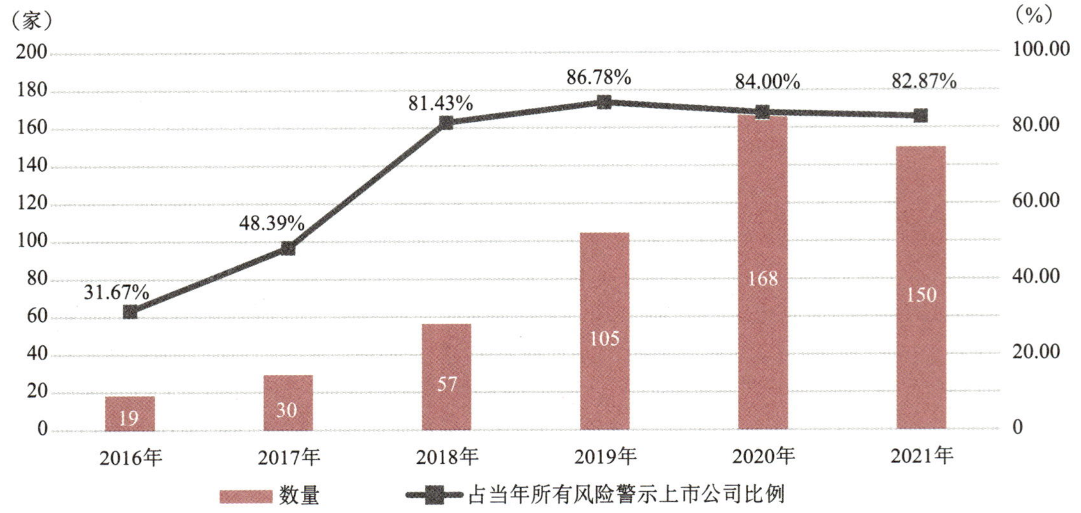

图8-6　各年风险警示公司中市值低于30亿元公司的数量占比情况

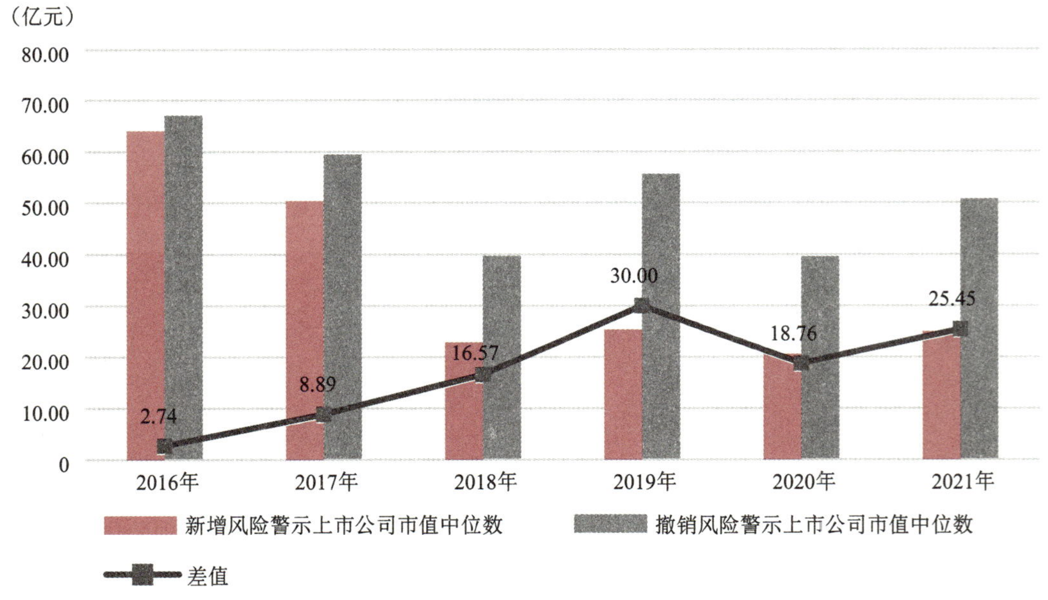

图8-7　新增与撤销风险警示公司市值变动情况

与此同时“低市值”公司想要摘帽难度也在逐渐加大。数据显示，自2016年，风险

警示板块这个大水池中，“进来的”与“出去的”上市公司的市值差距呈现出逐渐扩大的趋势，市值低且又被实施风险警示的上市公司想要“脱帽”将会更加困难。加上更有针对性的监管政策和更快的退市节奏，低市值公司一旦触发风险警示，融资难、经营难的问题将更加凸显，扭亏转盈的能力容易进一步下降，从而深陷泥潭之中，稍不注意就会触发退市。

四、退市红线划分清晰，加强治理合规问题

2008 年至 2012 年，吸收合并是退市的主要原因，产业结构调整居多。这段时间里，除去吸收合并与证券置换的原因，因违反法规而被退市的上市公司数量为零。自 2012 年证监会启动退市制度改革开始，新的退市制度不断对上市公司监管的进一步细化和加强，使退市上市公司数量逐年增加。2018 年，证监会对《关于改革完善并严格实施上市公司退市制度的若干意见》进行修改，大幅加强了退市力度。随后，2018 年至 2021 年退市公司数量迅速上升，短短三年的时间就已经有合计 46 家上市公司退市（不含吸并）。退市上市公司数量逐年增加，打开了“有进有出”的新常态，其中 2021 年退市 17 家上市公司（不含吸并），创下历史新高。

历年违规情况的分类中，明确了上市公司在资本市场最重要的立足点。一是盈利能力，二是公司信用。连续亏损、面值退市和财务造假重大违规三类情形是退市的主要原因，是上市公司一定不能触碰的红线。新改革制度下，监管层面对于财务造假的重大违法行为尤为重视，根据统计，所有因财务造假退市的上市公司中，有接近 7 成数量都在 2018 年后被查处。

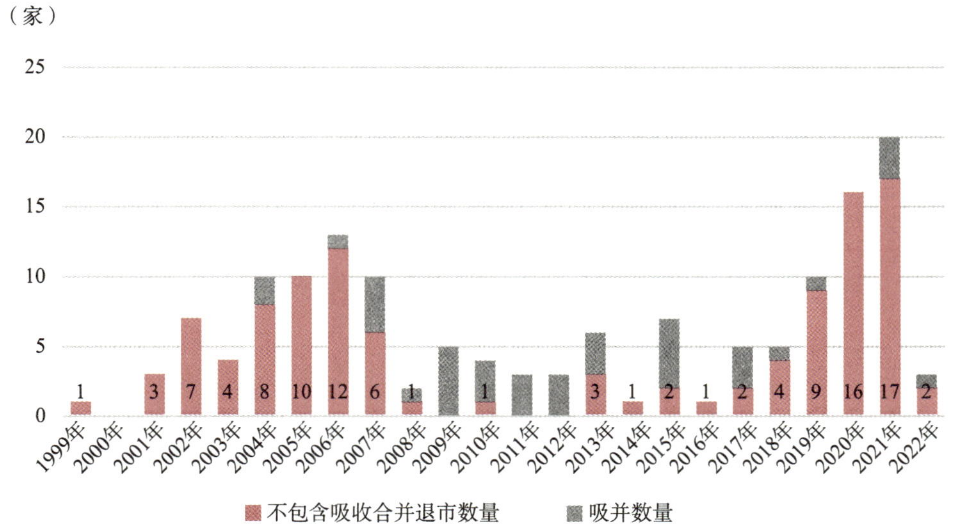

图 8－8　历年退市上市公司数量

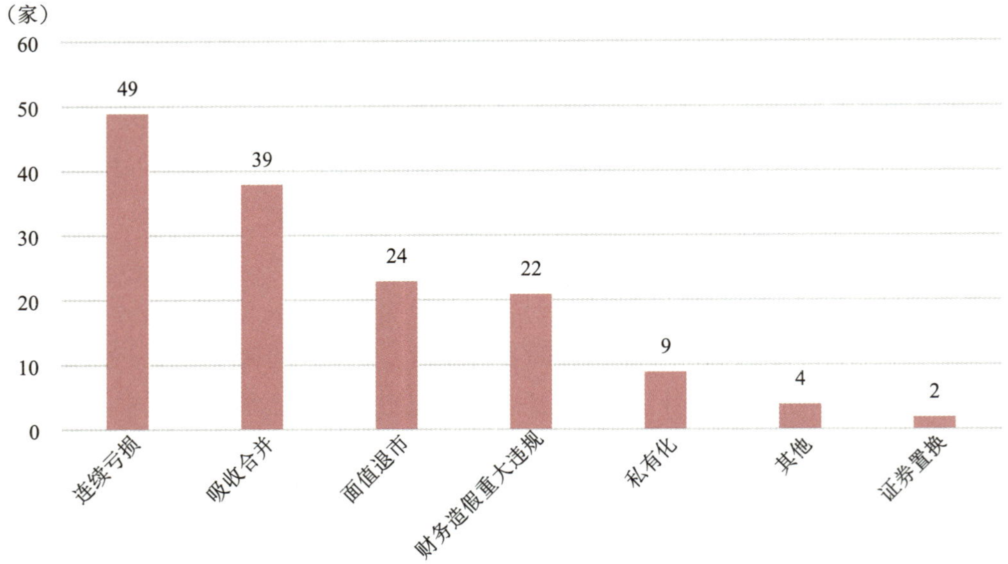

图 8 – 9　历年退市主要原因

五、触碰红线就退市，市值化为乌有

无论创造多高的市值，只要触及监管红线被退市，市值将灰飞烟灭。所有退市的上市公司中，重大财务造假的上市公司 22 家，在退市时市值缩水比例近乎 100%。其中不乏千亿市值巨头乐视（300104），财务造假时间长达 10 年，最高市值曾达到 1526.57 亿元，退市时仅剩 7.18 亿元，千亿市值灰飞烟灭。2018 年至 2022 年 4 月 30 日，共有 48 家公司退市（不含吸并），相关情况如下：

表 8 – 3　　2018 年至 2022 年退市公司情况

序号	代码	退市日期	名称	最高市值（亿元）	退市时市值（亿元）	跌幅比例	退市原因
1	600145	2022/4/28	退市新亿	44.45	5.07	–88.59%	财务造假重大违规
2	002619	2022/4/28	*ST 艾格	215.21	10.33	–95.20%	面值退市
3	300362	2021/8/30	天翔退	107.47	20.79	–80.66%	其他
4	000760	2021/7/23	斯太退	162.7	2.01	–98.77%	财务造假重大违规
5	002359	2021/7/23	北讯退	302.67	3.81	–98.74%	财务造假重大违规
6	600614	2021/7/21	退市鹏起	265.14	4.56	–98.28%	连续三年亏损
7	600634	2021/7/21	退市富控	215.21	1.61	–99.25%	连续三年亏损
8	002711	2021/7/15	欧浦退	178.21	3.38	–98.10%	面值退市
9	600485	2021/6/1	*ST 信威	1880.26	40.64	–97.84%	连续三年亏损
10	002450	2021/5/31	康得退	942.83	7.08	–99.25%	财务造假重大违规

续表

序号	代码	退市日期	名称	最高市值（亿元）	退市时市值（亿元）	跌幅比例	退市原因
11	600891	2021/5/12	退市秋林	85.29	2.35	-97.25%	连续三年亏损
12	002071	2021/5/7	长城退	159.26	1.63	-98.98%	面值退市
13	600701	2021/4/30	退市工新	185.6	4.66	-97.49%	连续三年亏损
14	000662	2021/4/12	天夏退	227.28	2.73	-98.80%	面值退市
15	600978	2021/3/22	*ST 宜生	346.99	7.71	-97.78%	面值退市
16	600247	2021/3/22	*ST 成城	125.29	2.19	-98.25%	面值退市
17	600677	2021/3/18	*ST 航通	176.9	15.71	-91.12%	连续三年亏损
18	600086	2021/3/17	退市金钰	266.18	2.16	-99.19%	面值退市
19	600687	2021/3/3	退市刚泰	321.41	4.47	-98.61%	面值退市
20	000939	2020/12/17	凯迪退	268	5.89	-97.80%	连续三年亏损
21	300431	2020/11/10	暴风退	369.07	0.92	-99.75%	财务造假重大违规
22	300216	2020/9/16	千山退	268.27	0.69	-99.74%	财务造假重大违规
23	600069	2020/8/27	退市银鸽	192.74	4.55	-97.64%	财务造假重大违规
24	300090	2020/8/25	盛运退	168.27	1.58	-99.06%	面值退市
25	300156	2020/8/25	神雾退	364.82	1.21	-99.67%	面值退市
26	600175	2020/8/14	退市美都	287.26	7.51	-97.39%	面值退市
27	002220	2020/8/11	天宝退	102.15	1.99	-98.05%	面值退市
28	300028	2020/8/3	金亚退	178.88	1.03	-99.42%	财务造假重大违规
29	300104	2020/7/21	乐视退	1526.57	7.18	-99.53%	财务造假重大违规
30	002509	2020/7/20	天茂退	259.97	3.74	-98.56%	面值退市
31	002604	2020/7/15	龙力退	102.07	1.5	-98.53%	财务造假重大违规
32	601558	2020/7/2	退市锐电	817.85	15.08	-98.16%	面值退市
33	600074	2020/6/2	退市保千	647.91	4.14	-99.36%	面值退市
34	600240	2020/2/5	退市华业	328.72	5.84	-98.22%	面值退市
35	000018	2020/1/7	神城 A 退	243.88	4.59	-98.12%	面值退市
36	600747	2019/12/12	退市大控	132.52	3.81	-97.13%	面值退市
37	002143	2019/11/29	印纪退	475.2	4.42	-99.07%	面值退市
38	002680	2019/11/27	长生退	281.88	7.5	-97.34%	面值退市
39	002018	2019/11/1	华信退	528.46	5.92	-98.88%	面值退市
40	002477	2019/10/16	雏鹰退	292.2	5.33	-98.18%	面值退市
41	600401	2019/7/12	退市海润	271.21	7.09	-97.39%	面值退市
42	000693	2019/7/9	华泽退	185	2.01	-98.91%	财务造假重大违规
43	002070	2019/7/9	众和退	192.23	4.51	-97.65%	其他
44	600680	2019/5/24	*ST 上普	235.91	29.39	-87.54%	财务造假重大违规

续表

序号	代码	退市日期	名称	最高市值（亿元）	退市时市值（亿元）	跌幅比例	退市原因
45	000979	2018/12/28	中弘退	278.64	18.46	-93.38%	面值退市
46	000511	2018/7/18	烯碳退	187.89	7.04	-96.25%	财务造假重大违规
47	600432	2018/7/13	退市吉恩	385.05	22.13	-94.25%	连续三年亏损
48	600806	2018/7/13	退市昆机	122.7	7.81	-93.64%	财务造假重大违规

案例8-4：康得新（002450）——虚增巨额利润被强制退市，市值仅剩最高市值的1%

康得新于2010年7月与深主板上市，主营业务为预涂材料，主要产品为预涂膜和光学膜，主要客户更是包括华为、OPPO、小米、TCL等一众知名企业。在2017年11月底其市值达到942.83亿元的顶峰，半只脚踏入千亿市值的康得新此时无疑是新材料巨头的典范之一。

但在2019年1月16日及25日，其无法偿付两只超短期融资债券“18康得新SCP001”和“18康得新SCP002”合计15亿元，引发市场关注，因为此时根据最新一期财务报告（2018年三季度）显示，账面上依然有高达150.14亿元的货币资金。并且康得新随后在2月15日和3月14日又接连出现两次实质性违约，手头有巨额现金却无法偿付到期债务，无疑引发市场一片哗然。4月30日，其发布的2018年年报被非标，并且其中122亿元货币资金消失不见，虚假披露的事实已是板上钉钉。

2019年7月15日证监会公布调查结果显示，在2015年至2018年年度报告中，虚增利润总额分别为22.43亿元、29.43亿元、39.08亿元、24.36亿元，分别占各年度报告披露利润总额的136.22%、127.85%、134.19%、711.29%，累计虚增利润119.21亿元，再次刷新沪深A股造假之最。最后的退市的结局和曾经千亿巨头乐视如出一辙，康得新退市时市值仅剩7.08亿元，与其曾经最高市值相比剩余不到1%，所有的辉煌在退市后都只剩泡影。

总之，合规发展就是上市公司创造市值的底线，也是监管要求的核心，退市将使市值一无所有。无论从不断趋严的合规监管的要求中，还是从公司稳定发展的长期需要来看，合规发展都将是资本市场环境向健康成熟方向演进过程中的内在保障，也是伴随中国金融体系迈入新时期的重要表现，上市公司只有坚守合规底线，才能保证市值的基业长青。

第九章
上市公司超级成长与可持续发展的逻辑

第一节 超级成长上市公司行业分布及特征

自新冠肺炎疫情席卷全球以来，世界百年变局加速演进，“疫苗民族主义”“东欧局势紧张”等事件使中国的外部环境愈加复杂多变。2021 年我国国内生产总值（GDP）突破 114 万亿元，较去年同比增长 8.1%，增速在全球主要经济体中名列前茅，经济总量持续增长且稳居世界第二，发展水平再上一个台阶。

上市公司是现代经济增长的重要源泉，中国经济的发展与上市公司的发展息息相关，2021 年年末上市公司总市值达 98.83 万亿元，在国家经济的发展进程中，一大批优秀的上市公司起到了中流砥柱的作用，它们不仅在生产经营过程中为现代社会创造丰富的物质财富，也作为实现科技进步和迸发创新活力的生力军，促进社会资源的有效配置，带动区域和社会经济的发展，为实现强国梦奠定基础。

一、超级成长上市公司行业分布及特征

自沪深交易所设立以来，沪深 A 股市场已经历经 30 余年浮沉，淘汰了一批批已经成为历史的上市公司，与此同时也出现了大量成长性良好的上市公司。根据统计，上市公司首发上市当日市值至 2021 年 12 月 31 日市值增长倍数最大，且增长量超过 500 亿元的前 5 名上市公司分别为：伊利股份（600887，629 倍）、泸州老窖（000568，434 倍）、万科 A（000002，381 倍）、贵州茅台（600519，281 倍）、紫光国微（002049，257 倍），此类上市公司在实现自身市值跨越式增长方面做得非常成功，大多具有上市时间较早、市值发展周期较长、成长性优异的特点。

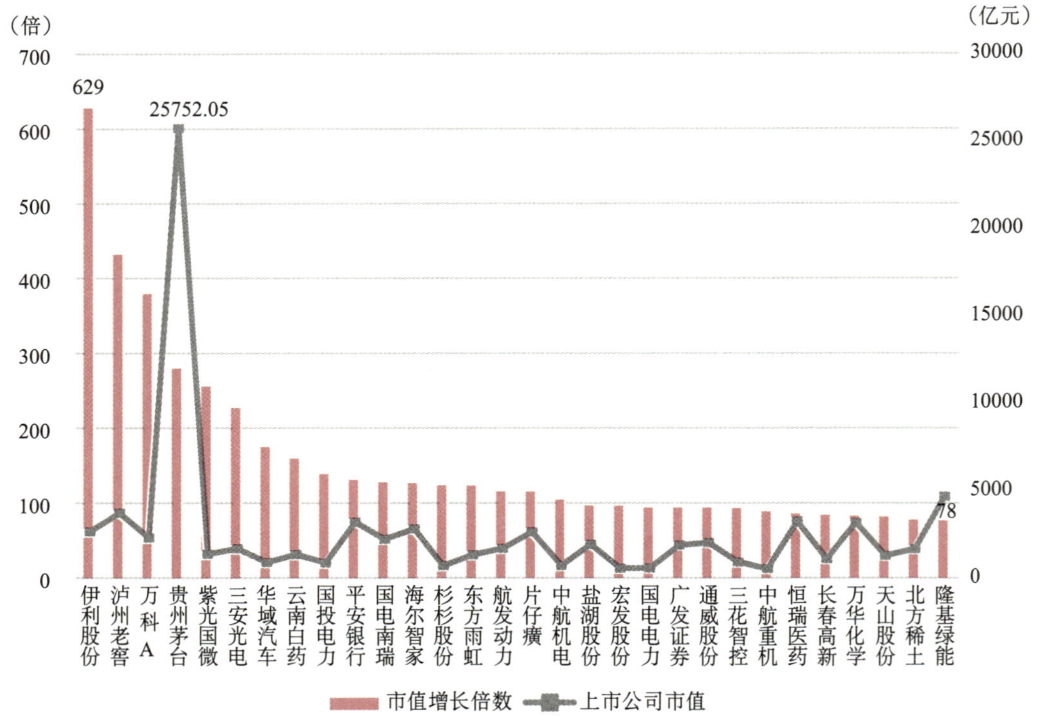

图9－1　上市首日市值至2021年12月31日市值增长排名前30名

在一个成熟健康的资本市场，市值的高低代表了公司的实力以及在资本市场投资者对这家公司价值的认可度。而市值的增长不仅帮助上市公司获取发展所得的资金和促使股东价值最大化，引导更多的创新创业以及技术的飞速发展，还在资本市场财富效应的作用下，促进社会消费水平和上市公司投资水平的上升。因此做好市值管理对于上市公司的重要性日趋显著。

沪深A股2001年12月31日至2021年12月31日市值增长超过五倍且增长量超过500亿元的上市公司共计175家，其市值平均增长48倍，且这些上市公司平均市值为1737.96亿元，远高于沪深A股平均市值214.72亿元，大多为发展潜力好、市值管理优秀的“超级成长上市公司”。

从上市公司数量来看，超级成长上市公司最多的前五个行业分别为：电力设备（22家）、电子（21家）、医药生物（20家）、食品饮料（14家）、计算机（10家）。行业分布情况与中国经济发展过程中，对一些行业的政策扶持与引导、行业发展的历史背景相符。其中，属于新兴产业的电子和电力设备行业市场空间大，并且结合国家双碳政策的落实，大量高潜力成长型上市公司位居于此。从细分行业来看，电子和电力设备行业中大多为电池、光伏、芯片等产业，不仅市场需求庞大，还是国家重点发展的产业，其市值的增长符合未来发展趋势。另外，医药生物行业属于技术壁垒较高的行业，可持续竞争力强，加上近年来受到疫情影响，医药生物行业迎来一个小高潮，涌现大量成长速度较快的上市公司。

从市值平均增长倍数来看，超级成长上市公司市值平均增长最多的前五个行业为食品饮料（127 倍）、房地产（107 倍）、银行（76 倍）、国防军工（64 倍）、公用事业（64 倍）。其中，食品饮料业以白酒等利润较高的传统行业为主，白酒相对于其他商品具有储存期长的特点，在中国深受消费者的喜爱，再加之近年来白酒普遍的价格上涨，利润增加，白酒行业市值自然水涨船高。此外，排名第二的房地产行业超级成长上市公司也是符合中国经济发展历史的，自 20 世纪以来，随着住房制度的改革，房地产行业逐渐成为我国经济的支柱产业，因此出现大量超级成长上市公司是必然且合理的。

表 9-1　沪深 A 股首发市值增长五倍以上且增长额度超 500 亿元上市公司行业情况

行业名称	公司数量（家）	行业平均市值（亿元）	市值平均增长倍数	代表性上市公司
食品饮料	14	4144.81	127	伊利股份（629 倍）、泸州老窖（434 倍）、贵州茅台（281 倍）、山西汾酒（146 倍）、舍得酒业（59 倍）
房地产	4	1332.76	107	万科 A（381 倍）、华侨城 A（22 倍）、保利发展（16 倍）、金地集团（7 倍）
银行	2	7741.34	76	平安银行（133 倍）、招商银行（19 倍）
国防军工	9	961.04	64	航发动力（117 倍）、中航机电（106 倍）、中航重机（90 倍）、中航沈飞（72 倍）、中国船舶（65 倍）
公用事业	5	1531.21	64	国投电力（141 倍）、新奥股份（113 倍）、川投能源（33 倍）、国电电力（22 倍）、长江电力（10 倍）
家用电器	5	2385.46	56	海尔智家（128 倍）、三花智控（95 倍）、格力电器（42 倍）、科沃斯（6 倍）、美的集团（6 倍）
建筑材料	8	969.31	47	东方雨虹（125 倍）、天山股份（83 倍）、中国巨石（60 倍）、海螺水泥（27 倍）、中材科技（25 倍）
电子	21	1216.12	47	紫光国微（257 倍）、三光安电（228 倍）、韦尔股份（64 倍）、立讯精密（49 倍）、歌尔股份（49 倍）
电力设备	22	1980.40	46	国电南瑞（129 倍）、通威股份（95 倍）、隆基绿能（78 倍）、亿纬锂能（58 倍）、宁德时代（16 倍）

续表

行业名称	公司数量（家）	行业平均市值（亿元）	市值平均增长倍数	代表性上市公司
非银金融	6	1986.60	44	广发证券（95 倍）、中油资本（57 倍）、东方财富（46 倍）、国投资本（31 倍）、中信证券（26 倍）
医药生物	20	1375.72	43	云南白药（161 倍）、片仔癀（117 倍）、恒瑞医药（87 倍）、长春高新（86 倍）、上海医药（52 倍）
基础化工	6	1423.64	40	盐湖股份（98 倍）、万华化学（84 倍）、华鲁恒升（37 倍）、卫星化学（9 倍）、合盛硅业（7 倍）
煤炭	1	693.06	38	美锦能源（38 倍）
汽车	8	2421.72	38	华域汽车（176 倍）、福耀玻璃（53 倍）、上汽集团（18 倍）、比亚迪（12 倍）、长城汽车（11 倍）
有色金属	7	1260.43	34	北方稀土（79 倍）、山东黄金（48 倍）、华友钴业（36 倍）、赣锋锂业（34 倍）、天齐锂业（18 倍）
商贸零售	1	4283.93	28	中国中免（28 倍）
农林牧渔	3	1570.29	25	牧原股份（32 倍）、新希望（28 倍）、海大集团（13 倍）
建筑装饰	1	574.96	24	四川路桥（24 倍）
计算机	10	1259.49	24	恒生电子（66 倍）、宝信软件（40 倍）、科大讯飞（37 倍）、大华股份（24 倍）、海康威视（11 倍）
机械设备	6	1104.50	24	中集集团（52 倍）、三一重工（37 倍）、汇川技术（17 倍）、中联重科（16 倍）、大族激光（13 倍）
通信	3	966.20	19	中兴通讯（29 倍）、中天科技（22 倍）、亿联网络（7 倍）
传媒	3	764.99	19	三七互娱（23 倍）、芒果超媒（19 倍）、世纪华通（13 倍）
社会服务	1	627.05	14	锦江酒店（14 倍）
钢铁	3	968.79	14	中信特钢（18 倍）、包钢股份（15 倍）、永兴材料（9 倍）
石油石化	2	1275.98	11	东方盛虹（16 倍）、恒力石化（6 倍）

续表

行业名称	公司数量（家）	行业平均市值（亿元）	市值平均增长倍数	代表性上市公司
交通运输	3	890.73	10	*ST 海航（14 倍）、上海机场（10 倍）、南方航空（6 倍）
轻工制造	1	598.49	6	晨光文具（6 倍）

二、千亿元以上市值上市公司行业分布及特征

2000 年以前，我国处在股权分置的时代，大量对国民经济有重要影响力的公司还没有改制上市，A 股市场上还没有千亿元以上市值的公司，直到 2001 年 8 月 8 日中国石化上市，让 A 股市场有了第一家市值突破千亿元的上市公司，实现了从 0 到 1 的突破。而在 20 年后的 2021 年年底，沪深 A 股市场千亿元以上市值的上市公司共计 170 家，总市值达 46.10 万亿元，市值几乎占据沪深 A 股市场一半份额。千亿元市值作为上市公司重要分水岭，此类上市公司大多为被市场认可的龙头公司，具有极强的行业竞争力和突出的业绩水平，对沪深 A 股市值起到了支撑作用。

从申万一级行业分布情况来看，千亿元以上市值上市公司主要分布在非银金融（18 家）、电力设备（17 家）、银行（15 家）、医药生物（14 家）、电子（14 家）、食品饮料（10 家）等行业，既有金融等传统行业，也存在电子、电力设备等新兴行业，行业分布情况与国家扶持战略性新兴产业的大方向和经济结构的调整是完全符合的。

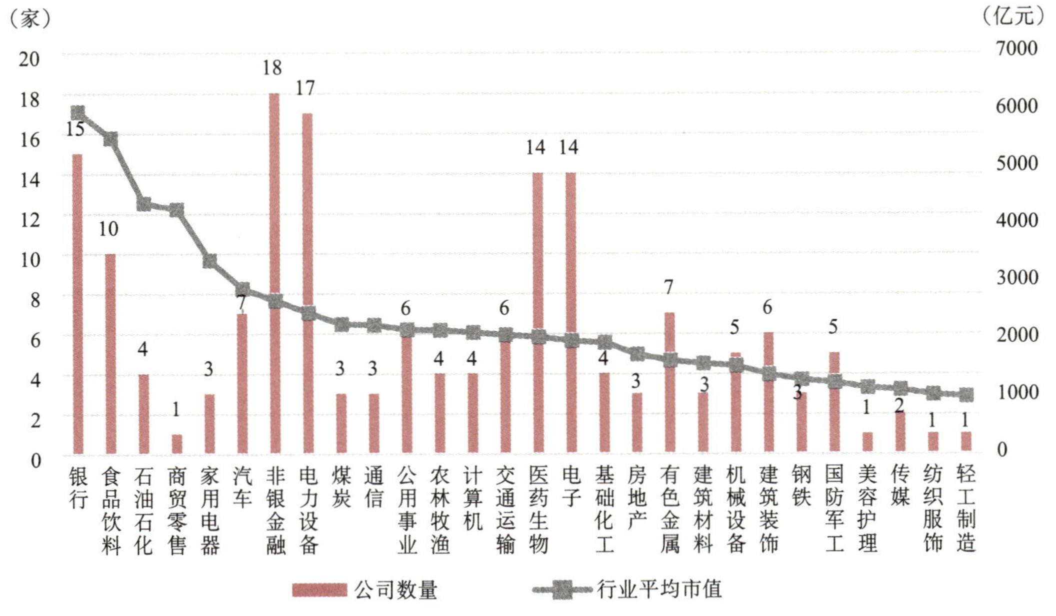

图 9-2　千亿元以上市值上市公司数量分布和平均市值

从细分申万三级行业来看，除金融、食品饮料等传统行业，千亿元以上市值上市公司大多处于产业链中技术壁垒较高、研发投入较高的环节，对于一个完整的产业链来说，具有不可替代的作用。

以电力设备行业为例，17 家市值千亿元以上上市公司中以硅料硅片（4 家）、电池化学品（3 家）、锂电池（2 家）等科技含量较高的细分行业为主，具有高研发支出的特征。而 88 家市值 50 亿元以下上市公司则以线缆部件及其他（14 家）、配电设备（13 家）、输变电设备（11 家）等细分行业为主。

根据 2021 年年报披露，千亿元以上市值上市公司平均研发支出排名前 5 的行业分别为建筑装饰（221.28 亿元）、通信（120.41 亿元）、石油石化（100.37 亿元）、家用电器（91.70 亿元）、汽车（79.53 亿元）。其中，千亿元以上上市公司建筑装饰行业中以中国建筑、中国中铁、中国交建、中国铁建、中国电建等为主，研发支出投入非常高，而石油石化行业中则是以中国石油、中国石化等高研发投入公司为主。由此可见，高额的研发支出和较高的科技水平为千亿元市值上市公司形成技术壁垒，对成就行业龙头地位起到了重要作用。

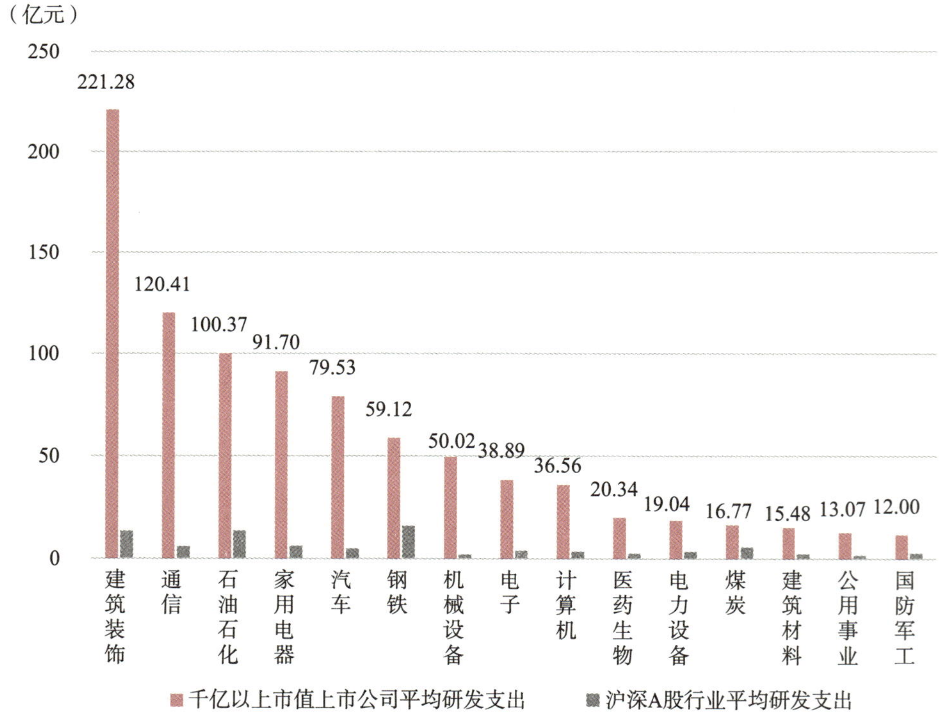

图 9－3　2021 年千亿元以上市值平均研发支出前 15 名行业

三、现实的困境：上市公司盈利能力呈现分化趋势

相较于市值 1000 亿元以上上市公司的行业，市值 100 亿元以下上市公司的行业中，

多数传统型行业，如环保、建筑装饰、煤炭、商贸零售、社会服务等行业的资产负债率更高，而新兴行业，如电子、汽车、通信等行业的资产负债率较低。

较低的资产负债率说明企业的经营趋于谨慎，需要改变发展策略，财务战略不要太过于保守，通过利用好财务杠杆扩大企业生产。而扩大再生产的前提是企业通过研发投入获得行业份额和提升竞争壁垒。因此，对于新兴行业企业，利用财务杠杆实现企业的快速研发和扩大市场份额是必经之路。

同时，传统行业资产负债率较高则表明了企业的偿债能力缺少相对的保障。企业融资具有较大的风险，企业易出现融资难等问题。这会对资产负债率过高的企业扩大生产规模、开拓市场造成困难。

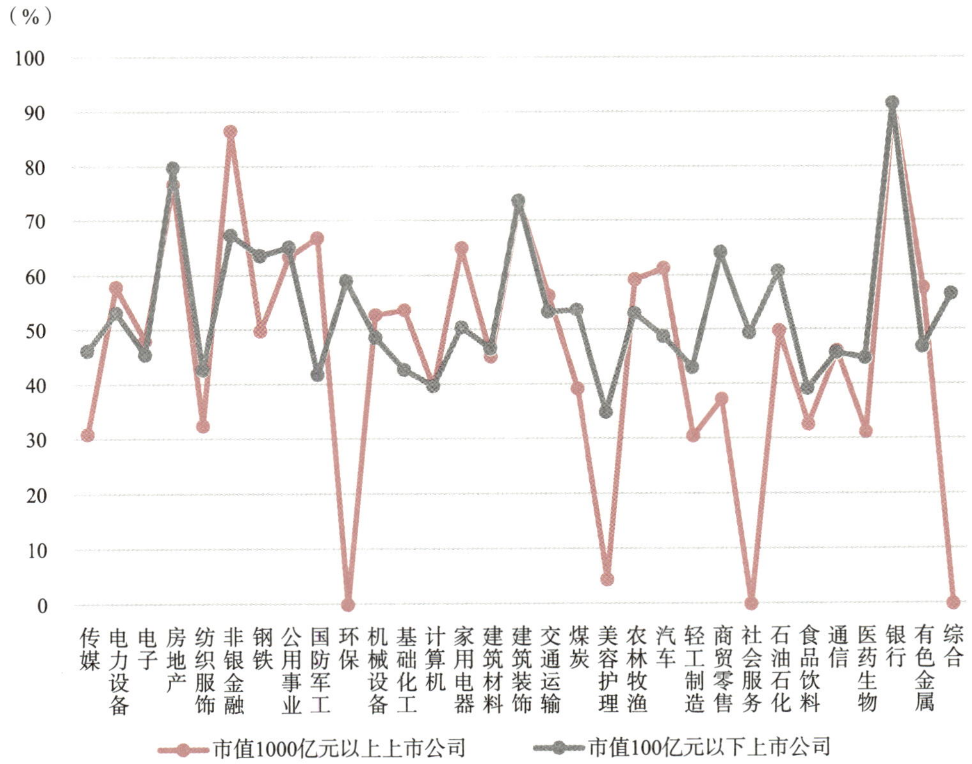

图 9－4　行业资产负债率对比

上市公司营业收入呈现两极分化趋势，高市值上市公司获得绝大部分的营业收入。170 家市值 1000 亿元以上的上市公司 2021 年营业收入共计 316375.02 亿元，平均为 1861.03 亿元；2984 家市值 100 亿元以下的上市公司 2021 年营业收入共计 82127.55 亿元，平均为 27.52 亿元。

以制造业上市公司为例，可以发现其盈利能力呈现分化趋势。据 2017—2021 年年报数据显示，沪深 A 股制造业上市公司营业收入呈逐年递增趋势。根据 2021 年年报，沪深 A 股制造业上市公司营业收入已达 23.74 万亿元，较 2017 年增长 78.77%。该行业上市公司营业收入占沪深 A 股上市公司营业收入比重总体稳定，统计期内始终保持在 1/3 以上。

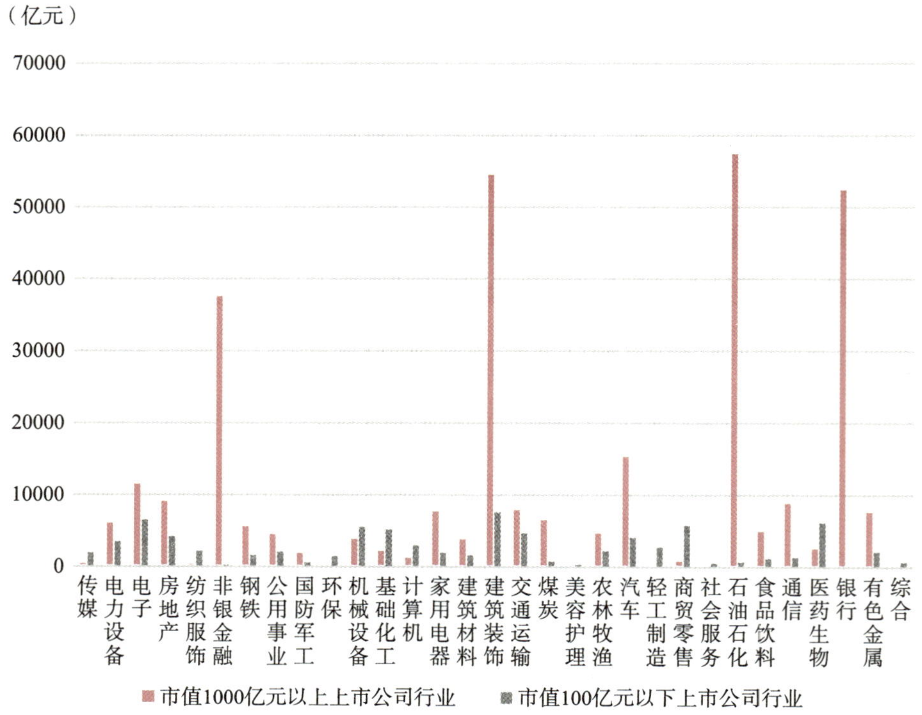

图 9－5　行业营业收入对比

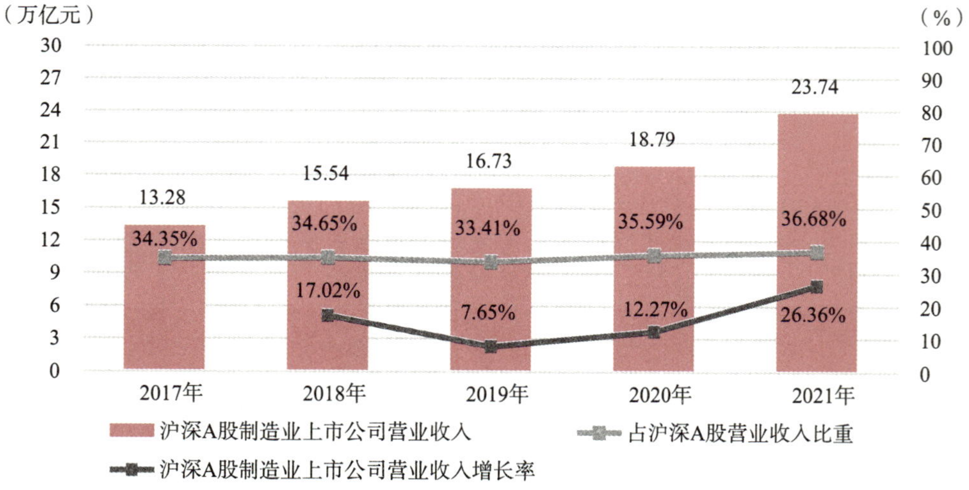

图 9－6　沪深 A 股制造业上市公司营业收入变化情况

制造业上市公司净利润在 2018 年及 2019 年负增长，但沪深 A 股制造业上市公司盈利能力整体上仍保持着较强的韧性，截至 2021 年年报，该行业上市公司净利润总额达到 1.70 万亿元，占沪深 A 股上市公司净利润比重的 32.05%，无论是绝对量还是占比都创下了统计期内的新高。

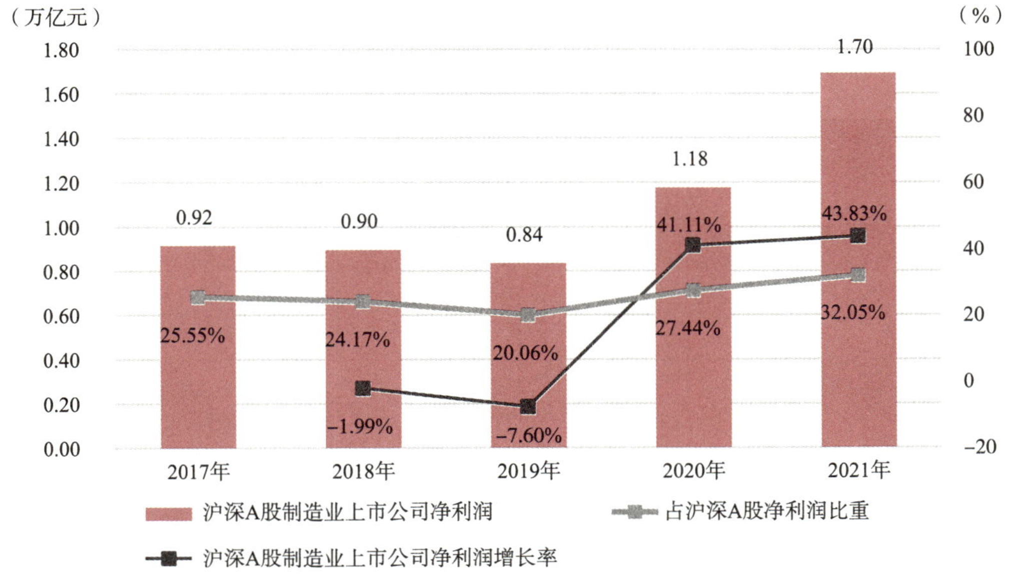

图 9－7　沪深 A 股制造业上市公司净利润变化情况

另外，沪深 A 股制造业各细分行业的上市公司盈利能力呈现出分化趋势。2017—2021 年，净利润有所增长的细分行业共 22 个，有 7 个细分行业净利润有所下降。对比上涨幅度与下降幅度最大的细分行业，可发现净利润呈高速增长趋势的行业主要集中在以高新技术制造业为代表的现代制造业及其上下游产业，而传统制造业正面临着盈利能力萎缩的困局。实际上，这一现象与我国产业结构转型升级的大背景相呼应，随着我国制造业在全球市场分工中，从资源密集型与人力密集型产业向技术密集型产业转型，我国制造业的先进性越发凸显，以现代制造业为支柱的现代化经济体系正在逐步构建。

表 9－2　　沪深 A 股制造业上市公司各细分行业 2017—2021 年变化

行业名称	2021 年上市公司数量	2017—2021 年净利润增量（亿元）	2017—2021 年数量涨跌幅	市值成长最高的代表性上市公司
计算机、通信和其他电子设备制造业	478	1006.22	87.45%	闻泰科技、天华超净、士兰微、北京君正、立讯精密
专用设备制造业	312	590.13	90.24%	北方华创、恒立液压、先导智能、晶盛机电、英维克
非金属矿物制品业	104	628.94	46.48%	天山股份、东方雨虹、菲利华、旗滨集团、石英股份
酒、饮料和精制茶制造业	48	635.17	17.07%	山西汾酒、酒鬼酒、舍得酒业、重庆啤酒、泸州老窖

续表

行业名称	2021 年上市公司数量	2017—2021 年净利润增量（亿元）	2017—2021 年数量涨跌幅	市值成长最高的代表性上市公司
电气机械和器材制造业	292	764.83	53.68%	晶澳科技、亿纬锂能、隆基绿能、阳光电源、爱旭股份
黑色金属冶炼和压延加工业	32	444.48	6.67%	中信特钢、永兴材料、抚顺特钢、鄂尔多斯、华菱钢铁
化学原料和化学制品制造业	308	1307.89	62.11%	昊华科技、天赐材料、三棵树、卫星化学、XD 万华化
化学纤维制造业	29	592.75	45.00%	东方盛虹、恒力石化、华峰化学、荣盛石化、桐昆股份
农副食品加工业	54	-167.74	45.95%	通威股份、海大集团、洽洽食品、新希望、晨光生物
橡胶和塑料制品业	103	213.09	90.74%	恩捷股份、福斯特、赛轮轮胎、双星新材、三维股份
有色金属冶炼和压延加工业	79	508.63	27.42%	赣锋锂业、盛新锂能、天山铝业、华友钴业、天齐锂业
金属制品业	86	126.23	86.96%	坚朗五金、大金重工、鸿路钢构、苏泊尔、巨星科技
食品制造业	66	132.03	69.23%	妙可蓝多、DR 海天味、涪陵榨菜、安琪酵母、金禾实业
铁路、船舶、航空航天和其他运输设备制造业	73	44.64	92.11%	中航沈飞、中航重机、光启技术、中航高科、中国船舶
通用设备制造业	164	-97.20	69.07%	三花智控、西子洁能、新莱应材、双环传动、东方电气
造纸和纸制品业	36	14.59	63.64%	博汇纸业、中顺洁柔、太阳纸业、岳阳林纸、顺灏股份
家具制造业	26	2.32	136.36%	顾家家居、喜临门
仪器仪表制造业	69	10.69	91.67%	精测电子、凤凰光学、埃斯顿、光力科技、安科瑞
纺织业	48	4.94	60.00%	开润股份、罗莱生活、旷达科技、富安娜、百隆东方
其他制造业	16	-14.32	220.00%	老凤祥

续表

行业名称	2021 年上市公司数量	2017—2021 年净利润增量（亿元）	2017—2021 年数量涨跌幅	市值成长最高的代表性上市公司
印刷和记录媒介复制业	14	3.27	40.00%	劲嘉股份、新宏泽、陕西金叶
废弃资源综合利用业	11	28.01	175.00%	格林美
医药制造业	285	420.07	54.89%	片仔癀、智飞生物、凯莱英、长春高新、博腾股份
木材加工和木、竹、藤、棕、草制品业	8	-1.53	33.33%	兔宝宝
皮革、毛皮、羽毛及其制品和制鞋业	12	4.13	50.00%	兴业科技
纺织服装、服饰业	42	-23.72	44.83%	星期六、比音勒芬、朗姿股份、伟星股份
文教、工美、体育和娱乐用品制造业	21	-34.08	75.00%	晨光股份
石油加工、炼焦和核燃料加工业	16	9.74	14.29%	山西焦化、美锦能源、陕西黑猫、云维股份、开滦股份
汽车制造业	155	-467.38	66.67%	比亚迪、星宇股份、长城汽车、北汽蓝谷、潍柴动力
总计	2987	6191.99	66.13%	

第二节　超级成长公司的必经之路

上市公司作为资本市场的基石，同时也是市场最具活力的竞争主体，如今更是推动中国经济高质量发展的支柱力量，不仅为中国企业现代化发展作出示范，更带领了众多优秀企业参与国际市场竞争，助力国家经济改革与发展。

为不负众望，扮演好“经济先锋”的角色，上市公司亟需提升整体质量，而众多超级成长企业的典型特征，便为后来者指明了成为高市值公司的必经之路，相信在它们的优秀示范作用之下，上市公司必定能在一片明朗的市场前景中欣欣向荣，收获投资者们的广泛认可和赞许，并引领中国经济阔步迈向新未来！

一、公司战略：良好的公司治理是发展的基石，远见的战略引领未来

人才和资金是公司发展壮大的基石，保证人才的稳定性和融资渠道畅通是公司治理的

核心。股权是公司重要的战略资源，公司可以通过较低的股权稀释成本来换取帮助公司发展的人才和资金，但在引入股东的过程中，创始人应注意股权架构的合理性，即公司股权结构是否明晰、清楚、稳定，避免出现股权僵局和股权争议。股权架构不合理，则有可能会出现西少爷、真功夫等股权争议事件。而合理的股权架构设计及股权激励制度，便能造就先进的生产关系，进而提升人力资本产出，实现公司与人才的双赢。

同时，良好的公司治理是公司发展的根基，企业家精神是公司发展的灵魂。企业是创新的主体，企业家创新活动是推动企业创新发展的关键。这就要求广大企业家围绕公司治理、经营方略、运营方式、制度机制等重点领域进行创新，紧跟大势、紧贴实际、紧抓机遇，在更高层次推动资本优化配置、产业转型升级、动能转换释放，积极探索具有自身特色的企业高质量发展之路。

公司战略制定与实施，是公司高速发展的动力。企业要基于对社会环境、政策法规、经济水平、技术和市场趋势及自身的分析后作出正确的战略决定，使企业在市场竞争中获得更有利的条件。同时，高效地发挥企业资源效率，确保组织各资源的高效协同，也需要企业战略进行指导。

战略大师鲁梅尔特在《好战略，坏战略》写道，众多企业对于战略的理解和定义都不清晰；并且，作为企业家顾问的多年来，我们发觉中国企业家常将“战略”与“愿景”或“口号”进行了混淆。亚马逊是当下全球都承认的成功企业，在《亚马逊编年史》里，宁向东具体阐述了从亚马逊成立的1994年以来，企业的成长历程。我们注意到，贝索斯在近30年的成长过程中，一向是以“以消费者为中心”作为企业的核心战略。从这个战略，导出了贝索斯一系列围绕消费者的战略规划，例如：亚马逊自有的配送和仓储、亚马逊Kindle的用户推荐、猜用户喜欢等产品功能、亚马逊的Prime会员体系等。也是对这一战略的坚持和贯彻，使亚马逊成为当今最成功的企业之一。

如果需要回归到战略的“本质”，鲁梅尔特建议如下三个战略的核心要素——“调查分析”“指导方针”和“连贯性活动”。“调查分析”要求企业能贴近市场，贴近客户群体；“指导方针”要求战略规划能切实落地和被实施；而“连贯性活动”要求企业家能有长远眼光，且保证企业能在长远上保证战略一致。我们在下文将围绕战略核心要素进行详细展开，且通过全球领先企业的案例为企业家带来具体的实施方案。

站在2021年的历史时间轴上，虽然全中国GDP构成已经在向第三产业转型，但是中国依旧是全球公认的生产大国。依托中国制造2025战略，中国制造业将会面临一次集体转型，从低附加值、劳动密集型向高附加值、知识密集型的智能制造转型。在中国的上市企业名录中，也不缺乏优秀的制造业企业和企业家。现在将历史的时钟拨回到2008年，我们先剖析全球领先的制造业大国“德国”及德国企业是如何打造“护城河”的。

2008年，全球正在经历一次前所未有的“次贷危机”，欧洲各国也处于动荡不安之中。彼时，在经济合作与发展组织发布的中期报告中，其将美国、欧元区和日本三大经济体2008年上半年的经济增长预期都进行了下调，与此相反的是，其将德国的经济增长预期进行了上调。危机之下，面对德国的独善其身，时任英国首相布莱尔曾向德国总理默克尔提出了这样一个问题："为什么德国在国际金融危机中受到的冲击最小?"默克尔给出的回答清晰简明："德国制造。"经过相关的案头研究，我们将德国企业及其企业家具有的特质总结为"全球布局""规划长远"和"贴近消费者"。

全球视野及布局。全球化的优势在于能帮助企业突破所在赛道的原有天花板，将企业在单一市场的成功模式"复制"到全球市场中，服务更多更广的消费者。全球化还能帮助企业抵御在单一市场由市场、用户、竞争或者监管原因可能遇到的市场波动，分散风险。

规划长远，稳健低调。德国企业家在考虑企业目标时，不仅仅只制定三年至五年规划，而更偏好于一代或者两代人的规划。长远的规划使企业战略更具持续性，且受短期经济形势波动的影响较小。长远的战略规划不仅需要具有战略眼光的职业经理人，更要求企业家具有战略定力，能持续、一致地贯彻企业战略，学会做"时间"的朋友。

贴近消费者，注重创新。从每百万居民拥有的专利数来看，德国远远领先于其他国家。如前文阐述，由于德国企业家战略规划具有持久性，故其能对公司进行长期的投入和创新；同时，正是由于持久的创新，使市场无论在何种情况下，都会优先考虑该类型企业，形成一个良性的正循环。

这些综合特质，最终帮助德国制造企业筑起了"无坚不摧"的"护城河"，从而能在国际市场竞争中无往不胜，领先于市场和主要竞争对手。

很多中国企业家在经营企业的时候喜欢追求"快"，但过分追求"快"，会让随之而来的风险成倍增长，尤其在遇到宏观经济周期衰退时，负面影响会尤为突出。因此，对于中国的企业家而言，制定好的战略首先要考虑战略的持续性和统一性；其次要注重研发投入，注重创新，贴近市场。强大的研发创新能力，能最"快速"地迭代产品；贴近市场，能最"迅速"地响应客户需求。然后，进行前瞻性布局，在全球市场或细分市场中占据领先地位。

中国企业未来应该如何布局?

第一，企业要优化自身业务结构，学会做减法，砍掉不盈利且占领企业资源的业务，使公司业务专注。2020年2月，可口可乐的CEO直接提出砍掉600个僵尸品牌，这些品牌耗费了公司大量的资源，却只贡献了总体销量的1%。

第二，对核心技术、研发的不懈投入，对关键客户的深度管理，抓住客户"最根本、也是最深层次的需求"。这其实也是华为30余年从行业冠军走向世界巨头的原因。华为当年突破国际市场采取的策略即"50强关键客户突破"——从2005年开始聚焦通信运营商世界50强，从英国电信开始，到2012年突破了47强。

第三，拥抱数字化转型，数字化成了企业生存和转型的必选项。数字化可以无缝连接市场，在无接触的外部环境下保持与客户需求的对接。企业的数字化可以分为供给侧和需求侧的数字化，前者以运营效率为核心，通过数字化帮助企业实现减员增效，最典型的就是工业数字化，即德国企业提到的工业4.0。

如何通过数字化识别客户、到达客户、管理可持续的客户关系，以及通过客户资产来形成盈利，必须以新的工具来为其赋能。拿汽车行业举例，在2020年特斯拉用近20年的时间完成了对“百年老店”大众汽车在市值上的超越，成为全球市值第二大的车企，而特斯拉在销量上远远不及大众汽车。除了创始人马斯克的光环，最主要的核心也是特斯拉的数据资产，包括其客户数据和大量的道路数据，来更好地形成特斯拉在自动驾驶算法里的先发优势。对于中国新势力蔚来、小鹏和理想，也是类似的商业逻辑。同时，在数字化时代，中国也诞生了一批“数字化原生企业”，例如：元气森林。通过与消费者在线上（微信公众号、朋友圈、抖音、小红书等）及线下的各个触点（便利店等）上的互动，累积消费者数据、识别消费者画像、洞悉消费者购买行为，从而使元气森林能快速地迭代产品来更好地满足日益复杂的消费者诉求。

案例9-1：招商银行数字化运营实现降本增效

招商银行成立于1987年，是中国境内第一家完全由企业法人持股的股份制商业银行。2002年4月9日在上交所主板上市，上市首日总市值为608.35亿元。截至2021年12月31日，招商银行A股市值为12284.59亿元。近20年间，招商银行市值累计增长19倍，跃居A股银行业上市公司第3位。

作为首家从体制外推动银行业改革的试点银行，招商银行的发展可圈可点。首先，招商银行持续聚焦零售金融方向。2011—2021年，招商银行零售金融业务占比持续增加，由38.35%增长到54.04%。2017年，招商银行零售金融业务营业收入占比（49.07%）实现了对批发金融业务营业收入占比（46.64%）的超越，并一直保持至今。零售金融业务的特点之一是能够沉淀大量活期存款，因此在利率市场化时代，银行可维持较低的经营成本。这是招商银行实现盈利增长的关键所在。

其次，提升线上业务研发水平，实现数字化转型，降低线下经营成本。2010年11月，招商银行便发布了招行App1.0。在此后的数年间，招商银行几乎保持着每年更新一个版本的频率，不断推进线上业务的创新，目前包含了“移动金融+生活服务”、财富生活、社保、公积金等各类内容。通过App，将更多的交易转移到线上，实现了零售金融业务单位成本的大幅度降低。其2021年营业总成本为1832.34亿元，仅是中国银行2021年营业总成本的55.62%。同时，招商银行利用技术搭建平台也给了客户更好的体验，进一步促进了零售金融业务的发展。

最后，走“轻资产”发展之路。在商业银行无风险利率长期趋于下降的大背景下，银行需要从信贷经营模式逐步发展成信用管理模式。据招商银行2021年年报披露，其参控股企业为10家，其中有7家企业的主营业务涉及资产管理、基金管理、投资理财等。2020—2021年，招商银行净利润累计增幅为23.35%，远远超出国有四大行同时期的平均水平（10.99%）。从长期来看，招商银行的“轻资产”之路更加符合未来商业银行的发展趋势。

二、选赛道：未来市场空间大，行业容量天花板高

行业对公司市值起着至关重要的影响作用，每个行业都不可避免地会经历初期探索、高速成长、成熟稳定乃至衰退的生命周期，处于不同生命周期的行业，其景气度和市场容量可以直接影响到上市公司的市值表现。在一个良好的赛道，能让上市公司依托赛道红利，打开高速增长空间。超级成长公司都更容易诞生于市场容量庞大、市场竞争空间广阔的行业之中。

市场容量是企业增长的第一因素，市场容量大的行业意味着市场广阔，产业链上下游环节分布广泛，消费需求旺盛，在容量大的行业发展，企业发展的天花板更高。以汽车行业为例，汽车市场容量广阔，2020年中国汽车销量达到2531万辆，全国汽车类零售额达39414亿元，随着未来居民收入不断提高，消费不断升级，汽车销量仍有较大的增长空间。由于汽车行业惊人的市场容量，汽车产业链上下游中，围绕汽车的细分领域也不乏千亿元甚至万亿元的市场容量。如汽车售后维修市场规模达7492.6亿元，汽车充电桩市场规模约千亿元、锂电池规模超2000亿元等。在汽车这片广阔的市场中，自然诞生了比亚迪、长城汽车、宁德时代这样的巨头企业。

倘若上市公司原来所处的行业景气度较差，市场容量较小，上市公司可以通过不断调整产业，变更主营业务，从而使公司从衰退期的行业进入成长期行业，改变自身的发展瓶颈。

案例9-2：特锐德——寻找行业风口，积极调整赛道

作为创业板第一股的特锐德，于2009年上市初便受到资本市场的瞩目，经过十几年的发展，公司转变发展战略、积极调整赛道，现已成为充电桩领域的龙头企业。

2015年之前，特锐德主营业务收入主要来自户外箱式变电站、户外箱式开关站和户内开关柜的研发、设计和制造，并为铁路、电力等行业的客户提供变配电产品及相关技术服务。2006—2008年，借着国家大力兴建铁路的东风，特锐德对铁路部门的销售收入以262.86%的增速上升至1.27亿元，总营收占比超50%。但好景不长，随着2010年铁路建设节奏放缓，固定投资额从8340.7亿元降至了2012年的6309.8亿元，高度依赖铁路部门建设投入的特锐德自然受到了不小的影响，铁路相关收入从2010年

的3.03亿元跌至2012年的1.47亿元。意识到铁路市场的发展空间有限，再加上当时国内电网建设如日中天，特锐德也开始将公司的业务重心转移至电力市场，2011年电力系统营收反超铁路系统营收0.52亿元，此后一度成为其首要收入来源。

至2014年，特锐德的电力系统已为其创下了12.44亿元的营收，但由于原有的产品在技术上并不能与其他竞争者拉开很大差距，竞争局面只会愈演愈烈。同年，国家电网宣布全面开放分布式电源并网工程与电动汽车换电设施市场，意味着充电桩市场不再受国有企业控制。眼光独到的特锐德发现了其中的发展机遇，随即成立了子公司特来电，开始布局新能源充电赛道。功夫不负有心人，凭借着在电力设备方面积累的经验，特锐德成功搭建了充电网的完整技术体系，并首创群智能充电系统，区别于传统充电单桩的技术架构，该系统由大数据和云计算平台等组成，能够有效进行数据的收集和分析，实现设备、汽车、用户、能源的高效协同，充分契合新能源汽车规模化发展的充电需求。先人一步的特锐德，随后与多家政府平台、车企和电池厂商达成合作，大规模兴建充电桩和充电站。截至2021年，公司运营充电桩25.23万台，其中直流充电桩数量15.15万台，市场份额占比32.24%；充电量超42亿度，市场份额占比38.34%，两者均排名全国首位。同时，新能源充电业务也为其带来了超30亿元的高额营收，同比增速达51.85%。

准确判断行业风口、积极调整赛道布局，特锐德的先发优势令其成功攀升为新能源充电领域的龙头，在如今双碳及“十四五”规划的大背景下，新能源汽车行业蓬勃发展，充电网等配套基础设施的建设也将得到推动，公司业务未来的发展空间依旧广阔。

三、产品及服务：提升市场竞争力，扩大市场占有率

产品和服务是企业在市场中存在的基础，是企业价值的体现，同时也是客户认知企业的首要途径。提升产品与服务能力，就是提升竞争力、扩大市占率，可以帮助企业在行业竞争中形成先发优势和规模优势，有助于企业降低成本，更容易在客户中树立品牌形象，不断扩大市场份额。

基于过往的经验，我们在本书中为上市企业家提炼了如下的方法论，来帮助企业家重构产品与服务打造的模型。

（一）建立以客户需求为中心打造产品的思维模式，去伪存真，拥抱“真正”的用户

传统产品设计思维是设计导向的，即从设计角度出发决定产品功能与属性，再通过不同渠道触达消费者。在目前快速变化的市场环境下，这样的产品设计思维很可能导致产品并不真正符合市场需求，最终惨淡收场。此类情况不仅会发生在传统企业上，在一些独角

兽公司或已经上市的新兴公司中，我们也看到了同样的问题。

例如，中国众多本土汽车品牌，包括新势力，为了完成对传统外资车企的“逆袭”，或积极面临特斯拉的挑战，通常会以“堆砌功能”的产品思路进行产品设计，从而在市场上以功能更全、价格更优惠的策略占领部分消费市场。但是该策略在长期会产生如下几个主要问题：第一，企业盈利能力不强，成本居高不下，导致企业自身的投资价值不强；第二，产品经理闭门造车，无法精准把握用户痛点和需求，导致部分功能成为“鸡肋”功能，企业长期变现能力不被看好；第三，企业市场定位“性价比”，无法在短时间内突破高端市场，但同时被低端市场玩家挑战，形成“腹背受敌”局面，短期内若无法突围，容易落入“价格敏感”市场，从而再次拉低企业的盈利能力和投资价值。

（二）完善“市场、产品”的商业模式设计矩阵，在构建商业模式时考虑变现路径

在确立了以客户需求为中心的产品设计思维后，需要将这种思维方式运用到产品设计中。即在设计产品之前进行充分的需求调研与分析，确定该产品在其细分市场的使用场景和对应的必须功能，并了解终端用户在不同场景下的变现能力。在完成以上工作后，产品经理进而决定是否进行下一阶段的工作，设计相关的产品、服务内容等。“多而全”意味着更高的成本，并非所有的消费者对所有的功能都有需求，因此消费者并不愿意为一款功能过多的产品支付过高的价格，从而阻碍了企业的商业变现之路。同时，“多而全”的设计模式，也折射出了企业在产品设计过程中，并没有审视地去研究消费者、研究市场及市场细分。

“以客户为中心”不能流于表面，客户的确需要成为企业服务端的中心，需要贴近客户的需求，积极响应客服的反馈，从而实现满意度的提升。以客户为中心也意味着企业需要在前期研发的过程中，就需要围绕客户去定制相关的产品和服务。上下游的联动，若不仅能提供客户所需要的产品，还能在提供产品的过程中服务好客户，那么中国上市企业的商业变现就会变得顺理成章。

（三）先以聚焦策略打穿市场，再实现多元化或生态化，把握好多元化的时间节点

当企业以客户导向思维完成了产品设计后，便需要考虑推出产品的优先级。此时比较明智的选择是先聚焦某一款产品，投入资源进行攻坚，当该产品被市场与客户广泛认可后，再执行多元化或生态化的扩张，并寻找新的增长点与潜在的协同效应。Uber 是在打车业务的流量足够大之后，才推出了 Uber Eats 外卖服务；Airbnb 也是在积累了相当规模的用户后，才推出了 Airbnb Experiences 本地生活内容服务；美团也是在“到店”业务逐渐见顶的情况下，开发了二次增长曲线“到家”业务，也就是大家所熟悉的外卖业务。

当企业按照上述三个方面打造产品与服务的模型后，便能根据市场变化及时调整设计方向，满足客户的差异化需求，从而不断提升市场竞争力，逐步占领更高的市场份额。

市场份额的竞争对企业发展十分重要，市场份额意味着企业的营业收入，失去市场份额则企业难以生存。在蓝海赛道中竞争时，最重要的就是抢占市场份额，如饿了么与美团外卖市场之争、优步和滴滴出行市场之争、快递行业价格战等，现实生活中不乏企业与企业之间通过价格战等方式进行市场渗透，抢占市场份额的现象。

提升产品与服务能力，就是提升竞争力、扩大市占率，可以帮助企业在行业竞争中形成先发优势和规模优势，有助于企业降低成本，更容易在客户中树立品牌形象，以达到不断扩大市场份额，在行业竞争中逐步稳固其行业地位。对于新进入行业的企业来说，稳定的竞争格局难以获得生存空间，先行者有机会限制后来者，先行者建立重要的品牌忠诚度，后来者很难打破。而且，先行者为使用它的顾客创造了转换成本，后来者很难从先行者手中夺取。

在不同的行业或细分领域中，都有龙头企业和骨干企业存在，它们都是行业的佼佼者，往往都具有过硬的产品和服务，形成了独特的核心竞争优势。凭借这些优秀的产品和服务，它们都占据了较大的市场份额。例如腾讯、华为、阿里巴巴等。市场占有率高的行业龙头市值表现更好，选取申万三级行业营业排名前三公司（简称CR3公司），CR3公司的市值占申万三级行业市值的比例通常更高，通过CR3公司的营业收入占比和市值占比绘制成散点图，可以发现CR3的营收占比与市值占比呈正相关趋势。

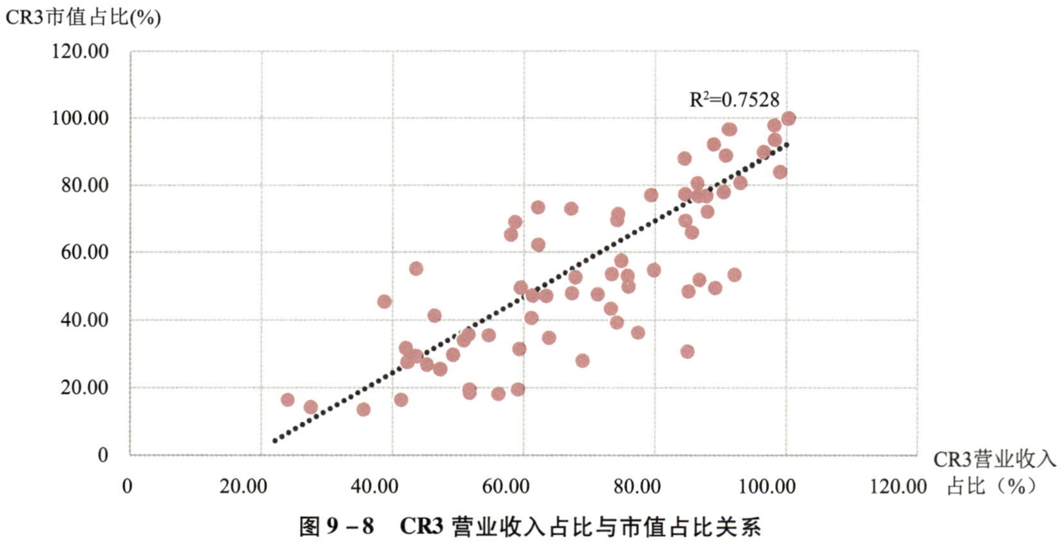

图9-8　CR3营业收入占比与市值占比关系

案例9-3：优秀的产品质量保证，蓝思科技不断发展壮大

作为国内玻璃盖板的龙头企业，蓝思科技主要研发、生产、销售高端视窗触控防护玻璃，产品范围覆盖手机、智能穿戴、平板电脑等终端设备领域，如今已与苹果、华为、小米等众多知名公司建立了长期稳定的合作关系。可以说，蓝思科技蓬勃发展至如今的行业地位，离不开产品的不断打磨。

蓝思科技的创始人周群飞最初的创业方向与手机产品的联系并不大，而是围绕手表玻璃工艺，但在2001年，其经过朋友介绍获得了TCL手机的玻璃屏幕订单，用玻璃替代有机玻璃的大胆尝试，并对产品进行不断地创新和打磨，让蓝思科技驶入了尚有广阔发展空间的手机赛道，发展前景也愈发明朗起来。2003年，当时的手机领先企业摩托罗拉为打造一款全新手机V3，将目光转向了蓝思科技，为满足客户在设计和材料上的技术需求，蓝思团队奋力攻克难关，并成功接下了订单，全球超1亿部的手机销量也让蓝思科技赚得盆满钵满。

自此，蓝思科技在玻璃面板行业的知名度和地位水涨船高，诺基亚、三星、HTC等知名公司也与之达成了合作，其中也包括真正令其成功攀升为市场龙头的苹果公司。2007年，苹果带领当时改变手机格局的iPhone进入市场，而拥有技术积累和声名鹊起的蓝思科技自然被其选为主要的国内供应商，并一度成为“果链”龙头。搭上了智能手机的“顺风车”，再借助与苹果之间的深度合作，蓝思科技也在不断发展壮大。2009年其销售收入达8.9亿元，且在6年后便迅速突破了170亿元，并于2015年3月成功在创业板上市，首日市值高达222.95亿元，后期市值最高峰更是超过1600亿元。

四、商业模式：构建合适的商业模式，成功实现商业变现

每个行业、每个公司的产品不同，自然产品生产和经营模式也各不相同，而从经营成本的角度来看，可复制性强的模式更有助于公司以低于同业对手的成本实现快速扩张，抢占市场份额，提升竞争力，这也是部分巨头公司持续成长的特征之一；而如果业务的可复制性差，如需要高端大厨的餐饮业、咨询业务、战略规划业务等，这些大量依赖专业人员及其能力输出的业务，在不能持续获得人才等稀缺资源的情况下，便难以实现有效复制和扩张。

可复制性的强弱并非行业天然具备的，公司在设计商业模式时，能够通过产品、运营、盈利等各方面创新来实现业务的可复制性。例如，传统的餐饮行业，本是高度依赖于大厨个人技术水平和经验履历的，但如果设计成标准化的模式，就可以进行快速复制，我们所认知的最具品牌的餐饮公司大多采用这一模式，如麦当劳、肯德基、海底捞、喜茶、奈雪。

案例9-4：麦当劳——由标准化模式打造的“快餐帝国”

产品的高度标准化是麦当劳商业模式可复制性强的关键原因之一。作为全球规模最大、最著名的快餐集团，麦当劳拥有一套属于自己严格、统一的产品质量、服务规范和作业程序，上至原材料采购，下至门店装修风格，均无一例外。而高度标准化带来的好处也显而易见：方便统一管理，降低不必要的采购、人员等成本，提高生产效率和保障产品质量等，最关键的一点则是利于规模化的扩张，只要保证产品经营的各方面高度统一，那么即使在其他地区、国家，实现快速扩张也“有章可循”。

除产品方面，麦当劳采用的特许加盟和连锁经营的模式，这也是其得以迅速扩张的驱动器之一。可以说，全球范围的连锁经营对麦当劳树立其企业形象具有极高且天然的广告效果，统一的建筑风格和那句最为经典的“我就喜欢”的广告标语，都给消费者留下了深刻的印象。另外，更多企业的加盟，无疑又使麦当劳获得了更全面的客户信息反馈，能够更及时地了解消费者需求变化并加以调整产品，进而获得消费者的认可，巩固其核心竞争优势。目前麦当劳在中国的门店已超过4000家，近30年已在全球开出超35000家门店，而如此庞大的发展规模也为麦当劳创下了极高的营收和利润：2021年营业收入高达232.23亿美元，同比增长20.90%；净利润达75.45亿美元，同比增长59.50%。

从麦当劳的发展模式可以看出，摸索出一套规范、严格、合理且可复制的商业模式，能够让公司在低成本的有力前提下实现规模的快速拓展，从而做大做强，将品牌推向全国乃至全世界的范畴。

企业商业模式的设计围绕传统的4P方法论来展开，即产品Product、价格Price、渠道Place、宣传Promotion。企业通常由内部的研发团队、设计团队研发一款产品，经过内部的成本核算、竞争者分析制定一种定价模式，然后明确相关的渠道合作伙伴，在协商的利润分成模式下，将产品推广到终端消费者。在特殊情况和事件下，企业也会进行相关的促销宣传，从而扩大产品的影响力，或通过活动来获取更多的流量。而在新型的“数字时代”下，这一套方法论显然已经愈发凸显其局限性。以“消费者为中心”的口号此起彼伏，但是大部分的企业在设计商业模式的过程中，并没有真正做到将消费者放到中心。

里夫金先生的《零边际成本社会》给新经济下的企业家带来了创新性的思考维度，众多新经济公司也采取“毛利率为零，成本价销售”的商业模式。例如小米与特斯拉，通过社会化媒体接触用户，在自有电商渠道销售产品，根据用户预订量分批生产产品。当然，也有一些中国独角兽企业引入消费者参与前期的商业模式设计。但是问题在于，尽管广大的未来市场预测可以提升估值或市值的天花板，但一家公司的价值，从长期的角度看，还是通过盈利来实现。在完成了“产品+市场”验证之后，创始人应围绕盈利去做深刻的思考与预判，这背后有一系列的问题需要考虑，决定盈利的不再是产品本身，更重要的是产品给用户带来的价值、产品在市场中的差异化定位，以及产品能给公司带来的盈利预期，或者说如何精准定价。

研究2018年19家IPO的中国独角兽企业及其市值变化后发现，仅有4家实现了在年内市值高于20%的增长。进一步深入研究和分析可以发现，中国独角兽公司市值下滑背后的原因多种多样。根据不同的企业特性，所处行业可能存在不同的原因。例如：科技含量不高，缺乏高科技和高端制造；产业链配套资源不完备，所处行业发展放缓；地域增长差异明显，二线城市突围而一线城市固守等。但其共性如出一辙：企业运营难言精细，持续造血能力不强，导致企业无法持续地深入了解消费者和时代发展需求，无法设计出贴近消费者的产品或服务，从而对盈利前景带来巨大压力。

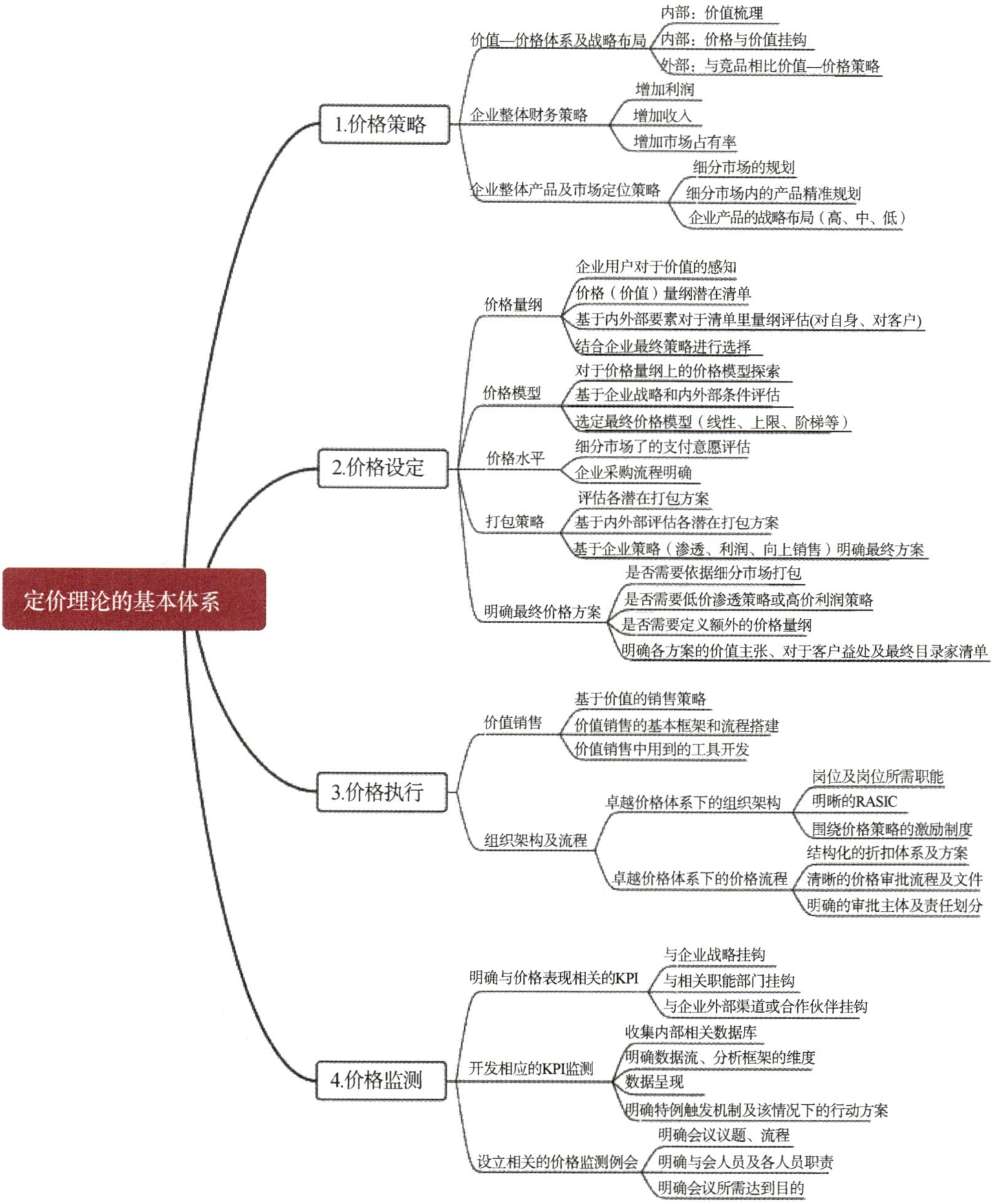

图 9－9　定价理论的基本要素

资料来源：企业家独立顾问陆盛赟。

商业变现能力是支撑上市公司盈利能力提升，市值管理的必经之路。当我们再深层次地去拆解企业的盈利能力，企业盈利可概括为企业收入端增长及成本端的管理。而在企业收入端，又可以被拆解为企业用户规模增长和单个用户的长期盈利能力。这里就涉及市场战略最核心的一个环节——如何提升单个用户的长期盈利能力，或者如何优化既定用户规模下的商业变现。

在消费互联网的新时代，企业应该转换思路，更关注于消费者本身，而不是一味地追求产品性能、功能的极致。想要做到真正地关注消费者，并在满足消费者需求的前提下提升企业变现能力，则需要从产品设计，价格体系，收费模式三个方面进行优化。这些都有非常专业的规划过程，例如产品定价理论的基本体系。

案例9-5：绝味食品（603517）——线下门店快速扩张，打造“竞争护城河”，大幅提升议价能力

绝味食品从事休闲卤制食品的生产销售，得益于加盟管理的商业模式迅速扩张，在大到商圈、社区，小到街道都可以看到其线下门店。其目光不仅限于国内市场，2017年后，公司在加拿大及新加坡开设工厂，准备向海外拓宽市场。截至2021年12月底，其门店数量达13745家，数量第二的煌上煌门店仅有4000家不到。绝味食品在行业竞争前期将线下门店大幅的铺开，已使规模优势在近期逐渐显露，2021年的鲜货类产品销量达到14.25万吨，营业收入达到65.49亿元，两者相较于2017年的累计增长率分别高达32.14%和70.09%。

其对产品的设计也一改传统“只把一件事做好”，主打多种不同口味的产品，如“招牌风味”“黑鸭风味”“酱鸭风味”“五香风味”“藤椒风味”等各种系列口味的鸭脖、鸭掌、藤椒鸡、卤牛肉食品，抓住休闲卤制食品的上升期，牢牢把握住不同喜好的年轻消费群体，使其议价能力大幅上升，销售收入也大幅领先同行业公司。截至2021年年底，绝味食品营业收入为65.49亿元，远高于同期煌上煌（23.39亿元）、周黑鸭（28.70亿元）等同行业公司的营业收入。绝味食品持续深入地了解时代发展需求以及对消费者精准的定位，并且设计出紧贴消费者的产品，从而打开盈利前景，实现可持续的发展。

五、战略布局：构建第二、第三成长曲线，完善产业链生态圈

如果一家企业产品与市场较为单一，实行单一经营战略，尽管能够形成较强的核心竞争力，但是同时也会面临较大的风险。首先，单一经营的“门槛”相对较低，所需资本投入相对较少，易于掌控操作。竞争者可能会认识到单一经营战略的有效性，并通过模仿这种模式，从而造成在一个相对较小的细分市场里，趋之若鹜地都干一个行当，增加市场竞争的激烈程度，甚至会用价格战来降低经营效益。而一旦行业利润下降或者发生恶性竞争，企业生存难度就会上升。其次，单一经营的企业规模一般都不大，且市场的总体容量有限，经营发展所需要追加的资源相对较少，市场容量会制约中小企业的发展。并且当自身所处行业发生衰退、停滞时，或者所经营的商品到了生命周期的衰退期，实行单一经营

的企业将难于维持自身成长。单一经营的资源过于集中在某一产业和产品上，容易形成对某一产业市场的高度依赖，一旦该行业出现动荡或企业自身产品的竞争力减弱，企业将会面临巨大的经营风险。

因此，对于一个企业来说，想要保持自身原有竞争力的同时寻找新的增长点，就需要在变化的时代浪潮和市场环境中不断地创新，在自身主营业务增长到极限之前，需要寻找帮助企业二次腾飞的新增长点，即寻找企业发展的“第二增长曲线”。

上市企业在寻找第二增长曲线的过程中需要遵循如下原则：第一，应以基石业务为新业务引流，保证两个业务之间存在协同效应；第二，新业务的时间节点需要精准把握，通常在第一曲线的增长速度开始放慢的情况下，企业应开始积极探索第二增长曲线；第三，企业需要合理分配相关的内部资源，保证第二增长曲线能在合适的环境中成长；第四，企业需要以“敏捷”的形式去探索第二增长曲线，因此第二增长曲线的组织架构需要具有“轻”“便捷”“灵活”的特性。企业家也需要在探索的过程中，具备相应的魄力，坦诚接受和面对探索中失败的可能。毕竟，失败是成功之母。上市企业若能遵循该模式推出新产品与新业务，就可以有效提高企业收入与利润，从而更好地维护企业的在资本市场上的市值。

根据以上第一点，企业的第二、第三增长曲线，一般都会在产业链中进行布局。产业链中存在着大量的上下游关系和相互价值的交换，一般都呈现为上游环节向下游环节输送产品或服务，下游环节向上游环节反馈信息的格局。对于上市公司来说，拓宽产业链布局不仅可以扩大市场空间、增加需求和投资者预期等，更能助力公司巩固核心竞争力、突破发展瓶颈。

纵向延伸产业链布局，利于消除外部环境的不确定性，提高抗风险能力。随着企业经营规模的扩大，企业在经营过程中也会遇到诸如供应断档等产业链中断，以及上下游供求不配套等产业链比例失调的情况，导致产品成本上升或经营效率降低，直接影响到企业生产经营的正常运行。如若企业能够延伸产业链，或控制上游供应商乃至原材料基地，或控制下游经销商乃至终端客户，将整条产业链的运作效能为自己所用，那么对于企业来说：一方面，可以获得协同效应，上下游的技术和资源得到有效协调和分工，资本得到合理配置，降低了各项成本；另一方面，可以提高市场控制力，产业链的双向拓宽，势必带来市场份额的提升，进而提高针对上游供应商或下游经销商的议价话语权。

横向拓宽产业链布局，利于后期转型，构造产品生态圈。客观事物的发展是非连续的，企业的业务发展也不是一帆风顺的，某项主营业务无论在前期做得多么好，营收多么可观，后续都会经历平缓期或者衰退期。而提前拓宽产业布局，将目光有远见地放在其他相似业务或相关领域中，遇到时势变迁后的改变和转型“阵痛期”也不会那么持久，转型失败而从宝座上跌落的诺基亚便是典型的反面例子。除此之外，拓宽产业布局也能帮助企业构建生态圈，增加利润来源，国内著名公司腾讯便是以微信、QQ 等社交产品为主要核心，拓宽至交易支付、金融、资讯等多个领域，形成了小型生态圈，逐步做大做强。

完善的产业链布局，是照亮上市公司前进道路上的一盏明灯，是优质上市公司的必修科目，也是投资者预见该公司未来发展规划和前景的有效途径。

案例9-6：闻泰科技——产业转型升级，塑造双龙头王者

闻泰科技于2006年创立，2008年主营业务从原有的IDH转型升级为ODM，并且仅用4年成为了全球最大的手机ODM企业，后通过资产重组于2016年成功上市。之后经过自身优异的战略决策，闻泰科技在原有的ODM业务上通过外延并购全球领先的功率半导体IDM企业安世打通了产业链上下游从芯片设计、晶圆制造、半导体封装测试全流程，并拥有自建模具厂和完善的智能化生产线。凭借消费电子和汽车半导体的双轮驱动，现如今已成为国内“ODM+半导体”双龙头。

早在2008年，iPhone的发布让手机行业有了进入新时代的前兆，手机芯片集成度的提高也使方案设计厂商的存在度越来越低。闻泰科技创始人张学政决定将公司业务向产业链上游拓展，提供整机制造服务，从此闻泰科技走上研发、制造、交付为一体的ODM王者之路。2013年，小米推出闻泰生产的现象级产品“红米”，以799元的售价横扫中低端市场，破亿台的销量打散盛极一时的“中华酷联”。闻泰科技也从此一战成名，后续取得华为、联想等公司抛出的橄榄枝，一跃成为全球最大的手机ODM巨头。

尽管闻泰在ODM业务上混得风生水起，但毕竟行业利润微薄，赚钱较为辛苦，因此张学政再次谋求转型。闻泰科技于2018年中美贸易战打响的初期开启对安世的收购，历时两年多最终成功持有100%安世股份。安世半导体前身为全球汽车电子芯片巨头恩智浦的标准产品事业部，拥有60多年的半导体行业专业经验，是全球顶级的半导体标准器件供应商，专注逻辑、分立器件和MOSFET市场。收购完成后，闻泰原有业务与安世形成ODM+半导体双主业务的协同效应，将产业链布局延伸至新的高度，互相补足产品线、互相导入客户，俨然成为手机+汽车+智能设备等多领域的顶级供应商。

而在此后，闻泰科技也积极推动多领域的产品布局，进一步增强其全球竞争力。2021年，闻泰科技与格力创投共同出资设立珠海得尔塔公司，以此公司为主体收购广州得尔塔影像技术有限公司100%股权及相关经营性资产，即欧菲光之前旗下的苹果业务，正式布局光学模组业务。而全资子公司安世半导体也在同年完成了对英国Newport Wafer Fab的100%收购，进一步强化公司半导体业务车规产能的布局，启动其代工产能向IDM自有产能的逐步切换。此外，公司也开启了无锡、昆明、印度智能制造产业园的建设、西安研发中心的建设等，以更好地把握在智能终端、智能汽车等领域的产业机遇。

至此，闻泰的业务包括移动终端ODM集成、半导体IDM、光学模组研发制造三部分。截至2021年12月31日，其市值也突破千亿元，高达1611亿元。正是闻泰科技良好的战略布局，才能够让其在原有业务上不断进行转型，突破自我寻找新的增长点。

六、护城河：巩固核心竞争力，难以被替代和颠覆

投资者可以从上市公司护城河的坚实与否，判断出后者是否拥有抵御竞争对手侵袭的稳固壁垒、能否持续在市场中发展生存。而护城河大致可分为无形资产、转换成本、网络效应和成本优势四类，为公司构筑了不同竞争优势的同时，也让公司在市场中拥有了与众不同的地位。

上市公司的无形资产包括品牌、专利、法定许可权等，一个名声大噪的品牌或是一项独一无二的专利技术，都能够彰显一个公司的品牌价值。例如，因起家于香精香料业务，百润股份比一般的食品饮料企业更了解消费者的口味需求。百润据此开发出了多种产品满足差异需求，再通过年轻人乐于接受的方式进行创意营销，迎合年轻消费者的喜好和流行趋势，明确消费场景定位，打造了多个爆款单品。如今，百润股份在预调酒市场中的份额已超过 80%，旗下产品 RIO 鸡尾酒也已为众多年轻人所熟知。

从客户角度来看，是否选择更换产品，也取决于其从一个产品或服务的提供者转向另一个提供者时所产生的一次性成本——转换成本的高低，这种成本不单指经济层面，也包括时间、精力和情感层面，是构成企业竞争壁垒的重要因素之一。高额的转换成本往往会有效提高客户黏度，广联达就是一个很鲜明的例子。身为建筑行业软件供应商的广联达，剔除行业知识积累这项核心竞争力之外，长期经营下来形成的客户网络所带来的高转换成本是其最大的竞争优势。广联达现服务企业客户达 31 万家，服务终端用户超过 1000 万家，客户涵盖设计单位、建设方、施工方、监理机构等工程建设的各方机构。在建设方使用公司软件后，为方便业务对接以至顺利中标，一般会促使总承包企业也开始使用同种软件，相应分包企业也会倾向采用同种软件，又因建筑行业应用软件的特性，工程师学习这些软件需要付出高额的时间成本，在现有产品性能优良和后续服务到位的前提下，客户更换产品服务的可能性极低。

客户如果能带着新客户一起使用公司产品，形成网络效应，这无疑是公司最想看到的，此时的客户规模会呈翻倍式增长，增加护城河的宽度。例如，作为新电商开创者的拼多多，便是致力于将娱乐社交的元素融入电商运营中，最终通过“社交 + 电商”的模式，形成了网络效应。为追求更高性价比，用户可以通过发起和朋友、家人、邻居等亲朋好友的拼单，也就是所谓的“砍一刀”活动，从而获得以更实惠的价格购买产品的权利，客户带客户的趋势也就此展开。2021 年第一季度拼多多的活跃用户正式突破 8 亿用户大关，高达 8.23 亿，同比增速为 31.05%，巨大规模的用户数量成为了拼多多与淘宝、京东掰手腕的资本。

成本优势则是指公司随着生产规模的扩大，产品成本得到递减的优势，从而在利润空间上打败行业的新进入企业，也能在与其他现存竞争对手比拼价格时立于不败之地，其中主要包括地理优势和资源优势等。以水泥这个传统行业为例，单价低是一个典型特点，如

果再加上长途运输、运费过高，水泥市场拓展容易受销售半径的限制，因此水泥公司要做大做强的竞争优势很大程度取决于成本低。水泥行业王者——海螺水泥便是靠着安徽省内的矿物资源优势以及长江最优质的港口地理资源，完成了成本领先战略，2020 年每吨水泥成本仅 170.75 元，同比降低 4.32%，远低于同业华新水泥的 196.25 元和福建水泥的 221.15 元。

“护城河”的打造需要企业家能有“高瞻远瞩”和“长远布局”的战略布局，而“注重创新”“全球布局”“精细运营”“本地人才”等特质则是成功企业家们所需要具备的战术“武器”。这需要企业家静下心来思考，融会贯通“快与慢的艺术”。

七、做好资本运作：借助资本市场助力企业做大做强

企业的发展战略主要有两类：一是内部积累型发展战略，二是外部交易扩张型发展战略。企业发展的初期，可以通过内部积累型发展战略来使企业经济效益获得持续增长，通过内部资本的原始积累使企业生产经营规模逐渐扩大。但是，倘若只采用内部积累型发展战略，企业的发展容易受到限制，很难获得持续、跳跃式的发展。外部交易扩张型发展战略，即通过融资、并购重组等方式来改变企业的资本结构，吸引外部资源，增加企业的竞争优势。

资本运作是指利用市场法则，通过资本的技巧性运作或资本的科学运动，实现价值增值、效益增长的一种运营方式。上市公司常见的资本运作方式包括再融资、投资并购、资产重组、增资扩股和股份回购、股权激励等。

（一）再融资

企业在发展壮大的过程中，自身的资本积累不足以支撑企业的战略发展，企业便会寻求融资。对企业来说，可以通过债权或股权进行融资，债权融资成本较低，是在企业的信用基础上进行融资，债券到期需要偿还现金，比较适合拥有稳定现金流、资产信用较好的企业，如大型央企、国企等，但是不太适合初创型企业、成长型企业，这类企业盈利不太稳定，所积累的利润需要大量再投入研发，对于这种企业，比较适合股权融资，利用公司未来的基本面和股权稀释成本，为企业募集到支撑目前发展所需要的资金，股权融资不仅为公司提供资金，为公司提供资金的股东也成为了公司的所有者，是企业的战略合作伙伴，为企业提供战略资源，助力企业更好地发展。

而在企业不同的发展阶段，除了银行贷款外，也可以选择不同的融资方式。

1. 企业上市前，企业可以通过私募股权融资，投资者包括 VC/PE、天使投资基金等，通过多轮融资，引入资金和战略资源帮助企业早期快速发展。

2. 企业 IPO 融资，向公众发行股票并可以在二级市场进行交易。上市能给企业家带来客观的财富效应，也激励管理层；能扩大企业的影响力，为上市公司带来“品牌效应”；

上市过程也是规范公司管理的过程，公司治理和内控水平都会得到大幅度提升，帮助公司降低经营风险；上市后还能借助资本市场发展壮大。

3. 上市后可以进行再融资，通过非公开发行股票、配股、发行债券、发行可转债、发行可交债等手段进行再融资。上市公司的融资手段较非上市公司更为丰富，可以分配股权融资和债务融资的比例。上市公司再融资，可以引入战略投资者、扩大再生产，帮助上市公司实现跃升式发展。

（二）投资并购

投资并购是指企业向目标公司投资，将目标公司改组为自己的子公司或参股公司的股权交易行为。上市公司的估值明显高于非上市公司，通过投资并购将非上市公司资产装入上市公司，就会获得一个相对较高的流动性溢价，增加上市公司的市值总量。但投资并购也要避免盲目，实践中出现很多并购案例，前期会给上市公司盈利和市值带来正面的反馈，但是随着并购后的整合不达预期，给上市公司造成了巨大的拖累，市值也大幅下降。这个类型的并购的出发点往往有以下几种。

1. 看重热点，企业战略失去方向。很多企业热衷多轮驱动、多元化并购、跨界并购等。在并购市场上，几乎每年都有市场追逐的热点，在一级市场和二级市场上，这些热点项目能够受到资本的热捧，比如区块链、机器人、物联网、元宇宙等。但是产业并购应以企业的战略发展为根本目的，倘若盲目追求热点，企业容易与战略发展的初心相违背。追求热点，可以使企业的价值短期内获得提升，但是，待到风口褪去，资产价值便有可能会随之下降，若对企业发展无协同效应，那么企业的价值也会受到影响。

2. 看重市值，追求短期财务盈利。业绩是影响上市公司市值最重要的因素之一。实践中，也有不少上市公司为增加短期利润，进行财务型并购。财务型并购是以优化财务报表为目的，以较高估值收购利润较高的企业合并至上市公司报表。不过，并购后标的资产的持续盈利能力难以得到保证，如果此类型并购不利于上市公司主营业务的长期发展，那么后续将面临前期业绩基础高而后续业绩保持增长的压力。通常此类型的并购行为往往会带有业绩对赌，标的公司若未完成业绩对赌，则需对上市公司进行补偿。但是业绩对赌会存在许多弊端，倘若对赌不达标，上市公司则会计提商誉，商誉爆雷容易使上市公司的利润大幅下滑，导致巨额亏损，股价下跌。

（三）资产重组

资产重组的方式主要包括购买资产、出售资产、资产置换等，侧重上市公司资产的重大变动。除此外还包括债务重组、托管、公司分拆、租赁等方式。常见的形式主要有：

1. 收购资产。在我国收购资产主要是指上市公司收购其他企业资产，是上市公司作为利益主体，进行主动对外扩张的行为。对于上市公司而言，如果收购的资产达到一定标准，则会构成重大资产重组或重组上市，将受到较为严格的审核程序。

2. 资产剥离。资产剥离是指把企业所属的一部分不适合企业发展战略目标的资产出售给第三方，资产剥离主要适用于以下几种情况：（1）不良资产的存在恶化了公司财务状况；（2）某些资产明显干扰了其他业务组合的运行；（3）行业竞争激烈，公司急需收缩产业战线。企业经营过程中，也应当学会“断舍离”，通过将不良资产剥离，可以更快更好地实现公司的战略发展。

3. 资产置换。资产置换是上市公司资产重组的重要方式之一。在我国资产置换主要是指上市公司控股股东以优质资产或现金置换上市公司的存量呆滞资产，或以主营业务资产置换非主营业务资产等行为。资产置换被认为是各类资产重组方式当中效果最快、最明显的一种方式，经常被加以利用。上市公司资产置换行为非常普遍。

4. 公司分立。公司分立是指公司将其拥有的某一子公司的全部股份，按比例分配给母公司的股东，从而在法律和组织上将子公司的经营从母公司的经营中分离出去。通过这种资本运营方式，形成一个与母公司有着相同股东和股权结构的新公司。在分立过程中，不存在股权和控制权向第三方转移的情况，母公司的价值实际上没有改变，但子公司却有机会单独面对市场，有了自己的独立的价值判断。

（四）增资扩股和股份回购

上市公司增资扩股一般是指为增加企业的资本金，通过以资本公积转增股本或分红形式实现。增资扩股后，企业的经济实力增强，并可以用增加的注册资本，投资于必要的项目。

股份回购一般指通过一定途径购买本公司发行在外的股份，适时、合理地进行股本收缩的行为。通过股份回购，股份有限公司达到缩小股本规模或改变资本结构的目的。股份公司进行股份回购，一般基于以下原因：一是保持公司的控制权；二是提高股票市价，改善公司形象；三是提高股票内在价值；四是保证公司高级管理人员认股制度的实施；五是改善公司资本结构。一般来说，处于成熟或者衰退期的公司，可以选择股份回购的方式收缩经营战线或者转移投资重点，开辟新的利润增长点。

（五）股权激励

股权激励，是长期激励手段，能够吸纳稳定核心员工，保障企业战略目标成就，奠基企业长期资本积累，是培养和造就一支专业化、市场化、高素质的员工队伍不可或缺的工具。

对企业来说，利用股权激励不仅可以减轻企业的薪酬支付的现金压力，还能将人才与公司利益捆绑，挖掘发挥员工的潜力和价值，从而达到留住人才的作用。据易董统计，截至2021年12月31日，有2258家A股上市公司实施过股权激励，占A股上市公司总数的

48.20%。其中有889家上市公司实施过多次股权激励计划，占A股上市公司总数的18.98%，有1369家上市公司仅实施过一次股权激励计划，占A股上市公司总数的29.22%。

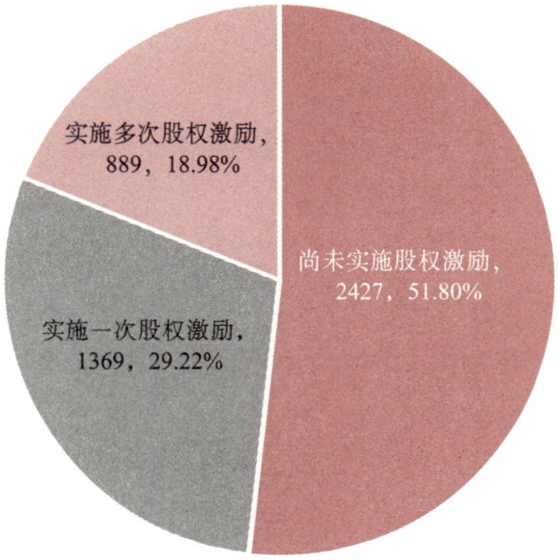

图9-10　A股上市公司实施股权激励整体情况

从过往上市公司实施股权激励情况来看，从2010年开始，股权激励案例数不断上升，特别是在2016年《上市公司股权激励管理办法》出台的背景下，呈现爆发式增长，至2021年年底达到828个案例。

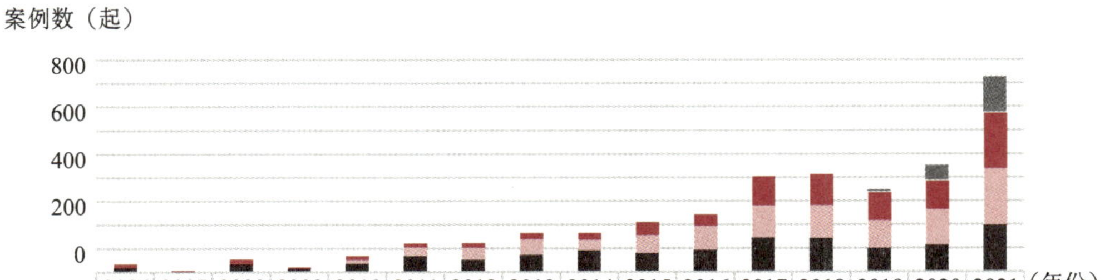

	2006	2007	2008	2009	2010	2011	2012	2013	2014	2015	2016	2017	2018	2019	2020	2021
上交所科创板	0	0	0	0	0	0	0	0	0	0	0	0	0	8	63	150
上交所主板	20	5	24	9	18	17	20	26	29	55	49	125	133	119	122	235
深交所创业板	0	0	0	0	18	40	54	69	48	79	104	139	142	120	153	244
深交所主板	20	5	35	16	37	69	53	74	92	80	94	145	143	101	114	197
北交所	0	0	0	0	0	0	0	0	0	0	0	0	0	0	0	2
合计	40	10	59	25	73	126	127	169	169	214	247	409	418	348	452	828

图9-11　A股上市公司历年实施股权激励情况

股权激励不仅能激励员工，使公司上下一心，完成公司经营目标和战略，股权激励还能给投资者增强信心。以申万一级行业电子行业上市公司作为样本，比较实施过及未实施股权激励公司在2019年和2020年实现的净利润，在净利润同比增长率中位数这一指标上，实施过股权激励的公司显著高于未曾实施股权激励的公司。

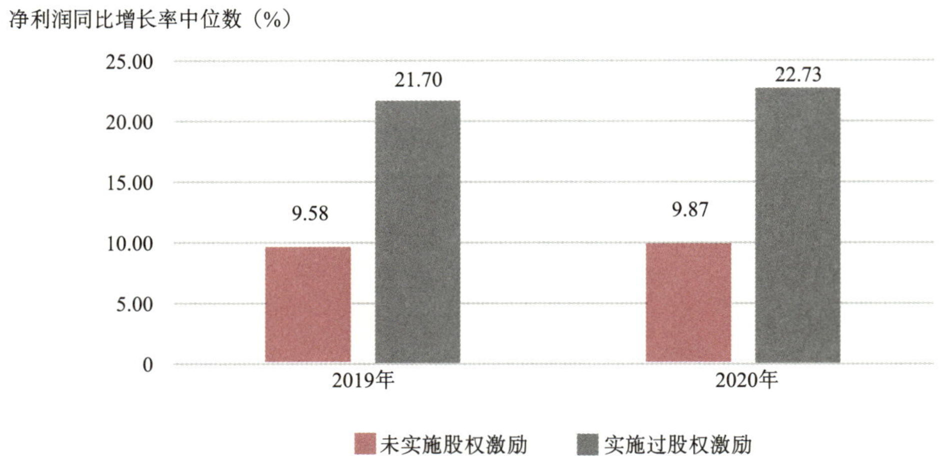

图9－12　2019—2020年电子行业上市公司净利润同比增长率中位数比较情况

八、防范风险：守法合规和全面风险管理

随着新《证券法》的颁布实施，资本市场迎来监管趋严的新周期。在放开资本市场逐步走向“市场化”的进程中，市场的流动性增强，上市变得简单，退市变得容易，监管的重心也逐步由事前监管转向事中与事后监管，旨在由监管一步一步“领着走”转向上市公司自己“稳住脚”，强调上市公司在追求长期价值的过程中，加强内部控制，逐步承担起事前消除风险的任务，全面预警与防控风险的发生。

（一）完善风险管理制度，提高风险监测和控制能力

现阶段，不少上市公司已拥有符合自身情况的风险管理组织架构体系，但部分层级的职责尚未明确，风控措施无法具体落实；风险管理流程在形式上也已初具雏形，但部分流程仍需强化和细化，提高全面性和针对性，尽力做到事前控制。

为了完善风险管理制度，上市公司应做到以下几点：

1. 从战略层面构建风险管理体系。不同的发展战略给公司带来的风险自然不同，如能从全局性的角度来寻找并处理公司可能会面临的风险问题，由决策层自上而下从战略上把控，那么风控的常规化和实时性才能实现。

2. 明确各相关部门的职责定位。有序的组织体系是风险管理实施的载体，而明晰的职责定位则是风控措施得以成功落实的“驱动器”。视规模大小和现存业务等情况而定，上市公司应建立符合自身特色的组织体系，确立好部门职责和定位，明确从信息收集、沟通、到执行的完整机制，保障风控体系能够有效且顺畅运行。

3. 提高风险管理针对性。不同行业的公司面临的风险迥异，因此公司需针对自己的定位和业务来细分和强化风险管理流程，特殊情况下还需对投资、并购等重大事项建立专门的风险评估制度。另外，公司也应尽早构建重大风险预警体系，以实现对重大风险的动

态监控和管理。

4. 培养企业风险管理文化。随着市场环境的变化和公司自身的壮大，公司面临的风险也逐渐呈多样性和复杂性，为使风险管理成为一种长效机制，并能够为公司的未来发展保驾护航，公司应着力培养风险管理文化，通过风险管理考核、奖惩机制及定期培训等方式，让全体部门和人员参与管理，形成主动防范和预警风险的意识，高效实施风控措施，助力公司可持续发展。

在众多风险事件当中，上市公司更应关注灰犀牛和黑天鹅两类风险。灰犀牛指的是高概率会发生，但因没有得到足够重视而容易酿成巨大危机的问题或事件，例如流动性危机。不同于黑天鹅的不可预测性，灰犀牛是公司可以通过提前预见、布局并减轻影响的风险，这便需要公司增强忧患意识，对各类导致重大影响的风险苗头都不可掉以轻心。而黑天鹅事件，需要上市公司建立健全风险应急管理体系和制定应急预案，将相关影响减小到最小。

（二）合规诚信，构筑公司成长和市值增长最坚强的地基

随着我国资本市场的监管趋严，上市公司的违规成本不断提高，在外部监管与内部管理两者叠加的要求之下，合规对公司的长远发展和市值增长的影响也日益加深。对于上市公司而言，合规具有相当重要的现实意义，它不仅是公司稳健经营与发展的内在要求，也是公司在资本市场的竞争中持续生存的必要条件。同时，上市公司的合规性也是投资者精确判断公司价值并作出正确决策的重要依据。

为了使上市公司更高效地提升合规性，防范违规风险，此处统计了 2019—2021 年上市公司的违规情况，并针对重点关注事项作出说明。

根据图 9－13 所示，当前市场违规案例主要集中在公司运作、治理违规、证券交易违规、公司信息披露违规、交易与关联交易违规、财务类违规、特定重大事项披露违规等几大方面，其中公司运作、治理违规的情况最为常见，约占 25%。为避免日常经营中容易发生的违规违法行为，建议上市公司在合规发展中重点关注以下事项：

1. 严格规范公司治理措施。制定股东大会、董事会和监事会议事规则，详细规定各会议召开程序和运作规范，规范制定相关内部管理制度，提高公司治理质量和运作效率，避免公司治理和公司规范运作存在重大缺陷。

2. 严禁违规减持。控股股东或实际控制人、持股 5% 以上的股东、董监高人员，不得有超比例减持、不按规定提前披露减持意向、短线交易、窗口期减持、利用内幕信息等违规减持行为。

3. 严禁信息披露虚假及误导性陈述。信息披露义务人应当及时依法履行信息披露义务，披露的信息应当真实、准确、完整，简明清晰、通俗易懂，不得有虚假记载、误导性陈述或者重大遗漏。应当防范内幕交易，信息披露义务人披露的信息应当同时向所有投资者披露，不得提前向任何单位和个人泄露。

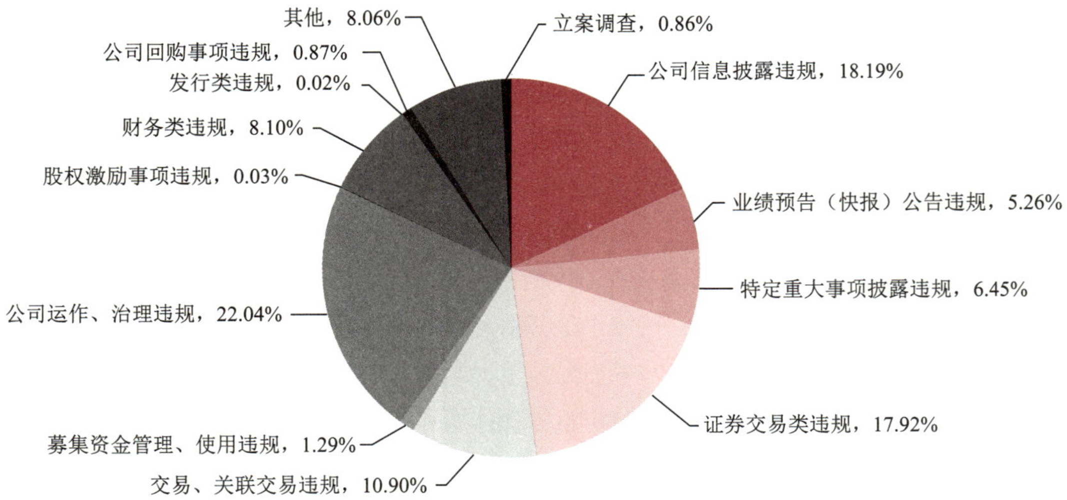

数据来源：易董违规案例库，部分违规类型有重叠。

图9－13　2019—2021年上市公司违规情况统计

4. 减少并规范关联交易行为。上市公司在履行关联交易的决策程序时，要严格执行关联方回避制度，并履行相应的信息披露义务，保证关联交易的公允性和交易行为的透明度。

5. 严禁财务造假。上市公司应规范内部审计监督制度，防止滥用职权，保证审计内部控制制度的有效性，降低财务造假的风险。严禁公司、企业向股东和社会公众提供虚假的或者隐瞒重要事实的财务会计报告，或者对依法应当披露的其他重要信息不按照规定披露，严禁利用财务造假牟取利益的行为。

案例9－7：长生生物——首例涉“五大安全”而退市的上市公司

长生生物是首例涉“五大安全”退市上市公司，在2018年先后被指出狂犬疫苗生产存在记录造假和百破疫苗不合格事件，此后该公司发展急转直下，其后其疫苗市场被瓜分，且最终因涉及“五大安全”问题因重大违法强制退市。此前一度辉煌的“白马股”成为“黑天鹅”，疫苗违法违规生产问题对长生生物造成了毁灭性打击。

2018年7月15日，国家药监局通报长生生物子公司长春生物违法违规生产“冻干人用狂犬病疫苗”事项，企业《药品GMP证书》被收回，且责令停止狂犬疫苗的生产。2018年10月16日，长生收到药监局的处罚决定和证监会的行政处罚事先告知书，国家药品监督管理部门作出吊销药品生产许可证的行政处罚决定，并处罚没款91亿元。

2018年11月16日，深交所发布《上市公司重大违法强制退市实施办法》，在“重大违法强制退市”的定义和情形列举中纳入了“五大安全”的相关内容。当晚，深交所即宣布：长生生物可能触及重大违法强制退市情形，深交所启动对长生生物重大违法退市机制。2018年12月6日，证监会对长生生物下发行政处罚决定书，依据《证券法》第一百九十三条第一款的规定对长生生物及其18名相关责任人员作出行政处罚。

2019年3月13日，深交所发布公告称已于2019年1月14日向其送达《关于对长生生物科技股份有限公司股票实施重大违法强制退市的决定》，决定自2019年3月15日起暂停长生生物股票上市。根据退市新规，11月16日深交所决定启动对长生重大违法的强制退市机制。

第三节 做好ESG与可持续发展

ESG理念是追求经济、环境、社会综合价值最大化的发展理念，能够有效引导上市公司创造经济价值，并关注生态文明建设、节能减排，科技创新、社区人文关怀等环境议题与社会议题。它构造了一种全新的上市公司价值坐标体系，是从长期维度来衡量上市公司价值，既考虑了投资者的长期利益，也兼顾了员工、客户、供应商、政府、社会公众等相关利益方的多维度利益。上市公司践行ESG，将有助于其实现经济效益、社会效益与环境效益的统一，达成企业价值和社会价值双赢的目标，促进上市公司的价值成长与可持续发展。

随着我国双碳目标的推进、监管政策的陆续出台、ESG投资的兴起，以及企业自身高质量发展的需要，越来越多的上市公司开始关注和重视ESG，并积极践行ESG理念。根据证券时报·中国资本市场研究院携手价值在线（易董）联合发布的《A股公司ESG问卷调查报告（2021）》，中国A股上市公司已了解和认识到践行ESG是大势所趋、中国经济高质量发展和碳中和等国家战略是ESG发展的核心驱动力，并认为披露ESG报告是上市公司高质量发展的表现。同时，调研结果还显示大市值上市公司对ESG关注度相对更高。具体调研结果显示，超九成上市公司受访者表示对ESG有所了解。

对于“中国ESG发展的主要驱动力是什么”的多选题，84.08%的上市公司受访者选择了“高质量发展新阶段，上市公司主动践行ESG理念”，82.09%的上市公司受访者选择了“在碳中和、共同富裕等国家战略背景下，自上而下的政策推动”，远超其他选项；与此同时，77.11%的上市公司受访者认为披露ESG报告是上市公司高质量发展的表现。

这表明上市公司意识到中国经济高质量发展和碳中和等国家战略是 ESG 发展的核心驱动力，充分了解并践行 ESG 是大势所趋。

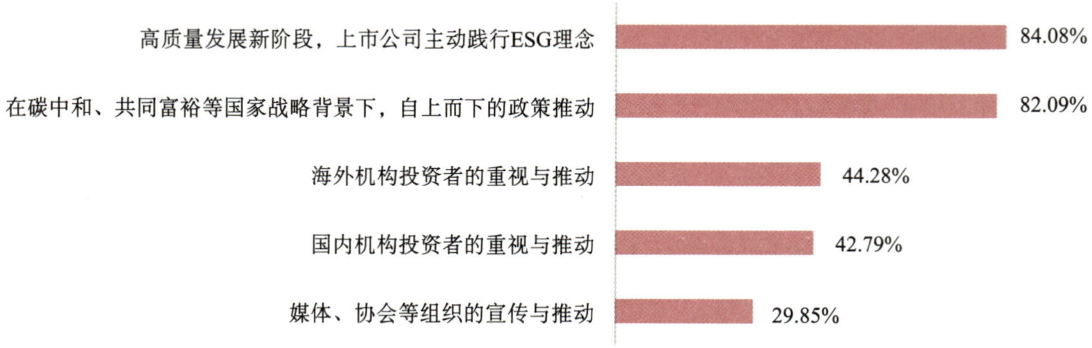

图 9－14　受访者认为中国 ESG 发展的主要驱动力（多选）

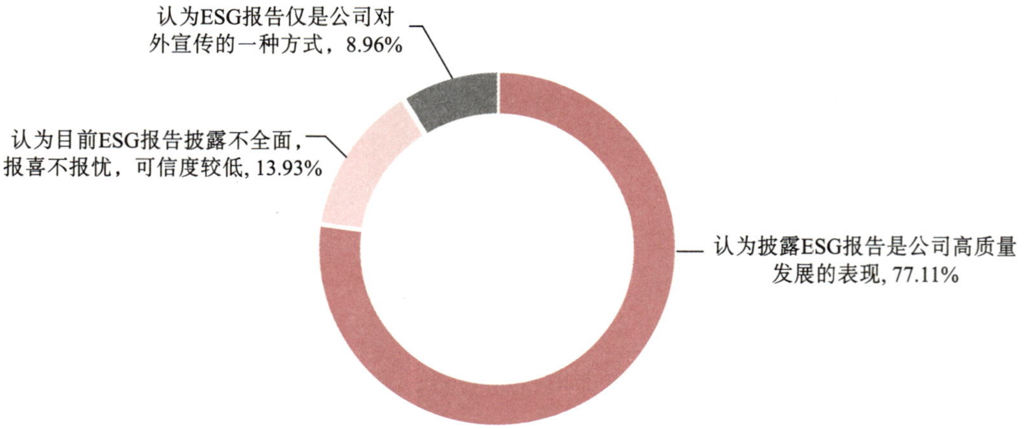

图 9－15　受访者对 ESG 与高质量发展关系的认知

在积极践行 ESG 的同时，上市公司也会从 ESG 的实践中获益。具有良好 ESG 表现的上市公司，不但可以获得资本市场和社会公众的价值认同与资本的青睐，也会有利于其增强风控能力、提高治理水平、提升上市公司质量，并促进价值成长与可持续发展。

一、以 ESG 实践引领责任担当与价值实现

ESG 是一种关注环境、社会和治理绩效的可持续发展理念和价值观。上市公司树立 ESG 理念，将会使其关注企业的环境责任、社会责任和公司治理，并通过 ESG 实践承担相应的环境责任和社会责任，提高公司治理水平，实现上市公司社会价值与经济价值的统一。

在环境责任方面，上市公司可以通过发布 ESG 愿景、设定“双碳”目标、实施绿色低碳转型、加强污染物排放管理、增加环保投入、倡导节能减排、保护自然资源、开展环境治理、推动绿色生产与运营、加大科技创新、使用可再生能源、促进循环济发展等方式，主动承担企业环境责任，积极应对气候变化、资源短缺、环境污染等人类社会生存环境问题，为构建人类命运共同体贡献力量。

《A 股公司 ESG 问卷调查报告（2021）》调查结果显示，对于“环境因素中最重要的度量指标选择”这一问题，选择“污染物排放”“循环和绿色经济”以及“环境违规事件”的受访者占比均超 5 成，分别为 71.64%、67.66%、52.24%，反映出 A 股上市公司在环境维度较关注其面临的环境风险和机遇。

在社会责任方面，上市公司可以通过关爱员工、保障员工权益与福利待遇、给予员工培训与发展机会、保护员工健康与安全，反强迫劳动与反歧视、提高产品质量安全、加强隐私数据保护、强化供应链责任管理、推动社区建设投入、参与公益活动等方式，积极履行社会责任，建立负责任品牌形象，推动上市公司社会价值的实现。

在公司治理方面，上市公司可以通过设计合理的股权结构，保障股东合法权益，构建董事会和管理层的多元化管治架构，推动和倡导 ESG 战略与文化，建立全面风险管理体系，完善内部控制制度建设，制定内部控制管理手册，以及树立商业道德风尚等，结合专项监管体系，全面防范企业经营管理与业务活动中的风险，强化公司管治能力，提升公司治理水平，为上市公司的可持续发展奠定基础。

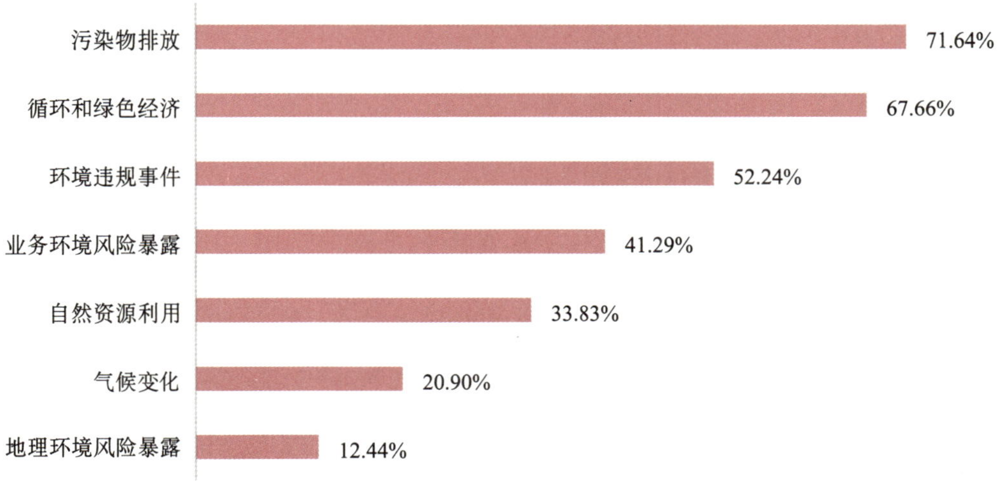

图 9－16　受访者认为在环境因素中的重要指标（多选）

在 ESG 的三大维度中，公司治理（G）是上市公司践行 ESG 理念的基石和保障。同时，上市公司对环境责任（E）和社会责任（S）的践行，可以促使其发现环境和社会工作中的不足与存在的问题，有利于其识别风险点，发现潜在风险，并有针对性地采取应对措施，加强风控管理，降低企业风险，促进上市公司治理水平的提升和综合价值的实现。

《A 股公司 ESG 问卷调查报告（2021）》有关 ESG 三大维度及相关议题的调查结果显示：

1. 受访者认为公司治理较环境、社会两个维度更加重要。据受访者对 ESG 各维度的关注排序数据测算，首个维度为“G（治理）”。“G（治理）”“E（环境）”“S（社会）”的数量占比分别为 47.26%、30.35% 和 22.39%，反映出目前 A 股上市公司认为公司治理较其他两个维度更为重要。

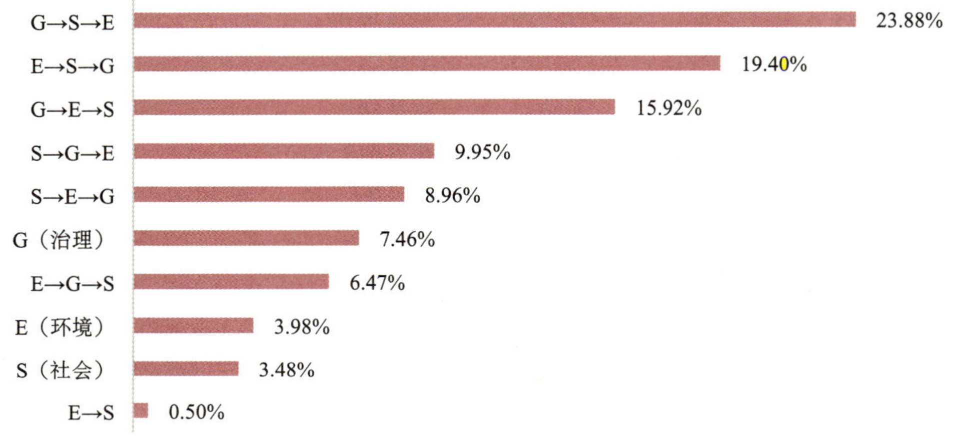

图 9－17　受访者对 ESG（环境、社会和治理）各方面的关注排序

2. 对于“治理因素中最重要的度量指标选择”的多选题，选择“股权结构和股东权益”“董事会结构和监督”两项的受访者占比均超七成，分别为 72.64%、71.64%；选择“高管薪酬和激励”的受访者仅占 25.37%。

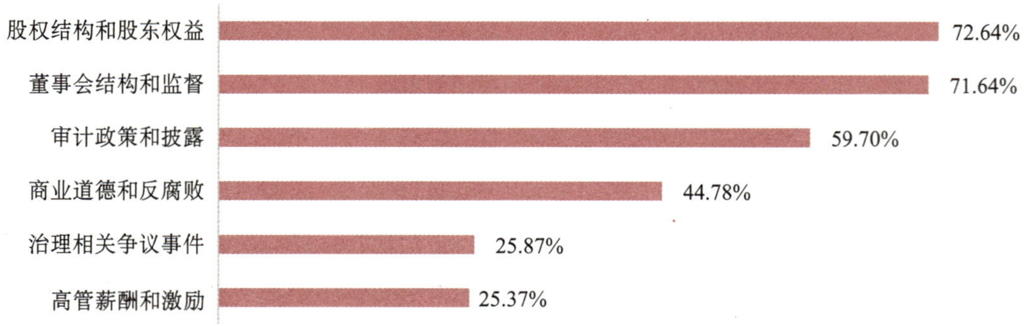

图 9－18　受访者认为在治理因素中的重要指标（多选）

3. 受访者认为在环境维度企业最关注其面临的环境风险和环境机遇。对于“环境因素中最重要的度量指标选择”的多选题，选择“污染物排放”“循环和绿色经济”以及“环境违规事件”的受访者占比均超五成，分别为71.64%、67.66%、52.24%，反映出A股上市公司在环境维度较关注其面临的环境风险和机遇。

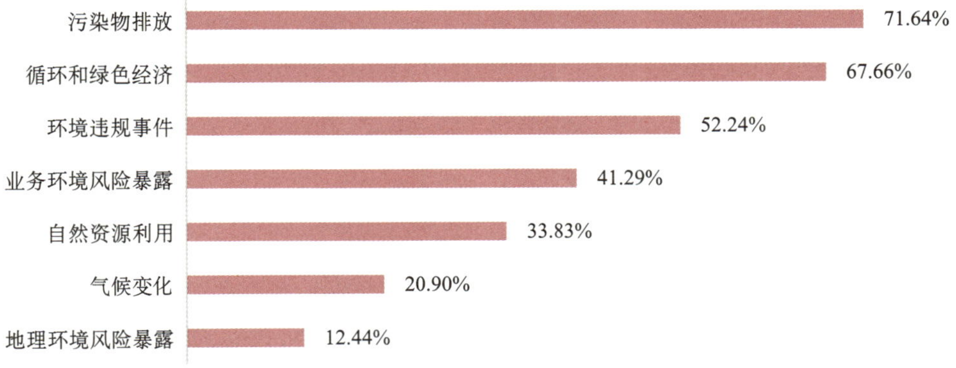

图9-19 受访者认为在环境因素中的重要指标（多选）

4. 受访者认为在社会维度企业最关注股东外利益相关者的责任。对于“社会因素中最重要的度量指标选择”的多选题，选择“产品安全和质量”“人才培养和发展”“员工管理和福利”和“员工健康和安全”的受访者占比均超五成，分别为61.19%、54.73%、52.24%、50.25%，反映出A股上市公司在社会维度最关注股东外利益相关者的责任。

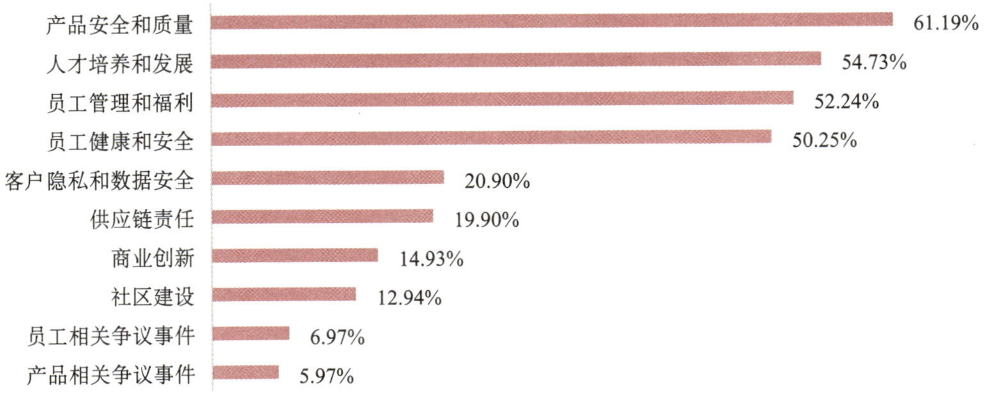

图9-20 受访者认为在社会因素中的重要指标（多选）

二、以ESG报告促进价值认同与价值成长

上市公司在积极践行ESG理念的同时，也应与利益相关方保持良好的沟通，向利益相关方及时传递上市公司ESG实践情况与绩效成果，而ESG报告正是上市公司与利益相关

方沟通的一个重要载体。

上市公司参照国际先进的ESG标准体系和指引，结合我国基本国情和企业自身的实际情况，编制一份高质量的ESG报告，并披露KPI关键绩效指标，可以向资本市场和社会公众有效展现企业的ESG实践和绩效成果，有利于利益相关方和社会公众对公司价值的认同和评价。

目前国内上市公司借鉴较多的ESG标准体系和指引，主要有全球报告倡议组织（GRI）发布的可持续发展报告标准（GRI Standards）、联合国发布的可持续发展目标SDGs（Sustainable Development Goals）、国际可持续性会计准则委员会（SASB）发布的SASB准则（SASB Standards）、国际气候相关财务信息披露工作组TCFD提出的TCFD建议披露框架，以及香港联交所相关ESG指标体系及编报指引等。

上市公司借鉴国际准则编制和披露ESG报告，将有助于其选取涵盖环境、社会和治理多层面的议题，对标和量化披露关键绩效指标，全面展现企业潜在风险因素、管控能力和ESG实践成果等，有利于提高上市公司透明度和信息披露质量。

同时，上市公司还可以通过ESG报告的编制与披露，探寻自身与全球领先企业及行业标杆在ESG方面的对标差距，关注利益相关方对公司ESG表现的反馈和对企业的诉求，并在环境、社会和公司治理层面予以不断改进和持续提升，进一步提升ESG绩效表现，促进上市公司价值成长。

《A股公司ESG问卷调查报告（2021）》的相关调查结果显示：

1. 超四成受访者认为上市披露ESG报告主要是为了提高企业声誉及获得国内外优质机构投资者更多关注。对于“上市公司自愿披露社会责任报告/ESG报告的主要动机”的多选题，“树立负责任的企业品牌和形象，提高企业声誉”和“ESG表现优秀的公司能吸引国内外优质机构投资者更多关注”两项占比均超四成，分别为42.29%和40.80%。

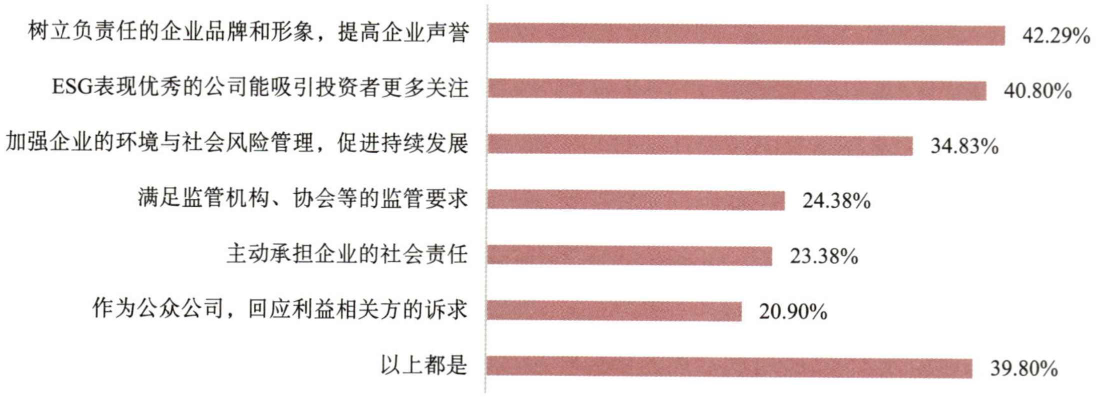

图9-21 受访者认为上市公司自愿披露ESG报告的主要动机（多选）

2. 近八成受访者认为上市公司市值与公司 ESG 评级（评分）存在相关性。对于“上市公司市值和公司 ESG 评级（评分）的关联度如何”的问题，有超半数的受访者认为一般相关，占比为 55. 72%；23. 38% 的受访者认为“高度相关”。即近 80% 的受访者认为上市公司市值与公司 ESG 评级（评分）存在相关性。

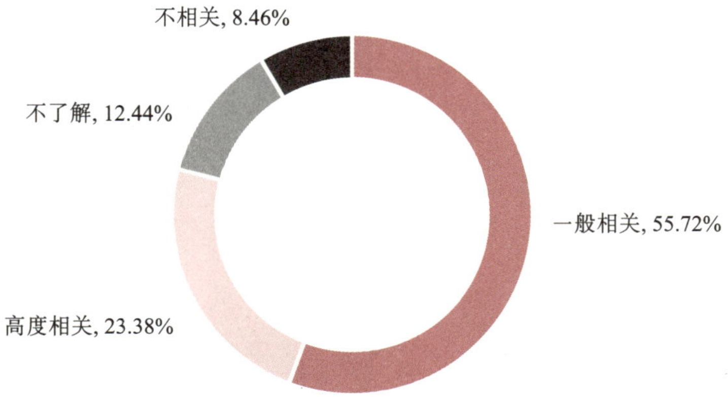

图 9－22　受访者认为上市公司市值和公司 ESG 评级（评分）的关联度

3. 多数受访者认为高质量的 ESG 报告既要具备全面性，又要具备专业性。对于“高质量 ESG 报告主要体现于哪些方面”的多选题，有超过 80% 的受访者认为体现在“关键绩效指标披露全面”，超 60% 的受访者认为体现在“选取的议题涵盖各层面”和“披露了具有公司特色的专题”，两项占比分别为 67. 66% 和 60. 20% 。这体现出多数受访者认为高质量 ESG 报告既要具备全面性，又要具备专业性。

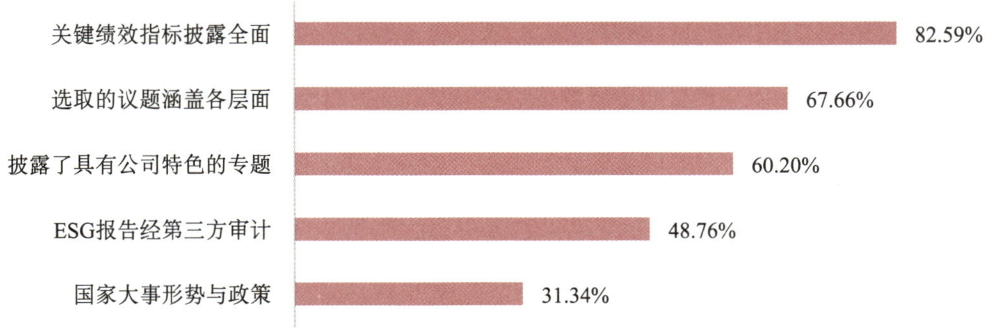

图 9－23　受访者认为高质量 ESG 报告的主要体现情况（多选）

此外，贝恩咨询的《2021 大中华区私募股权市场报告》也显示了 ESG 与业绩的相关性，如图 9－24 所示。

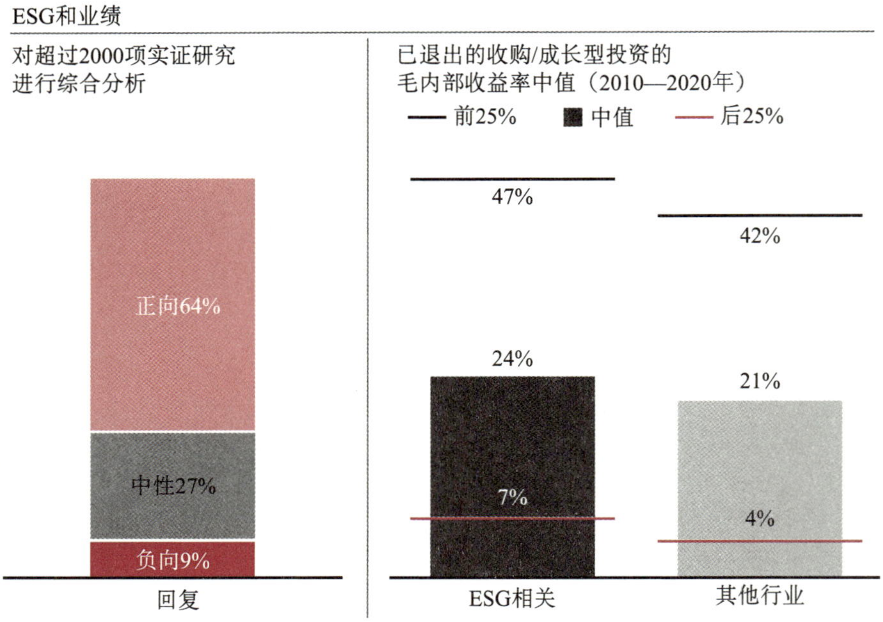

资料来源：《2021 大中华区私募股权市场报告》。

图 9－24　ESG 与业绩的相关性

三、以 ESG 管治护航高质量可持续发展

面对气候变化、公共卫生与健康安全，以及政治经济与社会等方面复杂多变的挑战，上市公司持续完善公司治理，加强环境与社会相关风险管理，关系到企业自身的可持续发展。上市公司要想实现高质量可持续发展，不仅需要履行 ESG 责任和披露 ESG 报告，还需要从 ESG 报告迈向 ESG 管治，完善以 ESG 管治为核心的公司治理体系，设定 ESG 战略发展目标，并持续提升公司治理水平。

目前 ESG 已成为衡量上市公司发展质量和公司治理水平的一种新视角。上市公司完善以 ESG 管治为核心的公司治理体系，既是企业自身价值成长和可持续发展的需要，也是监管部门对上市公司 ESG 实践和高质量发展的要求。

正如良好的变革需要来自顶层的驱动力，上市公司在 ESG 管治和战略层面的有效践行，需要董事会和管理层的重视，以及构建高层深度参与、横向协调、纵向联动的 ESG 管治架构、治理体系与管理机制。

图 9-25　如何做好 ESG

（一）建立 ESG 治理体系

上市公司可以借鉴 ESG 先行企业的实践经验，在董事会层面成立 ESG 可持续发展专业委员会（或赋予战略发展专业委员会 ESG 可持续发展职责），旗下设立 ESG 管理委员会、ESG 工作小组和 ESG 专责部门，形成多层级的 ESG 管治架构；并制定 ESG 战略目标与规划，建立相应的 ESG 管治流程与管理体系，将 ESG 治理融入企业战略决策和日常经营管理之中。同时，上市公司可设定 ESG 考核指标，并将其纳入管理团队的绩效考核，推进 ESG 管治工作在公司内各层级的落地实施，以确保形成有效的 ESG 治理体系，为上市公司践行 ESG 理念和实现高质量可持续发展保驾护航。

（二）理顺 ESG 管治流程

第一，上市公司应在董事会和专业委员层面，进行 ESG 专项培训，并提供 ESG 战略专业建议，提高董事会对 ESG 的重视度和专业决策能力；第二，上市公司应在 ESG 管理委员会和 ESG 工作小组层面，成立战略目标制定工作坊，搭建风险管理体系、设计 ESG 政策框架，为公司 ESG 执行层提供工作指导；第三，上市公司应在 ESG 责任部门层面，梳理 ESG 相关部门及岗位的职责，排查公司主要 ESG 风险点，推动 ESG 政策的实施，统筹 ESG 项目的执行，协调处理 ESG 工作流程中产生的各种需求；第四，上市公司应在相关职能部门和下属公司层面，持续协调 ESG 议题的沟通，推进 ESG 实践活动。

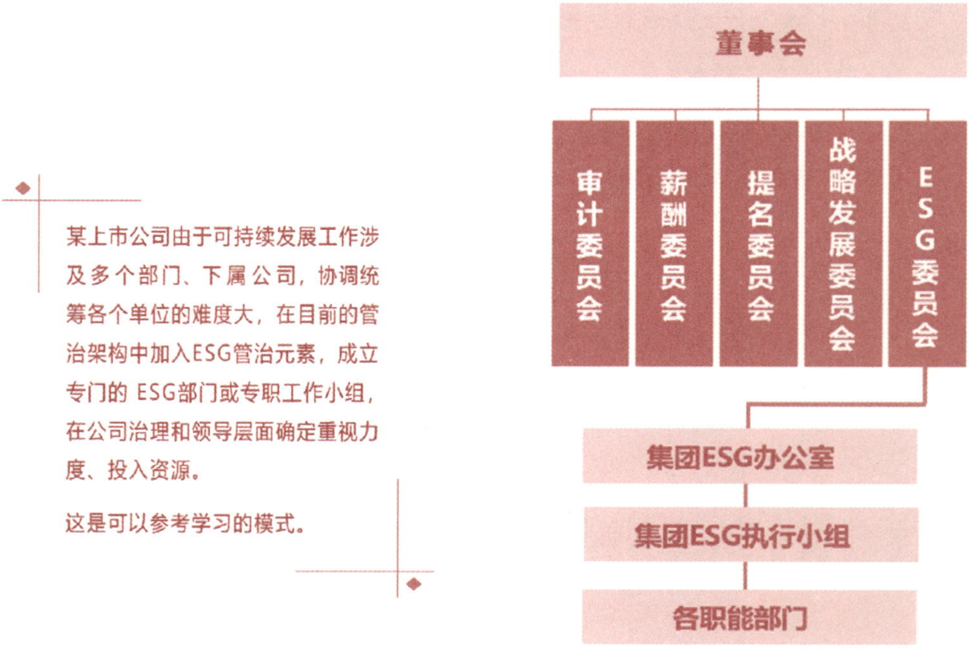

图 9－26　ESG 体系治理结构

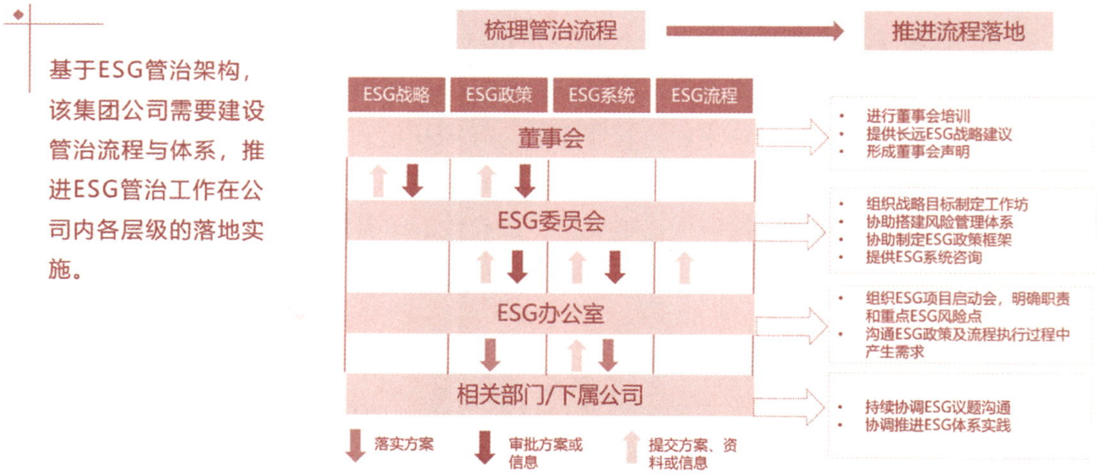

资料来源：中集集团。

图 9－27　ESG 体系治理流程

（三）推动 ESG 管治的落地

在 ESG 管治架构和流程体系设立之后，上市公司应将 ESG 治理工作进一步制度化、规范化，并开展 ESG 理念和相关制度的宣贯培训，在公司内部统一思想，形成自上而下的 ESG 文化，有效落实 ESG 管理工作，以确保上市公司 ESG 实践的顺利推进和公司治理水平的持续提升。

此外，上市公司还应根据ESG管治体系的实际运行情况、内外部环境的变化情况，不时地调整、修正和改进企业ESG管治体系和流程制度等，以适应上市公司ESG高质量可持续发展的需求。

案例9-8：金风科技——全球清洁能源和节能环保领域的领跑者

新疆金风科技有限公司（以下简称金风科技）于1998年在新疆成立，并于2007年和2010年先后登陆深交所中小板和港交所主板。公司主要从事风电设备研发与制造、风电服务、风电场投资与开发及水务等其他业务，在夯实风电主业的同时，还积极拓展其他可再生能源和环保产业，致力于成为全球清洁能源和节能环保整体解决方案的行业领跑者。

随着国内可再生能源行业的蓬勃发展，金风科技一直秉承"为人类奉献碧水蓝天，给未来留下更多资源"的使命，以ESG责任体系构建可持续发展目标，推动企业和经济、社会、环境的共同进步。

在环境（E）方面，金风科技将绿色环保理念融入生产经营各个环节，在开展绿色生产的基础上，持续研发制造和推广清洁能源技术，增强设备的环保性能和低碳属性，为社会能源转型创造条件和提供便利。公司建设光伏微网、水蓄能空调等提升绿色电力使用比例，并在2021年积极推进绿色工厂认证，具备申报的6个工厂通过绿色工厂认证，其中2家为国家级，4家为省级。2021年，公司在北京亦庄碳中和园区的良好示范下，为多个大型会议、科研中心、工业园区和港口提供智慧能源解决方案，创建"零碳"发展新路径。截至2021年底，金风科技全球累计装机超过86GW，年发电量约1932亿度，相对于火电，每年可减少二氧化碳排放1.61亿吨。为提升整个供应链的绿色度，公司自2016年发起绿色供应链项目，推动供应链绿色转型，取得良好效益。2021年，在碳中和的大背景下，公司与257家供应商，共同签署减碳倡议书，携手共同减少风电生产周期碳排放。

在社会责任（S）方面，金风科技平等规范雇佣员工，鼓励员工基于个人兴趣和专长在实现自我价值的同时促进公司发展，并持续优化职业健康安全管理体系；以体育和文化活动平衡员工工作和生活，提升员工生活品质，增加员工幸福感。公司还将支持和倡导员工健康工作生活方式的理念推广至社会公众，助力社会公众形成健康的生活方式，提升全民健康素养。公司以可持续方式积极参与乡村振兴和社区发展，持续开展乡村教师公益培训、助力新能源职业教育发展等项目，将新能源基础知识向广大群众，特别是青少年群体传播，提升全社会对新能源产业的认识水平。2021年，金风科技累计投入977.51万元，持续投入疫情防控、抗洪救灾、教师培训、乡村基础设施建设、社区发展、助老、助学、环境保护等领域，努力让更多的基层群众受益，足迹遍布北京、新疆、内蒙古、广东等16个省、自治区、直辖市，让广大百姓共享发展成果。

在公司治理（G）方面，金风科技始终坚持诚信经营和规范运作，在合规管理、内控和风险管理、反腐败等各个层面，推动公司治理及内控管理水平的整体提升，持续为股东和社会创造价值。另外，公司还构建了自上而下的可持续发展组织体系，将社会责任和可持续发展融入公司战略、经营管理和业务流程，提升公司整体的可持续发展水平。2021年，公司共召开4次可持续发展委员会，推动重点工作在年度内的落实，包括审议2020年可持续发展报告、年度工作计划等。

2021年，金风科技实现营业收入505.71亿元，归属母公司净利润34.57亿元，基本每股收益0.79元，公司国内新增装机容量达11.38GW，全球新增装机12.04GW。公司市场占有率已连续11年保持国内第一，连续7年位列全球前三。此外，在新浪财经金麒麟论坛中发布的中国ESG优秀企业500强榜单中，位列第2位，入选A股公司ESG百强榜，年度ESG实力先锋企业榜单；在MSCI中连续两年获得AA评级、香港品质保证局获得A+评级等，同时也是MSCI ESG Leaders指数、恒生可持续发展企业基准指数、中证可持续发展100指数（ETF）的成分股，获得了社会的广泛认可。金风科技市值也从2012年的145亿元增长至2021年的695亿元。

金风科技坚信，风电在促进经济社会绿色健康发展的同时，也能让人们的生活更加美好。在推动国家乃至全球碳中和的过程中，公司将坚定不移地实施可持续发展战略，将可持续发展理念与公司业务运营深入融合，催生更多的有利于经济、社会和环境共同发展的优秀实践，在全球应对气候变化和可持续发展领域做出积极表率。

第十章
做好投资者关系管理

第一节　投资者关系管理概述

资本市场既为市场经济实体提供发展资金，也为广大投资者分享发展成果。在中国资本市场运行机制日趋完善、市场化程度显著提高的当前形势下，二级市场已经悄然从“卖方市场”转变为“买方市场”。为进一步提升上市公司综合竞争力，提升上市公司市场价值，各上市公司开始投入更多的成本和精力来提升投资者对上市公司的认同感和忠诚度，将投资者利益与上市公司利益进行深度捆绑，共享上市公司发展红利与成长价值。

因此，上市公司应提前认识到投资者关系管理的重要性，加强投资者关系管理这一系统性工程的建设和维护，进而以较低的成本提升上市公司在资本市场的形象和影响力，传导上市公司发展理念和竞争优势，在投资性资本竞争中形成优势，进而提升上市公司综合竞争力和市场价值。

投资者关系管理（IRM），是指上市公司通过便利股东权利行使、信息披露、互动交流和诉求处理等工作，加强与投资者及潜在投资者之间的沟通，增进投资者对上市公司的了解和认同，以提升上市公司治理水平和企业整体价值，实现尊重投资者、回报投资者、保护投资者目的的相关活动①。

一、监管机构对上市公司投资者关系管理提出新要求

（一）发布投资者关系管理新规

为规范上市公司投资者关系管理工作，加强上市公司与投资者之间的有效沟通，促进上市公司完善治理，提高上市公司质量，切实保护投资者特别是中小投资者合法权益，中

① 《上市公司投资者关系管理工作指引》，中国证监会，2022。

国证监会于2022年4月发布了《上市公司投资者关系管理工作指引》（以下简称《指引》），此举是对2005年发布的《上市公司与投资者关系管理工作指引》的进一步修订和完善，是贯彻落实新《证券法》的重要举措。《指引》主要从以下三个方面进行修订。

1. 进一步明确投资者关系管理的内涵。《指引》从内容、方式和目的等维度对投资者关系管理的定义重新界定；明确适用主体为依照《公司法》设立且股票在中国境内证券交易所上市交易的股份有限公司；确立合规性、平等性、主动性和诚实守信四条基本原则。倡导投资者提升股东意识，积极参与上市公司投资者关系管理活动，形成长期投资、价值投资、理性投资的投资理念，培育成熟理性的投资文化。

2. 进一步增加和丰富投资者关系管理的内容及方式，同时《指引》对近年来实践中的良好做法予以固化。主要包括以下四点内容：一是适应互联网、新媒体等新时代发展形势，要求上市公司应该多渠道、多平台、多方式开展投资者关系管理，在电话、传真等投资者关系管理传统沟通渠道基础上，新增公司官方网站、电子邮箱、新媒体平台、投资者教育基地等新兴网络沟通渠道；二是ESG信息（环境、社会和治理信息）被列为上市公司与投资者沟通的主要内容之一；三是加强投资者网络沟通渠道的建设和运维，在公司官网开设投资者关系专栏，收集和答复投资者的咨询、投诉和建议等诉求，及时发布和更新投资者关系管理相关信息；四是明确上市公司应当召开投资者说明会的情形。

3. 强化对上市公司的约束力，尤其“关键少数”的主体责任。除上市公司董事会秘书等专门人员负责上市公司投资者关系管理活动之外，对上市公司及上市公司董监高等人员也提出了要求，明确上市公司及上市公司董监高人员和工作人员在投资者关系管理工作中的禁止情形；还明确由中国证监会及其派出机构依法对上市公司投关管理进行监督管理，要求证券交易所、中国上市公司协会等自律组织制定自律规则进行自律管理；此外，明确中国证监会及其派出机构，有关自律组织和投资者保护机构，可对上市公司投关管理情况进行评估，通过发布投资者关系管理的良好实践案例和经验，促进上市公司不断提升投资者关系管理水平。

（二）注册制改革，迫使企业加强投资者关系管理

目前国家正大力促进多层次资本市场健康稳定发展，进一步提升直接融资特别是股权融资比例，稳步并全面推行注册制，完善退市管理制度。在全面推行注册制的政策背景下，沪深北A股上市公司数量不断扩容，上市公司数量和“壳”不再是稀缺资源，资本市场由卖方市场正逐渐转向买方市场，上市公司价值与成长正成为上市公司发展的永恒主题。因此，做好投资者关系管理，提升上市公司价值，成为上市公司日常管理的重要内容。

（三）加强投关管理有利于企业自我形象完善

上市公司加强投资者关系管理，与外界实现多向沟通，有利于上市公司向投资者充分

展现公司经营情况、价值理念及发展前景，树立公司的资本市场良好形象，打造资本品牌效应，形成投资吸引力，实现利益相关方价值最大化。同时良好的投资者关系管理活动，也有利于上市公司合理预测及研判投资者行为，为上市公司提供各项经营及治理活动科学决策依据，督促上市公司完善公司治理，提高规范运作水平，促进上市公司综合竞争力提升。

二、投资者关系管理的定位

（一）投资者关系管理是市值提升的重要组成部分

上市公司的价值综合体现在市值上，而市值提升拥有其环环相扣的三大主题，即价值创造、价值经营和价值实现①。

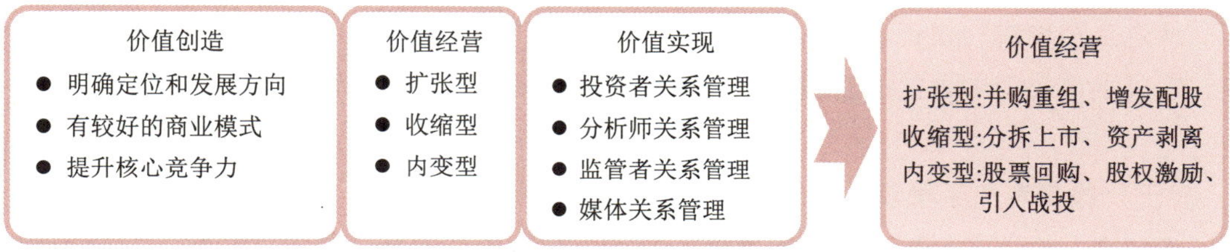

图 10－1 上市公司的价值综合

其中，“价值创造”奠定基础，侧重于公司经营，需要企业不断提升经济效益并提高市场竞争力；“价值实现”是关键环节，通过加强投资者对公司经营现状和未来发展战略的了解，促使上市公司市值提升，展现上市公司市场价值；“价值经营”是核心，通过优化企业价值经营的策略和方法，最终实现上市公司市值最大化；而投资者关系管理则是“价值实现”环节的重要手段，同时也能通过合理平衡产业发展、企业经营和资本运营的关系，弥补价值实现与价值经营之间的断层。

也就是说，良好的投资者关系管理既能提高上市公司内外部信息对称性，提高投资者对上市公司的认可度，为上市公司经营发展助力，使上市公司内在价值与市场股价表现更为统一，也能加强资源流动，帮助上市公司进一步扩大经营规模，提升上市公司综合竞争力，最终形成上市公司和投资者双赢的局面。

由此可见，投资者关系管理是上市公司市值提升非常关键的驱动因素，与上市公司市值提升是局部与整体的关系。

（二）投资者关系管理是公司战略之一

企业的发展离不开包括市场营销战略、品牌战略、产品战略、人才战略等综合战略的

---

① 施光耀，刘国芳．市值管理论［M］．北京：北京大学出版社，2008：44－45.

实施与引导，从企业不同战略角度来看，市场营销战略是基于市场状况，并结合企业自身经营及发展情况，针对市场企业客户（B端）或终端客户（C端）进行直接营销，目的是实现销量最大化，提升企业经营业绩；产品战略是在综合市场环境、目标客户群体诉求、竞品情况、企业自身状况等因素后，打造适应市场发展和需求的产品，进行精准人群分类，通过最小的投入实现最大化的产品市场占有率；人才战略是企业发展过程中不断吸纳并引进优秀人才，加强各类人才团队储备，为企业发展积累丰富的人力资源优势，提升企业人才竞争优势。不难得出，公司战略都是通过对有限资源的合理、有效利用，寻求相关价值最大化目标的实现。

而投资者关系管理则是上市公司通过与投资者及财经媒体等外部对象的充分沟通，提高内外部信息对称性，完善上市公司治理结构，提升上市公司规范化运作水平，最终实现上市公司市场价值的最大化。

从这个角度讲，投资者关系管理也是公司战略之一，应与上市公司其他战略协同实施，形成上市公司综合性战略矩阵发展体系，以实现上市公司价值最大化。

（三）投资者关系管理是顺应监管要求的重要举措

近年来，投资者保护一直是资本市场的重心与主题，包括证券监管机构、自律组织等在内的相关机构一直致力于投资者保护，不断加强上市公司投资者关系管理的各项举措机制研究建设，最大限度保护投资者利益。作为投资者关系管理承载的主体上市公司，应不断加强投资者关系管理建设，创新投资者关系管理方式，加强与投资者的交流与互动，将公司的经营情况和发展理念真实向投资者反馈，不断吸纳投资者对公司发展提出的意见和建议，加强公司治理建设，实现投资者与公司价值的深度融合，最终促进公司健康稳定有序发展，共享发展红利。

三、投资者关系管理的目标

鉴于以上对投资者关系管理是“市值提升的重要组成”和“公司战略之一”两点认识，得出投资者关系管理目标。

1. 提升公司投资价值。通过充分信息披露和良好信息沟通，提高投资者对上市公司的认可度，形成上市公司与投资者互信互利的关系，建立良好的资本市场形象，增强投资者信心，形成稳固投资者群体，并吸引潜在投资者，从而提高上市公司在证券市场上的融资能力和融资规模，进而提升上市公司价值，助力上市公司长期发展目标的实现，保证成长性与价值性。

2. 持续获得低成本融资。在上市公司资本营销的过程中，投资者的信任惯性是核心。投资者关系管理通过与市场相关主体长时间互动交流所形成的信任惯性，有助于上市公司获得投资者对上市公司发展理念和发展战略的理解和支持，从而提高对上市公司股票的认购和持有意愿，加强长期投资、成长投资、价值投资理念的认同与实践，进而满足上市公司长期融资的需求。

3. 提升公司治理水平。上市公司治理的核心之一是“如何平衡好上市公司与各利益相关方的关系”，进而形成上市公司发展合力，提升整体竞争力。在目前国内上市公司股权较为集中的情况下，让广大投资者尤其是中小投资者获得更多上市公司信息，将增强其长期持股的信心，提升其参与公司治理的动力和能动性，为上市公司发展建言献策，进而提高上市公司决策质量。

4. 降低整体经营成本。通过投资者关系管理所树立起的上市公司良好市场形象和口碑，有利于上市公司获得市场及社会各界的信任和支持，对政府关系、市场营销、人才引进、上下游合作都能产生不同程度的助力，进而降低上市公司整体运营成本，提升市场价值。

5. 适应监管需求，加强投资者保护。通过投资者关系管理建设，进一步加强投资者保护力度，提升投资者对上市公司经营活动的参与度，有利于促进上市公司治理决策更加科学化和民主化，有效规避上市公司治理违规情形，满足监管机构对上市公司监管要求。

四、投资者关系管理的主要对象

资本市场投资者关系管理参与对象众多，对投资者的区分，有多个维度。从持股关系上，有现有股东和潜在投资者之分；从性质上，有机构投资者和个人投资者之分；从国别上，有境内投资者和境外投资者之分。而除了买方投资者之外，投资者关系管理的对象还包括一些第三方参与者，如证券分析师、财经媒体、监管层及财经公关等。

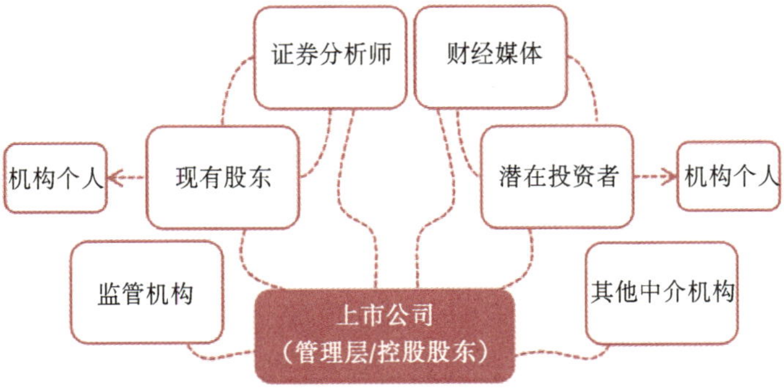

图 10－2 投资者关系管理的主要对象

基于实践情况，在与投资者交流的过程中，上市公司通常会根据投资者的不同身份性质，有所侧重地与之交流。

1. 机构投资者。机构投资者资金规模优势明显、专业能力突出，具有投资引领效应。我国股票投资市场中，按现有持股规模大小排序，依次为公募基金、私募基金、保险公司、社保基金、QFII、券商资管、券商自营等。

机构投资者的共同特点是受托人责任，忠实和勤勉地为委托人服务是其基本职责。机构投资者对上市公司的权利和义务，不仅包括参加上市公司股东大会并投票表决，还有监督和参与上市公司重要经营活动和公司治理活动的决策，例如公司发展战略、业绩评估、风险管理、资本结构、股权激励计划等，机构投资者可以通过其日常管理和履行投资管理人职责对改善上市公司治理质量发挥长期、积极的正向引导作用。

机构投资者关注的问题主要包括上市公司股票流动性、治理运作水平、长期战略发展规划、业务成长性与持续性、科技实力、团队实力及稳定性、信息披露透明度及 ESG 报告披露情况等。

2. 证券分析师。证券分析师分为卖方分析师和买方分析师两类，卖方分析师一般就职于证券公司，其主要研究成果向广大投资者发布，为其投资决策提供参考支持；买方分析师（也称“研究员”）一般就职于基金、保险等资产管理公司，其研究成果主要为内部投资部门提供投资建议。

我国绝大多数证券公司都拥有其专业研究团队，即卖方研究团队。已建立起较为完备的宏观、行业、上市公司、固定收益、策略等细分研究体系，通过上市公司高频实地调研和公开披露信息，获得较为丰富的信息资源后，以独立视角为机构投资者和高净值个人提供研究报告和咨询等标准化或定制化服务，是我国资本市场信息中介的重要组成部分，其角色既是传播学中的“意见领袖”，又是所属细分行业的“外部智库”。

3. 个人投资者。个人投资者以自然人身份进行股票交易，是我国证券市场的主要参与者，数量最为庞大。据统计，截至 2022 年 2 月底，我国证券市场投资者总数已突破 2 亿人，其中个人投资者达 1. 99 亿人，占比 99. 76%。由于个人投资者之间的证券投资能力和相关专业背景差异很大，其中部分个人投资者的投资行为容易受市场环境影响，盲目投资、跟风投资方式较为常见，带来的投资风险敞口也较大。部分个人投资者拥有一定的专业背景和市场分析能力，能较为理性投资，投资风险敞口较小。基于实践情况差异，个人投资者的投资模式较为复杂，研究难度较大，上市公司应该加强投资者关系管理建设，加强对外信息的公开透明度，将上市公司经营情况和发展理念真实向投资者反馈，以最大限度维护广大投资者合法权益。

整体而言，个人投资者在信息获取能力方面较弱，对上市公司经营及发展情况缺乏及时、系统、深入的了解，只能通过上市公司公告或“市场消息“决定去留，存在信息误差，无法真实获取投资价值。因此，上市公司对待广大投资者尤其是中小投资者应当一视同仁，充分尊重投资者，主动答疑解惑，加强与投资者的交流与互动，对投资者提出的不同程度的问题都应该耐心解答、态度诚恳，避免与其产生冲突而引发投诉或舆论关注。同时，上市公司应加强内幕信息管理，对于未公开的经营信息应严格保密，避免出现市场股价波动和造成其他影响。

4. 财经媒体。财经媒体是以财经新闻、财经信息为主要报道内容的专业型媒体，一直被视为资本市场信息传播的主要渠道。其功能是在传播者和受众（即上市公司和投资者）之间搭建起信息高效传递的桥梁，协助投资者收集、分析、解读相关专业信息。同时，对上市公司也具备一定的监督效应。

随着互联网和移动互联网技术的快速发展，投资者获取财经信息的习惯发生了较大变化，越来越多的投资者已经习惯从网络、移动终端等网络渠道获取相关信息。如何借助“新媒体”等网络渠道让信息传递方式为广大投资者所接受，让“单向发布式”的信息传递向“多向互动式”的信息沟通转变，无论从渠道上、内容上，还是形式上，都为上市公司投资者关系管理工作带来了挑战。上市公司应加强财经媒体关系建设，形成上市公司、财经媒体、投资者良性互动发展关系，最终实现上市公司价值传播，提升上市公司价值。

5. 其他。其他投资者包括潜在投资者、监管机构、财经公关及其他投关类服务公司等。上市公司在日常的投资者关系工作中也需要与各方构建良好的沟通基础，这样有利于重大事项的推进及策划宣传，形成上市公司与市场各类参与主体的良性合作关系。

五、投资者关系管理的主要内容

从广义的角度来说，上市公司的投资者关系管理包括公司股东管理、买卖方关系管理、合规治理及外部因素管理等。

图 10-3 投资者关系管理的主要内容

1. 公司股东管理。现有股东定期分析：上市公司可根据中国证券登记结算有限责任公司定期下发的股东名册从持股数量变动、持股性质（机构/个人）变化、增减持股东情况、新进入/清仓退出股东情况等维度进行分析，研究特定时间段的调研活动是否与股东增/减持行为有匹配关系，从而及时调整投关工作策略，达到市值稳定并获得投资者长期支持的目标。

潜在投资者挖掘：上市公司可以通过日常调研活动的投资者活动记录，跟踪并深度挖掘潜在投资者，做好投资者个性化服务。

引进长期战略股东：对于上市公司来说，引进长期战略投资者有利于优化公司股权结构、稳定公司市值、提升公司影响力，且长期战略股东能与公司的经营发展战略相契合，为公司发展带来产业、资金或其他金融资源，从而利好上市公司长期稳定健康发展。

2. 买卖方关系管理。定期沟通：包括定期报告线上/线下业绩说明会、电话会议、路演、股东大会的投资者交流以及公司定期组织的投资者调研/沟通活动。

不定期沟通：包括特定重大事项的非交易路演或网上路演、不定期举办的专题投资者交流活动/电话说明会、不定期开展的投资者问卷调查等。

日常沟通：包括日常接待（如实地调研、电话访谈、互动易/e 互动）、更新维护官网/官微等投资者关系专栏信息、参加券商举办的策略会/投资者峰会/专题会议等。

据统计，2021. 1. 1—2021. 12. 31，互动易问题数量总计 456047 个，e 互动总计 161488 个问题。互动易回复数量 425841 个，回复率达到 93. 38%；e 互动回复数量 142534 个，回复率为 88. 26%。

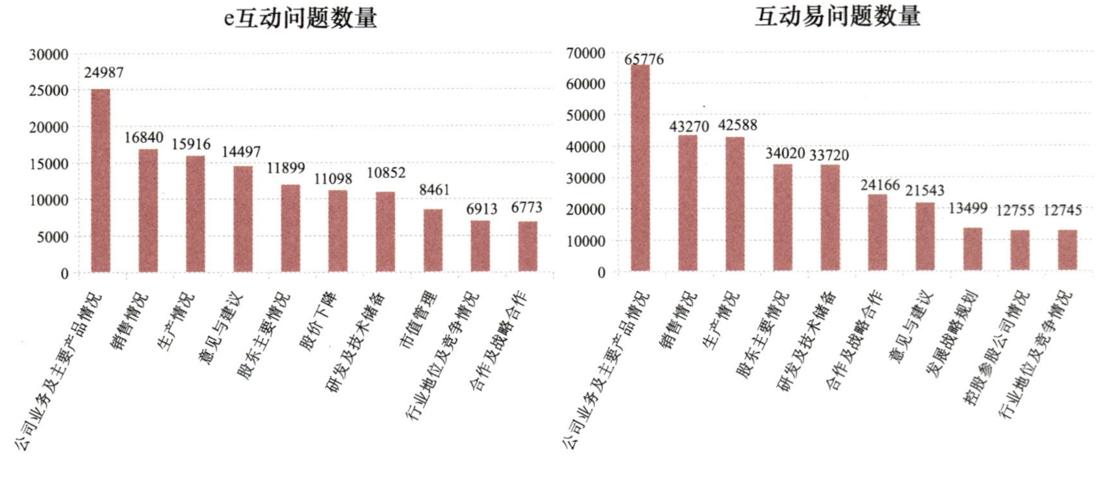

图 10－4　沪深 A 股互动易/e 互动回复情况统计

不同行业受投资者关注度不同，被投资线上提问数量最多的三个行业分别为电子、医药生物、机械设备。

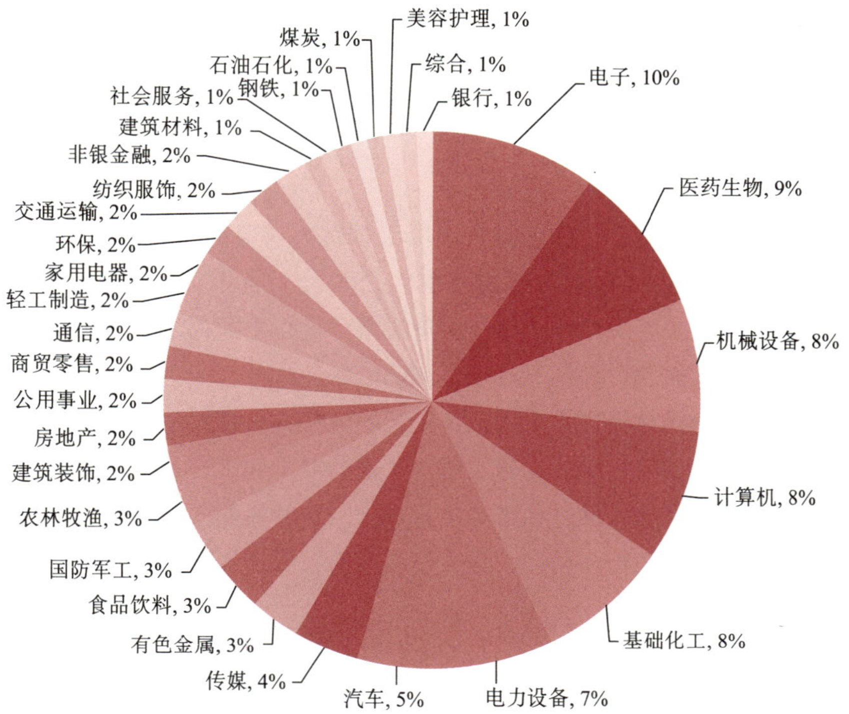

图 10－5　沪深 A 股投资者线上提问数量行业分布

表 10－1　投资者“互动易”提问数据表

排名	代码	提问次数	投资者最关注的内容和情况
1	苏宁易购（002024）	2152	产品销售情况
2	格力电器（000651）	1684	研发及技术储备
3	*ST 众泰（000980）	1590	控股参股公司情况
4	比亚迪（002594）	1519	意见与建议
5	欧菲光（002456）	1436	研发及技术储备
6	牧原股份（002714）	1367	年度报告
7	信维通信（300136）	1328	公司业务及主要产品情况
8	直真科技（003007）	1318	研发及技术储备
9	奥飞娱乐（002292）	1271	意见与建议
10	新 希 望（000876）	1241	股东主要情况

3. 合规治理。合规治理主要包括上市公司“三会”管理、制度建设及信息披露管理等。麦肯锡曾对全球基金经理的调查数据显示，机构投资者愿意为良好的公司治理和高质量的信息披露支付不同程度的溢价。在调查的所有地区中，亚洲地区的基金经理们愿意支付 20%—25% 的溢价①。

① 资料来源：麦肯锡。

表 10－2　　全球不同地区基金经理溢价支付意愿

地区	西欧和北美	亚洲和拉美	东欧和非洲
溢价程度	12%—14%	20%—25%	30%

4. 外部因素管理。

舆情管理：常规舆情管理工作包括且不限于日常舆情监测、风险排查、风险处置等，通常由董秘办、品牌宣传/媒体管理部门及财经公关分工合作。当遇到突发危机事件时，上市公司应迅速成立危机公关工作小组，对危机事件进行正面回应，危机解除后还需进行内部复盘评估，调整并改善内部信息管理机制。

监管沟通：监管机构作为资本市场上市公司的监督方，相关法律法规赋予了其监管职责和权限，上市公司与监管机构的沟通是法律法规的要求和工作所需。上市公司通过重大事项的沟通汇报、日常信披、函件往来等方式加强与监管机构的沟通与交流，让监管机构充分了解上市公司的经营及治理情况，建立信任关系，促进上市公司经营发展及规范化运作水平提升。

5. 其他。上市公司的投资者关系管理除了与外部投资者或相关利益方保持沟通外，还应将资本市场投资者的合理诉求传达给上市公司内部经营管理层，促进经营管理层在决策时更加科学、民主决策。

对内定期向管理层输出的报告：

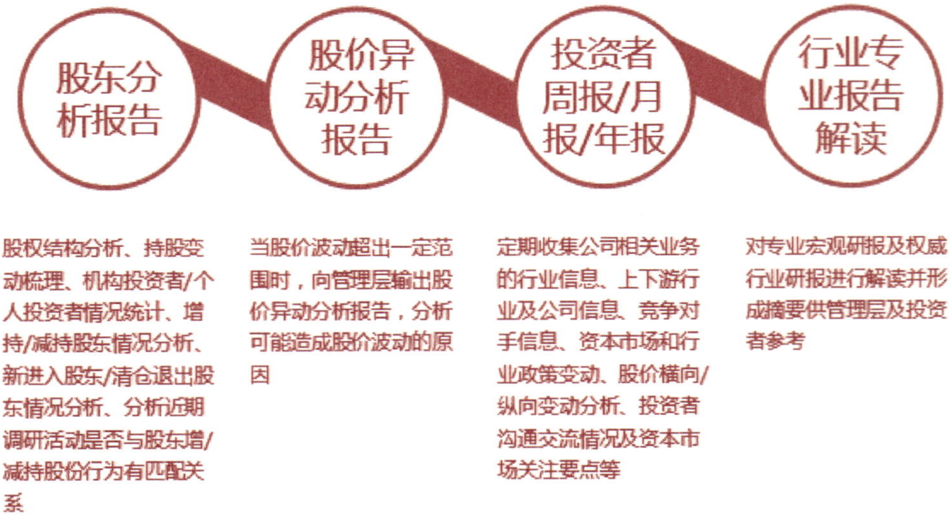

图 10－6　向管理层定期输出的报告

第二节 价值投资、成长投资正成为市场主流

格雷厄姆提出价值投资，费雪提出成长投资，这两个方法逐渐成为基本面投资者的主流方法。投资者关心资本市场如何塑造出超级成长的上市公司，关心上市公司市值提升，首先就需要了解投资端，了解和满足市场的关注热点和需求，例如市场情况、投资类别，投资空间，以及未来投资方向，只有深刻地了解投资端相关信息，才能在打造超级成长上市公司的路途中一帆风顺。

一、投资的各大门派

（一）技术投资派

技术投资派以凯恩斯首次提出的“空中楼阁”理论为基础。凯恩斯认为股票是没有所谓的价值的，本质上是资金和人们的信念支撑起来的空中楼阁，它沿着一定的趋势和规律波动。自 1609 年世界上第一所股票交易所——阿姆斯特丹证券交易所在荷兰创立以来，无数投资者就一直试图掌握市场价格波动的规律，而以江恩为代表创立的技术投资理论就是早期最有影响力并被广泛实践的理论之一。其基于的前提假设有三个：一是市场行为涵盖一切信息，市场所有的信息都已经反映在股票价格中；二是证券价格会沿趋势线移动，认为只要市场供求关系保持不变，则股票价格有保持原来运动趋势的惯性；三是历史将会重演，当市场出现与过去走势相同的情况时候，股票价格变动趋势会与历史趋势保持一致。

在分析方法上，技术投资派的核心是通过历史的信息去推断未来市场的变化，从而发掘存在超额收益的投资机会。其分析逻辑主要通过观察市场已发生的一系列股票成交价格与成交量，并结合特定的时间段以及股票价格走势的涨跌变化，去判断推测未来股票价格潜在的变化大小。主要理论包括道氏理论、波浪理论、切线分析、形态分析以及指标分析等。

技术投资派堪称投资界中的楷模。他们时刻盯盘看 k 线图、时刻画图、交易频繁，他们时刻经历股市的跌宕起伏，是最努力的投资者。但实际操作上，这项技术随着时代的变迁，已经逐渐褪去其光芒。特别是在 20 世纪初，有效市场假说提出后，立足于历史去推断未来市场价格趋势的方法受到市场质疑与冲击，而股票市场价格将会围绕其真实价格上下波动的思想已经被更多投资者接受，即股票的市场价格最终是由上市公司真实价值决定的，这也让价值投资的理念逐渐成为目前投资的主流理念。

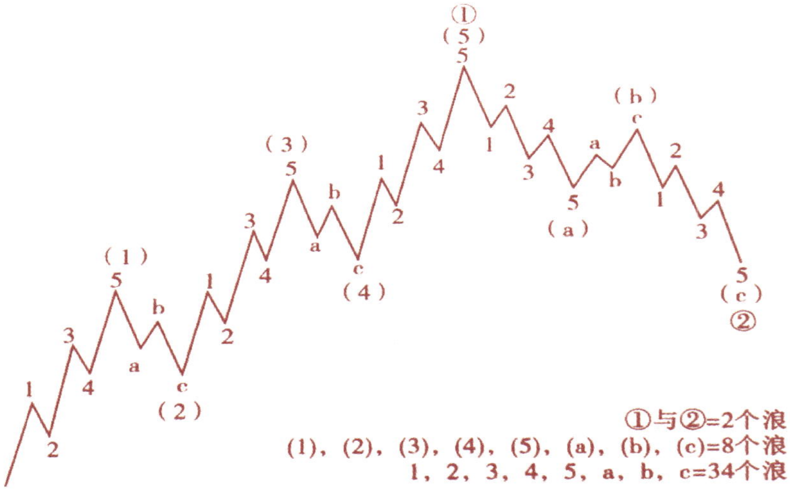

图 10－7　波浪理论形态的一级细分

（二）价值投资派

价值投资的逻辑是每家公司按照其基本面都有其价值，价值终将会体现在股价上，价格终将会回归价值。价值投资派基于对上市公司财务表现的基础分析，找出那些市场价格低于其内在价值的股票。基本的理念就是：深入的研究才能作出正确的判断，系统的方法才能作出睿智的决策，合理的价格才能获得丰厚的收益。

价值投资派真正掌握了上市公司市值成长的真谛，提出上市公司市值成长的真正核心是其真实内在价值的提升，市值本质是围绕上市公司真实内在价值上下波动的客观反映。如格雷厄姆、巴菲特、芒格、沃尔特·施洛斯都是践行这套理论的代表。

20 世纪 30 年代，格雷厄姆创建了现代证券分析的理论框架，在投资初期还并未揭开股票价格真实面纱的时候，创造出买入“安全边际”的实践做法，将自己的买入价格设定在上市公司财报中净运营资本 2/3 的位置，只要市场中有上市公司股价低于预设条件就大规模买入，最后获取丰厚收益。本质上，股票价格与上市公司真实运营情况及真实内在价值密切相关，格雷厄姆的成功也给市场带来股票“为什么涨”又“为什么跌”的启蒙。随后巴菲特、芒格、沃尔特·施洛斯等人为了进一步发掘价值被低估与有成长潜力的上市公司，更加细化了相关指标，寻找上市公司“护城河”，从上市公司内在独有的成长优势入手，围绕上市公司核心竞争力、商业模式、技术创新性、核心管理层团队和创造自由现金流的能力等方面进一步完善价值投资理论。价值、长期复利、安全边际、管理层、净资产收益率和品牌效应都成为价值投资者着重关注的指标。

持有一家好的上市公司股票能否获得足够高的投资回报率，取决于能否和时间做朋友，做长期投资、价值投资的准备。在价值投资流派的理念中，时间是影响股票价格走势很重要的因素。如果投资者在黎明前的黑暗时段买入某只股票，却没有坚守到价值增长的那一刻，这将是个悲哀。很多股票都需要长期的时间沉淀，进而走向辉煌，假如在贵州茅台刚上市的时候买入，并一直持有，挺过股灾、熊市，投资者就能够享受到A股市场第一只千元股的幸福，并且投资回报率高达几十倍，但如果在刚买入后的前几年就卖出的话，投资回报率并不会很高。因此，长期的价值回报都取决于投资者是否能有更长期的坚守，是否有足够的信心坚持持有。是否有足够的耐心等待股票价格回归价值，决定了价值投资流派的投资回报率。

（三）成长投资派

"成长投资派"的代表人物当属全球基金业史的传奇人物彼得林奇。成长投资和价值投资一样，也是立足于基本面分析，通过分析上市公司的历史财务、经营信息来挖掘潜在投资机会。二者的区别在于，价值投资强调确定股票内在价值并将之与价格相比较，而成长投资强调由未来增长带来的内在价值并将之与价格相比较。这也使成长投资派的在买卖的时点上没有特别明确的"安全边际"，哪怕标的公司当前市场估值可能较高，但只要认定买入后未来能获得更高估值的高成长收益，这类公司也能成为投资标的。彼得林奇和高瓴资本张磊都是成长投资派的代表。

成长投资派更侧重于寻找行业的"赛道"与"风口"，在股票市场牛市中往往能获得相对更高的收益，目标期限更短也使其面临一定的风险，如当行业增速放缓，容易出现收益率与市盈率同时下跌的情形，使投资标的的市值大幅缩减，从而给投资者造成较大投资损失。但无论如何，成长投资派与价值投资派都有一个共通点就是耐心，因为上市公司的业绩增长离不开潜心经营，而价值反映到价格上也是需要一定的时间周期，因此都要求投资者有足够的时间和耐心。

（四）组合投资派

20世纪50年代，投资理论进一步发展，马科维兹、夏普、林特和莫森等人在随后的实践中创建了完整的投资组合理论，著名的资本资产定价模型（CAPM）以及无套利定价模型（APT）都在该理论框架下孕育而生。组合投资派的投资逻辑是"不将鸡蛋放在一个篮子里"，通过各类证券资产的投资组合，如股票、债券及证券衍生品等组合，有效消除非系统性风险，以期以最小的投资风险收获最大的投资收益。

根据投资标的的不同，证券投资组合的类型包括收入型证券组合、增长型证券组合、货币市场证券组合、国际型证券组合和指数型证券组合等。实际操作中，组合投资风险较小，收益也较为稳定，同时会涉及大量投资标的，需要专业管理，这与机构投资者的本质特性不谋而合，也催生出如交易型开放式指数基金（ETF）、ETF联接基金、上市型开放式基金（LOF）、基金中的基金（FOF）等一系列机构投资者的加入。

二、理解市场有效性及局限性

有效市场是资产的现有市场价格能够充分反映所有有关、可用信息的资本市场，20世纪初法国数学家巴舍利耶最初提出这一概念。1970 年，美国金融学家法玛深化并提出“有效市场假说”。该学说认为，在有效市场的假设下，股价能够充分反映所有信息，因此不合理的价格将被很快消除。在这一假设下，任何依靠信息进行的投资都不能产生超额收益，资本市场是完全竞争市场，每个参与者都是价格接受者，因此资本市场的价格可以为企业投资融资决策提供依据。有效市场假说建立在两个前提下，第一个前提是信息会立刻反映在股票价格中，意味着股票的价格已经完全反映了历史信息，不存在重大历史偏差，投资者只能获得正常的投资收益率，即跟随上市公司内在价值成长的收益率。第二个前提是上市公司出售证券的价格是预期的公允价值，即不存在愚弄投资者的机会和事实。在该前提下，认为投资者是理性的、个体的理性偏差会得到消除，并且市场中存在套利的投机者。

根据市场信息在股票价格中的反映程度，有效市场假说将市场划分为弱有效、半强势有效与强有效三种类别。根据研究数据显示，由于中国沪深 A 股市场仍处于发展阶段，各项配套制度以及投资理念仍在不断完善演进的过程中，目前的市场环境介于弱有效与半强势有效市场之间，意味着虽然根据历史信息推导上市公司未来股票价格走势的投资方法已经走远，但是深入探索与研究上市公司基本面与未来成长发展能力依旧能够获得超额投资收益。在这一理论支撑下，价值投资方法在中长期仍有大量的获利机会。因此投资端仍然热衷于深度挖掘行业、产业、公司基本面及最新政策，并以此为依据打造综合投研服务体系，促进上市公司投融资业务发展。

但由于其是立足于现象来推断本质的学说，本质上决定了它仍可能存在局限性与错误，具有一定的片面性。随后的其他研究派别与各大学者提出了资本市场现实情况与这一学说不相符的各类市场“异常情况”。例如，对于资本市场来说，小公司组合的超额收益大于大公司组合的超额收益的“规模之谜”；对于证券产品来说，封闭式基金的市场价值低于其资产净值的“折价之谜”；对于投资者投资行为来说，存在短期内卖出盈利股票，长期内持有亏损股票的非理性“处置效应”等。

在现实情况中，中国的证券市场发展还不够充分，也并不完全满足上述理论所假设的前提，因此更需要结合实际情况，辩证且因地制宜地去理解当前的市场环境。单纯建立在理论层面而没有实践不能更好地解释现实的种种异常情况，在这种“有效性”的大趋势下，在这种科学研究的前提下，资本市场不变的投资核心仍是追求上市公司的内在价值。未来，上市公司的市值一定是围绕其内在价值波动，价值决定价格，价格是价值的重要体现，这将是一条不变的定律。随着市场有效性的加强，上市公司的市场价值与其真实价值也会更加贴近。

三、价值投资，可持续发展投资是未来趋势

以下对不同市值分布的上市公司进行统计，从平均值来看，上市公司市值基本能反映其财务水平，但资本市场估值或许更看重行业及公司未来发展趋势，尤其是可持续发展趋势。

表 10－3　　各市值区间上市公司财务及估值明细

指标（平均）	10000 亿元以上	1000 亿—10000 亿元	500 亿—1000 亿元	100 亿—500 亿元	50 亿—100 亿元	50 亿元以下
营业收入（亿元）	5091. 20	1742. 85	399. 14	143. 26	44. 69	16. 44
净利润（亿元）	1817. 49	161. 68	29. 04	7. 58	1. 27	－0. 23
净资产收益率（%）	16. 74	17. 24	14. 61	10. 57	－0. 77	－8. 11
研发投入（亿元）	39. 41	37. 20	11. 33	3. 60	1. 17	0. 55
研发投入占比（%）	0. 26	1. 77	2. 60	2. 31	2. 47	2. 95
毛利率（%）	26. 53	40. 93	61. 70	57. 11	37. 44	48. 20
市盈率 PE	5. 52	5. 93	6. 54	4. 88	4. 25	4. 71
市净率 PB	7. 12	6. 85	8. 45	8. 24	5. 90	6. 83
市销率 PS	15. 19	22. 23	34. 99	71. 22	76. 87	31. 30
股价/自由现金流（PCF）	44. 75	26. 05	29. 42	30. 81	41. 82	26. 30
企业价值/息税摊销折旧前利润（EV/EBITDA）	26. 53	40. 93	61. 70	57. 11	37. 44	48. 20

（一）资本市场环境完善，价值投资具备条件

随着新《证券法》及一系列配套改革政策措施的出台，中国资本市场的发展进入新时期。监管制度的进一步完善以及市场投资者出现了“少散户多机构”的发展趋势，投资者投资水平和投资实力的提升，大大改善了原先市场缺乏约束、虚假消息满天飞、散户投资者占比高、投机风气盛行、进退出市场通道堵塞带来的炒作等现象，使市场环境更为健康。

同时机构投资者的比重在投资端不断增长，使市场的博弈上升到了新的高度，QFII 和 RQFII 制度让境外更有经验的“大咖”机构也能加入投资博弈中。根据数据显示，截至 2021 年 12 月 31 日，已开立 A 股账户的非自然人投资者数量为 44. 83 万户，较 2020 年年末增加 5. 24 万户，同比增长 13. 24%。2021 年全年共有 1898 只基金成立，募资总额达 2. 98 万亿元。同时北向资金净流入 4321. 69 亿元，同比增长 106. 85%。

随着资本市场专业机构投资力量持续壮大，加之投资理念不断专业化、理性化，让价值投资方式大放异彩，资本市场中具有长期发展趋势的上市公司逐步成为各类投资者的理

想投资标的。正因如此，行业龙头、独角兽和成长性强的上市公司也都不断向资本市场传达自己盈利优秀、具有业绩持续增长源泉和动力的信号，例如分红情况，无疑是上市公司盈利优秀回馈投资者的最有力佐证。根据年报统计数据显示，自 2013 年以来，沪深 A 股市场中上市公司每年的分红家数已从 1855 家增长至 3006 家，平均每股每年能分到的股利从 0. 13 元增长至 0. 25 元，并且增长势头不减。连续分红的上市公司数量从 967 家增长至 1834 家，增长了近一倍，已经呈现出越分红越持续、越分红越增长的趋势。

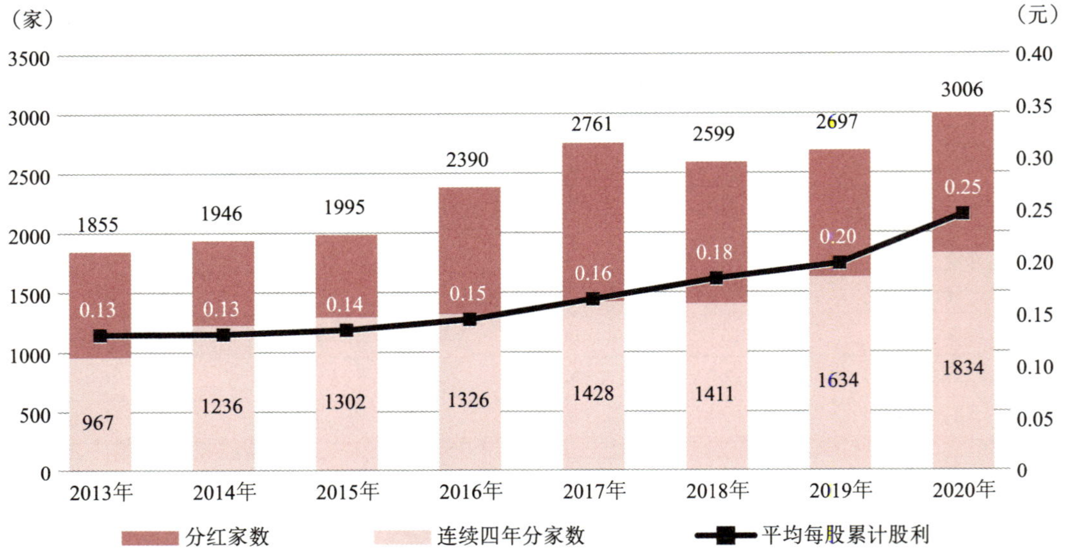

图 10－8　沪深 A 股市场分红情况

注：截至 2022 年 5 月，沪深 A 股上市公司 2021 年度分红方案未全部实施完毕，故未更新 2021 年数据。

（二）可持续发展投资赢得主动投资者的青睐

可持续发展与 ESG 评价被投资者主动重视也是新时期的必然趋势。上市公司作为推动中国经济增长的重要组成部分，随着中国经济高速发展和国民可支配收入的稳步提高，投资者对于其价值判断的标准早已不只是停留在直接利润的创造和获取，还囊括了上市公司应承担的社会责任，以及为社会繁荣昌盛所做的努力。ESG 理念不断被重视正是中国发展从高速度转向高质量发展的重要体现，它是公司治理能力水平展示的平台，更是高质量发展的抓手。

图 10－9　ESG 与主动投资的关系

2016 年，中国人民银行、财政部、国家发展和改革委员会、中国证监会等多部门联合发布《关于构建绿色金融体系的指导意见》，致力于建立健全绿色金融体系，发挥资本市场优化资源配置、服务实体经济的功能，支持和促进生态文明建设。2020 年，上市公司被强制要求披露环境信息。2021 年，生态环境部印发《环境信息依法披露制度改革方案》，明确“到 2025 年，环境信息强制性披露制度基本形成”的目标，依法披露环境信息成为价值投资者投资决策的必然趋势。ESG 信息披露要求从自愿向强制转化，使上市公司合规成本不断上升，谁能率先把 ESG 评价做好，谁就拥有新时期的主动权。ESG 评价优秀的上市公司无疑在向资本市场展现其杰出的治理能力与更强的发展潜力和优势，将会更加受到资本市场价值投资者的青睐，提升上市公司活力与资本流动性。

第三节 投资者关系管理的问卷调查分析

市值提升的核心之一为价值传播，意在向投资者传递企业价值，管理和维护企业市值。企业提高价值传播能力的最主要途径就是做好投资者关系管理。良好的投资者关系能帮助上市公司建立较强的市值管理能力。投资者关系管理水平越高，越能够及时、多元、高效地与投资者建立联系互动，提高投资者对公司的认知度和认可度，减少信息不对称，纠正市场估值偏差，促成融资行为，增强市场信心，同时也反哺于上市公司，使市场价值充分反映公司内在价值，形成内外价值的统一联系与体现。

为深入了解上市公司投资者关系管理现状，我们发起了有关投资者关系管理的调研活动，并将对本次问卷征集的内容以及易董数据库的相关内容进行分析。

一、上市公司投资者关系管理现状分析

中国证监会要求上市公司应当按照规定履行信息披露义务，并丰富投资者沟通渠道，加强与投资者的沟通。

（一）董监高仍需进一步加强和投资者沟通频率

《上市公司投资者关系管理指引》规定，由董秘负责上市公司投资者关系工作，然而在实践中，投资者往往想要和公司管理层寻求对话，更加全面地了解上市公司，因此董事长、总经理、财务总监或其他副总经理等董事、高管也经常需要参与到与投资者的沟通之中。公司管理层和投资者的沟通，有利于增强企业和投资者的双向了解，及时响应市场动态。

受访董办人员表示，机构调研的接待主要由董事会秘书负责，其次是证券事务代表和投资者关系专员。除董秘外的董监高在投资者关系管理工作中参与度不是很高，仅有不到 20% 的董办人员表示除董秘外的董监高“经常同投资者沟通”。

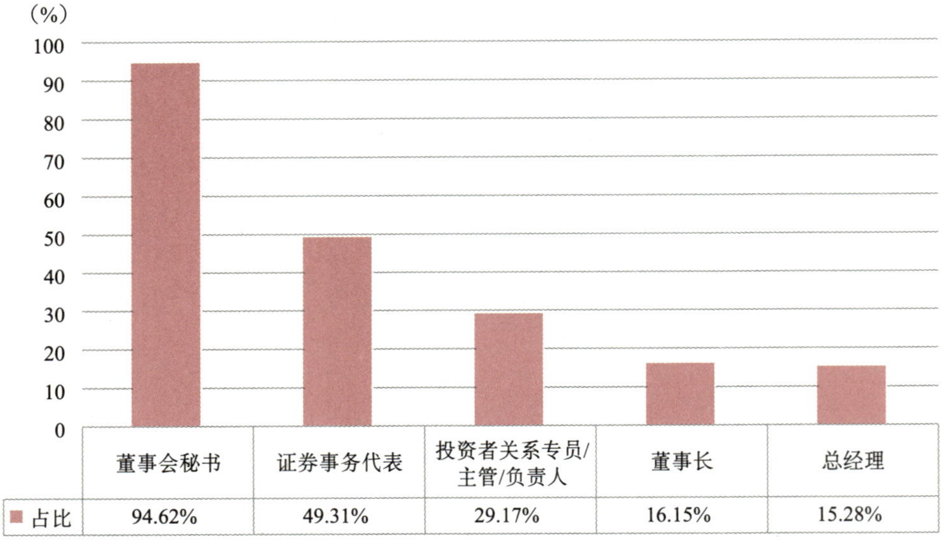

图 10－10　主要负责机构调研的接待人员

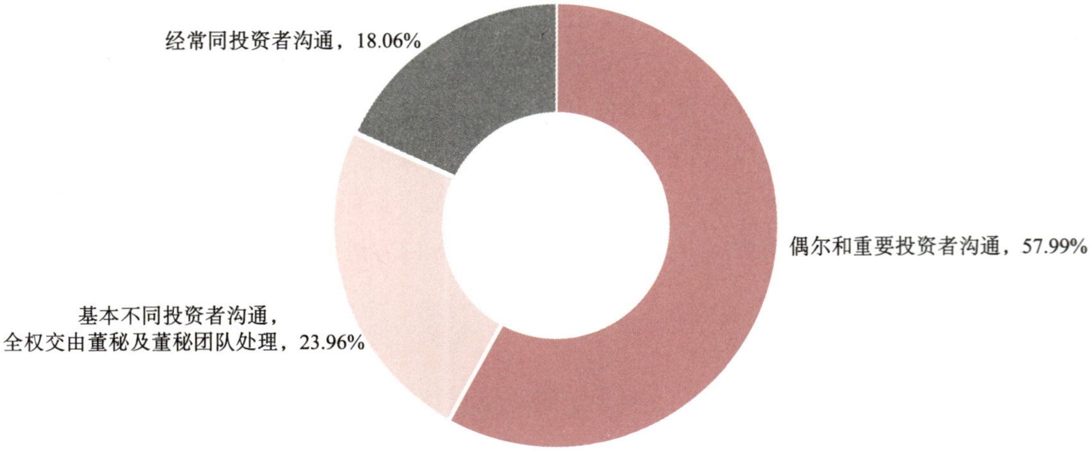

图 10－11　除董秘外的董监高在投资者关系管理工作中的参与度

（二）信息披露是上市公司与投资者双向了解的重要途径

截至2021年12月31日，沪深A股上市公司共有4603家。根据对公告数量的统计，沪深A股上市公司2021年1月1日至2021年12月31日共发布607030个公告，平均每家上市公司发布131.88个公告，相当于每个交易日发布0.56个公告。其中创业板上市公司平均每家每个交易日披露公告数量最多，为0.64个。

调查结果显示，在信息披露中无论是个人投资者还是机构投资者，最关注的两个公告类别均为“定期报告”和“重大资产重组”。对于其他公告类别，个人投资者和机构投资者的关注度具有差异性，个人投资者更关注“分红派息、送转股”“控制权变更或股权转让”等，而机构投资者则更关注“减持”“股权激励”“对外投资”等公告类别。受访董办人员也认为投资者最关注的公告类别为“定期报告”和“重大资产重组”，这与投资者的关注点基本一致。

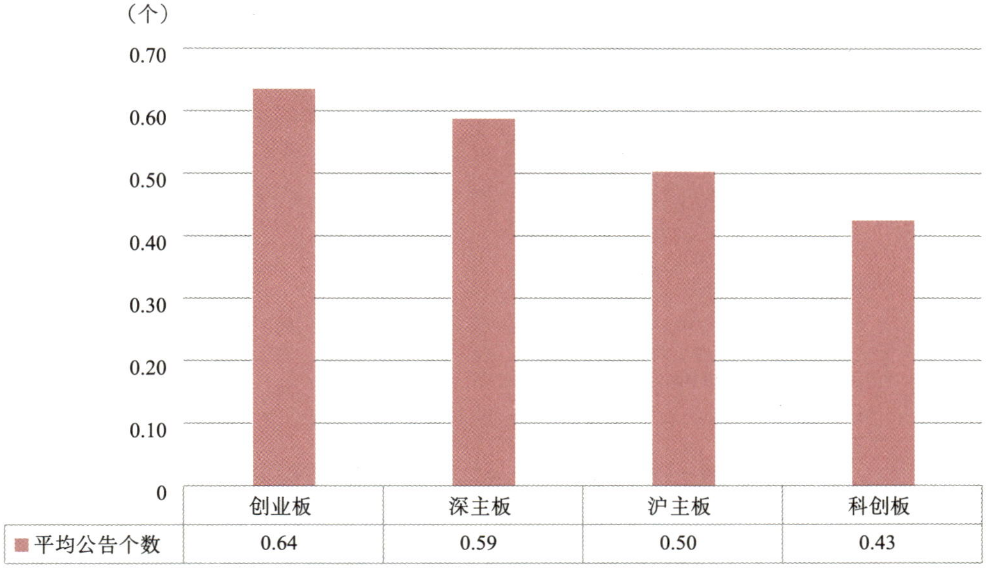

图 10－12　沪深 A 股各板块上市公司日均披露公告情况

表 10－4　受访董办人员和投资者关注的公告类别对比

受访对象 / 信息披露内容	董办人员		个人投资者		机构投资者	
	占比	排名	占比	排名	占比	排名
定期报告	85.07%	1	90.75%	1	88.46%	1
重大资产重组	72.40%	2	56.23%	2	69.23%	2
分红派息、送转股	67.88%	3	51.60%	3	53.85%	5
减持	60.24%	4	37.72%	7	57.69%	3
控制权变更或股权转让	53.82%	5	46.62%	4	53.85%	5
对外投资	52.26%	6	40.21%	5	53.85%	5
股权激励	47.40%	7	40.21%	5	57.69%	3

关于如何做好信息披露工作的问题，80%以上的受访董办人员认为应“公司自上而下形成规范信息披露的意识”“建立规范且行之有效的信息披露管理制度”和“加强法律法规、规范性文件等的培训学习”。

在信息披露内容方面，受访董办人员与投资者一致认为“公司战略”“业务与经营”“行业动态”以及“投资者交流”有关信息披露工作仍需要进一步加强。

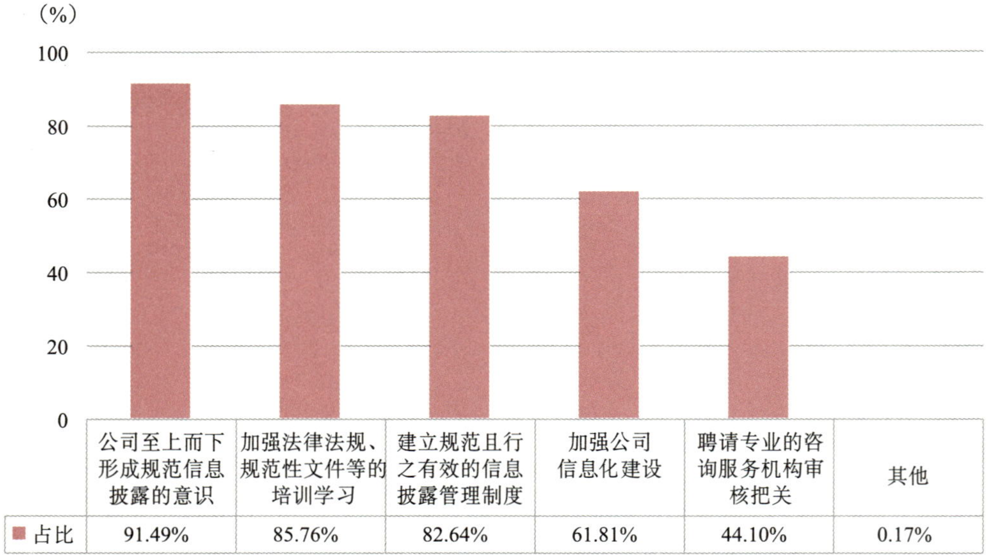

图 10－13　如何有效做好上市公司信息披露工作

表 10－5　受访董办人员和投资者对加强信息披露内容的观点对比

受访对象 / 信息披露内容	董办人员		个人投资者		机构投资者	
	占比	排名	占比	排名	占比	排名
公司战略	53. 30%	1	76. 87%	1	76. 92%	1
业务与经营	48. 44%	2	68. 68%	2	65. 38%	2
行业动态	47. 57%	3	51. 60%	4	53. 85%	3
投资者交流	42. 36%	4	52. 31%	3	46. 15%	5
公司治理	36. 81%	5	45. 55%	5	50. 00%	4
社会责任	35. 24%	6	26. 69%	6	23. 08%	6
已经很充分了，不需要再加强	13. 37%	7	3. 56%	7	7. 69%	7

（三）丰富投关沟通形式，及时传递企业信息

及时传递信息，加强沟通交流，是投资者关系活动的重要环节。多元、丰富的沟通形式，可以更加有效地促进信息流动。

问卷调查数据显示，“电话沟通”是目前上市公司与投资者沟通最主要的形式。其他受欢迎的沟通方式主要有“互动易”/“e 互动”等线上问答、“实地调研接待”“股东大会”等。受访投资者较为了解的沟通渠道主要包括：“互动易”/“e 互动”等线上问答、“股东大会”以及“上市公司投资者热线”。

受访投资者较为了解的沟通渠道以投资者的类型不同，呈现出不一样的结果。绝大部分个人投资者了解的沟通途径主要为成本较低的“互动易”/“e 互动”“上市公司投资者热线/邮箱”；绝大部分机构投资者了解的沟通途径则以面对面交流的“股东大会”“投资者交流会”为主。

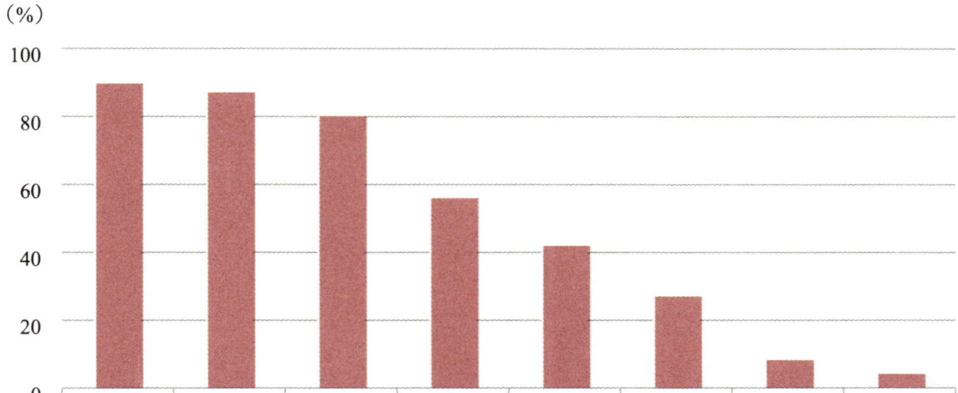

	电话沟通	互动易/e互动等线上问答	实地调研接待	股东大会	参加券商策略会	反向路演	视频直播	小视频
■占比	89.93%	87.33%	80.38%	56.25%	42.19%	27.26%	8.51%	4.34%

图 10－14 受访董办人员公司与投资者沟通的主要形式

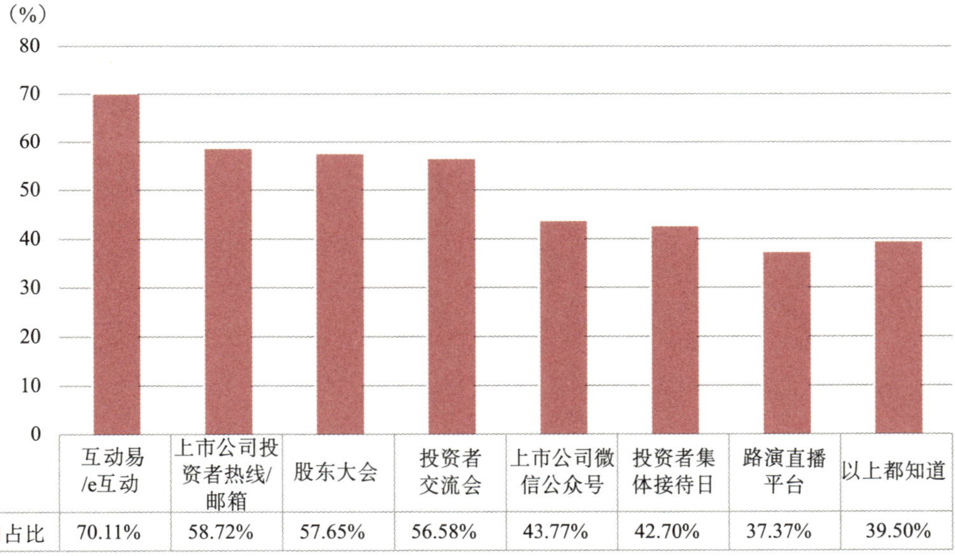

	互动易/e互动	上市公司投资者热线/邮箱	股东大会	投资者交流会	上市公司微信公众号	投资者集体接待日	路演直播平台	以上都知道
■占比	70.11%	58.72%	57.65%	56.58%	43.77%	42.70%	37.37%	39.50%

图 10－15 个人投资者了解的与上市公司沟通的途径

调查数据显示，上市公司处理投资者关系主要是通过财经公关、报社等传统媒体和投关平台渠道，与新媒体和线上直播平台供应商合作较少。

公司网站和微信公众号仍是上市公司使用最多的自媒体宣传平台，使用官方微博和微信小程序的上市公司数量次之。

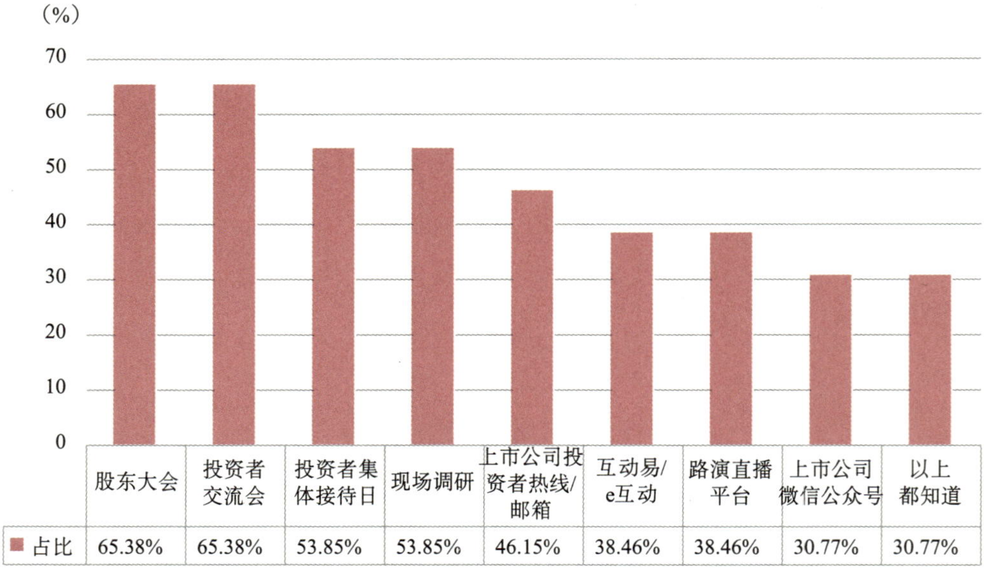

图 10－16　机构投资者了解的与上市公司沟通的途径

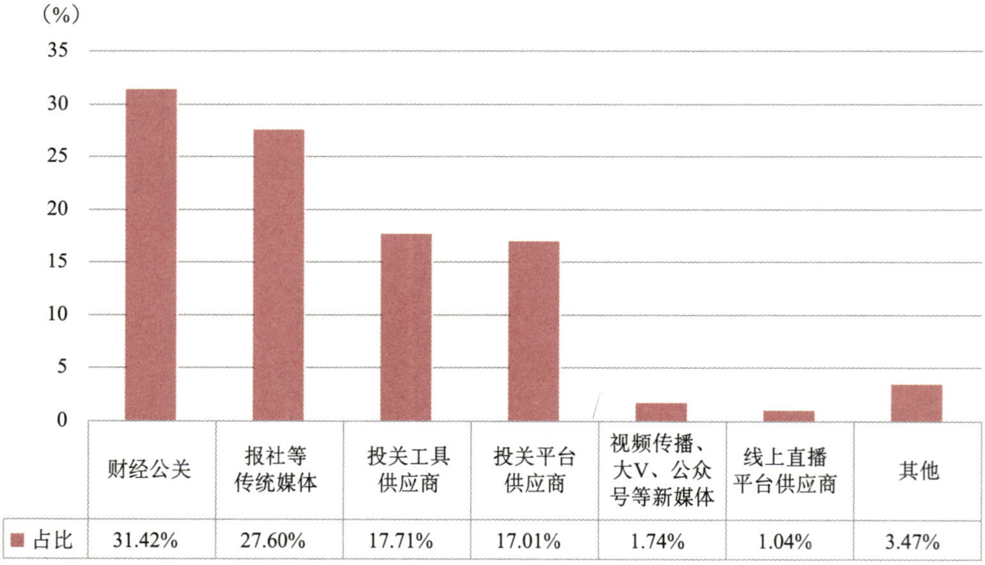

图 10－17　投资者关系管理工作的合作方

约 60% 的受访董办人员反馈投资者关系管理工作平台的更新频率以实际情况为准，在固定期限更新投资者关系管理工作平台的占比较少。投资者关系管理工作平台作为公司和投资者之间沟通的桥梁，公司可以充分借此平台向投资者/潜在投资者宣传公司发展战略、管理理念等信息，保持双向良性的互动关系。但数据显示公司自媒体平台大都处于低频率更新的状态，能够做到每天更新的上市公司占比仅不到 10%，更多的为周更或月更，极少部分董办人员反馈平台的更新频率甚至超过三个月。

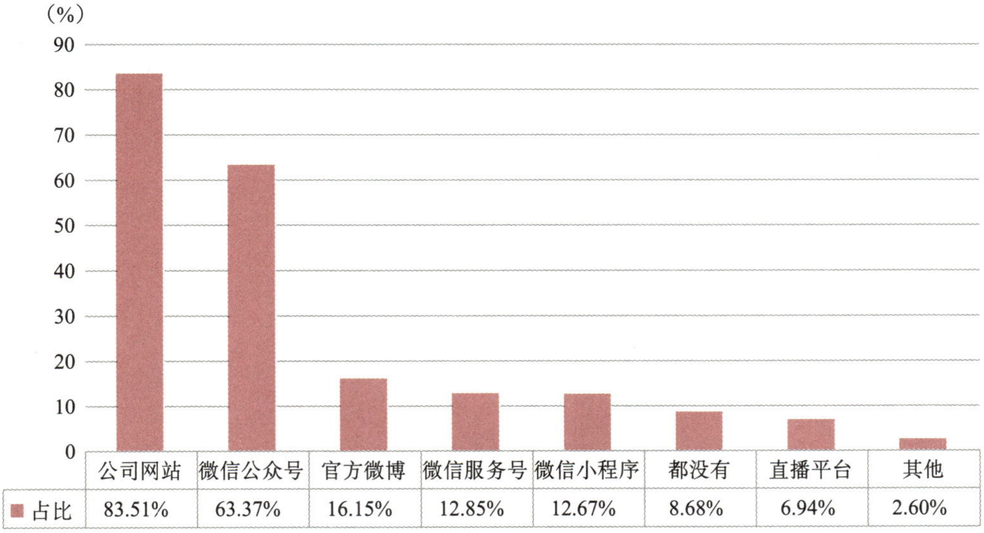

图 10-18　投资者关系管理工作自媒体运用情况

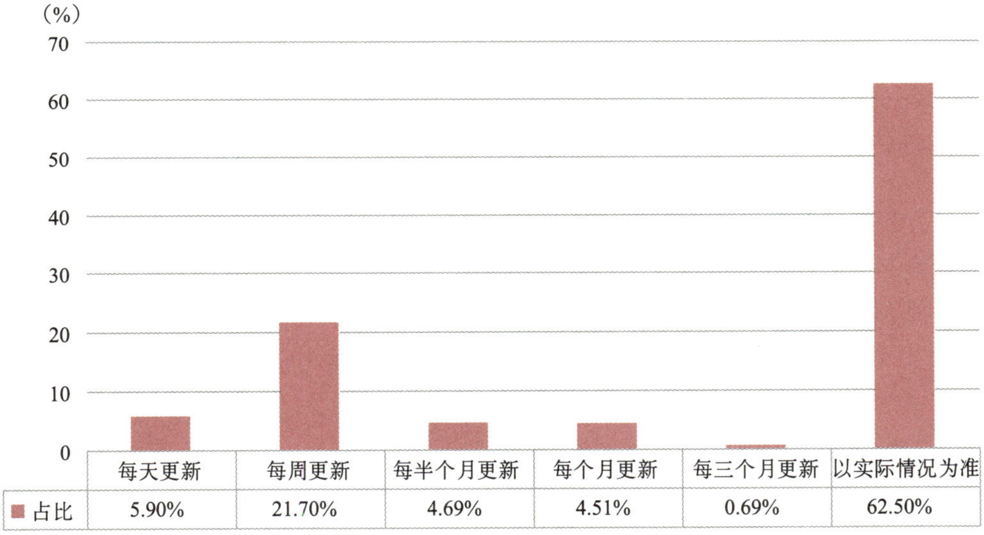

图 10-19　投资者关系管理工作平台的更新频率

（四）舆情监控是企业风险管控的重要措施

为做好投资者关系管理工作，上市公司除了与投资者保持良好沟通之外，有效的舆情监控也是一项重要工作。中国证监会发布的《上市公司与投资者关系管理工作指引》指出“公司应及时关注媒体的宣传报道，必要时可适当回应”。

舆情已成为投资者关系管理工作中不可或缺的组成部分。互联网时代信息传播速度快，网络信息纷纭复杂，一旦出现负面舆情，可能会对上市公司的品牌形象、股票价格和股东期望等造成打击。上市公司需要实时关注舆情信息，对舆情进行研判，及时澄清虚假信息或不完整信息，确保投资者不会因为错误的消息或有重大缺失的信息而影响投资决策。

关于采取何种方式进行舆情监控，35.94%的董办人员表示使用舆情监控软件，30.56%的董办人员表示人工定期通过搜索引擎检索汇总，还有27.60%的董办人员表示会聘请专业财经公关。

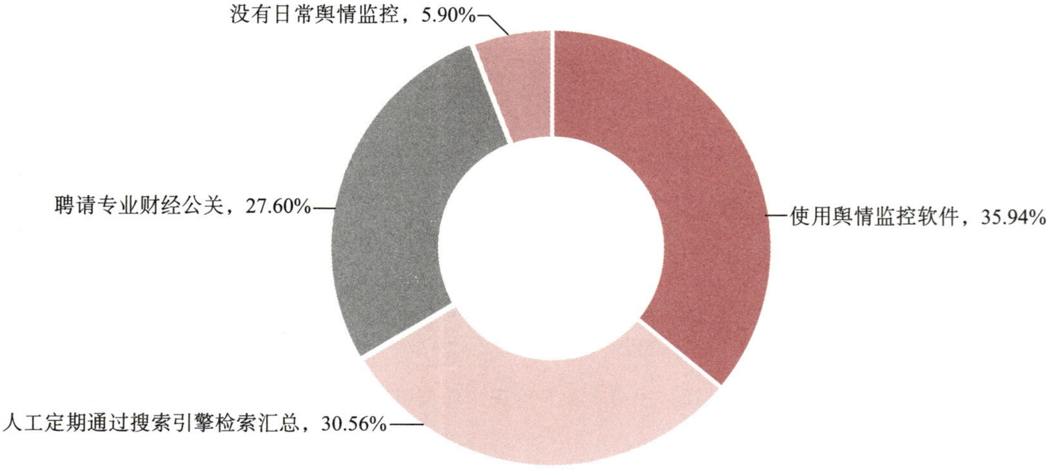

图 10－20 舆情监控方式情况

二、提升投资者关系管理水平

（一）市值仍是投资者关系管理工作的重点

调查结果显示，超过半数的受访投资者最关注上市公司以下四个方面的情况：“业绩表现及业绩预期”“股价波动及市值表现”“重大资产重组、非公开发行等资本运作事项”和“公司未来战略规划”。此项数据表明，上市公司市值是投资者关注的重点之一。

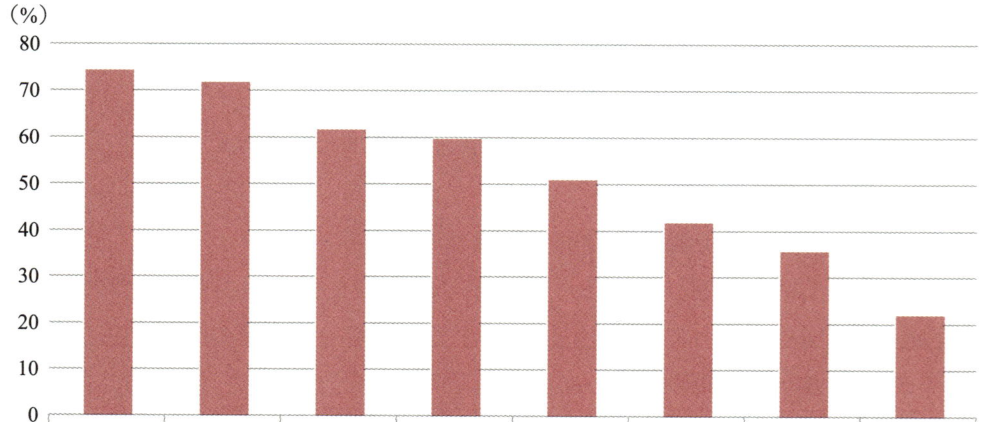

	业绩表现及业绩预期	股价波动及市值表现	重大资产重组、非公开发行等资本运作事项	公司未来战略规划	控制权变更及股权转让	分红派息、送转股方案	公司研发投入情况	公司预备项目情况
■占比	74.59%	71.99%	61.89%	59.93%	51.14%	42.02%	35.83%	22.15%

图 10－21 投资者最关注上市公司哪方面情况

受访董办人员认为上市公司管理层对投资者关系管理工作的关注点主要在“市值或股价的变化情况及原因”“资本市场对公司的关注点”“资本市场对公司的看法和建议”这三方面。他们会更希望通过投关活动获得外部信息，有针对性地展示和传递公司价值。

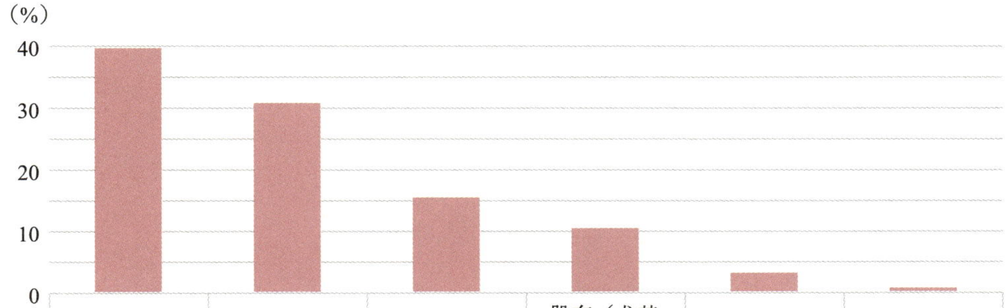

	市值或股价的变化情况及原因	资本市场对公司的关注点	资本市场对公司的看法和建议	股东（尤其机构股东）的持股变化及其原因	投关工作的内容	其他
■ 占比	39.58%	30.73%	15.45%	10.42%	3.13%	0.69%

图 10－22 管理层对投资者关系管理工作的关注点

（二）投资者只看短期股价成为企业投关工作的难点

受访董办人员认为投资者关系管理工作的难点主要在于“投资者只看短期股价表现”“信息披露合规原则下，信息沟通深度和难度难以拿捏”“缺乏与机构投资者或分析师的沟通渠道”和“公司对投资者关系管理工作不重视”。

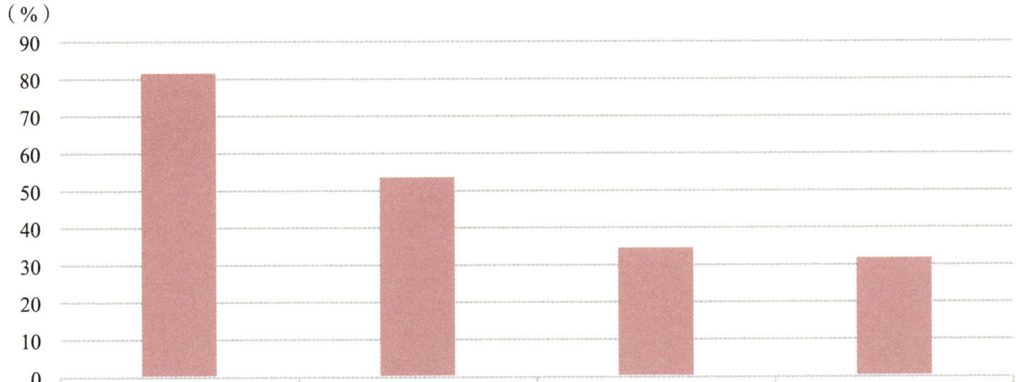

	投资者只看短期股价表现	信息披露合规原则下，信息沟通深度和范围难以拿捏	缺乏与机构投资者或分析师的沟通渠道	公司对投关工作不重视
■ 占比	81.42%	53.47%	34.38%	31.60%

图 10－23 投资者关系管理工作的难点

调查显示，有高于40%的上市公司还没有覆盖卖方分析师。分析师通过对公司和公司所在的行业、政策背景等进行调研，在研究和分析的基础上撰写研究报告，预测公司的每股收益，并预计该股票的走势情况，对投资者投资股票有着指导性建议。在注册制大背景下，上市公司数量不断增多，竞争压力也不断增大，上市公司需要主动出击，争取与分析师建立充分沟通，通过分析师将公司的价值分析传递到投资者，以增进投资者对上市公司的了解。

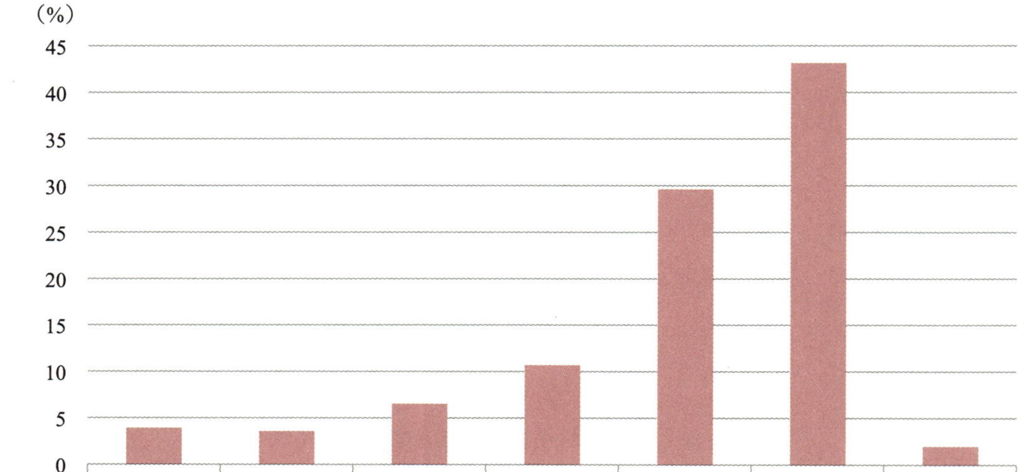

	30家以上	20—30家	10—20家	5—10家	1—5家	还没有正式覆盖	其他
占比	3.99%	3.65%	6.60%	10.76%	29.69%	43.23%	2.08%

图 10－24　上市公司卖方分析师覆盖情况

调查数据表明，仍有 30. 38% 的上市公司未设置投资者关系管理工作考核，不重视投资者关系管理工作。其余 69. 62% 的上市公司已设置投资者关系管理工作考核，主要考核标准为“本公司股价走势与公司业绩的变动比较”“本公司股价与大盘走势比较”和“卖方分析师覆盖变化或分析师报告情况”。

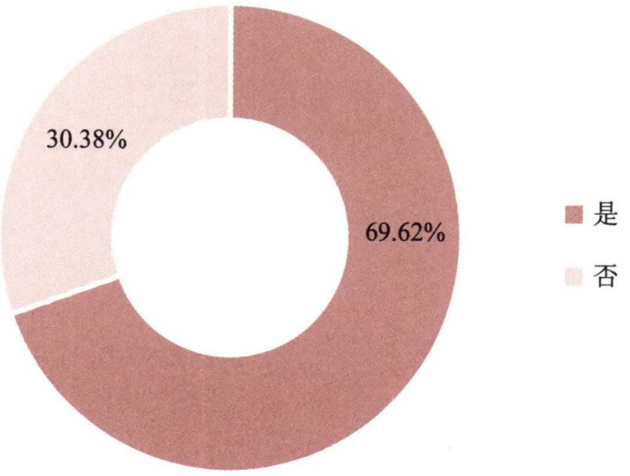

图 10－25　上市公司是否设置投资者关系管理工作考核

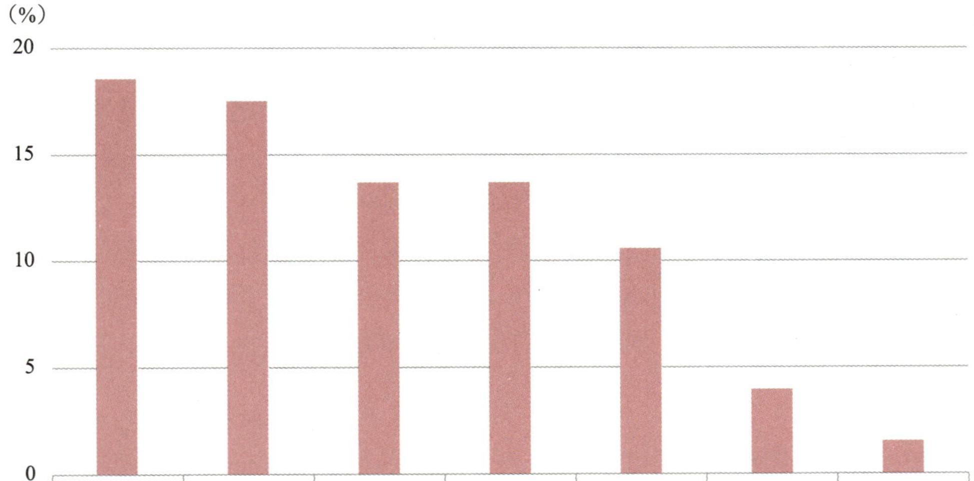

	本公司股价走势与公司业绩的变动比较	行业投资峰会或券商策略会等的参加情况	卖方分析师覆盖变化或分析师报告情况	主流财经媒体报道的情况	募集资金时投资者的匹配情况	本公司股价与大盘/同行业的走势比较	其他
占比	18.58%	17.53%	13.72%	13.72%	10.59%	3.99%	1.56%

图 10－26　上市公司投资者关系管理工作考核方式

（三）提升投资者关系管理水平的方式

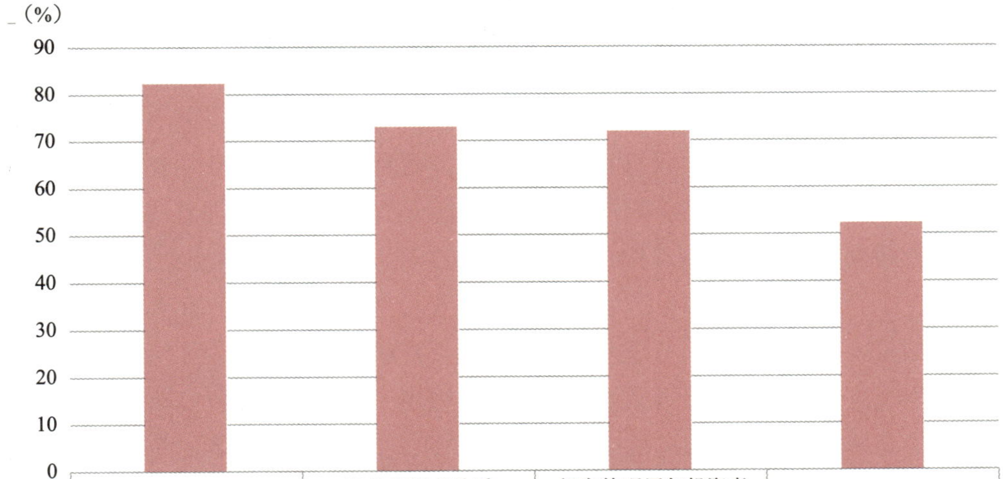

	提高信息披露质量	完善投资者关系管理制度	提高管理层与投资者的交流频次	增加自愿性信息披露
占比	82.47%	73.09%	72.05%	52.43%

图 10－27　提升投资者关系管理水平的方式

受访董办人员认为，上市公司主要应该通过以下四种途径提升投资者关系管理水平。

1. 提高信息披露质量。信息披露是资本市场的核心要素，信息披露质量会对股票市场产生一定的影响。在信息真实、准确、完整的情况下，信息披露得越充分，就越有利于加强公司的信息透明度。同时，高质量的信息披露水平能够推动公司内部建立高效有序的决策机制，完善内控及财务制度从而充分展示公司的内在价值，吸引更多投资者的关注，促进投融资与募资项目的顺利展开，从而有利于上市公司市值的进一步提升。

2. 完善投资者关系管理制度。完善投资者关系管理制度，对外应该主动争取与分析师充分沟通，对内要建立投资者关系管理工作考核制度。

3. 提高管理层与投资者的交流频次。调查结果显示，除董秘外的董监高在投资者关系管理工作中参与度偏低，仅有不到20%的董办人员表示除董秘外的董监高“经常同投资者沟通”。公司管理层应加强和投资者的沟通，增强企业和投资者的双向了解，及时响应市场动态。

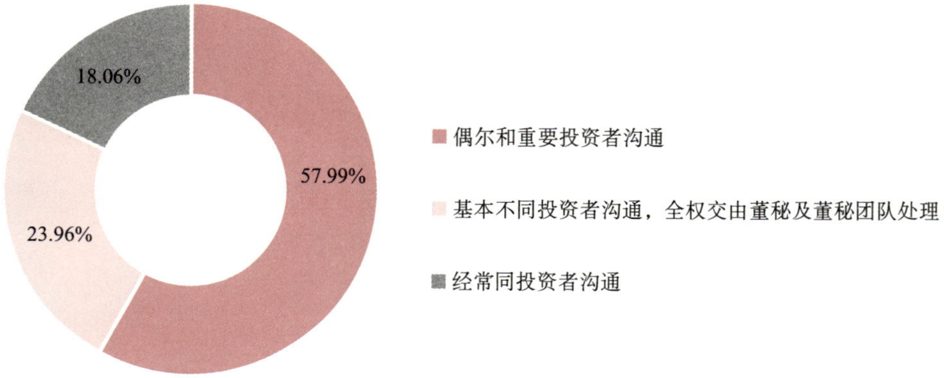

图10－28　除董秘外的董监高在投资者关系管理工作中的参与度

4. 增加自愿性信息披露。自愿性信息披露是对强制性信息披露的补充和深化，对提高公司的信息披露质量、展示公司的经营前景和价值有积极作用。

加强投资者关系管理，不仅符合注册制、强监管背景下对上市公司提出的新要求，而且有助于提升上市公司可持续发展能力与内在价值。我们通过分析问卷调查数据，阐述了我国上市公司投资者关系管理现状并提出建议，以期为上市公司开展投关工作带来启发和思考。

调查结果表明，目前市值管理仍是投资者关系管理工作的重点，如何解决投资者只看短期股价表现这一问题成为董办人员投资者关系管理工作的难点。提高信息披露质量、增加自愿性信息披露、完善投资者关系管理制度、提高管理层和投资者的交流频次是上市公司提高投资者关系管理水平的四个重要途径。

实现上市公司高质量发展是资本市场蓬勃发展的重中之重，强化投资者关系管理则是促进上市公司高质量发展的必经之路。上市公司应重视投资者关系工作管理，加强与投资者的沟通，保护投资者的合法权益，与投资者形成良性互动局面。

第四节 把握国内外资本市场新型交易机制和产品带来的机遇

（一）纳入融资融券标的是上市公司优化投资者结构的重要途径

融资融券机制作为资本市场一项重要的交易机制，可以将更多的信息融入证券的价格，可以为市场提供方向相反的证券交易活动，有利于股票价格趋于合理。由于融资融券是机构投资者资产配置的重要一环，加之多种交易机制的叠加，可以吸引机构投资者的参与，进而优化上市公司投资者结构。纳入融资融券标的股票最基础的条件见表 10－6。

表 10－6 融资融券标的名单入选条件

指标	入选条件
股东人数	大于 4000 人
上市时间	超过三个月
个股日均换手率或日均成交额	大于指数的 0.85 倍或大于 5000 万
日均涨跌幅均值－指数涨跌幅平均值	－4% 至 4% 区间
个股波动幅度	小于指数波动幅度的 5 倍
近期是否被警示	否

融资融券标的，深交所和上交所各有 800 家，融资融券标的公司数量恒定，每个季度公布一次调整名单，当上市公司被 ST 或*ST 时，在实施时即会调出融资融券名单，在每个季度末，会根据当季调出的公司数量决定调入的公司数量，2021 年新进入深交所/上交所融资融券标的的公司有 16/21 家，入选标的按照《深圳证券交易所融资融券交易实施细则（2021 年修订）》/《上海证券交易所融资融券交易实施细则（2019 年修订）》以及每季度各交易所关于融资融券标的证券定期调整有关事项的通知里面的加权分数公式确定的算法，符合门槛的公司按加权分数的高低进行排序，根据排序及可调入名额，决定当期调入的上市公司。

（二）沪/深港通已成为境外投资者投资 A 股上市公司的重要通道

沪/深港通连通了沪深交易所与港交所的投资者。近年来，境内外投资者积极通过沪/深港通参与各市场的交易，促进了资金的双向流动，扩大了投资者的投资渠道，促进了我国资本市场国际化进程。沪港通和深港通交易限制性条件如表 10－7 所示。

在发达的资本市场中，机构投资者占据主要地位，他们在经验、技术等方面均优于个人投资者，信息获取及分析能力更强。同时股权融资成本将随之减少，加强企业外部监督的同时也缓解了融资约束问题。

表 10－7　“沪港通”和“深港通”特点对比

项目	沪港通	深港通
投资者门槛	沪股通：无门槛要求 港股通：机构投资者或 50 万元人民币准入条件的个人投资者	深股通：无门槛要求 港股通：机构投资者或 50 万元人民币准入条件的个人投资者
标的股票	沪股通：上证 180 指数和上证 380 指数的成分股，以及上海交易所上市的 A＋H 股票，st，st＊及 B 股不纳入沪股通股票 港股通：恒生综合大型股指数的成分股、恒生综合中性股指数成分股、A＋H 股公司股票，发行人同时有股票在本所以外的内地证券交易所上市的股票、在联交所以人民币报价交易的股票不纳入港股通股票 2021 年年底上海交易所公布的共 376 家（总调入 77 家，调出 26 家），目前共有 385 家公司纳入港股通股票名单（截至 09/04/2022）	深股通：市值 60 亿元人民币以上的深证成指、及深证中小创新指数的成分股，且成份股定期调整考察截止日前六个月 A 股日均市值不低于人民币 60 亿元，上市时间不足六个月的按实际上市时间计算市值中小创新指数 港股通：恒生综合大型股指数、恒生综合中型股指数成分股、市值 50 亿港币以上的恒生综合小型股指数成分股、A＋H 股公司股票 2021 年年底深圳交易所公布的 528 家（总调入 65 家，调出 35 家），目前共有 547 家公司纳入港股通股票名单（截至 09/04/2022）
额度规模	沪股通：每日额度 130 亿元人民币 港股通：每日额度 105 亿元人民币	深股通：每日额度 130 亿元人民币 港股通：每日额度 105 亿元人民币
交收制度	沪股通：T＋1 以人民币报价交易 港股通：T＋0 回转交易，T＋2 交收制度	深股通：T＋1 以人民币报价交易 港股通：T＋0 回转交易，T＋2 交收制度
交易时间	沪股通：两地共同交易日、上交所交易时间	深股通：两地共同交易日、上交所交易时间

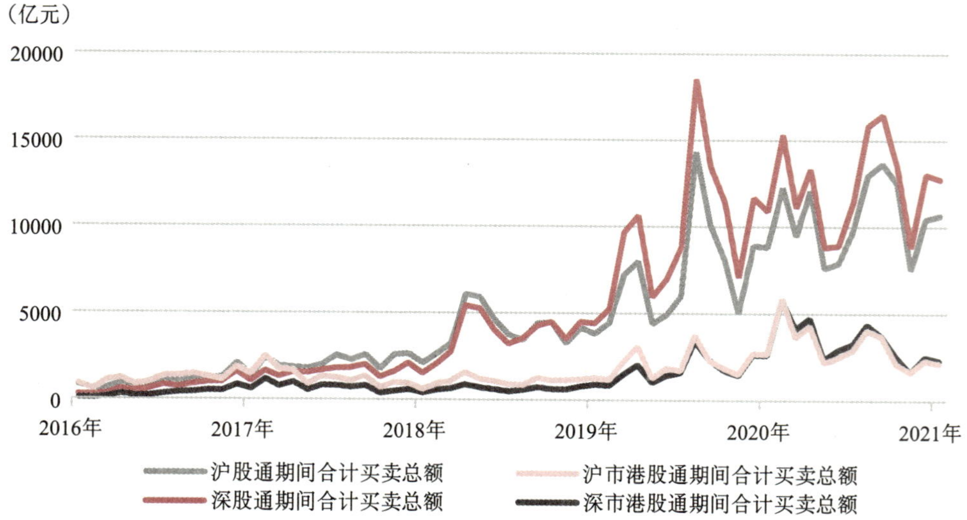

图 10－29　2016—2021 年沪深港通交易情况

随着交易金额增长，深港通对两地资本市场的影响力日益提升。数据显示，2021 年度深股通合计买卖总额为 149435.56 亿元，占深市总成交额的 10.38%；沪股通合计买卖总额为 126860.36 亿元，占沪市总成交额的 11.13%。

自沪深港通机制建立以来，境外投资者非常活跃，积极参与 A 股上市公司股票交易，截至目前共有 8 家上市公司外资持股比例有触发“警戒线”的情况。具体如表 10－8 所示：

表 10－8　　外资持股比例达到 28%的情况

证券简称	交易日期	外资持股比例
上海机场	2015 年 5 月 18 日	28.07%
	2015 年 5 月 19 日	28.08%
格力电器	2014 年 7 月 1 日至 2015 年 3 月 19 日	28%—30.11%
	2020 年 12 月 11 日	28.07%
大族激光	2019 年 3 月 4 日	28.23%
	2019 年 3 月 5 日	28.38%
	2019 年 3 月 6 日	28.58%
美的集团	2020 年 1 月 20 日	28.00%
	2020 年 7 月 6 日	28.01%
华测检测	2021 年 1 月 12 日	28.01%
	2021 年 6 月 24 日	28.30%
	2021 年 6 月 25 日	28.20%
	2021 年 6 月 28 日	28.26%
广联达	2021 年 1 月 21 日	28.06%
	2021 年 1 月 22 日	28.05%
	2021 年 1 月 25 日	28.00%
启明星辰	2021 年 3 月 4 日	28.26%
	2021 年 3 月 5 日	28.09%
	2021 年 3 月 8 日	28.14%
东方雨虹	2021 年 6 月 1 日	28.04%

目前，越来越多的外资流入 A 股市场，有助于长期投资、价值投资理念的传播。据统计，境外投资者偏好沪深 A 股新兴产业和高新技术企业，创新资本集聚效应不断增强。截至 2021 年 12 月 31 日，沪港通、深港通持股市值前十大上市公司情况分别如表 10－9、表 10－10 所示。

表10－9　　2021年12月31日沪港通持股市值前十大上市公司

证券代码	证券简称	截止日持股市值（亿元）	占流通A股（%）
600519. SH	贵州茅台	1834. 48	7. 13
600036. SH	招商银行	739. 15	7. 35
601012. SH	隆基绿能	553. 94	11. 87
601888. SH	中国中免	456. 94	10. 66
600887. SH	伊利股份	417. 55	16. 89
600900. SH	长江电力	372. 61	7. 21
600276. SH	恒瑞医药	341. 10	10. 54
601318. SH	中国平安	336. 23	6. 15
603288. SH	海天味业	295. 52	6. 67
600406. SH	国电南瑞	276. 94	12. 55

表10－10　　2021年12月31日深港通持股市值前十大上市公司

证券代码	证券简称	截止日持股市值（亿元）	占全部A股（%）
300750. SZ	宁德时代	1173. 77	8. 56
000333. SZ	美的集团	898. 24	17. 41
000858. SZ	五粮液	501. 39	5. 80
300760. SZ	迈瑞医疗	417. 91	9. 02
300059. SZ	东方财富	334. 23	8. 68
300124. SZ	汇川技术	306. 43	16. 95
002475. SZ	立讯精密	292. 17	8. 39
000001. SZ	平安银行	287. 58	8. 99
000651. SZ	格力电器	244. 16	11. 14
002812. SZ	恩捷股份	243. 69	10. 90

（三）纳入股票指数体系获得更多投资者和资金的青睐

1. 股票指数概述。股票指数是由证券交易所或金融服务机构编制的表明股票行市变动的一种供参考的指示数字。由于二级市场股价波动较大，投资者往往对一只或部分公司股价跟踪，但难以对更多股价进行深入分析和跟踪，为了帮助投资者了解一揽子公司股价变动走势情况，交易所和一些金融服务机构就利用专业知识，编制股票价格指数，公开发布，作为市场价格变动的指标。投资者可以检验自己投资的效果，并用以预测市场的动向。

2. A股市场主要股票指数概述。目前A股市场主要包括深证指数体系、上证指数体系、中证指数体系和其他编制机构发布的指数体系。

深证指数体系可以追溯至1991年的深证综指，目前建立了多层次指数体系，推出了深证成指、创业板指、深证 100 等特征鲜明的标尺指数和投资型指数，受到市场广泛认可；聚焦创新驱动、民企发展、责任投资等深市特色主题，深交所还推出深创 100、创新引擎、绿色债券等指数，进一步丰富指数产业生态，提供多元化的指数投资标的，助力投资者分享市场成长回报。

上证指数体系可以追溯至 1991 年的上证综指，目前上交所建立了以上证综指、上证 50、上证 180、上证 380 指数，以及上证国债、企业债和上证基金指数为核心的上证指数体系，科学表征了上海证券市场层次丰富、行业广泛的市场结构，提高了市场流动性和有效性。

中证指数体系主要是指中证指数有限公司编制发布或管理的有关证券指数。中证指数有限公司成立于 2005 年 8 月 25 日，是由上海证券交易所和深圳证券交易所共同出资发起设立的一家专业从事证券指数及指数衍生产品开发服务的公司。目前主要包括沪深 300 指数、中证规模指数及主题指数。中证系列指数样本股票包含了沪深交易所的股票，和上证系列和深证系列指数相比，中证系列指数更能全面反映 A 股市场的整体情况。在中证系列指数中，沪深 300 和中证 500 指数是最重要的两只，市值风格鲜明，对市场整体的代表性强，跟踪的指数基金规模也最大。沪深 300 指数综合反映了 A 股市场中大盘股票的整体价格走势表现，而中证 500 指数则综合反映了 A 股市场中小盘股票的整体价格走势表现。

除此之外，还有像深圳证券信息公司编制发布的国证系列指数、巨潮系列指数，中华证券交易服务有限公司委托中证指数有限公司编制发布的中华交易系列指数，证券公司编制的各类指数，例如申万行业指数、中信行业指数，等等。相比上述三种，该类型的指数境内投资者关注度较低，跟踪的基金产品也相对较少。

我国 A 股市场股票指数主要如表 10－11 所示。

表 10－11　　A 股市场主要指数情况

编制机构	主要指数名称及代码	发布日期	入选成分股数量（家）	选样方法	指数概况
深交所	深证成指（399001）	1995 年 1 月 23 日	500	选取深交所市场市值大、流动性好的 500 家公司为样本	深证成指定位于深市标尺指数，反映深市整体运行情况。深证成指与上证综指一起，已成为中国证券市场最重要的两大标尺指数
	创业板指（399006）	2010 年 6 月 1 日	100	选取创业板市场市值大、流动性好的 100 家公司为样本	创业板指充分体现深市创新创业特色，是创业板市场的标尺和产品指数。创业板指刻画中国战略新兴产业和创新创业企业，高新技术企业在指数中占比超过九成，战略新兴产业占比超过八成

续表

编制机构	主要指数名称及代码	发布日期	入选成分股数量（家）	选样方法	指数概况
深交所	深证 100（399004）	2003 年 1 月 2 日	100	选取深交所市场市值大、流动性好的 100 家公司为样本	深证 100 定位为深市旗舰产品指数，表征中国创新型、成长型龙头企业，历史收益表现突出、流动性好、成长性高，为资产配置提供了良好的投资标的
上交所	上证综指（000001）	1991 年 7 月 15 日	截至目前共有 1811 只	上市以来日均总市值排名在沪市前 10 位的证券于上市满三个月后计入指数，其他证券于上市满一年后计入指数	上证综合指数反映上海证券交易所上市公司的整体表现
	上证 180（000010）	2002 年 7 月 1 日	180	指数样本空间由非 ST、*ST 沪市 A 股和红筹企业发行的存托凭证组成。以样本空间，选择经营状况良好、无违法违规事件、财务报告无重大问题、股票价格无明显异常波动或市场操纵的公司，并按照中证一级行业的自由流通市值比例分配样本只数，在行业内选取综合排名最靠前的 180 只证券作为样本 一般情况下，指数样本每半年调整一次	上证 180 指数是旨在建立一个反映上海证券市场的概貌和运行状况、能够作为投资评价尺度及金融衍生产品基础的基准指数
	上证 50（000016）	2004 年 1 月 2 日	50	以上证 180 指数样本为样本空间，按照过去一年的日均总市值、日均成交金额进行综合排名，选取排名前 50 位的证券组成样本 指数样本每半年调整一次	上证 50 指数综合反映上海证券市场最具市场影响力的一批龙头企业的整体表现
	科创 50（000688）	2020 年 7 月 22 日	50	以科创板上市股票为样本空间 （1）对样本空间内的证券按照过去一年的日均成交金额由高到低排名，剔除排名后 10% 的证券作为待选样本； （2）对待选样本按照过去一年的日均总市值由高到低排名，选取排名前 50 的证券作为指数样本	上证科创板 50 成分指数反映最具市场代表性的一批科创企业的整体表现

续表

编制机构	主要指数名称及代码	发布日期	入选成分股数量（家）	选样方法	指数概况
中证指数有限公司	沪深 300（000300）	2005 年 4 月 8 日	300	由沪深市场中规模大、流动性好的最具代表性的 300 只证券组成	沪深 300 指数是沪、深证券交易所于 2005 年 4 月 8 日联合发布的反映 A 股市场整体趋势的指数。中证指数有限公司成立后，沪、深证券交易所将沪深 300 指数的经营管理及相关权益转移至中证指数有限公司
	中证 100（000903）	2006 年 5 月 29 日	100	从沪深 300 指数样本中选取规模最大的 100 只证券作为指数样本	中证 100 指数反映沪深市场中最具市场影响力的一批大市值上市公司证券的整体表现
	中证 500（000905）	2007 年 1 月 15 日	500	由全部 A 股中剔除沪深 300 指数成份股及总市值排名前 300 名的股票后，总市值排名靠前的 500 只股票组成	中证 500 指数又称中证小盘 500 指数，综合反映中国 A 股市场中一批中小市值公司的股票价格表现
	中证 800（000906）	2007 年 1 月 15 日	800	由中证 500 和沪深 300 成份股一起构成	中证 800 指数成份股是综合反映沪深证券市场内大中小市值公司的整体状况

3. 国际主要指数概述。目前，国际比较知名的指数编制公司有美国的明晟（MSCI）、标准普尔，英国的富时等，其编制发布的道琼斯工业平均指数、标普 500 指数、纳斯达克综合指数、富时环球指数、MSCI 相关指数等等均是较为知名的股票指数。具体如表 10－12所示。

表 10－12　　全球主要指数情况

编制机构	主要指数	开始编制时间	入选成份股数量	编制算法概要
道琼斯	道琼斯工业平均指数	1884 年	30	股票价格平均数 = 入选股票的价格之和/道指除数，道指除数会受拆股和公司整合影响
标准普尔	标普 500 指数	1957 年	500	以 1941 年至 1943 年为基期，基期指数定为 10，采用加权平均法进行计算，以股票上市量为权数，按基期进行加权计算

续表

编制机构	主要指数	开始编制时间	入选成份股数量	编制算法概要
美国全国证券交易商协会	纳斯达克综合指数	1968 年	在 NASDAQ 市场上市的、所有本国和外国的上市公司的普通股	纳斯达克证券市场行情变化的股票价格平均指数
	纳斯达克 100 指数	1968 年	102	总市值加权方式，每季度进行指数再平衡
伦敦金融时报	富时 100 指数	1984 年	100	总市值加权法
香港恒生银行全资附属的恒生指数服务有限公司	恒生指数	1964 年	33	现时指数 =（现时成分股的总市值）/（上日收市时成分股的总市值）×上日收市指数指数易交易全球大盘恒生指数

4. 纳入股票指数对上市公司的意义。

一是有利于提高公司的资本市场形象。目前国内外各类型的股票指数标的股票都有一定的入选条件，往往具有基本面优良、规范运作水平较高、市值较高等特点。同时，股票纳入相关指数后，一旦纳入条件没有达到也将面临被调出的风险。因此，成功纳入证券指数则反映了该公司是资本市场的“佼佼者”。

二是有利于吸引更多的投资者和资金的关注。由于股票指数具有入选条件、标的特征明显、流动性较强等特点，对许多机构投资者和基金产品具有较强的吸引力。近年来，随着资本市场产品的丰富和投资者专业知识的提高，指数基金越来越多。根据中证指数公司数据，在国内上市且以沪深 300 指数为投资标的基金产品近三年数量有明显增长，新成立了 18 只基金产品，多于此前 10 年发行的数量。

表 10－13　　自 2018 年以来以沪深 300 指数为标的的基金产品

序号	产品代码	产品名称	上市地	基金规模（亿元）	成立日期	管理人
1	561990	招商沪深 300 增强策略 ETF	上交所	9.93	2021－12－02	招商基金
2	561300	国泰沪深 300 增强策略 ETF	上交所	18.93	2021－12－01	国泰基金
3	165515	中信保诚沪深 300（LOF）	深交所	3.58	2021－01－01	中信保诚基金
4	161811	银华沪深 300（LOF）	深交所	1.09	2020－11－30	银华基金
5	510370	兴业沪深 300ETF	上交所	0.13	2020－09－11	兴业基金
6	165310	建信沪深 300 增强（LOF）	深交所	3.50	2020－05－07	建信基金
7	515930	永赢沪深 300ETF	上交所	2.10	2020－04－13	永赢基金
8	515130	博时沪深 300ETF	上交所	2.83	2020－04－03	博时基金
9	515380	泰康沪深 300ETF	上交所	48.86	2019－12－27	泰康资管
10	515350	民生加银沪深 300ETF	上交所	2.56	2019－12－24	民生加银基金

续表

序号	产品代码	产品名称	上市地	基金规模（亿元）	成立日期	管理人
11	515390	华安沪深300ETF	上交所	14.79	2019－12－13	华安基金
12	515330	天弘沪深300ETF	上交所	68.98	2019－12－05	天弘基金
13	515310	汇添富沪深300ETF	上交所	2.12	2019－12－04	汇添富基金
14	515660	国联安沪深300ETF	上交所	6.93	2019－11－25	国联安基金
15	515360	方正富邦沪深300ETF	上交所	1.98	2019－09－24	方正富邦基金
16	510350	工银沪深300ETF	上交所	47.75	2019－05－20	工银瑞信基金
17	166802	浙商沪深300指数增强（LOF）	深交所	4.69	2018－08－20	浙商基金
18	510380	国寿安保沪深300ETF	上交所	29.26	2018－01－19	国寿安保基金

三是有利于引入境外投资者，优化股东结构。随着我国资本市场的改革和逐步放开，更多的境外投资者开始进入A股市场。2020年6月，中国A股股票被正式纳入摩根士丹利资本国际公司（MSCI）相关指数，推动了我国资本市场的完善和成熟，也为国际投资者分享我国企业经济成长红利提供更好的渠道和机会。国际上追踪MSCI的资金主要是机构投资者，随着MSCI纳入A股，中国A股市场投资者的机构化水平会将得到明显提升。因此，与其他股票相比，纳入该指数的标的股票则具有引入境外投资者和资金的巨大优势。此外，相比境内投资者，境外投资者更具价值投资理念，更加注重长期价值，在一定程度上有助于引导投资者投资趋于理性、减少非理性行为，对上市公司股价产生一定的稳定作用。

第五节 如何做好投资者关系管理

在上市公司投资者关系管理过程中，如何有效地整合各类资源，以及如何协调整合过程中出现的各种问题，形成投资者关系管理信息和资源的闭环，成为多数公司的挑战。

一、构建合理有效的投资者关系管理体系

（一）设置投资者关系专岗，明确投关工作目标

1. 加强组织管理，设置投资者关系专岗。投资者关系管理部门或专岗的设立主要与企业所处发展阶段、投资者关系维护重要程度等有关。企业在IPO前，由于投资者数量较少，多数不必设立专门的投资者关系管理部门；而在IPO阶段，因我国资本市场询价机制的建立，投资者关系管理活动变得非常重要，企业应开始组建投资者关系管理部门；IPO之后，企业权益资金增加、证券流动性增强、投资者类型变得更复杂，其对信息的需求程

度和获取能力各不相同，需要提供专门的、日常的、规范的投资者关系服务来满足各类型投资者对企业信息的不同需求。

2. 明确目标，制定评估指标。不同的阶段，投资者关系管理的主要目标有所不同，主要如表 10－14 所示。

表 10－14　　上市公司所处阶段及主要目标

阶段	主要目标
IRM 建设阶段	建立起充分的信息披露渠道；建立起与投资者通畅的沟通渠道；建立起良好的内外部信息汇集机制；建立起数据管理体系；建立起投关工作常态化运行体系
IRM 初始阶段	增加股东数量；形成稳定的股东群体及对本企业感兴趣的群体，如证券分析师、财经媒体等；进一步完善投资者关系管理机制和体系
IRM 常态化阶段	通过多渠道多措施与投资者建立紧密联系，实现内外部对公司发展的高度协同，为实现融资目标和资本经营战略创造良好外部环境
融资阶段	让投资者了解企业融资背景和融资意义，认可融资对企业盈利的影响，获得投资者支持
战略转型阶段	让投资者理解公司战略转型的目标、给投资者和公司带来的影响，以及公司为达成目标所做出的努力，获得投资支持

投资者关系工作指标最终表现形式应以定性和定量指标相结合，使其既有利于工作的灵活开展，又有利于工作的客观评价。定性指标主要包括良好的内部信息汇集制度、通畅的投资者沟通渠道、公司战略被资本市场普遍认可、良好的资本市场形象等；定量指标主要包括市盈率、媒体正面报道数和报道率、关注公司的分析师数量、研报数量、股票换手率、投资者咨询电话数、机构投资者沟通数量及相应次数、机构投资者持股家数，等等。

（二）逐步建立投资者分类管理数据库

投资者关系管理的基础工作包括统计、分析投资者和潜在投资者的数量、构成及变动情况，因此，在投资者关系管理建设初期有必要建立起完善的投资者关系管理数据库和信息支持系统，以实现对外部对象和内部信息的分类分层管理。具体内容可参见本章第一节第五部分“投资者关系管理”的第 1 点“公司股东管理”的内容。

（三）梳理公司亮点，借助多方渠道传递价值

上市公司是我国各行业的龙头或代表性企业，具有较强的市场竞争力。公司上市后，面向资本市场该如何梳理出自身的核心竞争力并传递至市场就变得非常重要。实践中，基础性的工作包括制作推介材料，组织沟通会或通过相应渠道发布信息，向投资者主动阐述业务近况及未来展望。

1. 制作合适的推介材料。投资者关系管理的主要目的是使投资者获得作出正确投资决策的必要信息，而一个合适的推介材料就能吸引投资者的关注。推介材料可以围绕以下

几个方面着手制作。

一是行业前景和产业发展情况，包括现有市场容量和增长情况、产业技术变革的速度和方向、供给端数量和规模情况等。

二是公司战略，包括业务发展战略、市场竞争战略、研发战略、财务战略、人力资源战略、客户服务战略及投资者关系管理战略等。

三是公司经营管理亮点，包括公司生产经营、新产品或新技术研究开发、重大投资决策、重大重组、对外合作、管理层变动、财务状况、经营业绩、股利分配、管理模式、股东大会、董事会决议等各种重要信息。通过信息的连续性传递和沟通，带来投资者认可度和信任度的提升。

四是企业文化，包括企业愿景和使命、价值观、管理层级及效能、员工精神面貌等。

五是企业外部环境，包括国内外政治环境变化、法律环境变化（产业政策、政府补贴政策等）、经济环境变化（宏观经济总体运行、财政政策、货币政策等）、社会环境变化（社会文化、社会习俗、公众价值标准）等。外部环境信息对公司投资者关系管理人员的信息敏感度提出了更高要求，一些看起来似乎联系不大或不被公司重视的信息，有可能正是投资者感兴趣的内容，因此，只有持续不间断地与投资者沟通，才能促进双方对彼此的了解。

2. 建立沟通机制，搭建传递渠道。沟通渠道的建设是上市公司投关体系建设的重要一环。一方面，上市公司可以通过公告、官网、自媒体、财经媒体等渠道进行信息内容的发布和传播。另一方面，上市公司也可以定期组织投资者沟通会，比较常见的有业绩说明会、股东大会、路演活动等，也可以不定期安排投资者到公司进行实地调研，主动向投资者汇报近期业绩表现及未来动向，有助于投资者更加深入地了解上市公司，以此来获取他们的信任和长期支持。分析、明确各类型信息渠道的特点，以便根据内容和目标对象情况，选择适合的信息渠道进行沟通，促进投资者对公司的了解和认同，目前主要的沟通渠道如表 10 – 15 所示。

表 10 – 15　　信息沟通渠道介绍

类型		特点	主要对象
单向发布	定期报告	强制性要求、信息全面且集中、形式较为规范	所有外部对象
	临时公告	强制性要求、频繁、事件性强、形式较为规范	所有外部对象
	官网 IR 专栏	部分强制、内容自由度高、公平、便捷、信息量大且集中、半互动、成本低	所有外部对象
	媒体采访/报道	非强制、形式多样、角度多元、效果易被放大	所有外部对象
	广告	受众广泛、助于提高公司形象或危机事件澄清	所有外部对象
	邮寄资料	非强制、有针对性、单位成本较高	部分外部对象

续表

类型		特点	主要对象
双向沟通	股东大会	强制性要求、每年至少召开一次、程序较多、严肃、必须周密安排	现有股东
	业绩说明会	部分强制、形式已较为灵活、目前以文字形式为主、集中沟通机会	所有外部对象
	交易所互动平台	部分强制、文字形式、受众广泛	互动平台注册用户
	分析师会议/非交易路演	非强制、针对性强、形式灵活、互动性较高、质量通常较高	证券分析师、机构投资者、部分高净值个人
	投资者交流会	非强制、针对性强、形式灵活、互动性较高、质量通常较高	证券分析师、机构投资者、个人投资者
	路演	强制性要求、针对性强、事件性强、成本较高	所有投资者及信息中介
	实地调研/反路演	非强制、针对性强、自主性强	证券分析师、机构投资者、部分高净值个人

此外，沟通主体是投资者沟通的重要影响者，上市公司可以分别针对沟通的目的、沟通内容等的不同活动，由实控人、高管、董秘、证代或投关经理等人员出席参与沟通，让投资者听到公司不同层面的声音，对企业感知更为立体。

（四）建立健全重大信息内部共享或通报制度，完善应急管理机制

在投资者关系管理过程中，经常会遇到公开披露信息之外的问题，如研发、销售、内部治理、公共关系等，投资者关系管理部门如果不能及时更新相关信息，将很难保证沟通质量和有效性。因此，根据企业业务规模、组织架构等特点，明确投关在企业的地位和职权范围，将其与研发、生产、销售、采购、公关等部门形成紧密横向联系，消除部门之间的不理解不配合，对实现高效的投资者关系管理工作而言，变得非常重要。此外，上市公司应该围绕资本市场投资者敏感的重大事件领域，制定应急管理方案，做好突发事件的舆情管理，特别是要强化董办、品宣、公共关系管理部门等部门之间的信息互通和分工合作。当有突发事件发生时，需迅速成立舆情管理工作小组，由公司高层管理人员及相关职能部门负责人组成，统一口径及时处理。

（五）做好投关活动信息梳理和总结，为资本市场战略决策和执行提供支撑

投资者关系管理工作应该做好与资本市场沟通信息的整理和汇总，包括投资者来访交流记录、分析师交流记录及分析报告、各渠道沟通记录等。过程信息数据化建档，有助于对市场看法的动态跟踪和投关工作的阶段性总结与调整优化，为未来筹划交流会议、解答问题、提炼亮点等提供内容和数据支撑。除此之外，上市公司应建立起完备的信息反馈机制和渠道，保证不同类别投资者的诉求和建议能触达高管层。投资者关系管理部门在对反

馈信息进行分析、整理后，将影响投资者投资决策的要素及投资者的需求、看法、关注点等信息及时有效地反馈给公司管理层，使公司决策和经营更加理性和科学。

（六）灵活借助第三方专业力量，强化投关管理力度和深度

上市公司投关管理是综合性较强的工作领域，不仅沟通的投资者对象类型多样，也要了解公司业务、财务、法务、财经等领域知识，以及宏观、行业、竞争对手等多方面的信息，这对于工作人员的综合素质要求非常高。实践中，也是由于投关管理对象多样性、管理内容复杂性，导致投关管理有效性和精准性不高等问题。现阶段我国上市公司整体投资者关系管理水平较低，单纯依靠投关管理部门或企业来建立健全投关管理体系，不仅难达预期，还可能造成投入产出比不高，因此有必要发挥专业机构的优势，来弥补投关管理工作中间的短板。

二、重视事件性投关

投资者关系管理不但需要有效处理投资者关系日常事务，还应该及时处理企业在资本市场上的非日常事务，如再融资、股权激励、并购重组、盈利大幅度波动、股票交易异动、遭受重大舆论危机等。

以下将以再融资和危机公关为例说明投关在非日常事件中的处理要点，再通过格力的案例进行简要分析。

（一）再融资

良好的投资者关系管理是企业再融资活动顺利进行的坚实基础。有效的投关能使投资者更充分地理解和认同再融资项目的前景，进而取得再融资的成功。上市公司在再融资过程中的投关应关注的要点包括制订投关整体工作计划，选择市场声誉好、专业能力强的中介机构，针对战略投资者或财务投资者组织专题项目路演活动传递项目前景，针对分析师、二级市场投资者组织调研活动交流再融资进展情况并回应关切问题，关注市场传闻和建立应急机制，等等。上市公司也应注意再融资不同阶段的沟通内容，避免内幕信息的泄露，做好知情人管理。

（二）危机公关

危机公关同样是上市公司投资者关系管理中非日常事务的重要事项和普遍现象。例如，房地产公司可能会出现债务危机、甲醛超标等负面传闻，制造业公司可能会有环保、工亡等负面报道，而金融公司或大型国企的高管薪酬等也容易引起关注和议论。危机公关的处理，一方面需要反应迅速，不要坐等负面言论发酵，如果涉及不实报导，应立即发布澄清公告，并迅速找出源头进行处理；另一方面，态度要诚恳，如果确实存在问题，应该列明问题产生

的原因以及解决方式，后续还应阶段性汇报成果；危机结束后应复盘总结经验。

案例10-1：格力电器：通过投资者关系管理平息股权激励风波

起因：2021年6月20日晚，格力电器发布第一期员工持股计划草案，拟将第一期回购的股票用于公司第一期员工持股计划，资金规模不超过30亿元。员工持股购买价格等于公司近期回购股份均价的50%。本次持股计划兑现的业绩考核要求为2021年净利润较2020年增长不低于10%，2022年净利润较2020年增长不低于20%。董明珠个人拟认购股数上限为3000万股，拟出资金额上限为8.30亿元，占本计划的比例27.68%。如董明珠顶格认购该员工持股计划，按市价算将浮盈8亿元。此举引发投资者强烈不满。

其实此次格力股权激励方案合法合规，但是却引起了广大投资者的异议，其主要原因在于：（1）此前格力电器花了120亿回购自己公司1.084亿股票，牺牲了中小股东的分红，结果股价没有支撑，跌到历史低位，现在企业管理层和核心员工再在历史低位上，用五折买股票，疑似将中小股东牺牲的利益，集体输送给企业员工。（2）方案行权条件为2021年公司净利润对比2020年增长10%，2022年净利润对比2020年增长20%。2020年本是疫情影响之年，以其净利润作为基数，且只需10%的增长，方案目标设计有不合理嫌疑。

但是，从专业和市场实际情况来看，并不尽然是投资者想象的情况。（1）“五折持股”是正常现象，中关村国睿金融与产业发展研究会会长程凤朝分析统计了2010—2021年限制性股票激励方案发现，这期间有效的2044个数据样本中，折价率正好为50%的方案个数多达1782个，占比87.18%，折价率在50%以上只有209个方案，占比10.23%；（2）业绩考核不轻松，当前原材料涨价等因素让空调行业整体承压，近3年来格力电器归母净利复合增速为4.31%，拟定2021年10%的净利润增速考核指标不算低。统计分析得出，根据全市场近5年股权激励方案，采用净利润作为股权激励业绩考核指标的有1417个案例，占全部股权激励案例的69.39%，全市场股权激励采用净利润指标的，第一个考核期净利润增长率平均值低于10%。（3）股权激励是为留住人才，本次员工持股方案主要是希望激励员工跟随企业发展。尽管方案设定的锁定期是2年，但实际原则上是持有至退休。公司希望员工和企业一起发展，而不是只追求短期利益。通过分析格力电器各项薪酬指标可以发现，其员工人均薪酬、薪酬成本比与可比上市公司相比均处于较低水平，而人均创收、人均创利则处于行业较高水平。从这个意义讲，格力电器给予其员工一定比例的激励也并不过分。另外，董明珠作为目前公司董事长兼总裁，是公司核心管理人员，对公司达成战略发展目标发挥重要作用，其参与员工持股计划合情合理，也符合通常做法。

为此，格力紧急出台了相关投关措施：（1）6月26日，董明珠出面接待了266名机构及个人投资者，并通过投资者活动记录公开回应了投资者关于员工持股计划的业绩考核、未来分红、回购股份、未来规划等7个提问，明确表示其个人账面浮盈8亿不是为退休做准备。(2) 6月27日晚，格力电器公告称，拟对第二期回购股份的用途进行调整，由原计划“回购股份将用于员工持股计划或者股权激励”变更为“回购股份用于注销以减少注册资本”。而此前相关议案，三期回购股份均将用于公司员工持股计划或者股权激励。其中，本次将注销的第二期回购股份达1.01亿股；用于第一期员工持股计划的第一期回购股份为1.08亿股。承诺每年现金分红每股不低于2元或现金分红总额不低于当年净利润的50%。(3) 媒体引导。事件发生后，引起了各类新闻媒体和自媒体的广泛关注和热议。《财经国家周刊》特约撰稿《格力史上最大股权激励！听听专业人士怎么说》，新华财经发布《格力电器：大额分红、回购注销等多项利好提案获股东大会高票通过》，价值在线《深度解读格力电器第一期员工持股计划!》。雪球、东财股吧上都有很多引导性帖子，将公司股权激励方案的深层含义正确地表达给投资者，消除投资者的误会，并表示此次股权激励属于“长期利好”应该支持。

结果：6月30日格力电器召开2020年度股东大会，“股票分红”与“第一期员工股权激励”一起列入十三项股东大会的审核事项之中。分红方案获得了99.42%的股东赞成，第一期员工股权激励获75.75%赞成通过。通过一系列的投关管理手段，格力平息了这次股权激励方案的负面舆论，6月30日收盘时，格力电器为52.10元/股，上涨1.82%，有惊无险地度过了这次风波。

三、借助财务指标和估值模型反映企业投资价值

对于投资者而言，评估上市公司的投资价值，比较关注的就是企业的业绩，即核心财务指标。估值方式主要分为绝对估值和相对估值两大类，绝对估值法主要是通过对企业未来存续年度产生的自由现金流进行折现计算，测算出企业的现值；相对估值法主要运用市盈率PE、市净率PB、市销率PS等指标的数据，结合可比企业或所处板块平均值进而测算出企业估值。

不同行业或处于不同发展阶段的企业可能适用不同的估值方法，例如：未产生收入、需持续研发投入，或取得阶段性突破以及未来有望研发出颠覆性或弥补空白产品的企业，较多适用绝对估值法；盈利水平和增速较为稳定的企业较多适用市盈率法；以价换量、抢占市场份额或者有持续大量资本开支和折旧摊销压力、未盈利或利润水平不代表企业潜能的，较多适用市销率法，等等。

在港股市场当中，投资者已经拥有了比较丰富的经验，对于金融和周期类公司，投资者往往采用市净率（PB）估值的方法，对消费类公司采用市盈率（PE）估值，而对于成长类的高科技公司则会综合运用多种估值方法。随着科创板注册制的实施，一批有着广阔发展前景但面临不确定性、成长迅速但盈利不稳定、商业模式新颖但难以找到可比公司等

特征的高科技公司走入投资者的视野，面对这些新兴的高科技公司，传统的市盈率、市净率等估值方法有效性降低。为了消除估值误差，在实际操作中，一般可以采用多种相对独立但又互补的估值模型进行估算，因为资本市场给予上市公司的估值是市场各类参与者对该企业投资价值的综合认知。

案例10－2：用PS（市销率）和PE（市盈率）相结合指标对港股上市公司云服务行业金蝶国际估值

SaaS即Software－as－a－Service（软件即服务），是一种厂商将软件部署于云服务器上并依据客户需求向其提供服务的商业模式。资本市场当中多数代表性的上市SaaS公司在初期均经历了较长时间的亏损，在部分时间内甚至出现了亏损扩大的情况，但在此期间各公司的股价却维持了上涨的趋势。

据金蝶国际财报显示，受新冠肺炎疫情影响，2020年，企业净利润为－3.42亿元，结束了连续7年的稳定盈利，出现了亏损。但2020年全年金蝶国际在港股市场中的股价飙升了306.27%。同期，金蝶国际营业收入稳步增长。尽管SaaS企业出现亏损，但其销售收入保持了稳定的增长，并且和公司股价的同步性较高。因此，使用PS和PE相结合的方式更能准确刻画具有负盈利和高营收成长性的云服务企业的估值。

金蝶国际是我国老牌的ERP企业，并于2014年起向云服务领域扩展业务，目前云服务和ERP成为公司最重要的两大业务。金蝶国际的云服务业务同样具有净利润为负和营收成长性高的特征。

首先，采取PS法估计金蝶国际云服务业务的价值。选取具有代表性的国内上市公司作为对标企业，得到2020年行业平均PS为29.33。参考金蝶国际营业增速所处区间，给予金蝶国际2020年24倍PS。在此基础上，基于中国SaaS市场规模正处于高速增长的行业背景，结合金蝶国际的龙头地位，预计公司2021年和2022年云服务业务营业收入增速分别高于行业12%和10%。由此计算出金蝶国际云服务业务2021年的收入预测值为23.9亿元，对应估值为23.9×24＝573.60（亿元）。

其次，采用PE估算金蝶国际ERP业务的价值。通过选取相关对标公司，参考行业历史市盈率，并考虑到传统ERP业务成长性有限，因此给予公司2021年21倍PE。公司是ERP行业龙头，但正处于主动向云业务转型的阶段，故预计公司ERP业务增速略高于行业平均水平，由此计算出公司2021年ERP业务收入预测值为15.16亿元。预计公司2021年ERP业务净利率与2019年持平为22%，对应2021年ERP业务估值为15.16×22%×21＝70.04（亿元）。

最后，将两项业务估值加总，即可得到公司2021年的估值为573.60＋70.04＝643.64（亿元）。

四、积极拥抱数字化投关

随着信息技术的发展，投关管理方式也发生着巨大变化，投关管理人员不再只采取传统的、被动式的交流，也需要利用好“人工智能”“新媒体”等工具主动开展多样式的双向沟通，利用“大数据”工具精准挖掘潜在投资者。数字化时代下利用好新型投关工具对上市公司做好投关具有非常重要的作用。

（一）积极采取线上沟通方式

为针对具体事项进行解答说明或主动向投资者介绍公司经营发展趋势以及未来展望，上市公司通常会开展投资者交流会、业绩说明会，等等。以前上市公司往往采取实地调研、现场拜访、策略会、闭门会议等线下的方式与投资者等相关方进行沟通。随着疫情因素影响，上市公司近年来更青睐于采取线上方式来开展交流活动。2022 年 4 月，证监会《上市公司投资者关系管理工作指引》要求进一步增加和丰富投关管理的内容及方式，例如，适应互联网、新媒体等新时代发展形势，在电话、传真等投资者关系管理传统沟通渠道基础上，新增网站、新媒体平台、投资者教育基地等新兴渠道等。自全球疫情暴发以来，许多国家及地区的监管机构为了鼓励更多投资者参与股东大会，都放宽了举办股东大会的限制，允许举办网络或网络和现场相结合的股东大会。2020 年 5 月，巴菲特股东大会首次在线上召开，这是该大会自 1964 年以来首次进行线上直播，现场只有董事长巴菲特和副董事长格雷格阿贝尔。2022 年 4 月，上交所发文明确在股票发行、上市公司业务办理、债券发行等方面支持企业通过视频会议、材料电子签名、线上召开股东大会等形式办理相关业务。深交所互动易、上证路演中心、价值在线等平台也正在积极响应，助力上市公司线上业务办理和线上沟通，支持上市公司改变传统投关方式。

图 10－30　芒格、巴菲特首次线上召开股东大会

线上沟通是新时代投关的重要方式，上市公司应该积极拥抱这个变化，结合实际情况，借助第三方线上平台，强化交流形式，提升整体沟通交流的高效性、便捷性，在“碳排放”的时代背景下，更是刻不容缓。

（二）建设投关线上基础设施

官方网站是公司最基础的品牌形象，而投关网站更是上市公司做好投关最基础的门面要求和沟通渠道。目前大部分上市公司尚未对投资者关系网站引起足够的重视。但是，证券监管部门、交易所、上市公司协会也多次强调上市公司应该建立健全投资者关系网站，帮助投资者了解上市公司，做好投资者特别是中小投资者保护和教育工作。投关网站作为传统的沟通和传递方式，往往会有很高的展示价值和沟通价值，上市公司可以将投关网站打造为线上投关管理的重要阵地，包括投关网站的精心设计，提高资本市场形象；可以借助投关网站入口，吸引投资者注册并成为公司特有的投资者管理对象；可以增加沟通功能，及时与投资者交流，使投关网站不仅作为一个“静态”宣传工具，更是成为“动态”的双向沟通渠道。

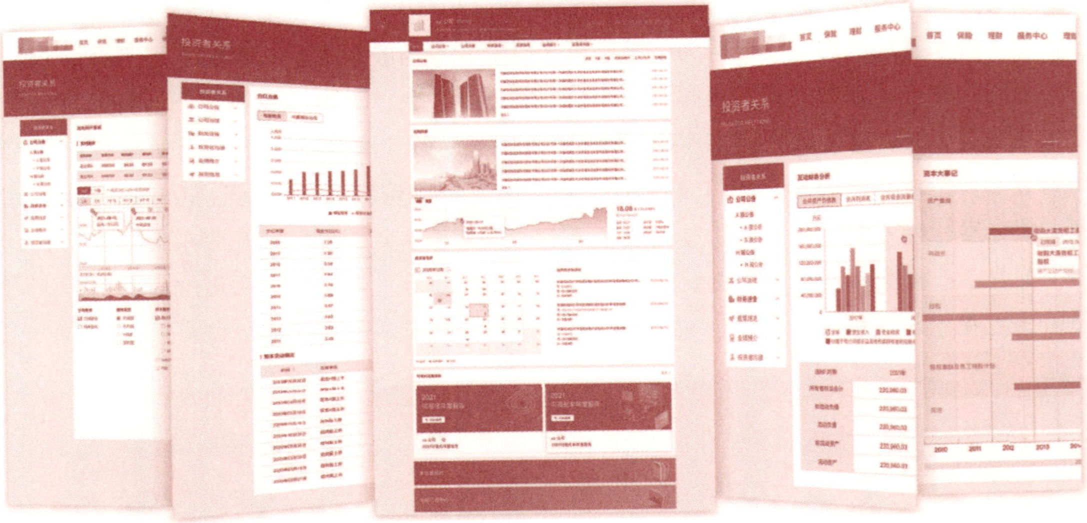

图 10－31　上市公司投关网站

（三）搭建投关自媒体矩阵

面对移动时代的瞬息变化和信息颗粒度分散现状，投关工作也要“顺势而为”，充分建设好以投关微信公众号、小程序、微博等自主管理为主体的自媒体矩阵，同时借助信息分发传播第三方平台，将公司业绩和投资价值进行广泛传播，扩大投资者覆盖面。

与此同时，在监管环境和市场环境的双重驱动下，投资者关系受到资本市场各参与主体的关注和重视。传统报告以文字表格为主，长篇累牍，阅读繁琐，在互联网的阅读习惯里，缺少直观形象，与用户存在距离感。在上市公司庞大多维的财报数据中，要想保障投资者能够更快了解到目前的状况，关键的手段在于如何清晰地表达多维度的数据信息，以此缩短投资者对信息特征的发现时间。可视化的表达可以呈现更多的信息，提高内容传递的效率，在合规基础上做好高质量亮点传播和经营业绩解读对上市公司做好投资者关系和提升资本市场品牌形象而言意义深远。

（四）构建投关数据库，做好股东和市值分析

随着互联网和信息行业的发展，数据已经渗透到各个行业和业务领域，成为重要的生产因素，可以说它能决定着企业的未来发展。“大数据”时代的到来，使企业的很多决策将日益基于数据和分析而作出，而并非基于经验和直觉。上市公司投关也正在经历从传统的经验式投关向新型的数字化投关转变，借助信息系统，建立投关工作相关的数据库对提高上市公司投关效率和有效性都变得非常重要和迫切。

一是构建投资者信息数据库。投资者关系管理的核心对象是投资者，包括现有股东和潜在投资者。“大数据”背景下，可以查看“机构/投资者画像”，分析机构投资者的持仓结构（基金规模、投资情况、投资行业、投资地区）、资金规模、投资偏好，以此来挖掘、筛选可能对公司感兴趣的潜在投资者。

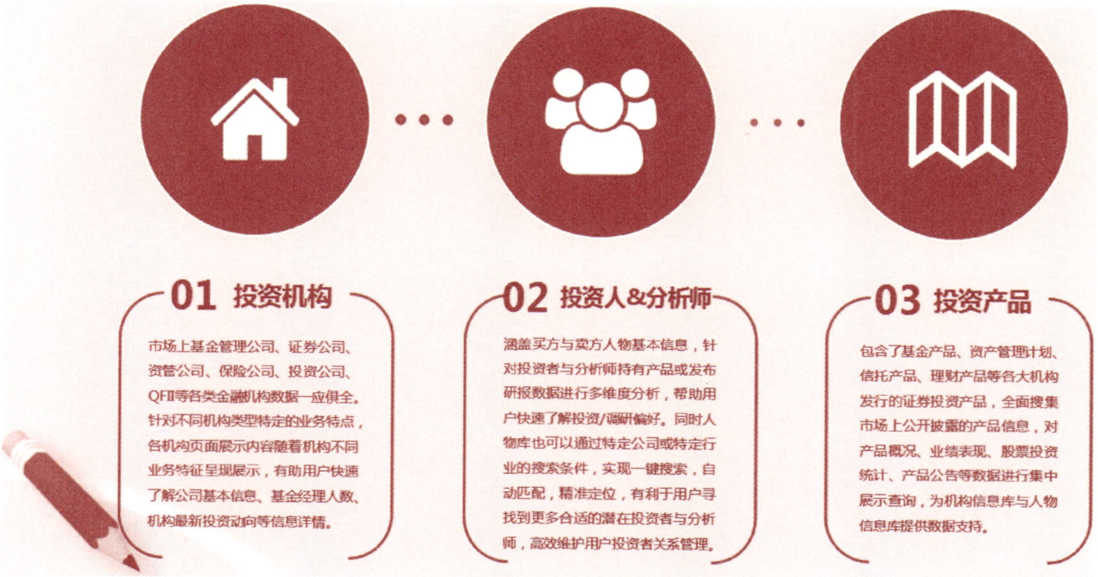

图 10－32　构建投资者信息数据库

可以针对股东情况进行股权结构分析、机构投资者/个人投资者情况统计、持股变动梳理、增持/减持股东情况分析、新进入股东/清仓退出股东情况分析，并与上市公司近期调研活动进行关联匹配综合分析，形成分析报告帮助上市公司进行投资者关系长期维护。还可以针对公司市值变动、相关指数变动、同行业公司对比、同地区市值变动、同期首发

市值变动等多个维度进行对比分析数据整合，寻找市值波动核心问题，帮助上市公司加强市值管理。

二是构建行业和市场信息数据库。上市公司的行为受到资本市场广泛关注，证券研究机构和投资者往往对上市公司及所处行业的全面深度信息十分关注。因此，上市公司一方面可以定期对市场上有关本公司的研究报告进行梳理分析，了解市场的认知，纠正市场相关判断，传递企业真正的核心价值；另一方面可以充分挖掘市场海量研报数据，收集行业政策信息、同行业公司信息，构建多维度的研究数据库，提供管理层及投资者专业分析报告。此外，上市公司也可以针对本企业上下游，建立产业链数据库，清晰地展示每个环节的市场规模、相关公司、业务收入等信息，帮助上市公司梳理现有业务优势、业务发展方向等。

三是构建投研活动信息数据库。在上市公司投关活动中，将面临大量的投研活动。通过对每次投研活动的记录进行整理归纳，借助信息化工具，提炼活动要点、投资者关注内容、活动类型和数量等信息，构建属于上市公司自身的投研活动数据库，帮助上市公司了解资本市场看法，进而更有效地做好投关。

附 录
案例篇

案例1　宁德时代——塑造全球领先的锂离子电池研发制造企业

宁德时代新能源科技股份有限公司（以下简称“宁德时代”或“公司”），成立于2011年12月，于2018年6月在创业板上市，上市当日市值为786.42亿元；截至2021年12月31日，宁德时代市值已达1.37万亿元，短短三年内，宁德时代市值暴涨17倍，成为创业板市值“一哥”。

作为万亿俱乐部中唯一一家战略性新兴产业，宁德时代是电力设备行业的龙头企业，专注于新能源汽车动力电池系统、储能系统的研发、生产和销售，主要产品包括动力电池系统、储能系统和锂电池材料。

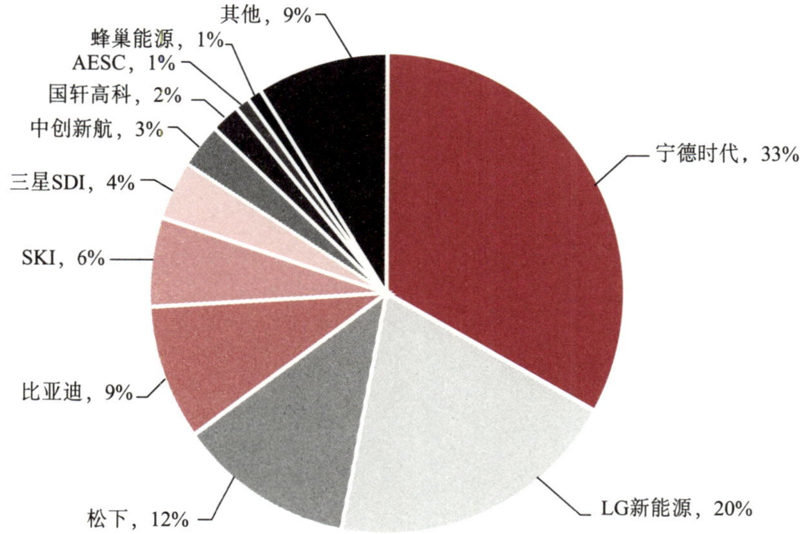

附图1－1　2021年全球动力电池装机市场占有率（单位：gwh）

数据来源：SNE，东吴证券研究所，易董整理。

2021 年宁德时代电池装机量为 96.7GWh，2021 年全球市场占有率高达 33%，连续五年排名全球第一。在高技术门槛的新能源电池领域，宁德时代一路赶超日韩松下、LG 等老牌企业，已稳坐全球动力电池出货量第一的宝座。

		宁德时代	宁德时代（不含合资）	比亚迪	LGES	中创新航	国轩高科	时代上汽	亿纬锂能	孚能科技	蜂巢能源	其他
乘用车		44.0%	40.6%	15.6%	14.0%	8.1%	4.5%	3.4%	0.8%	1.9%	1.0%	10.1%
特斯拉	特斯拉	19.8%	19.8%		77.0%							3.1%
自主品牌	比亚迪			100.0%								
	广汽乘用车	26.3%	26.3%			61.5%				12.2%		
	长安汽车	8.6%	8.6%	4.7%		74.3%	8.0%					4.3%
	北汽新能源	68.0%	68.0%				28.3%			3.7%		
	长城汽车	68.3%	68.3%							1.2%	27.6%	2.9%
	奇瑞汽车	11.0%	11.0%				37.9%					51.2%
	上海汽车	87.5%	19.8%					67.7%				12.5%
	吉利汽车	87.4%	87.4%			5.2%						7.5%
	东风汽车	92.7%	92.7%									7.3%
	江淮汽车						57.5%					42.5%
	中国一汽	57.8%	57.8%							21.2%		21.1%
	上汽通用五菱	21.1%	21.1%				33.4%					45.5%
新势力	蔚来汽车	100.0%	100.0%									
	威马汽车	56.1%	56.1%									43.9%
	理想汽车	100.0%	70.4%					29.6%				
	小鹏汽车	83.2%	83.2%						16.5%			0.3%
	合众新能源	61.5%	61.5%				6.7%		7.0%			24.9%
合资品牌	一汽大众	100.0%	100.0%									
	华晨宝马	100.0%	100.0%									
	广汽丰田	56.2%	56.2%			26.6%						17.1%
	上汽大众	100.0%	66.7%					33.3%				
	北京现代	10.0%	10.0%									
	上汽通用	80.5%	27.5%		19.5%			53.0%				
	北京奔驰	100.0%	100.0%									
客车		73.1%	73.1%	13.2%		0.3%	4.1%		3.3%			5.9%
专用车		52.5%	52.4%	3.5%		0.6%	15.1%	0.1%	5.4%		0.3%	22.6%
所有车型总计		50.1%	47.5%	14.3%	10.4%	6.1%	5.2%	2.6%	1.6%	1.4%	0.8%	10.1%

附图 1－2　2020 年国内动力电池企业配套车企占比情况

数据来源：GGII，中信证券研究部，易董整理。

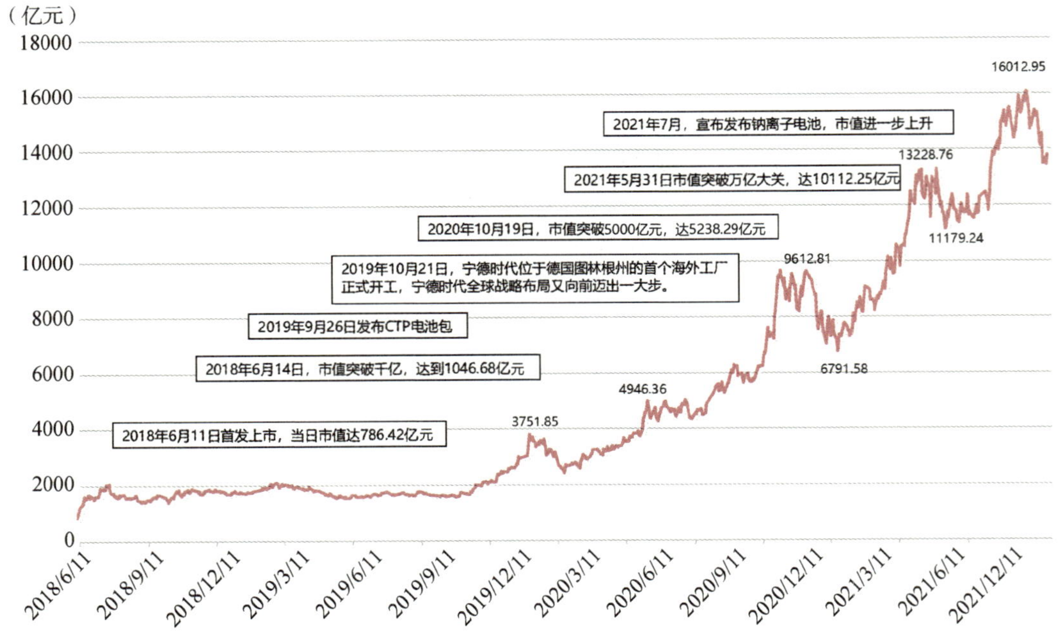

附图 1－3　宁德时代上市以来市值变化趋势

数据来源：Choice，易董整理。

一、外部因素：借政策东风，顺行业趋势的发展之路

宁德时代上市短短三年内，市值能够飙升至万亿元，其中关键因素之一就是政策扶持下的产能扩张。我国自2009年就开始大规模扶持新能源汽车产业。新能源汽车产量的大幅增长，自然对动力电池的需求也成倍增长，宁德时代正是抓住这一历史机遇快速崛起。

2015年11月11日，国家颁布《汽车动力蓄电池行业规范条件》企业目录（第一批），规定新能源汽车使用的电池必须进入该目录，否则新能源车辆就不能获得补贴。这份名单直接将外资电池企业拒之门外，让国内动力电池企业快速发展。在白名单推出后，以北汽和吉利为代表的国内车企对电池的需求也大量转向国内企业，宁德时代抓住了这一次机遇，三元锂电池的装机量大幅增长。2016年，宁德时代的供货量分别占北汽和吉利的52%与58%。

自2018年开始，我国补贴政策对电池能量密度的要求逐渐提高，宁德时代率先实现高能量密度电池的大规模供应，在高续航车型的装机市场占有率不断增加，宁德时代成为国内一线车企供应链上不可缺少的一环。与此同时，宁德时代在进入车企供应链后快速扩张产能，并以合资、参股的形式与车企供应链深度绑定。根据2020年工信部公布的新能源车型有效目录显示，共6800余款车型，由宁德时代配套动力电池的有3400余款，占比约50%，是配套车型最多的动力电池厂商。

根据BloombergNEF在2021年6月的预估中，到2030年，全球动力电池的需求量将达到2700GWh，相比于2020年全球锂电池装机量137GWh，10年时间将增长近20倍。全球新能源市场需求的快速增长推动宁德时代实现市值的跨越式增长。

二、公司治理：股权绑定核心成员，努力打造世界一流创新科技公司

宁德时代创始人兼董事长曾毓群，是中科院物理研究所博士，电池技术方面的专家。1999年，曾毓群和陈棠华、梁少康联合创办了新能源科技有限公司（ATL）；2011年，曾毓群将ATL的动力电池业务剥离出来，在他的家乡福建宁德，成立了宁德时代新能源科技（CATL），专注于新能源汽车动力电池、储能系统的研发、生产和销售。

公司股权结构相对保持稳定，根据数据披露，公司实际控制人曾毓群间接持股24.43%，实际控制人李平持股4.80%，创始人黄世霖持股11.19%，三位核心创始人合计持股40.42%，股权相对集中，且通过员工持股平台绑定核心骨干与公司共同成长。

除了股权绑定核心人员之外，股权激励也为宁德时代稳定人才打下坚实基础。宁德时代在2015年12月30日推出了一期员工持股计划，激励数量为7059万股，增资每股价格为2.125元，授予了135名核心员工。上市之后又分别在2018年、2019年、2020年、2021年依次推出了4次限制性股权激励计划，共计发布5652.09万股限制性股票和204.13万股股票期权，受激励人数高达1.48万人，股权激励为宁德时代稳定人才打下了坚实的基础。

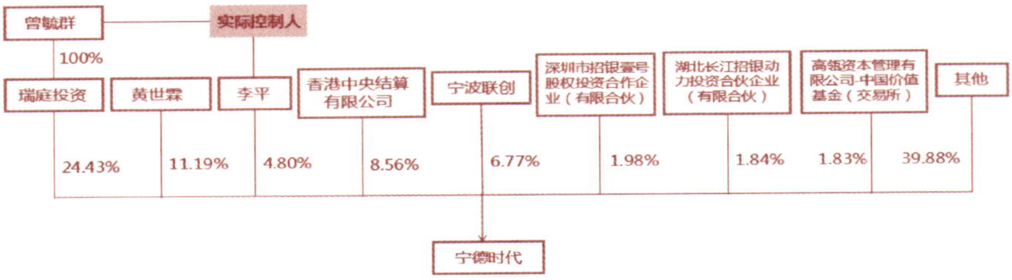

附图 1－4　宁德时代股权结构情况

数据来源：Choice，易董整理。

宁德时代快速崛起，与国家大力推进电动汽车的政策息息相关，同时良好的公司治理情况也起到了重要作用。公司自成立以来，创始人团队保持稳定，抓住时代发展的大风口，居安思危，打造奋斗者文化，不断累积技术优势，大部分核心技术来自于自主研发，并且在公司战略层面做出正确的部署和行之有效的决策，将宁德时代打造成 A 股市场第一家万亿级高科技公司。

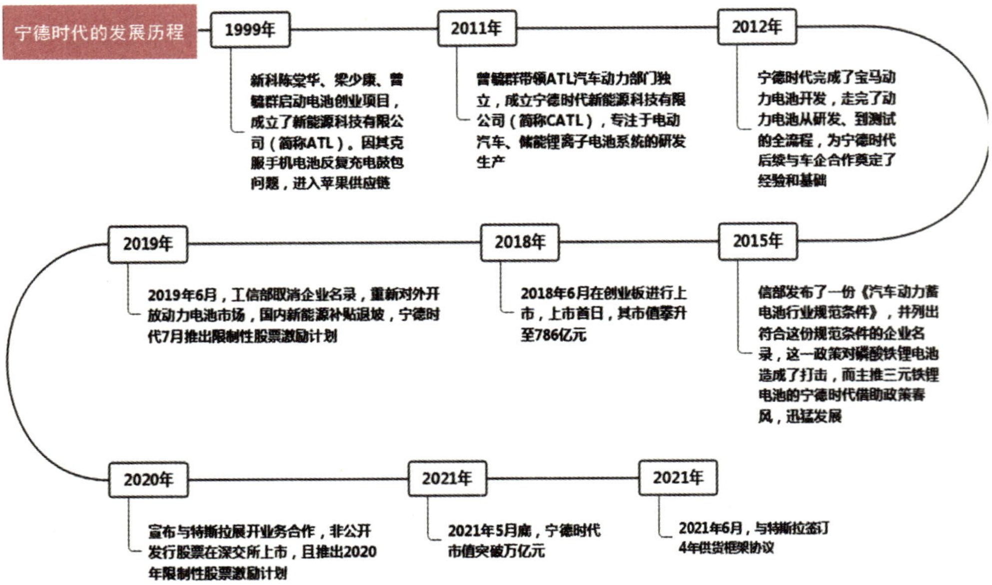

附图 1－5　宁德时代发展历程

数据来源：公开信息，易董整理。

附表 1－1　　宁德时代上市以来股权激励

激励计划	公告日	计划激励对象（名）	总量（万股）
第一类限制性股票	2018 年 7 月 10 日	1776	3083.53
第一类限制性股票	2019 年 7 月 3 日	3838	1900.00
第二类限制性股票	2020 年 10 月 14 日	4688	459.09
第二类限制性股票，股票期权	2021 年 10 月 27 日	4483	516.10

数据来源：公司公告，易董整理。

三、盈利与成长性：超过同行业的业绩高速增长是高市值的关键因素

宁德时代在当时国内以磷酸铁锂电池为主流电池的时代，除了发展磷酸铁锂电池之外，也悄然进行三元锂电池的技术研发。随着国家对电池补贴政策发生改变，续航能力比磷酸铁锂电池更强的三元锂电池迅速霸占国内市场，宁德时代也通过三元锂电池的崛起促进了公司市值的快速增长。根据营收结构来看，宁德时代三大业务分别为动力电池系统、锂电池材料、储能系统，而2021年营业收入占比分别为70.19%、11.86%、10.45%。其中，储能系统增长速度最快，达到601.18%，锂电池材料比重出现下调，表明宁德时代根据未来市场情况在不断优化业务结构。

附表1－2　　宁德时代主营业务构成

业务类型	营业收入（亿元）	营业收入占比（%）	同比增减（%）
动力电池系统	914.91	70.19	132.06
锂电池材料	154.57	11.86	350.77
储能系统	136.24	10.45	601.18
其他业务	97.85	7.51	77.23
合计	1303.56	100	

数据来源：公司公告，易董整理。

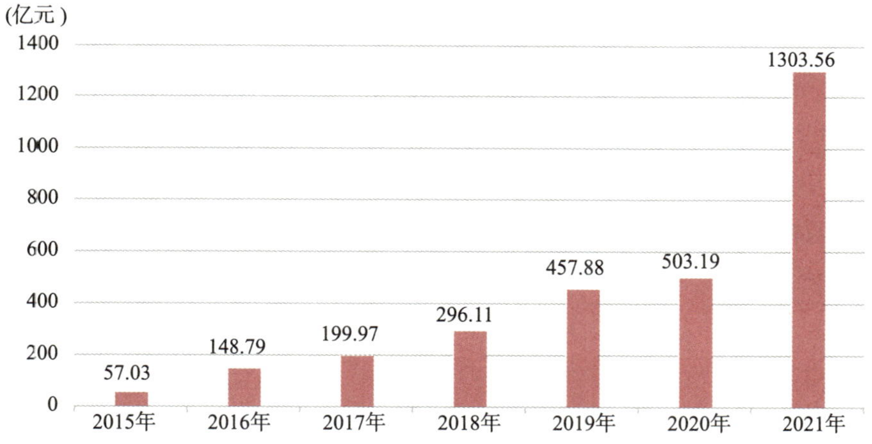

附图1－6　宁德时代2016—2021年营业收入

数据来源：公司公告，易董整理。

宁德时代市值飞跃除了受到全球新能源市场蓬勃发展的影响外，其业绩的高速增长也是关键因素之一。2015—2021年，公司在全球引领动力电池市场，全方位布局产业链，营收总体呈爆发式增长。2021年，在疫情低基数和下游需求暴发共同作用下，实现营业收入1303.56亿元，同比高增159.06%，且对比2015年营业收入增长超过20倍。宁德时代净利润水平也远超国内锂电池行业的平均水平，增长速度十分迅猛，有着良好的成长性。

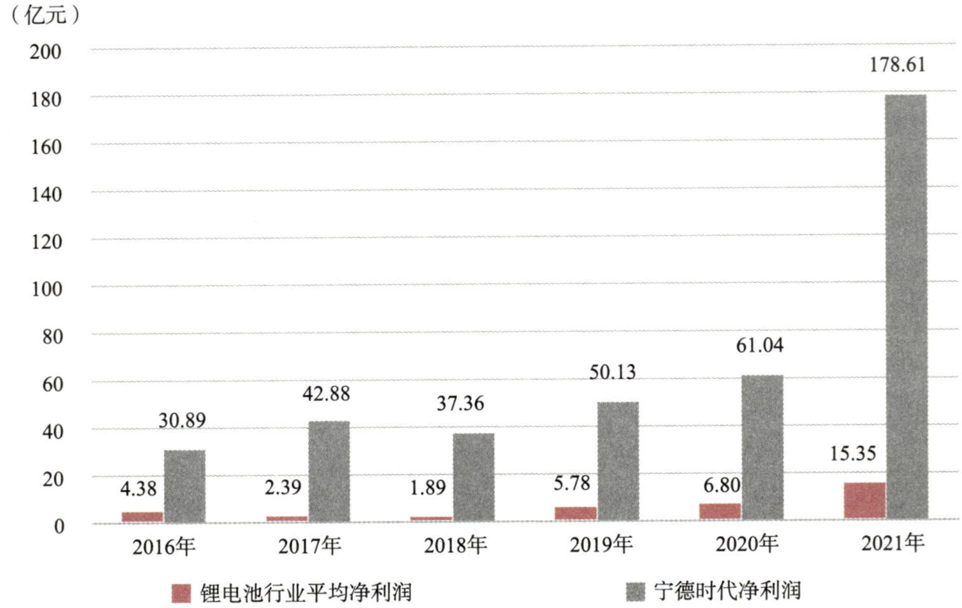

附图1-7　锂电池行业和宁德时代净利润对比

数据来源：公司公告，易董整理。

四、科技创新：不吝成本投入研发，科技塑造行业超级独角兽

宁德时代市值持续增长的另一关键因素是重视产品的科技含量。宁德时代研发投入逐年递增，且每年稳定拿出营业收入的6%左右投入研发之中。2021年研发支出已高达76.91亿元，2016年至今增长超过6倍。且截至2021年年底，拥有研发技术人员10079名，其中，拥有博士学位的170名、硕士学位的2086名，整体研发团队规模和实力在行业内处于领先地位。

截至2021年年底，宁德时代共拥有3772项境内专利及673项境外专利，正在申请的境内和境外专利合计5777项，技术上的领先为其巩固行业龙头地位构筑了坚实的基础。完善的研发体系、强大的研发团队则推动公司研发技术水平持续提升。此外，宁德时代还与国内外知名企业、高校和科研院所建立深度合作关系，主导和参与制订或修订超过50项国内外标准，并承接了国家“十三五”重点研发项目，成为行业内迅猛发展的“超级独角兽”。

此外，整个锂电池产业链来看，电池行业是新能源汽车行业最重要的上游行业，随着新能源汽车销量逐年上升，关于锂离子电池的需求量也在不断扩张，锂离子电池是决定新能源汽车成败的关键要素之一。在电池技术方面，宁德时代具备高比能、长寿命、超快充、真安全、自控温等核心竞争优势。电池的各项性能指标都达到行业领先水准：电芯密度达330Wh/kg、寿命最高达16年或200万公里、超快充可实现5分钟充80%电量。且除

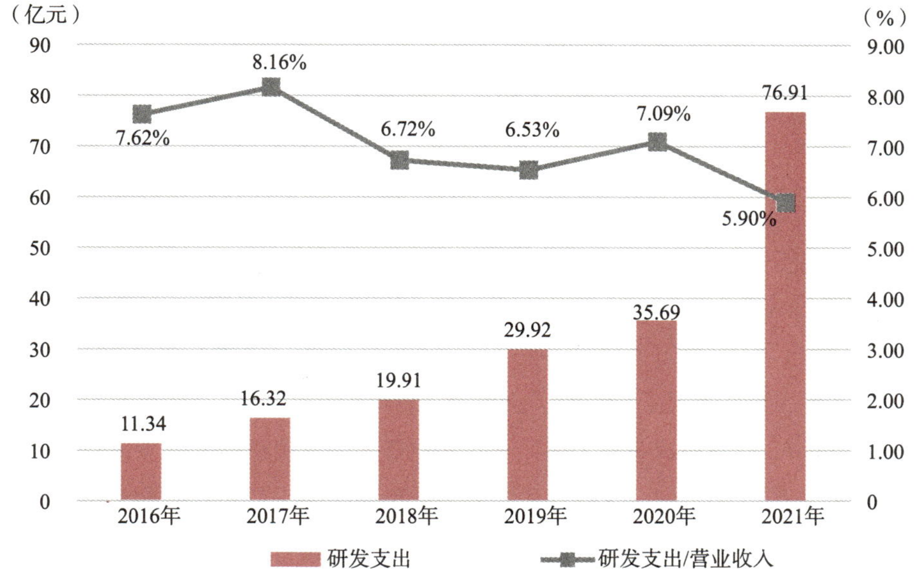

附图 1－8　宁德时代 2016—2021 年研发支出情况

数据来源：公司公告，易董整理。

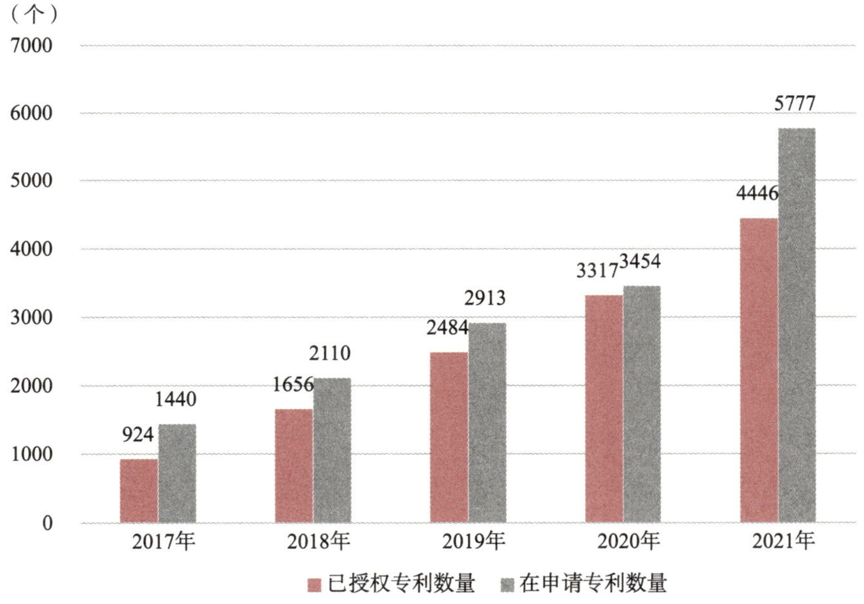

附图 1－9　宁德时代 2017—2021 年专利授权和申请情况

数据来源：公司公告，易董整理。

了锂电池之外，宁德时代已启动钠离子电池产业化布局，2023 年将形成基本产业链，并布局了无钴电池、全固态电池、无稀有金属电池、4680 大圆柱电池等下一代电池和行业内的新兴技术。强大的研发能力和优异的产业链布局策略为宁德时代市值的飙升推波助澜。

五、资本运作：出色的资本运作为宁德时代打造新能源帝国

出色的资本运作帮助宁德时代打造了一条覆盖上中下游的产业链。宁德时代在国内外投资及合资成立的企业超过 100 家，设立的全资子公司超过 15 家，这些企业分布在动力电池、储能、锂电池材料、锂电池智能装备制造、充换电、自动驾驶、出行、新能源汽车、芯片、半导体等多个领域。

宁德时代的对外投资中，主要分为三类：第一类是与整车厂商合资成立动力电池公司，如时代广汽、时代一汽、时代吉利等；第二类是抓住原材料、电池等产业链上游进行深耕，如投资宜宾市天宜锂业科创有限公司，入股锂电生产设备制造公司先导智能、认购超过 1000 万股加拿大 NeoLithium 股份成为该公司第三大股东等；第三类则是瞄准中下游应用市场以及配套设施等，在充换电、出行、金融、芯片等领域布局，如宁德时代与哈啰出行、蚂蚁金服等联合出资 10 亿元，组建合资公司宁德智享，面向公众提供两轮换电基础服务。

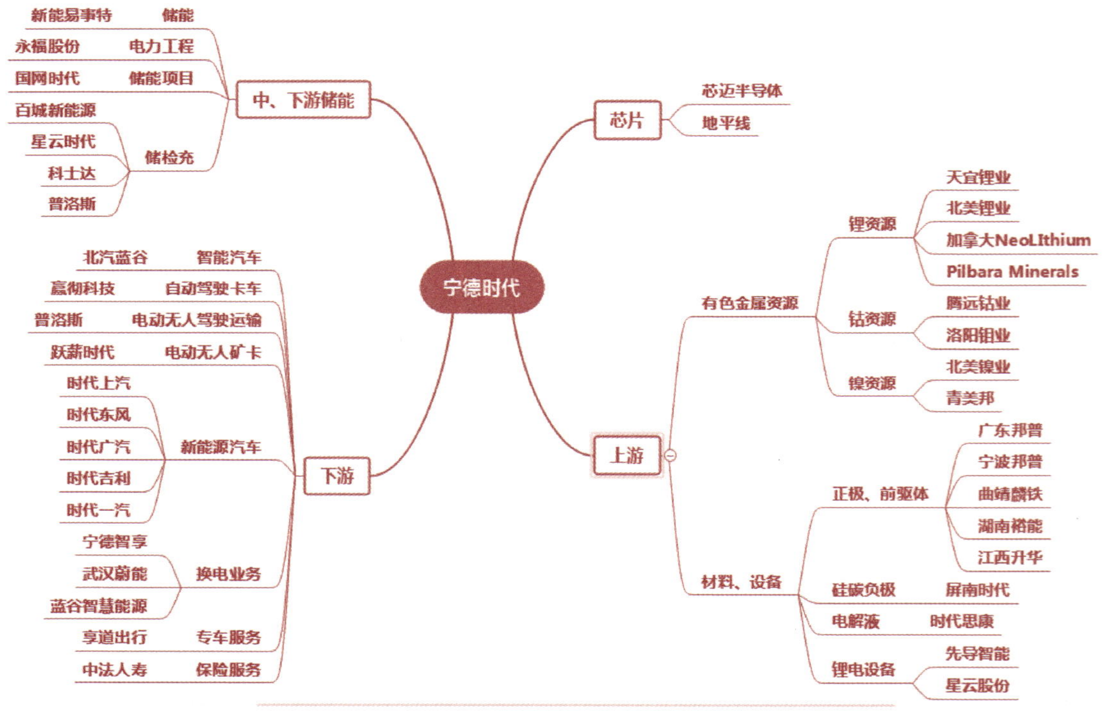

附图 1－10　宁德时代产业链布局

数据来源：公司公告，易董整理。

六、ESG：勇于承担社会责任，迎合国家“双碳”目标落地

在《巴黎协定》达成共识大背景下，我国已向世界作出了 2030 年碳达峰、2060 年碳

中和的庄严承诺。作为新能源行业的巨头，宁德时代持续推进节能减排行动，积极加大可再生能源投入的同时，不断推进公司内节能改善项目，降低产品单位排放量，减少生产活动中的温室气体排放量。2021 年，宁德时代共推进节能项目 315 项，节能项目共计 609630 吨二氧化碳当量。

在社会责任方面，宁德时代 2021 年组织超过 200 场次志愿者活动，参与人数达 12175 人次，精准扶贫投入资金超过 3.5 亿元，并积极开展教育扶贫、产业扶贫、公益扶贫等各种形式的扶贫活动，这些活动彰显了宁德时代作为一个大公司的担当与气魄。

结论：宁德时代之所以能从 2018 年上市至今成为创业板的市值“一哥”，除了受到国内外新能源汽车步入增长的快车道和国家利好政策的影响之外，也自有其成长逻辑。首先是公司十分重视技术创新，现已在海内外完成四大研发中心、五大生产基地的全面布局，并且对未来确定性较强的前沿技术进行抢先布局，从而塑造了宁德时代较高的技术壁垒。其次是自 2018 年以来，公司就陆续加大对于锂电池上游的延伸力度，做到上游每个环节都有多个优质供应商进行选择，并且也会采取自主研发的方式增强对中间环节的把控能力，加强产业链上下游协同与合作，做到产业链垂直一体化布局。最后公司与下游多家车企设立合资企业，建立起紧密的合作关系，并与国家电网、中国能建、国家电投等大央企建立战略合作性伙伴关系。

新能源汽车行业在 2020 年和 2021 年需求出现井喷现象，宁德时代凭借此前良好的战略布局和自身优质的产品和强大的生产能力助其市值出现飙升现象，2020 年之前公司市值尚未超过 5000 亿元，而 2021 年则一举突破 1 万亿元，最高达到 1.6 万亿元。宁德时代市值的现象级增长不仅开启 A 股科技股进入万亿市值的新时代，也标志着中国战略性新兴产业和创新驱动型企业的崛起。

案例 2　比亚迪——深耕新能源汽车赛道，实现多元化经营

比亚迪股份有限公司（以下简称“比亚迪”）创立于 1995 年，早期主要从事手机电池生产组装业务，在 2002 年便成为了中国最大的手机电池生产企业，并于 2002 年 7 月 31 日在香港证券交易所上市。2003 年通过收购陕西秦川汽车进军汽车行业。2011 年 6 月 30 日，比亚迪回归 A 股市场，在深圳证券交易所上市。目前，比亚迪主要从事包含新能源汽车及传统燃油汽车在内的汽车业务、手机部件及组装业务、二次充电电池及光伏业务，并积极拓展城市轨道交通业务领域。截至 2021 年 12 月 31 日，比亚迪市值为 7805. 36 亿元，位居国内新能源乘用车行业第一名。

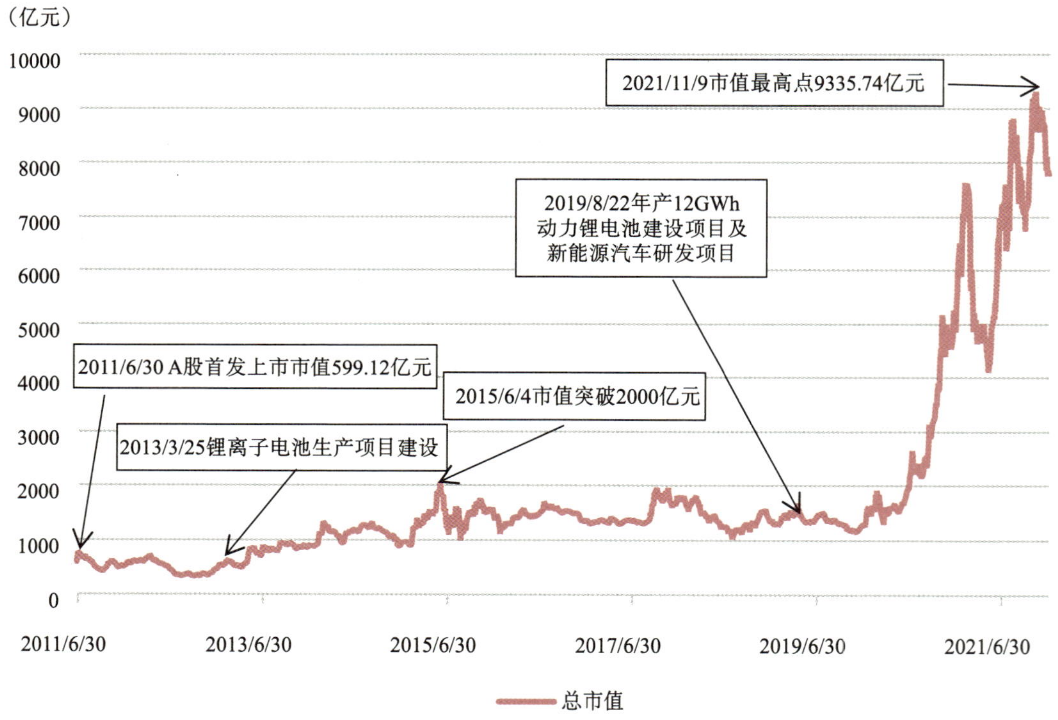

附图 2－1　比亚迪 A 股市值变化趋势

附表 2－1　比亚迪汽车发展历程

时间	发展阶段	业务内容	成果
2003—2005 年	发展初期	以燃油汽车、电动汽车和混合动力汽车为主要发展方向。为了把精力放在基础建设和新车研发上，顺应原有秦川汽车的发展推出福莱尔一款车型，主攻 5 万元以下的低端市场	采用“逆向研发”和“人海战术”的方法，即通过购买多款汽车进行拆解从而实现逆向研发。同时使用“人海战术”，用大量工人代替机器，使比亚迪汽车初期具备了很高的性价比

续表

时间	发展阶段	业务内容	成果
2006—2009 年	扩张期	推出 F3E（电动车），在美国市场进行新能源车 F3e、规划中的 S6DM（唐）和电动大巴（K9）的试水	2009 年成为了销量第一的自主品牌
2010 年	低谷期	开始了战略性扩张，汽车销量仅从 2009 年的 44.8 万辆，增长到了 51.7 万辆。为了达到销售目标，比亚迪更利用“销售返点政策”，比亚迪给各地经销商都制定了很高的销售指标，极高的返点，导致经销商大面积压货	2010 年 4 月比亚迪爆发了经销商退网事件，当年 9 月份比亚迪承认公司决策失误，并向经销商道歉
2011—2012 年	整改期	采取的第一个方法就是官降，最高降幅达 1.5 万元，主要目的还是冲销量	2012 年比亚迪汽车产销达到了 45.6 万辆，继 2011 年销量下滑之后，迎来了首次增长
2013—2019 年	迎来春天	加快自主研发进程，扩大市占率，提升营业收入	开发出了属于自己的涡轮增压发动机 + 双离合变速箱技术、第二代 DM 混合动力技术和比亚迪 e6 的纯电动技术等，2016 年销量首次突破 10 万台
2019 年至今	引领潮流	技术储备逐步变现，成为新能源汽车行业的“领头羊”	2020 年 1 月公开发布磷酸铁锂刀片电池，2021 年比亚迪乘用车销量超过 73 万台

一、资本运作，多元发展

（一）布局新能源汽车全产业链

下游—进军新能源汽车行业：2003 年 1 月 2 日，比亚迪以 2.54 亿港元的交易对价收购西安秦川集团有限公司 77% 的股份，标志着比亚迪正式进军汽车行业。然而，作为当时中国最大的手机电池生产企业，以巨资跨行业收购汽车企业被很多投资人认为是不务正业的举动。因此，在收购秦川汽车的消息公布后，比亚迪港股股价直接下跌超过 50% 。但王传福董事长仍坚持收购秦川汽车，原因不仅是比亚迪进入中国汽车市场的通行证，还因为秦川汽车是一项较为优质的资产。而收购秦川汽车，则是比亚迪敲开了混动汽车及未来新能源汽车行业的大门的契机。

中游—动力电池业务领先：目前电动车的整车成本构成中，动力电池占约 38% ，是最大的单项成本来源。而比亚迪实现了三电系统——整车产业链全覆盖，垂直一体化的商业模式有效降低动力电池及整车成本。同时，公司独立掌握核心三电系统的研发生产，发挥上下游产业链协同优势，使公司对供应商的依赖度较低，且在技术和生产上具有更高的灵活性，以三电系统为例，公司可以将驱动模块、充配电模块等进行集成化，让零部件总成占用的空间更小，重量更轻，节省成本。2021 年 1—12 月，比亚迪动力电池装车量 25.06GWh，市场占有率为 16.20%，排名全国第二。

上游—布局锂矿资产：2010 年，比亚迪获得西藏矿业（SZ.000762）旗下的扎布耶锂业的 18% 股权，出资额 2.01 亿元人民币，前瞻性地进军锂电池上游业务。

2015 年，比亚迪与青海省政府签署了合作协议。比亚迪在青海布局动力电池产业，借助青海丰富的自然资源全力发展新能源产业，卤水提锂是最主要的提锂技术。青海盐湖有丰富的卤水资源。在该省柴达木盐湖地区，已探明的锂矿储量超过 1.724 万吨，占中国保有储量的 83%。

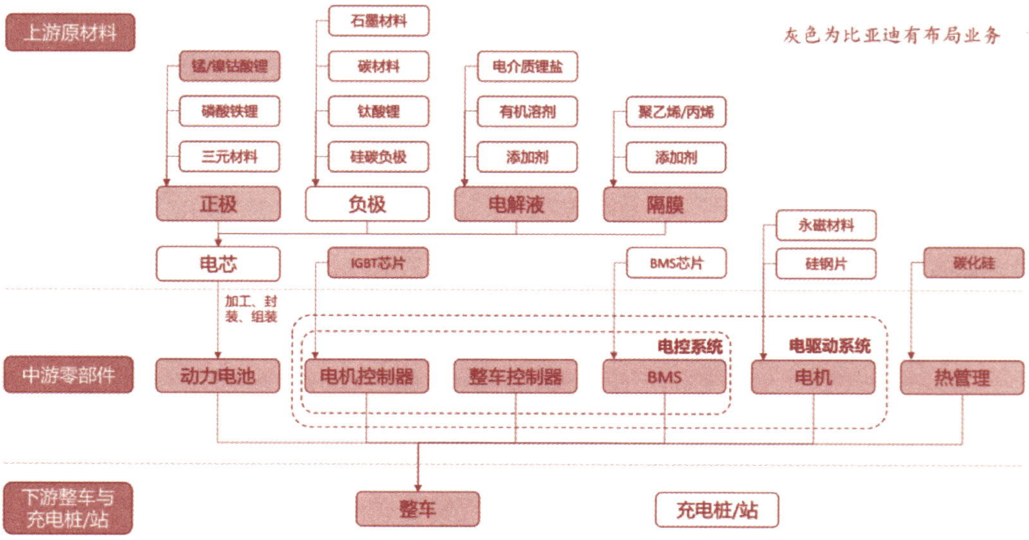

附图 2－2　比亚迪新能源汽车产业链全景

资料来源：招商证券（香港）研报。

比亚迪自 2003 年进入汽车业务，逐渐转型新能源汽车领域，并率先布局新能源汽车产业链的上中下游，各业务协同发展，奠定了比亚迪在全球新能源汽车领域的领导地位。

（二）收购兼并，分拆上市

早在 2002 年，比亚迪就成立了比亚迪微电子有限公司，专门从事集成电路设计，主要集中在手机领域，尤其是电源管理芯片、CMOS 图像传感器、液晶驱动和触摸控制芯片等。虽然比亚迪在 2005 年便已经对车用 IGBT 芯片投入研究，但针对车载电子技术的应用，比亚迪并没有取得重大突破。直到在 2008 年 10 月 6 日比亚迪收购了宁波中纬积体电路有限公司，并改变中纬积体原有 6 英寸半导体代加工的定位，通过借助中纬积体的半导体制造能力推进驱动电机的研发与生产，将生产资源整合到电动车产业，主攻车载 IGBT 领域研发制造，从而实现了产业链垂直整合。此后，比亚迪又收购了深圳迈特峰投资有限公司、东莞市德瑞精密设备有限公司等，持续在汽车行业深耕，不断提升并巩固在新能源汽车行业中的壁垒。

2022 年 1 月 28 日，由比亚迪分拆出的比亚迪半导体股份有限公司通过了深交所创业板上市委员会的审议：比亚迪半导体符合发行条件、上市条件和信息披露要求。根据创业板上市委员会发布公告信息显示，比亚迪半导体此次拟发行不超过 5000 万股，募集资金约 20 亿元，主要投向功率半导体关键技术研发项目、高性能 MCU 芯片设计及测试技术研发项目、高精度 BMS 芯片设计与测试技术研发项目和补充流动资金。比亚迪半导体股份有限公司上市，对我国汽车芯片行业突破英飞凌等公司的垄断有很重要的意义。IGBT 芯片一直被称作电力电子装置的“CPU”，它对新能源车的价值贡献，不弱于动力电池，IGBT 成本约占整车成本比例的 7%—10%，在成本结构上也仅次于动力电池。

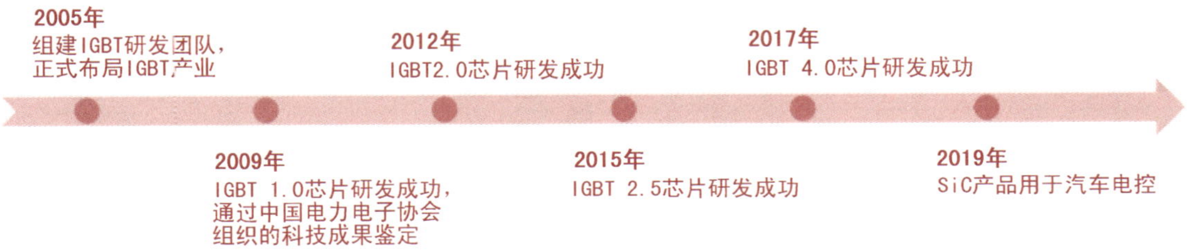

附图 2－3　比亚迪布局 IGBT 全产业链

资料来源：招商证券（香港）研报。

目前，比亚迪拥有国内首个完整的车用 IGBT 产业链，涵盖材料研发、芯片设计、晶圆制造、模块封装等全产业链环节。

比亚迪通过优秀的收购兼并等资本运作实现了跨行业、多元化的发展，并在手机代加工、汽车制造、半导体研发等多个领域取得了突出成就：

附表 2－2　　收购兼并明细表

日期	收购兼并项目
2003 年 1 月 2 日	比亚迪股份有限公司收购西安秦川集团有限公司
2008 年 10 月 6 日	比亚迪收购宁波中纬积体电路有限公司
2010 年 9 月 17 日	比亚迪联同金浩投资有限公司以 2.5 亿元收购西藏日喀则扎布耶锂业高科技有限公司 22% 股权，其中比亚迪支付 2.0 亿元并占该公司 18% 股权
2011 年 12 月 28 日	比亚迪股份有限公司分别向一百工业有限公司、佛山南海新亚铝业不锈钢有限公司、佛山中科金禅智慧产业股权投资合伙企业转让佛山金辉高科光电材料有限公司 33.375%、3%、3% 的股权
2018 年 8 月 30 日	比亚迪汽车工业有限公司与佛吉亚（中国）投资有限公司签订股权转让协议，以人民币 474253000 元出售其所持有汽车部件的 70% 股权
2019 年 2 月 2 日	比亚迪股份有限公司全资子公司深圳市比亚迪锂电池有限公司拟以人民币 5200 万元受让深圳迈特峰投资有限公司及陶广先生合计持有的东莞市德瑞精密设备有限公司 32.5% 的股权

（三）多元收入构成

汽车和手机部件、组装及其他产品业务依然是比亚迪营业收入的主要来源。可见，比亚迪凭借着长期以来在汽车、电池等行业领域积累的经验和优势，持续驱动着三大主营业务的发展，以稳固自身在行业中的头部地位并维持足量的市场份额。

2019 年、2020 年及 2021 年，比亚迪营业收入分别为 1277.39 亿元、1565.98 亿元及 2161.42 亿元；净利润分别为 21.19 亿元、60.14 亿元及 39.67 亿元。2019—2021 年营业收入累计增长率达 69.21%，净利润累计增长率达 87.21%。在比亚迪多方位战略的成功展开之下，整体业绩依然保持着稳步增长的态势。

附表 2－3　　比亚迪产品营业收入

产品分类	2021/12/31		2020/12/31		2019/12/31	
	金额（万元）	占比（%）	金额（万元）	占比（%）	金额（万元）	占比（%）
汽车、汽车相关产品及其他产品	11248924.40	52.04	8399332.50	53.64	6326570.10	49.53
手机部件、组装及其他产品	8645445.20	40.00	6004296.70	38.34	5338000.60	41.79
二次充电电池及光伏	1647120.60	7.62	1208752.80	7.72	1050565.70	8.22
其他	72749.30	0.34	47387.10	0.30	58715.90	0.46
合计	21614239.50	100.00	15659769.10	100.00	12773852.30	100.00

二、外部条件改善促进企业快速发展

（一）城市经济深刻影响企业发展

作为中国首批四个经济特区之一，深圳市 40 年的发展有目共睹。从 GDP 不到 3 亿元的边陲小县城，到如今一跃成为 GDP 突破 3 万亿元的国际大都市，深圳特区在人事、土地、住房、科技、金融、外贸等领域的一系列制度创新和突破发挥着不可替代的作用，这也深刻地影响着深圳市的企业发展。

比亚迪的发展与深圳市营商环境的改变同样密不可分。城市的营商环境深刻地影响着企业发展的规模、效率等。2021 年 6 月 18 日，深圳市发改委正式发布营商环境 4.0 改革政策，推出一揽子改革措施，全面推动深圳营商环境再上新台阶。2018—2020 年，深圳市连续出台营商环境 1.0、2.0、3.0 版改革政策，推出 500 多项具体改革措施并抓落实，推动深圳营商环境持续优化，为经济社会高质量发展提供了有力支撑。

2020 年，《财富》世界 500 强中 8 家深圳企业入围，其中 6 家是民营企业。在重点城市营商环境评价中，深圳位居全国第二，在全部 18 个指标领域成为全国标杆；在全国工商联《2020 年万家民营企业评营商环境报告》中，深圳获评“营商环境最佳口碑城市”

第一名。

（二）行业发展造就头部企业

从 2010 年至 2013 年由政策孵化的孕育期到 2014 年至 2018 年的野蛮生长的快速增长期，再到 2019 年之后进入优胜劣汰的调整期，中国新能源汽车产业经过 10 年的培育，已经建立了一条初具市场规模、在全球拥有重要话语权的完整产业链。

2010—2020 年，中国新能源汽车产量增长超过了 174 倍，造就了目前的一批行业领军企业，比亚迪正是其中之一。动力锂电池作为新能源汽车“三电”核心之一，是新能源汽车的关键零部件，其发展紧随新能源汽车整体市场趋势，自 2015 年新能源汽车市场开始迅猛发展后，动力锂电池市场也呈现爆发趋势，资本等因素的大量涌入带动了电池厂商的产量、出货量的大幅提升。动力锂电池出货量随着新能源汽车销量崛起，2016 年我国动力电池出货量为 31GWh，2020 年快速增长至 80GWh。

三、研发持续投入，引领行业发展

目前，比亚迪集团在多领域研发持续投入。在动力电池领域，集团开发了高度安全的磷酸铁锂电池和高能量密度的三元电池，应用于电动商用车和电动乘用车领域，解决了电动汽车电池在安全性、循环寿命和续航里程等方面的全球性难题。

未来，比亚迪将通过“7＋4”战略推动新能源汽车的全方位拓展，将新能源汽车的应用范围从私家车、公交车、出租车延伸到环卫车、城市商品物流、道路客运和城市建筑物流等常规领域及仓储、矿山、港口和机场等四大特殊领域，实现新能源汽车对道路交通运输的全覆盖。从而实现跨越式多元化发展。

2011—2021 年，比亚迪研发投入费用由 27.70 亿元增长到了 106.27 亿元，累计增幅达 283.65%。高额的研发投入是比亚迪实现自主创新的关键。（1）这促使比亚迪获得了核心技术和能力，通过运用已经掌握的新技术、新知识和新能力，又进一步开发出满足市场需求的新产品。（2）新产品凭借其高技术性和新颖性能够迅速占领市场，同时产品的竞争力也会大大提高，强有力的竞争力使比亚迪在市场中具有较好的表现。（3）优良的市场表现又进一步促进了比亚迪的成长。这在比亚迪过去几十年的发展历程中起着决定性的作用。

由此可以得出，企业的研发成果最终必然以新产品或者改进产品的形式表现出来，必然带来营业收入的增长。在市场经济体制中，开拓新产品来创造需求、引导需求是促进企业成长的关键要素之一。

附图2－4　研发支出合计

四、同行业中的突出优势

选取国内乘用车行业头部企业——比亚迪、上汽集团、广汽集团、长城汽车四大车企进行对比可以发现。比亚迪在总市值方面受到市场资金对新能源汽车行业的追捧，在2019年以来实现了反超。但通过2011—2021年营业收入和销售毛利率的数据统计可以发现，相比另外三大车企，比亚迪在2017年之后的营业收入增长更为迅速。2017—2021年，比亚迪营业收入累计增长幅度达到了104.07%，而长城汽车营业收入累计增长为35.74%，广汽集团营业收入累计增长仅为5.58%，上汽集团营业收入累计增长反而为－11.43%。同时，在销售毛利率方面，2011—2021年比亚迪销售毛利率始终稳定在10%—20%，即便是2017年之后乘用车行业销售毛利率呈现大幅下降的趋势，比亚迪对自身销售毛利率仍可以稳步控制，并在2020年实现提升。2021年全年，比亚迪实现新能源汽车销量60.38万辆，远高于广汽集团的14.29万辆和长城汽车的13.70万辆，仅次于上汽集团的73.26万辆。

结论：总体而言，比亚迪的优势体现在新能源汽车和动力电池领域均为行业龙头，在新能源汽车行业的布局已经贯穿产业的上中下游与后市场，构成了产业链闭环，形成了协同效应，并通过动力电池外供业务为公司成长注入新动力。同时，比亚迪半导体立足比亚迪汽车，拓展外供业务，IGBT技术树立行业技术标杆，强研发全方位技术赋能产品。在“双碳”政策的大背景下，比亚迪深耕新能源汽车黄金赛道也将继续领衔行业发展。

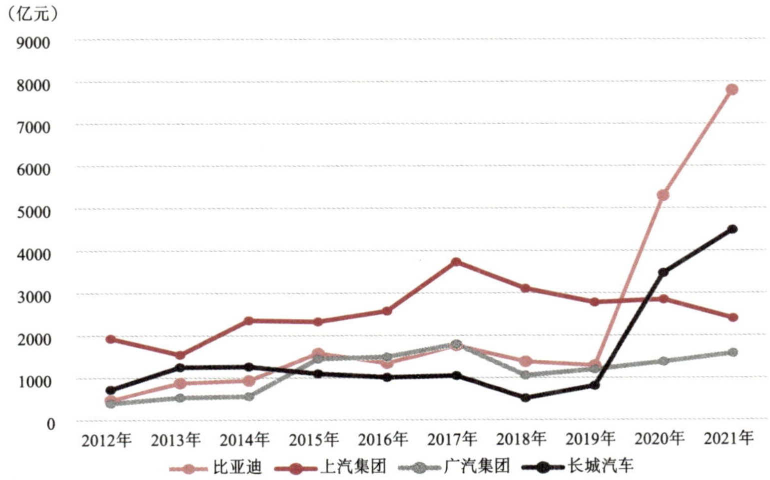

附图 2－5　总市值

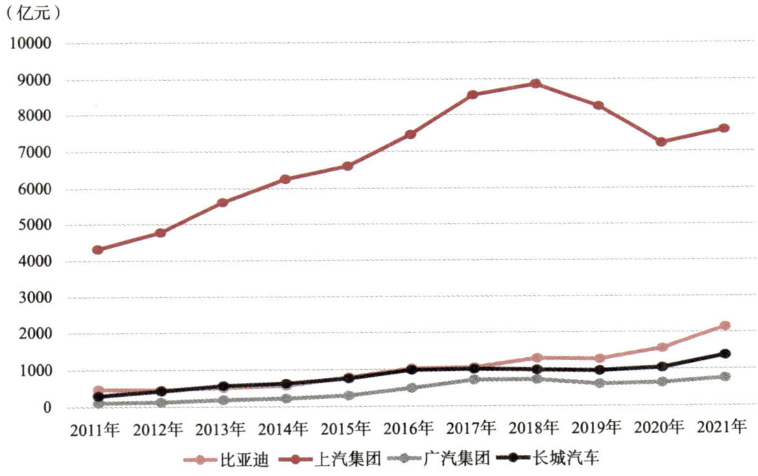

附图 2－6　营业收入

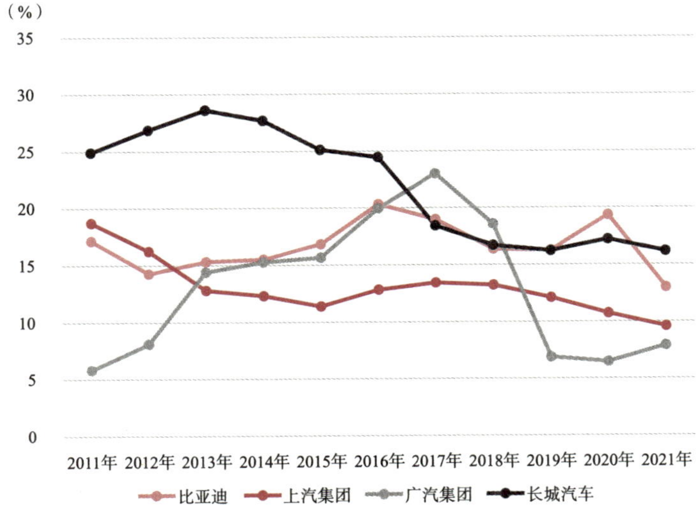

附图 2－7　销售毛利率

案例3　长江电力——电力行业龙头，价值蓝筹典范

长江电力（证券代码：600900）是经国务院批准，由中国长江三峡集团有限公司作为主发起人设立的股份有限公司。公司主营业务为大型水电运营，管理运行三峡、葛洲坝、溪洛渡、向家坝和乌东德五座超级水电站，旗下电站属于“西电东送”骨干电源，发电量稳定。截至 2021 年年底，公司总装机容量 4559. 50 万千瓦（未含目前受托管理的乌东德电站、白鹤滩水电站），是全球最大的水电上市公司。

2003 年 11 月 18 日，长江电力在上海证券交易所鸣锣上市，总市值 485. 50 亿元；截至 2021 年 12 月 31 日，总市值攀升至 5162. 40 亿元。上市以来，市值涨幅 9 倍之多。根据申万（2021）行业分类，公司市值占 A 股电力行业总市值比重达 18. 09%，稳居中国电力行业上市公司首位，是位居第二的三峡能源的近 2. 5 倍。

附图 3 - 1　长江电力上市以来总市值走势

数据来源：Choice 金融终端，易董整理。

一、外部因素：电力体制改革与清洁能源战略促进水电产业发展

2002 年 3 月，国务院批准了《电力体制改革方案》，确定了“厂网分开，竞价上网”的改革方向。同年 11 月，长江电力由中国长江三峡集团有限公司作为主发起人，改制设立，是电力体制改革时代背景下的产物。2015 年 3 月，《关于进一步深化电力体制改革的若干意见》印发，电网逐步退出售电即配售电业务放开。2021 年 3 月，“十四五”提出“深化电力体制改革，构建以新能源为主体的新型电力系统”。水力发电产业受益于国家电力体制改革和能源产业结构调整，发展前景广阔。

在节能降耗的约束下，电力调度规则正在向清洁能源发电公司倾斜。根据《中国能源

企业低碳转型白皮书》，“2020年我国能源消费产生的二氧化碳排放占总排放量的90%左右，而电力行业占能源行业二氧化碳排放总量的30%以上。电力作为我国碳排占比最大的单一行业，减排效果对实现‘双碳’目标至关重要”。水电、核电和风电等清洁能源占能源消费总量的比重从2016年的19.1%增至2021年的25.5%。截至2021年年底，全国清洁能源发电（水电、核电、风电、太阳能发电）累计装机容量10.79亿千瓦，占全部电力装机的45%以上。大力发展以水电为代表的清洁能源是国家未来的主要战略发展方向之一。

二、公司治理：专业团队打造完善的产业链布局

长江电力领导层由高级会计师、教授级高级工程师、高级国际财务管理师等专业化人才组成，不仅有水电行业经验丰富的资深专家，还有懂投融资的高端金融人才。公司现任董事长雷鸣山曾先后在中国国际工程咨询公司经济法律部、中咨资产评估事务所、资金计划司、国务院三峡办、水利部任职，是全方位的复合型人才；副董事长马振波担任过葛洲坝电厂厂长、三峡电厂厂长，拥有丰富的水电站专业知识和管理经验。在专业团队的带领下，长江电力制定了“一主两翼”战略规划，打造了完善的产业链布局。

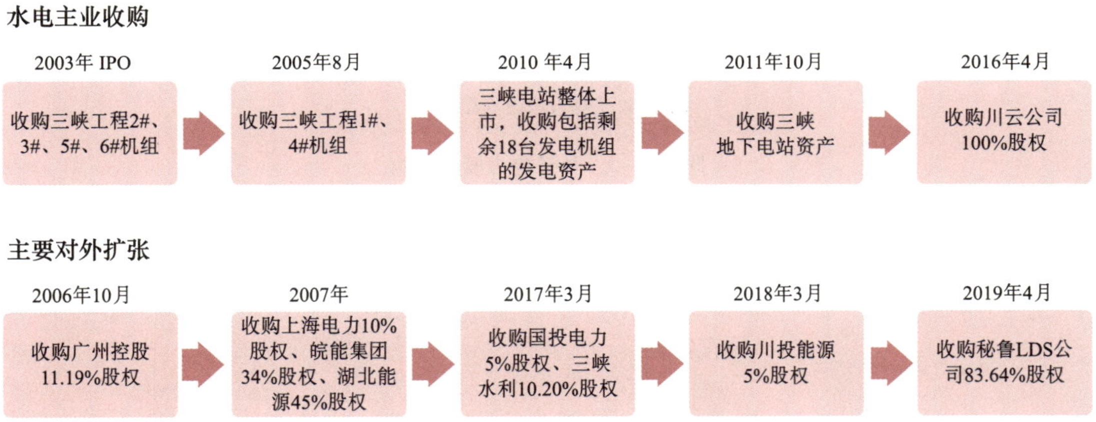

附图3-2 长江电力产业链布局

数据来源：易董整理。

长江电力产业链布局的实现一方面是在水力发电这一主赛道上通过收购发电站资产，借助横向扩张增强自身业务规模；另一方面是通过以参股或控股的形式对外股权投资，部署长江流域水电资源，发展配售电业务，实现外延式扩张。同时，公司响应国家政策发展，从水力发电单一赛道往清洁能源、新能源的主赛道发展，打造“水风光”的综合新能源业务。

三、盈利与成长性：高起点、高盈利塑造行业冠军

在国内电力行业众多优质企业中，长江电力是如何成为行业领军企业，稳居电力公司

行业榜首，主要有以下两点原因：

一是国资背景，实力雄厚。长江电力是为适应国家电力体制改革的要求而设立的，设立之初国务院批准的改制重组方案就注明未来将通过资本运作，持续收购三峡工程投产机组及其他优质发电资产。公司的控股股东是三峡集团，而国务院国有资产监督管理委员会则是公司的实际控制人。公司背靠国资委，拥有国内AAA级和国家主权级的国际信用评级优势。

二是盈利高企，远超同行。水电站的建设成本高，回报周期长，但建成之后，运营成本低。在上网电价由国家统一制定的背景下，长江电力通过持续收购发电资产，扩大水电装机规模，形成规模优势。长江电力运营的水电站，在国内水电装机总量达到4549.50万千瓦，装机量占全国水电装机总量的11.64%。装机量的扩大降低了发电成本，成功实现毛利率高于同行，毛利率、净利率分别超过60%和40%，盈利水平领跑同行业。

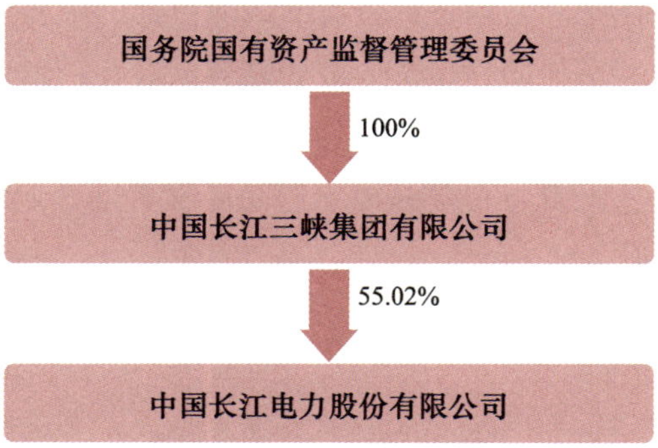

附图3-3　长江电力股权结构

数据来源：易董公告。

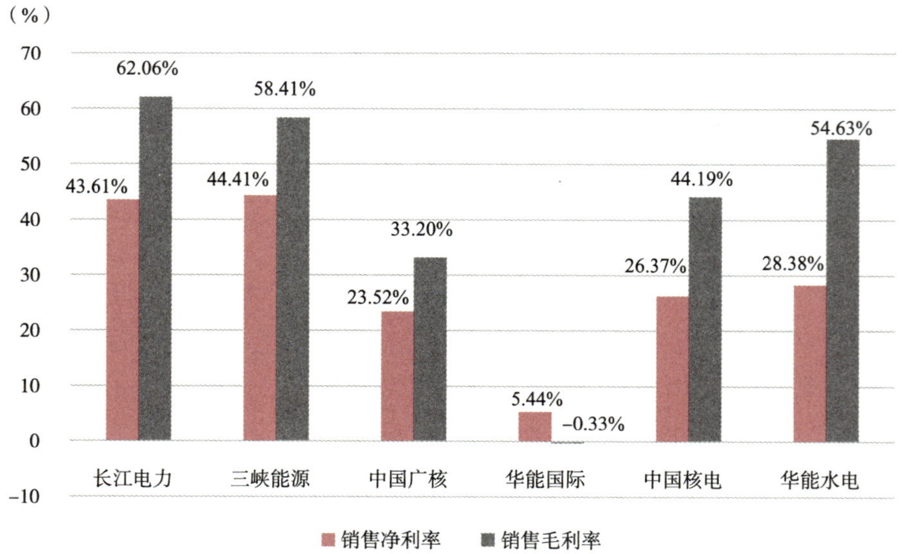

附图3-4　截至2021年12月31日电力行业千亿元以上市值公司销售净利率与销售毛利率

数据来源：Choice金融终端，易董整理。

长江电力凭借高起点和高盈利，牢牢把握行业龙头地位稳步发展。公司营业收入从2017年501.47亿元增长至2021年556.46亿元，净利润由222.75亿元增至264.85亿元，近五年的整体经营状况较为稳定，连续5年分红超过100亿元。

附表3-1　长江电力最近5年营业收入、净利润及分红数据

年份	营业收入（亿元）	净利润（亿元）	分红（亿元）
2017	501.47	222.75	149.60
2018	512.14	226.44	149.60
2019	498.74	215.67	149.60
2020	577.83	265.06	159.19
2021	556.46	264.85	185.41

数据来源：Choice金融终端，易董整理。

四、资本运作：对外投资助力资产扩张

长江电力的资本运作主要围绕资产扩张和金融投资两条线展开，金融投资支持资产扩张、业绩提升为金融投资提供条件，两者互为支撑、相辅相成。

资产扩张的主要体现是大力发展水电主业，并对外开展外延式扩张。长江电力通过逐步收购三峡集团电力资产扩充水电主业。2003年，长江电力用上市募资的187.00亿元收购三峡工程4台发电机组；2005年再次购入2台发电机组；2010年，通过重大资产重组收购剩余18台发电机组，实现电力资产整体注入，初步完成国家设立长江电力承接三峡集团电力资产的初衷和使命。长江电力于2011年收购三峡地下电站，2016年收购川云公司，注入溪洛渡和向家坝水电站，进一步扩大公司装机容量和资产规模。

同时，长江电力在境内先后通过收购湖北能源、上海电力、国投电力、川投能源、金中公司等公司股权，部署长江流域水电资源；参股广州控股、皖能集团、三峡水利等公司，为拓展配售电业务布局。长江电力在境外斥资35.9亿美元收购秘鲁配电公司股权，开拓国际业务，促进发、配、售电产业链协同发展。

附表3-2　长江电力资本运作事件

事件	时间	购买金额	作用及意义
收购三峡工程2#、3#、5#、6#机组	2003年IPO	187.00亿元	扩大公司装机容量和资产规模
收购三峡工程1#和4#机组	2005-08-13	98.37亿元	进一步扩大公司装机容量和资产规模
收购广州控股11.19%股权	2006-10-19	10.60亿元	实现投资收购外部优质发电资产、拓展电力相关业务目的，提高电能总体质量，发挥协同效应

续表

事件	时间	购买金额	作用及意义
转让建设银行4亿股H股股票	2006－12－25	8.14亿元	投资收益拉动业绩增长，弥补来水特枯给公司经营带来的损失
转让建设银行4亿股H股股票	2007－04－12	11.81亿元	投资收益拉动业绩增长，弥补来水特枯给公司经营带来的损失
收购上海电力10%股权	2007－07－13	7.01亿元	进一步提升公司盈利水平和核心竞争力
收购皖能集团34%股权	2007－12－03	28.50亿元	布局负荷密集型经济大省，有利于优化资产的区域结构，为配售电业务合作打下基础
收购湖北能源45%股权	2008－04－26	31.00亿元	扩大了权益装机容量，优化了电源结构，进一步整合长江流域的水电资源
三峡电站整体上市，收购包括剩余18台发电机组的发电资产	2010－04－30	1043.17亿元	主营业务规模成倍增长，资产规模、盈利能力大幅提升，在水电行业的龙头优势地位更加巩固
收购三峡地下电站第一批资产	2011－10－11	76.36亿元	充分利用长江汛期水能资源，改善电能质量，提高调峰能力
收购三峡地下电站第二批资产	2012－09－18	37.32亿元	彻底解决三峡发电资产分置的问题，有利于规避与三峡集团在水力发电业务领域的同业竞争，减少关联交易
收购川云公司100%股权	2016－04－15	797.35亿元	中国第二大水电站溪洛渡和第三大水电站向家坝资产注入，提升核心竞争力
收购国投电力5%股权	2017－03－15	23.36亿元	扩大对长江中上游水电资源投资，通过股权加技术双纽带，实施流域联合统一调度
收购三峡水利10.20%股权	2017－04－06	9.54亿元	在配售电业务端的持续发力，重庆地区的“三峡电网”逐步成型
收购川投能源5%股权	2018－03－30	2.68亿元	扩大对长江中上游水电资源投资
收购秘鲁LDS公司83.64%股权	2019－04－24	35.90亿美元	在配售电领域形成核心能力，逐步形成发、配、售电产业链协同发展
收购金中公司20%股权	2019－12－31	48.98亿元	进一步巩固雅砻江流域（长江支流）开发主体重要股东地位，权益装机将提升128.55万千瓦
发行全球存托凭证（GDR）	2020－10－14	19.63亿美元	拓宽与全球投资者直接对话的渠道，搭建境外美元资金股权的融资平台，稳步推进国际化布局
收购云川公司100%股权	2021－12－11	进行中	水电装机规模大幅提升

数据来源：易董公告。

金融投资的主要方式是通过对外股权投资，获取投资收益。公司曾先后投资长江证券、中国国航、工商银行、交通银行等上市公司股权，并通过投资收益助力公司利润总额的增长。2006 年，长江电力出售建设银行 4 亿股 H 股股票，获得收益 8. 14 亿元，占当年公司利润总额的 15. 07%；2007 年，公司转让建设银行股份实现投资收益 11. 81 亿元，占当年利润总额的 15. 55%。最近四年，2018—2021 年投资收益均保持在 10 亿元以上，占利润总额的比重保持在 10%之上，且呈现稳步提升趋势。

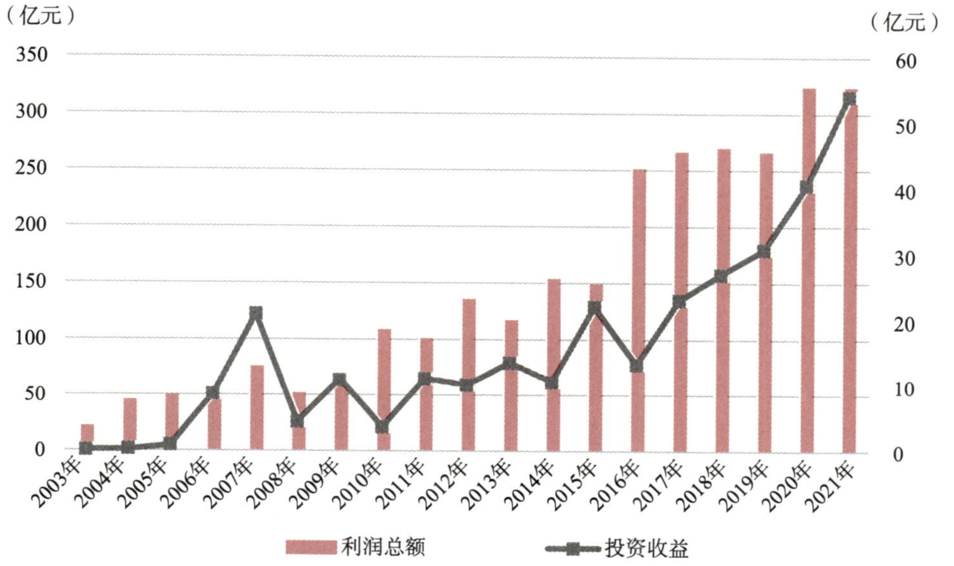

附图 3－5　长江电力上市以来的投资收益和利润总额

数据来源：Choice 金融终端，易董整理。

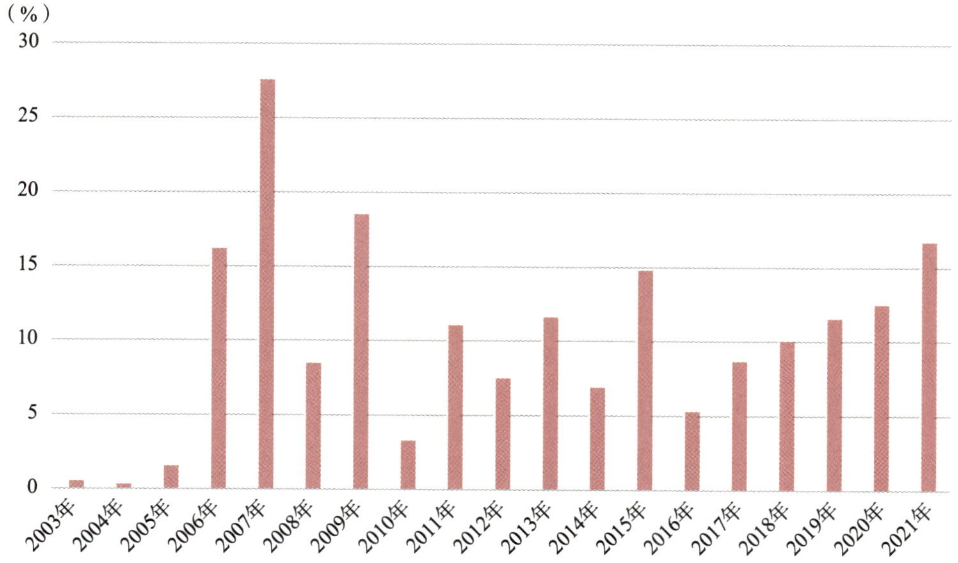

附图 3－6　长江电力投资收益占利润总额的比重

数据来源：易董整理。

在资本运作方面，长江电力走在行业市场的最前端。2020 年，长江电力发行“沪伦通”全球存托凭证（GDR），首次实现境外上市，是公司深度融入国际资本市场，推动国际化战略发展的重要里程碑。

五、ESG：国之重器，肩负使命担当

长江电力是世界上最大的水电上市公司。国家“碳达峰”“碳中和”战略目标的实现，离不开水电清洁能源的建设与发展。2021 年，长江电力清洁能源发电量达 2083. 22 亿千瓦时，相当于减排二氧化碳 1. 73 亿吨，清洁能源发电量再创新高，为完成节能减排任务发挥重要作用。

公司将绿色低碳发展作为长期战略，依托大型水电基地和电力外送通道，积极推进金沙江下游水风光一体化规模开发，牵头沿长江经济带，积极布局长江流域智慧能源业务，打造“水风光”一体化的清洁能源基地。

结论：长江电力的设立，是国家时代背景下的产物，是为适应社会主义市场经济的发展和国家电力体制改革的要求而诞生的。回顾公司上市 18 年来的市值变化和战略规划，长江电力不负使命，稳扎稳打，先后通过资本运作，承接三峡集团发电资产，收购境内外发配售电公司，形成完整的产业链布局，既保持着市值的稳定增长，也实现了公司设立的初衷。在新时代、新使命面前，长江电力也勇担责任，为长江流域生态保驾护航，为社会奉献清洁能源，为国民经济运行提供保障，为国家贡献“长电”力量。

案例4 美的集团——多元化布局，引领中国制造全球化

美的集团股份有限公司（简称“美的集团”“美的”“公司”）为国内领先的家电企业。1968 年，创始人何享健带领 23 位顺德北滘居民出资成立美的集团。1980 年，美的集团开始生产电风扇，进入家电行业。1993 年，美的集团以子公司美的电器在深交所挂牌上市。2013 年，美的集团在深交所整体上市。目前，公司主营产品涵盖空调、冰箱、洗衣机、厨电、小家电、机器人等。

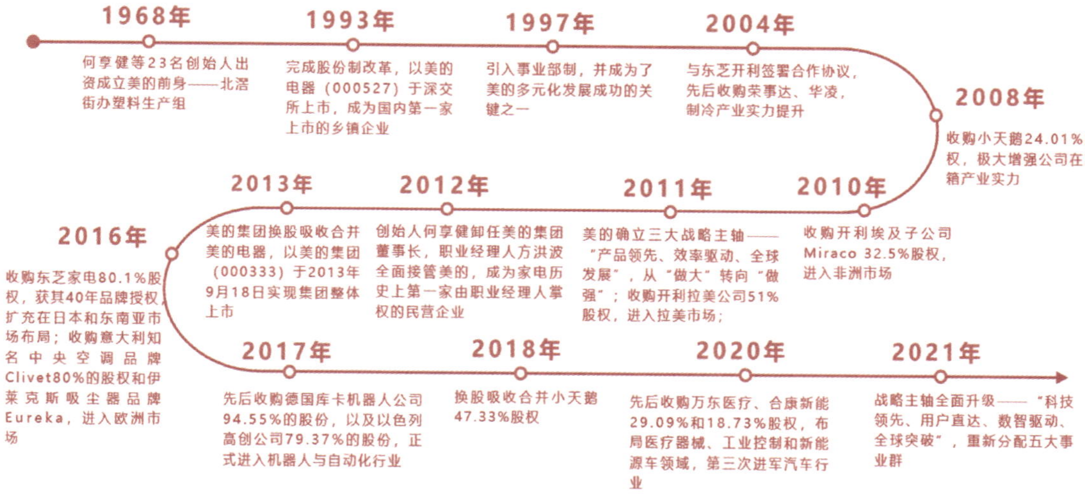

附图 4-1 美的集团发展历程及产业布局情况

数据来源：企业公告，易董整理。

整体上市后，公司业务发展迅速。公司营业收入由 2013 年的 1212.65 亿元增长至 2021 年的 3412.33 亿元，净利润由 82.97 亿元增长至 290.15 亿元。公司市值由整体上市首日的 712.30 亿元，增加至 2021 年 12 月 31 日的 5156.78 亿元，增幅达 623.96%。2021 年 8 月，《财富》世界 500 强榜单发布，美的跃居第 288 位，较上年提升 19 位，连续六年跻身世界 500 强企业行列。

一、宏观环境——受益于我国经济高速发展和城镇化进程的推进，家电行业得以发展壮大

随着改革开放的进程，中国经济步入高速发展阶段，我国人均 GDP 也快速增长，一批批“小作坊”破势而发，中国民营企业迅速发展。国内庞大的市场，为家电行业的发展无疑提供了良好的基础。

1998 年住房制度改革，改变了从过去靠住房实物分配到全面培育住房市场化的新阶

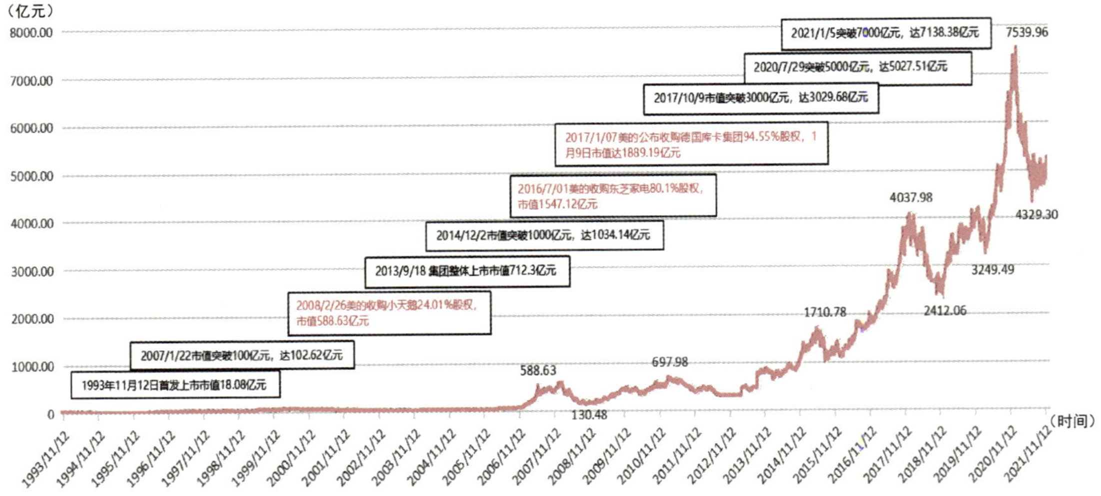

附图 4－2　1993—2021 年美的集团市值变化情况

数据来源：Wind，企业公告，易董整理。

段。商品住房市场的发展，为城镇居民提供了大量住房供给，自购住房的人越来越多，家电需求普及化，也正是如此，为家电企业创造了优质的市场环境。

2008 年面对金融危机和国外消费性电子市场急剧萎缩的情形，国家加大了对家电行业的支持，包括政府补助，政府税收减负。得益于我国经济强劲增长的大环境以及“家电节能补贴”“家电以旧换新”“家电下乡”等多项拉动内需政策的有力支持，我国家电工业实现了快速、稳步的增长，在全球家电行业的地位持续提升。

进入 21 世纪以来，面对全球科技创新力竞争，我国企业开始注重知识产权的发展与科研能力的提升，加上国家也出台多项自主创新的优惠和激励政策指引，促成“中国制造”向“中国创造”转型。在科技创新的趋势下，我国家电企业也投入大量资源进行商业模式创新、产品迭代升级、技术创新，搭上互联网快车，帮助家电企业积极开拓电商渠道，促进业务结构的优化调整。

二、公司治理——股权清晰稳定，坚定推行职业经理人制度，企业经营高效运转

美的集团股权结构清晰稳定，创始人家族拥有绝对控股权。截至 2021 年 12 月 31 日，何享健及其一致行动人通过美的控股持有美的集团 30.75% 的股份，是公司实际控制人。实际控制人的稳定，也为公司适应市场主动求变、调整发展战略、优化业务结构、延伸业务链条等奠定了良好基础。

推行职业经理人和事业部制度，促进公司高效运作。2012 年，公司创始人何享健卸任，由职业经理人方洪波接任集团董事长一职。何享健儿子何剑锋只在美的集团担任董事一职。美的集团彻底打破“地缘、亲缘、血缘”的观念，将公司的经营权全部交给职业经理人打理，开中国民营上市公司实行职业经理人制度之先河。职业经理人具有优秀的管理

能力和丰富的实践经验，更有利于集团高效运作，这也激发出美的集团巨大的经营活力。

美的集团从 1997 年即引入了事业部制，探索形成了充分放权和以业绩为导向的考评、激励机制，成为了公司职业经理人的锻炼与成长平台。公司的高层经营管理团队，均为在经营实践中培养的职业经理人，公司现代经营管理体制已基本稳定与完善。

股权激励到位，管理层持股比例较高，团队稳定。2013 年美的集团整体上市时，为进一步提高核心管理层的团队稳定性，大股东直接低价让渡股权激励高管团队，核心高管层实现直接持股、公司股权结构更为均衡，公司所有者和代理人利益达到高度一致，有利于公司治理。

美的集团整体上市后，基于业务布局和发展需要，2014 年以来公司每一年都推行了股权激励或员工持股计划，覆盖人数每年增加、激励方式灵活多样，每年滚动化的长效激励机制已形成了常态化。美的共推出 24 次激励计划，多于同行业企业，包括 8 期股票期权激励、5 期限制性股票激励、7 期全球合伙人计划、4 期事业合伙人计划。激励对象覆盖从公司高管到中基层业务骨干的广泛群体，充分绑定公司核心团队利益。同时，通过滚动设置激励计划考核目标，引导员工关注企业的中长期发展，有效制约了因短期利益而损失中长期利益的短视行为，保障公司的可持续化发展。

附表 4－1　　美的集团历次激励计划情况

激励计划	草案发布日期	计划激励对象（名）	计划授予股份数（万股）
股票期权	2014 年 1 月	693	4060.2
	2015 年 3 月	738	8430
	2016 年 5 月	931	12753
	2017 年 3 月	1476	9898.2
	2018 年 3 月	1341	6208
	2019 年 4 月	1150	4724
	2020 年 4 月	1425	6526
	2021 年 4 月	1901	8248
限制性股票	2017 年 3 月	140	2979
	2018 年 3 月	344	2501
	2019 年 4 月	451	3035
	2020 年 4 月	520	3418
	2021 年 4 月	147	1057
全球合伙人计划	2015 年 3 月	31	11500
	2016 年 3 月	15	8050
	2017 年 3 月	15	9900
	2018 年 3 月	20	18250
	2019 年 4 月	16	18582
	2020 年 4 月	17	18410
	2021 年 4 月	15	20150

续表

激励计划	草案发布日期	计划激励对象（名）	计划授予股份数（万股）
事业合伙人计划	2017 年 3 月	50	9785
	2018 年 3 月	45	9300
	2019 年 4 月	46	9750
	2020 年 4 月	44	16421
合计		11571	223935.4

数据来源：企业公告，易董整理。

三、资本运作：通过并购整合方式不断扩张产品以及加深产业链纵深

整体上市注入国内优质资产，扩充了产品品类，完善了产业链布局。此次通过吸收合并整体上市，美的集团将四大制造业务板块（大家电业务板块，小家电业务板块，机电业务板块和物流业务板块）整合到了同一个平台下，从而有望充分发挥各部门间的协同效应。其中小家电产业为国内规模最大，拥有中国最完整的小家电产品群，多个品类市场份额长期处于绝对领先。2012 年小家电板块实现营业收入 258 亿元，市场地位遥遥领先于国内同行。

借助资本市场融资平台，通过外延式并购完成产业多元化和海外市场布局。美的集团的发展历程，可以说是一部并购史，从过去的国内市场收购，到近几年的海外并购，其并购足迹遍布日本、巴西、印度、阿根廷、德国、美国、意大利，通过外延并购方式不断扩张产品以及加深产业链纵深。通过收购兼并，美的最开始由电风扇切入家电领域，随后进入空调、电机、电饭煲等领域，后来陆续进入并扩大压缩机、冰箱、洗衣机等经营规模，并于 2017 年收购德国库卡机器人 94.55% 股份，进入机器人及自动化系统领域，2021 年上半年完成万东医疗 29.09% 股份受让，进入医疗器械产品和服务领域。2010 年至今，美的共进行了 7 次跨国并购，推进海外自主品牌建设，促进海外市场扩张。目前美的集团已经覆盖智能家居事业群、工业技术事业群、暖通与楼宇事业部、机器人与自动化事业部和数字化创新业务五大业务板块。

公司并购路径从买产品、买技术，到买市场、买渠道，最后跨越到买科技能力。前瞻性布局使美的已经由一个传统家电企业成功转型为一家全球化科技巨头。

附表 4－2　　美的集团历次重大并购重组情况

事件	时间	交易金额	作用及意义
收购广东威灵电机制造有限公司 75% 股权	2005 年 3 月 30 日	1.86 亿元	布局空调产业链

续表

事件	时间	交易金额	作用及意义
收购埃及 Miraco 公司 32.5%股份	2010 年 10 月 11 日	5748 万美元	拓展非洲市场
收购开利拉美空调业务 51%股权	2011 年 8 月 6 日	2.23 亿美元	拓展拉丁美洲地区空调业务，加快完善全球布局
美的集团吸收合并美的电器 58.83%股权	2013 年 9 月 12 日	305.83 万元	实现集团业务整体上市，形成全品类产品结构
要约收购小天鹅 20%股权	2014 年 8 月 8 日	6.75 亿元	加强机洗领域竞争力
收购意大利中央空调企业 Clivet80%股权	2016 年 6 月 24 日	9.82 亿元	提升美的中央空调在欧洲市场的影响力及综合竞争力
收购东芝家电 80.1%股权	2016 年 7 月 1 日	514.00 亿元日元（约 5 亿美元）	获得东芝品牌 40 年的全球授权、5000 多项专利技术
收购德国库卡集团 81.04%股份	2017 年 1 月 7 日	292.00 亿元	正式进入机器人与自动化行业，共同开拓服务机器人蓝海，打造智慧家居集成系统化、生态链能力
换股吸收合并小天鹅 47.33%股权	2019 年 6 月 19 日	143.83 亿元	国内首个吸收合并 A + B 股公司的上市公司，借助小天鹅在洗衣机行业的发展优势，在品牌效应、规模议价、用户需求挖掘及研发投入等多方面实现协同效应，进而提升公司价值
收购合康新能股份控股权	2020 年 3 月 26 日	7.43 亿元	进一步加强公司在工业自动化与电力电子软件驱动领域的产业布局，提升工业自动化产业链协同机会，拓展美的集团 ToB 业务规模
与菱王电梯正式战略合作	2020 年 12 月 11 日	—	进军电梯业务，有助于美的完成在暖通楼宇板块的全线业务占位，更好探索智慧楼宇新模式
收购万东医疗 29.09%股权	2021 年 5 月 8 日	22.97 亿元	首次布局医疗器械领域，推动产业多元化，推进 B 端业务发展战略

数据来源：企业公告，易董整理。

四、盈利与成长性：公司盈利能力突出，全品类、全市场、多元化业务布局促进公司快速发展

通过公司产品全品类布局，公司业绩持续高增长。2013 年公司整体上市后，原属于控股股东旗下的小家电、电机和物流业务注入上市公司，促进上市公司完成了全产品线布局和上下游整合，也促进公司营业收入和归母净利润快速增长。2013—2021 年公司营业收入

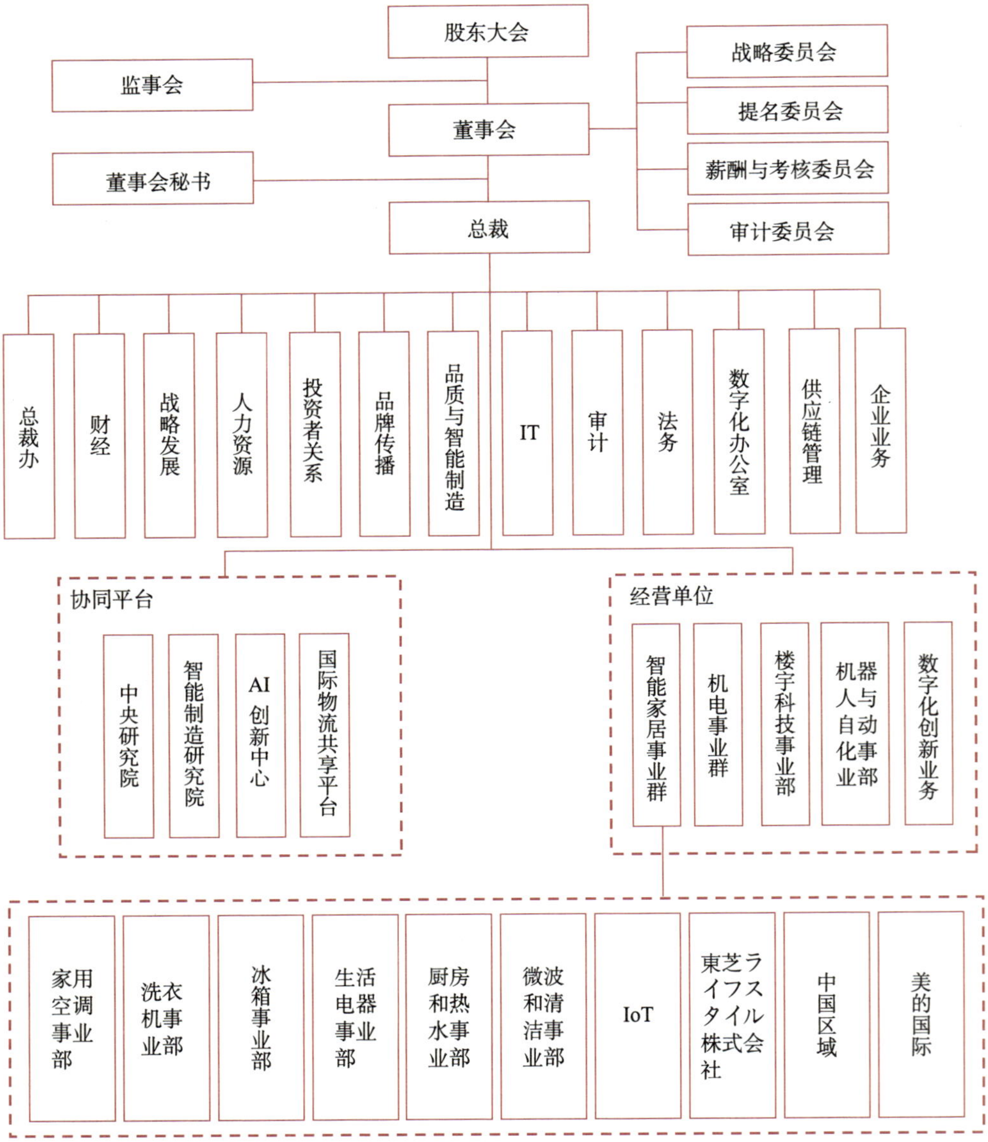

附图 4－3　美的集团全产业链布局

数据来源：易董整理。

年均复合增长率为 13.89%，公司净利润年均复合增长率为 16.94%。其中，2017 年受益于行业景气度上行和收购资产并表，公司营收大幅增长，同比增长 51.35%。净利润增速高于营收增速，主要因为公司整体运营效率持续提升。

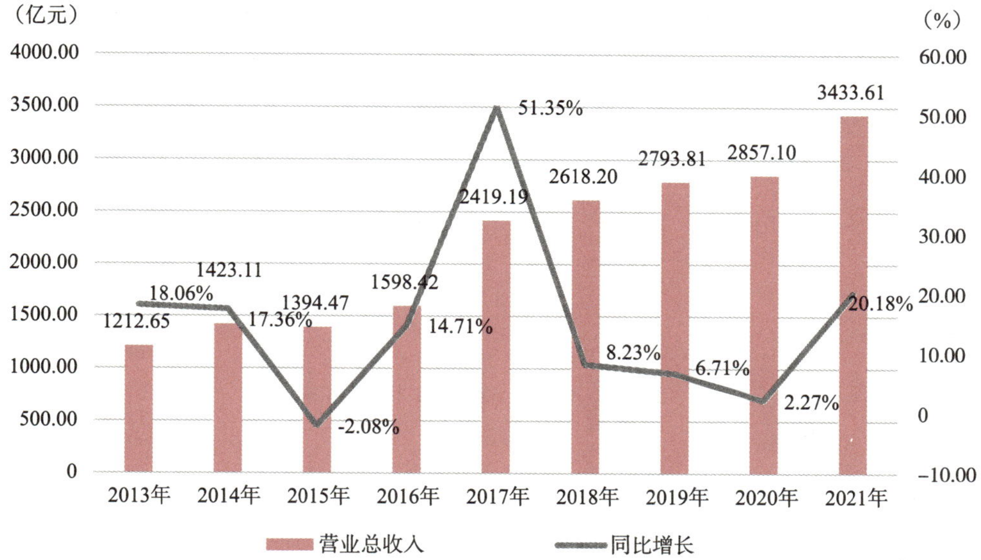

附图 4－4　美的集团 2013—2021 年营业总收入及同比增长

数据来源：Choice，易董整理。

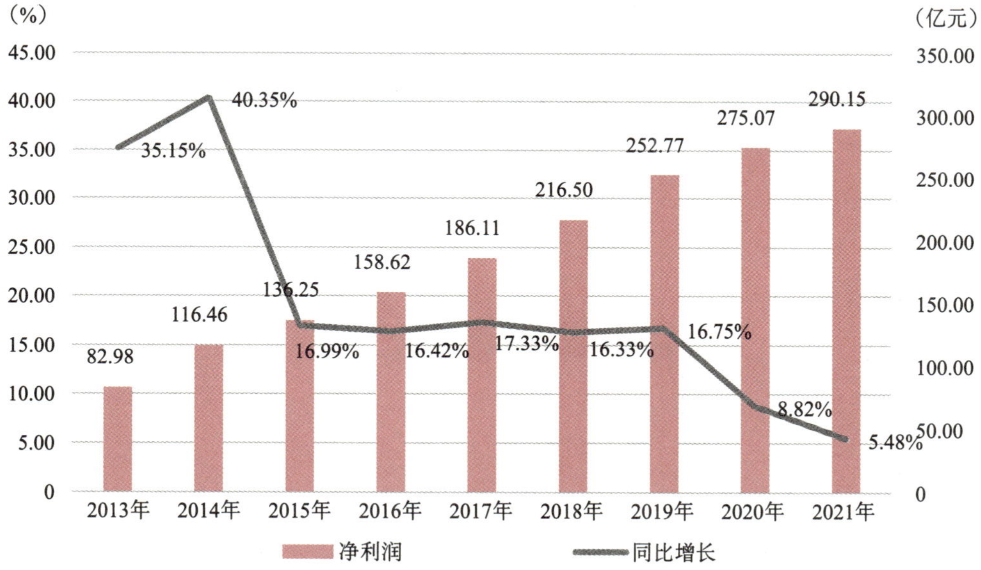

附图 4－5　美的集团 2013—2021 年净利润及同比增长

数据来源：Choice，易董整理。

从产品结构来看，暖通空调和消费电器为营收主要贡献点。2021 年暖通空调、消费电器营收分别占比 41.58% 和 38.64%，近年来二者合计占比稳定在 80% 左右。

公司实施以销定产的生产模式，运营效率提升。2011 年，公司提出“效率驱动”战略，从传统渠道库存模式转型为订单驱动模式，由用户需求驱动生产，减少中转环节，提高供应链效率。2013 年，公司开始建立全集团统一的数据管理平台。2014 年，公司开始推行T+3运营管理模式，整合从生产到销售的各个环节，实现各个事业部、安得物流、客服中心等平台的协同。公司实施T+3改革后，渠道库存压力较小，存货周转加快，公司经营效率也得到逐步提升。

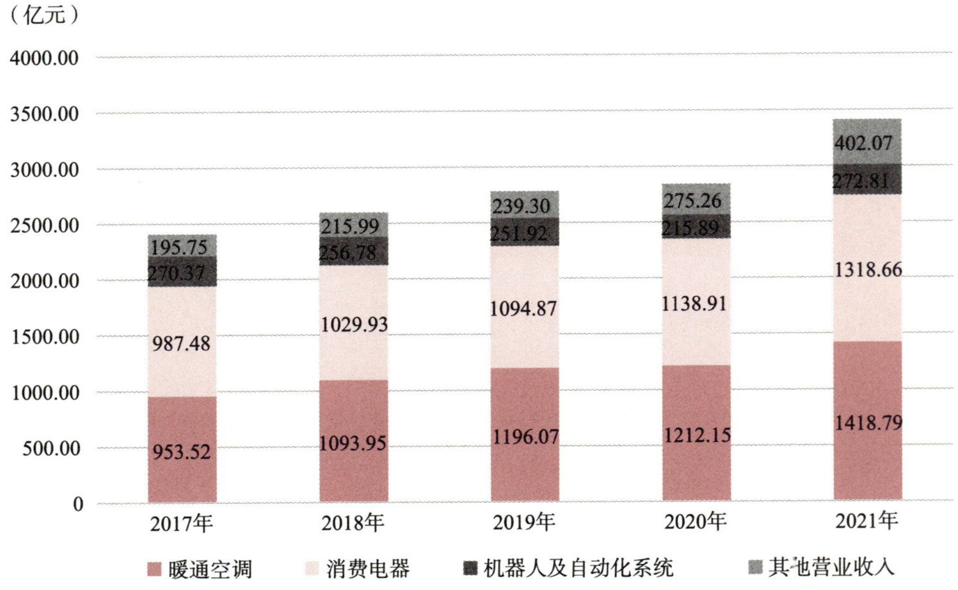

附图4-6　美的集团2017—2021年产品营收情况

数据来源：Choice，易董整理。

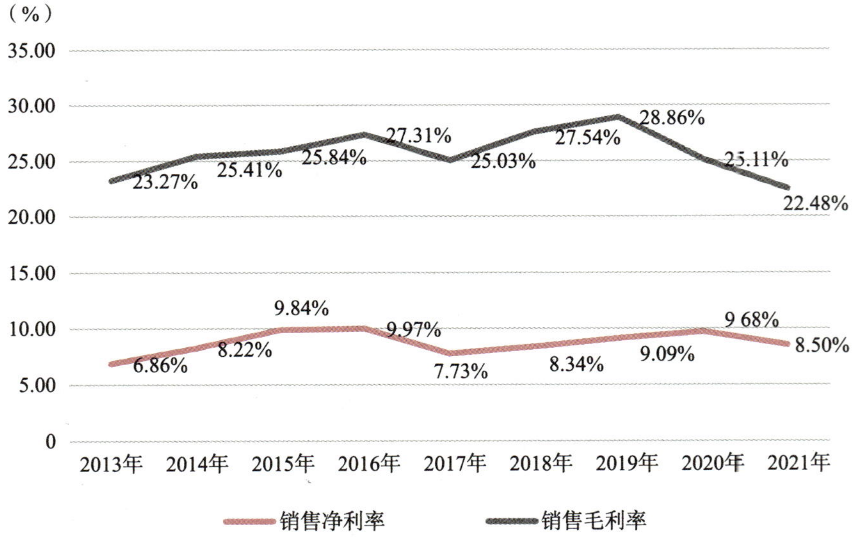

附图4-7　美的集团2013—2021年毛利率和净利率情况

数据来源：Choice，易董整理。

从地区来看，公司积极推行全球化战略，海外业务占比持续提升，2021年达到40.34%。公司在全球拥有约200家子公司、35个研发中心和35个主要生产基地，业务覆盖 200 多个国家和地区，每年为全球超过 4 亿用户提供产品和服务。

附表 4－3　　美的集团 2021 年主营业务收入分地区情况

地区	营业收入（亿元）	营业收入占比	毛利率
国内	2035. 79	59. 66%	22. 97%
国外	1376. 54	40. 34%	21. 76%

数据来源：企业公告，易董整理。

五、科技创新：研发支出远超同业，高专利形成高壁垒

在科技领先战略牵引下，美的持续加大研发投入，不断提升研发规模优势。

美的创新性地构建“2＋4＋N”全球化研发网络，包括中国在内的 12 个国家设立了 35 个研究中心，建立研发规模优势。国内以顺德总部全球创新中心和上海全球创新园区为核心；海外以美国研发中心、德国研发中心、日本研发中心、意大利研发中心为主，发挥区位技术优势，整合全球研发资源，形成优势互补的区域性技术研发中心，以科技领先战略牵引人才密度和厚度，成建制地构建全球研发布局。

正因为国内外联合研发，整合全球研发资源，美的研发费用每年逐步提升，支出也常年大于海尔智家跟格力电器。2021 年美的集团研发费用 120. 15 亿元，占营收的 3. 52%。

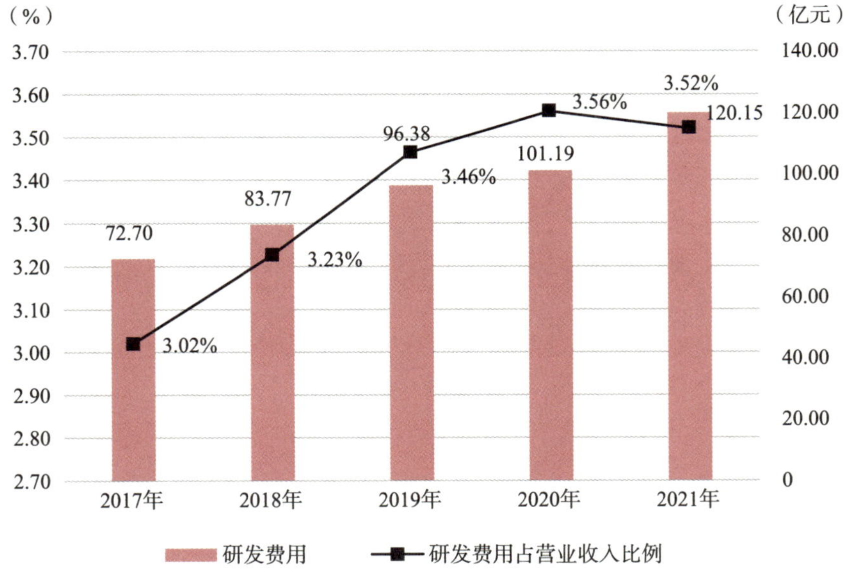

附图 4－8　美的集团 2017—2021 年研发费用投入及占比

数据来源：Choice，易董整理。

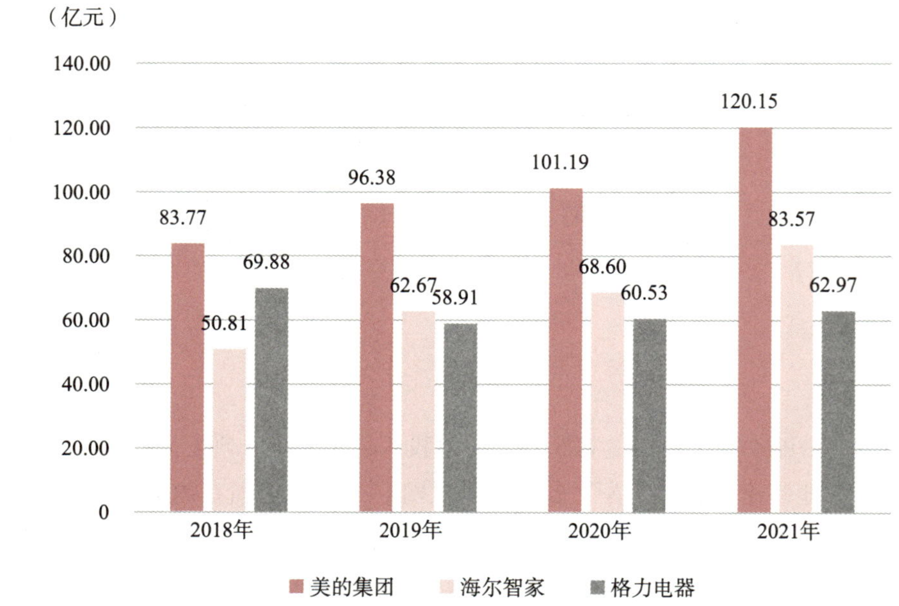

附图 4－9　同行业公司 2018—2021 年研发费用投入对比情况

数据来源：Choice，易董整理。

在研发团队上，美的更是投入众多的研发人员。2021 年，美的研发人员超过 18000 人，占比达 10.92%。

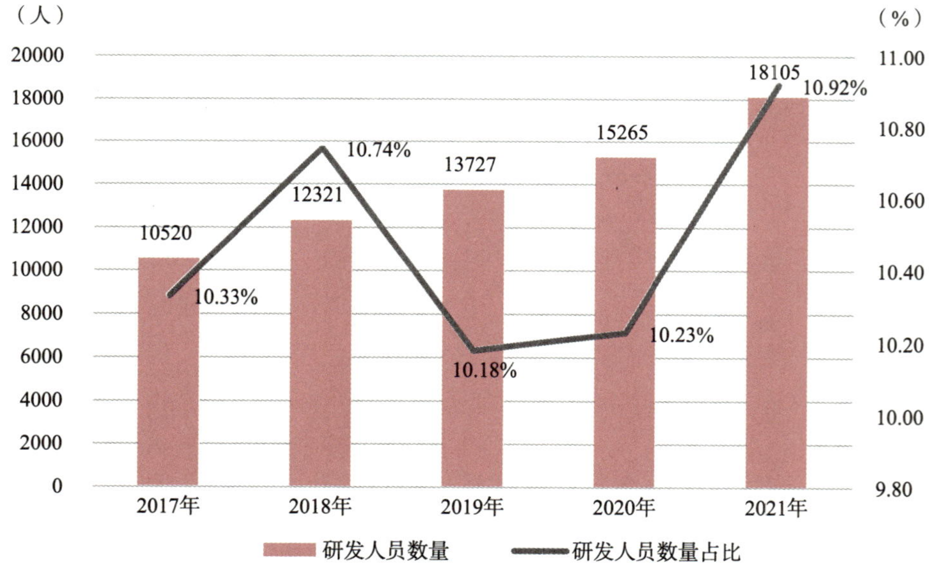

附图 4－10　2017—2021 年研发人员情况

数据来源：Choice，易董整理。

正是因为常年的研发投入，美的获得多项科技成果，在发明授权专利数上更是亮眼，为公司多业务多品牌的发展保驾护航。2021 年，美的全球范围内申请专利超过 10000 件，获得发明专利授权超过 3000 件，其中海外发明专利授权超过 1000 件。

六、ESG：始终践行绿色发展理念，坚定不移地推动自身绿色变革发展

围绕国家“双碳”目标与远景规划，美的集团围绕“绿色设计、绿色采购、绿色制造、绿色物流、绿色回收、绿色服务”六大支柱，通过技术创新、标准制定、供应链升级改造、家电回收、数智化解决方案等方法，坚定不移地推动自身绿色变革发展，并将其复制转移到全价值链的合作伙伴中。同时，美的集团正在积极布局绿色标准和绿色制造体系的建立。美的持续通过加快推进制造自动化、智能化，运用互联网、大数据，以数字技术加快生产过程能源管理能力的升级。数字化、智能化的工业互联网平台（M. IoT）对制造中涉及用能的各关键节点和生产计划系统全流程拉通实现能效管理全程透明化、可视化、可控化。2018—2020 年连续三年实现能源费率下降 10%，也成为广东省内首家自愿申请并通过清洁生产认证的家电企业。

结论：回顾美的发展历程，披荆斩棘 50 年，在激烈的家电红海中砥砺前行，坚持科技领先的战略不动摇，持续提升产品与技术创新能力。通过多年的全产业链、全品类和多元化业务战略推进及数字化战略实施，逐步形成了美的集团的规模和经营效率优势。与此同时，坚定的企业执行力、合理的治理结构和高效的治理机制、大方的长效激励机制以及坚持产业链绿色发展的理念，最终造就了美的集团稳步发展的大格局。

案例5　隆基绿能——借碳中和“东风”，坚守单晶路线，守得云开见月明，跃升千亿龙头

隆基绿能（601012. SH）是一家单晶硅生产制造企业，主要从事单晶硅棒、硅片、电池和组件的研发、生产和销售，以及光伏电站的开发业务，其主营业务几乎覆盖光伏全产业链，现已发展成为全球最大的单晶硅片和组件制造企业。2012 年 4 月 11 日，隆基绿能在上交所主板上市，首发上市日市值 59. 09 亿元，经过近十年成长，隆基绿能 2021 年 12 月 31 日的市值为 4665. 97 亿元，市值增长近 80 倍。公司营业收入由 20. 18 亿元增长至 809. 32 亿元，净利润由 2. 87 亿元增至 90. 74 亿元，是 A 股光伏行业的龙头。

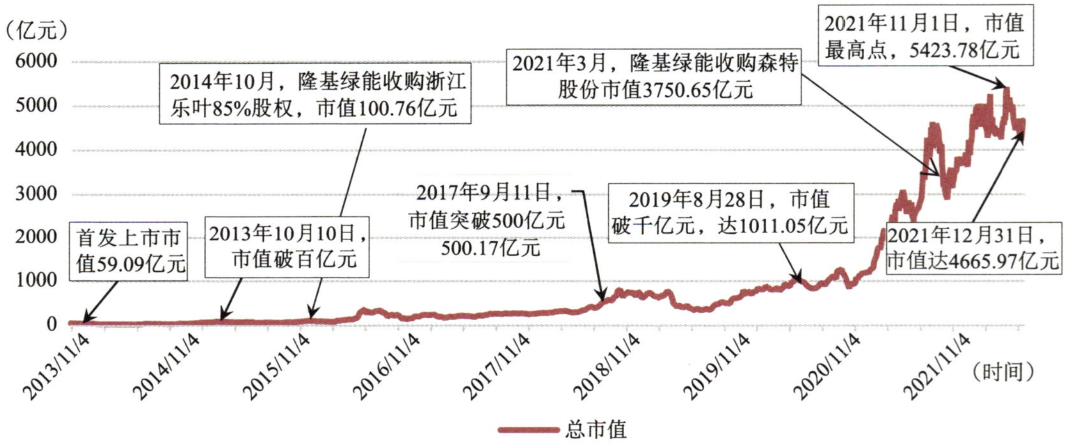

附图 5－1　隆基绿能上市后市值变化趋势

数据来源：Choice，易董整理。

一、外部因素：碳中和推动能源结构转型，光伏成为未来绝对的朝阳产业

在《巴黎协定》设定的 2050 年全球控制气温升幅限制在 1. 5℃ 的背景下，中国乃至全球都在加速推进碳中和，中国设立了 2030 年碳达峰、2060 年碳中和的“双碳计划”，要实现减碳计划，提升电气化率是必不可少的。根据落基山研究院（RMI）的测算，中国在实现碳中和的过程中，需要将发电量从目前的约 7 万亿千瓦时增加到 2050 年的 15 万亿千瓦时，电力占比应从目前的 25% 提升至 55%。目前中国发电结构以火电为主，据中电联统计，2019 年中国发电量中火电占比为 72%，而火电以燃烧煤炭为主，碳排放量占全国总碳排放的 30%。计划到 2060 年中国非石化发电量占比将超过 90%，煤炭比例将降至 5% 以下，可见未来我国的能源结构将发生巨大变革，化石能源亟待由可再生能源替代。

过去十年，光伏装机需求大幅上升，全球累计装机容量由 2010 年的 39.6GW 增长至 2021 年的 926GW，装机规模增长近 23.38 倍，年复合增长率约为 33.18%。在这样的背景下，光伏行业具备高景气度，在资本市场中也获得投资者的青睐，十年间电力设备行业市值由 9646.69 亿元增至 4.86 万亿元，涨幅约 403.80%。未来 40 年能源替代深化推进，可预见光伏行业仍具高增长性。

二、公司治理：兰大同窗校友共同创业，股权激励维系核心团队稳定

隆基绿能由李振国创立，李振国毕业于兰州大学物理系半导体专业，公司创始人及团队主要成员李振国、李春安、钟宝申为兰州大学校友，同窗时期受兰州大学校长江隆基留下的治学理念与扎实学风影响，约定公司成立后以老校长隆基命名。

公司成立以来创始人团队稳定，公司实控人李振国及其一致行动人合计持股 21.21%。公司成立以来，通过股权激励很好地维系了核心团队的稳定。公司分别在 2014 年和 2016 年推出了两期第一类限制性股票激励计划。2014 年第一期限制性股票激励计划共涉及激励对象 734 人，包含公司董事、高管、中层管理人员和核心技术（业务）人员，共授予 1330 万股，占当时公司股份总额的 0.19%。2016 年第二期限制性股票激励计划共涉及激励对象 1371 人，主要对象是中层管理人员及核心技术（业务）人员，共授予 1890 万股，占当时公司股份总额的 0.95%。此外，2021 年 3 月 31 日实施员工持股计划，让公司部分董事、高级管理人员及核心成员共 22 人通过员工持股平台持有子公司隆基氢能股权，通过长效激励机制促进公司氢能业务发展。

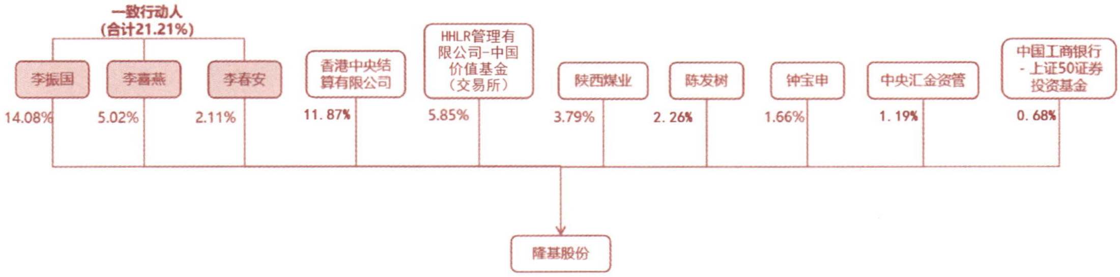

附图 5－2　隆基绿能前十大股东持股比例

数据来源：公司年报，易董整理。

三、盈利与成长性：公司盈利能力突出，是国内外光伏行业龙头

光伏行业的产业链是：晶体硅原料→硅片→电池→组件→电站，隆基绿能业务涵盖硅片、电池、组件、电站等，跨度产业链上下游。隆基绿能作为最早开始布局单晶的企业，在单晶垂直一体化整合和规模优势方面处于光伏行业的领先地位。根据其营业收入结构可以看出，其营收主要来源是太阳能组件及电池，占营业收入比重 72.23%，其次是硅片及硅棒，占营业收入比重 21.04%。根据 2021 年年报，公司营业收入与毛利率如附表 5－1 所示：

附表5－1　　隆基绿能主营业务构成

业务类型	营业收入（亿元）	营业收入占比	毛利率	分类
太阳能组件及电池	584.55	72.23%	17.06%	电池
硅片及硅棒	170.28	21.04%	27.55%	硅片
电站建设及服务	19.42	2.40%	17.17%	电站
受托加工	17.63	2.18%	14.93%	硅片
电力	5.62	0.69%	62.15%	电站
其他	11.82	1.46%	62.03%	—
光伏业务（以上合计）	809.32	—	20.19%	—

从盈利情况来看，公司营业收入从2016年的115.31亿元增长至2021年的809.32亿元，净利润由15.51亿元增至90.74亿元。2016—2021年营收年复合增长率47.66%，净利润年复合增长率42.38%，其营利的规模和增长率都处于行业领先地位。

毛利率方面，隆基绿能的综合毛利率也处于长期领跑的地位，与竞争对手比较，2016—2020年毛利率每年的领先优势在3%—21%，2021年毛利率缩窄，但2016—2021年公司平均综合毛利率为25.95%，平均综合毛利率领先优势在4%—11%。

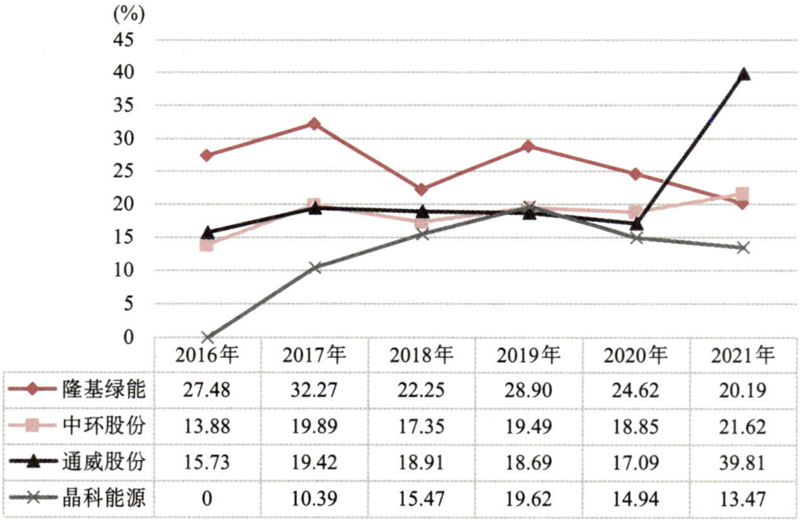

附图5－3　隆基绿能2016—2021年平均毛利率行业领先

数据来源：Choice，易董整理。

隆基绿能除了在国内光伏行业拥有绝对的领先优势外，同时在全球光伏领域也一马当先。隆基绿能经营范围遍布全球，营业收入中有近一半来自境外。根据2021年年报，2021年隆基绿能单晶硅片和组件出货量双双位列全球第一，国际市场的毛利率也都在18%以上。

附表 5－2　　隆基绿能主营业务收入地区分布

地区	营业收入（亿元）	营业收入占比	毛利率
中国境内	429.82	53.11%	19.98%
亚太地区	133.11	16.45%	22.63%
美洲地区	130.05	16.07%	18.97%
欧洲地区	113.86	14.07%	19.44%
非洲地区	2.49	0.31%	25.49%

数据来源：公司年报，易董整理。

四、科技创新：技术攻坚降本增效，引领光伏市场由多晶转向单晶

隆基绿能目前组件的营收占比最高，但早期隆基绿能却是靠硅片业务起家。硅片领域有单晶硅片和多晶硅片两大产品路线，隆基绿能走的是单晶硅片路线。在光伏行业发展的早期，硅片环节主流技术路线是多晶硅片，2016 年以前，多晶硅的市场份额一直都超过 80%。多晶硅路线成本低，单晶硅技术成本更高，因此很长一段时间不被下游厂商接受。但单晶硅在晶体品质、电学性能、转换效率方面都具备显著的优势，使用单晶硅更绿色环保。隆基绿能认为单晶硅技术是未来发展的趋势，于是致力于单晶技术的研发，把单晶硅片降本增效的技术作为研究重点。

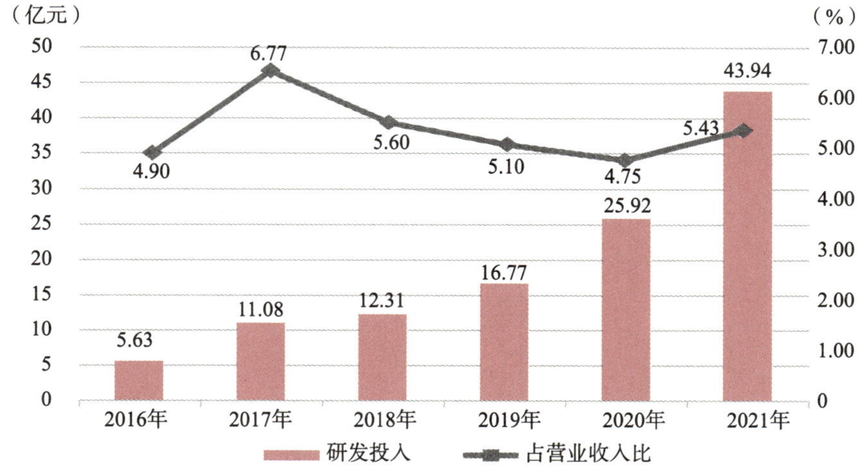

附图 5－4　隆基绿能研发投入

数据来源：公司公告，易董整理。

2021 年隆基绿能研发支出 43.94 亿元，较 2016 年增长了约 8 倍，占营收的 5.43%。隆基绿能通过积极引进和合理配置人才，建立了硅材料研发中心、电池研发中心和组件研发中心，拥有 1 个国家级企业技术中心和 8 个省级企业技术中心，截至 2021 年年底，隆基绿能组建了超过 1000 人的专业研发团队，累计获得各类专利 1387 项。

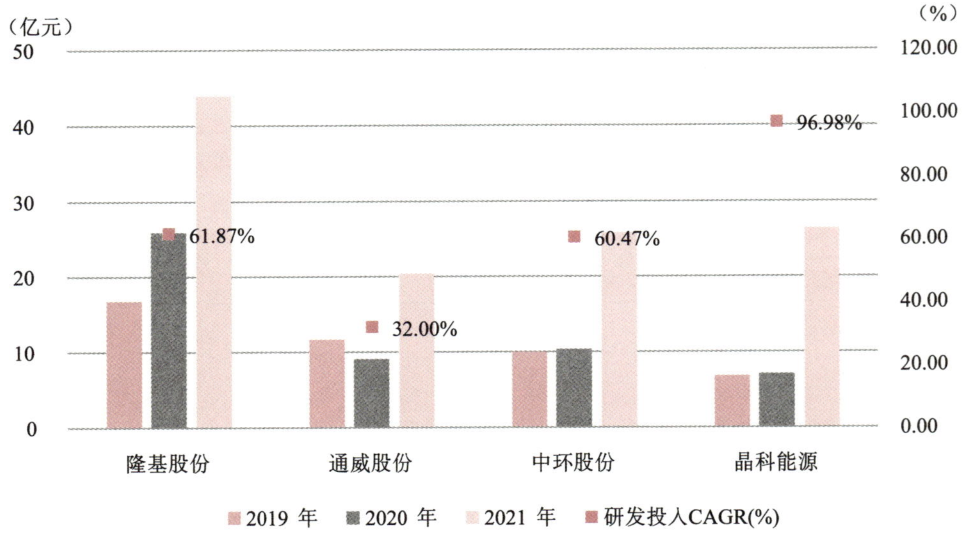

附图 5－5　隆基绿能研发投入年复合增长率行业领先

数据来源：公司公告，易董整理。

通过长期对单晶技术的研发，隆基绿能的单晶技术多点开花，包括硅棒端 RCZ 技术的应用、金刚线切割技术的成熟以及单晶 PERC 高效电池技术的推广等，使单晶硅片成本大幅下降，单晶硅片与多晶硅片成本差距快速缩小，单晶硅片迅速替代多晶硅片，短短 7 年时间，我国单晶硅市场份额从 2014 年的 5% 升至 2020 年的 90%。

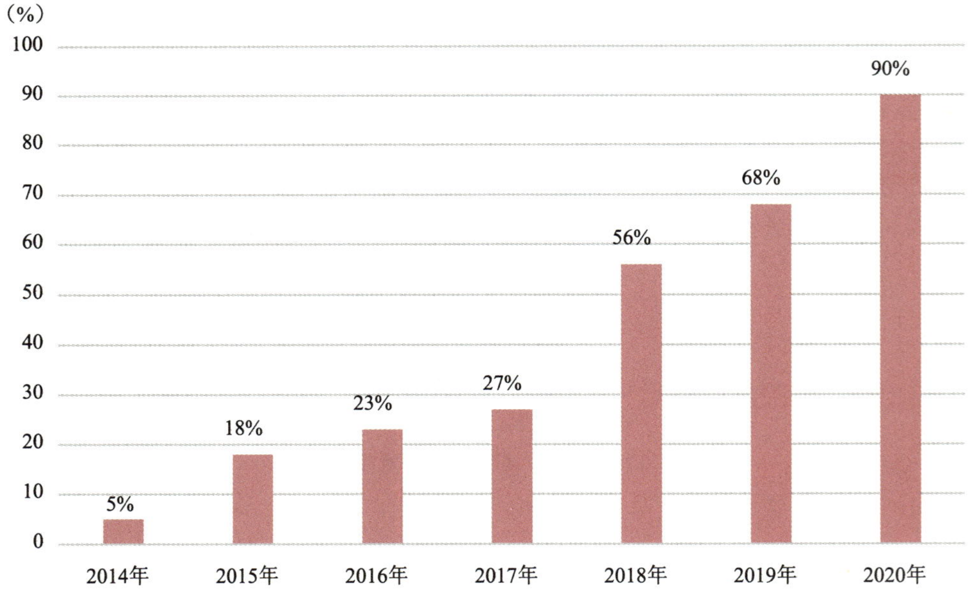

附图 5－6　单晶硅市场份额不断上升

数据来源：首创证券研究报告，易董整理。

制造成本的下降，不仅仅是帮助隆基绿能推动光伏行业技术替代，更重要的是助推了光伏行业“平价上网”进程。光伏行业历来较为依赖政策扶持，政府给予光伏行业政策补贴主要原因是早期光伏的发电成本高于煤电、水电等，经补贴后光伏的度电价格才能与其他种类的电价达到相对平衡，但长期依赖政策补贴显然是不符合市场规律的。身为行业龙头的隆基绿能，在降低全行业的发电成本上起到了引领作用，隆基绿能董事长李振国表示，“硅片价格从 10 年前每片 100 元左右降至 3 元左右，组件价格从 10 年前的每瓦 30 元降至 1.7 元左右”。2019 年 1 月 9 日，发改委、能源局发布《关于积极推进风电、光伏发电无补贴平价上网有关的通知》，明确光伏行业已经具备“平价上网”的条件，2021 年光伏补贴将退出历史舞台。

五、资本运作：通过收购并购下沉产业链，助推单晶电池产能扩张

在单晶与多晶之争中，降低单晶成本是反超多晶的关键，但是在单晶硅片技术完成变革后，仍有许多电池厂商选择使用多晶硅片。其主要原因是，许多中游电池厂商制造设备与单晶硅片不兼容，在生产中电池厂商更倾向于选择多晶硅片。

单晶硅片价格已大幅降低，但由于中游厂商替换成本过高，导致单晶电池仍无法推向下游。2014 年隆基绿能收购浙江乐叶，并采用 PERC 电池技术，开始向中游电池片制造端进军。由于多晶硅片杂质含量高，PERC 电池技术在多晶电池上只能提效 0.6%—0.8%，但在单晶电池上可提效 0.8%—1%，隆基绿能收购浙江乐叶后，通过“单晶 + PERC”自制单晶电池，迅速拉开了与多晶电池的效率差距，单晶 PERC 电池产能开始迅速扩张，成为市场主流产品。

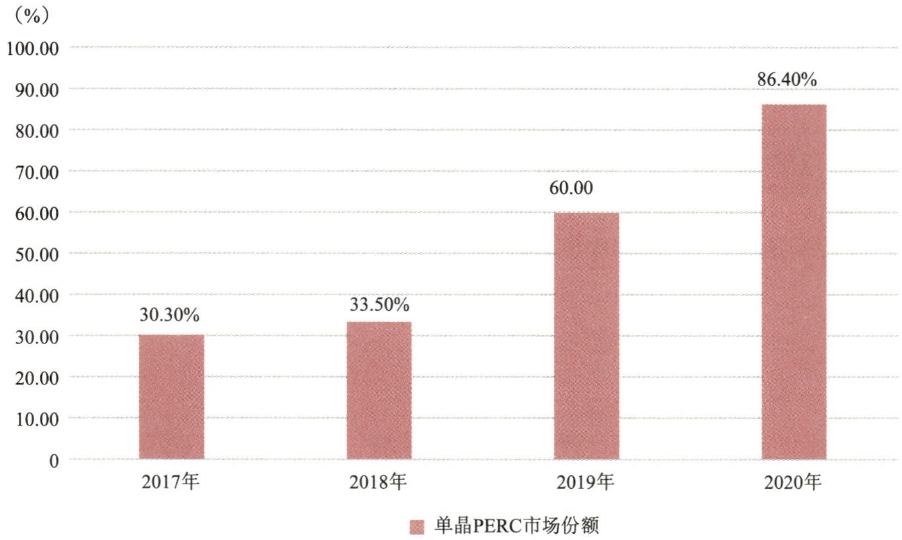

附图 5-7 PERC 电池市场份额不断上升

数据来源：中国光伏行业协会，易董整理。

隆基绿能的单晶硅片反超多晶硅片不仅靠着其科技创新，当公司业务扩张受到阻碍后，还运用兼并收购方式，实现产业链下沉，进军中游电池制造，从而摆脱了中游制造商的压制，在单晶技术推广中掌握了主动权，最终促使单晶超越多晶，成为光伏主流技术。

有了收购浙江乐叶的成功经验后，隆基绿能又陆续通过一系列兼并收购的方式，在公司发展的关键节点实现业务升级和产业扩张，布局了光伏整个产业链。具体并购事件罗列如附表 5 - 3 所示。

附表 5 - 3　　隆基绿能兼并收购发展沿革

事件	时间	购买金额	作用及意义
隆基绿能收购浙江乐叶 85% 股权	2014 - 10 - 23	4609.55 万元	产业链下沉，利于公司推广单晶技术
西安隆基硅材料股份有限公司收购古晋 SunEdison 公司	2016 - 03 - 02	6300.00 万美元	收购 SunEdison 公司马来西亚的设备、厂房、土地等资产，利于公司境外市场扩张
隆基乐叶收购宁波宜则 100% 股权	2020 - 02 - 23	17.80 亿元	宁波宜则生产基地位于越南，可作为隆基国际加工厂，降低制造成本，且规避美国对华光伏双反贸易政策
隆基绿能收购森特股份 27.25% 股权	2021 - 03 - 04	16.35 亿元	有助于公司扩大分布式市场范围，发挥森特股份建筑屋顶设计、维护优势，结合隆基绿能 BIPV 产品制造的优势，拓展光伏产品的应用场景

数据来源：易董资本运作案例库。

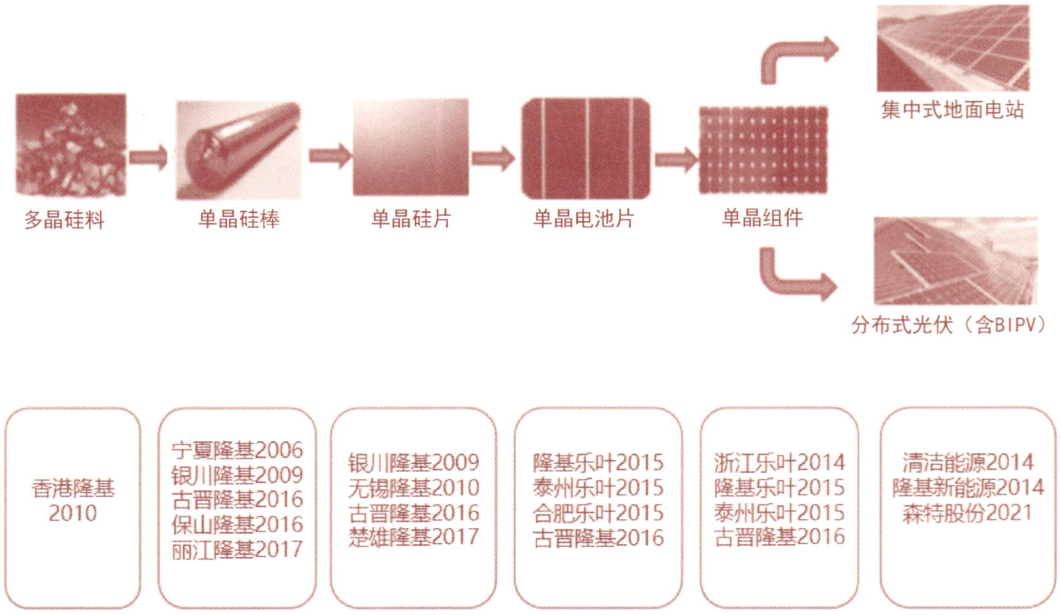

附图 5 - 8　隆基绿能产业链布局

数据来源：公司年报。

除了兼并收购，隆基绿能还在资本市场进行了多次融资。其首发募集资金 15.75 亿元，再融资包括 2014 年非公开发行 19.6 亿元、2015 年非公开发行 29.8 亿元、2017 年可转债发行 28 亿元、2018 年配股发行 39 亿元、2019 年可转债发行 50 亿元、2021 年可转债发行 70 亿元，共计再融资募集资金 201.4 亿元，在资本市场共募资 217.15 亿元。隆基绿能充分发挥了资本市场融资和产业调整的功能，帮助公司做大做强。

六、ESG：可持续发展是道心，向全球作出绿色发展承诺

在全球气候变化的主题下，国家和企业都需要找到一条“可持续发展之路”。隆基绿能作为绿色行业的领军企业，在可持续发展的道路上也在不断探索前进。2015 年，联合国提出 2030 年可持续发展目标（SDGs），隆基全力支持联合国可持续发展目标，由公司董事长领导可持续发展工作，设立可持续发展委员会，制定公司可持续发展的方针政策，并加大科技创新力度，将 SDGs 与业务价值链结合，全面提升公司可持续发展体系化建设。

此外，隆基绿能为践行可持续发展理念，向全球作出承诺，加入科学碳目标 SBTi（设立科学减排目标和路径）、RE100（2028 年前 100% 使用可再生能源）、EP100（在 2025 年提高 35% 能源使用效率）、EV100（2030 年前安装充足的电动车充电设施），是中国唯一一家同时加入科学碳目标（SBTi）和气候组织三个“100”的企业。

结论：从隆基绿能由 50 亿市值跃升至 4000 亿市值的案例可以看出，宏观行业趋势是基础，但更离不开公司管理层的高瞻远瞩，在单晶和多晶的路线选择上，隆基绿能管理层通过专业与眼光做出了正确的选择，坚信单晶路线是光伏行业可持续发展的最优途径，正因为坚守正确的技术路线并作出战略部署和投入大量研究，使单晶技术愈发成熟，成本降低得以市场化，同时也通过资本运作向完成产业链布局，才成就了现在的业绩与市值。

案例6　迈瑞医疗——坚守自研道路夯实发展根基，全球化布局成就医疗器械龙头

深圳迈瑞生物医疗电子股份有限公司（以下简称“迈瑞医疗”）是全球领先的医疗器械以及解决方案供应商，其主要产品覆盖三大领域：生命信息与支持，体外诊断和医学影像，实现了医疗器械高、中、低端市场的全面覆盖。作为一家具有全球化视野的公司，迈瑞医疗在全球设有43家子公司，产品及服务远销190多个国家和地区。

2016年3月，迈瑞医疗从纽交所完成私有化退市，此后于2018年10月在深交所创业板成功上市。迈瑞医疗受到中国资本市场追捧，上市首日市值便达854.27亿元，而在上市后的第四天市值便轻松迈过千亿元大关。截至2021年12月31日，迈瑞医疗总市值已达4629.35亿元，只用了3年多的时间市值便翻了5.4倍，成为沪深A股市场医药生物行业市值第一股。

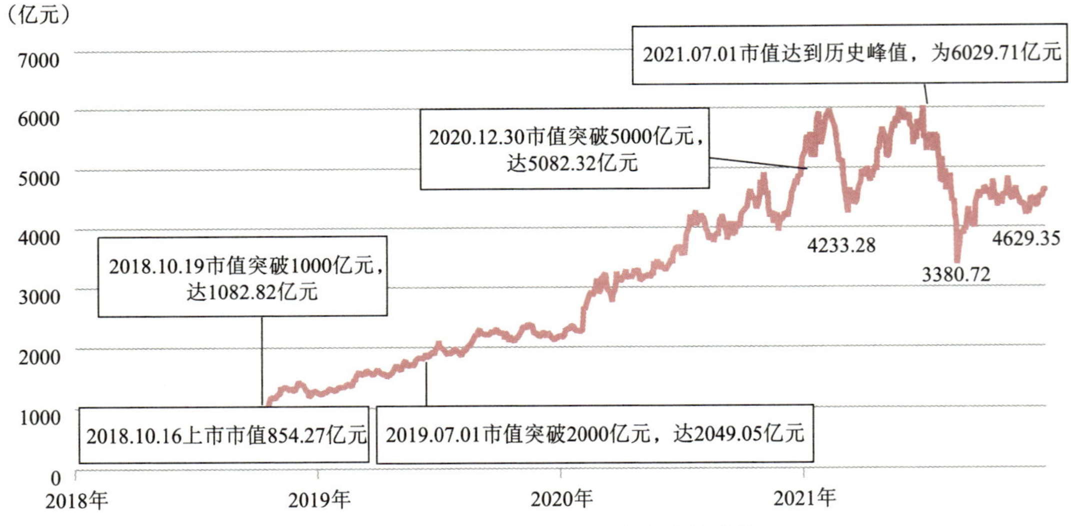

附图6－1　迈瑞医疗上市后市值变化趋势

数据来源：Choice，易董整理。

一、外部因素：医疗器械进口替代，市场需求不断增长

中国的医疗器械在很长一段时间都是以国外进口为主，中国企业则常作为国际医疗器械品牌代理商，早期的迈瑞医疗也在这一行列中；西方的设备虽然存在技术优势，可价格昂贵，导致我国仅有少数省会城市有条件购入，远远无法满足普罗大众的医疗需求，迈瑞医疗抓住了这一契机向市场推出第一款自研产品。

凭借其不到同类进口产品价格一半的优势、及时完善的售后服务以及过硬的产品质量，迈瑞医疗的产品以中小型城市为切入点逐渐席卷全国各大城市医院。1997 年，迈瑞医疗自研产品已占当时总销售额的一半；到 1999 年仅自研产品便创收 1 亿元。如今，迈瑞医疗已成功打破了国际医疗巨头的垄断，并具有国内同行业最全的产品线，其生命信息与支持业务的大部分子产品市场占有率已达到全国第一，是目前国内当之无愧的医疗器械龙头。

（一）全球医疗器械市场规模增长缓慢

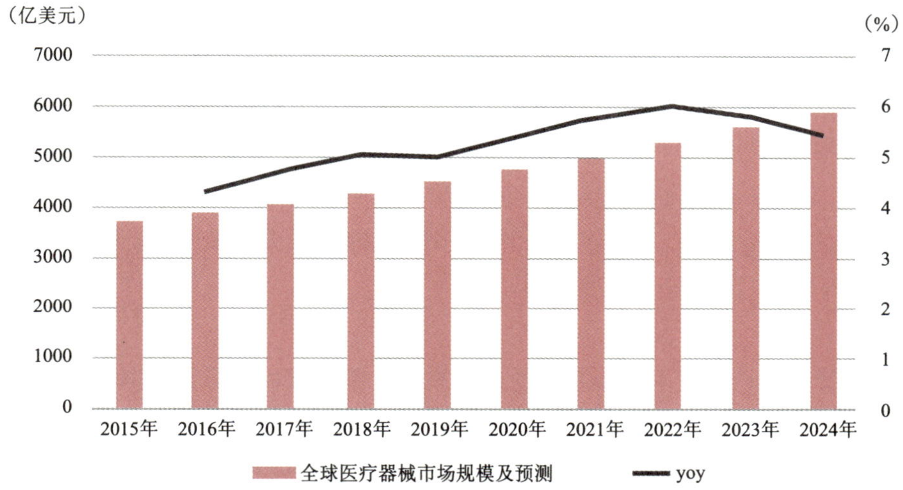

附图 6－2　全球医疗器械市场规模及预测

数据来源：《Frost&sullivan》，东亚前海证券研究报告。

（二）中国医疗器械市场规模增速超全球

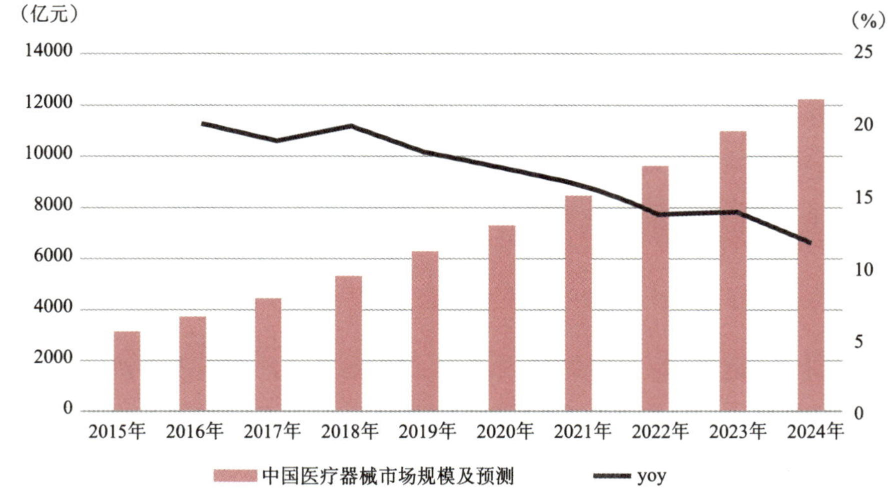

附图 6－3　中国医疗器械市场规模及预测

数据来源：《Frost&sullivan》，东亚前海证券研究报告。

随着我国人口老龄化问题愈发严重、国民人均收入稳健提升和医保覆盖范围更加全面，对于包括医疗器械在内的医疗健康相关产品市场需求剧增。根据 Frost&sullivan 统计，2015—2019 年，全球医疗器械市场规模从 3710 亿美元增长到 4466 亿美元，CAGR 为 4.7%，增长相对乏力。而我国国家医疗器械发展起步晚，技术水平相对落后，伴随老龄化及医保支出的增加，医疗器械将加快渗透。Frost&sullivan 数据显示，2015—2019 年我国医疗器械市场从 3080 增长到 6235 亿元，CAGR 为 19.4%，预计未来继续以 18.5% 的速度增长到万亿规模。国内增速显著高于全球，市场需求旺盛。

（三）提高医疗器械国产化率成为大势所趋

长期以来，我国消费的高端医疗器械严重依赖进口，而国产品牌则主导着中低端市场。根据中国医疗器械行业协会的统计，截至目前，进口医疗器械占中国市场的 2/3 以上。

2015 年，工业和信息化部在《中国制造 2025》明确提出，到 2025 年县级医院国产中高端医疗器械占有率达 70%、国产核心部件国内市场占有率达 80% 的目标。中高端医疗器械的“国产化”已成为行业发展方向。

（四）乘着分级诊疗与医疗新基建的政策东风，医疗器械市场紧握时代机遇

我国公立医院是医疗器械的主要买家，政策利好对于医疗器械行业而言至关重要。2015 年，国务院办公厅印发《关于推进分级诊疗制度建设的指导意见》，要求完善医疗资源合理配置机制。2019 年，国家卫健委发布了《乡镇卫生院服务能力评价指南（2019 年版）》和《社区卫生服务中心服务能力评价指南（2019 年版）》，要求 A、B 档乡镇卫生院和社区卫生服务中心全部配备指定的诊疗设备（如 DR、彩超等），这些政策进一步拉动了县级医院及基层医疗卫生机构对于医疗器械完整配备与升级的需求。

后疫情时代，我国政府制定了多项新政策促进及支持医疗新基建任务的落实。2020 年，国家发改委、卫健委等联合制定的《公共卫生防控救治能力建设方案》要求全面改善疾控机构设施设备条件，其中就包括了加强重症监护病区（ICU）建设、更新换代医疗装备等建设任务。与此同时，政府也加大了对公共卫生领域的财政投入，医疗新基建得到了前所未有的关注，成为医疗器械市场增长的又一利好。

二、公司治理：专业创始团队掌舵三十载，优秀合规能力助其行稳致远

迈瑞医疗创立已逾 30 年，它的实际控制人始终是当初的创始人李西廷与徐航。稳定的核心领导团队确保了迈瑞医疗在 30 年间始终坚持着以自主研发提升核心竞争力、海内外市场共同开拓、打造国际标杆型医疗器械企业的发展目标与战略规划。

技术型人才是医疗器械企业发展的灵魂，2022 年 1 月 20 日迈瑞医疗公布了员工持股计划草案，拟将回购的 304.87 万股票授予不超过 2700 名核心员工与技术骨干，授予价格

为 50 元/股，占当时公司股份总额的 0.25%。迈瑞医疗对利益共享机制的不断完善，有利于调动员工的归属感与积极性，也彰显其稳固核心团队凝聚力、共同前行的决心。

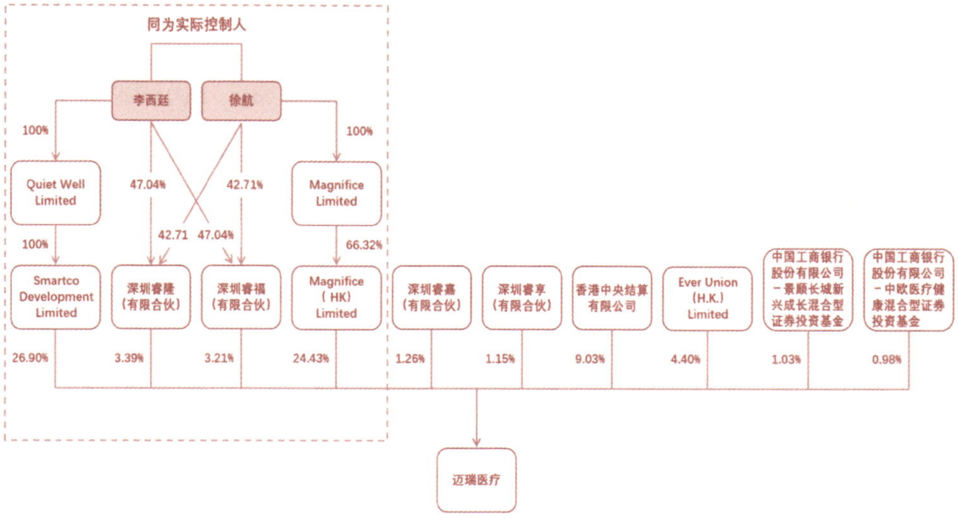

附图 6-4 迈瑞医疗前十大股东持股比例

数据来源：迈瑞医疗年报，易董整理。

三、盈利与成长性：全球化战略助迈瑞医疗跑赢医疗器械行业整体表现

2020 年对于我国医疗器械行业而言“危中蕴机”。受疫情影响，全球经济整体增速减缓，各行业都受到了一定程度的冲击，医疗器械行业却迎来了“大丰收”，全行业上市公司的整体营业收入同比增长 67%，达到了 1972 亿元的峰值，净利润同比增长 174%，高达 515.32 亿元！

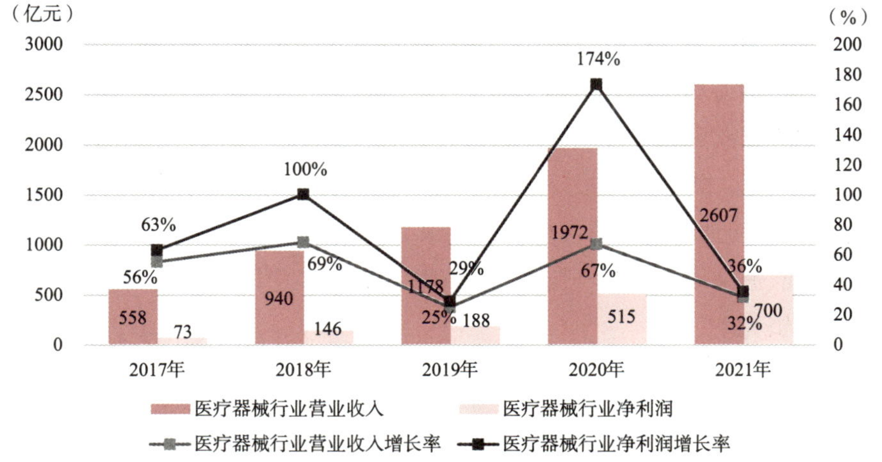

附图 6-5 医疗器械行业的营业收入与净利润情况

数据来源：Choice，易董整理。

2020 年也是迈瑞医疗的“丰收年”，营业收入及净利润皆创历史新高，达到 210.26 亿元和 66.6 亿元。“疫情”也为迈瑞医疗带来了特别的机遇，使更多的海外客户体验到了迈瑞深耕数十年的优质产品，有利于实现进口替代的同时打破国外垄断，并进一步开拓国际市场。

尽管 2021 年疫情暴发推动的医疗器械需求逐渐回落，迈瑞医疗仍然表现出极强的盈利能力，其营业收入与净利润持续稳步提升。2021 年迈瑞医疗的营收及净利润分别增至 252.70 亿元、80.04 亿元，营收增长率与净利润增长率分别为 20.18%、20.19%。

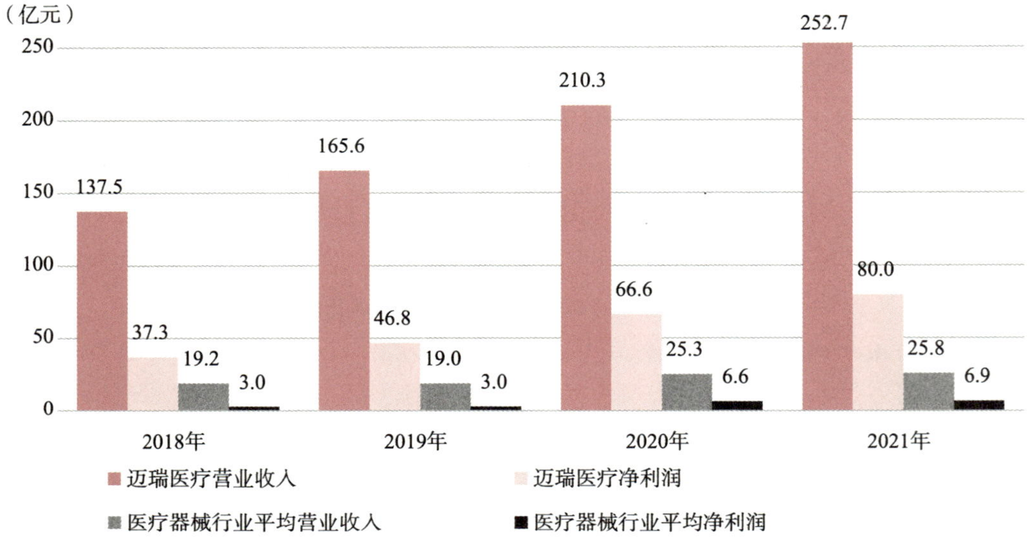

附图 6-6　迈瑞医疗营业收入与医疗器械行业整体对比

数据来源：Choice，易董整理。

在竞争日益激烈的医疗器械行业，迈瑞医疗营业收入与净利润远高于医疗器械行业的平均水平，是行业当之无愧的龙头。它的成功绝不仅仅是依靠行业红利，更是它苦心经营多年的国际品牌影响力和全球化战略布局。

如今超过 660 家欧洲教学医院、99% 的中国三甲医院及美国排名前 20 的医院均在使用迈瑞医疗的产品。根据迈瑞医疗 2021 年年报披露，其境外收入占总营业收入的 39.61%。迈瑞医疗因地制宜的销售模式也为其海外扩张增添优势，例如迈瑞医疗在美国以直销为主；在欧洲采取直销和经销共存的销售模式；在中国、拉丁美洲及其他发展中国家和地区则以经销为主。

四、科技创新：以自主研发为核心摆脱代理困局，铸造中国医疗器械行业丰碑

迈瑞医疗深知，一个企业如果没有属于自身的技术与知识产权便如同无根之木，外部环境一旦有风吹草动，此前建起的商业帝国便可能在瞬间轰然倒塌。因此，迈瑞医疗在成

立的第二年便毅然走上了自主研发之路，并从现实背景出发，选择从技术门槛相对较低的监护仪入手，于1993年研发出中国第一台多参数监护仪。自研产品的成本优势帮助迈瑞医疗在国内市场迅速打开局面，从乡镇到城市，迈瑞医疗的品牌、渠道与技术优势逐渐构筑起来，并延伸出了国内最齐全的产品线。

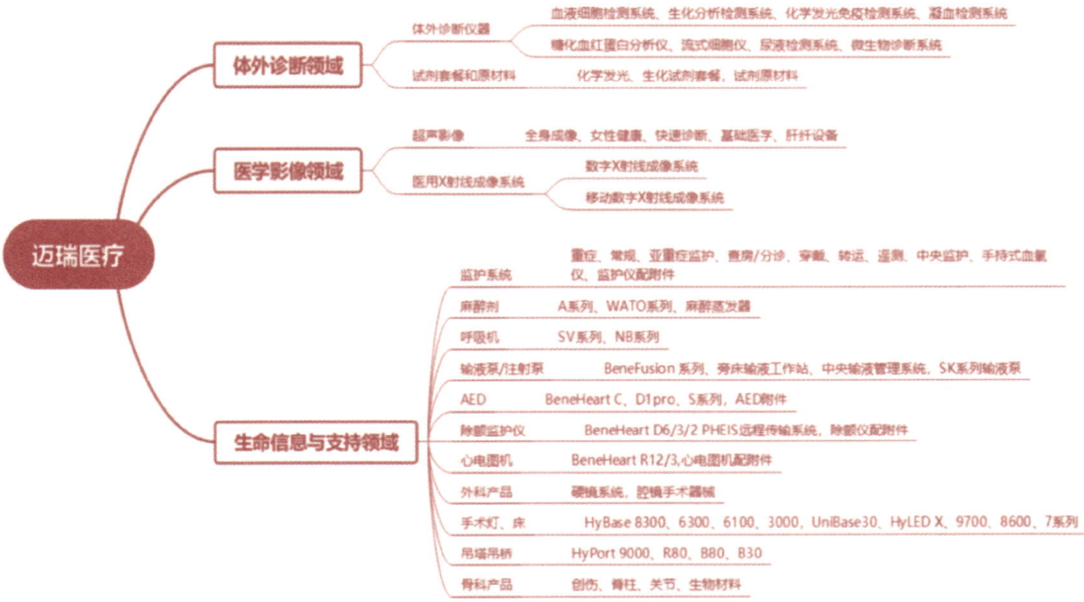

附图6-7　迈瑞医疗的产品线生态圈

数据来源：迈瑞医疗公司官网，开源证券研究报告。

与同属于医药生物的其他细分领域不同，医疗器械行业对于工业基础的要求更高，研发技术和供应链配套共同筑起了行业壁垒。相对于创新药，医疗器械的研发是递进式，更注重改良。因此在医疗器械行业，先发优势十分重要，强者恒强。迈瑞医疗不仅在我国的医疗器械市场抓住了先机，它的自研之路也在逐渐深入，形成良性循环。

时至今日，迈瑞医疗已建立起基于全球资源配置的研发创新平台，在国内外设有九大研发中心。值得一提的是，其构建的MPI医疗产品创新体系与其“产学研合作”技术创新的组织形式相结合，增强了自主研发效率，持续加强其产品的核心竞争力，为快速产业化打下坚实的基础。

迈瑞医疗对于研发的重视，还体现在其连年增长的专利数量、持续增长的研发支出等方面。

在专利数量方面，迈瑞医疗的专利总数逐年攀升，申请专利数从2018年的3989个增加到2021年的7418个，年复合增长率为22.97%；授权专利数从2018年的2742个增加到2021年的3437个，年复合增长率为7.82%。

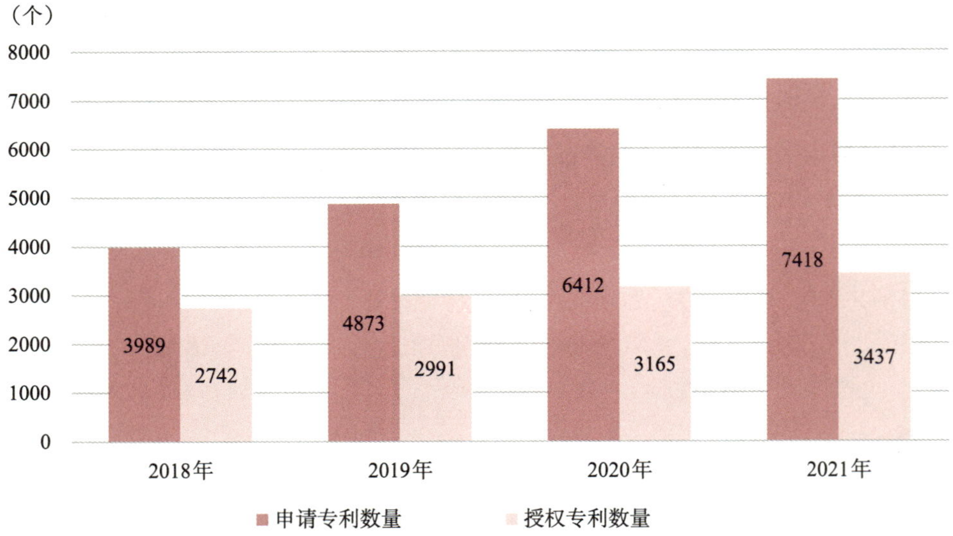

附图6－8　迈瑞医疗申请及授权专利

数据来源：迈瑞医疗年报，易董整理。

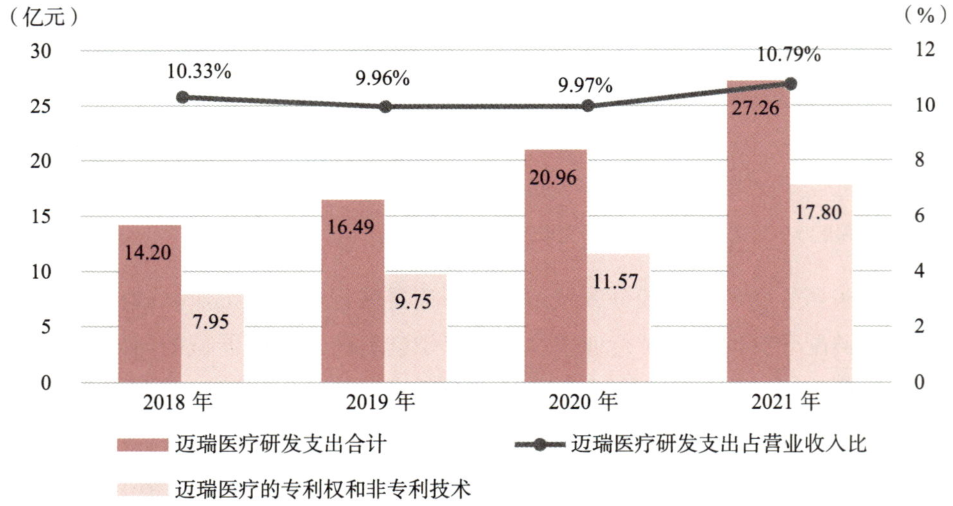

附图6－9　研发支出与专利技术类无形资产变化情况

数据来源：迈瑞医疗年报，易董整理。

迈瑞医疗的研发支出逐年增加，从2018年的14.20亿元增至2021年27.26亿元，迈瑞医疗研发支出占其营业收入比的四年平均值为10.26%。研发支出需有效转化为资产，才能为公司带来长远价值，2018—2020年，迈瑞医疗的无形资产——专利权和非专利技术，随着研发支出的增加而逐年增长，从2018年的7.95亿元上升至2021年的17.80亿元，年复合增长率达30.82%，实实在在地将研发投入转化成了迈瑞医疗的无形资产。迈瑞医疗的持续研发及创新能力成为其核心竞争优势，使它能够由初期的代理商转变成能够自主研发、拥有专利和技术的医疗器械生产企业，构筑起企业发展的护城河，并在竞争激烈的全球医疗器械市场中把握主动权。

五、资本运作：收购兼并助迈瑞快速实现产品线战略布局

2001 年中国正式加入 WTO，敏锐地嗅出全球化趋势的迈瑞医疗在不久之后着手准备海外上市事宜，并在 2006 年成功登录纽交所，成为中国首家在海外上市的医疗器械企业。这次上市不仅给迈瑞医疗带来了 2.7 亿美元的募资，还为其提高国际知名度、扩大亚非拉美市场份额打下了坚实基础。

迈瑞医疗的国际化战略不仅在于海外募资，收购兼并也是其关键一环。医药生物行业的特点可以概况为高技术、高投入、高风险、高回报及研发周期长。仅靠自主研发耗时长、风险高，难以在短时间内提高公司的核心竞争力。特别对于医疗器械行业，子行业众多、各细分子领域技术壁垒高，需长时间的研发积累才能生产成熟的产品。而通过收购兼并在细分市场深耕多年、业绩优异的国内外企业，可以加速进入新领域，并且优化产品线实现战略布局。

附表 6－1　迈瑞医疗收并购事项

序号	时间	收购公司	收购成果
1	2008 年 5 月	美国 Datascope	以 2.02 亿美元现金收购 Datascope 生命信息监控业务，跻身全球第三大监护品牌
2	2008 年 5 月	瑞典 Artema	Artema 是呼吸气体监测 RGM 领域知名品牌
3	2011 年 3 月	深圳市深科医疗设备技术开发有限公司股份	产品线增加注射泵、输液泵、输液监护管理系统
4	2011 年 7 月	苏州惠生电子科技有限公司	构建尿液分析系列产品，发展尿液分析 IVD 业务
5	2011 年 12 月	长沙天地人生物科技有限公司	构建微生物分析诊断系列产品
6	2012 年 2 月	浙江格林蓝德	PACS/RIS（放射科围像信息管理）
7	2012 年 5 月	杭州光典医疗设备有限公司	获得硬管内窥镜及配套手术器械的研发、生产及销售的完整业务平台
8	2012 年 6 月	武汉德骼拜尔外科植入物有限公司	获得包括创伤、脊柱、关节、骨生物材料的研发、生产及销售的完整业务平台，借此正式踏足骨科植入物这一快速成长的高值耗材市场
9	2012 年 10 月	上海医光仪器	软性内窥镜及配套器械
10	2012 年 10 月	北京普利生仪器有限公司	获得血栓止血业务的研发、生产及销售的完整业务平台
11	2013 年 6 月	美国 ZONARE 医疗系统集团公司	1.05 亿美元收购美国超声诊断企业 Zonare，加强了在高端超声方面的研发能力，进一步拓展美国市场，并向全球高品质影像产品领导者的目标迈进

续表

序号	时间	收购公司	收购成果
12	2013年9月	澳大利亚 Ulco 医疗有限公司	获得 Ulco 四十年来在大洋洲市场累积的成熟的销售以及售后服务渠道
13	2014年3月	上海长岛生物技术有限公司	该公司是一家专业从事体血栓止血检测试剂研发、生产和销售的高科技型企业
14	2021年5月	芬兰 Hytest Invest Oy 及其下属子公司	以5.32亿欧元的交易对价收购了 Hytest Invest Oy 及其下属子公司100%的股权，获得体外诊断用抗原抗体等试剂原材料的研究、开发、生产、销售及抗体服务

迈瑞医疗一直通过海内外收购兼并以实现技术和细分市场的跨越式发展。自2008年5月收购美国 Datascope 的生命信息监控业务，跻身全球第三大监护品牌后，迈瑞医疗陆续收购了更多公司，并获取了它们的核心技术和研发、生产及销售的完整业务平台。

2021年9月，迈瑞医疗收购了芬兰的 Hytest Invest Oy 公司及其下属子公司——全球知名的 IVD 原料供应商，获得了全球体外诊断试剂工业供应优质免疫学原料的核心技术，以优化其上下游产业链的全球化布局。

通过自主研发以及收并购，迈瑞医疗不仅稳固了其在中国医疗器械市场的龙头地位，也帮助它向国际市场加速扩张，走向世界与全球巨头同台竞技。

六、投关管理：注重投资者交流，借助媒体“精准”发声

迈瑞医疗董事会秘书李文楣自2007年加入公司起历任迈瑞国际投资者关系经理、投资者关系总监、财务管理部总监、副首席财务官、首席投资官兼战略发展部副总经理、战略发展部总经理，后于2017年升任董事会秘书。在其任职以来，公司非常重视投资者关系管理，对内严格防范合规风险，对外重视与投资者交流及媒体沟通。迈瑞医疗公司内部明确规定了对外沟通的范围和界限，避免泄露未公开信息，触发合规风险；公司董办设有专门负责媒体工作的小组，成员主要是来自各大媒体的“专业人士”。自上市以来积极与投资者开展交流，互动平台回复及时，亦是接待最多机构的公司。

据公开披露的投资者关系记录表显示，迈瑞医疗2021年共接待了3484家机构，参与人员达7017人，成为2021年最受关注的公司，也是全年接待最多机构的公司。

附表6-2　　迈瑞医疗投资者关系活动情况

序号	公告标题	公告日期	接待机构量（家）	参与人员（人）
1	迈瑞医疗：2021年10月20日投资者关系活动记录表	2021-10-22	613	1107
2	迈瑞医疗：2021年8月30日至9月30日投资者关系活动记录表	2021-10-08	498	1005

续表

序号	公告标题	公告日期	接待机构量（家）	参与人员（人）
3	迈瑞医疗：2021 年6 月1 日至8 月27 日投资者关系活动记录表	2021－08－29	705	1528
4	迈瑞医疗：2021 年5 月6 至13 日、5 月17—28 日投资者关系活动记录表	2021－05－31	497	979
5	迈瑞医疗：2021 年 5 月 16 日投资者关系活动记录表	2021－05－17	16	18
6	迈瑞医疗：2021 年 5 月 14 日投资者关系活动记录表	2021－05－16	未详细记载	未详细记载
7	迈瑞医疗：2021 年 4 月 1 至 30 日投资者关系活动记录表	2021－05－06	429	862
8	迈瑞医疗：2021 年1 月5 日至3 月29 日投资者关系活动记录表	2021－04－02	726	1518
合计			3484	7017

公司自 2018 年上市以来连续 3 年披露社会责任报告，并将 ESG 纳入迈瑞整体的企业运营管理体系，在董事会下设立了专门的社会责任委员会，又在社责委员会下设立了执行委员会。执行委员会正在搭建 ESG 的指标管理体系，以达到指标化、可量化、可追踪考核。迈瑞医疗于 2019 年 5 月 28 日被正式纳入 MSCI 中国指数。这对公司获得更多的境外资金，对个股未来的表现具有一定积极作用。

结论：迈瑞医疗由监护仪起家，历经三十载发展成为国内首屈一指、全球领先的医疗器械龙头，“自研＋并购”布局多产品线并进军海外市场，全业务线持续高速增长，同时研发投入规模远超国内同行，持续开拓高成长性新赛道，不断构筑竞争优势。迈瑞医疗三大业务线并驾齐驱，以具有全球化竞争优势的生命线品类＋多个高增长赛道为未来中长期发展带来预期。

案例7　牧原股份——风云际会乘势而上，一体化产业链成就千亿龙头企业

牧原股份成立于2000年，主营业务为生猪的养殖销售及屠宰，主要产品为仔猪、种猪和商品猪。公司经过多年的发展和积累，养殖业务遍及全国24省（区）102市215县（区），2021年出栏生猪4026.3万头；截至2021年年底，公司共有6家屠宰子公司实现投产，已投产屠宰产能1600万头/年。2021年公司营业收入达788.9亿元，形成以"自育自繁自养大规模一体化"为特色的生猪养殖模式，并建立了集饲料加工、生猪育种、种猪扩繁、商品猪饲养、生猪屠宰为一体的完整封闭式生猪产业链，将各个生产环节置于可控状态，在食品安全、疫病防控、环保运行、质量控制、规模化经营、成本控制等方面展现优势。

附图7-1　牧原股份发展历程及产业布局情况

数据来源：企业公告，易董整理。

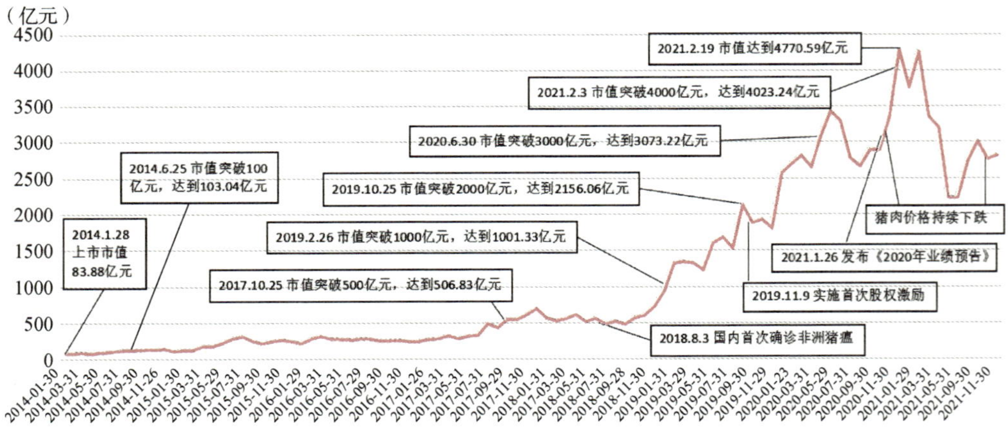

附图7-2　2014—2021年牧原股份市值变化情况

数据来源：Choice，易董整理。

一、外部因素：行业规模化机遇助力强者愈强

猪肉是国内最大的肉类消费品，是国人最主要的动物蛋白来源。根据美国农业部（USDA）数据显示，中国猪肉消费量自20世纪70年代以来持续增加，2015年国内猪肉消费量达到5718万吨的高点。而后伴随人口结构的不断变化、禽肉和牛羊肉等可替代产品的不断增加以及居民饮食结构不断优化，猪肉消费量逐渐回落至2018年的5530万吨；2019年、2020年受非洲猪瘟引起的高猪价以及新冠肺炎疫情影响，近年来国内猪肉消费量仍有所下降，截至2021年年底，全国猪肉消费量约5315万吨，人均猪肉消费量约37.6千克。

近年来与猪肉市场消费量下行相反的，是行业在政策或卫生事件促进下的规模化和规范化发展。2015年开始，环保政策陆续出台，养猪门槛提高；2018年8月暴发非洲猪瘟疫情，对国内生猪养殖行业造成严重危害，由于国内外并没有有效预防“非瘟”的药苗，因此对生猪养殖场的生物安全防护体系提出了更高的要求，大量养殖散户退出市场，行业集中度不断提高。以A股上市企业生猪出栏量居前的五家企业（牧原股份、正邦科技、温氏股份、新希望、天邦股份）为例，2021年合计出栏8266.52万头，占全国生猪总出栏量份额的12.31%，相比2016年份额提高2.48倍。通过规模企业的标准化、精细化、信息化的养殖技术带动，行业发展和猪肉产品质量更加规范。牧原股份作为行业内领先企业，也受益于行业集中度提高的发展机遇而快速成长，而目前行业整体集中度仍处于较低水平，行业领先企业未来仍具有大幅提升的空间。

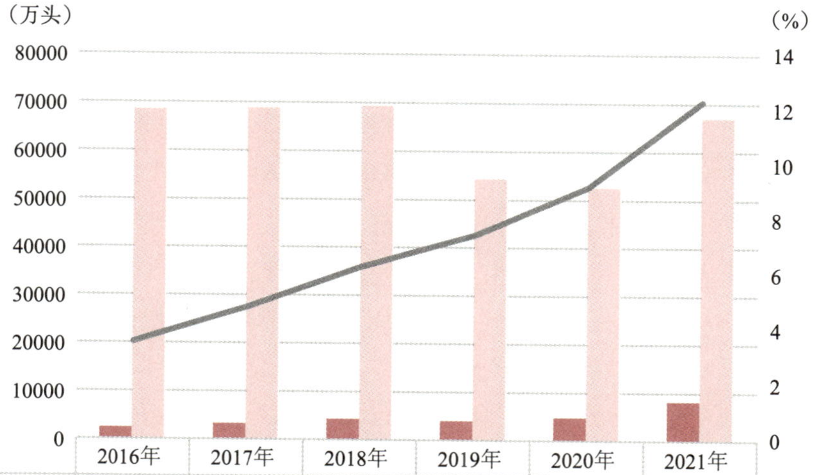

	2016年	2017年	2018年	2019年	2020年	2021年
TOP5猪企出栏量(万头)	2424.96	3311.84	4357.13	4054.32	4859.05	8266.52
全国生猪出栏量(万头)	68502.00	68861.00	69382.00	54419.00	52704.00	67128.00
TOP5猪企市占率	3.54%	4.81%	6.28%	7.45%	9.22%	12.31%

附图7－3　2016—2021年全国及行业前五上市公司的生猪出栏量数据

数据来源：国家统计局、企业公告，易董整理

二、公司治理：创始人股权集中统筹经营，股权激励促进团队共发展

公司创始人秦英林先生，毕业于河南农业大学畜牧专业，1992年与毕业于郑州畜牧工程高等专科学校兽医专业的妻子钱瑛共同开始创业。秦英林夫妇自创立牧原集团至今三十年，一心专注养猪主业，带领公司快速发展，且股权高度集中。根据牧原股份2021年年度报告，秦英林夫妇直接和间接合计持股牧原股份53.88%，为牧原股份实际控制人。公司实控人多年来统筹主导公司经营发展，确保公司战略规划执行的统一性和延续性。

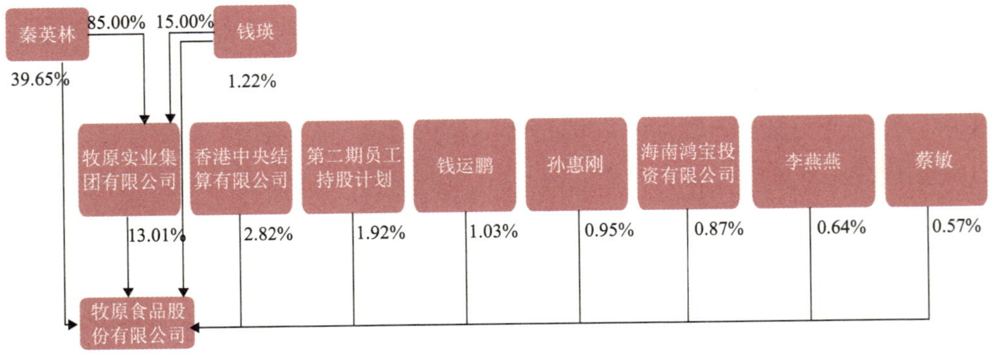

附图7-4　截至2021年年底牧原股份前十大股东信息

数据来源：企业公告，易董整理。

牧原股份高层管理团队在位稳定，多位高管在公司任职时间超过10年，为公司经营建立统一标准的管理制度、技术规范和生产体系，形成良好的公司运作和治理体系基础。公司成立至今，针对高层管理团队、核心人才实施了两次股权激励：2019年11月，公司推出了2019年限制性股票激励计划，首次授予部分涉及激励对象909人，包含公司董事、高级管理人员、核心管理人员、核心技术人员和核心业务人员，共授予4271.05万股，占当时公司股份总额的1.98%，授予价格为48.03元/股；2020年11月，公司向激励对象授予2019年限制性股票激励计划预留部分股票，涉及激励对象984人，包含核心管理、技术和专业人员，共授予1184.09万股，占当时公司股份总额的0.32%，授予价格为41.54元/股；2022年2月，公司再次推出限制性股票激励计划，共涉及激励对象6093人，计划拟授予限制性股票数量8108.07万股，占公司总股本的1.54%，授予价格为30.52元/股。股权激励充分调动公司高层管理人员及核心员工的积极性、责任感和使命感，共同关注公司的长远发展，并为之共同努力奋斗，实现共同富裕。

三、盈利与成长性：成本管控助力公司穿越周期持续盈利

2018年至2021年年初，得益于牧原股份的业绩增长和兑现，公司市值实现快速攀升和持续走高，特别是在公司披露《2020年业绩预告》之后，14个交易日市值飙升了

1708.24 亿元至 4770.59 亿元，达到了上市以来的市值顶峰。而伴随着 2021 年国内生猪产能的逐渐恢复，生猪价格明显下降，导致行业内多家上市公司当年的经营业绩和市值也明显下滑。2021 年，牧原股份营业收入为 788.90 亿元，净利润为 76.39 亿元，相比同行业上市猪企普遍亏损状态，牧原股份依然保持盈利。

公司市值涨跌与行业周期变化息息相关，相比同行业上市公司，公司能在行业周期变化中，把握机会在牛市实现市值的快速上涨、在熊市减缓市值的下跌趋势，离不开公司多年来建立的成本管控优势，而这也为公司带来良好的盈利和成长性。

一方面，公司多年来坚持采取自繁自养的经营模式，相比市面上多数企业采取的“公司 + 农户”模式，自繁自养在前期发展相对较难且慢，但从长远来看，自繁自养具备大规模集中采购、减少中间交易环节成本、无需委托养殖费用等成本优势，整个生产流程和生猪品质可控可追溯，增强公司抵抗市场风险的能力。

另一方面，公司位于河南省南阳市，南阳市素有“中州粮仓”之称，是全国粮食集中产地，公司可就近获取优质、丰富、高性价比的粮食资源。既能满足公司针对不同品种、不同生长阶段生猪而制定的各类型粮食饲料大规模供应需求，又能降低饲料和物流的单位成本，还能根据当年玉米、小麦、高粱等粮食作物价格情况灵活运用公司自有的饲料替代配方来降低高价饲料采购量。

2016—2021 年，牧原股份营业收入从 56.06 亿元增至 788.90 亿元，净利润由 23.22 亿元增至 76.39 亿元；营收 CAGR 为 69.70%，净利润 CAGR 为 26.89%，其营收、净利润的规模和增长率均处于行业领先地位。

从毛利率来看，2016—2021 年牧原股份的平均毛利率为 33.34%，相比主要同业公司超出 15%—25%，体现了牧原股份成本管控优越性带来的盈利优势。

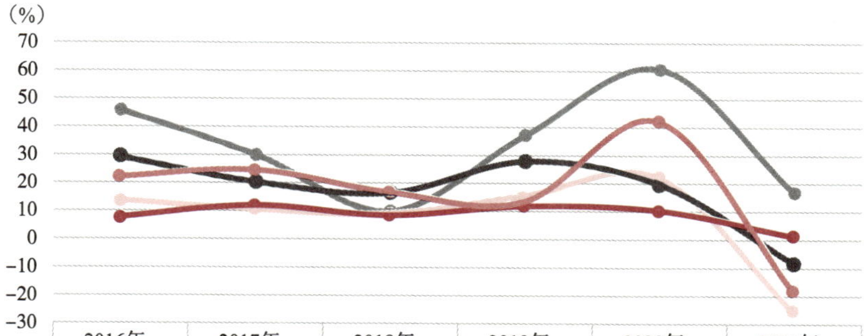

	2016年	2017年	2018年	2019年	2020年	2021年
牧原股份	45.69	30.03	9.83	37.05	60.68	16.74
正邦科技	13.95	10.72	9.32	15.74	22.35	-25.18
温氏股份	29.11	20.25	16.39	27.85	19.61	-8.32
新希望	7.97	12.19	8.72	12.07	10.61	1.60
天邦股份	22.36	24.84	16.91	13.64	42.32	-17.75

附图 7－5　2016—2021 年生猪养殖行业上市公司毛利率对比情况

数据来源：Choice，易董整理。

四、科技创新：全方位技术创新，引领智能化生猪养殖

牧原股份积极开展研发创新，研发费用从 2016 年的 0.12 亿元增至 2021 年的 8.08 亿元，创始人秦英林先生带领公司技术团队持续创新研发，依托现代工业装备、先进材料、高通量检测、物联网、大数据和人工智能技术，在现代化猪舍设计、种猪评估引种、精准饲喂管理、疫病防控方案等生猪养殖全过程建立起国际化视野和技术体系，助推传统生猪产业向智慧产业转型升级。

在种猪评估方面，公司以自有知识产权的牧原生猪育种系统，收集种猪及其后裔的生产性能、胴体性能、肉质性能表现数据，利用 BLUP 软件进行育种值的计算。公司于 2017 年加入全国“猪基因组选择育种平台”，借助高校及科研院所的技术力量，开展分子遗传信息的研究；2019 年加入农业农村部“优质瘦肉型猪选育联合攻关项目”，联合各大高校和企业，进行种猪智能测定技术、种猪大数据遗传评估技术、种猪种质资源分子鉴定技术等关键技术的研究。

在精准饲喂方面，公司搭建了饲喂信息化系统，实现对饲料质量、采食情况和猪群生长性能的监控。针对不同品种、不同生理阶段的生猪，依据猪群生产性能表现，运用析因法设计动态营养模型，为猪群提供最适营养。通过变频混合技术，可根据猪群生长性能动态调整营养供给，实现一日一配方、精准供给营养，保证猪群健康生长。

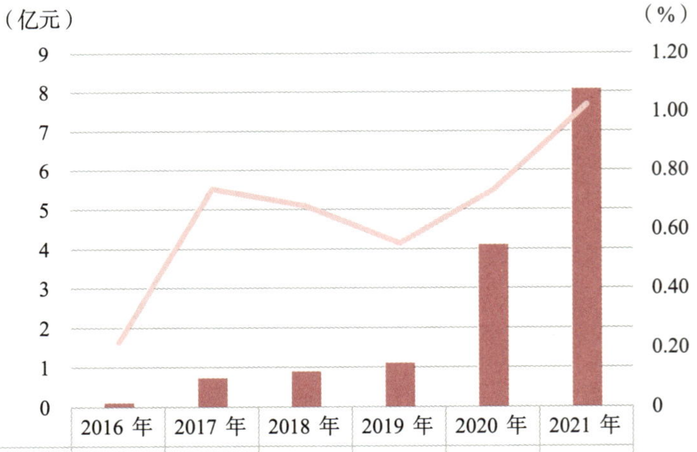

	2016 年	2017 年	2018 年	2019 年	2020 年	2021 年
研发费用	0.12	0.74	0.91	1.12	4.12	8.08
研发费用占比营收	0.22%	0.74%	0.68%	0.55%	0.73%	1.02%

附图 7－6　2016—2021 年牧原股份研发费用及占比营收情况

数据来源：企业公告，易董整理。

在疫病防控方面，公司升级猪舍规划布局，采用分区管理，减少交叉风险；全面升级猪舍设计，高效过滤空气，有效过滤病毒；采用独立通风系统，避免猪圈交叉通风。同

时，公司通过饲料高温灭菌、管链密闭输送、饮水超滤消毒、出风灭菌除臭、智能装备应用升级等方式，实现对猪群吃住行全方位把控，减少人畜接触，提升全程疾病防控能力。

五、资本运作：充分发挥资本市场融资功能，助力公司快速成长

牧原股份在2014年上市后，依靠IPO及三轮定向增发，在资本市场共募集资金97.99亿元。公司投入资金通过设立子公司的方式将智能化、标准化现代猪舍和生猪自繁自养模式进行异地复制，迅速扩大生猪养殖产能，充分发挥了资本市场融资功能，助力公司快速成长。

附表7－1　　牧原股份上市后融资情况

资金来源	募集资金	资金投向
2014年IPO新股发行	7.22亿元	邓州市牧原养殖有限公司年出栏80万头生猪产业化项目、使用超募资金投入年出栏80万头生猪产业化项目
2015年非公开发行	10.00亿元	偿还银行贷款、补充公司流动资金
2017年非公开发行	30.77亿元	通许牧原第一期52万头生猪产业化项目 商水牧原第一期45万头生猪产业化项目 西华牧原第一期27.5万头生猪产业化项目 太康牧原第一期25万头生猪产业化项目 闻喜牧原第一期20万头产业化项目 扶沟牧原第一期20万头生猪产业化项目 正阳牧原第一期18万头产业化项目 偿还银行贷款、补充流动资金 西华牧原十一场0.5万头母猪场的建设
2019年非公开发行	50.00亿元	生猪产能扩张项目、偿还金融机构贷款及有息负债

数据来源：Choice，易董整理。

六、ESG：敬天爱人、依道而行，行业龙头显担当

多年来，公司遵循“敬天爱人，依道而行”的商业大道，践行“创造价值，服务社会，内方外正，推进社会进步”的核心价值观，曾荣获全国2017民生示范工程奖、首届全国“万企帮万村”精准扶贫行动先进民营企业、河南省十佳最具社会责任感民营企业等荣誉。2021年，公司坚持提升环保意识和能力，积极参与社会公益。

附表 7－2　　　　牧原股份 2021 年年报披露环境与社会责任情况

责任类型	相关工作	成果成效
环境责任	防治污染设施的建设和运行	公司及其子公司均按国家环境保护法律法规及建设项目环境影响评价要求，配备了污水处理站、废气脱硫塔等配套设施，严格遵守环保设施与主体工程同时设计、同时施工、同时投入生产使用的“三同时”要求
	突发环境事件应急预案	建设项目均按照公司及地方政府要求制定了对应的突发环境事件应急处置预案，并开展了应急预案演练，确保公司区域内发生的突发环境和生态破坏事件得到有效处置，将各类突发环境事件的损失和社会危害降低至最低程度
	环境自行监测方案	严格按照各级地方政府及相关部门要求制定了环境自行监测方案，定期聘请第三方环保监测公司进行厂区环境监测，按照排污许可证要求的监测项目、频率与第三方有资质机构签订委托监测协议，自觉做好环保自行监测工作
社会责任	脱贫攻坚、乡村振兴	公司发挥资源优势和产业带动能力，探索实施资产收益扶贫模式，累计帮扶 14 万户 39 万人 持续开展“聚爱助学”系列项目，累计资助大学生 4.3 万人，中小学生近 50 万人次，奖励优秀教师 2.5 万人次
	防汛救灾	捐赠人民币 1 亿元，用于河南 2021 年 7 月特大暴雨灾害灾情严重地区的防汛救灾、群众帮扶、卫生防疫及灾后重建工作

数据来源：企业公告，易董整理。

结论：牧原股份的市值从 2014 年上市的 83.88 亿元增至 2021 年年底的 2807.99 亿元，其背后体现的是创始人三十载创业初心不变，坚持打造生猪自繁自养一体化产业链，形成领先的成本管控和生猪品控，借由行业规模化发展红利，风云际会乘势而上，一举成就千亿龙头企业，实现自我价值创造。

案例8　韦尔股份——以并购实现弯道超车，跻身半导体赛道前列

上海韦尔半导体股份有限公司（以下简称“韦尔股份”）坐落在被誉为“中国硅谷”的上海张江高科技园区，成立于2007年5月，并于2017年5月4日在上海证券交易所上市，正式登陆A股资本市场。

韦尔股份是国内领先的半导体分销与设计公司，也是全球前三大CMOS（ComplementaryMetal－Oxide－Semiconductor Image Sensor，互补金属氧化物半导体图像传感器）图像传感器芯片设计企业之一，目前已经形成图像传感器解决方案、触控与显示解决方案和模拟解决方案三大业务协同发展的半导体设计业务体系。

作为一家高新技术企业，韦尔股份在国内半导体设计公司尚未壮大的时候，选择进军产品设计领域，并推动了后续数次并购事项，而在并购过程中其自身的产品定义能力及研发能力均得到快速提升，自此一跃成为国内最强的CMOS图像传感器芯片设计厂商，实现了28倍的市值增长，2021年年底市值达2721.49亿，在A股半导体行业中仅次于中芯国际，排名第二。

韦尔股份以小博大的成功案例，在全球芯片产业中也鲜有所见，而这份“幸运”当然离不开资本市场的助力。

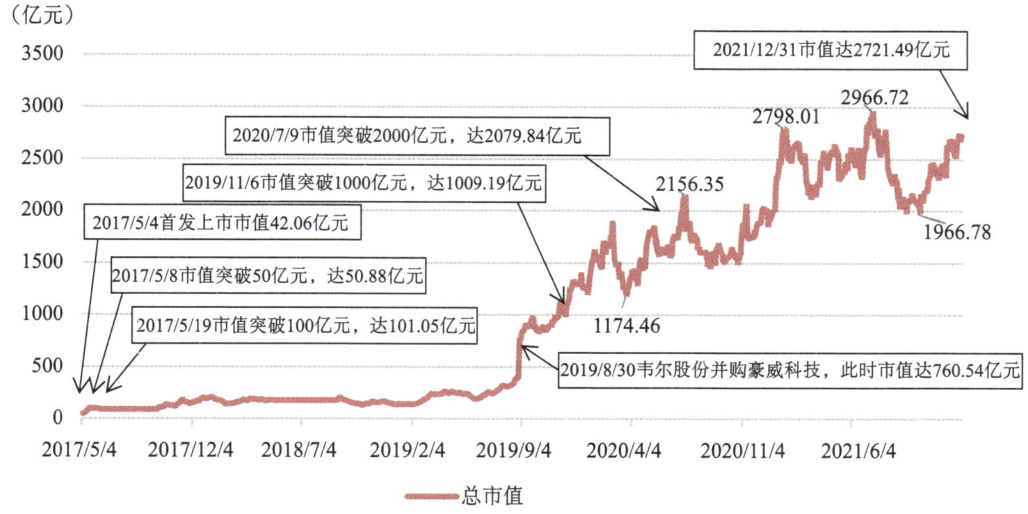

附图8－1　韦尔股份上市后市值变化趋势

一、外部因素：行业市场广阔，为国产替代提供良机

韦尔股份自2007年设立以来，一直从事半导体产品设计业务和半导体产品分销业务。

目前公司已经形成图像传感器解决方案、触控与显示解决方案和模拟解决方案三大业务协同发展的半导体设计业务体系。图像传感器是一种将光信号转化为电信号的设备，被广泛应用在数码相机、智能手机、视频监控等光学设备中。2019 年，韦尔股份通过收购豪威科技成为 CMOS 传感器（以下简称“CIS”）领域的三大巨头之一，CIS 广泛应用于手机、汽车、安防、工业、医疗等多领域的摄像头设备中。

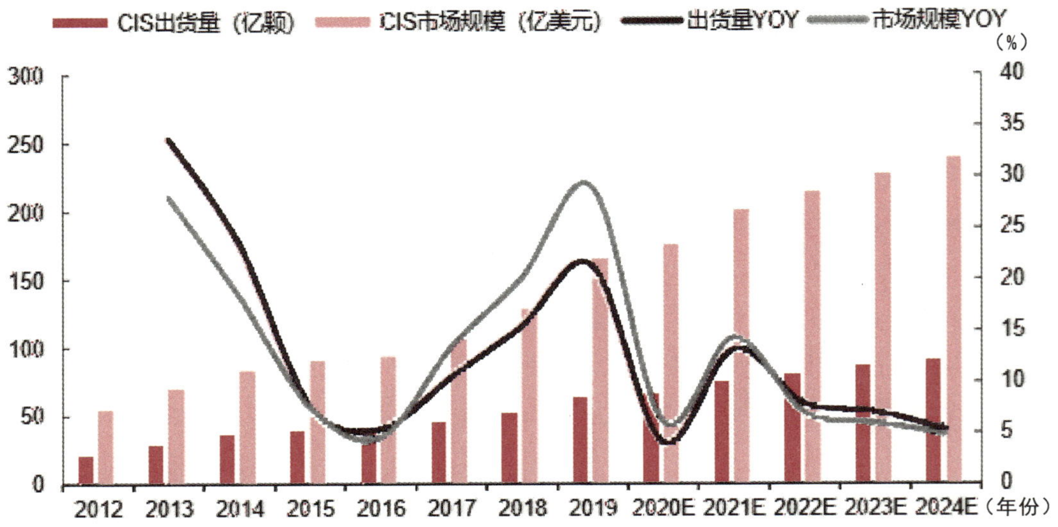

附图 8－2　全球 CIS 出货量及市场规模

得益于下游市场的高景气度与旺盛需求，CIS 市场规模在近年来实现了稳健的增长。2012—2019 年，全球 CIS 出货量从 21.9 亿颗增长至 63.6 亿颗，年复合增长率 16.5%；市场规模从 55.2 亿美元增长至 165.4 亿美元，年复合增长率 17.0%，增速较快。Frost&Sullivan 预测，未来 CIS 市场规模也将保持稳定的增速，在 2024 年达到 238.4 亿美元，对应 91.1 亿颗的年出货量，年均复合增速分别为 7.6% 和 7.5%。从行业内竞争格局来看，索尼、三星以及被韦尔股份收入囊中的豪威科技为全球前三大 CMOS 图像传感器供应商。

二、公司治理：高管人员协同治理，股权激励保留核心成员

在完成对北京豪威的并购事项前，虞仁荣就已于 2017 年成为其董事会成员，并一直持续至今。因事先参与了北京豪威的经营管理，虞仁荣能够更深入地了解公司的业务发展情况和产业布局方向，为后续并购的顺利完成和充分整合铺路。在并购完成后，凭借着企业文化的良好融合，公司管理层勤勉尽责，使公司的日常经营更具稳定性和持久性、发展战略更具合理性和全面性。

除高管人员之外，研发设计公司自然不能缺少技术人员。并购后，为了保留核心技术人员，鼓励研发团队积极创新，韦尔股份也进行了多次的股权激励计划。此举不仅彰显韦

尔股份对自身发展的信心，还深度绑定了员工利益与公司发展。

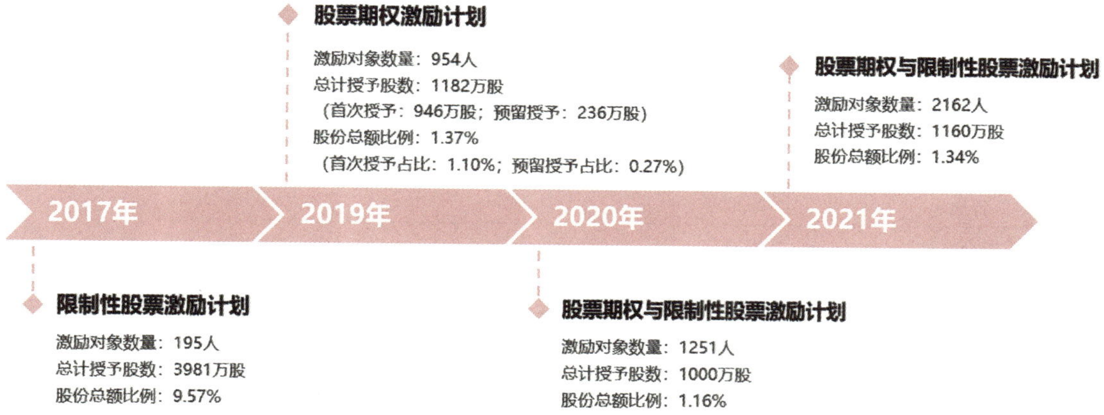

附图 8－3　股权激励计划

三、资本运作：并购助力切入黄金赛道，广泛延伸产品布局

2007 年，韦尔股份开始涉足半导体设计领域。这时韦尔股份的两块主营业务是半导体分立器件和电源管理 IC 等产品的研发设计。2013 年，韦尔股份为了整合资源消除关联交易，收购了同一控制人旗下的分销公司香港华清和北京京鸿志，将被动件（电阻、电容、电感等）、结构器件和分立器件等产品的分销业务纳入公司主营业务范畴。

2014 年收购了北京泰合志恒，将业务拓展至 SoC 芯片领域，又收购了无锡中普微，将业务进一步拓展至射频芯片领域；在内生与外延式发展双轮驱动之下，韦尔股份在成立后的第十年成功登陆资本市场，获得募集资金 2. 92 亿元。

上市之后的韦尔股份没有停下并购的步伐，在韦尔股份刚上市的当口，豪威科技这家被中国财团从美国私有化退市的芯片设计公司也在寻求与中国上市公司重组整合的机会。

豪威科技 1995 年由美籍华人创立，总部位于美国硅谷中心，是 CIS 领域最具规模的公司之一，曾多年在高端图像传感器芯片市场排行第一。

在本次对豪威科技的并购中，交易总作价达 1351206. 44 万元，并购以发行股份方式完成：根据各方确定的交易作价，按本次发行股份购买资产的股份发行价 33. 70 元/股，发行共计 400951447 股，占上市公司本次发行完成前总股本的 87. 99%；同时配套募集资金 4. 04 亿元，用于并购发行股份和投入芯片生产线项目。2019 年完成并购后，虞仁荣及其一致行动人的持股比例由 61. 32% 下降为 41. 71%，仍为公司的实际控制人。

附表 8－1　　韦尔股份主要收购兼并列表

并购对象	时间	所属行业	主营业务
香港华清和北京京鸿志	2013 年	半导体分销	主营分销业务
泰合志恒	2014 年	半导体设计	主营卫星直播芯片产品

续表

并购对象	时间	所属行业	主营业务
无锡中普微	2015 年	半导体设计	主营射频芯片产品
北京豪威	2019 年	半导体设计	主营图像传感器
思比科	2019 年	半导体设计	主营图像传感器
Synaptics	2020 年	半导体设计	主营 TDDI（触控与显示驱动芯片）业务
吉迪思	2020 年	半导体设计	主营 OLED DDIC 芯片
芯仑科技	2020 年	半导体设计	主营事件驱动型图像传感器

除首发上市募资 2.92 亿元以及此次并购配套募资 4.04 亿元之外，韦尔股份还于 2020 年发行可转债募资 24.40 亿元，持续不断的融资也为韦尔股份的高速发展注入了强劲动力。

韦尔股份的成功，可谓是天时地利人和的结合。上市之后依托资本助力、全球收购环境的天时，国内多年政商环境、市场客户积累和自身整合能力的地利人和，实现质的飞跃。

四、盈利与成长性：驶上自主研发道路，整体业绩脱胎换骨

并购完成后的韦尔股份，将业务重心由分销转移到了设计，2021 年年底韦尔股份的盈利水平大幅提升，总营收达 241 亿元，较 2018 年增长近 5 倍，其中 CMOS 业务创造的营收占据了大头，贡献了 67%；归母净利润也从 2018 年的 1.39 亿元增加到了 2021 年的 44.76 亿元，增长了 31 倍之多。自此之后，韦尔股份便在自主研发的高速发展之路上驰骋，在 2019 年 11 月 6 日，也就是并购后的短短三个月之内便突破了千亿市值大关，从 760.54 亿元上升到了 1009.19 亿元，增速超 30%。

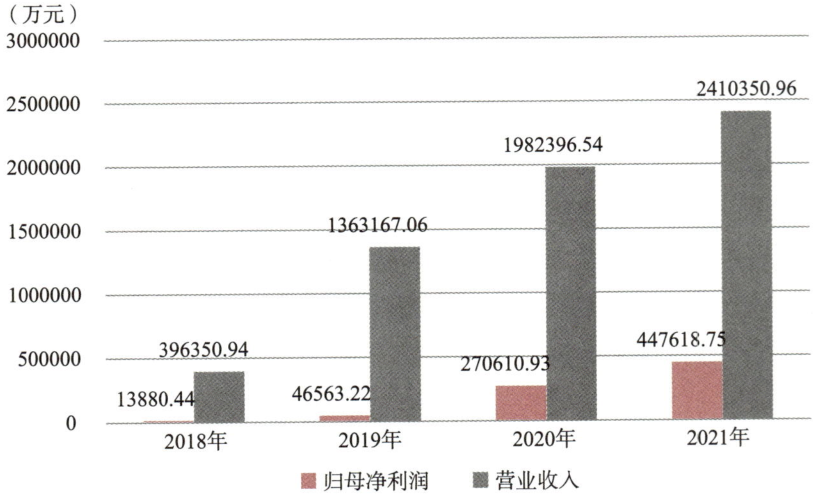

附图 8-4　韦尔股份营业收入、归母净利润

附表 8－2 韦尔股份产品营业收入

产品分类	2021/12/31		2020/12/31		2019/12/31		2018/12/31	
	金额（万元）	占比（%）	金额（万元）	占比（%）	金额（万元）	占比（%）	金额（万元）	占比（%）
CMOS 图像传感器产品	1626372.76	67.65	1469692.38	74.40	977884.96	71.94		
IC	46124.23	1.92	38141.45	1.93	23541.32	1.73	19701.25	4.98
MOSFET	23553.87	0.98	16742.58	0.85	11990.16	0.88	12361.26	3.12
TDDI	196278.51	8.16	74376.72	3.77				
TVS	56470.16	2.35	50320.43	2.55	42126.17	3.10	39660.42	10.02
半导体分销	366012.21	15.23	248518.85	12.58	223495.71	16.44	312772.64	79.01
硅基液晶投影显示芯片（LCOS）	739.58	0.03	2974.31	0.15	2958.41	0.22		
射频及微传感器	10897.48	0.45	12710.05	0.64	9248.55	0.68	7047.67	1.78
特定用途集成电路产品（ASIC）	41952.56	1.75	36787.22	1.86	42896.52	3.16		
微型影像模组封装（CameraCubeChip）	28238.49	1.17	17939.02	0.91	16749.21	1.23		
卫星直播芯片			163.27	0.01	855.52	0.06	1310.96	0.33
肖特基	2882.09	0.12	3137.63	0.16	3435.82	0.25	2890.81	0.73
其他	4442.06	0.18	3762.02	0.19	4203.27	0.31	117.77	0.03
合计	2403964.00	100.00	1975265.94	100.00	1359385.65	100.00	395862.78	100.00

五、科技创新：持续投入研发设计，巩固核心竞争优势

作为采用 Fabless 业务模式的半导体设计公司，研发能力是韦尔股份的核心竞争力，其各产品线技术研发部门均为公司组织架构中的核心部门。

截至 2021 年年底，韦尔股份合计已拥有授权专利 4438 项，其中发明专利 4265 项，实用新型专利 172 项，外观设计专利 1 项；另外，公司拥有布图设计 137 项，软件著作权 65 项。近年整体的研发投入也呈现爆发增长趋势，2021 年的研发投入费用达 26 亿元，相较于 2018 年增加了 14 倍之多，占营收的 10.87%。

足额的研发投入，为公司产品升级及新产品的研发提供了充分保障，由此诞生的创新技术也成为了其在同业中的核心竞争优势。凭借着在 LED 闪烁抑制技术、全局曝光技术、Nyxel Ⓡ近红外和超低光技术、高动态范围图像（HDR）技术等多项核心技术领域的积累，公司在汽车、安防、医疗等领域均布局有多项有核心竞争力的产品。

当前消费电子已步入智能时代，汽车行业也正面临着智能化产业升级，智能手机、汽车等领域对图像传感器的需求将持续增加。CMOS 图像传感器作为韦尔股份的主营业务，公司研发团队一直在该方向寻求突破，通过改进其全新硅半导体架构和工艺，终于在量子效率方面打破了新纪录：在 Nyxel® 2 技术的帮助下，不可见的 940nm 近红外光谱内量子效率提高 25%，而在几乎不可见的 850nm 近红外波长处的量子效率提高 17%。通过提高

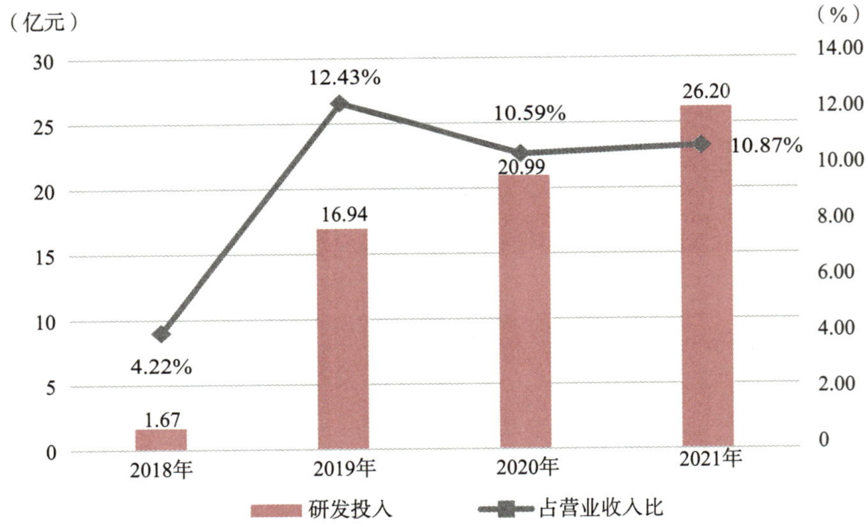

附图 8－5　韦尔股份研发投入

灵敏度，图像传感器可以在相同光量条件下捕获分辨率更高和距离更远的图像，此外还可以减少 LED 等的数量从而降低整体功耗。对于监视系统、驾驶室内自动驾驶监控系统以及移动设备内的屏下传感器而言，Nyxel® 2 是一种非常理想的技术，而这项创新技术也将让公司抓住未来产业机遇，赢得发展先机。

结论：韦尔股份能成为如今的行业龙头，既离不开资本的鼎力相助，也与公司的战略规划和协同治理息息相关。清晰明确的产业布局规划，照亮了韦尔股份的发展前程；资本市场的合理并购融资，注入了源源不断的发展动力。方向明确，稳扎稳打，方能成就公司的可持续发展！

案例9　智飞生物——二十年来专注疫苗“道心不变”，业绩和市值持续跃升

重庆智飞生物制品股份有限公司（以下简称“智飞生物”）于2002年投入生物制品行业，历经二十年发展，现已成长为集疫苗、生物制品研发、生产、销售、推广、配送以及进出口为一体的国际化、全产业链高科技生物制药企业，是我国生物制品行业大型骨干企业，也是我国本土综合实力最强的上市民营生物疫苗供应和服务商之一。2010年9月28日智飞生物在深交所创业板上市，总市值从上市首日的154.20亿元增长至2021年12月31日的1993.60亿元，期间总市值最高达3607.20亿元，最高涨幅达2239.3%。

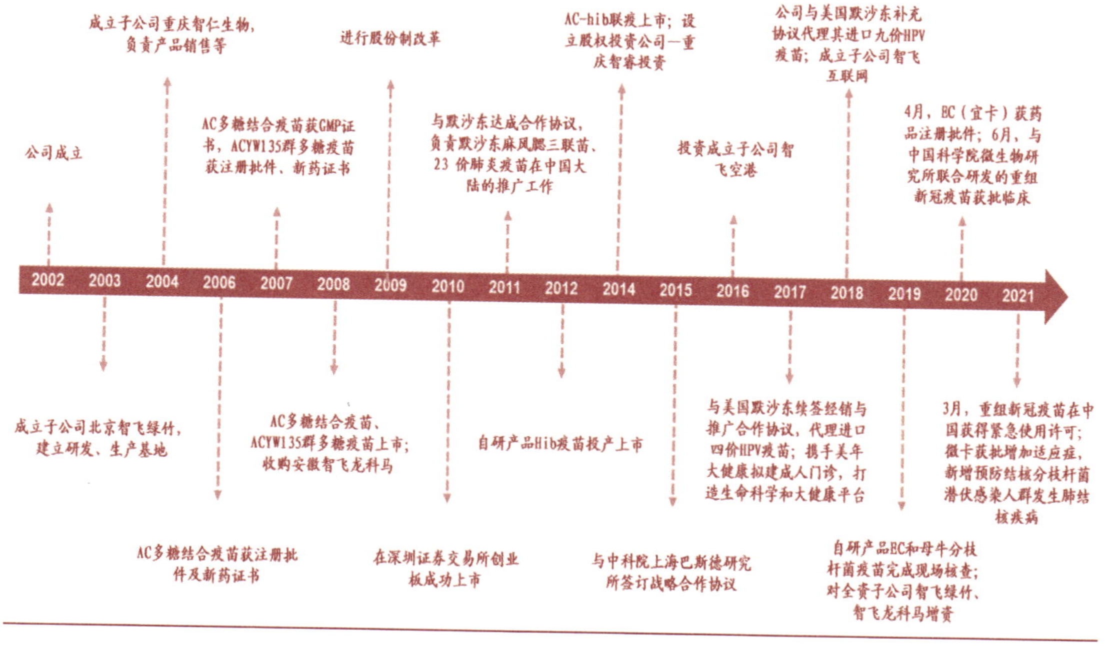

附图9-1　智飞生物简要发展事件

数据来源：Choice，易董整理。

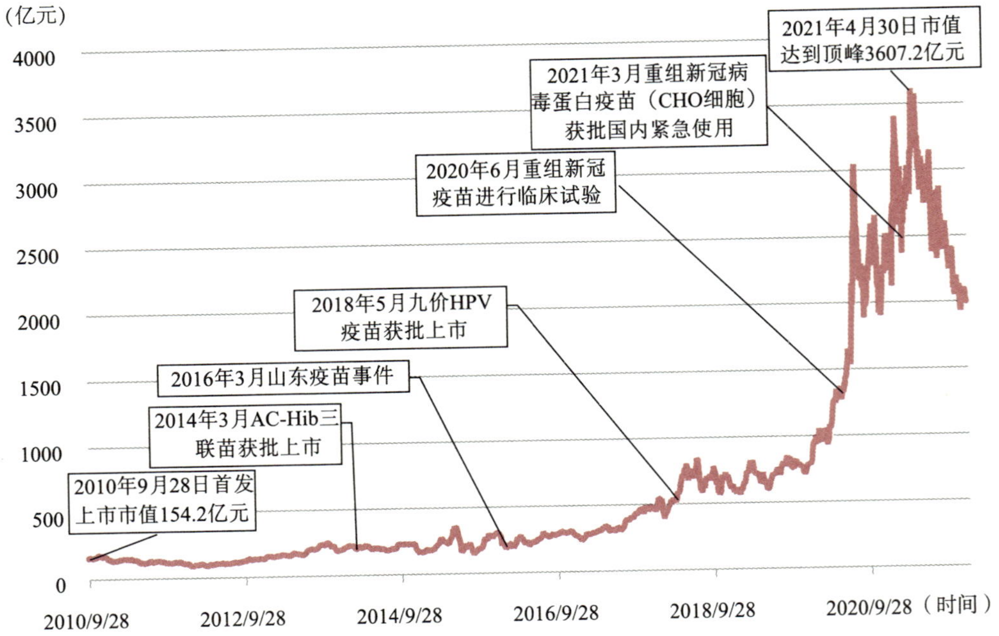

附图 9－2　2010—2021 年智飞生物市值变化情况

数据来源：Choice，易董整理。

一、外部因素：疫苗为国家强监管行业，市场集中度将持续提升

2019 年 12 月 1 日《疫苗管理法》生效，支持产业发展和结构优化，鼓励疫苗生产规模化、集约化，不断提升疫苗生产工艺和质量水平。未来，国内疫苗行业技术及准入门槛将会不断提升，行业集中度也将越来越高，我国疫苗行业将逐渐地淘汰部分品种较少、生产体系较为落后的疫苗企业，而一些具有较强创新研发能力且可以安全稳定地生产优质疫苗的疫苗企业在未来的市场竞争当中将具有更大的优势，占据更多的市场份额，疫苗行业将更加规范集中。

我国疫苗消费潜力大，根据药智网数据显示，国内疫苗市场总规模由 2014 年的 233 亿元增长至 2018 年的 336 亿元，预计到 2030 年达到 1161 亿元，年复合增长率达到 10.9%，体现出疫苗行业的强劲增长势头，其中自主消费属性的非免疫规划疫苗占据主要的构成。此外，大疫苗品种具备良好的放量潜力，疫苗作为预防性的产品，药物经济学价值高，尤其是其使用人群具有特殊性（儿童、女性、老年人等），需求相对刚性，加之目前人们对于健康预防意识的持续提升，对消费类产品有更高的支出意愿，为高价值疫苗大品种销售放量奠定更为坚实的基础。随着国产大品种的陆续上市，加之新冠肺炎疫情的全民教育，有助于居民健康接种意识的提升，有望推动行业的持续扩容，国内疫苗行业也将迎来良好的发展机遇。

二、公司治理：股权结构稳定，专心疫苗行业

公司股权结构保持稳定。截至2021年12月31日，董事长蒋仁生（持股50.11%）与其子蒋凌峰（持股5.4%）、兄弟蒋喜生（持股0.7%）三人为一致行动人，合计持股56.21%，对公司拥有高度控制权。正因为公司股权集中，管理层稳定，智飞生物能够更好地坚守本心专注于人用疫苗及生物制品领域，二十年来从未涉足其他行业，坚持不懈。

员工激励方面，智飞生物为吸引和留住人才，分别于2012年和2019年实施股权激励计划和员工持股计划，涉及激励股份约2000万股，覆盖人次922人。

设立子公司作为公司研发、生产、销售的专业单元进行管理。智飞生物共有5家全资子公司。北京智飞绿竹生物制药有限公司、安徽智飞龙科马生物制药有限公司两个子公司为研发基地，其中智飞绿竹主要负责细菌类疫苗、基因工程疫苗的研发与生产；智飞龙科马主要负责结核产品和病毒类疫苗的研发与生产。重庆智仁生物负责公司产品的销售，智飞空港主要负责公司产品的进出口业务，重庆智飞互联网科技有限公司依托互联网渠道拓展业务。

附表9-1　智飞生物的控股公司情况

被参控公司	参控关系	直接持股比例（%）	主营业务
北京智飞绿竹	全资子公司	100	人用疫苗的研发、生产，厂区面积5.5万平方米，研发方向主要为细菌类疫苗、基因工程疫苗、病毒类疫苗。
安徽智飞龙科马	全资子公司	100	免疫制剂、疫苗、基因重组制品的研发、生产，厂区面积21.6万平方米，研发方向主要为结核产品、病毒类疫苗
重庆智仁生物	全资子公司	100	集团公司产品的销售、储存
智飞空港（北京）	全资子公司	100	生物制品进出口通道，为公司提供代理进口疫苗的保税仓储、通关备案、批签发等服务
重庆智飞互联网	全资子公司	100	疫苗管家网络平台
重庆智睿投资	参股公司	10	以股权投资的模式对有发展前景的预防、治疗用生物技术和产品进行孵化和培育

数据来源：Choice，易董整理。

三、盈利与成长性："技术+市场"双轮驱动，研发实力转化贡献产品满足市场需求，公司业绩增长势头强劲

2011—2015年，智飞生物营收一直在6亿—8亿元波动。2016年受山东疫苗事件影响，国务院颁布实行通过省级公共资源交易平台采购二类苗等一系列新政，行业整顿下公

司营业收入出现大幅下滑。

随着 2017 年生物疫苗行业开始复苏，自研产品二类苗 AC－Hib 三联苗创辉煌。AC－Hib 三联苗是智飞生物在现有 Hib 疫苗和 AC 群流脑疫苗产品的基础上自主研发的二类苗，2014 年获批上市。该产品用于 2 月龄至 71 月龄婴幼儿和儿童，能同时预防 A 群 C 群脑膜炎球菌和 b 型流感嗜血杆菌引发的相关疾病。2016 年由于受山东疫苗事件影响批签发 22.2 万剂，2017 年生物疫苗行业开始复苏，批签发 470.4 万剂。2017 年公司实现营收 13.43 亿元，同比增长 201%。其中 73.69% 营收来自自研产品——二类苗。

智飞生物为默沙东四价、九价 HPV 疫苗产品的国内独家代理商。自 2018 年开始四价、九价 HPV 疫苗在中国大陆通过审批且开始投入市场销售，HPV 疫苗销售收入拉动公司营收迅速增长。HPV 病毒（人乳头瘤病毒疫苗）具有高度传染性与致病、致癌率，高危型 HPV 病毒是导致女性罹患宫颈癌的主要诱因。我国疫苗产业相对于发达国家较为落后，HPV 疫苗在国内出现“一针难求”的局面，有着四价、九价 HPV 疫苗国内独家代理权的智飞生物，也自然实现营收、净利双增。2018—2021 年，得益于 HPV 疫苗在国内顺利推广，公司营收从 2018 年的 51.30 亿元快速提高到 2021 年的 306.52 亿元。

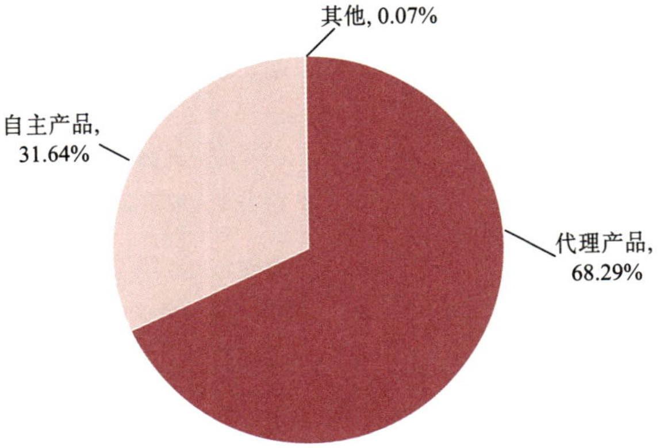

附图 9－3　2021 年智飞生物营业结构情况

数据来源：Choice，易董整理。

重组新冠疫苗获紧急使用，贡献超百亿元收入。即使受到 2020 年新冠肺炎疫情的影响，全国非免疫规划苗的销售都出现不同程度的下降，智飞生物也实现了 44% 的营收增速。2021 年，自研新冠疫苗产品在我国获批紧急使用，并顺利实现海外出口，其销售收入弥补了新冠肺炎疫情对其他产品销售额的影响，2021 年营收达到 306.52 亿元，营收再创新高，同比去年增长 101.79%。

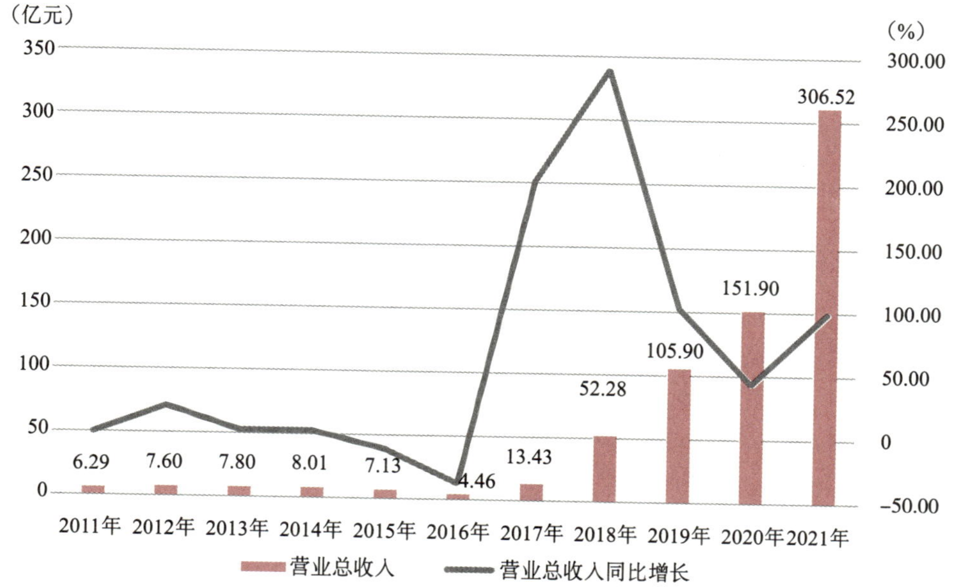

附图 9－4　2011—2021 年智飞生物营业收入及同比增长

数据来源：Choice，易董整理。

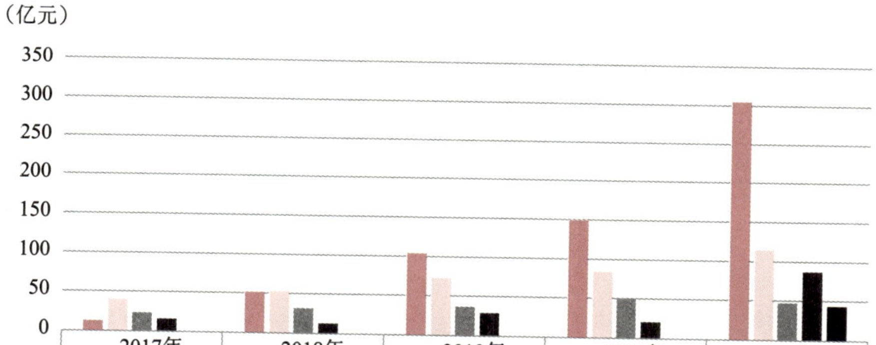

	2017年	2018年	2019年	2020年	2021年
智飞生物	13.43	52.28	105.87	151.90	306.52
长春高新	41.02	53.75	73.74	85.77	107.47
华兰生物	23.68	32.17	37.00	50.23	44.36
百济神州	16.11	13.10	29.54	21.20	75.89
康希诺	0.00	0.03	0.02	0.25	43.00

附图 9－5　2017—2021 年智飞生物同行营业收入情况比较

数据来源：Choice，易董整理。

四、科技创新：重视自主产品研发，自研创新成果陆续步入收获期，为公司注入强劲发展动力

智飞生物着重研发技术的引进和开发。目前，公司已搭建起细菌性多糖和多糖蛋白结合疫苗技术平台、病毒性灭活疫苗技术平台、基因重组技术平台、组分技术平台等多个研发平台，并积极布局 mRNA、新型多联多价技术平台等前沿开发平台。目前，智飞生物自

主研发产品处于临床试验阶段以及临床前研究的项目就有 26 项，覆盖预防结核病、肺炎、脑膜炎、流感、狂犬病等传染病的人用疫苗、生物制品项目，储备丰富、结构清晰、梯次合理，形成了具有产品协同效应和行业竞争力的产品矩阵。加之公司在研管线齐全、布局合理，通过多年持续的投入与推进，自主产品正逐步进入注册收获期，未来营收利润可期。

结核产品矩阵不断获得突破，构建了公司较完整的“结核病监测、诊断、免疫预防”体系。2020 年 4 月公司重组结核杆菌融合蛋白（EC）（宜卡®）获得药品注册批件，解决了已应用百年之久的结核菌素类产品（PPD 等）无法鉴别卡介苗接种与结核感染的难题。2021 年 6 月，公司注射用母牛分枝杆菌（微卡®）获批增加适应症，新增预防结核分枝杆菌潜伏感染人群发生肺结核疾病，是国内外首个也是唯一一个批准上市可同时用于预防潜伏感染人群发生肺结核疾病和辅助治疗结核病的产品。这两款产品能与公司在研产品冻干重组结核疫苗（AEC/BC02）、皮内注射用卡介苗、卡介菌纯蛋白衍生物形成协同效应构成结核产品矩阵。公司也在互动平台回复问答表示，目前微卡已实现上海、北京、四川、浙江等 21 个省级单位的招标准入，同时积极开展相应推广工作。公司也将持续推进研发成果向社会效益的转化，积极配合我国结核病遏制行动计划实施执行，为实现 2035 年终止结核病、实现健康中国的宏伟目标贡献力量。

2017—2021 年，智飞生物研发投入逐年提升。截至 2021 年年报，研发投入为 8.14 亿元，研发人员为 556 人，占职工总数 11.79%。随着研究人员人数和研发投入的攀升，公司在研管线的推进速度也得到提高。

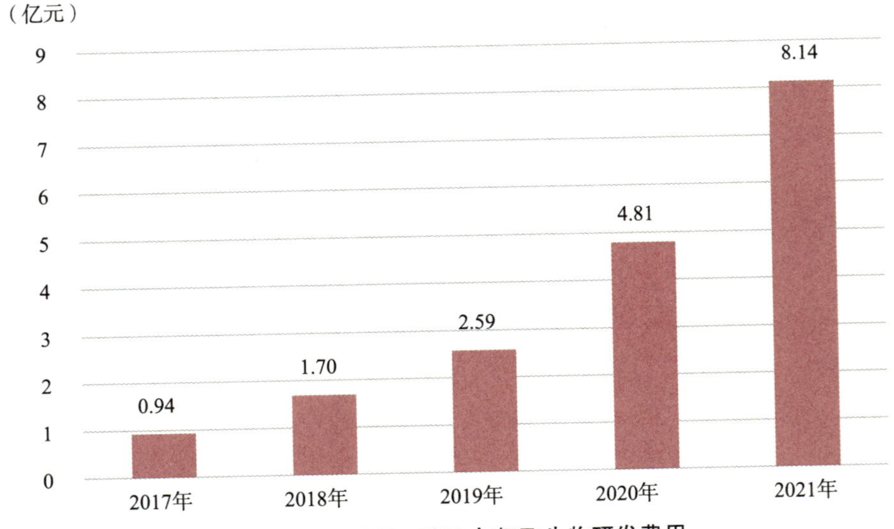

附图 9－6　2017—2021 年智飞生物研发费用

数据来源：Choice，易董整理。

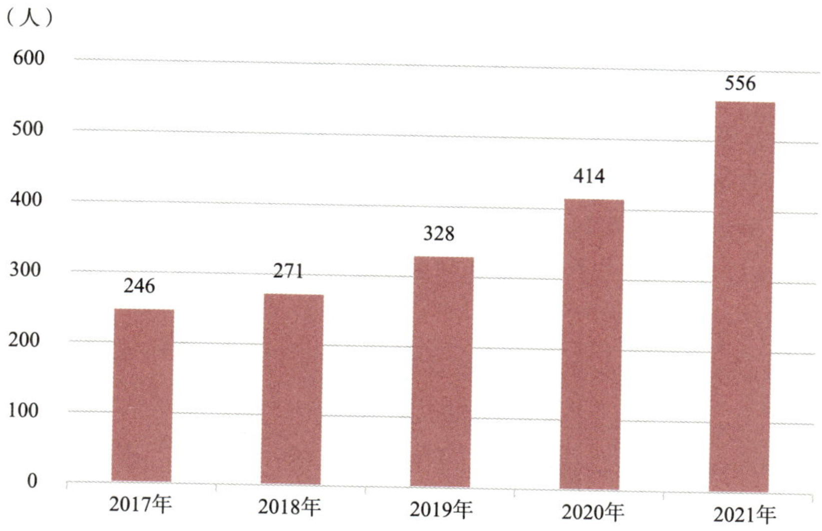

附图 9－7　2017—2021 年智飞生物研发人员

数据来源：Choice，易董整理。

五、资本运作：搭建新产品研发培育平台，战略布局生物药与细胞治疗

重庆智睿投资有限公司（以下简称“智睿投资”）是公司与控股股东、实际控制人蒋仁生共同出资设立的股权投资公司，其中蒋仁生占比 90%，公司占 10%。智睿生物以股权投资的形式对有发展前景的生物技术和产品进行孵化和培育，主要瞄准肿瘤（如单抗、CAR－T 等）、代谢类疾病、心血管类疾病等几大病种药物进行投资，确保公司在生物制药领域可持续发展。智睿投资现已投资设立 9 家子公司，有多个在研产品为国家一类新药。其中，重庆精准生物专注于免疫细胞治疗、干细胞治疗与基因编辑、基因治疗技术的研究，在研一类新药 pCAR－19B 正在开展Ⅰ期临床试验；重庆智翔金泰生物为智翔医药全资子公司，在研的 3 款治疗用单克隆抗体均为一类新药，已进入临床试验阶段。

附表 9－2　　智睿投资的控股公司情况

被投资企业名称	智睿投资持股比例	投资数额	成立日期
重庆智翔金泰生物制药股份有限公司	72.73%	20000 万	2015 年 10 月 20 日
重庆宸安生物制药有限公司	85.00%	38500 万	2015 年 11 月 4 日
重庆精准生物技术有限公司	42.50%	500 万	2016 年 1 月 6 日
上海锦斯生物技术有限公司	50.00%	250 万	2016 年 4 月 22 日
重庆中科智飞生物医药研究所有限公司	29.00%	290 万	2016 年 11 月 28 日
重庆美莱德生物医药有限公司	30.00%	300 万	2017 年 1 月 3 日
华淞（上海）生物医药科技有限公司	50.00%	2500 万	2017 年 11 月 26 日
苏州相奕生物技术有限公司	25.00%	43.3333 万	2019 年 2 月 13 日
重庆熙科医疗科技有限公司	45.00%	2250 万	2020 年 3 月 2 日

数据来源：天眼查，易董整理。

六、ESG：坚持“节能减排”理念，坚持社会效益优先

智飞生物在实践中积极推进绿色办公和绿色运营理念，成立了安全环境管理相关部门，负责指导、监督、检查公司的环境保护工作。为了进一步规范公司污染防治设施的运行和维护、环境监测、建设项目环保“三同时”等工作，智飞生物还制定了《环保管理SOP》《环保设施管理 SOP》和《污水处理系统操作和维护保养 SOP》等一系列制度，以保障公司的环境管理有效运行。

公司自成立以来，始终本着“社会效益第一，企业效益第二”的企业宗旨，以提高国民预防健康意识为己任，先后将十余种预防多种疾病的疫苗产品导入市场，为促进社会公共卫生事业的发展起到一定的推动作用，创造了较好的社会效益。作为国内疫苗行业的领军者之一，面对突发的疫情，疫苗研制工作迫在眉睫、刻不容缓。智飞在新冠肺炎疫情暴发后的第一时间启动了应急研发计划，2021 年 3 月被我国纳入紧急使用，为疫情防控和民众免疫贡献力量。

结论：从智飞生物由 150 亿元市值跃升至千亿元市值的案例可以看出，智飞生物的市值跃升离不开公司管理层的专注。智飞生物秉承“社会效益第一，企业效益第二”的宗旨，专注于人用疫苗及生物制品领域，从未涉足其他行业，二十年来坚持不懈，不断积累研发力量、丰富产品线。对于疫苗的专注，同时贯通科技创新和可持续发展理念使其对行业的理解更加深刻，研发能力和品牌实力不断提升，且专注于一个细分行业进行深耕，将业务的专一性摆在企业核心竞争力的第一位，同时做好生产经营持续践行社会效益，在竞争中保持行业领先地位。

案例10 恒力石化——战略布局产业一体化，在聚酯化纤红海竞争中脱颖而出

恒力石化股份有限公司（以下简称“恒力石化”或“公司”）是世界500强企业恒力集团的核心上市子公司，总部位于辽宁大连。公司于2016年借壳大连橡胶塑料机械股份有限公司实现了在上交所主板的重组上市。登陆资本市场后，公司业务发展迅速。公司营业收入由2016年的192.40亿元增至2021年的1979.70亿元，归母净利润由11.80亿元增至155.38亿元。公司市值由重组上市日的209.28亿元，增加至2021年12月31日的1616.88亿元，市值增长672.59%。

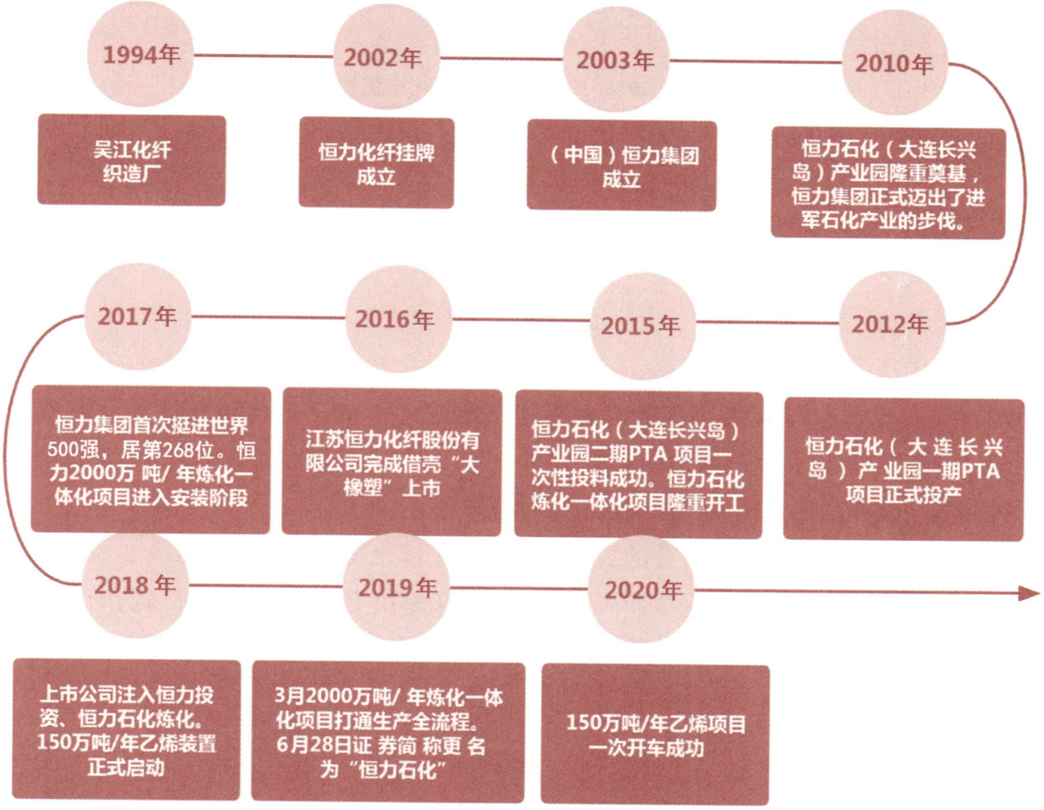

附图10-1 恒力石化简要发展历程

数据来源：信达证券研发中心，易董整理。

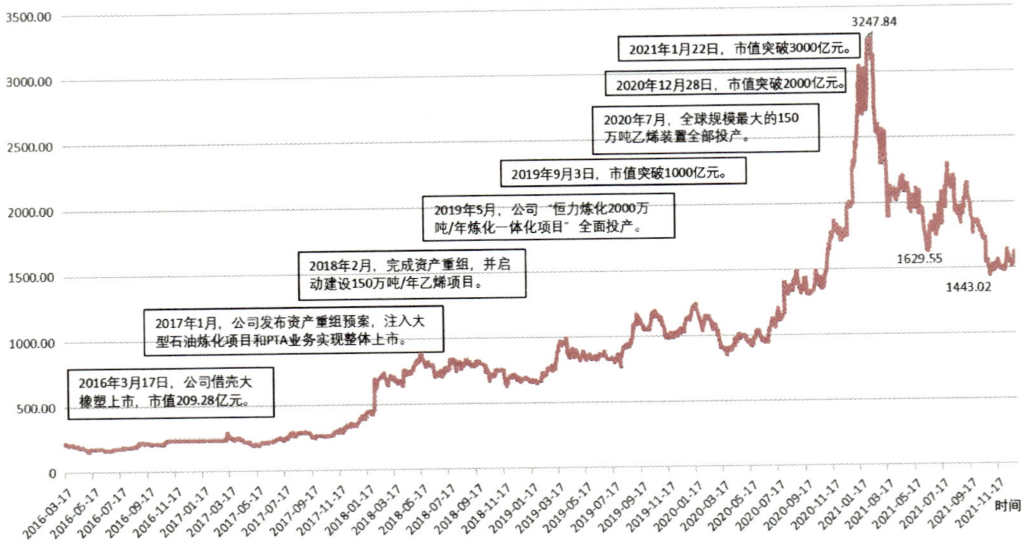

附图 10－2　2016—2021 年恒力石化市值变化情况

数据来源：Choice，易董整理。

一、宏观政策：国家产业结构调整，民营炼化迎来政策春风期

为调整石油化工产业结构，"十三五"期间，国家发改委重点规划发展七大石化产业基地，并提出积极发展混合所有制，鼓励有实力的民企特别是处于产业下游的民营企业，按照行业准入要求参与石化产业重组改造和基地建设；在《石化和化学工业发展规划（2016—2020年）》中，再次强调要有序推进七大石化产业基地及重大项目建设，增强烯烃、芳烃等基础产品保障能力，提高炼化一体化水平。

政策对民营企业进入炼化行业的放开打开了石化行业新的大门，也将改变原本固有的市场格局。于这些入局的民营企业而言，不仅有利于解决上游原料依赖进口的问题，同时有助于推动产业集约化、一体化、高端化。

二、公司治理：决策机制灵活高效，多次实施长效激励调动员工积极性

公司股权结构稳定清晰。截至2021年12月31日，公司实际控制人为陈建华和范红卫夫妇，直接及间接合计持有公司76.07%的股份，股权集中，有利于重大项目推动和重大经营决策。公司下属企业大部分为全资子公司，这些子公司是重大项目建设运营的主体，为公司全产业链布局创造了条件。

员工激励方面，公司自借壳上市以来共实施了五期员工持股计划，涉及激励资金合计13.75亿元，涉及员工合计18550人次。激励对象不仅包括董监高和经理人员，也包含新

项目或新业务的骨干员工。例如，2020 年 10 月推行的第五次员工持股计划，激励了公司新建成的 150 万吨/年乙烯项目、250 万吨/年 PTA－4 项目、250 万吨/年 PTA－5 项目建设的相关人员，充分调动了员工积极性，促进了新项目的发展。

三、创新能力：高端研发驱动形成市场竞争优势

公司打造了国际化研发团队，构筑高水平科技研发平台，技术研发实力与新品创新能力领先同行，能够快速响应最新市场消费需求变化。公司四大聚酯经营主体企业恒力化纤、德力化纤、恒科新材料、康辉新材料都是国家高新技术企业，通过对生产过程的精细管理和技术工艺的不断改进，公司自主研发积累了一系列差别化、功能性产品，掌握了大量产品的生产专利，获得市场广泛认可。公司产品在品质以及稳定性上优于同行，是目前国内唯一一家能够量产规格 7D 及以下 FDY（全拉伸丝）产品的公司，具备目前国内单体最大的 PBS/PBAT 生物可降解新材料生产装置，产品新品率多年来保持稳定增长，产品价格高出行业平均水平，具备技术工艺积累与高端市场定位下明显的产品溢价与盈利优势，形成了短期内难以简单复制的行业竞争护城河。此外，公司研发技术团队规模庞大，2021 年年末，研发技术人员 5147 人，占总员工的 14.44%，处于行业第一梯队。

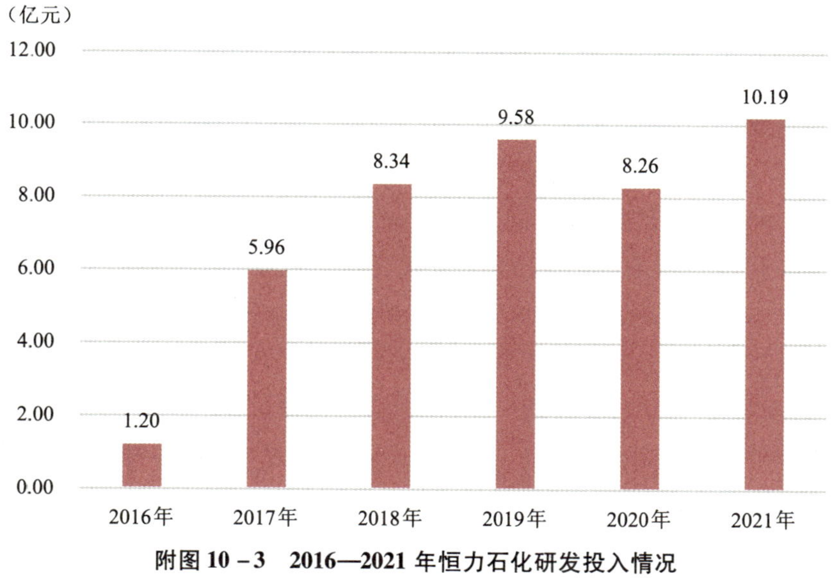

附图 10－3　2016—2021 年恒力石化研发投入情况

数据来源：公司公告，易董整理。

四、资本运作：注入中上游资产，打通从“一桶油”到“一匹布”全产业链

战略布局上游大型炼化项目和注入中游 PTA 资产，产业得以扩张。2018 年，公司完成对实控人旗下恒力投资和恒力炼化全部股权收购事项。恒力投资拥有 660 万吨/年精对

苯二甲酸（PTA）生产装置，为全球单体产能最大的PTA生产基地，在国内市场具备较强的行业竞争力。恒力炼化则乘着民营大炼化政策放开的春风，抢抓时机，大手笔投资562亿元建设“恒力炼化2000万吨/年的炼化一体化项目”。资产注入前，恒力石化主要从事聚酯切片、民用涤纶长丝、工业涤纶长丝、聚酯薄膜、工程塑料的生产、研发和销售。但公司生产所需主要原材料PTA主要外购。本次交易完成后，公司产业链从聚酯化纤延伸至中上游的芳烃、PTA产业。同时恒力炼化一体化项目建成投产后，恒力石化PTA生产所需的对二甲苯可实现自给自足，PTA的供应进一步得到保障。

得益于本次资产收购和炼化项目的布局建设，恒力石化也开启了全新的发展阶段。2019年5月随着公司“恒力炼化2000万吨/年炼化一体化项目”正式投产，炼化业务成为了2019年度公司营收规模大幅增长和盈利能力显著改善的主要驱动力。根据公司年报，2019年度，公司实现营业收入1007.82亿元，较上年同期增长67.78%，归属于上市公司股东的净利润为100.25亿元，较上年同期增长201.73%，实现了营业收入的大幅增长和盈利能力的显著改善，营收规模与盈利水平都创下了历史新高。

乙烯项目投产，公司正式步入产业一体化发展时期。为进一步丰富和完善公司全产业链结构，2018年公司启动了年产150万吨乙烯项目的建设，这是继公司大炼化项目之后的又一个“重头戏”。2020年7月，全球规模最大的150万吨乙烯装置全部投产。项目投产后，公司实现对占到聚酯原料成本90%以上的PTA和乙二醇原材料产能的全面保障。自此，公司也正式构筑形成了“原油——芳烃、乙烯——精对苯二甲酸（PTA）、乙二醇——聚酯（PET）——民用丝及工业丝、工程塑料、薄膜”的完整产业链。

在聚酯化纤全产业链中，原油价格和终端消费需求从两端影响产业链的整体景气度，各环节的供需格局决定着产业链内的利润分配。通过上下游一体化布局将有效锁定产业链利润，同时可以保障原料供给、增强企业的风险抵御和盈利能力。2020年，上游“炼化+乙烯”项目则成为了公司利润结构的主要来源与业绩增长的主要驱动力，该年度公司实现营业收入1523.73亿元，较上年同期增长51.19%，实现归属于上市公司股东的净利润134.62亿元，较上年同期增长34.28%。

加速新材料布局，拓宽下游产业。随着公司“大化工”平台的搭建完成，公司未来规划布局可降解新材料、锂电、光伏、新型工程塑料产业链等高增长新材料市场，加快完善下游精细化工新材料产业链。

五、盈利能力和成长性：公司重组上市以来营收、归母净利润增长迅猛

通过布局全球标杆级的2000万吨炼化一体化项目以及150万吨乙烯生产能力，公司业绩持续高增长。2016年公司重组上市之初，营业收入仅为192.40亿元。2019年，大炼化项目全面投产，开始释放业绩，助推公司营业收入突破千亿，达到1007.82亿元。2016—2021年公司营业收入年均复合增长率为59.40%，公司归母净利润年均复合增长率

为 67.45%。

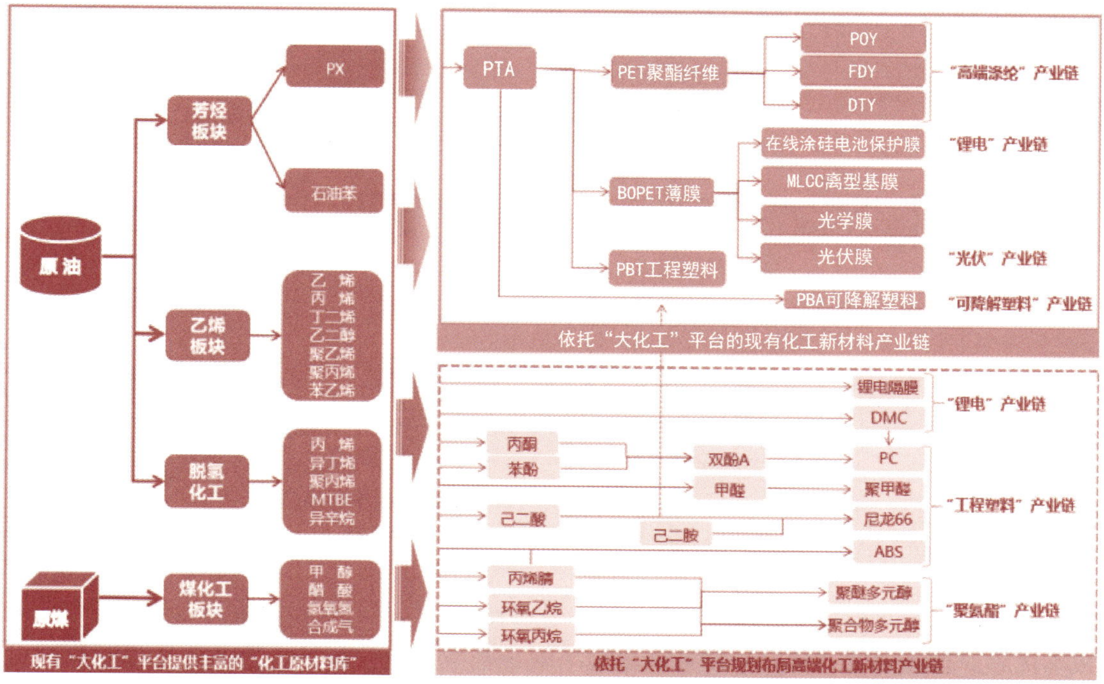

附图 10－4　恒力石化产业链布局

数据来源：公司公告，易董整理。

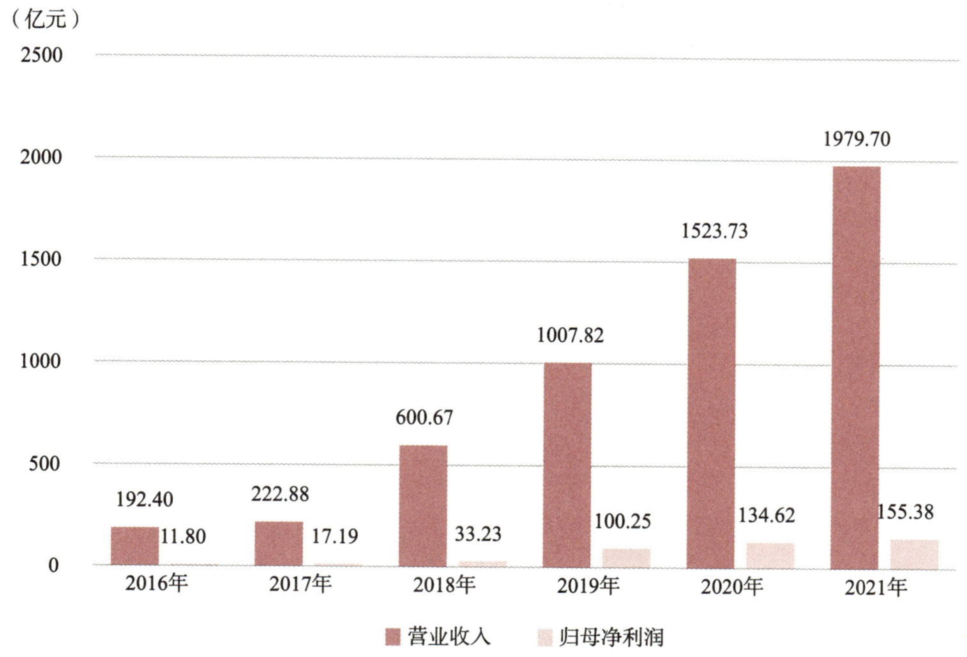

附图 10－5　2016—2021 年恒力石化营业收入和归母净利润情况

数据来源：公司公告，易董整理。

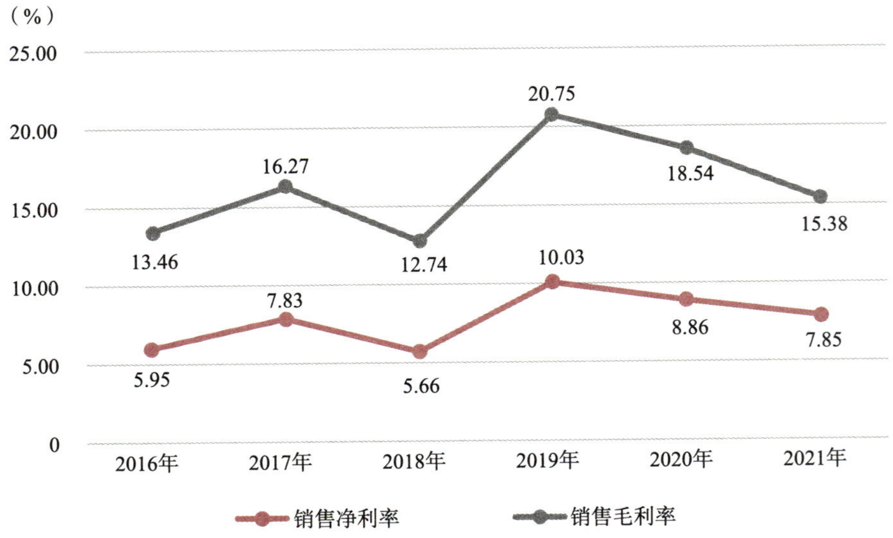

附图10－6　2016—2021年恒力石化毛利率和净利率情况

数据来源：公司公告，易董整理。

作为民营大炼化龙头企业，恒力石化能够拥有超额收益的核心原因是远远领先行业的成本优势。2016—2019年，公司毛利率及净利率基本呈上升趋势。2018年受原材料对二甲苯（PX）价格大幅上升影响，PTA产品毛利率仅为8.48%，拉低公司整体毛利率。近两年，公司毛利率和净利率水平受疫情及原材料价格上升影响有所下滑。

相比同行业，恒力石化在毛利率和净利率方面均为行业领先。2021年，公司销售毛利率为15.38%，销售净利率为7.85%。

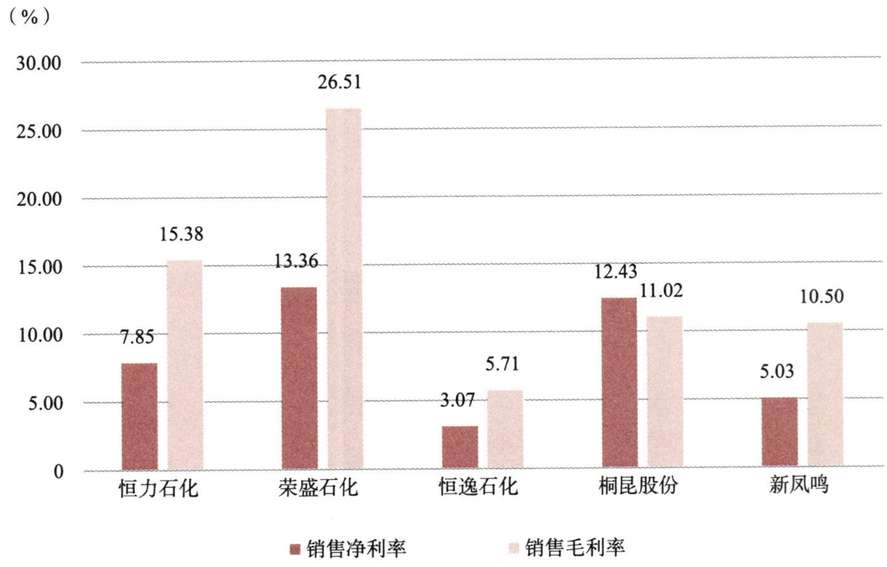

附图10－7　2021年同行业企业净利率与毛利率对比情况

数据来源：公司公告，易董整理。

从产品结构来看，2018 年以前，公司的主营产品是聚酯产品。随着 PTA 资产和大炼化项目注入，公司的主营业务结构不断优化，化工品和 PTA 产品成为公司最主要的营收和利润来源。

附表 10-1　　2021 年恒力石化主要产品业务结构

产品	营业收入		营业利润		毛利率（%）
	金额（亿元）	占比（%）	金额（亿元）	占比（%）	
炼化产品	1049.32	53.21	240.17	80.07	22.89
PTA	481.63	24.42	11.25	3.75	2.34
聚酯产品	272.77	13.83	51.62	17.21	18.92
其他	168.46	8.54	-3.09	-1.03	-1.83

数据来源：公司公告，易董整理。

六、ESG：积极践行低碳环保理念，精心打造国家级绿色工厂

面向未来"碳中和"的产业发展趋势要求，公司践行高标准的安全运行与绿色低碳运营。公司从装置环保投入、工程建设质量、精细安全管理与低碳绿色运行的全周期角度，采用超前环保理念高强度投资循环低碳要素，精心打造全球一流标准的绿色、生态、节能、环保的花园式炼化产业园区，获取更为循环经济的能耗、物耗、低碳、低排等成本节约与可持续的发展动能。公司建设了世界 PTA 行业中首套 PTA 残渣回收系统——R2R 装置，攻克了 PTA 残渣回收处理的世界难题，固体废弃物零排放。恒力炼化污水处理装置采用全球领先的法国得利满处理技术，首次成功应用嵌入式污水一体化处理技术，以"废"治"废"，将"水、气、渣"作为可利用资源，变废为宝，排放标准比国家标准提高 30%。

结论：恒力石化最终成长为"参天大树"，成为民营炼化企业中率先起飞的龙头企业之一，除了抓住石化行业结构调整、产业政策春风的机遇乘势而上外，更重要的源于企业自身战略眼光超前，前瞻性布局产业中上游，构筑了中上游"大化工"平台，形成了全产业链一体化协同发展，促进了公司业务规模化，同时贯彻科技创新和可持续发展理念，聚力核心技术的突破，抢占行业变革先机，在竞争中保持行业领先地位。

案例 11　康美药业——千亿白马跌落神坛，警醒市场合规发展是底线

康美药业成立于 1997 年，是集药品、中药饮片、中药材和医疗器械等供销一体化的大型医药民营公司之一，是我国首批通过认证、产能最大的饮片龙头公司。同时也是中药饮片行业内生产规模最大、品种最多的公司，主要生产和经营产品为中药饮片、西药、保健食品及食品、中成药等。

2015 年，康美药业从 300 多亿元市值一举突破千亿市值，仅用半年时间其市值反超云南白药、白云山等一众老牌龙头中医药公司，成为资本市场第一家市值突破 1000 亿元的医药大白马。其市值随后在 2018 年达到 1390 亿元的顶峰，被无数企业家、投资者视为创造市值的业界典范。

然而 2018 年年底，康美药业虚假披露的事实败露，这只千亿白马市值腰斩，震惊市场之余，也引发上市公司对合规发展与创造市值的思考。

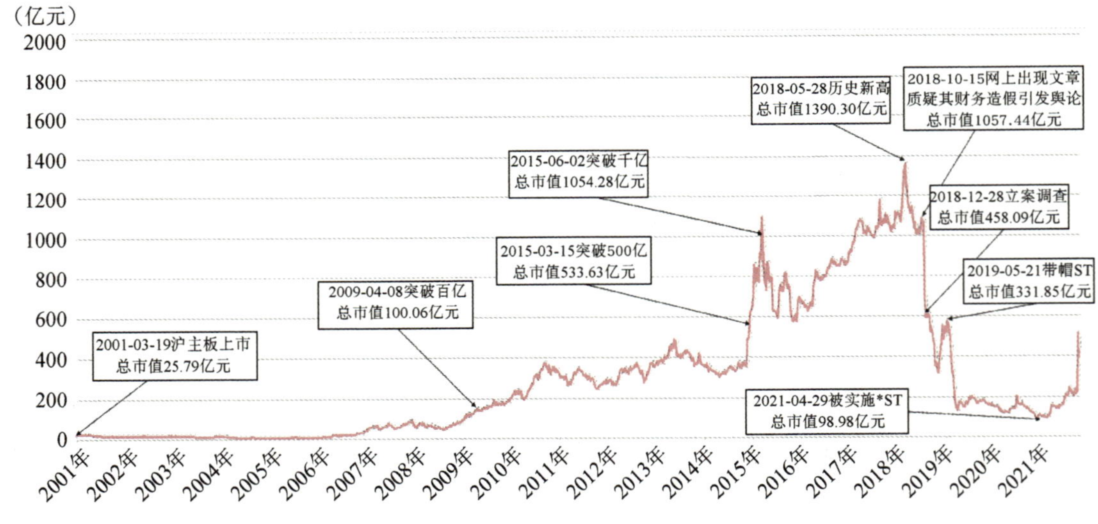

附图 11－1　康美药业市值变化情况

一、外部因素：虽把握发展机遇却又行差踏错，监管趋严加大惩戒力度

康美药业的千亿成长之路离不开天时地利人和，此前医药行业快速发展的市场环境给其提供了跃升的温床。2010 年，医药行业随着居民收入和城镇化的提高，加之医院数量的不断上升，整个行业的需求被迅速打开。2010—2015 年，卫生总费用占 GDP 的比重也从 4.85%一跃至 5.95%。同时，申万二级中药指数更是不断攀升，在 2015 年前后达到顶峰。

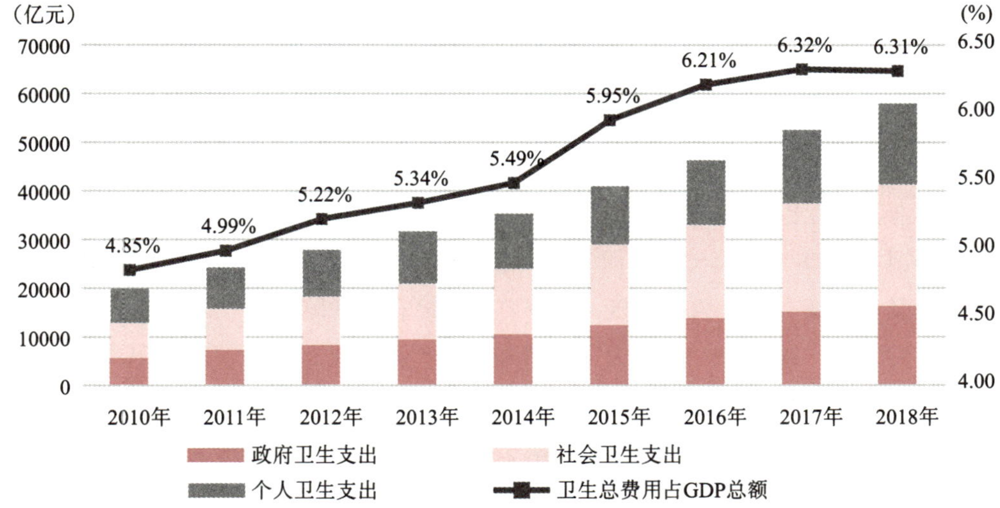

附图 11－2　各年卫生支出情况

数据来源：Choice，易董整理。

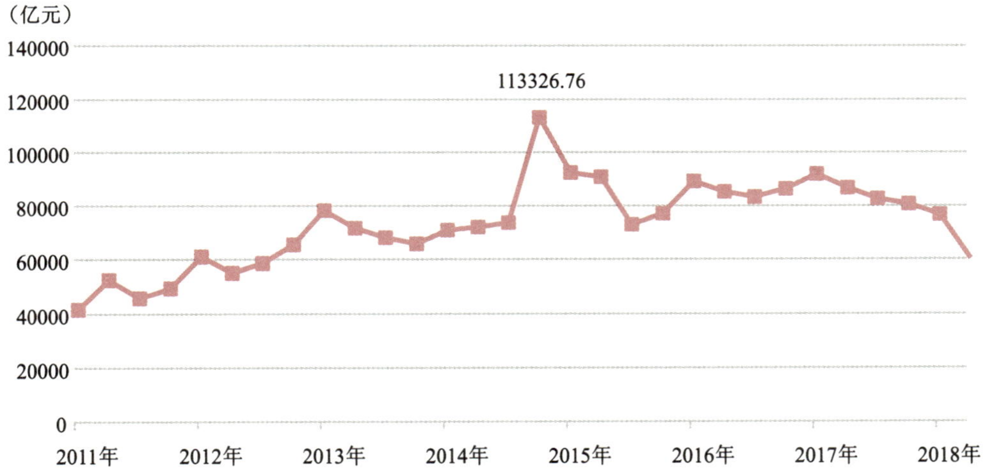

附图 11－3　申万二级中药指数

数据来源：Choice，易董整理。

行业的快速发展时期推动了康美药业的前进，但在行业增速放缓之后，康美药业通过财务造假维持高增长以便融资的不良意图和“一言堂”治理缺陷所埋下的隐患都随之揭露爆发，市值暴跌。其 2018 年巨额造假事件引发各方高度关注，随着“加强证券市场改革和制度建设”要求的提出，新《证券法》于 2019 年修订，并在 2020 年 3 月生效，各类配套监管措施紧随其后，资本市场迎来更严格的监管环境，康美药业也受到更严厉的处罚，市值进一步下跌。

这也表明，上市公司抱着“赌徒”心态，想要浑水摸鱼的时代早就过去，更应当做的是引以为戒，切不可“以身试法”。而康美药业、康得新等一众“明星”造假公司作为顶风作案的典型，它们被严厉惩处的背后，正是监管制度不断完善和加强、资本市场环境不断优化的体现。

二、公司治理：规范运作存在严重缺陷，造假金额创下市场之最

康美药业自成立以来，实际控制人兼董事长马兴田在公司内就一揽多职，并且直接及间接控制公司接近 40% 的股权，其他前十大股东持股比例最高也仅有 4%，可以说马兴田对公司的经营和发展有极大的话语权，内部监管制度存在缺陷。

在公司初创时，这种“一股独大”的股权结构有助于帮助公司快速作出决策，减少内部冗杂的决策程序，加上马兴田董事长过人的眼光和对发展的合理规划，让康美药业快速发展并赶上医药行业的风口一举腾飞。但由于内控制度的缺乏，问题也随之而来，在 2015 年前后经济环境及行业出现困难时，马兴田董事长最终选择铤而走险造假掩盖公司的亏损。

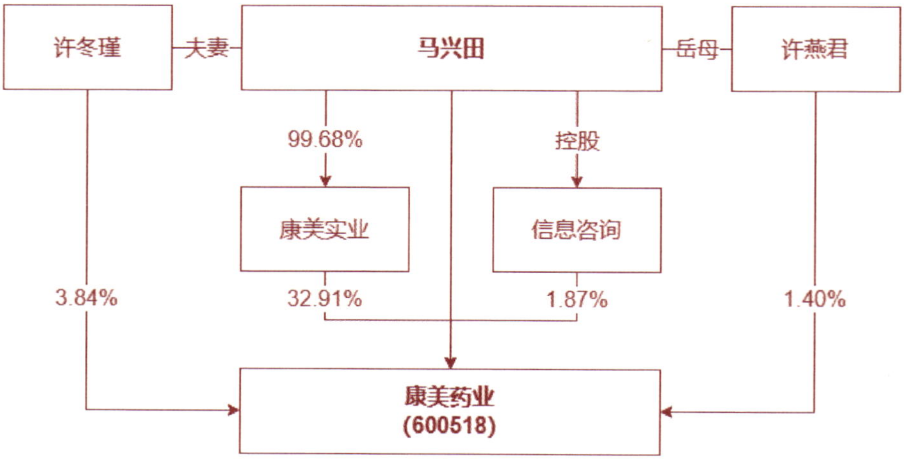

附图 11－4　康美药业股权结构

根据中国证监会的调查显示，2016—2018 年，三年间，康美药业各类项目虚假披露总金额超过 1200 亿元，如此巨额的虚假报告却依然能通过公司内部的审核程序，已经极大说明了康美药业的内部治理存在严重缺陷。

会计制度方面，康美药业在内部和外部的审计流程都未严格执行。公司近 300 多亿元货币资金在 2019 年的会计调整中消失不见，其内部合规流程立刻遭到市场质疑。同时负责其财务报表审计工作的广东正中珠江会计师事务所也因失职受到中国证监会的严厉处罚，被没收业务收入 1425 万元，并处以 4275 万元罚款，合计被开出 5700 万元的“天价”罚单，并且还需要承担 100% 连带赔偿责任。

关联方制度方面，康美药业明知故犯，并且在财务报表中遗漏了关联交易情况。在未经过决策审批或授权程序的情况下，累计向控股股东及其关联方提供非经营性资金 116 亿

元购买股票、替控股股东及其关联方偿还融资本息、垫付解质押款或支付收购溢价款等用途。这些钱中很大一部分都被拿去炒股了，虽然紧接着马兴田在股东大会上向股东们鞠躬道歉，但其股价的连续下跌表明投资者根本不愿买账。

三、资本运作与盈利性：曾经也胆大心细，稳步耕耘推动市值上升

康美药业从初创到 2016 年以前，依靠着对中医药行业的独到理解，逐渐建立起一套完整的中医药生产销售体系，并且通过胆大心细的资本运作，加大并购力度打通了中医药的上、中、下游产业，形成“中药材→中药饮片→医院”产业链，全产业链资源的整合也使康美药业垄断优势初显，主营业务的市场份额和利润不断扩大，同时提前抓住数字时代的机遇，提前布局“大健康 + 大平台 + 大数据 + 大服务”体系，形成了自己的规模竞争优势。

经过多年的稳步耕耘，康美药业在上游产业的发展中逐渐站稳脚跟，深入建设布局全国各大药材市场。2010 年，分别收购亳州药材市场、普宁药材市场及安国药材市场三大中药材市场。再添上游新版图同样增强了康美药业对于中医药成本的浮动的抵御能力，这也是在 2010 年之后中医药成本上升但康美药业依然能在净利领先竞争对手的原因之一。

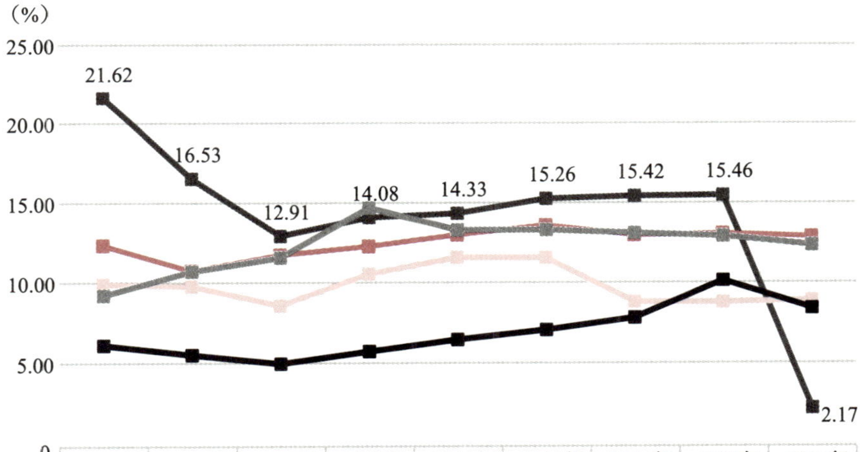

	2010年	2011年	2012年	2013年	2014年	2015年	2016年	2017年	2018年
600518.SH *ST康美	21.62	16.53	12.91	14.08	14.33	15.26	15.42	15.46	2.17
600085.SH同仁堂	12.32	10.72	11.71	12.24	12.95	13.55	12.92	13.02	12.83
600535.SH天士力	9.88	9.74	8.52	10.51	11.54	11.52	8.74	8.71	8.85
000538.SZ云南白药	9.19	10.70	11.56	14.68	13.27	13.29	13.08	12.88	12.32
600332.SH白云山	6.11	5.52	4.96	5.72	6.44	7.03	7.78	10.11	8.37

附图 11 -5　2010—2018 年康美药业销售利润率对比情况

数据来源：Choice，易董整理。

特别是从 2009 年开始，康美药业在全国大力布局下游销售渠道，积极横向并购。公司先是把拥有我国红参驰名商标的新开河公司收入囊中，紧接着 2010 年大手一挥，花了

接近一倍的溢价并购两家上海公司，旨在开拓以上海为核心的华东区域快速消费品市场。随后趁热打铁，2015 年首度突破千亿市值后，借着起势再买一家保健品类公司，进一步拓宽其主营业务范围。

附表 11－1　　康美药业兼并收购发展沿革

时间	收购项目	交易金额	目的
2015－8－28	深圳市麦金利实业有限公司 74% 股权	8273.45 万元	迅速拓展公司保健品市场，增加保健品品类，进一步落实大健康战略
2015－8－28	上海金藤通信设备发展有限公司 100% 的股权	8880.00 万元	通过收购上海金藤所获得的 3.3 万平方米土地使用权及上盖建筑物所有权，可满足控股子公司上海康美医药咨询有限公司业务运营和物流仓储所需，使之与快速增长的上海市场相匹配，有利于进一步完善公司在华东区域的产业布局
2014－8－28	中绿（上海）实业有限公司 100% 股权	10400.00 万元	进一步拓宽主营业务市场
2014－3－28	北京三合汇阳医药有限责任公司 100.00% 股权	510.00 万元	进一步拓宽主营业务市场
2011－8－24	集安大地参业有限公司 90% 股权	1350.00 万元	完善公司产品结构，打造康美品牌，为公司的长期战略实施搭建经营平台并提供新的利润增长点
2010－4－22	北京隆盛堂中药饮片有限责任公司 100% 的股权	535.00 万元	在北京天津地区拓展业务，为公司的长期战略实施搭建经营平台并提供 新的利润增长点
2010－4－22	上海金像食品有限公司 100% 股权	1525.03 万元	开拓了以上海为核心的华东区域快速消费品市场，借助两家子公司在当地主要卖场和连锁超市的渠道资源，初步完成公司在全国的战略布局，打造完整的中药饮片产业链，促进“康美”品牌与公司价值联动
2010－4－22	上海美峰食品有限公司 100% 股权	2393.77 万元	
2009－8－28	集安市新开河有限责任公司的整体资产和负债	3900.00 万元	“新开河红参”是我国唯一一个红参全国驰名商标，为公司在中药饮片乃至人参产业的进一步跨越式发展奠定了更坚实的品牌基础

同时，康美药业携手各地政府推进大健康产业理念和发展，积极承担公司的社会责任，对各地医疗卫生事业均有杰出贡献。如康美药业投资 10 亿元新建粤东最大的民营三甲医院，同时参与投资康美医院、重庆荣昌中医院、吉林梅河口中心医院等数十家公立医院。自公司上市以来，在抗震救灾、扶贫建设、地方扶助、公益事业等方面都给予积极的支持和帮助。

公司合规发展时期打造的杰出盈利性、成长性和良好声誉，推动其市值的稳步上升。2014 年公司就已上榜中国最具竞争力医药上市公司 10 强，排名第 9 位，并且已连续六年进入该榜单。创始人马兴田夫妇十多年的摸爬滚打，把公司中药饮片的主营业务经营起来

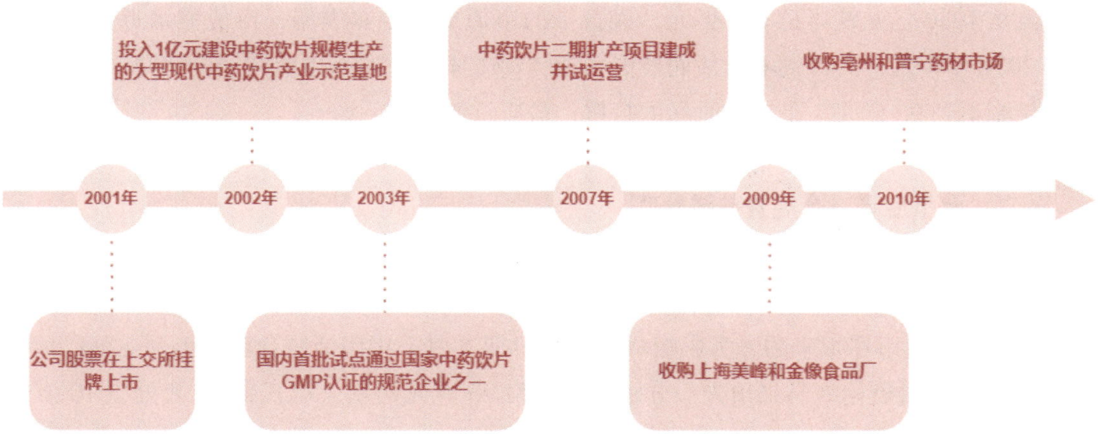

附图 11－6 康美药业初期发展大事记

了，把市值也推上了新高，康美药业也曾逐步成为优质企业的典范，医药行业中独当一面的行业标杆。

四、康美药业虚假披露案敲响合规警钟

（一）跌落神坛，竹篮打水一场空

谁曾想到荣获“2006 年度全国诚信守法乡镇企业”“广东省医药企业信用等级评价 AAA 级”和“广东省医药行业自律管理评价 A 级企业”等多项殊荣的千亿白马竟最终会被判下虚假披露的罪名。

2016—2018 年，康美药业通过财务不记账、虚假记账，伪造、变造大额定期存单或银行对账单，配合营业收入造假伪造销售回款等方式，在公司财报中虚假记载。其虚假披露的财务事实有三：其一，2016—2018 年合计虚增营业收入 291.28 亿元、多计利息收入 5.10 亿元及虚增营业利润 41.01 亿元；其二，2016—2018 年，三年间虚增货币资金分别占当期披露净资产的 76.74%、93.18%、108.24%，合计虚增货币资金 886.80 亿元；其三，《2018 年年度报告》中虚增固定资产 11.89 亿元、在建工程 4.01 亿元、投资性房地产 20.15 亿元，合计调增资产总额 36.05 亿元。

通过虚假披露精心设计年报数据，康美药业在市场中打造出一种高增长、高潜力的优质公司形象，引得投资者追捧，也推动着市值快速增长。造假期间，其市值一路高歌，从 2016 年年初的 600 亿元增长至 1390 亿元的顶峰，“实现”了两年翻一番的“小”目标。

但违规经营、虚假披露的代价总是要还的，这千亿市值的椅子还没坐热，康美药业就遭两篇文章质疑其“高现金高贷款”等异常情况，资本市场的神经一下紧绷起来，监管机构随即跟进，虚假披露的真相最终水落石出。

从 2018 年 10 月财务信息遭到市场怀疑开始，到 2019 年年中康美药业主动承认近 300 亿元的账面错误，随后认错挨打“戴帽”更名为“ST 康美”的一年时间里，康美药业的

市值就从1080亿元跌落至134亿元，谎言下的市值危楼轰然倒塌，市值缩水近十倍！而到了2021年4月，其因资不抵债而被更名为“*ST康美”时，市值跌回到2009年那个春天，仅剩不到90亿元。十多年时间的打拼，最后竹篮打水一场空。

（二）承担后果，合规警钟需长鸣

康美药业不仅要承担市值近乎“亏完”的损失，还需要对其巨大数额的虚假披露带来的恶劣影响负责。

一是要为给市场带来的恶劣影响负责。2020年5月，中国证监会对康美药业处以顶格60万元罚款，对创始人马兴田夫妇分别处以顶格90万元罚款，对其余19人处以10万元至30万元不等的罚款。

同时监管机构发现“顶格处罚”的天花板已不能适应新时期的需要，随后在新《证券法》修订中，大幅提高了对证券违法行为的处罚力度，处罚上限突破60万元。对于上市公司信息违法披露的顶格罚款修改为1000万元，对直接负责的主管人员顶格罚款修改为500万元。随后广东榕泰虚假披露一案被开出首张超千万罚单，上市公司需要为其不合规负更大的责任。

二是要为给投资者带来的损害负责。2021年11月12日，广州中院作出《民事判决书》，判决康美药业股份有限公司向52037名投资者赔偿投资损失245892.85万元，每名投资者平均获赔4.73万元。也成为证券市场有史以来判决赔付金额最高、赔付人数最多的案例。

三是要为违法违规和失信的代价负责。除了金钱的损失，同时还有公司名誉的损失，创始人马兴田面临的12年刑期以及终身证券市场禁入等影响，以上种种后果无不警示着合规发展是创造市值的底线。

同时我们要的也不仅仅只是对康美药业的大力惩处，防治资本市场中再次出现相同的问题需要更深远的举措。马兴田夫妇在康美药业信息披露违法行为中直接组织、策划、领导并实施了涉案违法行为，是最主要的决策者、实施者，但公司中的监督制度似乎并没有在事前起到作用。因此监管机构对其存在的公司治理问题进行重罚，首当其冲的就是独董制度，旨在给资本市场敲响警钟。

本案例中独董将面临巨额赔付，最高或将承担超过2亿元的连带赔偿责任。裁判文书显示，江某某、李某某、张某在10%范围内承担连带赔偿责任，郭某某、张某在5%范围内承担连带赔偿责任。将康美药业24.59亿元的判赔金额照此比例计算，一位独董最高或将承担超过2亿元的连带赔偿责任。而根据康美药业2020年财报显示，该公司最高仅对独董发放12万元的年薪，理论上独董一辈子都无法承担起本案中缺失的责任。

附表 11-2 独立董事年薪情况

时间	职务	年薪（万元）
2020 年	独立董事	12.00
	独立董事	12.00
	原独立董事	5.09
	原独立董事	3.87
	独立董事	2.05
2019 年	独立董事	12.01
	独立董事	12.01
	原独立董事	12.01
2018 年	独立董事	10.08
	独立董事	7.00
	独立董事	7.00
	原独立董事	3.70

数据来源：企业公告，易董整理。

结论：康美药业千亿市值梦的破灭对市场有极大的警示作用，一代药王的陨落就是其违规经营的代价，警示着创造市值的底线就是合规的发展，市值要想腾飞没有捷径可走，只有脚踏实地经营才是创造市值的根基。

案例 12　怡亚通——国资赋能，供应链龙头强势逆转

深圳市怡亚通供应链股份有限公司（简称“怡亚通”，股票代码 002183）成立于 1997 年，于 2007 年在深交所上市，是中国第一家上市供应链企业。目前公司业务主要包括品牌运营、“分销 + 营销”两大板块，2021 年“分销 + 营销”、品牌运营业务收入占比分别为 92.75%、5.01%，毛利率分别为 5.47%、18.19%，“分销 + 营销”业务为其基本组成部分，品牌运营业务为其利润增长点。2018 年 12 月深圳市国资委直属全资企业深圳市投资控股有限公司（简称“深投控”）完成怡亚通股权收购并成为控股股东，从资金、信誉、资源等方面进行赋能，促进怡亚通业务稳健发展。国资入主后，怡亚通经营情况得到较大改善，营收和利润稳步增长。公司市值由国资成为控股股东之日起的 106.35 亿元，增加至 2021 年 12 月 31 日的 171.92 亿元，市值增长 61.65%。

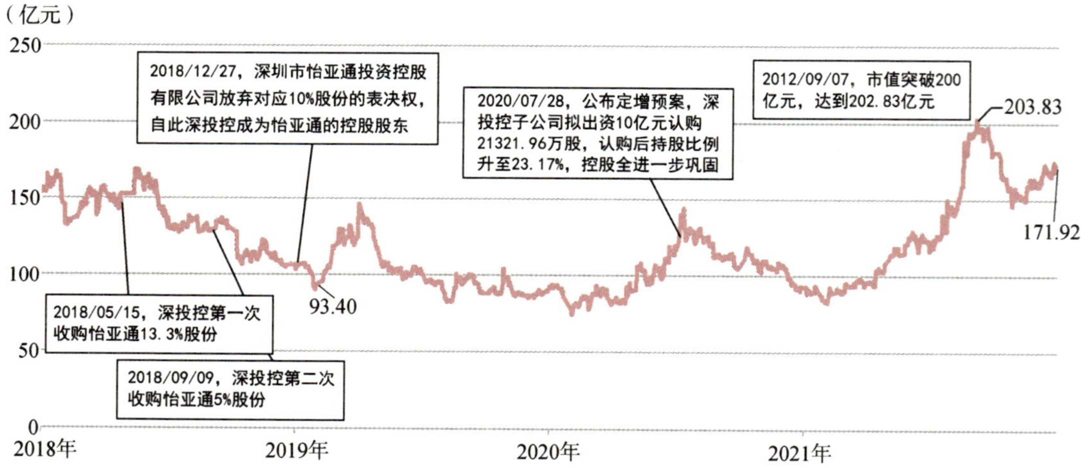

附图 12 - 1　深投控入主怡亚通以来市值走势

数据来源：Choice，易董整理。

一、外部因素：国家着重推动现代供应链体系建设，市场倒逼供应链服务企业转型升级

为改善我国经济在快速发展过程中，出现的产业结构不合理、资源配置重复、产能分布不平衡等问题，“十三五”伊始，国家便提出深入开展供给侧结构性改革，并在 2016 年《政府工作报告》中首次提出“重塑产业链、供应链、价值链”的要求。自此，从中央政府层面开始号召大力发展现代供应链，先后出台《关于开展供应链体系建设工作的通知》《关于积极推进供应链创新与应用的指导意见》等政策，积极助推我国供应链行业的有序发展。

长期以来，供应链管理服务作为第三方物流的扩展及延伸，其发展规模、发展水平与物流业密不可分。近年来我国国民经济整体增速放缓、企业经营效益走低，使得我国物流需求动力不足。同时，传统的供应链服务企业业务核心在于帮助客户执行物流、订单、结算等繁琐流程，并收取一定的服务费，使客户能专注于其核心业务。但由于这些非核心业务专业性较弱，服务商仅需要付出时间与人力的成本便能执行，无明显护城河，导致进入门槛较低，新公司不断出现。“十三五”期间行业利好政策不断出台，在行业加速优胜劣汰过程中，服务商有较大的发展机遇与提升空间，但势必要实现业务模式转型，向附加值更高的业务迈进。

二、公司治理：深投控入主，管理层专业稳定

怡亚通自2017年以来受宏观政策和环境影响，其供应链管理业务规模增长缓慢，2018年经济形势的恶化对怡亚通可以说是雪上加霜。在流动性风险和股权质押风险的双重压力下，怡亚通也开始寻求帮助。2018年5月15日怡亚通与深投控首次签订意向书，怡亚通控股股东以每股6.45元的价格向深投控转让13.3%的股份，合计交易对价18.2亿元，2018年8月14日股份转让完成，深投控成为怡亚通第二大股东，仅次于怡亚通控股的22.85%。基于更好推动怡亚通长远发展的目的，并结合双方的战略发展需要，2018年9月9日，怡亚通控股股东周国辉与深投控签署《股份转让协议书》，以每股5.5元的价格再次转让公司总股本的5%，交易对价近6亿元。协议转让完成后，深投控以18.30%的持股比例成为怡亚通的第一大股东。在怡亚通控股公司放弃10%的表决权后，怡亚通的实际控制人由周国辉变更为深圳市国资委。

2018年深投控成为控股股东之后，维持了管理层的稳定。以周国辉为核心的管理层运营怡亚通超过20年，管理层对行业具备较为深刻的理解。同时，深投控向怡亚通委派了两名副总经理，两人经验阅历丰富，能够快速参与公司经营，与怡亚通原有管理层共同参与公司经营。

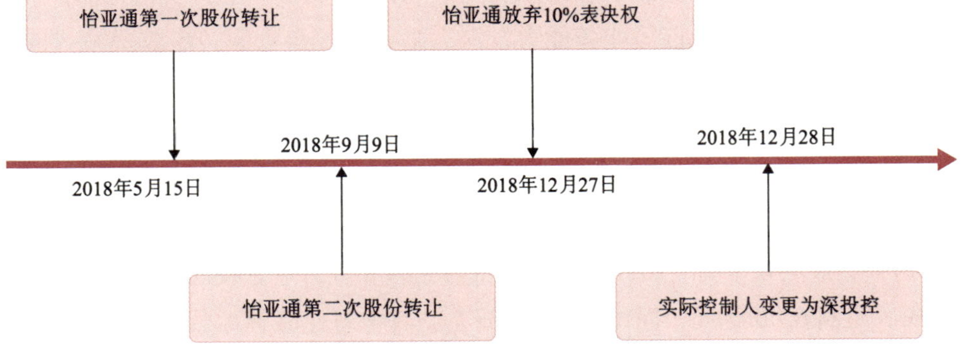

附图12-2　深投控收购怡亚通股份情况

数据来源：公司公告，易董整理。

三、盈利能力和成长性：深投控全面赋能，产业结构和盈利能力得以优化和提升，深圳国资多维度赋能，公司经营管理全面向好

深投控 2020 年新晋世界 500 强，有着雄厚的资本实力和强大的国资背景，且拥有丰富的科技金融、产业园区、产业投资等整合经验与优势。2018 年，深圳投控斥资 24 亿元战略入主怡亚通成为第一大股东后，为公司发展提供了大力支持，公司融资环境得到大幅改善，公司持续获得资金及资源支持。具体包括：一是在企业评级和银行授信额度方面明显提升。2018 年，怡亚通获准发行 15 亿元的公司债，该债券信用评级为 AAA（相比公司 2016 年发行的中期票据信用评级为 AA）。公司 2019 年纳入深投控整体授信，新增多家合作银行，获得授信金额。二是在资金支持上给予公司坚强后盾。深投控战略入股后已向怡亚通多次提供财务资助，借款额度累计达 128.5 亿元；通过其下属担保子公司为公司在资本市场融资提供合计 42 亿元的增信支持，资金压力得以有效缓解。三是在产业资源方面支持公司发展。深投控深耕科技、金融、新兴产业等领域，通过生态圈资源给予公司业务上的扶持。2018 年 10 月，公司与深投控、鲲鹏投资（深圳国资委持股 50%），签署发起设立总规模 50 亿元的供应链产业投资基金，基金主要投资供应链及新零售相关资产和进行产业并购整合。2021 年 7 月，深投控、怡亚通联合国美零售签署战略合作协议，将在资本、供应链、渠道、产业链以及品牌孵化等方面开展深入战略合作。

借助深圳国资平台优势，怡亚通开启了三年“否定自我，战胜自我”的业务重构与升级。2019 年公司将广度平台和全球采购平台合并为广度综合商业服务平台，2020 年进一步将业务梳理为“分销 + 营销”、品牌运营两大板块，对盈利能力弱、资金占用大的项目公司进行关停并转，业务结构更加清晰聚焦。2021 年公司提出实施“一体两翼”战略：以供应链基础服务为体，以聚焦大消费领域的产业平台，包括品牌管理、品牌营销、品牌培育、综合商业平台服务等附加值较高的业务以及成立投资平台，设立消费类产业基金，包括自有品牌孵化、品牌投资并购等业务为两翼。在深投控的全面赋能下，怡亚通的经营逐步健康，业绩也正在逐渐好转。

业务结构优化调整，盈利能力得以改善。在“分销 + 营销”业务板块方面，依托公司二十余年采购执行、销售执行等业务能力，深入整合上下游资源，形成一站式的采销平台，是怡亚通营收主要贡献点。根据公司公告，公司 2021 年上半年“分销 + 营销”业务板块实现营业总收入 651.62 亿元，同比下降 0.42%。在品牌运营方面，公司对优质品牌进行培养、赋能和运营，尤其是大消费领域的高端酒类，为其提供品牌定位、营销策划、分销、零售等全流程服务。同时孵化运营自有品牌，从而掌握对品牌以及价格制定的主动权，实现增强企业的竞争力。2021 年，公司品牌运营实现营业总收入 35.19 亿元，同比增长 70.38%，毛利 6.40 亿元，同比增长 71.38%。其中酒业品牌运营业务实现营收 12.45 亿元，同比增长 43.10%，毛利 4.00 亿元，同比增长 41.81%。由于品牌运营业务毛利率远高于公司整体毛利率，未来有望成为公司新的利润增长点。从现金流上看，2017 年以

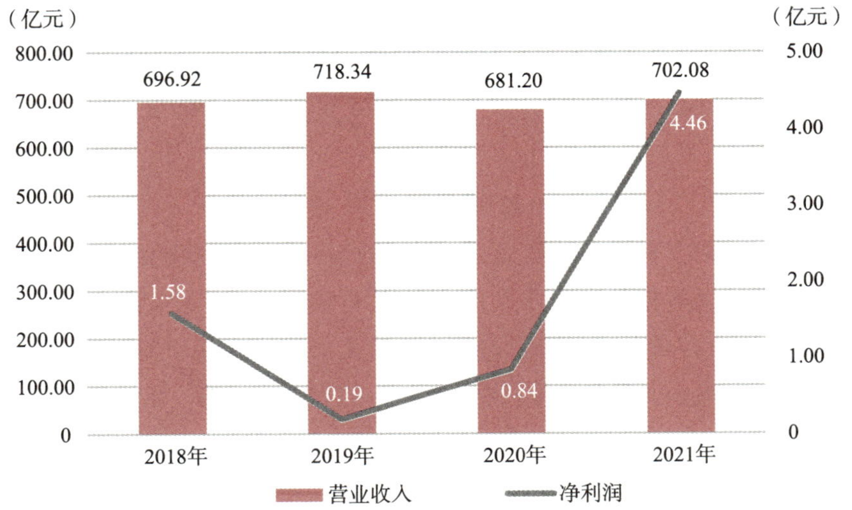

附图 12－3 深投控入主以来怡亚通营收、净利润情况

数据来源：公司定期报告，易董整理。

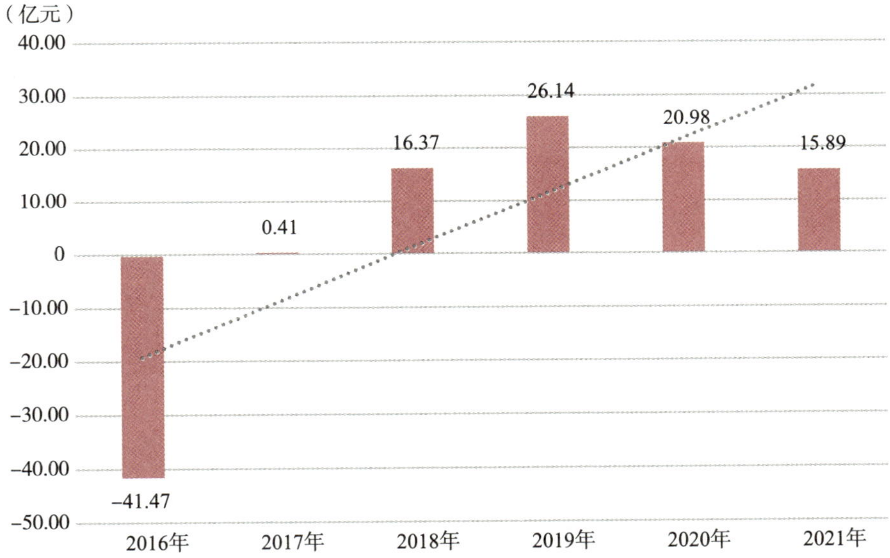

附图 12－4 2016—2021 年三季度怡亚通经营活动产生的现金流量净额

数据来源：公司定期报告，易董整理。

前，公司经营活动产生的现金流量净额基本为负。深投控入主后，经营活动产生的现金流有了明显好转，公司运营效率稳步提升。

四、资本运作方面：定增推动公司业务转型，增强核心竞争力

2021 年 3 月，公司不超过 28 亿元定增预案获批。根据该预案，募集资金将用于供应链项目和数字化转型项目，这将有助于公司业务转型，向更高附加值的品牌运营业务拓

展，提高整体净利率，且该定增将有助于补充公司流动资金，降低资产负债率，提升公司的信用评级，降低资金成本，从而增厚利润。同时，深投控以不超过 10 亿元认购定增股份，除了进一步巩固控制权外，也表明经过双方的磨合期深投控继续看好怡亚通的未来发展。

总结：怡亚通作为中国第一家上市供应链企业，怡亚通发展的 24 年是中国供应链行业历史发展的缩影。2017 年开始怡亚通受到宏观政策和经济形势恶化的影响，怡亚通业务发展缓慢，在流动性风险和股权质押风险的双重压力下，怡亚通宣布引入国资战略投资者。2018 年 12 月深投控成为实际控制人后，凭借其信用、资金和资源优势，帮助怡亚通纾解困境。怡亚通剥离不良资产，升级业务模式，重整业务结构，业绩回暖市值向好。

案例索引

后 记

2021年12月18日，黄运成教授在“2022年中国上市公司年会”（中国上市公司协会指导、新华网主办）发布会上介绍了《沪深A股上市公司市值分析(2022)》（以下简称“《市值分析》”）的相关内容，赢得了市场的巨大关注。

上市公司是推动中国经济发展的重要力量。在中国经济处于进一步深化改革、转型升级和全面开放的关键时刻，在如何优化产业结构，破解“卡脖子”难题这些关键问题上，正是因为中国资本市场建立了关于（拟）上市公司的培育、风投、上市、价值提升和退出机制，优化资源配置，对推动全部上市公司发展，包括对推动先进制造业和高科技领域企业的发展，起到了至关重要的作用，也对推动中国国民经济发展起到了难以替代的作用。

资本市场成立30年来，培育出了比亚迪、宁德时代、隆基绿能（原隆基股份）、韦尔股份、美的集团、智飞生物、迈瑞医疗、牧原股份、长江电力、恒力石化、中芯国际、科大讯飞、万科、伊利股份、中集集团等一系列熠熠生辉的上市公司，《市值分析》这本书对中国上市公司三十余年的跨越式发展做了一个透视性分析，重点分析了2021年沪深A股上市公司市值的发展变化及其特点，同时还深度分析了高市值公司的成长路径。本书面向的读者广泛，包括负责推动城市经济发展工作的领导，上市公司的创始人、董监高，商业银行、保险公司和证券公司工作人员，各类公募和私募基金工作人员，一、二级市场的一般投资者和有关科研机构、大学院校的研究人员等。

本书的撰写建立在对全部上市公司进行系统研究的基础上，没有过多主观论断，主要是运用统计数据去阐述观点，是一本用数据说话的书。所以，在研究和撰写的过程中，由黄运成、段世文、苏梅、徐子庆、辛强五位同志牵头，新华网、价值在线、琢鼎资本、美丽资本四家研究单位共同投入研究人员、金融科技创新实验室人员、合规专家、产业链专家、数据分析专家、投资者关系管理专家、ESG专家等共40余名专家，共同组成了沪深A股上市公司市值研究和撰写委员会。委员会领导了上市公司市值分析的研究工作，采用了金融科技的方法进行写作，先在黄运成教授的指导下，研究专家共同讨论定好章节框架，确定了每一章写作的方向、重点和主要观点，再定每一章的主笔撰写人及复核人，书中涉及的统计数据全部由统计专家进行复核，涉及产业部分全部由产业链专家复核，形成一套规范的写作标准、复核机制，从专业复核、数据复核到文学复核。本书所涉及的十二个专业案例，大部分征求了相应上市公司的意见，有的案例原来写的方向不准确，我们全部重写，直到获得公司认可。书中涉及的 34 个小案例，是散落在各个章节中的，大部分也征求了相应上市公司的意见。最后，在上市公司发布的半年报、三季度报和年报资料的基础上，对撰写方向、重点内容和主要观点进行了前后三次大的调整，在众人齐心协力之下终于将《市值分析》这本书雕琢成型。

在此，我们感谢吕人宇、陈科宇、宾蓓、朱凯四位同志参加了撰写与组织工作；感谢本书的特别顾问：陆盛赟、段亚林、刘守卫、李柱文、蔡曼莉；感谢参与每个章节撰写的人员：

第一章——程昱丁；

第二章——吕人宇；

第三章——帅宏毅；

第四章——樊煜坤；

第五章——褚辉凡；

第六章——褚辉凡、蔡曼莉；

第七章——陈科宇；

第八章——邢宇奇；

第九章——吕人宇、陆盛赟、慕凌霞、陈俊森；

第十章——宾蓓；

附录（案例篇）——朱凯、余书颖、郑紫玲、陈俊森、宋文勇、曾钰申、张慧敏、于海霖、邢宇奇、帅宏毅、褚辉凡、陈科宇、吕人宇、吴家乐；

感谢协助各章节负责人的研究专家：邹润淇、蔡欣仪、刘语嫣、熊武、林晓绿、吴月明、林希蔓、张颖、赵晚秋、王小蝶、詹婉霞、容恒燊、胡仲奇；

数据分析专家：孙家全、庄绪锐、卢华玺、吴倩；

产业链专家：王童萱、窦中将、林杰坚、李美婷、黄荷颖。

对接上市公司、宣传推广、案例复核等参与人员：崔华宇、革平、崔巍、邵玥明、戚乾坤、陈芷萱、邓洋洋、冯晨、高宇、贺文朗、刘瑾熙、梁荣杰、梁欣力、罗紫琪、彭英俊、茹璇、田嘉竹、王琲、吴立明、王晓雪、徐浩僖、杨芳、杨杰文、姚世杰、杨业成、张邯予、赵婷。

对上述人员付出的大量心血、艰苦努力和卓越成绩，研究和撰写委员会致以衷心的感谢！

我们还要感谢中国财政经济出版社各位领导、各位编辑、设计人员以及众多工作人员，尤其是本书的责任编辑付克华先生和孙琛女士，在疫情期间，他们仍然满腔热情地紧张工作，经过他们的努力，《沪深 A 股上市公司市值分析（2022）》一书最终与读者见面。

由于我们研究的局限性、疫情的影响、研究和撰写委员会及各章撰写人员的认知限制，本书还存在一些不完善的地方，有的观点可能也会存在偏差甚至错误，我们真诚地欢迎读者朋友们提出宝贵的批评意见和建议。

有人说，中国 A 股牛短熊长，资本市场的投资者亏多赚少，这里涉及的因素很多，但总有部分上市公司是穿越牛熊，彰显价值本色。在创新战略引领发展的时代背景下，我们期待更多公司能够通过内生与外延方式实现价值跃升，在披荆斩棘、栉风沐雨中不断创新，成就更大的价值！同时，我们也期待为投资者创造更大的价值，实现共同发展！

《市值分析》研究和撰写委员会

2022 年 5 月